国家工作人员
学法用法3000题

中国法制出版社
CHINA LEGAL PUBLISHING HOUSE

编辑说明

国家工作人员学法用法是全面依法治国的基础性工作，是深入推进社会主义核心价值观建设的重要内容，是切实加强干部队伍建设的有效途径。党的十八大以来，习近平总书记多次对国家工作人员学法用法工作作出重要指示、提出明确要求，为国家工作人员学法用法工作指明了方向。

“八五”普法规划指出，加强国家工作人员法治教育。落实国家工作人员学法用法制度，引导国家工作人员牢固树立宪法法律至上、法律面前人人平等、权由法定、权依法使等基本法治观念。重点抓好“关键少数”，提高各级领导干部运用法治思维和法治方式深化改革、推动发展、化解矛盾、维护稳定、应对风险能力。建立领导干部应知应会法律法规清单制度，分级分类明确领导干部履职应当学习掌握的法律法规和党内法规，完善配套制度，促使知行合一。把法治素养和依法履职情况纳入考核评价干部的重要内容，让尊法学法守法用法成为领导干部自觉行为和必备素质。

为配合“八五”普法工作需要，我们组织编写了《国家工作人员学法用法3000题》。本书定位普法，较为全面地覆盖国家工作人员工作中所需的法律，题型丰富、解析精准、难度适中，从试题角度为普法工作学习提供检验测试工具。本书具有以下特点：

一、题型丰富。本书共有判断题755道、单选题635道、多选题640道、填空题720道、简答题250道，完备系统。

二、解析精准。习题均附有参考答案，解析有法律条文做依据，精准可靠。部分判断题、填空题的解析出于节省篇幅考虑，只列出答案和条文序号。

三、难度适中。习题设置避免难题、偏题、怪题，以突出应知应会和重点条文为出发点。

本书既适合国家机关组织相关培训配套使用，也适合有学习需求的广大读者阅读。希望本书的出版能够有助于引导广大读者养成自觉守法的意识，形成遇事找法的习惯，培养解决问题靠法的意识和能力。为建设信仰法治、公平正义、保障权利、守法诚信、充满活力、和谐有序的社会主义法治社会贡献一份力量。

由于时间和水平有限，不足之处在所难免，敬请广大读者批评指正。

中国法制出版社

目录

壹 宪法及宪法相关法

贰 民法商法

肆 经济法

伍 社会法

陆 刑　法

柒 诉讼与非诉讼程序法

壹 宪法及宪法相关法

一、宪 法

（一）判断题

1. 中华人民共和国是全国各族人民共同缔造的统一的多民族国家。(　　)
2. 中国革命、建设、改革的成就是同世界人民的支持分不开的。中国的前途是同世界的前途紧密地联系在一起的。(　　)
3. 中华人民共和国是工人阶级领导的、以工农联盟为基础的人民民主专政的社会主义国家。(　　)
4. 人民通过各种途径和形式，管理国家事务，管理经济和文化事业，管理社会事务。(　　)
5. 中华人民共和国的社会主义经济制度的基础是生产资料的社会主义公有制，即全民所有制。(　　)
6. 国家不得对公民的私有财产实行征收或者征用。(　　)
7. 国家发展各种教育设施，扫除文盲，对工人、农民、国家工作人员和其他劳动者进行政治、文化、科学、技术、业务的教育，鼓励自学成才。(　　)
8. 在中国境内的外国人必须遵守中华人民共和国的法律。(　　)
9. 我国的最高国家权力机关是全国人民代表大会常务委员会。(　　)
10. 全国人大有权罢免国家主席、国务院总理、中央军委主席、最高人民法院院长和最高人民检察院检察长。(　　)
11. 全国人大常委会在特定情况下有权决定战争状态的宣布。(　　)
12. 国务院由总理、副总理、国务委员、审计长、秘书长组成。(　　)
13. 地方各级人民代表大会是地方国家权力机关。县级以上的地方各级人民代表大会设立常务委员会。(　　)
14. 自治区、自治州、自治县的自治条例和单行条例须报全国人大常委会

备案。(　　)

15. 中华人民共和国人民检察院是国家的法律监督机关。(　　)

(二) 单项选择题

16. 中华人民共和国成立以后，我国社会逐步实现了由（　　）到社会主义的过渡。

A. 旧民主主义　　B. 民主主义
C. 新民主主义　　D. 资本主义

17. 在我国，阶级斗争（　　）。

A. 还广泛存在　　B. 还将短期存在
C. 不复存在　　D. 还将在一定范围内长期存在

18. （　　）是中国特色社会主义最本质的特征。

A. 中国共产党领导　　B. 党的政治建设
C. 党的思想建设　　D. 改革开放

19. 中华人民共和国的国家机构实行（　　）的原则。

A. 集体负责制　　B. 民主集中制
C. 少数服从多数　　D. 领导负责制

20. 农村和城市郊区的土地，除由法律规定属于国家所有的以外，属于（　　）所有。

A. 集体　　B. 人民
C. 个人　　D. 政府

21. 国家通过普及理想教育、道德教育、文化教育、纪律和法制教育，通过在城乡不同范围的群众中制定和执行各种守则、公约，加强（　　）的建设。

A. 社会主义新农村　　B. 社会主义经济
C. 社会主义精神文明　　D. 守法理念

22. 有权决定特赦的国家机关是（　　）。

A. 国家主席　　B. 全国人民代表大会常务委员会
C. 国务院　　D. 最高人民法院

23. 中华人民共和国主席、副主席都缺位的时候，由全国人民代表大会补选；在补选以前，应由（　　）暂时代理主席职位。

A. 最高人民法院院长

B. 中央军事委员会主席

C. 国务院总理

D. 全国人民代表大会常务委员会委员长

24. 不属于民族自治地方的自治机关的是（ ）。

A. 内蒙古自治区人民代表大会

B. 湖南省湘西土家族苗族自治州人民政府

C. 四川省北川羌族自治县人民法院

D. 海南省白沙黎族自治县人民政府

25. 各民族公民都有用（ ）语言文字进行诉讼的权利。

A. 当地通用的　　B. 本民族

C. 其他民族　　D. 自己通晓的

（三）多项选择题

26. 中国人民和中国人民解放军战胜了（ ）的侵略、破坏和武装挑衅，维护了国家的独立和安全，增强了国防。

A. 帝国主义　　B. 霸权主义

C. 资本主义　　D. 封建主义

27. 社会主义的建设事业必须依靠（ ），团结一切可以团结的力量。

A. 手工业者　　B. 工人

C. 农民　　D. 知识分子

28. 国家（ ）都由人民代表大会产生，对它负责，受它监督。

A. 行政机关　　B. 监察机关

C. 审判机关　　D. 检察机关

29. 国家保障各少数民族的合法的权利和利益，维护和发展各民族的（ ）关系。禁止对任何民族的歧视和压迫，禁止破坏民族团结和制造民族分裂的行为。

A. 平等　　B. 团结

C. 互助　　D. 和谐

30. 下列哪些选项属于社会主义劳动群众集体所有制经济？（　　）
    A. 农村中的各种形式的合作经济
    B. 城镇中的各种形式的手工业合作经济
    C. 城镇中的各种形式的商业合作经济
    D. 城镇中的各种形式的服务业合作经济
31. 下列选项中，属于中华人民共和国武装力量的任务的是：（　　）
    A. 巩固国防　　B. 维护社会治安
    C. 参加国家建设事业　　D. 抵抗侵略
32. 我国行使宪法监督职权的机关是：（　　）
    A. 全国人民代表大会　　B. 全国人大常委会
    C. 最高人民法院　　D. 最高人民检察院
33. 全国人大常委会的组成人员不得担任（　　）。
    A. 国家行政机关的职务　　B. 民主党派的领导职务
    C. 国家审判机关的职务　　D. 国家检察机关的职务
34. 下列选项中，由国家主席予以公布的是：（　　）
    A. 全国人民代表大会制定的法律
    B. 省级人民代表大会制定的法规
    C. 国务院制定的法规
    D. 全国人民代表大会常务委员会制定的法律
35. 在全国人大闭会期间，根据总理提名，全国人大常委会可以决定（　　）的任免。
    A. 审计长　　B. 秘书长
    C. 公安部部长　　D. 最高人民法院副院长

（四）填空题

36. 中国人民和____战胜了帝国主义、霸权主义的侵略、破坏和武装挑衅，维护了国家的独立和安全，增强了国防。
37. 我国将长期处于____阶段。
38. 台湾是中华人民共和国的神圣领土的一部分。完成____的大业是包括台湾同胞在内的全中国人民的神圣职责。

39. 人民行使____的机关是全国人民代表大会和地方各级人民代表大会。
40. 中华人民共和国实行____，建设社会主义法治国家。
41. 国有经济，即____经济，是____中的主导力量。国家保障国有经济的巩固和发展。
42. 城市的土地属于____所有。
43. 国家建立健全同____水平相适应的社会保障制度。
44. 一切国家机关实行____的原则，实行工作责任制，实行工作人员的培训和考核制度，不断提高工作质量和工作效率，反对____。
45. 全国人民代表大会每届任期____年。
46. 全国人民代表大会常务委员会由下列人员组成：____，副委员长若干人，____，委员若干人。
47. 全国人民代表大会和全国人民代表大会常务委员会认为必要的时候，可以组织关于特定问题的____。
48. 审计机关在国务院____领导下，依照法律规定独立行使____权，不受其他行政机关、社会团体和个人的干涉。
49. 县级以上的地方各级人民代表大会常务委员会由____、副主任若干人和____若干人组成，对____人民代表大会负责并报告工作。
50. 自治区主席、自治州州长、自治县县长由实行____的民族的____担任。
51. 人民法院审理案件，除法律规定的特别情况外，一律____进行。被告人有权获得____。
52. 中华人民共和国国旗是____。
53. 中华人民共和国国歌是____。
54. 中华人民共和国国徽，中间是____照耀下的____，周围是____和____。
55. 中华人民共和国首都是____。

（五）简答题

56. 简述国家的根本任务。
57. 简述我国的外交政策。
58. 简述公民的基本权利。
59. 简述国务院的职权。

参考答案

（一）判断题

1. √，解析：根据《宪法》序言第 11 自然段规定。
2. √，解析：根据《宪法》序言第 12 自然段规定。
3. √，解析：根据《宪法》第 1 条规定。
4. ×，解析：根据《宪法》第 2 条第 3 款规定，人民依照法律规定，通过各种途径和形式，管理国家事务，管理经济和文化事业，管理社会事务。题中的表述少了“依照法律规定”，因此是错误的。
5. ×，解析：根据《宪法》第 6 条第 1 款规定，中华人民共和国的社会主义经济制度的基础是生产资料的社会主义公有制，即全民所有制和劳动群众集体所有制。
6. ×，解析：根据《宪法》第 13 条第 3 款规定，国家为了公共利益的需要，可以依照法律规定对公民的私有财产实行征收或者征用并给予补偿。
7. √，解析：根据《宪法》第 19 条规定。
8. √，解析：根据《宪法》第 32 条规定。
9. ×，解析：根据《宪法》第 57 条规定，中华人民共和国全国人民代表大会是最高国家权力机关。它的常设机关是全国人民代表大会常务委员会。
10. √，解析：根据《宪法》第 63 条规定。
11. √，解析：根据《宪法》第 67 条规定。
12. ×，解析：根据《宪法》第 86 条规定，还包括各部部长、各委员会主任。
13. √，解析：根据《宪法》第 96 条规定。
14. ×，解析：根据《宪法》第 116 条规定，自治区的自治条例和单行条例，报全国人大常委会批准后生效。自治州、自治县的自治条例和单行条例，报省或者自治区的人大常委会批准后生效，并报全国人大常委会备案。
15. √，解析：根据《宪法》第 134 条规定。

（二）单项选择题

16. C，解析：根据《宪法》序言第 6 自然段规定，中华人民共和国成立以后，我国社会逐步实现了由新民主主义到社会主义的过渡。
17. D，解析：根据《宪法》序言第 8 自然段规定，在我国，剥削阶级作为阶级已经消灭，但是阶级斗争还将在一定范围内长期存在。

18. A，解析：根据《宪法》第 1 条第 2 款规定，社会主义制度是中华人民共和国的根本制度。中国共产党领导是中国特色社会主义最本质的特征。禁止任何组织或者个人破坏社会主义制度。
19. B，解析：根据《宪法》第 3 条第 1 款规定，中华人民共和国的国家机构实行民主集中制的原则。
20. A，解析：根据《宪法》第 10 条第 2 款规定，农村和城市郊区的土地，除由法律规定属于国家所有的以外，属于集体所有；宅基地和自留地、自留山，也属于集体所有。
21. C，解析：根据《宪法》第 24 条第 1 款规定，国家通过普及理想教育、道德教育、文化教育、纪律和法制教育，通过在城乡不同范围的群众中制定和执行各种守则、公约，加强社会主义精神文明的建设。
22. B，解析：根据《宪法》第 67 条规定，全国人民代表大会常务委员会行使下列职权：（18）决定特赦。
23. D，解析：根据《宪法》第 84 条第 3 款规定，中华人民共和国主席、副主席都缺位的时候，由全国人民代表大会补选；在补选以前，由全国人民代表大会常务委员会委员长暂时代理主席职位。
24. C，解析：根据《宪法》第 112 条规定，民族自治地方的自治机关是自治区、自治州、自治县的人民代表大会和人民政府。
25. B，解析：根据《宪法》第 139 条规定，各民族公民都有用本民族语言文字进行诉讼的权利。人民法院和人民检察院对于不通晓当地通用的语言文字的诉讼参与人，应当为他们翻译。在少数民族聚居或者多民族共同居住的地区，应当用当地通用的语言进行审理；起诉书、判决书、布告和其他文书应当根据实际需要使用当地通用的一种或者几种文字。

（三）多项选择题

26. AB，解析：根据《宪法》序言第 6 自然段规定，中国人民和中国人民解放军战胜了帝国主义、霸权主义的侵略、破坏和武装挑衅，维护了国家的独立和安全，增强了国防。经济建设取得了重大的成就，独立的、比较完整的社会主义工业体系已经基本形成，农业生产显著提高。
27. BCD，解析：根据《宪法》序言第 10 自然段规定，社会主义的建设事业必须依靠工人、农民和知识分子，团结一切可以团结的力量。
28. ABCD，解析：根据《宪法》第 3 条第 3 款规定，国家行政机关、监察机关、审判机关、检察机关都由人民代表大会产生，对它负责，受它监督。

29. ABCD，解析：根据《宪法》第4条第1款规定，国家保障各少数民族的合法的权利和利益，维护和发展各民族的平等团结互助和谐关系。禁止对任何民族的歧视和压迫，禁止破坏民族团结和制造民族分裂的行为。

30. ABCD，解析：根据《宪法》第8条规定，农村集体经济组织实行家庭承包经营为基础、统分结合的双层经营体制。农村中的生产、供销、信用、消费等各种形式的合作经济，是社会主义劳动群众集体所有制经济。参加农村集体经济组织的劳动者，有权在法律规定的范围内经营自留地、自留山、家庭副业和饲养自留畜。城镇中的手工业、工业、建筑业、运输业、商业、服务业等行业的各种形式的合作经济，都是社会主义劳动群众集体所有制经济。

31. ACD，解析：根据《宪法》第29条规定，中华人民共和国的武装力量属于人民。它的任务是巩固国防，抵抗侵略，保卫祖国，保卫人民的和平劳动，参加国家建设事业，努力为人民服务。国家加强武装力量的革命化、现代化、正规化的建设，增强国防力量。因此，B选项错误，ACD正确。

32. AB，解析：《宪法》第62条、第67条分别规定了全国人大、全国人大常委会有监督宪法实施的权力。

33. ACD，解析：根据《宪法》第65条第4款规定，全国人民代表大会常务委员会的组成人员不得担任国家行政机关、监察机关、审判机关和检察机关的职务。

34. AD，解析：根据《宪法》第80条规定，中华人民共和国主席根据全国人民代表大会的决定和全国人民代表大会常务委员会的决定，公布法律，任免国务院总理、副总理、国务委员、各部部长、各委员会主任、审计长、秘书长，授予国家的勋章和荣誉称号，发布特赦令，宣布进入紧急状态，宣布战争状态，发布动员令。

35. ABC，解析：根据《宪法》第67条规定，全国人大常委会有权“在全国人民代表大会闭会期间，根据国务院总理的提名，决定部长、委员会主任、审计长、秘书长的人选”。

（四）填空题

36. 中国人民解放军。（《宪法》序言）
37. 社会主义初级。（《宪法》序言）
38. 统一祖国。（《宪法》序言）
39. 国家权力。（《宪法》第2条）

40. 依法治国。(《宪法》第 5 条)
41. 社会主义全民所有制；国民经济。(《宪法》第 7 条)
42. 国家。(《宪法》第 10 条)
43. 经济发展。(《宪法》第 14 条)
44. 精简；官僚主义。(《宪法》第 27 条)
45. 5。(《宪法》第 60 条)
46. 委员长；秘书长。(《宪法》第 65 条)
47. 调查委员会。(《宪法》第 71 条)
48. 总理；审计监督。(《宪法》第 91 条)
49. 主任；委员；本级。(《宪法》第 103 条)
50. 区域自治；公民。(《宪法》第 114 条)
51. 公开；辩护。(《宪法》第 130 条)
52. 五星红旗。(《宪法》第 141 条)
53. 《义勇军进行曲》。(《宪法》第 141 条)
54. 五星；天安门；谷穗；齿轮。(《宪法》第 142 条)
55. 北京。(《宪法》第 143 条)

(五) 简答题

56. 答：根据《宪法》序言第 7 自然段规定，国家的根本任务是，沿着中国特色社会主义道路，集中力量进行社会主义现代化建设。中国各族人民将继续在中国共产党领导下，在马克思列宁主义、毛泽东思想、邓小平理论、“三个代表”重要思想、科学发展观、习近平新时代中国特色社会主义思想指引下，坚持人民民主专政，坚持社会主义道路，坚持改革开放，不断完善社会主义的各项制度，发展社会主义市场经济，发展社会主义民主，健全社会主义法治，贯彻新发展理念，自力更生，艰苦奋斗，逐步实现工业、农业、国防和科学技术的现代化，推动物质文明、政治文明、精神文明、社会文明、生态文明协调发展，把我国建设成为富强民主文明和谐美丽的社会主义现代化强国，实现中华民族伟大复兴。
57. 答：根据《宪法》序言第 12 自然段规定，中国坚持独立自主的对外政策，坚持互相尊重主权和领土完整、互不侵犯、互不干涉内政、平等互利、和平共处的五项原则，坚持和平发展道路，坚持互利共赢开放战略，发展同各国的外交关系和经济、文化交流，推动构建人类命运共同体；坚持反对帝国主义、霸权主义、殖民主义，加强同世界各国人民的团结，支持被压迫民族和发展中国家争取和维护民族独立、发展民族经济的正义斗争，为维护世界和平和促进人类进步事业而努力。

58. 答：根据《宪法》第33~50条规定，公民的基本权利也称宪法权利，是指由宪法规定的公民享有的基本的、必不可少的权利。包括：（1）平等权。（2）政治权利和自由。（3）宗教信仰自由。（4）人身自由权。（5）监督权和取得国家赔偿权。（6）社会经济权。（7）文化教育权。（8）特定主体权利。

59. 答：根据《宪法》第89条规定，国务院行使下列职权：（1）根据宪法和法律，规定行政措施，制定行政法规，发布决定和命令；（2）向全国人民代表大会或者全国人民代表大会常务委员会提出议案；（3）规定各部和各委员会的任务和职责，统一领导各部和各委员会的工作，并且领导不属于各部和各委员会的全国性的行政工作；（4）统一领导全国地方各级国家行政机关的工作，规定中央和省、自治区、直辖市的国家行政机关的职权的具体划分；（5）编制和执行国民经济和社会发展计划和国家预算；（6）领导和管理经济工作和城乡建设、生态文明建设；（7）领导和管理教育、科学、文化、卫生、体育和计划生育工作；（8）领导和管理民政、公安、司法行政等工作；（9）管理对外事务，同外国缔结条约和协定；（10）领导和管理国防建设事业；（11）领导和管理民族事务，保障少数民族的平等权利和民族自治地方的自治权利；（12）保护华侨的正当的权利和利益，保护归侨和侨眷的合法的权利和利益；（13）改变或者撤销各部、各委员会发布的不适当的命令、指示和规章；（14）改变或者撤销地方各级国家行政机关的不适当的决定和命令；（15）批准省、自治区、直辖市的区域划分，批准自治州、县、自治县、市的建置和区域划分；（16）依照法律规定决定省、自治区、直辖市的范围内部分地区进入紧急状态；（17）审定行政机构的编制，依照法律规定任免、培训、考核和奖惩行政人员；（18）全国人民代表大会和全国人民代表大会常务委员会授予的其他职权。

二、立法法

（一）判断题

60. 立法应当坚持以经济建设为中心，坚持改革开放，贯彻新发展理念，保障以中国式现代化全面推进中华民族伟大复兴。（ ）
61. 20名以上的代表联名，可以向全国人民代表大会提出法律案，由主席团决定是否列入会议议程。（ ）
62. 常务委员会会议第二次审议法律案，在全体会议上听取宪法和法律委员会关于法律草案修改情况和主要问题的汇报，由分组会议进一步审议。（ ）
63. 全国人民代表大会常务委员会工作机构负责编制立法规划、拟订立法计划，并按照全国人民代表大会常务委员会的要求，督促立法规划和立法计划的落实。（ ）
64. 根据区域协调发展的需要，省、自治区、直辖市和设区的市、自治州的人民代表大会及其常务委员会必须协同制定地方性法规，在本行政区域或者有关区域内实施。（ ）
65. 经济特区所在地的省、市的人民代表大会及其常务委员会根据全国人民代表大会的授权决定，制定法规，在全国范围内实施。（ ）
66. 省、自治区、直辖市和设区的市、自治州的人民代表大会常务委员会根据实际需要设立基层立法联系点，深入听取基层群众和有关方面对地方性法规、自治条例和单行条例草案的意见。（ ）
67. 法律之间对同一事项的新的一般规定与旧的特别规定不一致，不能确定如何适用时，由全国人民代表大会裁决。（ ）
68. 行政法规应当在公布后的30日内报全国人民代表大会常务委员会备案。（ ）
69. 国务院备案审查工作机构应当对报送备案的地方性法规、自治条例和单

行条例进行专项审查。（ ）

70. 国家监察委员会根据宪法和法律、全国人民代表大会常务委员会的有关决定，制定监察法规，报全国人民代表大会常务委员会批准后生效。（ ）

（二）单项选择题

71. 全国人民代表大会及其常务委员会可以根据（ ）的需要，决定就特定事项授权在规定期限和范围内暂时调整或者暂时停止适用法律的部分规定。

A. 经济发展　　B. 社会发展

C. 改革发展　　D. 机构改革

72. 列入常务委员会会议议程的法律案，除特殊情况外，应当在会议举行的（ ）日前将法律草案发给常务委员会组成人员。

A. 5　　B. 7

C. 10　　D. 15

73. 法律案有关问题专业性较强，需要进行可行性评价的，应当召开（ ），听取有关专家、部门和全国人民代表大会代表等方面的意见。

A. 座谈会　　B. 辩论会

C. 论证会　　D. 听证会

74. 全国人民代表大会及其常务委员会坚持科学立法、民主立法、依法立法，通过制定、修改、废止、解释法律和编纂法典等多种形式，增强立法的（ ）。

A. 系统性、整体性、协同性、时效性

B. 正确性、科学性、协同性、时效性

C. 系统性、正确性、科学性、时效性

D. 科学性、整体性、协同性、有效性

75. 法律规定明确要求有关国家机关对专门事项作出配套的具体规定的，有关国家机关应当自法律施行之日起（ ）内作出规定，法律对配套的具体规定制定期限另有规定的，从其规定。有关国家机关未能在期限内作出配套的具体规定的，应当向全国人民代表大会常务委员会说明情况。

A. 半年　　B. 1年

C. 2年　　D. 5年

76. 关于法律文件的公布，下列说法错误的是：（　　）

A. 全国人民代表大会通过的法律由国家主席签署主席令予以公布

B. 法律解释由全国人民代表大会常务委员会发布公告予以公布

C. 自治州的人民代表大会制定的地方性法规由大会主席团发布公告予以公布

D. 部门规章由部门首长签署命令予以公布

77. 关于规章的制定，下列说法错误的是：（　　）

A. 没有法律、行政法规、地方性法规的依据，地方政府规章不得设定减损公民、法人和其他组织权利或者增加其义务的规范

B. 部门规章应当经部务会议或者委员会会议决定

C. 地方政府规章应当经政府常务会议或者全体会议决定

D. 在中国政府法制信息网上刊登的规章文本为标准文本

78. 最高人民法院、最高人民检察院作出的属于审判、检察工作中具体应用法律的解释，应当自公布之日起（　　）日内报全国人民代表大会常务委员会备案。

A. 15　　B. 30

C. 60　　D. 90

（三）多项选择题

79. 《立法法》第11条规定的事项尚未制定法律的，全国人民代表大会及其常务委员会有权作出决定，授权国务院可以根据实际需要，对其中的部分事项先制定行政法规，但是有关（　　）等事项除外。

A. 犯罪和刑罚

B. 对公民政治权利的剥夺和限制人身自由的强制措施和处罚

C. 司法制度

D. 诉讼制度和仲裁基本制度

80. 关于法律的制定，下列说法正确的是：（　　）

A. 列入全国人民代表大会会议议程的法律案，大会全体会议听取提案人

的说明后，由各代表团进行审议

B. 各代表团审议法律案时，提案人应当派人听取意见，回答询问

C. 各代表团审议法律案时，根据代表团的要求，有关机关、组织应当派人介绍情况

D. 列入全国人民代表大会会议议程的法律案，由有关的专门委员会进行审议，向主席团提出审议意见，并印发会议

81. 关于法律解释的制定，下列说法正确的是：(　　)

A. 法律解释权属于全国人民代表大会常务委员会

B. 法律的规定需要进一步明确具体含义的，由全国人民代表大会常务委员会解释

C. 法律制定后出现新的情况，需要明确适用法律依据的，由全国人民代表大会常务委员会解释

D. 法律解释草案表决稿由常务委员会全体组成人员的过半数通过，由国家主席签署主席令予以公布

82. 法律签署公布后，法律文本以及法律草案的说明、审议结果报告等，应当及时在（　　）以及在全国范围内发行的报纸上刊载。

A. 全国人大常委会公报　　B. 中国人大网

C. 中国政府网　　D. 国务院公报

83. 关于行政法规的制定，下列说法正确的是：(　　)

A. 行政法规由国务院有关部门或者国务院法制机构具体负责起草

B. 重要行政管理的法律、行政法规草案由国务院法制机构组织起草

C. 行政法规在起草过程中，应当广泛听取有关机关、组织、人民代表大会代表和社会公众的意见

D. 行政法规草案应当向社会公布，征求意见，但是经国务院决定不公布的除外

84. 设区的市的人民代表大会及其常务委员会根据本市的具体情况和实际需要，在不同宪法、法律、行政法规和本省、自治区的地方性法规相抵触的前提下，可以对（　　）等方面的事项制定地方性法规，法律对设区的市制定地方性法规的事项另有规定的，从其规定。

A. 城乡建设与管理　　B. 生态文明建设

C. 历史文化保护　　　　　　　　　　D. 基层治理

85. 关于自治条例和单行条例的制定，下列说法正确的是：(　　)

A. 民族自治地方的人民代表大会有权依照当地民族的政治、经济和文化的特点，制定自治条例和单行条例

B. 自治区的自治条例和单行条例，报全国人民代表大会常务委员会批准后生效

C. 自治州的自治条例和单行条例，报省、自治区、直辖市的人民代表大会常务委员会批准后生效

D. 自治县的自治条例和单行条例，报设区的市、自治州的人民代表大会常务委员会批准后生效

86. 关于法律文件的效力，下列说法正确的是：(　　)

A. 法律的效力高于行政法规、地方性法规、规章

B. 行政法规的效力高于地方性法规、规章

C. 地方性法规的效力高于本级和下级地方政府规章

D. 省、自治区的人民政府制定的规章的效力高于本行政区域内的设区的市、自治州的人民政府制定的规章

87. 有关机关依照《立法法》第108条规定的权限改变或者撤销规章的情形有：(　　)

A. 超越权限的

B. 下位法违反上位法规定的

C. 规章之间对同一事项的规定不一致，经裁决应当改变或者撤销一方的规定的

D. 违背法定程序的

88. 国务院、(　　)、最高人民检察院和各省、自治区、直辖市的人民代表大会常务委员会认为行政法规、地方性法规、自治条例和单行条例同宪法或者法律相抵触，或者存在合宪性、合法性问题的，可以向全国人民代表大会常务委员会书面提出进行审查的要求，由全国人民代表大会有关的专门委员会和常务委员会工作机构进行审查、提出意见。

A. 中央军事委员会　　　　　　　　　B. 国家监察委员会

C. 最高人民法院　　　　　　　　　　D. 全国政协

（四）填空题

89. 立法应当倡导和弘扬社会主义____，坚持依法治国和以德治国相结合，铸牢中华民族____意识，推动社会主义精神文明建设。
90. 列入全国人民代表大会会议议程的法律案，在____前，提案人要求撤回的，应当说明理由，经____同意，并向大会报告，对该法律案的审议____。
91. 列入常务委员会会议议程的法律案，各方面的意见比较一致的，可以经____常务委员会会议审议后交付表决。
92. 法律草案与其他法律相关规定不一致的，提案人应当予以说明并提出____，必要时应当同时提出____其他法律相关规定的议案。
93. 有关____的行政法规，可以由国务院总理、中央军事委员会主席共同签署国务院、中央军事委员会令公布。
94. 没有____或者国务院的行政法规、决定、命令的依据，部门规章不得设定____公民、法人和其他组织权利或者增加其义务的规范，不得增加本部门的权力或者减少本部门的法定职责。
95. 同一机关制定的法律、行政法规、地方性法规、自治条例和单行条例、规章，特别规定与一般规定不一致的，适用____；新的规定与旧的规定不一致的，适用____。
96. 对法律、行政法规、地方性法规、自治条例和单行条例、规章和其他规范性文件，制定机关根据____的原则和____的需要进行清理。
97. 中国人民解放军各战区、军兵种和中国人民武装警察部队，可以根据法律和中央军事委员会的军事法规、决定、命令，在其____内，制定军事规章。军事法规、军事规章在武装力量____实施。

（五）简答题

98. 简述只能制定法律的事项。
99. 简述国家机关改变或者撤销法律、行政法规、地方性法规、自治条例和单行条例、规章的权限。
100. 简述行政法规、地方性法规、自治条例和单行条例、规章的备案规定。

参考答案

（一）判断题

60. √，解析：根据《立法法》第 4 条规定。

61. ×，解析：根据《立法法》第 18 条第 1 款规定，一个代表团或者 30 名以上的代表联名，可以向全国人民代表大会提出法律案，由主席团决定是否列入会议议程，或者先交有关的专门委员会审议、提出是否列入会议议程的意见，再决定是否列入会议议程。

62. √，解析：根据《立法法》第 32 条规定。

63. √，解析：根据《立法法》第 56 条规定。

64. ×，解析：根据《立法法》第 83 条第 1 款规定，省、自治区、直辖市和设区的市、自治州的人民代表大会及其常务委员会根据区域协调发展的需要，可以协同制定地方性法规，在本行政区域或者有关区域内实施。

65. ×，解析：根据《立法法》第 84 条第 1 款规定，经济特区所在地的省、市的人民代表大会及其常务委员会根据全国人民代表大会的授权决定，制定法规，在经济特区范围内实施。

66. √，解析：根据《立法法》第 90 条规定。

67. ×，解析：根据《立法法》第 105 条第 1 款规定，法律之间对同一事项的新的一般规定与旧的特别规定不一致，不能确定如何适用时，由全国人民代表大会常务委员会裁决。

68. √，解析：根据《立法法》第 109 条规定。

69. ×，解析：根据《立法法》第 111 条第 2 款规定，国务院备案审查工作机构可以对报送备案的地方性法规、自治条例和单行条例，部门规章和省、自治区、直辖市的人民政府制定的规章进行主动审查，并可以根据需要进行专项审查。

70. ×，解析：根据《立法法》第 118 条规定，国家监察委员会根据宪法和法律、全国人民代表大会常务委员会的有关决定，制定监察法规，报全国人民代表大会常务委员会备案。

（二）单项选择题

71. C，解析：根据《立法法》第 16 条第 1 款规定，全国人民代表大会及其常务委员会可以根据改革发展的需要，决定就特定事项授权在规定期限和范围内暂时调整或者暂时停止适用法律的部分规定。

72. B，解析：根据《立法法》第31条第1款规定，列入常务委员会会议议程的法律案，除特殊情况外，应当在会议举行的7日前将法律草案发给常务委员会组成人员。
73. C，解析：根据《立法法》第39条第2款规定，法律案有关问题专业性较强，需要进行可行性评价的，应当召开论证会，听取有关专家、部门和全国人民代表大会代表等方面的意见。论证情况应当向常务委员会报告。
74. A，解析：根据《立法法》第55条规定，全国人民代表大会及其常务委员会坚持科学立法、民主立法、依法立法，通过制定、修改、废止、解释法律和编纂法典等多种形式，增强立法的系统性、整体性、协同性、时效性。
75. B，解析：根据《立法法》第66条规定，法律规定明确要求有关国家机关对专门事项作出配套的具体规定的，有关国家机关应当自法律施行之日起1年内作出规定，法律对配套的具体规定制定期限另有规定的，从其规定。有关国家机关未能在期限内作出配套的具体规定的，应当向全国人民代表大会常务委员会说明情况。
76. C，解析：根据《立法法》第88条第3款规定，设区的市、自治州的人民代表大会及其常务委员会制定的地方性法规报经批准后，由设区的市、自治州的人民代表大会常务委员会发布公告予以公布。
77. D，解析：根据《立法法》第97条第3款规定，在国务院公报或者部门公报和地方人民政府公报上刊登的规章文本为标准文本。
78. B，解析：根据《立法法》第119条第2款规定，最高人民法院、最高人民检察院作出的属于审判、检察工作中具体应用法律的解释，应当自公布之日起30日内报全国人民代表大会常务委员会备案。

（三）多项选择题

79. ABC，解析：根据《立法法》第12条规定，本法第11条规定的事项尚未制定法律的，全国人民代表大会及其常务委员会有权作出决定，授权国务院可以根据实际需要，对其中的部分事项先制定行政法规，但是有关犯罪和刑罚、对公民政治权利的剥夺和限制人身自由的强制措施和处罚、司法制度等事项除外。
80. ABCD，解析：根据《立法法》第21条规定，列入全国人民代表大会会议议程的法律案，大会全体会议听取提案人的说明后，由各代表团进行审议。各代表团审议法律案时，提案人应当派人听取意见，回答询问。各代表团审议法律案时，根据代表团的要求，有关机关、组织应当派人介绍情况。根据《立法法》第22条规定，列入全国人民代表大会会议议程的法律案，由有关的专门委员会进行审议，向主席团提出审议意见，并印发会议。

81. ABC，解析：根据《立法法》第 48 条规定，法律解释权属于全国人民代表大会常务委员会。法律有以下情况之一的，由全国人民代表大会常务委员会解释：（1）法律的规定需要进一步明确具体含义的；（2）法律制定后出现新的情况，需要明确适用法律依据的。根据《立法法》第 52 条规定，法律解释草案表决稿由常务委员会全体组成人员的过半数通过，由常务委员会发布公告予以公布。

82. AB，解析：根据《立法法》第 62 条第 2 款规定，法律签署公布后，法律文本以及法律草案的说明、审议结果报告等，应当及时在全国人民代表大会常务委员会公报和中国人大网以及在全国范围内发行的报纸上刊载。

83. ABCD，解析：根据《立法法》第 74 条规定，行政法规由国务院有关部门或者国务院法制机构具体负责起草，重要行政管理的法律、行政法规草案由国务院法制机构组织起草。行政法规在起草过程中，应当广泛听取有关机关、组织、人民代表大会代表和社会公众的意见。听取意见可以采取座谈会、论证会、听证会等多种形式。行政法规草案应当向社会公布，征求意见，但是经国务院决定不公布的除外。

84. ABCD，解析：根据《立法法》第 81 条第 1 款规定，设区的市的人民代表大会及其常务委员会根据本市的具体情况和实际需要，在不同宪法、法律、行政法规和本省、自治区的地方性法规相抵触的前提下，可以对城乡建设与管理、生态文明建设、历史文化保护、基层治理等方面的事项制定地方性法规，法律对设区的市制定地方性法规的事项另有规定的，从其规定。设区的市的地方性法规须报省、自治区的人民代表大会常务委员会批准后施行。省、自治区的人民代表大会常务委员会对报请批准的地方性法规，应当对其合法性进行审查，认为同宪法、法律、行政法规和本省、自治区的地方性法规不抵触的，应当在 4 个月内予以批准。

85. ABC，解析：根据《立法法》第 85 条第 1 款规定，民族自治地方的人民代表大会有权依照当地民族的政治、经济和文化的特点，制定自治条例和单行条例。自治区的自治条例和单行条例，报全国人民代表大会常务委员会批准后生效。自治州、自治县的自治条例和单行条例，报省、自治区、直辖市的人民代表大会常务委员会批准后生效。

86. ABCD，解析：根据《立法法》第 99 条规定，法律的效力高于行政法规、地方性法规、规章。行政法规的效力高于地方性法规、规章。根据《立法法》

第100条规定，地方性法规的效力高于本级和下级地方政府规章。省、自治区的人民政府制定的规章的效力高于本行政区域内的设区的市、自治州的人民政府制定的规章。

87. ABCD，解析：根据《立法法》第107条规定，法律、行政法规、地方性法规、自治条例和单行条例、规章有下列情形之一的，由有关机关依照本法第108条规定的权限予以改变或者撤销：（1）超越权限的；（2）下位法违反上位法规定的；（3）规章之间对同一事项的规定不一致，经裁决应当改变或者撤销一方的规定的；（4）规章的规定被认为不适当，应当予以改变或者撤销的；（5）违背法定程序的。

88. ABC，解析：根据《立法法》第110条第1款规定，国务院、中央军事委员会、国家监察委员会、最高人民法院、最高人民检察院和各省、自治区、直辖市的人民代表大会常务委员会认为行政法规、地方性法规、自治条例和单行条例同宪法或者法律相抵触，或者存在合宪性、合法性问题的，可以向全国人民代表大会常务委员会书面提出进行审查的要求，由全国人民代表大会有关的专门委员会和常务委员会工作机构进行审查、提出意见。

（四）填空题

89. 核心价值观；共同体。（《立法法》第8条）
90. 交付表决；主席团；即行终止。（《立法法》第25条）
91. 两次。（《立法法》第33条）
92. 处理意见；修改或者废止。（《立法法》第64条）
93. 国防建设。（《立法法》第77条）
94. 法律；减损。（《立法法》第91条）
95. 特别规定；新的规定。（《立法法》第103条）
96. 维护法制统一；改革发展。（《立法法》第116条）
97. 权限范围；内部。（《立法法》第117条）

（五）简答题

98. 答：根据《立法法》第11条规定，下列事项只能制定法律：（1）国家主权的事项；（2）各级人民代表大会、人民政府、监察委员会、人民法院和人民检察院的产生、组织和职权；（3）民族区域自治制度、特别行政区制度、基层群众自治制度；（4）犯罪和刑罚；（5）对公民政治权利的剥夺、限制人身自由的强制措施和处罚；（6）税种的设立、税率的确定和税收征收管理等税收基本制度；（7）对非国有财产的征收、征用；（8）民事基本制度；（9）基本经济制度以及财政、海关、金融和外贸的基本制度；(10) 诉讼制度和仲裁基本制度；(11) 必须由全国人民代表大会及其常务委员会制定法律的其他事项。

99. 答：根据《立法法》第108条规定，改变或者撤销法律、行政法规、地方性法规、自治条例和单行条例、规章的权限是：(1) 全国人民代表大会有权改变或者撤销它的常务委员会制定的不适当的法律，有权撤销全国人民代表大会常务委员会批准的违背宪法和本法第85条第2款规定的自治条例和单行条例；(2) 全国人民代表大会常务委员会有权撤销同宪法和法律相抵触的行政法规，有权撤销同宪法、法律和行政法规相抵触的地方性法规，有权撤销省、自治区、直辖市的人民代表大会常务委员会批准的违背宪法和本法第85条第2款规定的自治条例和单行条例；(3) 国务院有权改变或者撤销不适当的部门规章和地方政府规章；(4) 省、自治区、直辖市的人民代表大会有权改变或者撤销它的常务委员会制定的和批准的不适当的地方性法规；(5) 地方人民代表大会常务委员会有权撤销本级人民政府制定的不适当的规章；(6) 省、自治区的人民政府有权改变或者撤销下一级人民政府制定的不适当的规章；(7) 授权机关有权撤销被授权机关制定的超越授权范围或者违背授权目的的法规，必要时可以撤销授权。

100. 答：根据《立法法》第109条规定，行政法规、地方性法规、自治条例和单行条例、规章应当在公布后的30日内依照下列规定报有关机关备案：(1) 行政法规报全国人民代表大会常务委员会备案；(2) 省、自治区、直辖市的人民代表大会及其常务委员会制定的地方性法规，报全国人民代表大会常务委员会和国务院备案；设区的市、自治州的人民代表大会及其常务委员会制定的地方性法规，由省、自治区的人民代表大会常务委员会报全国人民代表大会常务委员会和国务院备案；(3) 自治州、自治县的人民代表大会制定的自治条例和单行条例，由省、自治区、直辖市的人民代表大会常务委员会报全国人民代表大会常务委员会和国务院备案；自治条例、单行条例报送备案时，应当说明对法律、行政法规、地方性法规作出变通的情况；(4) 部门规章和地方政府规章报国务院备案；地方政府规章应当同时报本级人民代表大会常务委员会备案；设区的市、自治州的人民政府制定的规章应当同时报省、自治区的人民代表大会常务委员会和人民政府备案；(5) 根据授权制定的法规应当报授权决定规定的机关备案；经济特区法规、浦东新区法规、海南自由贸易港法规报送备案时，应当说明变通的情况。

三、国家安全法

（一）判断题

101. 国家安全是指国家政权、主权、统一和领土完整、人民福祉、经济社会可持续发展和国家其他重大利益相对处于没有危险和不受内外威胁的状态，以及保障持续安全状态的能力。（　　）
102. 坚持中国共产党对国家安全工作的领导，建立集中统一、高效权威的国家安全领导体制。（　　）
103. 国家安全工作应当统筹内部安全和外部安全、国土安全和国民安全、传统安全和非传统安全、自身安全和共同安全。（　　）
104. 国家机关工作人员在国家安全工作和涉及国家安全活动中，滥用职权、玩忽职守、徇私舞弊的，依法追究法律责任。（　　）
105. 香港特别行政区、澳门特别行政区无需履行维护国家安全的责任。（　　）
106. 只有国家安全机关有权依法搜集涉及国家安全的情报信息，在国家安全工作中依法行使侦查、拘留、预审和执行逮捕以及法律规定的其他职权。（　　）
107. 国家机关及其工作人员在履行职责时，应当贯彻维护国家安全的原则。（　　）
108. 国家根据维护国家安全工作需要，建立跨部门会商工作机制。（　　）
109. 国家建立中央与地方之间、部门之间、军队之间以及地区之间关于国家安全的协调机制。（　　）
110. 国家健全统一归口、反应灵敏、准确高效、运转顺畅的情报信息收集、研判和使用制度。（　　）
111. 对可能即将发生或者已经发生的危害国家安全的事件，乡级以上地方人民政府及其有关主管部门应当立即按照规定向上一级人民政府及其

有关主管部门报告，必要时可以越级上报。(　　)

112. 履行国家安全危机管控职责的有关机关依法采取处置国家安全危机的管控措施，应当与国家安全危机可能造成的危害的性质、程度和范围相适应。(　　)

113. 国家采取必要措施，招录、培养和管理国家安全工作专门人才和特殊人才。(　　)

114. 任何个人和组织不得有危害国家安全的行为，不得向危害国家安全的个人或者组织提供任何资助或者协助。(　　)

115. 因支持、协助国家安全工作，本人或者其近亲属的人身安全面临危险的，可以向民政部门请求予以保护。(　　)

(二) 单项选择题

116. 维护国家安全，应当坚持（　　）为主、标本兼治，专门工作与群众路线相结合。

A. 预防　　B. 防御

C. 打击　　D. 保护

117. 每年（　　）为全民国家安全教育日。

A. 2 月 15 日　　B. 3 月 15 日

C. 4 月 15 日　　D. 7 月 15 日

118. 国家健全金融宏观审慎管理和金融风险防范、处置机制，加强金融基础设施和基础能力建设，防范和化解（　　）金融风险，防范和抵御外部金融风险的冲击。

A. 系统性、区域性　　B. 系统性、全局性

C. 体系性、区域性　　D. 体系性、局部性

119. 国家健全粮食安全保障体系，保护和提高粮食综合生产能力，完善粮食储备制度、流通体系和市场调控机制，健全粮食（　　），保障粮食供给和质量安全。

A. 安全预警制度　　B. 安全预报制度

C. 安全警报机制　　D. 安全警示机制

120. 国家建立国家安全工作（　　）机制，确保国家安全战略和重大部署贯彻落实。

A. 全程监督　　B. 严厉归责

C. 检察监督　　D. 督促检查和责任追究

121. 国家建立中央与地方之间、部门之间、军地之间以及地区之间关于国家安全的（　　）机制。

A. 统分结合　　B. 协同联动

C. 预警保护　　D. 防惩结合

122. 国家机关各部门在履行职责过程中，对于获取的涉及国家安全的有关信息应当（　　）。

A. 在8小时内上报　　B. 在12小时内上报

C. 及时上报　　D. 在24小时内上报

123. 国家建立国家安全风险评估机制，定期开展各领域国家安全风险调查评估。有关部门应当定期向（　　）提交国家安全风险评估报告。

A. 国务院　　B. 国家安全机关

C. 中央国家安全领导机构　　D. 公安部

124. 发生危及国家安全的重大事件，中央有关部门和有关地方根据中央国家安全领导机构的统一部署，依法启动应急预案，采取（　　）措施。

A. 紧急疏散　　B. 危机管理

C. 管控处置　　D. 安全保障

125. 机关、人民团体、企业事业组织和其他社会组织应当对本单位的人员进行（　　）的教育，动员、组织本单位的人员防范、制止危害国家安全的行为。

A. 职业道德　　B. 防控技术

C. 政治思想　　D. 维护国家安全

（三）多项选择题

126. 国家安全工作应当坚持总体国家安全观，（　　），以促进国际安全为依托，维护各领域国家安全，构建国家安全体系，走中国特色国家安全道路。

A. 以人民安全为宗旨
B. 以政治安全为根本
C. 以经济安全为基础
D. 以军事、文化、社会安全为保障

127. 维护国家安全，应当坚持预防为主、标本兼治，专门工作与群众路线相结合，充分发挥专门机关和其他有关机关维护国家安全的职能作用，广泛动员公民和组织，（　　）危害国家安全的行为。

A. 防范
B. 阻止
C. 制止
D. 依法惩治

128. 维护国家安全，应当坚持（　　），积极同外国政府和国际组织开展安全交流合作，履行国际安全义务，促进共同安全，维护世界和平。

A. 互信
B. 互利
C. 平等
D. 协作

129. 国家防范、制止和依法惩治任何（　　）的行为。

A. 叛国
B. 分裂国家
C. 煽动叛乱
D. 颠覆或者煽动颠覆人民民主专政政权

130. 国家加强边防、海防和空防建设，采取一切必要的防卫和管控措施，保卫（　　）安全，维护国家领土主权和海洋权益。

A. 领陆
B. 内水
C. 领海
D. 领空

131. 国家维护国家基本经济制度和社会主义市场经济秩序，健全预防和化解经济安全风险的制度机制，保障关系国民经济命脉的（　　）、重点产业、重大基础设施和重大建设项目以及其他重大经济利益安全。

A. 重要行业
B. 关键领域
C. 关键行业
D. 重要领域

132. 国家坚持社会主义先进文化前进方向，应采取以下哪些举措？（　　）

A. 继承和弘扬中华民族优秀传统文化
B. 培育和践行社会主义核心价值观
C. 防范和抵制外来文化的影响
D. 掌握意识形态领域主导权

133. 国家完善生态环境保护制度体系，保障人民赖以生存发展的大气、水、土壤等自然环境和条件不受威胁和破坏，可采取以下哪些举措？（　　）

A. 加大生态建设和环境保护力度

B. 划定生态保护红线

C. 强化生态风险的预警和防控

D. 妥善处置突发环境事件

134. 全国人大常委会依照宪法规定行使下列哪些维护国家安全的职责？（　　）

A. 决定战争和和平的问题

B. 决定战争状态的宣布

C. 决定全国总动员或者局部动员

D. 决定全国或者个别省、自治区、直辖市进入紧急状态

135. 下列哪些选项属于中华人民共和国主席的职责？（　　）

A. 宣布进入紧急状态　　B. 宣布战争状态

C. 发布动员令　　D. 决定战争状态

136. 下列哪些属于国务院在维护国家安全方面的职责？（　　）

A. 发布动员令　　B. 实施国家安全法律法规和政策

C. 宣布战争状态　　D. 制定涉及国家安全的行政法规

137. 关于国家机关及其工作人员的职责，下列哪些说法是正确的？（　　）

A. 在履行职责时，应当贯彻维护国家安全的原则

B. 在国家安全工作和涉及国家安全活动中，应当严格依法履行职责

C. 不得超越职权、滥用职权

D. 不得侵犯个人和组织的合法权益

138. 对（　　），县级以上地方人民政府及其有关主管部门应当立即按照规定向上一级人民政府及其有关主管部门报告，必要时可以越级上报。

A. 可能发生的危害国家安全的事件

B. 可能即将发生的危害国家安全的事件

C. 已经发生的危害国家安全的事件

D. 必将发生的危害国家安全的事件

139. 国家建立国家安全审查和监管的制度和机制，对影响或者可能影响国家安全的（　　），以及其他重大事项和活动，进行国家安全审查，有

效预防和化解国家安全风险。

A. 外商投资　B. 特定物项和关键技术

C. 网络信息技术产品和服务　D. 涉及国家安全事项的建设项目

140. 国家加强国家安全新闻宣传和舆论引导，通过多种形式开展国家安全宣传教育活动，将国家安全教育纳入（　　），增强全民国家安全意识。

A. 国民教育体系　B. 学校教育体系

C. 公务员教育培训体系　D. 法官教育培训体系

（四）填空题

141. 维护国家安全，应当遵守宪法和法律，坚持社会主义____，尊重和保障人权，依法保护公民的权利和自由。

142. 维护国家安全，应当与____相协调。国家安全工作应当____内部安全和外部安全、国土安全和国民安全、传统安全和非传统安全、自身安全和共同安全。

143. 维护国家安全，应当坚持____、互利、平等、协作，积极同外国政府和国际组织开展安全交流合作，履行国际安全义务，促进共同安全，维护____。

144. 中国的主权和领土完整不容侵犯和分割。维护国家主权、统一和领土完整是包括港澳同胞和台湾同胞在内的____的共同义务。

145. 国家加强武装力量____建设，建设与保卫国家安全和发展利益需要相适应的武装力量。

146. 国家加强____，加快发展自主可控的战略高新技术和重要领域核心关键技术，加强知识产权的运用、保护和科技保密能力建设，保障重大技术和工程的安全。

147. ____依照宪法规定，决定战争和和平的问题，行使宪法规定的涉及国家安全的其他职权。

148. 国家根据维护国家安全工作需要，建立跨部门____，就维护国家安全工作的重大事项进行会商研判，提出意见和建议。

149. 国家建立中央与地方之间、部门之间、军地之间以及地区之间关于国家安全的____。

150. 机关、人民团体、企业事业组织和其他社会组织应当对本单位的人员进行维护国家安全的教育，动员、组织本单位的人员____、____危害国家安全的行为。

（五）简答题

151. 简述国家在维护资源能源安全方面的任务。

152. 国家机关及其工作人员如何履行维护国家安全的职责？

参考答案

（一）判断题

101. √，解析：根据《国家安全法》第2条规定。

102. √，解析：根据《国家安全法》第4条规定。

103. √，解析：根据《国家安全法》第8条规定。

104. √，解析：根据《国家安全法》第13条规定。

105. ×，解析：根据《国家安全法》第40条第3款规定，香港特别行政区、澳门特别行政区应当履行维护国家安全的责任。

106. ×，解析：根据《国家安全法》第42条第1款规定，国家安全机关、公安机关依法搜集涉及国家安全的情报信息，在国家安全工作中依法行使侦查、拘留、预审和执行逮捕以及法律规定的其他职权。

107. √，解析：根据《国家安全法》第43条规定。

108. √，解析：根据《国家安全法》第48条规定。

109. ×，解析：根据《国家安全法》第49条规定，国家建立中央与地方之间、部门之间、军地之间以及地区之间关于国家安全的协同联动机制。

110. √，解析：根据《国家安全法》第51条规定。

111. ×，解析：根据《国家安全法》第58条规定，对可能即将发生或者已经发生的危害国家安全的事件，县级以上地方人民政府及其有关主管部门应当立即按照规定向上一级人民政府及其有关主管部门报告，必要时可以越级上报。

112. √，解析：根据《国家安全法》第66条规定。

113. √，解析：根据《国家安全法》第74条规定。

114. √，解析：根据《国家安全法》第 77 条规定。

115. ×，解析：根据《国家安全法》第 80 条第 2 款规定，因支持、协助国家安全工作，本人或者其近亲属的人身安全面临危险的，可以向公安机关、国家安全机关请求予以保护。

（二）单项选择题

116. A，解析：根据《国家安全法》第 9 条规定，维护国家安全，应当坚持预防为主、标本兼治，专门工作与群众路线相结合，充分发挥专门机关和其他有关机关维护国家安全的职能作用，广泛动员公民和组织，防范、制止和依法惩治危害国家安全的行为。

117. C，解析：根据《国家安全法》第 14 条规定，每年 4 月 15 日为全民国家安全教育日。

118. A，解析：根据《国家安全法》第 20 条规定，国家健全金融宏观审慎管理和金融风险防范、处置机制，加强金融基础设施和基础能力建设，防范和化解系统性、区域性金融风险，防范和抵御外部金融风险的冲击。

119. A，解析：根据《国家安全法》第 22 条规定，国家健全粮食安全保障体系，保护和提高粮食综合生产能力，完善粮食储备制度、流通体系和市场调控机制，健全粮食安全预警制度，保障粮食供给和质量安全。

120. D，解析：根据《国家安全法》第 46 条规定，国家建立国家安全工作督促检查和责任追究机制，确保国家安全战略和重大部署贯彻落实。

121. B，解析：根据《国家安全法》第 49 条规定，国家建立中央与地方之间、部门之间、军地之间以及地区之间关于国家安全的协同联动机制。

122. C，解析：根据《国家安全法》第 52 条第 2 款规定，国家机关各部门在履行职责过程中，对于获取的涉及国家安全的有关信息应当及时上报。

123. C，解析：根据《国家安全法》第 56 条规定，国家建立国家安全风险评估机制，定期开展各领域国家安全风险调查评估。有关部门应当定期向中央国家安全领导机构提交国家安全风险评估报告。

124. C，解析：根据《国家安全法》第 63 条规定，发生危及国家安全的重大事件，中央有关部门和有关地方根据中央国家安全领导机构的统一部署，依法启动应急预案，采取管控处置措施。

125. D，解析：根据《国家安全法》第 78 条规定，机关、人民团体、企业事业组织和其他社会组织应当对本单位的人员进行维护国家安全的教育，动员、组织本单位的人员防范、制止危害国家安全的行为。

（三）多项选择题

126. ABCD，解析：根据《国家安全法》第3条规定，国家安全工作应当坚持总体国家安全观，以人民安全为宗旨，以政治安全为根本，以经济安全为基础，以军事、文化、社会安全为保障，以促进国际安全为依托，维护各领域国家安全，构建国家安全体系，走中国特色国家安全道路。

127. ACD，解析：根据《国家安全法》第9条规定，维护国家安全，应当坚持预防为主、标本兼治，专门工作与群众路线相结合，充分发挥专门机关和其他有关机关维护国家安全的职能作用，广泛动员公民和组织，防范、制止和依法惩治危害国家安全的行为。

128. ABCD，解析：根据《国家安全法》第10条规定，维护国家安全，应当坚持互信、互利、平等、协作，积极同外国政府和国际组织开展安全交流合作，履行国际安全义务，促进共同安全，维护世界和平。

129. ABCD，解析：根据《国家安全法》第15条第2款规定，国家防范、制止和依法惩治任何叛国、分裂国家、煽动叛乱、颠覆或者煽动颠覆人民民主专政政权的行为；防范、制止和依法惩治窃取、泄露国家秘密等危害国家安全的行为；防范、制止和依法惩治境外势力的渗透、破坏、颠覆、分裂活动。

130. ABCD，解析：根据《国家安全法》第17条规定，国家加强边防、海防和空防建设，采取一切必要的防卫和管控措施，保卫领陆、内水、领海和领空安全，维护国家领土主权和海洋权益。

131. AB，解析：根据《国家安全法》第19条规定，国家维护国家基本经济制度和社会主义市场经济秩序，健全预防和化解经济安全风险的制度机制，保障关系国民经济命脉的重要行业和关键领域、重点产业、重大基础设施和重大建设项目以及其他重大经济利益安全。

132. ABD，解析：根据《国家安全法》第23条规定，国家坚持社会主义先进文化前进方向，继承和弘扬中华民族优秀传统文化，培育和践行社会主义核心价值观，防范和抵制不良文化的影响，掌握意识形态领域主导权，增强文化整体实力和竞争力。

133. ABCD，解析：根据《国家安全法》第30条规定，国家完善生态环境保护制度体系，加大生态建设和环境保护力度，划定生态保护红线，强化生态风险的预警和防控，妥善处置突发环境事件，保障人民赖以生存发展的大气、水、土壤等自然环境和条件不受威胁和破坏，促进人与自然和谐发展。

134. BCD，解析：根据《国家安全法》第 35 条规定，全国人民代表大会依照宪法规定，决定战争和和平的问题，行使宪法规定的涉及国家安全的其他职权。全国人民代表大会常务委员会依照宪法规定，决定战争状态的宣布，决定全国总动员或者局部动员，决定全国或者个别省、自治区、直辖市进入紧急状态，行使宪法规定的和全国人民代表大会授予的涉及国家安全的其他职权。

135. ABC，解析：根据《国家安全法》第 36 条规定，中华人民共和国主席根据全国人民代表大会的决定和全国人民代表大会常务委员会的决定，宣布进入紧急状态，宣布战争状态，发布动员令，行使宪法规定的涉及国家安全的其他职权。

136. BD，解析：根据《国家安全法》第 37 条规定，国务院根据宪法和法律，制定涉及国家安全的行政法规，规定有关行政措施，发布有关决定和命令；实施国家安全法律法规和政策；依照法律规定决定省、自治区、直辖市的范围内部分地区进入紧急状态；行使宪法法律规定的和全国人民代表大会及其常务委员会授予的涉及国家安全的其他职权。

137. ABCD，解析：根据《国家安全法》第 43 条规定，国家机关及其工作人员在履行职责时，应当贯彻维护国家安全的原则。国家机关及其工作人员在国家安全工作和涉及国家安全活动中，应当严格依法履行职责，不得超越职权、滥用职权，不得侵犯个人和组织的合法权益。

138. BC，解析：根据《国家安全法》第 58 条规定，对可能即将发生或者已经发生的危害国家安全的事件，县级以上地方人民政府及其有关主管部门应当立即按照规定向上一级人民政府及其有关主管部门报告，必要时可以越级上报。

139. ABCD，解析：根据《国家安全法》第 59 条规定，国家建立国家安全审查和监管的制度和机制，对影响或者可能影响国家安全的外商投资、特定物项和关键技术、网络信息技术产品和服务、涉及国家安全事项的建设项目，以及其他重大事项和活动，进行国家安全审查，有效预防和化解国家安全风险。

140. AC，解析：根据《国家安全法》第 76 条规定，国家加强国家安全新闻宣传和舆论引导，通过多种形式开展国家安全宣传教育活动，将国家安全教育纳入国民教育体系和公务员教育培训体系，增强全民国家安全意识。

（四）填空题

141. 法治原则。(《国家安全法》第 7 条)

142. 经济社会发展；统筹。(《国家安全法》第 8 条)
143. 互信；世界和平。(《国家安全法》第 10 条)
144. 全中国人民。(《国家安全法》第 11 条)
145. 革命化、现代化、正规化。(《国家安全法》第 18 条)
146. 自主创新能力建设。(《国家安全法》第 24 条)
147. 全国人民代表大会。(《国家安全法》第 35 条)
148. 会商工作机制。(《国家安全法》第 48 条)
149. 协同联动机制。(《国家安全法》第 49 条)
150. 防范；制止。(《国家安全法》第 78 条)

(五) 简答题

151. 答：根据《国家安全法》第 21 条规定，国家合理利用和保护资源能源，有效管控战略资源能源的开发，加强战略资源能源储备，完善资源能源运输战略通道建设和安全保护措施，加强国际资源能源合作，全面提升应急保障能力，保障经济社会发展所需的资源能源持续、可靠和有效供给。

152. 答：根据《国家安全法》第 43 条规定，国家机关及其工作人员在履行职责时，应当贯彻维护国家安全的原则。国家机关及其工作人员在国家安全工作和涉及国家安全活动中，应当严格依法履行职责，不得超越职权、滥用职权，不得侵犯个人和组织的合法权益。

四、选举法

（一）判断题

153. 全国人民代表大会和地方各级人民代表大会代表的选举工作，坚持中国共产党的领导，坚持充分发扬民主，坚持严格依法办事。（　　）
154. 全国人民代表大会的代表，省、自治区、直辖市、设区的市、自治州的人民代表大会的代表，由本级人民代表大会选举。（　　）
155. 任何年满 18 周岁的中华人民共和国公民都享有选举权和被选举权。（　　）
156. 全国人民代表大会的代表，由省、自治区、直辖市的人民代表大会和人民政府产生。（　　）
157. 有少数民族聚居的地方，每一聚居的少数民族都应有代表参加当地的人民代表大会。（　　）

（二）单项选择题

158. 省、自治区、直辖市、设区的市、自治州的人民代表大会常务委员会指导（　　）人民代表大会代表的选举工作。

A. 本行政区域内县级以下　　B. 本行政区域内乡级

C. 本行政区域内市级以下　　D. 本行政区域内县级

159. 不设区的市、市辖区、县、自治县的选举委员会的组成人员由（　　）任命。

A. 本级人民代表大会　　B. 本级人民代表大会常务委员会

C. 上级人民代表大会　　D. 上级人民代表大会常务委员会

160. 重新确定代表名额的，省、自治区、直辖市的人民代表大会常务委员会应当在（　　）日内将重新确定代表名额的情况报全国人民代表大会常务委员会备案。

A. 15　　B. 20
C. 25　　D. 30

161. 县级以上的地方各级人民代表大会举行会议的时候，主席团或者（　　）以上代表联名，可以提出对由该级人民代表大会选出的上一级人民代表大会代表的罢免案。

A. 1/5　　B. 1/7
C. 1/10　　D. 1/15

162. 按照《选举法》的相关规定，下列说法错误的是：（　　）

A. 罢免代表采用无记名的表决方式
B. 罢免县级和乡级的人民代表大会代表，须经原选区1/2的选民通过
C. 罢免由县级以上的地方各级人民代表大会选出的代表，须经各该级人民代表大会过半数的代表通过
D. 罢免的决议，须报送上一级人民代表大会常务委员会备案、公告

（三）多项选择题

163. 按照《选举法》相关规定，选举委员会应履行下列哪些职责？（　　）

A. 划分选举本级人民代表大会代表的选区，分配各选区应选代表的名额
B. 确定选举日期
C. 进行选民登记，审查选民资格，公布选民名单；受理对于选民名单不同意见的申诉，并作出决定
D. 确定选举结果是否有效，公布当选代表名单

164. 为保障选民和代表自由行使选举权和被选举权，对下列哪些行为，破坏选举，违反治安管理规定的，依法给予治安管理处罚；构成犯罪的，依法追究刑事责任？（　　）

A. 以金钱或者其他财物贿赂选民或者代表，妨害选民和代表自由行使选举权和被选举权的
B. 以暴力、威胁、欺骗或者其他非法手段妨害选民和代表自由行使选举权和被选举权的
C. 伪造选举文件、虚报选举票数或者有其他违法行为的

D. 对于控告、检举选举中违法行为的人，或者对于提出要求罢免代表的人进行压制、报复的

165. 关于选举机构，下列选项正确的是：（　　）

A. 全国人民代表大会常务委员会主持全国人民代表大会代表的选举

B. 省、自治区、直辖市、设区的市、自治州的人民代表大会常务委员会主持下级人民代表大会代表的选举

C. 不设区的市、市辖区、县、自治县、乡、民族乡、镇设立选举委员会，主持本级人民代表大会代表的选举

D. 不设区的市、市辖区、县、自治县的选举委员会受本级人民代表大会常务委员会的领导

166. 按照《选举法》中关于全国人民代表大会代表名额的相关规定，下列说法正确的是：（　　）

A. 全国人民代表大会的代表，由省、自治区、直辖市的人民代表大会和人民解放军选举产生

B. 全国少数民族应选全国人民代表大会代表，由全国人民代表大会常务委员会参照各少数民族的人口数和分布等情况，分配给各省、自治区、直辖市的人民代表大会选出

C. 香港特别行政区、澳门特别行政区应选全国人民代表大会代表的名额和代表产生办法，由全国人民代表大会另行规定

D. 全国人民代表大会代表的名额不超过3500人

167. 关于各少数民族的选举，下列说法正确的是：（　　）

A. 聚居境内同一少数民族的总人口数不足境内总人口数15%的，每一代表所代表的人口数可以适当少于当地人民代表大会每一代表所代表的人口数，但不得少于1/3

B. 有少数民族聚居的地方，每一聚居的少数民族都应有代表参加当地的人民代表大会

C. 聚居境内同一少数民族的总人口数占境内总人口数30%以上的，每一代表所代表的人口数应相当于当地人民代表大会每一代表所代表的人口数

D. 散居的少数民族应选当地人民代表大会的代表，每一代表所代表的人口数可以少于当地人民代表大会每一代表所代表的人口数

（四）填空题

168. 全国人民代表大会的代表，省、自治区、直辖市、设区的市、自治州的人民代表大会的代表，由____选举。
169. 中华人民共和国年满 18 周岁的公民，不分民族、种族、性别、职业、家庭出身、宗教信仰、教育程度、财产状况和居住期限，都有选举权和被选举权。依照法律____的人没有选举权和被选举权。每一选民在一次选举中只有____投票权。
170. 全国人民代表大会和地方各级人民代表大会的选举经费，列入____，由____开支。
171. 旅居国外的中华人民共和国公民在县级以下人民代表大会代表选举期间在国内的，可以参加____或者____的选举。
172. 香港特别行政区、澳门特别行政区应选全国人民代表大会代表的名额和代表产生办法，由____另行规定。

（五）简答题

173. 按照《选举法》的相关规定，简述选区的划分。
174. 简述选举委员会的职责。

参考答案

（一）判断题

153. √，解析：根据《选举法》第 2 条规定。
154. ×，解析：根据《选举法》第 3 条第 1 款规定，全国人民代表大会的代表，省、自治区、直辖市、设区的市、自治州的人民代表大会的代表，由下一级人民代表大会选举。
155. ×，解析：根据《选举法》第 4 条规定，中华人民共和国年满 18 周岁的公民，不分民族、种族、性别、职业、家庭出身、宗教信仰、教育程度、财产状况和居住期限，都有选举权和被选举权。依照法律被剥夺政治权利的人没有选举权和被选举权。
156. ×，解析：根据《选举法》第 16 条第 1 款规定，全国人民代表大会的代表，由省、自治区、直辖市的人民代表大会和人民解放军选举产生。

157. √，解析：根据《选举法》第 19 条规定。

（二）单项选择题

158. A，解析：根据《选举法》第 9 条第 3 款规定，省、自治区、直辖市、设区的市、自治州的人民代表大会常务委员会指导本行政区域内县级以下人民代表大会代表的选举工作。

159. B，解析：根据《选举法》第 10 条第 1 款规定，不设区的市、市辖区、县、自治县的选举委员会的组成人员由本级人民代表大会常务委员会任命。乡、民族乡、镇的选举委员会的组成人员由不设区的市、市辖区、县、自治县的人民代表大会常务委员会任命。

160. D，解析：根据《选举法》第 14 条第 2 款规定，依照前款规定重新确定代表名额的，省、自治区、直辖市的人民代表大会常务委员会应当在 30 日内将重新确定代表名额的情况报全国人民代表大会常务委员会备案。

161. C，解析：根据《选举法》第 51 条第 1 款规定，县级以上的地方各级人民代表大会举行会议的时候，主席团或者 1/10 以上代表联名，可以提出对由该级人民代表大会选出的上一级人民代表大会代表的罢免案。

162. B，解析：根据《选举法》第 53 条第 1 款规定，罢免县级和乡级的人民代表大会代表，须经原选区过半数的选民通过。

（三）多项选择题

163. ABCD，解析：根据《选举法》第 11 条规定，选举委员会履行下列职责：（1）划分选举本级人民代表大会代表的选区，分配各选区应选代表的名额；（2）进行选民登记，审查选民资格，公布选民名单；受理对于选民名单不同意见的申诉，并作出决定；（3）确定选举日期；（4）了解核实并组织介绍代表候选人的情况；根据较多数选民的意见，确定和公布正式代表候选人名单；（5）主持投票选举；（6）确定选举结果是否有效，公布当选代表名单；（7）法律规定的其他职责。选举委员会应当及时公布选举信息。

164. ABCD，解析：根据《选举法》第 58 条规定，为保障选民和代表自由行使选举权和被选举权，对有下列行为之一，破坏选举，违反治安管理规定的，依法给予治安管理处罚；构成犯罪的，依法追究刑事责任：（1）以金钱或者其他财物贿赂选民或者代表，妨害选民和代表自由行使选举权和被选举权的；（2）以暴力、威胁、欺骗或者其他非法手段妨害选民和代表自由行使选举权和被选举权的；（3）伪造选举文件、虚报选举票数或者有其他违法行为的；（4）对于控告、检举选举中违法行为的人，或者对于提出要求罢免代表的人进行压制、报复的。国家工作人员有前款所列行为的，还应当由监察机关给予政务处分或者由所在机关、单位给予处分。以本条第一款所列违法行为当选的，其当选无效。

165. ACD，解析：根据《选举法》第 9 条规定，全国人民代表大会常务委员会主持全国人民代表大会代表的选举。省、自治区、直辖市、设区的市、自治州的人民代表大会常务委员会主持本级人民代表大会代表的选举。不设区的市、市辖区、县、自治县、乡、民族乡、镇设立选举委员会，主持本级人民代表大会代表的选举。不设区的市、市辖区、县、自治县的选举委员会受本级人民代表大会常务委员会的领导。乡、民族乡、镇的选举委员会受不设区的市、市辖区、县、自治县的人民代表大会常务委员会的领导。省、自治区、直辖市、设区的市、自治州的人民代表大会常务委员会指导本行政区域内县级以下人民代表大会代表的选举工作。

166. ABC，解析：根据《选举法》第 16 条规定，全国人民代表大会的代表，由省、自治区、直辖市的人民代表大会和人民解放军选举产生。全国人民代表大会代表的名额不超过 3000 人。香港特别行政区、澳门特别行政区应选全国人民代表大会代表的名额和代表产生办法，由全国人民代表大会另行规定。根据《选举法》第 18 条规定，全国少数民族应选全国人民代表大会代表，由全国人民代表大会常务委员会参照各少数民族的人口数和分布等情况，分配给各省、自治区、直辖市的人民代表大会选出。人口特少的民族，至少应有代表 1 人。

167. BCD，解析：根据《选举法》第 19 条规定，有少数民族聚居的地方，每一聚居的少数民族都应有代表参加当地的人民代表大会。聚居境内同一少数民族的总人口数占境内总人口数 30% 以上的，每一代表所代表的人口数应相当于当地人民代表大会每一代表所代表的人口数。聚居境内同一少数民族的总人口数不足境内总人口数 15% 的，每一代表所代表的人口数可以适当少于当地人民代表大会每一代表所代表的人口数，但不得少于 1/2。根据《选举法》第 21 条规定，散居的少数民族应选当地人民代表大会的代表，每一代表所代表的人口数可以少于当地人民代表大会每一代表所代表的人口数。

（四）填空题

168. 下一级人民代表大会。（《选举法》第 3 条）

169. 被剥夺政治权利；1个。(《选举法》第4条、第5条)
170. 财政预算；国库。(《选举法》第8条)
171. 原籍地；出国前居住地（《选举法》第7条)
172. 全国人民代表大会。(《选举法》第16条)

(五) 简答题

173. 答：根据《选举法》第25条规定，不设区的市、市辖区、县、自治县、乡、民族乡、镇的人民代表大会的代表名额分配到选区，按选区进行选举。选区可以按居住状况划分，也可以按生产单位、事业单位、工作单位划分。选区的大小，按照每一选区选1名至3名代表划分。根据《选举法》第26条规定，本行政区域内各选区每一代表所代表的人口数应当大体相等。
174. 答：根据《选举法》第11条规定，选举委员会履行下列职责：（1）划分选举本级人民代表大会代表的选区，分配各选区应选代表的名额；（2）进行选民登记，审查选民资格，公布选民名单；受理对于选民名单不同意见的申诉，并作出决定；（3）确定选举日期；（4）了解核实并组织介绍代表候选人的情况；根据较多数选民的意见，确定和公布正式代表候选人名单；（5）主持投票选举；（6）确定选举结果是否有效，公布当选代表名单；（7）法律规定的其他职责。选举委员会应当及时公布选举信息。

五、监察法

（一）判断题

175. 监察机关办理职务违法和职务犯罪案件，应当与审判机关、检察机关、执法部门互相配合，互相监督。（　　）
176. 国家监察委员会指导地方各级监察委员会的工作，上级监察委员会指导下级监察委员会的工作。（　　）
177. 监察机构、监察专员对派驻或者派出它的监察委员会负责。（　　）
178. 上级监察机关可以将其所管辖的监察事项指定下级监察机关管辖，但是不可以将下级监察机关有管辖权的监察事项指定给其他监察机关管辖。（　　）
179. 对可能发生职务违法的监察对象，监察机关按照管理权限，只能直接进行谈话或者要求说明情况。（　　）
180. 在调查过程中，监察机关可以询问证人等人员。（　　）
181. 监察机关在调查过程中，应当直接或者指派、聘请具有专门知识、资格的人员在调查人员主持下进行勘验检查。（　　）
182. 依法应当留置的被调查人如果在逃，监察机关可以决定在本行政区域内通缉，由监察机关发布通缉令，追捕归案。（　　）
183. 监察机关对于报案或者举报，应当接受并按照有关规定处理。（　　）
184. 需要采取初步核实方式处置问题线索的，监察机关应当依法履行审批程序，成立调查组。（　　）
185. 对调查过程中的重要事项，应当集体研究后按程序请示报告。（　　）
186. 对被调查人采取留置措施后，应当在 12 小时以内，通知被留置人员所在单位和家属，但有可能毁灭、伪造证据，干扰证人作证或者串供等有碍调查情形的除外。（　　）
187. 最高人民检察院统筹协调与其他国家、地区、国际组织开展的反腐败

国际交流、合作，组织反腐败国际条约实施工作。(   )

188. 各级监察委员会应当接受上级人民代表大会及其常务委员会的监督。(   )

189. 监察人员必须模范遵守宪法和法律，忠于职守、秉公执法，清正廉洁、保守秘密；必须具有良好的政治素质，熟悉监察业务，具备运用法律、法规、政策和调查取证等能力，自觉接受监督。(   )

(二) 单项选择题

190. 地方各级监察委员会对本级人民代表大会及其常务委员会和（   ）监察委员会负责，并接受其监督。

A. 上一级　　B. 上级

C. 市级以上　　D. 省级以上

191. 派驻或者派出的监察机构、监察专员根据授权，按照管理权限依法对公职人员进行监督，提出监察建议，依法对公职人员进行（   ）、处置。

A. 处罚　　B. 处分

C. 调查　　D. 教育

192. 监察机关之间对监察事项的管辖有争议的，由（   ）确定。

A. 国家监察委员会　　B. 省级监察机关

C. 市级以上监察机关　　D. 其共同的上级监察机关

193. 监察机关行使监督、调查职权，有权依法向有关单位和个人了解情况，收集、调取证据。有关单位和个人（   ）如实提供。

A. 应当　　B. 可以

C. 必须　　D. 应该

194. 在调查过程中，对涉嫌职务违法的被调查人，监察机关可以要求其就涉嫌违法行为作出陈述，(）向被调查人出具书面通知。

A. 应当　　B. 可以

C. 必须　　D. 必要时

195. 监察机关在调查过程中，可以调取、查封、扣押用以（   ）被调查人涉嫌违法犯罪的财物、文件和电子数据等信息。

A. 证实　　B. 查证

C. 证明　　D. 验证

196. 监察机关为防止被调查人及相关人员逃匿境外，经（　　）监察机关批准，可以对被调查人及相关人员采取限制出境措施，由公安机关依法执行。

A. 县级以上　　B. 市级以上

C. 省级以上　　D. 中央

197. 监察机关对于报案或者举报，应当接受并按照有关规定处理。对于不属于本机关管辖的，应当移送（　　）机关处理。

A. 主管　　B. 上级

C. 有管辖权　　D. 省级

198. 监察机关对职务违法和职务犯罪案件，应当进行调查，收集被调查人有无违法犯罪以及情节轻重的证据，查明违法犯罪事实，形成相互印证、完整稳定的（　　）。

A. 事实链　　B. 情节链

C. 证据链　　D. 证明链

199. 被留置人员涉嫌犯罪移送司法机关后，被依法判处管制、拘役和有期徒刑的，留置 1 日折抵管制（　　），折抵拘役、有期徒刑 1 日。

A. 1 日　　B. 2 日

C. 3 日　　D. 4 日

200. 监察机关经调查，对违法取得的财物，依法予以没收、追缴或者责令退赔；对涉嫌犯罪取得的财物，应当随案移送（　　）。

A. 公安机关　　B. 人民法院

C. 人民检察院　　D. 上级监察机关

201. 监察机关（　　）依法公开监察工作信息，接受民主监督、社会监督、舆论监督。

A. 应当　　B. 可以

C. 必须　　D. 应该

202. 监察人员辞职、退休（　　）内，不得从事与监察和司法工作相关联且可能发生利益冲突的职业。

A. 2 年　　B. 3 年

C. 4 年　　D. 5 年

203. 监察对象对控告人、检举人、证人或者监察人员进行报复陷害的；控告人、检举人、证人捏造事实诬告陷害监察对象的，依法给予（　　）。

A. 处罚　　B. 处分

C. 处置　　D. 处理

204. 违反《监察法》规定，构成犯罪的，依法追究（　　）。

A. 刑事责任　　B. 行政责任

C. 民事责任　　D. 赔偿责任

（三）多项选择题

205. 国家监察工作坚持标本兼治、综合治理，强化监督问责，严厉惩治腐败；深化改革、健全法治，有效制约和监督权力；加强（　　），弘扬中华优秀传统文化，构建不敢腐、不能腐、不想腐的长效机制。

A. 法制教育　　B. 法治教育

C. 道德教育　　D. 廉政教育

206. 各级监察委员会可以向本级中国共产党机关、国家机关、法律法规授权或者委托管理公共事务的组织和单位以及所管辖的（　　）等派驻或者派出监察机构、监察专员。

A. 行政区域　　B. 国有企业

C. 事业单位　　D. 中央企业

207. 监察机关认为所管辖的监察事项（　　），需要由上级监察机关管辖的，可以报请上级监察机关管辖。

A. 重大　　B. 重要

C. 复杂　　D. 繁杂

208. 对涉嫌（　　）等职务犯罪的被调查人，监察机关可以进行讯问，要求其如实供述涉嫌犯罪的情况。

A. 玩忽职守　　B. 贪污贿赂

C. 徇私舞弊　　D. 失职渎职

209. 被调查人涉嫌贪污贿赂、失职渎职等严重职务违法或者职务犯罪，监察机关已经掌握其部分违法犯罪事实及证据，仍有重要问题需要进一步调查，并有（　　），经监察机关依法审批，可以将其留置在特定场所。

A. 涉及案情重大、复杂的

B. 可能逃跑、自杀的

C. 可能串供的

D. 可能伪造、隐匿、毁灭证据的

210. 监察机关调查涉嫌贪污贿赂、失职渎职等严重职务违法或者职务犯罪，根据工作需要，可以依照规定（　　）涉案单位和个人的存款、汇款、债券、股票、基金份额等财产。

A. 查询　　B. 扣押

C. 冻结　　D. 拍卖

211. 监察机关可以对涉嫌职务犯罪的被调查人以及可能隐藏被调查人或者犯罪证据的人的（　　）和其他有关地方进行搜查。

A. 身体　　B. 物品

C. 住处　　D. 经营场所

212. （　　）等国家机关在工作中发现公职人员涉嫌贪污贿赂、失职渎职等职务违法或者职务犯罪的问题线索，应当移送监察机关，由监察机关依法调查处置。

A. 人民法院　　B. 人民检察院

C. 公安机关　　D. 审计机关

213. 调查人员进行讯问以及（　　）等重要取证工作，应当对全过程进行录音录像，留存备查。

A. 搜查　　B. 查封

C. 扣押　　D. 冻结

214. 监察机关通过设立内部专门的监督机构等方式，加强对监察人员执行职务和遵守法律情况的监督，建设（　　）的监察队伍。

A. 忠诚　　B. 干净

C. 担当　　D. 守法

（四）填空题

215. 监察委员会依照法律规定____行使监察权，不受行政机关、____和个人的干涉。

216. 国家监察工作坚持____、综合治理，强化监督问责，严厉惩治腐败；深化改革、健全法治，有效制约和监督权力；加强法治教育和____，弘扬中华优秀传统文化，构建不敢腐、不能腐、不想腐的____。

217. 中华人民共和国国家监察委员会是最高____。省、____、直辖市、自治州、县、自治县、市、____设立监察委员会。

218. 国家实行监察官制度，依法确定监察官的等级设置、____、考评和____等制度。

219. 监察机关在搜查时，应当出示____，并有被搜查人或者其____等____在场。

220. 监察机关在调查过程中，对于案件中的____问题，可以指派、____有专门知识的人进行鉴定。鉴定人进行鉴定后，应当出具____，并且____。

221. 以____收集的证据应当依法予以____，不得作为案件处置的依据。

222. 监察机关应当严格按照程序开展工作，建立问题线索处置、调查、审理各部门相互____、相互____的工作机制。

223. 初步核实工作结束后，核查组应当撰写初步核实____，提出处理建议。承办部门应当提出____意见。

224. 监察机关主要负责人依法批准立案后，应当主持召开____，研究确定调查方案，决定需要采取的____。

225. 省级监察机关采取留置措施，应当报国家监察委员会____。留置时间不得超过____。

226. 讯问被留置人员应当合理安排讯问____和时长，讯问笔录由被讯问人阅看后____。

227. 对于补充调查的案件，应当在____内补充调查完毕。补充调查以____为限。

228. 发现办理监察事项的监察人员未经批准接触被调查人、____及其特定关系人，或者存在交往情形的，知情人应当及时____。有关情况应当登记____。

229. 对调查工作结束后发现立案依据____或者失实，案件处置出现重大失误，监察人员严重____的，应当追究负有责任的领导人员和直接责任人员的____。

（五）简答题

230. 简述监察委员会依照《监察法》和有关法律规定所应履行的职责。

231. 监察机关可以对哪些人员进行监察？

232. 在哪些情形下，监察机关可以对主动认罪认罚的涉嫌职务犯罪的被调查人提出从宽处罚建议？

233. 监察机关根据监督、调查结果，可以依法作出哪些处置？

234. 国家监察委员会在加强对反腐败国际追逃追赃和防逃工作的组织协调时，应督促有关单位做好哪些相关工作？

235. 监察机关及其工作人员有哪些行为的，被调查人及其近亲属有权向该机关申诉？

参考答案

（一）判断题

175. ×，解析：根据《监察法》第4条第2款规定，监察机关办理职务违法和职务犯罪案件，应当与审判机关、检察机关、执法部门互相配合，互相制约。

176. ×，解析：根据《监察法》第10条规定，国家监察委员会领导地方各级监察委员会的工作，上级监察委员会领导下级监察委员会的工作。

177. √，解析：根据《监察法》第12条规定。

178. ×，解析：根据《监察法》第17条第1款规定，上级监察机关可以将其所管辖的监察事项指定下级监察机关管辖，也可以将下级监察机关有管辖权的监察事项指定给其他监察机关管辖。

179. ×，解析：根据《监察法》第19条规定，对可能发生职务违法的监察对象，监察机关按照管理权限，可以直接或者委托有关机关、人员进行谈话或者要求说明情况。

180. √，解析：根据《监察法》第21条规定。

181. ×，解析：根据《监察法》第26条规定，监察机关在调查过程中，可以直接或者指派、聘请具有专门知识、资格的人员在调查人员主持下进行勘验检查。

182. ×，解析：根据《监察法》第29条规定，依法应当留置的被调查人如果在逃，监察机关可以决定在本行政区域内通缉，由公安机关发布通缉令，追捕归案。

183. √，解析：根据《监察法》第 35 条规定。

184. ×，解析：根据《监察法》第 38 条规定，需要采取初步核实方式处置问题线索的，监察机关应当依法履行审批程序，成立核查组。

185. √，解析：根据《监察法》第 42 条规定。

186. ×，解析：根据《监察法》第 44 条第 1 款规定，对被调查人采取留置措施后，应当在 24 小时以内，通知被留置人员所在单位和家属，但有可能毁灭、伪造证据，干扰证人作证或者串供等有碍调查情形的除外。

187. ×，解析：根据《监察法》第 50 条规定，国家监察委员会统筹协调与其他国家、地区、国际组织开展的反腐败国际交流、合作，组织反腐败国际条约实施工作。

188. ×，解析：根据《监察法》第 53 条第 1 款规定，各级监察委员会应当接受本级人民代表大会及其常务委员会的监督。

189. √，解析：根据《监察法》第 56 条规定。

（二）单项选择题

190. A，解析：根据《监察法》第 9 条第 4 款规定，地方各级监察委员会对本级人民代表大会及其常务委员会和上一级监察委员会负责，并接受其监督。

191. C，解析：根据《监察法》第 13 条规定，派驻或者派出的监察机构、监察专员根据授权，按照管理权限依法对公职人员进行监督，提出监察建议，依法对公职人员进行调查、处置。

192. D，解析：根据《监察法》第 16 条第 3 款规定，监察机关之间对监察事项的管辖有争议的，由其共同的上级监察机关确定。

193. A，解析：根据《监察法》第 18 条第 1 款规定，监察机关行使监督、调查职权，有权依法向有关单位和个人了解情况，收集、调取证据。有关单位和个人应当如实提供。

194. D，解析：根据《监察法》第 20 条第 1 款规定，在调查过程中，对涉嫌职务违法的被调查人，监察机关可以要求其就涉嫌违法行为作出陈述，必要时向被调查人出具书面通知。

195. C，解析：根据《监察法》第 25 条第 1 款规定，监察机关在调查过程中，可以调取、查封、扣押用以证明被调查人涉嫌违法犯罪的财物、文件和电子数据等信息。

196. C，解析：根据《监察法》第 30 条规定，监察机关为防止被调查人及相关人员逃匿境外，经省级以上监察机关批准，可以对被调查人及相关人员采取限制出境措施，由公安机关依法执行。

197. A，解析：根据《监察法》第35条规定，监察机关对于报案或者举报，应当接受并按照有关规定处理。对于不属于本机关管辖的，应当移送主管机关处理。

198. C，解析：根据《监察法》第40条第1款规定，监察机关对职务违法和职务犯罪案件，应当进行调查，收集被调查人有无违法犯罪以及情节轻重的证据，查明违法犯罪事实，形成相互印证、完整稳定的证据链。

199. B，解析：根据《监察法》第44条第3款规定，被留置人员涉嫌犯罪移送司法机关后，被依法判处管制、拘役和有期徒刑的，留置1日折抵管制2日，折抵拘役、有期徒刑1日。

200. C，解析：根据《监察法》第46条规定，监察机关经调查，对违法取得的财物，依法予以没收、追缴或者责令退赔；对涉嫌犯罪取得的财物，应当随案移送人民检察院。

201. A，解析：根据《监察法》第54条规定，监察机关应当依法公开监察工作信息，接受民主监督、社会监督、舆论监督。

202. B，解析：根据《监察法》第59条第2款规定，监察人员辞职、退休3年内，不得从事与监察和司法工作相关联且可能发生利益冲突的职业。

203. D，解析：根据《监察法》第64条规定，监察对象对控告人、检举人、证人或者监察人员进行报复陷害的；控告人、检举人、证人捏造事实诬告陷害监察对象的，依法给予处理。

204. A，解析：根据《监察法》第66条规定，违反本法规定，构成犯罪的，依法追究刑事责任。

（三）多项选择题

205. BC，解析：根据《监察法》第6条规定，国家监察工作坚持标本兼治、综合治理，强化监督问责，严厉惩治腐败；深化改革、健全法治，有效制约和监督权力；加强法治教育和道德教育，弘扬中华优秀传统文化，构建不敢腐、不能腐、不想腐的长效机制。

206. AB，解析：根据《监察法》第12条第1款规定，各级监察委员会可以向本级中国共产党机关、国家机关、法律法规授权或者委托管理公共事务的组织和单位以及所管辖的行政区域、国有企业等派驻或者派出监察机构、监察专员。

207. AC，解析：根据《监察法》第17条第2款规定，监察机关认为所管辖的监察事项重大、复杂，需要由上级监察机关管辖的，可以报请上级监察机关管辖。

208. BD，解析：根据《监察法》第 20 条第 2 款规定，对涉嫌贪污贿赂、失职渎职等职务犯罪的被调查人，监察机关可以进行讯问，要求其如实供述涉嫌犯罪的情况。

209. ABCD，解析：根据《监察法》第 22 条第 1 款规定，被调查人涉嫌贪污贿赂、失职渎职等严重职务违法或者职务犯罪，监察机关已经掌握其部分违法犯罪事实及证据，仍有重要问题需要进一步调查，并有下列情形之一的，经监察机关依法审批，可以将其留置在特定场所：（1）涉及案情重大、复杂的；（2）可能逃跑、自杀的；（3）可能串供或者伪造、隐匿、毁灭证据的；（4）可能有其他妨碍调查行为的。

210. AC，解析：根据《监察法》第 23 条第 1 款规定，监察机关调查涉嫌贪污贿赂、失职渎职等严重职务违法或者职务犯罪，根据工作需要，可以依照规定查询、冻结涉案单位和个人的存款、汇款、债券、股票、基金份额等财产。

211. ABC，解析：根据《监察法》第 24 条第 1 款规定，监察机关可以对涉嫌职务犯罪的被调查人以及可能隐藏被调查人或者犯罪证据的人的身体、物品、住处和其他有关地方进行搜查。

212. ABCD，解析：根据《监察法》第 34 条第 1 款规定，人民法院、人民检察院、公安机关、审计机关等国家机关在工作中发现公职人员涉嫌贪污贿赂、失职渎职等职务违法或者职务犯罪的问题线索，应当移送监察机关，由监察机关依法调查处置。

213. ABC，解析：根据《监察法》第 41 条第 2 款规定，调查人员进行讯问以及搜查、查封、扣押等重要取证工作，应当对全过程进行录音录像，留存备查。

214. ABC，解析：根据《监察法》第 55 条规定，监察机关通过设立内部专门的监督机构等方式，加强对监察人员执行职务和遵守法律情况的监督，建设忠诚、干净、担当的监察队伍。

（四）填空题

215. 独立；社会团体。（《监察法》第 4 条）

216. 标本兼治；道德教育；长效机制。（《监察法》第 6 条）

217. 监察机关；自治区；市辖区。（《监察法》第 7 条）

218. 任免；晋升。（《监察法》第 14 条）

219. 搜查证；家属；见证人。（《监察法》第 24 条）

220. 专门性；聘请；鉴定意见；签名。(《监察法》第27条)
221. 非法方法；排除。(《监察法》第33条)
222. 协调；制约。(《监察法》第36条)
223. 情况报告；分类处理。(《监察法》第38条)
224. 专题会议；调查措施。(《监察法》第39条)
225. 备案；3个月。(《监察法》第43条)
226. 时间；签名。(《监察法》第44条)
227. 1个月；2次。(《监察法》第47条)
228. 涉案人员；报告；备案。(《监察法》第57条)
229. 不充分；违法；责任。(《监察法》第61条)

(五) 简答题

230. 答：根据《监察法》第11条规定，监察委员会依照本法和有关法律规定履行监督、调查、处置职责：(1) 对公职人员开展廉政教育，对其依法履职、秉公用权、廉洁从政从业以及道德操守情况进行监督检查；(2) 对涉嫌贪污贿赂、滥用职权、玩忽职守、权力寻租、利益输送、徇私舞弊以及浪费国家资财等职务违法和职务犯罪进行调查；(3) 对违法的公职人员依法作出政务处分决定；对履行职责不力、失职失责的领导人员进行问责；对涉嫌职务犯罪的，将调查结果移送人民检察院依法审查、提起公诉；向监察对象所在单位提出监察建议。

231. 答：根据《监察法》第15条规定，监察机关对下列公职人员和有关人员进行监察：(1) 中国共产党机关、人民代表大会及其常务委员会机关、人民政府、监察委员会、人民法院、人民检察院、中国人民政治协商会议各级委员会机关、民主党派机关和工商业联合会机关的公务员，以及参照《中华人民共和国公务员法》管理的人员；(2) 法律、法规授权或者受国家机关依法委托管理公共事务的组织中从事公务的人员；(3) 国有企业管理人员；(4) 公办的教育、科研、文化、医疗卫生、体育等单位中从事管理的人员；(5) 基层群众性自治组织中从事管理的人员；(6) 其他依法履行公职的人员。

232. 答：根据《监察法》第31条规定，涉嫌职务犯罪的被调查人主动认罪认罚，有下列情形之一的，监察机关经领导人员集体研究，并报上一级监察机关批准，可以在移送人民检察院时提出从宽处罚的建议：(1) 自动投案，真诚悔罪悔过的；(2) 积极配合调查工作，如实供述监察机关还未掌握的违法犯罪行为的；（3）积极退赃，减少损失的；（4）具有重大立功表现或者案件涉及国家重大利益等情形的。

233. 答：根据《监察法》第45条规定，监察机关根据监督、调查结果，依法作出如下处置：（1）对有职务违法行为但情节较轻的公职人员，按照管理权限，直接或者委托有关机关、人员，进行谈话提醒、批评教育、责令检查，或者予以诫勉；（2）对违法的公职人员依照法定程序作出警告、记过、记大过、降级、撤职、开除等政务处分决定；（3）对不履行或者不正确履行职责负有责任的领导人员，按照管理权限对其直接作出问责决定，或者向有权作出问责决定的机关提出问责建议；（4）对涉嫌职务犯罪的，监察机关经调查认为犯罪事实清楚，证据确实、充分的，制作起诉意见书，连同案卷材料、证据一并移送人民检察院依法审查、提起公诉；（5）对监察对象所在单位廉政建设和履行职责存在的问题等提出监察建议。监察机关经调查，对没有证据证明被调查人存在违法犯罪行为的，应当撤销案件，并通知被调查人所在单位。

234. 答：根据《监察法》第52条规定，国家监察委员会加强对反腐败国际追逃追赃和防逃工作的组织协调，督促有关单位做好相关工作：（1）对于重大贪污贿赂、失职渎职等职务犯罪案件，被调查人逃匿到国（境）外，掌握证据比较确凿的，通过开展境外追逃合作，追捕归案；（2）向赃款赃物所在国请求查询、冻结、扣押、没收、追缴、返还涉案资产；（3）查询、监控涉嫌职务犯罪的公职人员及其相关人员进出国（境）和跨境资金流动情况，在调查案件过程中设置防逃程序。

235. 答：根据《监察法》第60条规定，监察机关及其工作人员有下列行为之一的，被调查人及其近亲属有权向该机关申诉：（1）留置法定期限届满，不予以解除的；（2）查封、扣押、冻结与案件无关的财物的；（3）应当解除查封、扣押、冻结措施而不解除的；（4）贪污、挪用、私分、调换以及违反规定使用查封、扣押、冻结的财物的；（5）其他违反法律法规、侵害被调查人合法权益的行为。受理申诉的监察机关应当在受理申诉之日起1个月内作出处理决定。申诉人对处理决定不服的，可以在收到处理决定之日起1个月内向上一级监察机关申请复查，上一级监察机关应当在收到复查申请之日起2个月内作出处理决定，情况属实的，及时予以纠正。

六、民族区域自治法

(一) 判断题

236. 民族自治地方分为自治区、自治州、自治县和民族乡。(　　)

237. 上级国家机关的决议、决定、命令和指示，如有不适合民族自治地方实际情况的，自治机关可以自行变通执行或者停止执行。(　　)

238. 民族自治地方的人民法院院长和人民检察院检察长，应当由实行区域自治的民族的人员担任。(　　)

239. 上级国家机关隶属的在民族自治地方的企业、事业单位依照国家规定招收人员时，优先招收当地少数民族人员。(　　)

240. 自治区的自治条例和单行条例，报全国人民代表大会常务委员会备案后生效。(　　)

(二) 单项选择题

241. 关于民族自治机关的组成，下列哪一说法是正确的？(　　)

A. 民族自治地方的人民代表大会，应当由实行区域自治的民族的代表组成

B. 民族自治地方的人民代表大会常务委员会主任应当由实行区域自治的民族的公民担任

C. 自治区主席、自治州州长、自治县县长由实行区域自治的民族的公民担任

D. 自治区、自治州、自治县人民政府的其他组成人员，应当少量配置其他少数民族的人员

242. 关于自治县的自治条例和单行条例，下列哪一项是不正确的？(　　)

A. 报省级人民代表大会常务委员会批准后生效

B. 报省级人民代表大会备案

C. 报全国人民代表大会常务委员会备案

D. 报国务院备案

243. 某自治县依照国家的军事制度和当地的实际需要，计划组织本地方维护社会治安的公安部队，须经哪一机关批准？（　　）

A. 国务院　　B. 公安部

C. 省级人民政府　　D. 省级人大常委会

244. 民族自治地方的自治机关在执行国家税法的时候，除应由国家统一审批的减免税收项目以外，对属于地方财政收入的某些需要从税收上加以照顾和鼓励的，可以实行减税或者免税。自治县决定减税或者免税，须报下列哪一机关批准？（　　）

A. 国务院　　B. 省、自治区、直辖市人民政府

C. 国家税务总局　　D. 上一级人民政府

（三）多项选择题

245. 民族自治地方的自治机关包括：（　　）

A. 人民代表大会　　B. 人民政府

C. 人民法院　　D. 人民检察院

246. 关于民族自治地方自治机关的自治权，下列哪些选项是正确的？（　　）

A. 在国家计划的指导下，根据本地方的财力、物力和其他具体条件，自主地安排地方基本建设项目

B. 自主地管理隶属于本地方的企业、事业

C. 与外国接壤的民族自治地方经国务院批准，开展边境贸易

D. 凡是依照国家财政体制属于民族自治地方的财政收入，都应当由民族自治地方的自治机关自主地安排使用

247. 关于自治条例和单行条例，下列哪些说法是正确的？（　　）

A. 由民族自治地方的人民代表大会及其常务委员会制定

B. 自治区的自治条例和单行条例，报全国人民代表大会常务委员会批准后生效

C. 自治州、自治县的自治条例和单行条例应报全国人民代表大会常务委员会和国务院备案

D. 民族自治地方的自治机关在执行职务的时候，依照本民族自治地方自治条例的规定，使用当地通用的一种语言文字

（四）填空题

248. 民族自治地方的人民代表大会中，实行区域自治的民族和其他少数民族代表的名额和比例，根据法律规定的原则，由____决定，并报____备案。

249. 上级国家机关的决议、决定、命令和指示，如有不适合民族自治地方实际情况的，自治机关可以报经该上级国家机关批准，____执行或者____执行；该上级国家机关应当在收到报告之日起____日内给予答复。

250. 民族自治地方的自治机关的组织和工作，根据宪法和法律，由民族自治地方的____规定。

251. 民族自治地方的人民法院和人民检察院应当用当地____语言审理和检察案件，并合理配备通晓____的人员。

252. 上级国家机关非经____同意，不得改变民族自治地方所属企业的隶属关系。

（五）简答题

253. 简述民族自治地方的自治机关及其组成人员要求。

参考答案

（一）判断题

236. ×，解析：根据《民族区域自治法》第2条第2款规定，民族自治地方分为自治区、自治州、自治县。

237. ×，解析：根据《民族区域自治法》第20条规定，上级国家机关的决议、决定、命令和指示，如有不适合民族自治地方实际情况的，自治机关可以报经该上级国家机关批准，变通执行或者停止执行；该上级国家机关应当在收到报告之日起60日内给予答复。

238. ×，解析：根据《民族区域自治法》第46条第3款规定，民族自治地方的

人民法院和人民检察院的领导成员和工作人员中，应当有实行区域自治的民族的人员。

239. √，解析：根据《民族区域自治法》第 67 条规定。

240. ×，解析：根据《民族区域自治法》第 19 条规定，自治区的自治条例和单行条例，报全国人民代表大会常务委员会批准后生效。

（二）单项选择题

241. C，解析：根据《民族区域自治法》第 16 条第 1、3 款规定，民族自治地方的人民代表大会中，除实行区域自治的民族的代表外，其他居住在本行政区域内的民族也应当有适当名额的代表。民族自治地方的人民代表大会常务委员会中应当有实行区域自治的民族的公民担任主任或者副主任。根据《民族区域自治法》第 17 条第 1 款规定，自治区主席、自治州州长、自治县县长由实行区域自治的民族的公民担任。自治区、自治州、自治县的人民政府的其他组成人员，应当合理配备实行区域自治的民族和其他少数民族的人员。

242. B，解析：根据《民族区域自治法》第 19 条规定，民族自治地方的人民代表大会有权依照当地民族的政治、经济和文化的特点，制定自治条例和单行条例。自治区的自治条例和单行条例，报全国人民代表大会常务委员会批准后生效。自治州、自治县的自治条例和单行条例报省、自治区、直辖市的人民代表大会常务委员会批准后生效，并报全国人民代表大会常务委员会和国务院备案。

243. A，解析：根据《民族区域自治法》第 24 条规定，民族自治地方的自治机关依照国家的军事制度和当地的实际需要，经国务院批准，可以组织本地方维护社会治安的公安部队。

244. B，解析：根据《民族区域自治法》第 34 条规定，民族自治地方的自治机关在执行国家税法的时候，除应由国家统一审批的减免税收项目以外，对属于地方财政收入的某些需要从税收上加以照顾和鼓励的，可以实行减税或者免税。自治州、自治县决定减税或者免税，须报省、自治区、直辖市人民政府批准。

（三）多项选择题

245. AB，解析：根据《民族区域自治法》第 15 条第 1 款规定，民族自治地方的自治机关是自治区、自治州、自治县的人民代表大会和人民政府。

246. ABCD，解析：根据《民族区域自治法》第 29 条、第 30 条、第 31 条、第 32 条规定。

247. BC，解析：根据《民族区域自治法》第19条规定，民族自治地方的人民代表大会有权依照当地民族的政治、经济和文化的特点，制定自治条例和单行条例。自治区的自治条例和单行条例，报全国人民代表大会常务委员会批准后生效。自治州、自治县的自治条例和单行条例报省、自治区、直辖市的人民代表大会常务委员会批准后生效，并报全国人民代表大会常务委员会和国务院备案。根据《民族区域自治法》第21条规定，民族自治地方的自治机关在执行职务的时候，依照本民族自治地方自治条例的规定，使用当地通用的一种或者几种语言文字；同时使用几种通用的语言文字执行职务的，可以以实行区域自治的民族的语言文字为主。

（四）填空题

248. 省、自治区、直辖市的人民代表大会常务委员会；全国人民代表大会常务委员会。（《民族区域自治法》第16条）
249. 变通；停止；60。（《民族区域自治法》第20条）
250. 自治条例或者单行条例。（《民族区域自治法》第15条）
251. 通用的；当地通用的少数民族语言文字。（《民族区域自治法》第47条）
252. 民族自治地方自治机关。（《民族区域自治法》第68条）

（五）简答题

253. 答：根据《民族区域自治法》第15条第1款规定，民族自治地方的自治机关是自治区、自治州、自治县的人民代表大会和人民政府。根据《民族区域自治法》第16条规定，民族自治地方的人民代表大会中，除实行区域自治的民族的代表外，其他居住在本行政区域内的民族也应当有适当名额的代表。民族自治地方的人民代表大会中，实行区域自治的民族和其他少数民族代表的名额和比例，根据法律规定的原则，由省、自治区、直辖市的人民代表大会常务委员会决定，并报全国人民代表大会常务委员会备案。民族自治地方的人民代表大会常务委员会中应当有实行区域自治的民族的公民担任主任或者副主任。根据《民族区域自治法》第17条第1款规定，自治区主席、自治州州长、自治县县长由实行区域自治的民族的公民担任。自治区、自治州、自治县的人民政府的其他组成人员，应当合理配备实行区域自治的民族和其他少数民族的人员。根据《民族区域自治法》第18条规定，民族自治地方的自治机关所属工作部门的干部中，应当合理配备实行区域自治的民族和其他少数民族的人员。

七、村民委员会组织法

（一）判断题

254. 乡、民族乡、镇的人民政府对村民委员会的工作给予指导、支持和帮助，同时可以对依法属于村民自治范围内的事项进行干预。（　　）
255. 村民委员会成员中，应当有妇女成员，多民族村民居住的村应当有人数较少的民族的成员。（　　）
256. 村民委员会及其成员只需贯彻村民自治原则，遵守并组织实施村民自治章程、村规民约，执行村民会议、村民代表会议的决定、决议，办事公道，廉洁奉公，热心为村民服务，接受村民监督。（　　）
257. 罢免村民委员会成员，须有登记参加选举的村民过半数投票，并须经投票的村民过半数通过。（　　）
258. 村民委员会成员只有在丧失行为能力时，其职务自行终止。（　　）
259. 村民会议可以授权村民代表会议审议村民委员会的年度工作报告，评议村民委员会成员的工作，撤销或者变更村民委员会不适当的决定。（　　）
260. 村民代表会议由村民委员会召集。村民代表会议每年召开一次。有1/5以上的村民代表提议，应当召集村民代表会议。（　　）
261. 村民会议可以制定和修改村民自治章程、村规民约，并报乡、民族乡、镇的人民政府备案。（　　）
262. 村民委员会成员以及由村民或者村集体承担误工补贴的聘用人员，应当接受村民会议或者村民代表会议对其履行职责情况的民主评议。民主评议每季度至少进行一次，由村务监督机构主持。（　　）

（二）单项选择题

263. 村民委员会每届任期（　　），届满应当及时举行换届选举。村民委员会成员可以连选连任。

A. 1年　　B. 3年
C. 5年　　D. 7年

264. 年满（　　）周岁的村民，不分民族、种族、性别、职业、家庭出身、宗教信仰、教育程度、财产状况、居住期限，都有选举权和被选举权；但是，依照法律被剥夺政治权利的人除外。

A. 18　　B. 22
C. 30　　D. 50

265. 人数较多或者居住分散的村，可以设立村民代表会议，讨论决定村民会议授权的事项。村民代表会议由村民委员会成员和村民代表组成，村民代表应当占村民代表会议组成人员的4/5以上，妇女村民代表应当占村民代表会议组成人员的（　　）以上。

A. 1/3　　B. 1/2
C. 3/4　　D. 2/5

266. 人民政府对村民委员会协助政府开展工作应当提供必要的条件；人民政府有关部门委托村民委员会开展工作需要经费的，由（　　）承担。

A. 地方人民政府　　B. 委托部门
C. 村民委员会　　D. 国库

（三）多项选择题

267. 村民委员会是村民自我管理、自我教育、自我服务的基层群众性自治组织，实行（　　）。

A. 民主选举　　B. 民主决策
C. 民主管理　　D. 民主监督

268. 以（　　）等不正当手段当选村民委员会成员的，当选无效。

A. 暴力、威胁　　B. 欺骗、贿赂
C. 伪造选票　　D. 虚报选举票数

269. 涉及村民利益，经村民会议讨论决定方可办理的事项包括：（　　）

A. 土地承包经营方案
B. 宅基地的使用方案
C. 相邻权纠纷的解决方案

D. 以借贷、租赁或者其他方式处分村集体财产

270. 村民委员会实行村务公开制度。村民委员会应当及时公布（　　），接受村民的监督。

A.《村民委员会组织法》第23条、第24条规定的由村民会议、村民代表会议讨论决定的事项及其实施情况

B. 国家计划生育政策的落实方案

C. 政府拨付和接受社会捐赠的救灾救助、补贴补助等资金、物资的管理使用情况

D. 村民委员会协助人民政府开展工作的情况

（四）填空题

271. 村民委员会根据村民居住状况、人口多少，按照便于____，有利于____和____的原则设立。

272. 本村____以上有选举权的村民或者____以上的村民代表联名，可以提出罢免村民委员会成员的要求，并说明要求罢免的理由。被提出罢免的村民委员会成员有权提出申辩意见。

273. 村民委员会不及时公布应当公布的事项或者公布的事项不真实的，村民有权向乡、民族乡、镇的____或者县级____及其____反映。

274. 人民政府对村民委员会协助政府开展工作应当提供必要的条件；人民政府有关部门委托村民委员会开展工作需要经费的，由____承担。村民委员会办理本村公益事业所需的经费，由____通过筹资筹劳解决；经费确有困难的，由地方____给予适当支持。

参考答案

（一）判断题

254. ×，解析：根据《村民委员会组织法》第5条规定，乡、民族乡、镇的人民政府对村民委员会的工作给予指导、支持和帮助，但是不得干预依法属于村民自治范围内的事项。村民委员会协助乡、民族乡、镇的人民政府开展工作。

255. √，解析：根据《村民委员会组织法》第 6 条规定。

256. ×，解析：根据《村民委员会组织法》第 10 条规定，村民委员会及其成员应当遵守宪法、法律、法规和国家的政策，遵守并组织实施村民自治章程、村规民约，执行村民会议、村民代表会议的决定、决议，办事公道，廉洁奉公，热心为村民服务，接受村民监督。

257. √，解析：根据《村民委员会组织法》第 16 条规定。

258. ×，解析：根据《村民委员会组织法》第 18 条规定，村民委员会成员丧失行为能力或者被判处刑罚的，其职务自行终止。

259. √，解析：根据《村民委员会组织法》第 23 条规定。

260. ×，解析：根据《村民委员会组织法》第 26 条规定，村民代表会议由村民委员会召集。村民代表会议每季度召开一次。有 1/5 以上的村民代表提议，应当召集村民代表会议。村民代表会议有 2/3 以上的组成人员参加方可召开，所作决定应当经到会人员的过半数同意。

261. √，解析：根据《村民委员会组织法》第 27 条规定。

262. ×，解析：根据《村民委员会组织法》第 33 条规定，村民委员会成员以及由村民或者村集体承担误工补贴的聘用人员，应当接受村民会议或者村民代表会议对其履行职责情况的民主评议。民主评议每年至少进行一次，由村务监督机构主持。村民委员会成员连续两次被评议不称职的，其职务终止。

（二）单项选择题

263. C，解析：根据《村民委员会组织法》第 11 条规定，村民委员会主任、副主任和委员，由村民直接选举产生。任何组织或者个人不得指定、委派或者撤换村民委员会成员。村民委员会每届任期 5 年，届满应当及时举行换届选举。村民委员会成员可以连选连任。

264. A，解析：根据《村民委员会组织法》第 13 条规定，年满 18 周岁的村民，不分民族、种族、性别、职业、家庭出身、宗教信仰、教育程度、财产状况、居住期限，都有选举权和被选举权；但是，依照法律被剥夺政治权利的人除外。村民委员会选举前，应当对下列人员进行登记，列入参加选举的村民名单：（1）户籍在本村并且在本村居住的村民；（2）户籍在本村，不在本村居住，本人表示参加选举的村民；（3）户籍不在本村，在本村居住 1 年以上，本人申请参加选举，并且经村民会议或者村民代表会议同意参加选举的公民。已在户籍所在村或者居住村登记参加选举的村民，不得再参加其他地方村民委员会的选举。

265. A，解析：根据《村民委员会组织法》第25条规定，人数较多或者居住分散的村，可以设立村民代表会议，讨论决定村民会议授权的事项。村民代表会议由村民委员会成员和村民代表组成，村民代表应当占村民代表会议组成人员的4/5以上，妇女村民代表应当占村民代表会议组成人员的1/3以上。村民代表由村民按每5户至15户推选1人，或者由各村民小组推选若干人。村民代表的任期与村民委员会的任期相同。村民代表可以连选连任。村民代表应当向其推选户或者村民小组负责，接受村民监督。

266. B，解析：根据《村民委员会组织法》第37条规定，人民政府对村民委员会协助政府开展工作应当提供必要的条件；人民政府有关部门委托村民委员会开展工作需要经费的，由委托部门承担。村民委员会办理本村公益事业所需的经费，由村民会议通过筹资筹劳解决；经费确有困难的，由地方人民政府给予适当支持。

（三）多项选择题

267. ABCD，解析：根据《村民委员会组织法》第2条规定，村民委员会是村民自我管理、自我教育、自我服务的基层群众性自治组织，实行民主选举、民主决策、民主管理、民主监督。村民委员会办理本村的公共事务和公益事业，调解民间纠纷，协助维护社会治安，向人民政府反映村民的意见、要求和提出建议。村民委员会向村民会议、村民代表会议负责并报告工作。

268. ABCD，解析：根据《村民委员会组织法》第17条规定，以暴力、威胁、欺骗、贿赂、伪造选票、虚报选举票数等不正当手段当选村民委员会成员的，当选无效。对以暴力、威胁、欺骗、贿赂、伪造选票、虚报选举票数等不正当手段，妨害村民行使选举权、被选举权，破坏村民委员会选举的行为，村民有权向乡、民族乡、镇的人民代表大会和人民政府或者县级人民代表大会常务委员会和人民政府及其有关主管部门举报，由乡级或者县级人民政府负责调查并依法处理。

269. ABD，解析：根据《村民委员会组织法》第24条规定，涉及村民利益的下列事项，经村民会议讨论决定方可办理：（1）本村享受误工补贴的人员及补贴标准；（2）从村集体经济所得收益的使用；（3）本村公益事业的兴办和筹资筹劳方案及建设承包方案；（4）土地承包经营方案；（5）村集体经济项目的立项、承包方案；（6）宅基地的使用方案；（7）征地补偿费的使用、分配方案；（8）以借贷、租赁或者其他方式处分村集体财产；（9）村民会议认为应当由村民会议讨论决定的涉及村民利益的其他事项。村民会议可以授权村民代表会议讨论决定前款规定的事项。法律对讨论决定村集体经济组织财产和成员权益的事项另有规定的，依照其规定。

270. ABCD，解析：根据《村民委员会组织法》第30条规定，村民委员会实行村务公开制度。村民委员会应当及时公布下列事项，接受村民的监督：（1）本法第23条、第24条规定的由村民会议、村民代表会议讨论决定的事项及其实施情况；（2）国家计划生育政策的落实方案；（3）政府拨付和接受社会捐赠的救灾救助、补贴补助等资金、物资的管理使用情况；（4）村民委员会协助人民政府开展工作的情况；（5）涉及本村村民利益，村民普遍关心的其他事项。前款规定事项中，一般事项至少每季度公布一次；集体财务往来较多的，财务收支情况应当每月公布一次；涉及村民利益的重大事项应当随时公布。村民委员会应当保证所公布事项的真实性，并接受村民的查询。

（四）填空题

271. 群众自治；经济发展；社会管理。（《村民委员会组织法》第3条）

272. 1/5；1/3。（《村民委员会组织法》第16条）

273. 人民政府；人民政府；有关主管部门。（《村民委员会组织法》第31条）

274. 委托部门；村民会议；人民政府。（《村民委员会组织法》第37条）

八、城市居民委员会组织法

（一）判断题

275. 居民委员会应当开展便民利民的社区服务活动，可以兴办有关的服务事业。（ ）

276. 年满 16 周岁的本居住地区居民，不分民族、种族、性别、职业、家庭出身、宗教信仰、教育程度、财产状况、居住期限，都有选举权和被选举权；但是，依照法律被剥夺政治权利的人除外。（ ）

277. 居民委员会成员应当遵守宪法、法律、法规和国家的政策，办事公道，热心为居民服务。（ ）

278. 居民委员会根据需要设人民调解、治安保卫、公共卫生等委员会。居民委员会成员可以兼任下属的委员会的成员。居民较少的居民委员会可以不设下属的委员会，由居民委员会的成员分工负责有关工作。（ ）

279. 居民委员会办理本居住地区公益事业所需的费用，经居民会议讨论决定，可以根据自愿原则向居民筹集，也可以向本居住地区的受益单位筹集，但是必须经受益单位同意；收支账目可以不公布。（ ）

280. 依照法律被剥夺政治权利的人编入居民小组，居民委员会应当对他们进行监督和教育。（ ）

（二）单项选择题

281. 居民委员会主任、副主任和委员，由本居住地区全体有选举权的居民或者由每户派代表选举产生；根据居民意见，也可以由每个居民小组选举代表 2 至 3 人选举产生。居民委员会每届任期（ ）年，其成员可以连选连任。

A. 5　　B. 10

C. 3　　D. 2

282. 居民委员会向（　　）负责并报告工作。

A. 居民大会　　B. 居民会议

C. 居民代表会议　　D. 区政府

283. 居民委员会决定问题，采取（　　）的原则。居民委员会进行工作，应当采取民主的方法，不得强迫命令。

A. 少数表决　　B. 多数服从少数

C. 少数服从多数　　D. 多数表决

284. 居民委员会可以分设若干居民小组，小组长由居民小组（　　）。

A. 推选　　B. 推荐

C. 选举　　D. 举荐

285. 居民委员会的办公用房，由当地（　　）统筹解决。

A. 人民政府　　B. 党组织

C. 小区业主　　D. 公安机关

286. （　　）有权撤换和补选居民委员会成员。

A. 居民会议　　B. 居民委员会

C. 乡镇政府　　D. 县政府

（三）多项选择题

287. 居民委员会由（　　）共5至9人组成。多民族居住地区，居民委员会中应当有人数较少的民族的成员。

A. 主任　　B. 副主任

C. 委员　　D. 秘书

288. （　　）不参加所在地的居民委员会，但是应当支持所在地的居民委员会的工作。所在地的居民委员会讨论同这些单位有关的问题，需要他们参加会议时，他们应当派代表参加，并且遵守居民委员会的有关决定和居民公约。

A. 机关　　B. 团体

C. 部队　　D. 企业事业组织

289. 居民会议由居民委员会召集和主持。有（　　）提议，应当召集居民会议。涉及全体居民利益的重要问题，居民委员会必须提请居民会议讨论决定。

A. 1/5 以上的 18 周岁以上的居民

B. 1/5 以上的户

C. 1/3 以上的居民小组

D. 1/3 以上的户

290. 居民委员会的工作经费和来源，居民委员会成员的生活补贴费的范围、标准和来源，由不设区的市、市辖区的（　　）规定并拨付；经居民会议同意，可以从居民委员会的经济收入中给予适当补助。

A. 人民政府　　B. 下级政府

C. 上级人民政府　　D. 财政部门

（四）填空题

291. 居民委员会是居民____、____、____的基层群众性自治组织。不设区的市、市辖区的人民政府或者它的派出机关对居民委员会的工作给予____、____和____。

292. 居民委员会根据居民居住状况，按照便于居民自治的原则，一般在____至____的范围内设立。居民委员会的____、____、____，由不设区的市、市辖区的人民政府决定。

293. 居民公约由居民会议讨论制定，报不设区的市、市辖区的人民政府或者它的派出机关备案，由____监督执行。居民应当遵守居民会议的决议和居民公约。居民公约的内容不得与____、____、____和____相抵触。

294. 多民族居住地区的居民委员会，应当教育居民____，____，加强民族团结。

（五）简答题

295. 简述居民委员会的任务。

参考答案

（一）判断题

275. √，解析：根据《城市居民委员会组织法》第 4 条规定。

276. ×，解析：根据《城市居民委员会组织法》第8条第2款规定，年满18周岁的本居住地区居民，不分民族、种族、性别、职业、家庭出身、宗教信仰、教育程度、财产状况、居住期限，都有选举权和被选举权；但是，依照法律被剥夺政治权利的人除外。

277. √，解析：根据《城市居民委员会组织法》第12条规定。

278. √，解析：根据《城市居民委员会组织法》第13条规定。

279. ×，解析：根据《城市居民委员会组织法》第16条规定，居民委员会办理本居住地区公益事业所需的费用，经居民会议讨论决定，可以根据自愿原则向居民筹集，也可以向本居住地区的受益单位筹集，但是必须经受益单位同意；收支账目应当及时公布，接受居民监督。

280. √，解析：根据《城市居民委员会组织法》第18条规定。

（二）单项选择题

281. A，解析：根据《城市居民委员会组织法》第8条第1款规定，居民委员会主任、副主任和委员，由本居住地区全体有选举权的居民或者由每户派代表选举产生；根据居民意见，也可以由每个居民小组选举代表2至3人选举产生。居民委员会每届任期5年，其成员可以连选连任。

282. B，解析：根据《城市居民委员会组织法》第10条第1款规定，居民委员会向居民会议负责并报告工作。

283. C，解析：根据《城市居民委员会组织法》第11条第1款规定，居民委员会决定问题，采取少数服从多数的原则。

284. A，解析：根据《城市居民委员会组织法》第14条规定，居民委员会可以分设若干居民小组，小组长由居民小组推选。

285. A，解析：根据《城市居民委员会组织法》第17条第2款规定，居民委员会的办公用房，由当地人民政府统筹解决。

286. A，解析：根据《城市居民委员会组织法》第10条第3款规定，居民会议有权撤换和补选居民委员会成员。

（三）多项选择题

287. ABC，解析：根据《城市居民委员会组织法》第7条规定，居民委员会由主任、副主任和委员共5至9人组成。多民族居住地区，居民委员会中应当有人数较少的民族的成员。

288. ABCD，解析：根据《城市居民委员会组织法》第19条第1款规定，机关、团体、部队、企业事业组织，不参加所在地的居民委员会，但是应当支持所在地的居民委员会的工作。所在地的居民委员会讨论同这些单位有关的问题，需要他们参加会议时，他们应当派代表参加，并且遵守居民委员会的有关决定和居民公约。

289. ABC，解析：根据《城市居民委员会组织法》第10条第2款规定，居民会议由居民委员会召集和主持。有1/5以上的18周岁以上的居民、1/5以上的户或者1/3以上的居民小组提议，应当召集居民会议。涉及全体居民利益的重要问题，居民委员会必须提请居民会议讨论决定。

290. AC，解析：根据《城市居民委员会组织法》第17条第1款规定，居民委员会的工作经费和来源，居民委员会成员的生活补贴费的范围、标准和来源，由不设区的市、市辖区的人民政府或者上级人民政府规定并拨付；经居民会议同意，可以从居民委员会的经济收入中给予适当补助。

（四）填空题

291. 自我管理；自我教育；自我服务；指导；支持；帮助。（《城市居民委员会组织法》第2条）

292. 100户；700户；设立；撤销；规模调整。（《城市居民委员会组织法》第6条）

293. 居民委员会；宪法；法律；法规；国家的政策。（《城市居民委员会组织法》第15条）

294. 互相帮助；互相尊重。（《城市居民委员会组织法》第5条）

（五）简答题

295. 答：根据《城市居民委员会组织法》第3条规定，居民委员会的任务有：（1）宣传宪法、法律、法规和国家的政策，维护居民的合法权益，教育居民履行依法应尽的义务，爱护公共财产，开展多种形式的社会主义精神文明建设活动；（2）办理本居住地区居民的公共事务和公益事业；（3）调解民间纠纷；（4）协助维护社会治安；（5）协助人民政府或者它的派出机关做好与居民利益有关的公共卫生、计划生育、优抚救济、青少年教育等项工作；（6）向人民政府或者它的派出机关反映居民的意见、要求和提出建议。

九、国旗法

（一）判断题

296. 中华人民共和国国旗是五星红旗。（　　）
297. 国旗、旗杆的尺度比例应当适当，并与使用目的、周围建筑、周边环境相适应。（　　）
298. 幼儿园应当无条件每日升挂国旗。（　　）
299. 举行宪法宣誓仪式时，应当在宣誓场所悬挂国旗。（　　）
300. 举行重大庆祝、纪念活动，大型文化、体育活动，大型展览会，应当升挂国旗。（　　）

（二）单项选择题

301. 图书馆、博物馆、文化馆、美术馆、科技馆、纪念馆、展览馆、体育馆、青少年宫等公共文化体育设施应当（　　）升挂、悬挂国旗。

A. 每日　　B. 在开放日

C. 在工作日　　D. 在每周的第一天

302. 下半旗时，应当先将国旗升至杆顶，然后降至旗顶与杆顶之间的距离为旗杆全长的（　　）处；降下时，应当先将国旗升至杆顶，然后再降下。

A. 2/4　　B. 3/4

C. 2/3　　D. 1/3

303. 在公共场合故意以焚烧、毁损、涂划、玷污、践踏等方式侮辱中华人民共和国国旗的，依法追究刑事责任；情节较轻的，由公安机关处以（　　）日以下拘留。

A. 15　　B. 10

C. 7　　D. 20

（三）多项选择题

304. 应当在工作日升挂国旗的机构包括：（　　）

A. 国务院各部门

B. 地方各级人民政府

C. 中国共产党中央各部门和地方各级委员会

D. 地方各级人民代表大会常务委员会

305. 关于升挂国旗，下列说法正确的有：（　　）

A. 国庆节，各级国家机关应当升挂国旗

B. 民族自治地方在民族自治地方成立纪念日应当升挂国旗

C. 春节，居民委员会，居民院（楼、小区）应当升挂国旗

D. 春节，各人民团体以及大型广场、公园等公共活动场所应当升挂国旗

306. 关于升旗仪式，下列说法正确的有：（　　）

A. 举行升旗仪式时，应当奏唱国歌

B. 在国旗升起的过程中，在场人员应当面向国旗肃立，行注目礼或者按照规定要求敬礼

C. 北京天安门广场每日举行升旗仪式

D. 学校除假期外，每周举行一次升旗仪式

307. （　　）逝世，下半旗志哀。

A. 各部部长

B. 中国人民政治协商会议全国委员会主席

C. 对中华人民共和国作出杰出贡献的人

D. 对世界和平或者人类进步事业作出杰出贡献的人

（四）填空题

308. 中华人民共和国国旗是中华人民共和国的____和____。

309. 学校除____、____和____外，应当每日升挂国旗。

310. 依法升挂国旗的，应当____升起，____降下。

311. 升挂国旗，应当将国旗置于____的位置。

312. 在直立的旗杆上升降国旗，应当____升降。升起时，必须将国旗升至____；降下时，不得使国旗____。

（五）简答题

313. 简述应当每日升挂国旗的场所或机构。

参考答案

（一）判断题

296. √，解析：根据《国旗法》第 2 条规定。
297. √，解析：根据《国旗法》第 3 条规定。
298. ×，解析：根据《国旗法》第 6 条第 2 款规定，有条件的幼儿园参照学校的规定升挂国旗。
299. √，解析：根据《国旗法》第 7 条规定。
300. ×，解析：根据《国旗法》第 8 条规定，举行重大庆祝、纪念活动，大型文化、体育活动，大型展览会，可以升挂国旗。

（二）单项选择题

301. B，解析：根据《国旗法》第 6 条第 3 款规定，图书馆、博物馆、文化馆、美术馆、科技馆、纪念馆、展览馆、体育馆、青少年宫等公共文化体育设施应当在开放日升挂、悬挂国旗。
302. D，解析：根据《国旗法》第 18 条第 2 款规定，下半旗时，应当先将国旗升至杆顶，然后降至旗顶与杆顶之间的距离为旗杆全长的 1/3 处；降下时，应当先将国旗升至杆顶，然后再降下。
303. A，解析：根据《国旗法》第 23 条规定，在公共场合故意以焚烧、毁损、涂划、玷污、践踏等方式侮辱中华人民共和国国旗的，依法追究刑事责任；情节较轻的，由公安机关处以 15 日以下拘留。

（三）多项选择题

304. ABCD，解析：根据《国旗法》第 6 条第 1 款规定，下列机构所在地应当在工作日升挂国旗：（1）中国共产党中央各部门和地方各级委员会；（2）国务院各部门；（3）地方各级人民代表大会常务委员会；（4）地方各级人民政府；（5）中国共产党地方各级纪律检查委员会、地方各级监察委员会；

（6）地方各级人民法院和专门人民法院；（7）地方各级人民检察院和专门人民检察院；（8）中国人民政治协商会议地方各级委员会；（9）各民主党派、各人民团体；（10）中央人民政府驻香港特别行政区有关机构、中央人民政府驻澳门特别行政区有关机构。

305. ABD，解析：根据《国旗法》第 7 条第 1、2 款规定，国庆节、国际劳动节、元旦、春节和国家宪法日等重要节日、纪念日，各级国家机关、各人民团体以及大型广场、公园等公共活动场所应当升挂国旗；企业事业组织，村民委员会、居民委员会，居民院（楼、小区）有条件的应当升挂国旗。民族自治地方在民族自治地方成立纪念日和主要传统民族节日应当升挂国旗。

306. ABCD，解析：根据《国旗法》第 14 条规定，升挂国旗时，可以举行升旗仪式。举行升旗仪式时，应当奏唱国歌。在国旗升起的过程中，在场人员应当面向国旗肃立，行注目礼或者按照规定要求敬礼，不得有损害国旗尊严的行为。北京天安门广场每日举行升旗仪式。学校除假期外，每周举行一次升旗仪式。

307. BCD，解析：根据《国旗法》第 15 条第 1 款规定，下列人士逝世，下半旗志哀：（1）中华人民共和国主席、全国人民代表大会常务委员会委员长、国务院总理、中央军事委员会主席；（2）中国人民政治协商会议全国委员会主席；（3）对中华人民共和国作出杰出贡献的人；（4）对世界和平或者人类进步事业作出杰出贡献的人。

（四）填空题

308. 象征；标志。（《国旗法》第 4 条）

309. 寒假；暑假；休息日。（《国旗法》第 6 条）

310. 早晨；傍晚。（《国旗法》第 13 条）

311. 显著。（《国旗法》第 17 条）

312. 徐徐；杆顶；落地。（《国旗法》第 18 条）

（五）简答题

313. 答：根据《国旗法》第 5 条规定，下列场所或者机构所在地，应当每日升挂国旗：（1）北京天安门广场、新华门；（2）中国共产党中央委员会，全国人民代表大会常务委员会，国务院，中央军事委员会，中国共产党中央纪律检查委员会、国家监察委员会，最高人民法院，最高人民检察院；中国人民政治协商会议全国委员会；（3）外交部；（4）出境入境的机场、港口、火车站和其他边境口岸，边防海防哨所。

十、国徽法

（一）判断题

314. 国徽应当悬挂在机关正门上方正中处。（　　）

315. 全国人民代表大会常务委员会、国务院、中央军事委员会、国家监察委员会、最高人民法院、最高人民检察院的印章应当刻有国徽图案。（　　）

316. 需要悬挂非通用尺度国徽的，应当按照通用尺度成比例适当放大或者缩小，并与使用目的、所在建筑物、周边环境相适应。

（二）单项选择题

317. 悬挂的国徽由国家指定的企业统一制作，其直径的通用尺度不包括：（　　）

A. 100 厘米　　B. 80 厘米

C. 60 厘米　　D. 70 厘米

318. 在公共场合故意以焚烧、毁损、涂划、玷污、践踏等方式侮辱中华人民共和国国徽的，依法追究刑事责任；情节较轻的，由公安机关处以（　　）日以下拘留。

A. 15　　B. 10

C. 7　　D. 20

（三）多项选择题

319. 应当悬挂国徽的机构包括：（　　）

A. 各级人民代表大会常务委员会

B. 各级人民政府

C. 中央军事委员会

D. 各级监察委员会

320. 应当悬挂国徽的场所包括：（ ）

A. 北京天安门城楼、人民大会堂

B. 各级人民法院和专门人民法院的审判庭

C. 宪法宣誓场所、出境入境口岸的适当场所

D. 县级以上各级人民代表大会及其常务委员会会议厅，乡、民族乡、镇的人民代表大会会场

321. 可以使用国徽图案的证件、证照包括：（ ）

A. 国家机关工作人员的工作证件、执法证件等

B. 国家机关颁发的营业执照、许可证书、批准证书、资格证书、权利证书等

C. 居民身份证

D. 中华人民共和国护照等法定出入境证件

322. 国徽及其图案不得用于：（ ）

A. 商标、授予专利权的外观设计

B. 日常用品、日常生活的陈设布置

C. 私人庆吊活动

D. 商业广告

（四）填空题

323. 外事活动和国家驻外使馆、领馆以及其他外交代表机构对外使用国徽图案的办法，由____规定，报____批准后施行。

324. 不得悬挂____、____或者____的国徽。

参考答案

（一）判断题

314. √，解析：根据《国徽法》第 4 条规定。

315. √，解析：根据《国徽法》第 6 条规定。

316. √，解析：根据《国徽法》第 16 条规定。

（二）单项选择题

317. D，解析：根据《国徽法》第16条第1款规定，悬挂的国徽由国家指定的企业统一制作，其直径的通用尺度为下列三种：（1）100厘米；（2）80厘米；（3）60厘米。

318. A，解析：根据《国徽法》第18条规定，在公共场合故意以焚烧、毁损、涂划、玷污、践踏等方式侮辱中华人民共和国国徽的，依法追究刑事责任；情节较轻的，由公安机关处以15日以下拘留。

（三）多项选择题

319. ABCD，解析：根据《国徽法》第4条第1款规定，下列机构应当悬挂国徽：（1）各级人民代表大会常务委员会；（2）各级人民政府；（3）中央军事委员会；（4）各级监察委员会；（5）各级人民法院和专门人民法院；（6）各级人民检察院和专门人民检察院；（7）外交部；（8）国家驻外使馆、领馆和其他外交代表机构；（9）中央人民政府驻香港特别行政区有关机构、中央人民政府驻澳门特别行政区有关机构。

320. ABCD，解析：根据《国徽法》第5条规定，下列场所应当悬挂国徽：（1）北京天安门城楼、人民大会堂；（2）县级以上各级人民代表大会及其常务委员会会议厅，乡、民族乡、镇的人民代表大会会场；（3）各级人民法院和专门人民法院的审判庭；（4）宪法宣誓场所；（5）出境入境口岸的适当场所。

321. ABCD，解析：根据《国徽法》第10条第1款规定，下列证件、证照可以使用国徽图案：（1）国家机关工作人员的工作证件、执法证件等；（2）国家机关颁发的营业执照、许可证书、批准证书、资格证书、权利证书等；（3）居民身份证，中华人民共和国护照等法定出入境证件。

322. ABCD，解析：根据《国徽法》第13条规定，国徽及其图案不得用于：（1）商标、授予专利权的外观设计、商业广告；（2）日常用品、日常生活的陈设布置；（3）私人庆吊活动；（4）国务院办公厅规定不得使用国徽及其图案的其他场合。

（四）填空题

323. 外交部；国务院。（《国徽法》第11条）

324. 破损；污损；不合规格。（《国徽法》第14条）

十一、国歌法

(一) 判断题

325. 中华人民共和国国歌是《义勇军进行曲》。(　　)
326. 中华人民共和国国歌是中华人民共和国的象征和标志。(　　)
327. 国家不倡导公民和组织奏唱国歌，表达爱国情感。(　　)
328. 奏唱国歌，应当按照《国歌法》附件所载国歌的歌词和曲谱，不得采取有损国歌尊严的奏唱形式。(　　)
329. 在《国歌法》第4条规定的场合奏唱国歌，应当使用国歌标准演奏曲谱或者国歌官方录音版本。(　　)
330. 各级党组织应当积极开展对国歌的宣传，普及国歌奏唱礼仪知识。(　　)

(二) 单项选择题

331. 奏唱国歌时，在场人员应当（　　），举止庄重，不得有不尊重国歌的行为。

A. 停止一切活动　　B. 站立

C. 肃立　　D. 肃静

332. 外交活动中奏唱国歌的场合和礼仪，由（　　）规定。

A. 全国人大　　B. 国家主席

C. 国务院　　D. 外交部

333. 国歌纳入中小学教育。中小学应当将国歌作为（　　）的重要内容，组织学生学唱国歌，教育学生了解国歌的历史和精神内涵、遵守国歌奏唱礼仪。

A. 精神文明建设　　B. 爱国主义教育

C. 集体主义教育　　D. 共产主义教育

334. （　　）以上各级人民政府及其有关部门在各自职责范围内，对国歌的奏唱、播放和使用进行监督管理。

A. 县级　　B. 市级

C. 省级　　D. 乡镇级

（三）多项选择题

335. 应当奏唱国歌的场合有：（　　）

A. 全国人民代表大会会议和地方各级人民代表大会会议的开幕、闭幕

B. 各政党、各人民团体的各级代表大会等

C. 国家公祭仪式

D. 重大体育赛事

336. 关于国歌，下列说法正确的有：（　　）

A. 不得用于或者变相用于商标、商业广告

B. 不得在私人丧事活动等不适宜的场合使用

C. 不得作为公共场所的背景音乐

D. 不得在国家公祭仪式上使用

（四）填空题

337. 为了维护____的尊严，规范____的奏唱、播放和使用，增强公民的国家观念，弘扬爱国主义精神，培育和践行社会主义核心价值观，根据宪法，制定《国歌法》。

338. 一切____和____都应当尊重国歌，维护国歌的尊严。

339. 军队奏唱国歌的场合和礼仪，由____规定。

340. 国庆节、国际劳动节等重要的国家法定节日、纪念日，中央和省、自治区、直辖市的广播电台、电视台应当按照____规定的时点播放国歌。

（五）简答题

341. 简述应受处罚的侮辱国歌行为。

参考答案

（一）判断题

325. √，解析：根据《国歌法》第 2 条规定。
326. √，解析：根据《国歌法》第 3 条规定。
327. ×，解析：根据《国歌法》第 5 条规定，国家倡导公民和组织在适宜的场合奏唱国歌，表达爱国情感。
328. √，解析：根据《国歌法》第 6 条规定。
329. √，解析：根据《国歌法》第 10 条规定。
330. ×，解析：根据《国歌法》第 12 条规定，新闻媒体应当积极开展对国歌的宣传，普及国歌奏唱礼仪知识。

（二）单项选择题

331. C，解析：根据《国歌法》第 7 条规定，奏唱国歌时，在场人员应当肃立，举止庄重，不得有不尊重国歌的行为。
332. D，解析：根据《国歌法》第 9 条第 1 款规定，外交活动中奏唱国歌的场合和礼仪，由外交部规定。
333. B，解析：根据《国歌法》第 11 条规定，国歌纳入中小学教育。中小学应当将国歌作为爱国主义教育的重要内容，组织学生学唱国歌，教育学生了解国歌的历史和精神内涵、遵守国歌奏唱礼仪。
334. A，解析：根据《国歌法》第 14 条规定，县级以上各级人民政府及其有关部门在各自职责范围内，对国歌的奏唱、播放和使用进行监督管理。

（三）多项选择题

335. ABCD，解析：根据《国歌法》第 4 条规定，在下列场合，应当奏唱国歌：（1）全国人民代表大会会议和地方各级人民代表大会会议的开幕、闭幕；中国人民政治协商会议全国委员会会议和地方各级委员会会议的开幕、闭幕；（2）各政党、各人民团体的各级代表大会等；（3）宪法宣誓仪式；（4）升国旗仪式；（5）各级机关举行或者组织的重大庆典、表彰、纪念仪式等；（6）国家公祭仪式；（7）重大外交活动；（8）重大体育赛事；（9）其他应当奏唱国歌的场合。
336. ABC，解析：根据《国歌法》第 8 条规定，国歌不得用于或者变相用于商标、商业广告，不得在私人丧事活动等不适宜的场合使用，不得作为公共场所的背景音乐等。

（四）填空题

337. 国歌；国歌。(《国歌法》第1条)

338. 公民；组织。(《国歌法》第3条)

339. 中央军事委员会。(《国歌法》第9条)

340. 国务院广播电视主管部门。(《国歌法》第13条)

（五）简答题

341. 答：根据《国歌法》第15条规定，在公共场合，故意篡改国歌歌词、曲谱，以歪曲、贬损方式奏唱国歌，或者以其他方式侮辱国歌的，由公安机关处以警告或者15日以下拘留；构成犯罪的，依法追究刑事责任。

十二、国家赔偿法

（一）判断题

342. 行政赔偿中，赔偿请求人要求赔偿，应当先向赔偿义务机关提出，也可以在申请行政复议或者提起行政诉讼时一并提出。（　　）

343. 经复议机关复议的，最初造成侵权行为的行政机关为赔偿义务机关，但复议机关的复议决定加重损害的，复议机关对加重的部分履行赔偿义务。（　　）

344. 行政赔偿中，赔偿义务机关应当自收到申请之日起3个月内，作出是否赔偿的决定。（　　）

345. 对于行使侦查、检察、审判职权的机关以及看守所、监狱管理机关的工作人员与行使职权无关的个人行为，国家不承担赔偿责任。（　　）

346. 侵犯公民人身自由的，每日赔偿金按照国家本年度职工日平均工资计算。（　　）

（二）单项选择题

347. 行政赔偿中，赔偿请求人对赔偿的方式、项目、数额有异议的，或者赔偿义务机关作出不予赔偿决定的，赔偿请求人可以自赔偿义务机关作出赔偿或者不予赔偿决定之日起（　　）个月内，向人民法院提起诉讼。

A. 1　　B. 3

C. 6　　D. 12

348. 刑事赔偿中，关于赔偿义务机关的确定，下列说法错误的是：（　　）

A. 看守所在行使职权时侵犯公民的合法权益造成损害的，该机关为赔偿义务机关

B. 对公民采取拘留措施，依照《国家赔偿法》的规定应当给予国家赔偿的，作出拘留决定的机关为赔偿义务机关

C. 对公民采取逮捕措施后决定撤销案件、不起诉或者判决宣告无罪的，作出逮捕决定的机关为赔偿义务机关

D. 再审改判无罪的，作出再审判决的人民法院为赔偿义务机关

349. 刑事赔偿中，人民法院赔偿委员会应当自收到赔偿申请之日起（　　）内作出决定；属于疑难、复杂、重大案件的，经本院院长批准，可以延长（　　）。

A. 3 个月；1 个月　　B. 15 天；1 个月

C. 3 个月；3 个月　　D. 1 个月；3 个月

350. 侵犯公民生命健康权的，关于赔偿金的计算，下列说法错误的是：（　　）

A. 造成身体伤害的，减少的收入每日的赔偿金最高额为国家上年度职工年平均工资的 3 倍

B. 造成部分或者全部丧失劳动能力的，残疾赔偿金最高不超过国家上年度职工年平均工资的 20 倍

C. 造成全部丧失劳动能力的，对其扶养的无劳动能力的人，应当支付生活费

D. 造成死亡的，应当支付死亡赔偿金、丧葬费

（三）多项选择题

351. 行政机关及其工作人员在行使行政职权时有下列哪些侵犯人身权情形之一的，受害人有取得赔偿的权利？（　　）

A. 违法拘留或者违法采取限制公民人身自由的行政强制措施

B. 非法拘禁或者以其他方法非法剥夺公民人身自由

C. 以殴打、虐待等行为或者唆使、放纵他人以殴打、虐待等行为造成公民身体伤害或者死亡

D. 违法使用武器、警械造成公民身体伤害或者死亡

352. 行政机关及其工作人员在行使行政职权时有下列哪些侵犯财产权情形之一的，受害人有取得赔偿的权利？（　　）

A. 违法实施罚款、吊销许可证和执照

B. 违法没收财物

C. 违法对财产采取查封、扣押、冻结等行政强制措施

D. 违法征收、征用财产

353. 行政赔偿中，属于下列哪些情形之一的，国家不承担赔偿责任？（　　）

A. 行政机关工作人员与行使职权无关的个人行为

B. 对公民采取逮捕措施后，决定撤销案件、不起诉或者判决宣告无罪终止追究刑事责任的

C. 因公民、法人和其他组织自己的行为致使损害发生的

D. 依照审判监督程序再审改判无罪，原判刑罚已经执行的

（四）填空题

354. 经复议机关复议的，____的行政机关为赔偿义务机关，但复议机关的复议决定加重损害的，复议机关对____履行赔偿义务。

355. 赔偿请求人可以向共同赔偿义务机关中的____赔偿义务机关要求赔偿，该赔偿义务机关应当____。

356. 赔偿义务机关应当自收到支付赔偿金申请之日起____日内，依照预算管理权限向有关的财政部门提出支付申请。财政部门应当自收到支付申请之日起____日内支付赔偿金。

357. 国家赔偿以____为主要方式。能够返还财产或者恢复原状的，予以返还财产或者恢复原状。

358. 赔偿请求人请求国家赔偿的时效为____年，自其知道或者____国家机关及其工作人员行使职权时的行为侵犯其人身权、财产权之日起计算，但被羁押等____期间不计算在内。

（五）简答题

359. 简述行政赔偿中赔偿义务机关的确定规则。

360. 简述国家赔偿中侵犯公民、法人和其他组织的财产权造成损害的赔偿方式与标准。

参考答案

（一）判断题

342. √，解析：根据《国家赔偿法》第9条规定。
343. √，解析：根据《国家赔偿法》第8条规定。
344. ×，解析：根据《国家赔偿法》第13条第1款规定，赔偿义务机关应当自收到申请之日起2个月内，作出是否赔偿的决定。赔偿义务机关作出赔偿决定，应当充分听取赔偿请求人的意见，并可以与赔偿请求人就赔偿方式、赔偿项目和赔偿数额依照本法第四章的规定进行协商。
345. √，解析：根据《国家赔偿法》第19条规定。
346. ×，解析：根据《国家赔偿法》第33条规定，侵犯公民人身自由的，每日赔偿金按照国家上年度职工日平均工资计算。

（二）单项选择题

347. B，解析：根据《国家赔偿法》第14条第2款规定，赔偿请求人对赔偿的方式、项目、数额有异议的，或者赔偿义务机关作出不予赔偿决定的，赔偿请求人可以自赔偿义务机关作出赔偿或者不予赔偿决定之日起3个月内，向人民法院提起诉讼。
348. D，解析：根据《国家赔偿法》第21条规定，行使侦查、检察、审判职权的机关以及看守所、监狱管理机关及其工作人员在行使职权时侵犯公民、法人和其他组织的合法权益造成损害的，该机关为赔偿义务机关。对公民采取拘留措施，依照本法的规定应当给予国家赔偿的，作出拘留决定的机关为赔偿义务机关。对公民采取逮捕措施后决定撤销案件、不起诉或者判决宣告无罪的，作出逮捕决定的机关为赔偿义务机关。再审改判无罪的，作出原生效判决的人民法院为赔偿义务机关。二审改判无罪，以及二审发回重审后作无罪处理的，作出一审有罪判决的人民法院为赔偿义务机关。
349. C，解析：根据《国家赔偿法》第28条规定，人民法院赔偿委员会应当自收到赔偿申请之日起3个月内作出决定；属于疑难、复杂、重大案件的，经本院院长批准，可以延长3个月。
350. A，解析：根据《国家赔偿法》第34条第1款规定，侵犯公民生命健康权的，赔偿金按照下列规定计算：（1）造成身体伤害的，应当支付医疗费、护理费，以及赔偿因误工减少的收入。减少的收入每日的赔偿金按照国家上年度职工日平均工资计算，最高额为国家上年度职工年平均工资的5倍；(2) 造成部分或者全部丧失劳动能力的，应当支付医疗费、护理费、残疾生活辅助具费、康复费等因残疾而增加的必要支出和继续治疗所必需的费用，以及残疾赔偿金。残疾赔偿金根据丧失劳动能力的程度，按照国家规定的伤残等级确定，最高不超过国家上年度职工年平均工资的20倍。造成全部丧失劳动能力的，对其扶养的无劳动能力的人，还应当支付生活费；(3) 造成死亡的，应当支付死亡赔偿金、丧葬费，总额为国家上年度职工年平均工资的20倍。对死者生前扶养的无劳动能力的人，还应当支付生活费。

(三) 多项选择题

351. ABCD，解析：根据《国家赔偿法》第3条规定，行政机关及其工作人员在行使行政职权时有下列侵犯人身权情形之一的，受害人有取得赔偿的权利：(1) 违法拘留或者违法采取限制公民人身自由的行政强制措施的；(2) 非法拘禁或者以其他方法非法剥夺公民人身自由的；(3) 以殴打、虐待等行为或者唆使、放纵他人以殴打、虐待等行为造成公民身体伤害或者死亡的；(4) 违法使用武器、警械造成公民身体伤害或者死亡的；(5) 造成公民身体伤害或者死亡的其他违法行为。

352. ABCD，解析：根据《国家赔偿法》第4条规定，行政机关及其工作人员在行使行政职权时有下列侵犯财产权情形之一的，受害人有取得赔偿的权利：(1) 违法实施罚款、吊销许可证和执照、责令停产停业、没收财物等行政处罚的；(2) 违法对财产采取查封、扣押、冻结等行政强制措施的；(3) 违法征收、征用财产的；(4) 造成财产损害的其他违法行为。

353. AC，解析：根据《国家赔偿法》第5条规定，属于下列情形之一的，国家不承担赔偿责任：(1) 行政机关工作人员与行使职权无关的个人行为；(2) 因公民、法人和其他组织自己的行为致使损害发生的；(3) 法律规定的其他情形。

(四) 填空题

354. 最初造成侵权行为；加重的部分。(《国家赔偿法》第8条)

355. 任何一个；先予赔偿。(《国家赔偿法》第10条)

356. 7；15。(《国家赔偿法》第37条)

357. 支付赔偿金。(《国家赔偿法》第32条)

358. 2；应当知道；限制人身自由。(《国家赔偿法》第39条)

（五）简答题

359. 答：根据《国家赔偿法》第7条规定，行政赔偿中赔偿义务机关的确定规则如下：

（1）行政机关及其工作人员行使行政职权侵犯公民、法人和其他组织的合法权益造成损害的，该行政机关为赔偿义务机关。

（2）两个以上行政机关共同行使行政职权时侵犯公民、法人和其他组织的合法权益造成损害的，共同行使行政职权的行政机关为共同赔偿义务机关。

（3）法律、法规授权的组织在行使授予的行政权力时侵犯公民、法人和其他组织的合法权益造成损害的，被授权的组织为赔偿义务机关。

（4）受行政机关委托的组织或者个人在行使受委托的行政权力时侵犯公民、法人和其他组织的合法权益造成损害的，委托的行政机关为赔偿义务机关。

（5）赔偿义务机关被撤销的，继续行使其职权的行政机关为赔偿义务机关；没有继续行使其职权的行政机关的，撤销该赔偿义务机关的行政机关为赔偿义务机关。

360. 答：根据《国家赔偿法》第36条规定，侵犯公民、法人和其他组织的财产权造成损害的，按照下列规定处理：（1）处罚款、罚金、追缴、没收财产或者违法征收、征用财产的，返还财产；（2）查封、扣押、冻结财产的，解除对财产的查封、扣押、冻结，造成财产损坏或者灭失的，依照本条第3项、第4项的规定赔偿；（3）应当返还的财产损坏的，能够恢复原状的恢复原状，不能恢复原状的，按照损害程度给付相应的赔偿金；（4）应当返还的财产灭失的，给付相应的赔偿金；（5）财产已经拍卖或者变卖的，给付拍卖或者变卖所得的价款；变卖的价款明显低于财产价值的，应当支付相应的赔偿金；（6）吊销许可证和执照、责令停产停业的，赔偿停产停业期间必要的经常性费用开支；（7）返还执行的罚款或者罚金、追缴或者没收的金钱，解除冻结的存款或者汇款的，应当支付银行同期存款利息；（8）对财产权造成其他损害的，按照直接损失给予赔偿。

十三、监察官法

（一）判断题

361. 监察官应当维护宪法和法律的尊严和权威，以事实为根据，以法律为准绳，客观公正地履行职责，保障当事人的合法权益。(　　)
362. 录用监察官，应当依照法律和国家有关规定采取公开考试、严格考察、平等竞争、择优录取的办法。(　　)
363. 地方各级监察委员会主任由本级人民代表大会选举和罢免，副主任、委员由监察委员会主任提请本级人民代表大会常务委员会任免。(　　)
364. 监察官因工作需要兼职的，应当按照管理权限批准，可以领取兼职报酬。(　　)
365. 对监察官应当有计划地进行政治、理论和业务培训。(　　)
366. 监察官培训情况，作为监察官考核的内容和任职、等级晋升的唯一依据。(　　)
367. 考核结果作为调整监察官等级、工资以及监察官奖惩、免职、降职、辞退的依据。(　　)
368. 任何单位和个人对监察官的违纪违法行为，有权检举、控告。受理检举、控告的机关应当及时调查处理，并将结果告知检举人、控告人。(　　)
369. 监察官离任后，不得担任诉讼代理人或者辩护人，但是作为当事人的监护人或者近亲属代理诉讼、进行辩护的除外。(　　)
370. 监察官涉嫌严重职务违法、职务犯罪或者对案件处置出现重大失误的，应当追究负有责任的领导人员和直接责任人员的责任。(　　)

（二）单项选择题

371. 监察官应当严格按照规定的权限和程序履行职责，坚持（　　），重大事项集体研究。

A. 依法办事　　B. 民主集中制

C. 人民民主　　D. 首长负责制

372. 监察官采用（　　）的办法，从符合监察官条件的人员中择优选用。

A. 考查、考核　　B. 考试、调查

C. 调查、考察　　D. 考试、考核

373. 国家监察委员会主任由全国人民代表大会选举和罢免，副主任、委员由（　　）任免。

A. 国家监察委员会主任

B. 国家监察委员会主任提请全国人民代表大会

C. 国家监察委员会主任提请全国人民代表大会常务委员会

D. 国家监察委员会主任提请全国人民代表大会专门委员会

374. 监察官等级晋升采取（　　）的方式，特别优秀或者作出特别贡献的，可以提前选升。

A. 按期晋升和择优选升相结合　　B. 按期晋升和择才选升相结合

C. 按期晋升和择能选升相结合　　D. 按期晋升和择廉选升相结合

375. 监察官培训应当突出政治机关特色，坚持（　　），提高专业能力。

A. 理论和实践并重、按需施教、讲求实效

B. 理论联系实际、按需施教、讲求效率

C. 理论和实践并重、按需施教、讲求效率

D. 理论联系实际、按需施教、讲求实效

376. 监察官依照法律和国家有关规定实行（　　）。

A. 挂职交流　　B. 任职交流

C. 挂职锻炼　　D. 任职锻炼

377. 对监察官的考核，应当全面、客观、公正，实行（　　）。

A. 日常考核、专项考核和年度考核相结合

B. 日常考核、月度考核和年度考核相结合

C. 平时考核、专项考核和年度考核相结合

D. 平时考核、月度考核和季度考核相结合

378. 监察官的年度考核结果分为（　　）。

A. 优秀、合格和不合格三个等次

B. 优秀、合格、基本合格和不合格四个等次

C. 优秀、称职和不称职三个等次

D. 优秀、称职、基本称职和不称职四个等次

379. 监察官离任（　　）内，不得从事与监察和司法工作相关联且可能发生利益冲突的职业。

A. 1 年　　B. 2 年

C. 3 年　　D. 5 年

380. 监察官的配偶、父母、子女及其配偶不得以（　　）身份担任该监察官所任职监察机关办理案件的诉讼代理人、辩护人。

A. 律师　　B. 当事人的监护人

C. 当事人的近亲属　　D. 当事人的朋友

（三）多项选择题

381. 监察官应当（　　），做严格自律、作风优良、拒腐防变的表率。

A. 忠诚坚定　　B. 担当尽责

C. 清正廉洁　　D. 作风正派

382. 监察机关应当建立健全对监察官的监督制度和机制，确保权力受到严格约束。监察官应当自觉接受（　　）。

A. 组织监督　　B. 民主监督

C. 社会监督　　D. 舆论监督

383. 监察官享有的权利有：（　　）

A. 履行监察官职责应当具有的职权和工作条件

B. 履行监察官职责应当享有的职业保障和福利待遇

C. 人身、财产和住所安全受法律保护

D. 提出申诉或者控告

384. 关于监察官的职业禁止，下列说法正确的是：(　　)

A. 监察官不得兼任人民代表大会常务委员会的组成人员

B. 监察官不得兼任行政机关、审判机关、检察机关的职务

C. 监察官不得兼任企业或者其他营利性组织、事业单位的职务

D. 监察官不得兼任人民陪审员、人民监督员、执业律师、仲裁员和公证员

385. 监察官之间有夫妻关系、直系血亲关系、三代以内旁系血亲以及近姻亲关系的，不得同时担任（　　）。

A. 同一监察委员会的主任、副主任、委员，上述人员和其他监察官

B. 监察委员会机关同一部门的监察官

C. 同一派驻机构、派出机构或者其他监察机构的监察官

D. 上下相邻两级监察委员会的主任、副主任、委员

386. 监察官等级的确定，以监察官担任的（　　）和工作年限等为依据。

A. 职务职级　　B. 德才表现

C. 业务水平　　D. 工作实绩

387. 监察官的考核应当按照管理权限，全面考核监察官的德、能、勤、绩、廉，重点考核（　　）情况。

A. 爱岗敬业　　B. 政治素质

C. 工作实绩　　D. 廉洁自律

388. 对于（　　）等移送的监察官违纪违法履行职责的问题线索，监察机关应当及时调查处理。

A. 审判机关　　B. 检察机关

C. 执法部门　　D. 人民群众

389. 监察官不得（　　）。对于上述行为，办理监察事项的监察官应当及时向上级报告。有关情况应当登记备案。

A. 打听案情　　B. 提供线索

C. 过问案件　　D. 说情干预

390. 应当将监察官调离的情形有：(　　)

A. 按规定需要任职回避的

B. 按规定实行任职交流的

C. 因机构、编制调整需要调整工作的

D. 因违纪违法不适合继续从事监察工作的

（四）填空题

391. 监察官的选用，坚持德才兼备、____，坚持五湖四海、____，坚持事业为上、公道正派，突出____，注重工作实绩。
392. 监察官就职时应当依照法律规定进行____。
393. 国家监察委员会主任为____。
394. 初任监察官实行____制度。
395. 国家加强监察学科建设，鼓励具备条件的____设置监察专业或者开设监察课程，培养德才兼备的高素质监察官____，提高监察官的____。
396. 监察官申请辞职，应当由____提出，按照管理权限批准后，依照规定的程序免去其职务。
397. 年度考核结果以____形式通知监察官本人。监察官对考核结果如果有异议，可以申请____。
398. 监察官离岗离职后，应当遵守____管理规定，严格履行保密义务，不得____相关秘密。
399. 实行监察官____制度，对____、失职失责造成严重后果的，____追究责任或者进行问责。
400. 对监察官及其近亲属实施____、侮辱诽谤、____、威胁恐吓、____等违法犯罪行为的，应当依法从严惩治。

（五）简答题

401. 简述监察官的职责。
402. 简述担任监察官应当具备的条件。
403. 简述不得担任监察官的情形。
404. 简述应当免去监察官职务的情形。
405. 简述办理监察事项的监察官应当回避的情形。

参考答案

（一）判断题

361. √，解析：根据《监察官法》第5条规定。
362. √，解析：根据《监察官法》第16条规定。
363. √，解析：根据《监察官法》第19条规定。
364. ×，解析：根据《监察官法》第22条第2款规定，监察官因工作需要兼职的，应当按照管理权限批准，但是不得领取兼职报酬。
365. √，解析：根据《监察官法》第30条规定。
366. ×，解析：根据《监察官法》第30条第3款规定，监察官培训情况，作为监察官考核的内容和任职、等级晋升的依据之一。
367. √，解析：根据《监察官法》第38条规定。
368. √，解析：根据《监察官法》第43条规定。
369. ×，解析：根据《监察官法》第49条第2款规定，监察官离任后，不得担任原任职监察机关办理案件的诉讼代理人或者辩护人，但是作为当事人的监护人或者近亲属代理诉讼、进行辩护的除外。
370. √，解析：根据《监察官法》第54条规定。

（二）单项选择题

371. B，解析：根据《监察官法》第6条规定，监察官应当严格按照规定的权限和程序履行职责，坚持民主集中制，重大事项集体研究。
372. D，解析：根据《监察官法》第15条规定，监察官采用考试、考核的办法，从符合监察官条件的人员中择优选用。
373. C，解析：根据《监察官法》第19条第1款规定，国家监察委员会主任由全国人民代表大会选举和罢免，副主任、委员由国家监察委员会主任提请全国人民代表大会常务委员会任免。
374. A，解析：根据《监察官法》第27条第2款规定，监察官等级晋升采取按期晋升和择优选升相结合的方式，特别优秀或者作出特别贡献的，可以提前选升。
375. D，解析：根据《监察官法》第30条第2款规定，培训应当突出政治机关特色，坚持理论联系实际、按需施教、讲求实效，提高专业能力。

376. B，解析：根据《监察官法》第33条规定，监察官依照法律和国家有关规定实行任职交流。

377. C，解析：根据《监察官法》第36条规定，对监察官的考核，应当全面、客观、公正，实行平时考核、专项考核和年度考核相结合。

378. D，解析：根据《监察官法》第38条第1款规定，年度考核结果分为优秀、称职、基本称职和不称职四个等次。

379. C，解析：根据《监察官法》第49条第1款规定，监察官离任3年内，不得从事与监察和司法工作相关联且可能发生利益冲突的职业。

380. A，解析：根据《监察官法》第51条规定，监察官的配偶、父母、子女及其配偶不得以律师身份担任该监察官所任职监察机关办理案件的诉讼代理人、辩护人，或者提供其他有偿法律服务。

（三）多项选择题

381. ABC，解析：根据《监察官法》第4条规定，监察官应当忠诚坚定、担当尽责、清正廉洁，做严格自律、作风优良、拒腐防变的表率。

382. ABCD，解析：根据《监察官法》第7条规定，监察机关应当建立健全对监察官的监督制度和机制，确保权力受到严格约束。监察官应当自觉接受组织监督和民主监督、社会监督、舆论监督。

383. ABCD，解析：根据《监察官法》第11条规定，监察官享有下列权利：（1）履行监察官职责应当具有的职权和工作条件；（2）履行监察官职责应当享有的职业保障和福利待遇；（3）人身、财产和住所安全受法律保护；（4）提出申诉或者控告；（5）《中华人民共和国公务员法》等法律规定的其他权利。

384. ABCD，解析：根据《监察官法》第22条第1款规定，监察官不得兼任人民代表大会常务委员会的组成人员，不得兼任行政机关、审判机关、检察机关的职务，不得兼任企业或者其他营利性组织、事业单位的职务，不得兼任人民陪审员、人民监督员、执业律师、仲裁员和公证员。

385. ABCD，解析：根据《监察官法》第24条规定，监察官之间有夫妻关系、直系血亲关系、三代以内旁系血亲以及近姻亲关系的，不得同时担任下列职务：（1）同一监察委员会的主任、副主任、委员，上述人员和其他监察官；（2）监察委员会机关同一部门的监察官；（3）同一派驻机构、派出机构或者其他监察机构的监察官；（4）上下相邻两级监察委员会的主任、副主任、委员。

386. ABCD，解析：根据《监察官法》第 27 条第 1 款规定，监察官等级的确定，以监察官担任的职务职级、德才表现、业务水平、工作实绩和工作年限等为依据。

387. BCD，解析：根据《监察官法》第 37 条规定，监察官的考核应当按照管理权限，全面考核监察官的德、能、勤、绩、廉，重点考核政治素质、工作实绩和廉洁自律情况。

388. ABC，解析：根据《监察官法》第 44 条规定，对于审判机关、检察机关、执法部门等移送的监察官违纪违法履行职责的问题线索，监察机关应当及时调查处理。

389. ACD，解析：根据《监察官法》第 46 条第 1 款规定，监察官不得打听案情、过问案件、说情干预。对于上述行为，办理监察事项的监察官应当及时向上级报告。有关情况应当登记备案。

390. ABCD，解析：根据《监察官法》第 55 条规定，除下列情形外，不得将监察官调离：（1）按规定需要任职回避的；（2）按规定实行任职交流的；（3）因机构、编制调整需要调整工作的；（4）因违纪违法不适合继续从事监察工作的；（5）法律规定的其他情形。

（四）填空题

391. 以德为先；任人唯贤；政治标准。（《监察官法》第 14 条）
392. 宪法宣誓。（《监察官法》第 20 条）
393. 总监察官。（《监察官法》第 26 条）
394. 职前培训。（《监察官法》第 29 条）
395. 普通高等学校；后备人才；专业能力。（《监察官法》第 32 条）
396. 本人书面。（《监察官法》第 34 条）
397. 书面；复核。（《监察官法》第 39 条）
398. 脱密期；泄露。（《监察官法》第 48 条）
399. 责任追究；滥用职权；终身。（《监察官法》第 54 条）
400. 报复陷害；暴力侵害；滋事骚扰。（《监察官法》第 57 条）

（五）简答题

401. 答：根据《监察官法》第 9 条规定，监察官依法履行下列职责：（1）对公职人员开展廉政教育；（2）对公职人员依法履职、秉公用权、廉洁从政从业以及道德操守情况进行监督检查；（3）对法律规定由监察机关管辖的职务违法和职务犯罪进行调查；（4）根据监督、调查的结果，对办理的监察事项提出处置意见；（5）开展反腐败国际合作方面的工作；（6）法律规定的其他职责。监察官在职权范围内对所办理的监察事项负责。

402. 答：根据《监察官法》第12条规定，担任监察官应当具备下列条件：（1）具有中华人民共和国国籍；（2）忠于宪法，坚持中国共产党领导和社会主义制度；（3）具有良好的政治素质、道德品行和廉洁作风；（4）熟悉法律、法规、政策，具有履行监督、调查、处置等职责的专业知识和能力；（5）具有正常履行职责的身体条件和心理素质；（6）具备高等学校本科及以上学历；（7）法律规定的其他条件。本法施行前的监察人员不具备前款第6项规定的学历条件的，应当接受培训和考核，具体办法由国家监察委员会制定。

403. 答：根据《监察官法》第13条规定，有下列情形之一的，不得担任监察官：（1）因犯罪受过刑事处罚，以及因犯罪情节轻微被人民检察院依法作出不起诉决定或者被人民法院依法免予刑事处罚的；（2）被撤销中国共产党党内职务、留党察看、开除党籍的；（3）被撤职或者开除公职的；（4）被依法列为失信联合惩戒对象的；（5）配偶已移居国（境）外，或者没有配偶但是子女均已移居国（境）外的；（6）法律规定的其他情形。

404. 答：根据《监察官法》第21条规定，监察官有下列情形之一的，应当免去其监察官职务：（1）丧失中华人民共和国国籍的；（2）职务变动不需要保留监察官职务的；（3）退休的；（4）辞职或者依法应当予以辞退的；（5）因违纪违法被调离或者开除的；（6）法律规定的其他情形。

405. 答：根据《监察官法》第47条规定，办理监察事项的监察官有下列情形之一的，应当自行回避，监察对象、检举人、控告人及其他有关人员也有权要求其回避；没有主动申请回避的，监察机关应当依法决定其回避：（1）是监察对象或者检举人、控告人的近亲属的；（2）担任过本案的证人的；（3）本人或者其近亲属与办理的监察事项有利害关系的；（4）有可能影响监察事项公正处理的其他情形的。

十四、法官法

（一）判断题

406. 法官应当公正对待当事人和其他诉讼参与人，对一切个人和组织在适用法律上一律平等。(　　)

407. 法官依法履行职责，受法律保护，不受任何机关、社会团体和个人的干涉。(　　)

408. 法官在依照法定程序产生后，在就职时应当公开进行宪法宣誓。(　　)

409. 法官申请辞职，应当由本人提出，经批准后，依照法律规定的程序免除其职务。(　　)

410. 对任何干涉法官办理案件的行为，法官有权拒绝并予以全面如实记录和报告；有违纪违法情形的，由有关机关根据情节轻重追究有关责任人员、行为人的责任。(　　)

（二）单项选择题

411. 下列不属于法官的职责的是：(　　)

A. 依法参加合议庭审判或者独任审判刑事、民事、行政诉讼以及国家赔偿等案件

B. 依法办理引渡等案件

C. 依法办理司法协助等案件

D. 依法为需要法律援助的当事人指定律师

412. 下列人员可以担任法官的有：(　　)

A. 因犯罪受过刑事处罚的

B. 被开除公职的

C. 被吊销律师、公证员执业证书或者被仲裁委员会除名的

D. 因违法受过治安处罚的

413. 省级法官遴选委员会的组成人员应当包括地方各级人民法院法官代表、其他从事法律职业的人员和有关方面代表，其中法官代表不少于（　　）。

A. 1/3　　B. 1/2
C. 1/4　　D. 2/3

414. 法官从人民法院离任后（　　）年内，不得以律师身份担任诉讼代理人或者辩护人。

A. 1　　B. 2
C. 3　　D. 4

415. 对法官的考核内容包括：审判工作实绩、职业道德、专业水平、工作能力、审判作风。重点考核（　　）。

A. 审判作风　　B. 工作能力
C. 职业道德　　D. 审判工作实绩

（三）多项选择题

416. 法官是依法行使国家审判权的审判人员，包括最高人民法院、地方各级人民法院和军事法院等专门人民法院的（　　）、副庭长和审判员。

A. 院长　　B. 副院长
C. 审判委员会委员　　D. 庭长

417. 下列属于法官应当履行的义务的是：（　　）

A. 严格遵守宪法和法律
B. 秉公办案，不得徇私枉法
C. 依法接受法律监督和人民群众监督
D. 依法保障当事人和其他诉讼参与人的诉讼权利

418. 初任法官采用（　　）的办法，按照德才兼备的标准，从具备法官条件的人员中择优提出人选。

A. 考试　　B. 考核
C. 审查　　D. 政审

419. 法官之间有夫妻关系、直系血亲关系、三代以内旁系血亲以及近姻亲关系的，不得同时担任的职务有：（　　）

A. 同一人民法院的院长、副院长、审判委员会委员、庭长、副庭长

B. 同一人民法院的院长、副院长和审判员

C. 同一审判庭的庭长、副庭长、审判员

D. 上下相邻两级人民法院的院长、副院长

（四）填空题

420. 法官审判案件，应当以____为根据，以____为准绳，秉持客观公正的立场。

421. 法官等级的确定，以法官____、业务水平、审判工作实绩和____等为依据。法官等级晋升采取按期晋升和____相结合的方式，特别优秀或者工作特殊需要的一线办案岗位法官可以特别选升。

422. 法官提出____被采纳或者开展法治宣传、指导调解组织调解各类纠纷，____的，应当给予奖励。

423. 法官____的，享受国家规定的伤残待遇。法官____、因公死亡或者病故的，其亲属享受国家规定的抚恤和优待。

（五）简答题

424. 简述应当依法提请免除法官职务的情形。

425. 简述应当给予法官处分的行为。

426. 简述应将法官调离审判岗位的情形。

参考答案

（一）判断题

406. √，解析：根据《法官法》第4条规定。

407. ×，解析：根据《法官法》第7条规定，法官依法履行职责，受法律保护，不受行政机关、社会团体和个人的干涉。

408. √，解析：根据《法官法》第19条规定。

409. ×，解析：根据《法官法》第34条规定，法官申请辞职，应当由本人书面提出，经批准后，依照法律规定的程序免除其职务。

410. √，解析：根据《法官法》第54条规定。

（二）单项选择题

411. D，解析：根据《法官法》第8条规定，法官的职责：（1）依法参加合议庭审判或者独任审判刑事、民事、行政诉讼以及国家赔偿等案件；（2）依法办理引渡、司法协助等案件；（3）法律规定的其他职责。法官在职权范围内对所办理的案件负责。根据《法官法》第9条规定，人民法院院长、副院长、审判委员会委员、庭长、副庭长除履行审判职责外，还应当履行与其职务相适应的职责。

412. D，解析：根据《法官法》第13条规定，下列人员不得担任法官：（1）因犯罪受过刑事处罚的；（2）被开除公职的；（3）被吊销律师、公证员执业证书或者被仲裁委员会除名的；（4）有法律规定的其他情形的。

413. A，解析：根据《法官法》第16条第2款规定，省级法官遴选委员会的组成人员应当包括地方各级人民法院法官代表、其他从事法律职业的人员和有关方面代表，其中法官代表不少于1/3。

414. B，解析：根据《法官法》第36条第1款规定，法官从人民法院离任后2年内，不得以律师身份担任诉讼代理人或者辩护人。

415. D，解析：根据《法官法》第41条规定，对法官的考核内容包括：审判工作实绩、职业道德、专业水平、工作能力、审判作风。重点考核审判工作实绩。

（三）多项选择题

416. ABCD，解析：根据《法官法》第2条规定，法官是依法行使国家审判权的审判人员，包括最高人民法院、地方各级人民法院和军事法院等专门人民法院的院长、副院长、审判委员会委员、庭长、副庭长和审判员。

417. ABCD，解析：根据《法官法》第10条规定，法官应当履行下列义务：（1）严格遵守宪法和法律（2）秉公办案，不得徇私枉法；（3）依法保障当事人和其他诉讼参与人的诉讼权利；（4）维护国家利益、社会公共利益，维护个人和组织的合法权益；（5）保守国家秘密和审判工作秘密，对履行职责中知悉的商业秘密和个人隐私予以保密；（6）依法接受法律监督和人民群众监督；（7）通过依法办理案件以案释法，增强全民法治观念，推进法治社会建设；（8）法律规定的其他义务。

418. AB，解析：根据《法官法》第14条规定，初任法官采用考试、考核的办法，按照德才兼备的标准，从具备法官条件的人员中择优提出人选。人民法院的院长应当具有法学专业知识和法律职业经历。副院长、审判委员会委员应当从法官、检察官或者其他具备法官条件的人员中产生。

419. ABCD，解析：根据《法官法》第23条规定，法官之间有夫妻关系、直系血亲关系、三代以内旁系血亲以及近姻亲关系的，不得同时担任下列职务：（1）同一人民法院的院长、副院长、审判委员会委员、庭长、副庭长；（2）同一人民法院的院长、副院长和审判员；（3）同一审判庭的庭长、副庭长、审判员；（4）上下相邻两级人民法院的院长、副院长。

（四）填空题

420. 事实；法律。(《法官法》第6条)

421. 德才表现；工作年限；择优选升。(《法官法》第28条)

422. 司法建议；效果显著。(《法官法》第45条)

423. 因公致残；因公牺牲。(《法官法》第61条)

（五）简答题

424. 答：根据《法官法》第20条规定，法官有下列情形之一的，应当依法提请免除其法官职务：（1）丧失中华人民共和国国籍的；（2）调出所任职人民法院的；（3）职务变动不需要保留法官职务的，或者本人申请免除法官职务经批准的；（4）经考核不能胜任法官职务的；（5）因健康原因长期不能履行职务的；（6）退休的；（7）辞职或者依法应当予以辞退的；（8）因违纪违法不宜继续任职的。

425. 答：根据《法官法》第46条规定，法官有下列行为之一的，应当给予处分；构成犯罪的，依法追究刑事责任：（1）贪污受贿、徇私舞弊、枉法裁判的；（2）隐瞒、伪造、变造、故意损毁证据、案件材料的；（3）泄露国家秘密、审判工作秘密、商业秘密或者个人隐私的；（4）故意违反法律法规办理案件的；（5）因重大过失导致裁判结果错误并造成严重后果的；（6）拖延办案，贻误工作的；（7）利用职权为自己或者他人谋取私利的；（8）接受当事人及其代理人利益输送，或者违反有关规定会见当事人及其代理人的；（9）违反有关规定从事或者参与营利性活动，在企业或者其他营利性组织中兼任职务的；（10）有其他违纪违法行为的。法官的处分按照有关规定办理。

426. 答：根据《法官法》第53条规定，将法官调离审判岗位的情形有：（1）按规定需要任职回避的；（2）按规定实行任职交流的；（3）因机构调整、撤销、合并或者缩减编制员额需要调整工作的；（4）因违纪违法不适合在审判岗位工作的；（5）法律规定的其他情形。

十五、检察官法

(一) 判断题

427. 检察官必须忠实执行宪法和法律，维护社会公平正义，全心全意为人民服务。(　　)
428. 人民检察院可以根据检察工作需要，从律师或者法学教学、研究人员等从事法律职业的人员中公开选拔检察官。(　　)
429. 对于不具备《检察官法》规定条件或者违反法定程序被选举为人民检察院检察长的，本级人民检察院检察长有权提请本级人民代表大会常务委员会不批准。(　　)
430. 检察官年度考核结果分为优秀、称职、不称职三个等次。(　　)
431. 检察官惩戒委员会由检察官代表、其他从事法律职业的人员和有关方面代表组成，其中检察官代表不少于2/3。(　　)

(二) 单项选择题

432. 检察官在检察长（　　）下开展工作，重大办案事项由检察长决定。检察长可以将部分职权委托检察官行使，可以授权检察官签发法律文书。

A. 领导　　B. 指导

C. 指引　　D. 监督

433. 下列关于检察官培训的说法错误的是：(　　)

A. 对检察官应当有计划地进行政治、理论和业务培训。

B. 检察官的培训应当理论联系实际、按需施教、讲求实效

C. 检察官培训情况，作为检察官任职、等级晋升的唯一依据

D. 检察官培训机构按照有关规定承担培训检察官的任务

434. 检察官考评委员会的组成人员为（　　）人。检察官考评委员会主任由本院检察长担任。

A. 3至7
B. 3至9
C. 5至7
D. 5至9

435. 检察官的下列表现，应当给予奖励的是：(　　)

A. 总结检察实践经验成果突出，对检察工作有指导作用的

B. 在办理重大案件、处理突发事件和承担专项重要工作中，做出成绩和贡献的

C. 对检察工作提出改革建议被采纳，效果良好的

D. 提出检察建议被采纳或者开展法治宣传、解决各类纠纷，效果良好的

(三) 多项选择题

436. 下列属于检察官享有的权利的有：(　　)

A. 非因法定事由、非经法定程序，不被调离、免职、降职、辞退或者处分

B. 履行检察官职责应当享有的职业保障和福利待遇

C. 人身、财产和住所安全受法律保护

D. 提出申诉或者控告

437. 下列关于检察官的说法正确的是：(　　)

A. 检察官不得兼任人民代表大会代表

B. 检察官不得兼任行政机关、监察机关、审判机关的职务

C. 检察官不得兼任企业或者其他营利性组织、事业单位的职务

D. 检察官不得兼任律师、仲裁员和公证员

438. 检察官员额根据（　　）等因素确定，在省、自治区、直辖市内实行总量控制、动态管理，优先考虑基层人民检察院和案件数量多的人民检察院办案需要。

A. 案件数量
B. 经济社会发展情况
C. 人口数量
D. 人民检察院层级

439. 对检察官及其近亲属实施（　　）、滋事骚扰等违法犯罪行为的，应当依法从严惩治。

A. 报复陷害
B. 侮辱诽谤
C. 暴力侵害
D. 威胁恐吓

（四）填空题

440. 检察官办理刑事案件，应当严格坚持____原则，尊重和保障人权，既要追诉犯罪，也要保障____不受刑事追究。
441. 初任检察官一般到____人民检察院任职。上级人民检察院检察官一般____遴选；最高人民检察院和省级人民检察院检察官可以从____人民检察院遴选。
442. 对检察官的考核，应当全面、客观、公正，实行____考核和____考核相结合。
443. 检察官因依法履行职责，本人及其近亲属人身安全面临危险的，人民检察院、公安机关应当对检察官及其近亲属采取____、____等必要保护措施。
444. 人民检察院的____在检察官指导下负责审查案件材料、草拟法律文书等检察辅助事务。

（五）简答题

445. 简述检察官的职责。
446. 简述担任检察官必须具备的条件。

参考答案

（一）判断题

427. √，解析：根据《检察官法》第 3 条规定。
428. √，解析：根据《检察官法》第 15 条规定。
429. ×，解析：根据《检察官法》第 21 条规定，对于不具备本法规定条件或者违反法定程序被选举为人民检察院检察长的，上一级人民检察院检察长有权提请本级人民代表大会常务委员会不批准。
430. ×，解析：根据《检察官法》第 43 条第 1 款规定，年度考核结果分为优秀、称职、基本称职和不称职四个等次。
431. ×，解析：根据《检察官法》第 49 条第 2 款规定，检察官惩戒委员会由检察官代表、其他从事法律职业的人员和有关方面代表组成，其中检察官代表不少于半数。

（二）单项选择题

432. A，解析：根据《检察官法》第9条规定，检察官在检察长领导下开展工作，重大办案事项由检察长决定。检察长可以将部分职权委托检察官行使，可以授权检察官签发法律文书。

433. C，解析：根据《检察官法》第33条规定，检察官培训情况，作为检察官任职、等级晋升的依据之一。

434. D，解析：根据《检察官法》第40条规定，检察官考评委员会的组成人员为5至9人。检察官考评委员会主任由本院检察长担任。

435. A，解析：根据《检察官法》第46条规定，检察官有下列表现之一的，应当给予奖励：（1）公正司法，成绩显著的；（2）总结检察实践经验成果突出，对检察工作有指导作用的；（3）在办理重大案件、处理突发事件和承担专项重要工作中，做出显著成绩和贡献的；（4）对检察工作提出改革建议被采纳，效果显著的；（5）提出检察建议被采纳或者开展法治宣传、解决各类纠纷，效果显著的；（6）有其他功绩的。

（三）多项选择题

436. ABCD，解析：根据《检察官法》第11条规定，检察官享有下列权利：（1）履行检察官职责应当具有的职权和工作条件；（2）非因法定事由、非经法定程序，不被调离、免职、降职、辞退或者处分；（3）履行检察官职责应当享有的职业保障和福利待遇；（4）人身、财产和住所安全受法律保护；（5）提出申诉或者控告；（6）法律规定的其他权利。

437. BCD，解析：根据《检察官法》第23条规定，检察官不得兼任人民代表大会常务委员会的组成人员，不得兼任行政机关、监察机关、审判机关的职务，不得兼任企业或者其他营利性组织、事业单位的职务，不得兼任律师、仲裁员和公证员。

438. ABCD，解析：根据《检察官法》第26条第1款规定，检察官实行员额制管理。检察官员额根据案件数量、经济社会发展情况、人口数量和人民检察院层级等因素确定，在省、自治区、直辖市内实行总量控制、动态管理，优先考虑基层人民检察院和案件数量多的人民检察院办案需要。

439. ABCD，解析：根据《检察官法》第56条第3款规定，对检察官及其近亲属实施报复陷害、侮辱诽谤、暴力侵害、威胁恐吓、滋事骚扰等违法犯罪行为的，应当依法从严惩治。

(四) 填空题

440. 罪刑法定；无罪的人。(《检察官法》第 5 条)

441. 基层；逐级；下两级。(《检察官法》第 17 条)

442. 平时；年度。(《检察官法》第 41 条)

443. 人身保护；禁止特定人员接触。(《检察官法》第 58 条)

444. 检察官助理。(《检察官法》第 68 条)

(五) 简答题

445. 答：根据《检察官法》第 7 条规定，检察官的职责：(1) 对法律规定由人民检察院直接受理的刑事案件进行侦查；(2) 对刑事案件进行审查逮捕、审查起诉，代表国家进行公诉；(3) 开展公益诉讼工作；(4) 开展对刑事、民事、行政诉讼活动的监督工作；(5) 法律规定的其他职责。检察官对其职权范围内就案件作出的决定负责。根据《检察官法》第 8 条规定，人民检察院检察长、副检察长、检察委员会委员除履行检察职责外，还应当履行与其职务相适应的职责。

446. 答：根据《检察官法》第 12 条规定，担任检察官必须具备下列条件：(1) 具有中华人民共和国国籍；(2) 拥护中华人民共和国宪法，拥护中国共产党领导和社会主义制度；(3) 具有良好的政治、业务素质和道德品行；(4) 具有正常履行职责的身体条件；(5) 具备普通高等学校法学类本科学历并获得学士及以上学位；或者普通高等学校非法学类本科及以上学历并获得法律硕士、法学硕士及以上学位；或者普通高等学校非法学类本科及以上学历，获得其他相应学位，并具有法律专业知识；(6) 从事法律工作满 5 年。其中获得法律硕士、法学硕士学位，或者获得法学博士学位的，从事法律工作的年限可以分别放宽至 4 年、3 年；(7) 初任检察官应当通过国家统一法律职业资格考试取得法律职业资格。适用前款第 5 项规定的学历条件确有困难的地方，经最高人民检察院审核确定，在一定期限内，可以将担任检察官的学历条件放宽为高等学校本科毕业。

十六、人民陪审员法

(一) 判断题

447. 公民有依法担任人民陪审员的权利和义务。人民陪审员依照《人民陪审员法》产生，依法参加人民法院的审判活动，同法官有同等权利。( )

448. 司法行政机关会同基层人民法院、公安机关，从辖区内的常住居民名单中随机抽选拟任命人民陪审员数5倍以上的人员作为人民陪审员候选人，对人民陪审员候选人进行资格审查，征求候选人意见。( )

449. 人民陪审员和法官组成合议庭审判案件，由法官担任审判长，可以组成三人合议庭，也可以由法官四人与人民陪审员三人组成七人合议庭。( )

450. 第一审刑事案件被告人、民事案件原告或者被告、行政案件原告申请由人民陪审员参加合议庭审判的，人民法院应当决定由人民陪审员和法官组成合议庭审判。( )

451. 人民法院应当结合本辖区实际情况，合理确定每名人民陪审员年度参加审判案件的数量上限，并向社会公告。( )

452. 人民陪审员的人身和住所安全受法律保护。任何单位和个人不得对人民陪审员及其近亲属打击报复。( )

(二) 单项选择题

453. 可以担任人民陪审员的情形有：( )

A. 被开除公职的

B. 被吊销律师、公证员执业证书的

C. 被纳入失信被执行人名单的

D. 受过治安处罚的

454. 人民陪审员的名额，由基层人民法院根据审判案件的需要，提请同级人民代表大会常务委员会确定。人民陪审员的名额数不低于本院法官数的（　）倍。

A. 2　　B. 3

C. 4　　D. 5

455. 下列关于人民陪审员参见合议庭的说法错误的是：（　）

A. 审判长应当履行与案件审判相关的指引、提示义务，但不得妨碍人民陪审员对案件的独立判断

B. 合议庭评议案件，审判长应当对本案中涉及的事实认定、证据规则、法律规定等事项及应当注意的问题，向人民陪审员进行必要的解释和说明

C. 人民陪审员参加三人合议庭审判案件，对事实认定、法律适用，独立发表意见，行使表决权

D. 人民陪审员参加七人合议庭审判案件，对法律适用，独立发表意见，并与法官共同表决；对事实认定，可以发表意见，但不参加表决

456. 对于在审判工作中有（　）或者有其他突出事迹的人民陪审员，依照有关规定给予表彰和奖励。

A. 显著成绩　　B. 突出成绩

C. 重大成绩　　D. 成绩

（三）多项选择题

457. 人民陪审员（　）的基层群众性自治组织应当依法保障人民陪审员参加审判活动。

A. 所在单位所在地　　B. 户籍所在地

C. 所在单位登记地　　D. 经常居住地

458. 公民担任人民陪审员应当具备的条件有：（　）

A. 拥护中华人民共和国宪法

B. 年满 28 周岁

C. 遵纪守法、品行良好、公道正派

D. 具有正常履行职责的身体条件

459. 人民法院审判哪些第一审案件，由人民陪审员和法官组成七人合议庭进行？（　　）

A. 可能判处10年以上有期徒刑、无期徒刑、死刑，社会影响重大的刑事案件

B. 根据民事诉讼法、行政诉讼法提起的公益诉讼案件

C. 涉及征地拆迁、生态环境保护，社会影响重大的案件

D. 涉及食品药品安全，社会影响重大的案件

460. 免除人民陪审员职务的情形有：（　　）

A. 本人因正当理由申请辞去人民陪审员职务的

B. 无正当理由，拒绝参加审判活动，影响审判工作正常进行的

C. 违反与审判工作有关的法律及相关规定，徇私舞弊，造成错误裁判或者其他严重后果的

D. 受过刑事处罚

（四）填空题

461. 人民陪审员依法享有参加审判活动、____发表意见、获得履职保障等权利。人民陪审员应当忠实履行审判职责，____审判秘密，注重司法礼仪，维护司法形象。

462. 人民陪审员的任期为____年，一般不得连任。

463. 基层人民法院审判案件需要由人民陪审员参加合议庭审判的，应当在人民陪审员名单中____确定。

464. 合议庭组成人员意见有____分歧的，人民陪审员或者法官可以要求合议庭将案件提请____决定是否提交审判委员会讨论决定。

465. 人民陪审员参加审判活动期间，所在单位____克扣或者____克扣其工资、奖金及其他福利待遇。

466. 人民陪审员参加审判活动期间，由人民法院依照有关规定按实际工作日给予____。

参考答案

（一）判断题

447. ×，解析：根据《人民陪审员法》第 2 条规定，公民有依法担任人民陪审员的权利和义务。人民陪审员依照本法产生，依法参加人民法院的审判活动，除法律另有规定外，同法官有同等权利。

448. √，解析：根据《人民陪审员法》第 9 条规定。

449. ×，解析：根据《人民陪审员法》第 14 条规定，人民陪审员和法官组成合议庭审判案件，由法官担任审判长，可以组成三人合议庭，也可以由法官三人与人民陪审员四人组成七人合议庭。

450. ×，解析：根据《人民陪审员法》第 17 条规定，第一审刑事案件被告人、民事案件原告或者被告、行政案件原告申请由人民陪审员参加合议庭审判的，人民法院可以决定由人民陪审员和法官组成合议庭审判。

451. √，解析：根据《人民陪审员法》第 24 条规定。

452. √，解析：根据《人民陪审员法》第 28 条规定。

（二）单项选择题

453. D，解析：根据《人民陪审员法》第 7 条规定，有下列情形之一的，不得担任人民陪审员：（1）受过刑事处罚的；（2）被开除公职的；（3）被吊销律师、公证员执业证书的；（4）被纳入失信被执行人名单的；（5）因受惩戒被免除人民陪审员职务的；（6）其他有严重违法违纪行为，可能影响司法公信的。

454. B，解析：根据《人民陪审员法》第 8 条规定，人民陪审员的名额，由基层人民法院根据审判案件的需要，提请同级人民代表大会常务委员会确定。人民陪审员的名额数不低于本院法官数的 3 倍。

455. D，解析：根据《人民陪审员法》第 22 条规定，人民陪审员参加七人合议庭审判案件，对事实认定，独立发表意见，并与法官共同表决；对法律适用，可以发表意见，但不参加表决。

456. A，解析：根据《人民陪审员法》第 26 条规定，对于在审判工作中有显著成绩或者有其他突出事迹的人民陪审员，依照有关规定给予表彰和奖励。

（三）多项选择题

457. ABD，解析：根据《人民陪审员法》第 4 条第 3 款规定，人民陪审员所在单位、户籍所在地或者经常居住地的基层群众性自治组织应当依法保障人民陪审员参加审判活动。

458. ABCD，解析：根据《人民陪审员法》第5条规定，公民担任人民陪审员，应当具备下列条件：（1）拥护中华人民共和国宪法；（2）年满28周岁；（3）遵纪守法、品行良好、公道正派；（4）具有正常履行职责的身体条件。担任人民陪审员，一般应当具有高中以上文化程度。

459. ABCD，解析：根据《人民陪审员法》第16条规定，人民法院审判下列第一审案件，由人民陪审员和法官组成七人合议庭进行：（1）可能判处10年以上有期徒刑、无期徒刑、死刑，社会影响重大的刑事案件；（2）根据民事诉讼法、行政诉讼法提起的公益诉讼案件；（3）涉及征地拆迁、生态环境保护、食品药品安全，社会影响重大的案件；（4）其他社会影响重大的案件。

460. ABCD，解析：根据《人民陪审员法》第27条规定，人民陪审员有下列情形之一，经所在基层人民法院会同司法行政机关查证属实的，由院长提请同级人民代表大会常务委员会免除其人民陪审员职务：（1）本人因正当理由申请辞去人民陪审员职务的；（2）具有《人民陪审员法》第6条、第7条所列情形之一的；（3）无正当理由，拒绝参加审判活动，影响审判工作正常进行的；（4）违反与审判工作有关的法律及相关规定，徇私舞弊，造成错误裁判或者其他严重后果的。人民陪审员有前款第3项、第4项所列行为的，可以采取通知其所在单位、户籍所在地或者经常居住地的基层群众性自治组织、人民团体，在辖区范围内公开通报等措施进行惩戒；构成犯罪的，依法追究刑事责任。

（四）填空题

461. 独立；保守。（《人民陪审员法》第3条）
462. 5。（《人民陪审员法》第13条）
463. 随机抽取。（《人民陪审员法》第19条）
464. 重大；院长。（《人民陪审员法》第23条）
465. 不得；变相。（《人民陪审员法》第29条）
466. 补助。（《人民陪审员法》第30条）

十七、公职人员政务处分法

（一）判断题

467. 公职人员任免机关、单位应当按照管理权限，加强对公职人员的监督，依法给予违法的公职人员政务处分。(　　)

468. 给予公职人员政务处分，坚持党管干部原则，集体讨论决定。(　　)

469. 公职人员 2 人以上共同违法，给予相同的政务处分。(　　)

470. 在共同违法行为中起次要或者辅助作用，违法行为情节轻微的，可以免予或者不予政务处分。(　　)

471. 公职人员因犯罪被判处管制、拘役或者有期徒刑以上刑罚的，应当予以开除。(　　)

472. 公职人员因犯罪被单处或者并处剥夺政治权利的，应当予以开除。(　　)

473. 公职人员有违法行为，有关机关依照规定给予组织处理的，监察机关可以同时给予政务处分。(　　)

474. 公职人员被开除的，不得录用为公务员。(　　)。

475. 已经退休的公职人员退休前或者退休后有违法行为的，不再给予政务处分，但是应当按照规定相应调整其享受的待遇。(　　)

476. 弄虚作假，骗取职务、职级、衔级、级别、岗位和职员等级、职称、待遇、资格、学历、学位、荣誉、奖励或者其他利益的，予以警告、记过或者记大过；情节较重的，予以降级或者撤职；情节严重的，予以开除。(　　)

477. 泄露国家秘密、工作秘密，或者泄露因履行职责掌握的商业秘密、个人隐私，造成不良后果或者影响的，予以警告、记过或者记大过；情节较重的，予以降级或者撤职；情节严重的，予以开除。(　　)

478. 作出政务处分决定后，监察机关应当将调查认定的违法事实及拟给予政务处分的依据告知被调查人，听取被调查人的陈述和申辩，并对其陈述的事实、理由和证据进行核实，记录在案。(　　)

479. 监察机关或者上级监察机关发现参与违法案件调查、处理人员有应当回避情形的，可以直接决定该人员回避。（ ）

480. 公职人员涉嫌违法，已经被立案调查，不宜继续履行职责的，监察机关可以决定暂停其履行职务。（ ）

481. 监察机关发现本机关或者下级监察机关作出的政务处分决定确有错误的，应当及时予以纠正或者责令下级监察机关及时予以纠正。（ ）

482. 复审、复核期间，应当停止原政务处分决定的执行。（ ）

483. 有关机关拒不执行政务处分决定的，应当由监察机关责令改正，依法给予处理。（ ）

（二）单项选择题

484. 下列哪一项不属于政务处分的种类？（ ）

A. 警告　　B. 记过

C. 开除　　D. 罚款

485. 公职人员有下列哪一情形的，可以免予或者不予政务处分？（ ）

A. 主动交代本人应当受到政务处分的违法行为的

B. 检举他人违纪违法行为，经查证属实的

C. 在共同违法行为中起次要或者辅助作用的

D. 违法行为情节轻微，主动上交或者退赔违法所得的

486. 对公职人员的下列情形，不应当从重给予政务处分的是：（ ）

A. 在政务处分期内再次因过失违法，应当受到政务处分的

B. 阻止他人检举、提供证据的

C. 包庇同案人员的

D. 胁迫、唆使他人实施违法行为的

487. 关于公职人员违法取得的财物，下列哪一种说法是不正确的？（ ）

A. 除依法应当由其他机关没收、追缴或者责令退赔的，由监察机关没收、追缴或者责令退赔

B. 应当退还原所有人或者原持有人的，依法予以退还

C. 属于国家财产的，上缴国库

D. 不应当退还以及无法退还的，予以提存

488. 公职人员的下列哪一行为不应当受到政务处分？（　　）

A. 默许特定关系人利用本人职权或者职务上的影响谋取私利的

B. 拒不按照规定纠正特定关系人违规任职、兼职或者从事经营活动，且不服从职务调整的

C. 接受、提供可能影响公正行使公权力的宴请、旅游、健身、娱乐等活动安排，情节较轻的

D. 违反规定公款消费的

489. 关于监察机关政务处分调查程序，下列说法哪一项是错误的？（　　）

A. 可以由一名工作人员进行

B. 有权依法向有关单位和个人了解情况，有关单位和个人应当如实提供

C. 严禁以威胁、引诱、欺骗及其他非法方式收集证据

D. 以非法方式收集的证据不得作为给予政务处分的依据

490. 关于调查人员的回避，下列哪一项是不正确的？（　　）

A. 担任过本案的证人的调查人员，应当回避

B. 上级监察机关发现参与违法案件调查、处理人员有应当回避情形的，可以直接决定该人员回避

C. 监察机关负责人的回避，由上级监察机关决定

D. 其他参与违法案件调查、处理人员的回避，由本级监察机关讨论决定

491. 公职人员依法受到刑事责任追究，对此下列哪一种说法是正确的？（　　）

A. 监察机关不再给予政务处分

B. 监察机关仍可以自行调查，作出政务处分

C. 监察机关应当根据司法机关的生效判决、裁定、决定及其认定的事实和情节，给予政务处分

D. 应由该公职人员所在单位对其作出处分

492. 公职人员依法受到行政处罚的，对此下列哪一种说法是正确的？（　　）

A. 不影响监察机关对其给予政务处分

B. 监察机关应当给予其政务处分

C. 监察机关对其作出政务处分，无须再经立案调查核实

D. 监察机关作出政务处分的，应当根据行政处罚决定认定的事实和情节作出

493. 司法机关、行政机关依法改变原生效判决、裁定、决定等，对原政务处分决定产生影响的，监察机关应当如何处理？（　　）

A. 无须对原政务处分作出处理

B. 应当撤销原政务处分

C. 应当重新立案调查，重新作出处分决定

D. 应当根据改变后的判决、裁定、决定等重新作出相应处理

494. 监察机关对各级人民代表大会代表给予政务处分的，应当（　　）。

A. 经该人民代表大会批准

B. 经该人民代表大会常务委员会批准

C. 向有关的人民代表大会通报

D. 向有关的人民代表大会常务委员会通报

495. 下级监察机关根据上级监察机关的指定管辖决定进行调查的案件，调查终结后，对不属于本监察机关管辖范围内的监察对象，应当如何处理？（　　）

A. 交有管理权限的监察机关依法作出政务处分决定

B. 自行作出政务处分决定

C. 提请上级监察机关作出政务处分决定

D. 提请上级监察机关重新指定有管理权限的监察机关作出政务处分决定

496. 公职人员在被监察机关立案调查期间，下列做法哪一项是不正确的？（　　）

A. 未经监察机关同意，不得出境

B. 不得晋升职务

C. 不得办理退休手续

D. 公职人员所在机关可以对其作出处分

497. 对于受到降级以上政务处分的，应当由人事部门按照管理权限在作出政务处分决定后（　　）个月内办理职务、工资及其他有关待遇等的变更手续；特殊情况下，经批准可以适当延长办理期限，但是最长不得超过（　　）个月。

A. 1；6　　B. 2；6

C. 1；3　　D. 1；12

498. 公职人员对监察机关作出的涉及本人的政务处分决定不服，可以采取的救济措施是：(　　)

A. 直接向上一级监察机关申请复核

B. 向上一级监察机关投诉

C. 依法向作出决定的监察机关申请复审

D. 向人民法院提起行政诉讼

499. 因监察机关的过错导致政务处分被撤销的，对相关公职人员薪酬待遇受到的损失应当(　　)。

A. 予以赔偿　　B. 予以补偿

C. 不予赔偿　　D. 不予补偿

(三) 多项选择题

500. 关于政务处分的期间，下列说法正确的是：(　　)

A. 记过，6 个月　　B. 记大过，12 个月

C. 降级，24 个月　　D. 撤职，24 个月

501. 下列情形可以免予或者不予政务处分的是：(　　)

A. 违法行为情节轻微，并主动交代本人应当受到政务处分的违法行为的

B. 主动采取措施，有效避免、挽回损失或者消除不良影响的

C. 因不明真相被裹挟或者被胁迫参与违法活动，经批评教育后确有悔改表现的

D. 在共同违法行为中起次要或者辅助作用，经批评教育后确有悔改表现的

502. 公职人员犯罪，有下列哪些情形之一的，予以开除？(　　)

A. 因故意犯罪被判处有期徒刑 1 年的

B. 因过失犯罪被判处有期徒刑 5 年的

C. 因犯罪被剥夺政治权利的

D. 因犯罪被单处罚金，造成不良影响的

503. 公职人员有两个以上违法行为的，应当如何处理？(　　)

A. 分别确定政务处分

B. 给予两种以上政务处分的，执行其中最重的政务处分

C. 给予撤职以下多个相同政务处分的，执行其中最重的政务处分

D. 给予撤职以下多个相同政务处分的，处分期最长不得超过2年

504. 对于公职人员的处分，下列哪些说法是不正确的？（　　）

A. 对公职人员的同一违法行为，监察机关和公职人员任免机关、单位不得重复给予政务处分和处分

B. 公职人员有违法行为，有关机关依照规定给予组织处理的，监察机关不再给予政务处分

C. 担任领导职务的公职人员有违法行为，被免去领导职务的，监察机关不再给予政务处分

D. 担任领导职务的公职人员有违法行为，主动辞去领导职务的，监察机关不再给予政务处分

505. 张某受到撤职的政务处分，关于处分的解除，下列哪些选项是错误的？（　　）

A. 在政务处分期内有悔改表现，并且没有再发生应当给予政务处分的违法行为的，由监察机关作出解除处分的决定

B. 解除处分的，晋升职务、职级、衔级、级别、岗位和职员等级、职称、薪酬待遇不再受原政务处分影响

C. 解除处分的，不恢复原职务、职级、衔级、级别、岗位和职员等级、职称、薪酬待遇

D. 处分期满后即自动解除

506. 对已经退休的公职人员在退休后的违法行为，下列哪些说法是正确的？（　　）

A. 应当给予政务处分

B. 可以对其立案调查

C. 降低其享受的待遇

D. 违法取得的财物，除依法应当由其他机关没收、追缴或者责令退赔的，由监察机关没收、追缴或者责令退赔

507. 对公职人员的下列哪些行为，应当予以政务处分？（　　）

A. 违反个人有关事项报告规定，隐瞒不报的

B. 篡改、伪造本人档案资料的

C. 拒不执行或者变相不执行、拖延执行上级依法作出的决定、命令的

D. 违反规定取得外国国籍或者获取境外永久居留资格、长期居留许可的

508. 关于监察机关政务处分程序，下列哪些说法是正确的？（　　）

A. 作出政务处分决定前，应当告知被调查人违法事实及拟给予政务处分的依据

B. 听取被调查人的陈述和申辩

C. 被调查人提出的事实、理由和证据成立的，应予采纳

D. 被调查人申辩的，可以对其加重处分

509. 调查终结后，监察机关作出的下列处理哪些是正确的？（　　）

A. 违法事实不能成立的，撤销案件

B. 符合免予、不予政务处分条件的，撤销案件

C. 确有应受政务处分的违法行为的，按照政务处分决定权限，履行规定的审批手续后，作出政务处分决定

D. 被调查人涉嫌其他违法或者犯罪行为的，依法移送主管机关处理

510. 监察机关对经县级以上各级人民代表大会常务委员会决定任命的公职人员予以撤职、开除的，其下列哪些做法是不正确的？（　　）

A. 可以直接作出政务处分决定

B. 应当经该人民代表大会常务委员会决定后，再作出政务处分决定

C. 应当先依法撤销或者免去其职务，再作出政务处分决定

D. 应当提请上一级监察机关作出政务处分决定

511. 有下列哪些情形之一的，复审、复核机关应当撤销原政务处分决定，重新作出决定或者责令原作出决定的监察机关重新作出决定？（　　）

A. 政务处分所依据的违法事实不清的

B. 政务处分所依据的证据不足的

C. 违反法定程序的

D. 超越职权作出政务处分决定的

512. 有下列哪些情形之一的，复审、复核机关应当变更原政务处分决定，或者责令原作出决定的监察机关予以变更？（　　）

A. 适用法律、法规确有错误的

B. 滥用职权作出政务处分决定的

C. 对违法行为的情节认定确有错误的

D. 政务处分不当的

513. 有关机关、单位、组织或者人员有下列哪些情形之一的，由其上级机关，主管部门，任免机关、单位或者监察机关责令改正，依法给予处理？（　　）

A. 拒不配合或者阻碍调查的

B. 对检举人、证人或者调查人员进行打击报复的

C. 诬告陷害公职人员的

D. 拒不采纳监察建议的

（四）填空题

514. 公职人员依法履行职责受法律保护，非因____、非经____，不受政务处分。

515. 政务处分的种类包括：____、记过、____、____、____、____。

516. 政务处分决定自____之日起生效，政务处分期自____之日起计算。

517. 公职人员 2 人以上____，根据各自在违法行为中所起的作用和应当承担的法律责任，分别给予政务处分。

518. 在共同违法行为中起____或者____作用的，可以从轻或者减轻给予政务处分。

519. 在政务处分期内再次____违法，应当受到____的，应当从重给予政务处分。

520. 公职人员因犯罪被____罚金，或者犯罪情节轻微，人民检察院依法作出____决定或者人民法院依法____的，予以撤职；造成不良影响的，予以开除。

521. 公务员以及参照《中华人民共和国公务员法》管理的人员在政务处分期内，不得晋升____、____、____和____；其中，被记过、记大过、降级、撤职的，不得晋升____。被撤职的，按照规定降低职务、职级、衔级和级别，同时降低工资和待遇。

522. 公职人员因违法行为获得的职务、职级、衔级、级别、岗位和职员等级、职称、待遇、资格、学历、学位、荣誉、奖励等其他利益，监察机关应当____有关机关、单位、组织按规定予以纠正。

523. 已经退休的公职人员退休前或者退休后有违法行为的，不再给予政务处分，但是可以对其____；依法应当予以降级、撤职、开除的，应当按照规定____其享受的待遇。

524. 违反____原则，个人或者少数人决定重大事项，或者拒不执行、擅自改变____作出的重大决定的，予以警告、记过或者记大过；情节严重的，予以降级或者撤职。

525. 违反规定从事或者参与____活动，或者违反规定____职务、领取报酬的，予以警告、记过或者记大过；情节较重的，予以降级或者撤职；情节严重的，予以开除。

526. 监察机关对涉嫌违法的公职人员进行调查，应当由____名以上工作人员进行。监察机关进行调查时，有权依法向有关单位和个人了解情况，收集、调取____。有关单位和个人应当____。

527. 作出政务处分决定前，监察机关应当将调查认定的____及拟给予政务处分的____告知被调查人，听取被调查人的____。不得因被调查人的申辩而____政务处分。

528. 政务处分决定书应当及时送达____，并____宣布。作出政务处分决定后，监察机关应当根据被处分人的具体身份____告知相关的机关、单位。

529. 监察机关对经中国人民政治协商会议各级委员会全体会议或者其常务委员会选举或者决定任命的公职人员予以撤职、开除的，应当先____，再依法作出政务处分决定。

530. 公职人员涉嫌违法，已经被立案调查，不宜继续履行职责的，公职人员任免机关、单位可以决定____其履行职务。

531. 监察机关在调查中发现公职人员受到不实检举、控告或者诬告陷害，造成不良影响的，应当按照规定及时____，____，消除不良影响。

532. 复审、复核期间，____原政务处分决定的执行。

533. 有关机关或者人员拒不配合或者阻碍调查的，由其____，____，____或者____责令改正，依法给予处理。

(五) 简答题

534. 简述政务处分的种类及其处分期间。
535. 简述对公职人员可以从轻或者减轻给予政务处分的情形。
536. 简述对公职人员应当从重给予政务处分的情形。
537. 简述因公职人员犯罪予以开除的情形。
538. 简述在公职人员有两个以上违法行为时，应当如何作出政务处分。
539. 简述政务处分调查人员的回避事由。
540. 简述公职人员对政务处分的救济途径。
541. 简述政务处分决定被撤销后应当如何处理。

参考答案

(一) 判断题

467. ×，解析：根据《公职人员政务处分法》第 3 条第 1 款规定，监察机关应当按照管理权限，加强对公职人员的监督，依法给予违法的公职人员政务处分。
468. √，解析：根据《公职人员政务处分法》第 4 条规定。
469. ×，解析：根据《公职人员政务处分法》第 9 条规定，公职人员 2 人以上共同违法，根据各自在违法行为中所起的作用和应当承担的法律责任，分别给予政务处分。
470. ×，解析：根据《公职人员政务处分法》第 12 条第 1 款规定，公职人员违法行为情节轻微，且具有本法第 11 条规定的情形之一的，可以对其进行谈话提醒、批评教育、责令检查或者予以诫勉，免予或者不予政务处分。
471. ×，解析：根据《公职人员政务处分法》第 14 条第 1 款第 1 项规定，公职人员因故意犯罪被判处管制、拘役或者有期徒刑以上刑罚（含宣告缓刑）的，予以开除。根据《公职人员政务处分法》第 14 条第 2 款规定，因过失犯罪被判处管制、拘役或者 3 年以下有期徒刑的，一般应当予以开除；案件情况特殊，予以撤职更为适当的，可以不予开除，但是应当报请上一级机关批准。
472. √，解析：根据《公职人员政务处分法》第 14 条规定。

473. √，解析：根据《公职人员政务处分法》第 17 条规定。

474. √，解析：根据《公职人员政务处分法》第 24 条规定。

475. ×，解析：根据《公职人员政务处分法》第 27 条第 1 款规定，已经退休的公职人员退休前或者退休后有违法行为的，不再给予政务处分，但是可以对其立案调查；依法应当予以降级、撤职、开除的，应当按照规定相应调整其享受的待遇，对其违法取得的财物和用于违法行为的本人财物依照本法第 25 条的规定处理。

476. √，解析：根据《公职人员政务处分法》第 32 条规定。

477. √，解析：根据《公职人员政务处分法》第 39 条规定。

478. ×，解析：根据《公职人员政务处分法》第 43 条规定，作出政务处分决定前，监察机关应当将调查认定的违法事实及拟给予政务处分的依据告知被调查人，听取被调查人的陈述和申辩，并对其陈述的事实、理由和证据进行核实，记录在案。

479. √，解析：根据《公职人员政务处分法》第 48 条规定。

480. ×，解析：根据《公职人员政务处分法》第 52 条第 1 款规定，公职人员涉嫌违法，已经被立案调查，不宜继续履行职责的，公职人员任免机关、单位可以决定暂停其履行职务。

481. √，解析：根据《公职人员政务处分法》第 55 条规定。

482. ×，解析：根据《公职人员政务处分法》第 56 条第 1 款规定，复审、复核期间，不停止原政务处分决定的执行。

483. ×，解析：根据《公职人员政务处分法》第 62 条第 1 项规定，有关机关、单位、组织或者人员拒不执行政务处分决定的，由其上级机关，主管部门，任免机关、单位或者监察机关责令改正，依法给予处理。

（二）单项选择题

484. D，解析：根据《公职人员政务处分法》第 7 条规定，政务处分的种类为：（1）警告；（2）记过；（3）记大过；（4）降级；（5）撤职；（6）开除。

485. D，解析：根据《公职人员政务处分法》第 11 条规定，公职人员有下列情形之一的，可以从轻或者减轻给予政务处分：（1）主动交代本人应当受到政务处分的违法行为的；（2）配合调查，如实说明本人违法事实的；（3）检举他人违纪违法行为，经查证属实的；（4）主动采取措施，有效避免、挽回损失或者消除不良影响的；（5）在共同违法行为中起次要或者辅助作用的；（6）主动上交或者退赔违法所得的；（7）法律、法规规定的其他从轻或者减轻情节。根据《公职人员政务处分法》第12条第1款规定，公职人员违法行为情节轻微，且具有本法第11条规定的情形之一的，可以对其进行谈话提醒、批评教育、责令检查或者予以诫勉，免予或者不予政务处分。

486. A，解析：根据《公职人员政务处分法》第13条第1项规定，公职人员在政务处分期内再次故意违法，应当受到政务处分的，应当从重给予政务处分。据此，过失违法的不从重给予政务处分。

487. D，解析：根据《公职人员政务处分法》第25条第1款规定，公职人员违法取得的财物和用于违法行为的本人财物，除依法应当由其他机关没收、追缴或者责令退赔的，由监察机关没收、追缴或者责令退赔；应当退还原所有人或者原持有人的，依法予以退还；属于国家财产或者不应当退还以及无法退还的，上缴国库。

488. C，解析：根据《公职人员政务处分法》第33条、第34条、第35条规定。其中，根据第34条第2款规定，接受、提供可能影响公正行使公权力的宴请、旅游、健身、娱乐等活动安排，情节较重的，才予以政务处分。

489. A，解析：根据《公职人员政务处分法》第42条规定，监察机关对涉嫌违法的公职人员进行调查，应当由2名以上工作人员进行。监察机关进行调查时，有权依法向有关单位和个人了解情况，收集、调取证据。有关单位和个人应当如实提供情况。严禁以威胁、引诱、欺骗及其他非法方式收集证据。以非法方式收集的证据不得作为给予政务处分的依据。

490. D，解析：根据《公职人员政务处分法》第47条、第48条规定，担任过本案的证人的调查人员，应当自行回避，被调查人、检举人及其他有关人员也有权要求其回避。监察机关负责人的回避，由上级监察机关决定；其他参与违法案件调查、处理人员的回避，由监察机关负责人决定。监察机关或者上级监察机关发现参与违法案件调查、处理人员有应当回避情形的，可以直接决定该人员回避。

491. C，解析：根据《公职人员政务处分法》第49条第1款规定，公职人员依法受到刑事责任追究的，监察机关应当根据司法机关的生效判决、裁定、决定及其认定的事实和情节，依照本法规定给予政务处分。

492. A，解析：根据《公职人员政务处分法》第49条第2款规定，公职人员依法受到行政处罚，应当给予政务处分的，监察机关可以根据行政处罚决定认定的事实和情节，经立案调查核实后，依照本法给予政务处分。

493. D，解析：根据《公职人员政务处分法》第 49 条第 3 款规定，监察机关根据本条第 1 款、第 2 款的规定作出政务处分后，司法机关、行政机关依法改变原生效判决、裁定、决定等，对原政务处分决定产生影响的，监察机关应当根据改变后的判决、裁定、决定等重新作出相应处理。

494. D，解析：根据《公职人员政务处分法》第 50 条第 3 款规定，监察机关对各级人民代表大会代表、中国人民政治协商会议各级委员会委员给予政务处分的，应当向有关的人民代表大会常务委员会，乡、民族乡、镇的人民代表大会主席团或者中国人民政治协商会议委员会常务委员会通报。

495. A，解析：根据《公职人员政务处分法》第 51 条规定，下级监察机关根据上级监察机关的指定管辖决定进行调查的案件，调查终结后，对不属于本监察机关管辖范围内的监察对象，应当交有管理权限的监察机关依法作出政务处分决定。

496. D，解析：根据《公职人员政务处分法》第 52 条第 2 款规定，公职人员在被立案调查期间，未经监察机关同意，不得出境、辞去公职；被调查公职人员所在机关、单位及上级机关、单位不得对其交流、晋升、奖励、处分或者办理退休手续。

497. A，解析：根据《公职人员政务处分法》第 54 条规定，公职人员受到政务处分的，应当将政务处分决定书存入其本人档案。对于受到降级以上政务处分的，应当由人事部门按照管理权限在作出政务处分决定后 1 个月内办理职务、工资及其他有关待遇等的变更手续；特殊情况下，经批准可以适当延长办理期限，但是最长不得超过 6 个月。

498. C，解析：根据《公职人员政务处分法》第 55 条第 1 款规定，公职人员对监察机关作出的涉及本人的政务处分决定不服的，可以依法向作出决定的监察机关申请复审；公职人员对复审决定仍不服的，可以向上一级监察机关申请复核。

499. B，解析：根据《公职人员政务处分法》第 60 条第 2 款规定，公职人员因有本法第 57 条、第 58 条规定的情形被撤销政务处分或者减轻政务处分的，应当对其薪酬待遇受到的损失予以补偿。

（三）多项选择题

500. CD，解析：根据《公职人员政务处分法》第 8 条第 1 款规定，政务处分的期间为：（1）警告，6 个月；（2）记过，12 个月；（3）记大过，18 个月；（4）降级、撤职，24 个月。

501. AC，解析：根据《公职人员政务处分法》第 12 条规定，公职人员违法行为情节轻微，且具有本法第 11 条规定的情形之一的，可以对其进行谈话提醒、批评教育、责令检查或者予以诫勉，免予或者不予政务处分。公职人员因不明真相被裹挟或者被胁迫参与违法活动，经批评教育后确有悔改表现的，可以减轻、免予或者不予政务处分。

502. ABCD，解析：根据《公职人员政务处分法》第 14 条规定，公职人员犯罪，有下列情形之一的，予以开除：（1）因故意犯罪被判处管制、拘役或者有期徒刑以上刑罚（含宣告缓刑）的；（2）因过失犯罪被判处有期徒刑，刑期超过 3 年的；（3）因犯罪被单处或者并处剥夺政治权利的。因过失犯罪被判处管制、拘役或者 3 年以下有期徒刑的，一般应当予以开除；案件情况特殊，予以撤职更为适当的，可以不予开除，但是应当报请上一级机关批准。公职人员因犯罪被单处罚金，或者犯罪情节轻微，人民检察院依法作出不起诉决定或者人民法院依法免予刑事处罚的，予以撤职；造成不良影响的，予以开除。

503. AB，解析：根据《公职人员政务处分法》第 15 条规定，公职人员有两个以上违法行为的，应当分别确定政务处分。应当给予两种以上政务处分的，执行其中最重的政务处分；应当给予撤职以下多个相同政务处分的，可以在一个政务处分期以上、多个政务处分期之和以下确定政务处分期，但是最长不得超过 48 个月。

504. BCD，解析：根据《公职人员政务处分法》第 16 条规定，对公职人员的同一违法行为，监察机关和公职人员任免机关、单位不得重复给予政务处分和处分。根据《公职人员政务处分法》第 17 条规定，公职人员有违法行为，有关机关依照规定给予组织处理的，监察机关可以同时给予政务处分。根据《公职人员政务处分法》第 18 条规定，担任领导职务的公职人员有违法行为，被罢免、撤销、免去或者辞去领导职务的，监察机关可以同时给予政务处分。

505. AD，解析：根据《公职人员政务处分法》第 26 条第 2 款规定，公职人员受到开除以外的政务处分，在政务处分期内有悔改表现，并且没有再发生应当给予政务处分的违法行为的，政务处分期满后自动解除，晋升职务、职级、衔级、级别、岗位和职员等级、职称、薪酬待遇不再受原政务处分影响。但是，解除降级、撤职的，不恢复原职务、职级、衔级、级别、岗位和职员等级、职称、薪酬待遇。

506. BD，解析：根据《公职人员政务处分法》第 27 条第 1 款规定，已经退休的公职人员退休前或者退休后有违法行为的，不再给予政务处分，但是可以对其立案调查；依法应当予以降级、撤职、开除的，应当按照规定相应调整其享受的待遇，对其违法取得的财物和用于违法行为的本人财物依照本法第 25 条的规定处理。

507. BCD，解析：根据《公职人员政务处分法》第 29 条第 2 款规定，违反个人有关事项报告规定，隐瞒不报，情节较重的，予以警告、记过或者记大过。据此，A 项需要情节严重，故错误。BCD 项分别符合《公职人员政务处分法》第 29 条第 3 款、第 30 条、第 31 条规定。

508. ABC，解析：根据《公职人员政务处分法》第 43 条规定，作出政务处分决定前，监察机关应当将调查认定的违法事实及拟给予政务处分的依据告知被调查人，听取被调查人的陈述和申辩，并对其陈述的事实、理由和证据进行核实，记录在案。被调查人提出的事实、理由和证据成立的，应予采纳。不得因被调查人的申辩而加重政务处分。

509. ACD，解析：根据《公职人员政务处分法》第 44 条规定，调查终结后，监察机关应当根据下列不同情况，分别作出处理：（1）确有应受政务处分的违法行为的，根据情节轻重，按照政务处分决定权限，履行规定的审批手续后，作出政务处分决定；（2）违法事实不能成立的，撤销案件；（3）符合免予、不予政务处分条件的，作出免予、不予政务处分决定；（4）被调查人涉嫌其他违法或者犯罪行为的，依法移送主管机关处理。

510. ABD，解析：根据《公职人员政务处分法》第 50 条第 1 款规定，监察机关对经各级人民代表大会、县级以上各级人民代表大会常务委员会选举或者决定任命的公职人员予以撤职、开除的，应当先依法罢免、撤销或者免去其职务，再依法作出政务处分决定。

511. ABD，解析：根据《公职人员政务处分法》第 57 条规定，有下列情形之一的，复审、复核机关应当撤销原政务处分决定，重新作出决定或者责令原作出决定的监察机关重新作出决定：（1）政务处分所依据的违法事实不清或者证据不足的；（2）违反法定程序，影响案件公正处理的；（3）超越职权或者滥用职权作出政务处分决定的。

512. ACD，解析：根据《公职人员政务处分法》第 58 条规定，有下列情形之一的，复审、复核机关应当变更原政务处分决定，或者责令原作出决定的监察机关予以变更：（1）适用法律、法规确有错误的；（2）对违法行为的情节认定确有错误的；（3）政务处分不当的。B项属于应予撤销的情形。

513. ABC，解析：根据《公职人员政务处分法》第62条规定，有关机关、单位、组织或者人员有下列情形之一的，由其上级机关，主管部门，任免机关、单位或者监察机关责令改正，依法给予处理：（1）拒不执行政务处分决定的；（2）拒不配合或者阻碍调查的；（3）对检举人、证人或者调查人员进行打击报复的；（4）诬告陷害公职人员的；（5）其他违反本法规定的情形。

（四）填空题

514. 法定事由；法定程序。（《公职人员政务处分法》第6条）
515. 警告；记大过；降级；撤职；开除。（《公职人员政务处分法》第7条）
516. 作出；政务处分决定生效。（《公职人员政务处分法》第8条）
517. 共同违法。（《公职人员政务处分法》第9条）
518. 次要；辅助。（《公职人员政务处分法》第11条）
519. 故意；政务处分。（《公职人员政务处分法》第13条）
520. 单处；不起诉；免予刑事处罚。（《公职人员政务处分法》第14条）
521. 职务；职级；衔级；级别；工资档次。（《公职人员政务处分法》第19条）
522. 建议。（《公职人员政务处分法》第25条）
523. 立案调查；相应调整。（《公职人员政务处分法》第27条）
524. 民主集中制；集体。（《公职人员政务处分法》第30条）
525. 营利性；兼任。（《公职人员政务处分法》第36条）
526. 2；证据；如实提供情况。（《公职人员政务处分法》第42条）
527. 违法事实；依据；陈述和申辩；加重。（《公职人员政务处分法》第43条）
528. 被处分人和被处分人所在机关、单位；在一定范围内；书面。（《公职人员政务处分法》第46条）
529. 依章程免去其职务。（《公职人员政务处分法》第50条）
530. 暂停。（《公职人员政务处分法》第52条）
531. 澄清事实；恢复名誉。（《公职人员政务处分法》第53条）
532. 不停止。（《公职人员政务处分法》第56条）
533. 上级机关；主管部门；任免机关、单位；监察机关。（《公职人员政务处分法》第62条）

（五）简答题

534. 答：根据《公职人员政务处分法》第7条规定，政务处分的种类为：（1）警告；（2）记过；（3）记大过；（4）降级；（5）撤职；（6）开除。根据

《公职人员政务处分法》第8条规定，政务处分的期间为：（1）警告，6个月；（2）记过，12个月；（3）记大过，18个月；（4）降级、撤职，24个月。政务处分决定自作出之日起生效，政务处分期自政务处分决定生效之日起计算。

535. 答：根据《公职人员政务处分法》第11条规定，公职人员有下列情形之一的，可以从轻或者减轻给予政务处分：（1）主动交代本人应当受到政务处分的违法行为的；（2）配合调查，如实说明本人违法事实的；（3）检举他人违纪违法行为，经查证属实的；（4）主动采取措施，有效避免、挽回损失或者消除不良影响的；（5）在共同违法行为中起次要或者辅助作用的；（6）主动上交或者退赔违法所得的；（7）法律、法规规定的其他从轻或者减轻情节。

536. 答：根据《公职人员政务处分法》第13条规定，公职人员有下列情形之一的，应当从重给予政务处分：（1）在政务处分期内再次故意违法，应当受到政务处分的；（2）阻止他人检举、提供证据的；（3）串供或者伪造、隐匿、毁灭证据的；（4）包庇同案人员的；（5）胁迫、唆使他人实施违法行为的；（6）拒不上交或者退赔违法所得的；（7）法律、法规规定的其他从重情节。

537. 答：根据《公职人员政务处分法》第14条规定，公职人员犯罪，有下列情形之一的，予以开除：（1）因故意犯罪被判处管制、拘役或者有期徒刑以上刑罚（含宣告缓刑）的；（2）因过失犯罪被判处有期徒刑，刑期超过3年的；（3）因犯罪被单处或者并处剥夺政治权利的。因过失犯罪被判处管制、拘役或者3年以下有期徒刑的，一般应当予以开除；案件情况特殊，予以撤职更为适当的，可以不予开除，但是应当报请上一级机关批准。公职人员因犯罪被单处罚金，或者犯罪情节轻微，人民检察院依法作出不起诉决定或者人民法院依法免予刑事处罚的，予以撤职；造成不良影响的，予以开除。

538. 答：根据《公职人员政务处分法》第15条规定，公职人员有两个以上违法行为的，应当分别确定政务处分。应当给予两种以上政务处分的，执行其中最重的政务处分；应当给予撤职以下多个相同政务处分的，可以在一个政务处分期以上、多个政务处分期之和以下确定政务处分期，但是最长不得超过48个月。

539. 答：根据《公职人员政务处分法》第47条规定，参与公职人员违法案件调查、处理的人员有下列情形之一的，应当自行回避，被调查人、检举人及其他有关人员也有权要求其回避：（1）是被调查人或者检举人的近亲属的；（2）担任过本案的证人的；（3）本人或者其近亲属与调查的案件有利害关系的；（4）可能影响案件公正调查、处理的其他情形。

540. 答：根据《公职人员政务处分法》第 55 条第 1 款规定，公职人员对监察机关作出的涉及本人的政务处分决定不服的，可以依法向作出决定的监察机关申请复审；公职人员对复审决定仍不服的，可以向上一级监察机关申请复核。

541. 答：根据《公职人员政务处分法》第 60 条规定，公职人员政务处分决定被撤销的，应当恢复该公职人员的级别、薪酬待遇，按照原职务、职级、衔级、岗位和职员等级安排相应的职务、职级、衔级、岗位和职员等级，并在原政务处分决定公布范围内为其恢复名誉。没收、追缴财物错误的，应当依法予以返还、赔偿。公职人员因有本法第 57 条、第 58 条规定的情形被撤销政务处分或者减轻政务处分的，应当对其薪酬待遇受到的损失予以补偿。

贰 民法商法

一、民法典

（一）判断题

542. 民事主体从事民事活动，应当遵循诚信原则，秉持诚实，恪守承诺。（　　）

543. 自然人从出生时起到死亡时止，具有民事权利能力，依法享有民事权利，承担民事义务。（　　）

544. 不能完全辨认自己行为的成年人可以独立实施与其智力、精神健康状况相适应的民事法律行为。（　　）

545. 成年子女对父母负有抚养、扶助和保护的义务。（　　）

546. 失踪人的财产由其配偶、成年子女、父母或者其他愿意担任财产代管人的人代管。（　　）

547. 被宣告死亡的人在被宣告死亡期间，其子女被他人依法收养的，在死亡宣告被撤销后，可以以未经本人同意为由主张收养行为无效。（　　）

548. 自然人因婚姻家庭关系等产生的人身权利受法律保护。（　　）

549. 民事法律行为可以采用书面形式、口头形式或者其他形式。（　　）

550. 基于虚假的意思表示实施的民事法律行为，行为人有权请求人民法院或者仲裁机构予以撤销。（　　）

551. 代理人不得以被代理人的名义与自己实施民事法律行为，但是被代理人同意或者追认的除外。（　　）

552. 因当事人一方的违约行为，损害对方人身权益、财产权益的，受损害方有权选择请求其承担违约责任和侵权责任。（　　）

553. 业主转让建筑物内的住宅、经营性用房，其对共有部分享有的共有和共同管理的权利可以分别转让。（　　）

554. 业主可以自行管理建筑物及其附属设施，也可以委托物业服务企业或

者其他管理人管理。(　　)

555. 因不动产或者动产被征收、征用致使用益物权消灭或者影响用益物权行使的，用益物权人有权依据《民法典》的相关规定获得相应补偿。(　　)

556. 债务人不履行到期债务，致使抵押财产被人民法院依法扣押的，自扣押之日起，抵押权人有权收取该抵押财产的天然孳息或者法定孳息，但是抵押权人未通知应当清偿法定孳息义务人的除外。(　　)

557. 自债务人的行为发生之日起 3 年内没有行使撤销权的，该撤销权消灭。(　　)

558. 借款合同中，借款人对支付利息的期限没有约定或者约定不明确的，可以签订补充协议。(　　)

559. 任何组织或者个人不得以干涉、盗用、假冒等方式侵害他人的姓名权或者名称权。(　　)

560. 报刊、网络等媒体报道的内容失实，侵害他人名誉权的，受害人有权请求该媒体及时采取更正或者删除等必要措施。(　　)

561. 夫妻在婚姻家庭关系中地位平等。(　　)

562. 被继承人的子女先于被继承人死亡的，由被继承人的子女的直系血亲代位继承。(　　)

563. 自愿参加具有一定风险的文体活动因其他参加者的行为受到损害的，受害人无权请求其他参加者承担侵权责任。(　　)

564. 侵害他人人身权益造成财产损失的，只能按照被侵权人因此受到的损失赔偿。(　　)

565. 因产品存在缺陷造成他人损害的，生产者应当承担侵权责任。(　　)

(二) 单项选择题

566. 民法调整平等主体的（　　）的人身关系和财产关系。

A. 自然人、法人和非法人组织之间

B. 法人和非法人组织之间

C. 自然人和法人之间

D. 自然人和非法人组织之间

567. 自然人的（　　）一律平等。

A. 民事能力　　B. 民事权利能力

C. 民事义务　　D. 民事行为能力

568. 具有完全民事行为能力的成年人，可以与其近亲属、其他愿意担任监护人的个人或者组织事先协商，以（　　）形式确定自己的监护人。

A. 书面　　B. 口头

C. 书面或者口头　　D. 公证

569. 自然人下落不明满（　　）年的，利害关系人可以向人民法院申请宣告该自然人为失踪人。

A. 1　　B. 2

C. 3　　D. 4

570. 自然人被宣告死亡但是并未死亡的，其在被宣告死亡期间实施的民事法律行为（　　）。

A. 有效　　B. 待定

C. 可追认　　D. 无效

571. 为了（　　）的需要，依照法律规定的权限和程序征收、征用不动产或者动产的，应当给予公平、合理的补偿。

A. 社会利益　　B. 集体利益

C. 公共利益　　D. 国家利益

572. 下列关于民事法律行为的说法错误的是：（　　）

A. 民事法律行为是民事主体通过意思表示设立、变更、终止民事法律关系的行为

B. 民事法律行为可以基于双方或者多方的意思表示一致成立

C. 民事法律行为不可以基于单方的意思表示成立

D. 法人依照章程规定的议事方式和表决程序作出决议的，该决议行为成立

573. 下列关于附条件的民事法律行为的说法错误的是：（　　）

A. 民事法律行为可以附条件

B. 附生效条件的民事法律行为，自条件成就时生效

C. 所有的民事法律行为都可以附条件

D. 附解除条件的民事法律行为，自条件成就时失效

574. 不可抗力是（　　）的客观情况。

A. 不能预见且不能克服　　B. 不能避免且不能克服

C. 不能预见且不能避免　　D. 不能预见、不能避免且不能克服

575. 自权利受到损害之日起超过（　　）的，人民法院不予保护，有特殊情况的，人民法院可以根据权利人的申请决定延长。

A. 5 年　　B. 10 年

C. 20 年　　D. 30 年

576. 关于建筑物区分所有权，以下说法错误的是：（　　）

A. 业主对建筑物内的住宅专有部分享有所有权

B. 业主对建筑物内的经营性用房专有部分享有所有权

C. 业主对建筑物内的住宅共有部分享有所有权

D. 业主对专有部分以外的共有部分享有共有和共同管理的权利

577. 关于住宅建设用地使用权期限，以下说法错误的是：（　　）

A. 住宅建设用地使用权期限届满的，依照法律、行政法规和规章的规定续期

B. 续期费用的缴纳或者减免，依照法律、行政法规的规定办理

C. 非住宅建设用地使用权期限届满后的续期，依照法律规定办理

D. 该土地上的房屋及其他不动产的归属，有约定的，按照约定

578. 关于居住权的设立，以下说法错误的是：（　　）

A. 设立居住权，当事人应当采用书面形式订立居住权合同

B. 居住权无偿设立，但是当事人另有约定的除外

C. 设立居住权的，应当向登记机构申请居住权登记

D. 居住权自合同订立时设立

579. 下列关于要约撤销的说法，正确的是：（　　）

A. 撤销要约的通知应当与要约同时到达受要约人

B. 要约人确定承诺期限的，该要约不得撤销

C. 受要约人有理由认为要约是不可撤销，该要约即不得撤销

D. 要约人明示要约不可撤销，但受要约人尚未开始为履行合同作准备的，该要约可以撤销

580. 以下不属于合同中免责条款无效的有：（　　）

A. 造成对方人身伤害的　　B. 因故意造成对方财产损失的

C. 因过失造成对方财产损失的　　D. 因重大过失造成对方财产损失的

581. 关于债权人拒绝受领，以下表述正确的是：（　　）

A. 债务人按照约定履行债务，债权人拒绝受领的，债务人可以请求债权人赔偿增加的费用

B. 在债权人受领迟延期间，债务人应当支付利息

C. 债务人按照约定履行债务，债权人无正当理由拒绝受领的，债务人可以请求债权人赔偿费用

D. 在债权人受领迟延期间，债务人无须支付利息

582. 无因管理中，关于管理人的义务，下列哪项说法是错误的？（　　）

A. 管理人管理他人事务，应当采取有利于受益人的方法

B. 管理人管理他人事务，能够通知受益人的，应当及时通知受益人

C. 管理结束后，管理人应当向受益人报告管理事务的情况

D. 管理人管理事务后，不得中断管理

583. 因当事人一方的违约行为，损害对方人格权并造成严重精神损害，以下表述正确的是：（　　）

A. 受损害方只能选择请求精神损害赔偿

B. 受损害方只能选择请求精神损害赔偿请求其承担违约责任

C. 承担违约责任不足以弥补受损害方的，可以选择请求精神损害赔偿

D. 受损害方选择请求其承担违约责任的，不影响受损害方请求精神损害赔偿

584. 关于姓名权、名称权有关手续及法律效力，下列表述错误的是：（　　）

A. 自然人决定、变更姓名，应当依法向有关机关办理登记手续，但是法律另有规定的除外

B. 法人、非法人组织决定、变更、转让名称的，应当依法向有关机关办理登记手续，但是法律另有规定的除外

C. 民事主体变更姓名、名称的，变更前实施的民事法律行为自登记之日起对其不再具有法律约束力

D. 民事主体变更姓名、名称的，变更前实施的民事法律行为对其具有法律约束力

585. 婚姻关系存续期间，在下列哪一情况下，夫妻一方不能向人民法院请求分割共同财产？（　　）

A. 一方隐藏夫妻共同财产

B. 一方毁损夫妻共同财产

C. 一方伪造夫妻共同债务

D. 一方朋友患有重大疾病，另一方不同意支付医疗费用

586. 以下关于遗产的表述，正确的是：（　　）

A. 遗产是自然人遗留的财产

B. 只有个人合法财产才能作为遗产

C. 法律、行政法规规定不得继承的遗产，不得继承

D. 根据性质不得继承的遗产，不得继承

587. 继承开始后，有义务向继承人通知被继承人死亡的消息的主体不包括：（　　）

A. 知道被继承人死亡的继承人

B. 被继承人生前所在单位

C. 被继承人生前住所地的民政部门

D. 被继承人生前住所地的村民委员会

588. 关于共同危险行为人的侵权责任构成要件及责任承担，以下表述错误的是：（　　）

A. 二人以上实施危及他人人身、财产安全的行为

B. 其中一人或者数人的行为造成了他人损害

C. 能够确定具体侵权人的，由侵权人承担责任

D. 不能确定具体侵权人的，行为人平均承担责任

589. 个人之间的劳务关系中，提供劳务一方因劳务受到损害的，关于侵权责任的承担，下列哪一说法是正确的？（　　）

A. 提供劳务一方应当自行承担损害后果

B. 接受劳动一方可以视情况给予提供劳动一方补偿

C. 接受劳务一方应当承担全部责任

D. 根据双方各自的过错承担相应的责任

590. 机动车发生交通事故造成损害，属于机动车一方责任的，关于赔偿责任的承担，下列哪一说法是错误的？（　　）

A. 机动车所有人、管理人与使用人不是同一人的，由机动车使用人承担赔偿责任

B. 机动车所有人、管理人对损害的发生有过错的，承担相应的赔偿责任

C. 机动车所有人、管理人与使用人不是同一人的，由机动车使用人和机动车所有人、管理人承担连带赔偿责任

D. 机动车已经转让并交付，但未办理登记的，由受让人承担赔偿责任

（三）多项选择题

591. 我国民法的基本原则有：（　　）

A. 平等、自愿、公平原则　　B. 诚信原则

C. 守法与公序良俗原则　　D. 绿色原则

592. 下列可以证明自然人出生时间的有：（　　）

A. 出生证明记载的时间　　B. 户籍登记的时间

C. 身份证登记的时间　　D. 军人身份证件登记的时间

593. 以下关于自然人住所地的表述，正确的是：（　　）

A. 自然人以户籍登记的居所为住所

B. 自然人以其不动产权证书登记载明的居所为住所

C. 自然人以其他有效身份登记记载的居所为住所

D. 经常居所与住所不一致的，经常居所视为住所

594. 自然人在战争期间下落不明的，下落不明的时间自（　　）之日起计算。

A. 利害关系人确定的下落不明　　B. 失去音讯

C. 战争结束　　D. 有关机关确定的下落不明

595. 下列关于个体工商户的说法正确的是：（　　）

A. 自然人从事工商业经营，经依法登记，为个体工商户

B. 个体工商户应当起字号

C. 个体工商户的债务，以家庭财产承担

D. 个体工商户的债务，个人经营的，以个人财产承担

596. 任何组织或者个人需要获取他人个人信息的，应当依法取得并确保信息安全，不得非法（　　）他人个人信息，不得非法买卖、提供或者公开他人个人信息。

A. 收集　　B. 使用

C. 加工　　D. 传输

597. 下列关于意思表示的生效时间的说法正确的是：（　　）

A. 以对话方式作出的意思表示，相对人知道其内容时生效

B. 以非对话方式作出的意思表示，到达相对人时生效

C. 无相对人的意思表示，表示完成时生效

D. 以公告方式作出的意思表示，公告发布时生效

598. 以下哪些民事法律行为可以请求人民法院或者仲裁机构予以撤销？（　　）

A. 一方利用对方处于危困状态、缺乏判断能力等情形，致使民事法律行为成立时显失公平的

B. 第三人实施欺诈行为，使一方在违背真实意思的情况下实施的民事法律行为，对方知道或者应当知道该欺诈行为的

C. 一方或者第三人以胁迫手段，使对方在违背真实意思的情况下实施的民事法律行为

D. 一方以欺诈手段，使对方在违背真实意思的情况下实施的民事法律行为

599. 下列关于责任承担的说法正确的是：（　　）

A. 二人以上依法承担按份责任，能够确定责任大小的，各自承担相应的责任

B. 二人以上依法承担按份责任，难以确定责任大小的，平均承担责任

C. 二人以上依法承担连带责任的，权利人有权请求部分连带责任人承担责任

D. 二人以上依法承担连带责任的，连带责任人的责任份额根据各自责任大小确定

600. 关于抵押权的顺位，以下说法正确的是：(　　)

A. 抵押权人不得放弃抵押权或者抵押权的顺位

B. 抵押权人与抵押人可以协议变更抵押权顺位，但是，抵押权的变更未经其他抵押权人书面同意，不得对其他抵押权人产生不利影响

C. 抵押权人与抵押人可以协议变更被担保的债权数额。但是，抵押权的变更未经其他抵押权人书面同意的，不得对其他抵押权人产生不利影响

D. 债务人以自己的财产设定抵押，抵押权人放弃该抵押权、抵押权顺位或者变更抵押权的，其他担保人在抵押权人丧失优先受偿权益的范围内免除担保责任，但是其他担保人承诺仍然提供担保的除外

601. 关于承诺，下列说法正确的是：(　　)

A. 承诺可以超越要约确定的期限内到达要约人

B. 承诺应当在要约确定的期限内到达要约人

C. 要约以对话方式作出的，应当即时作出承诺

D. 要约以非对话方式作出的，承诺应当在合理期限内到达

602. 债权人分立、合并或者变更住所没有通知债务人，致使履行债务发生困难的，债务人可以（　　）。

A. 中止履行　　B. 终止履行

C. 将标的物留置　　D. 将标的物提存

603. 关于买卖合同标的物的交付地点，表述正确的是：(　　)

A. 由当事人约定交付地点

B. 当事人没有约定或者约定不明的，适用民法典关于合同条款补充的规定加以确定

C. 当事人没有约定或者约定不明的，适用民法典关于合同条款补充的规定仍不能确定，对于标的物需要运输的，出卖人应当将标的物交付给第一承运人以运交给买受人

D. 当事人没有约定或者约定不明的，适用民法典关于合同条款补充的规定仍不能确定，对于标的物不需要运输，出卖人和买受人订立合同时不知道标的物在某一地点的，应当在买受人订立合同时的营业地交付标的物

604. 关于凭样品买卖合同的表述，错误的是：(　　)

A. 当事人可以封存样品

B. 当事人应当对样品质量予以说明

C. 出卖人交付的标的物应当与样品或其说明的质量相同。

D. 出卖人交付的标的物应当与样品及其说明的质量相同

605. 关于不当得利的返还，下列哪些说法是正确的？(　　)

A. 得利人不知道且不应当知道取得的利益没有法律根据，取得的利益已经不存在的，不承担返还该利益的义务

B. 得利人知道或者应当知道取得的利益没有法律根据的，受损失的人可以请求得利人返还其取得的利益并依法赔偿损失

C. 得利人已经将取得的利益无偿转让给第三人的，受损失的人可以请求第三人在相应范围内承担返还义务

D. 得利人知道或者应当知道取得的利益没有法律根据的，受损失的人可以请求得利人返还其获得的利益，但不得要求赔偿损失

606. 侵害人身自由和人格尊严的行为表现有：(　　)

A. 以非法拘禁等方式剥夺他人的行动自由

B. 以非法拘禁等方式限制他人的行动自由

C. 非法搜查他人身体

D. 非法侵扰他人私密空间

607. 自然人可以在父姓和母姓之外选取姓氏的情形有：(　　)

A. 选取其他直系长辈血亲的姓氏

B. 因由法定扶养人以外的人扶养而选取扶养人姓氏

C. 有不违背公序良俗的其他正当理由

D. 少数民族的文化传统和风俗习惯

608. 下列哪些行为符合民法关于婚姻家庭的行为规范？(　　)

A. 夫妻互相忠实　　B. 家庭和睦

C. 敬老爱幼　　D. 互相帮助

609. 关于“离婚冷静期”，下列哪些说法是错误的？(　　)

A. 任何一方不愿意离婚的，可以随时向婚姻登记机关撤回离婚登记申请

B. 自婚姻登记机关收到离婚登记申请之日起满60日，双方未到婚姻登记机关撤回离婚登记申请的，婚姻登记机关应当发给离婚证

C. 自婚姻登记机关收到离婚登记申请之日起30日内，任何一方不愿意离婚的，可以向婚姻登记机关撤回离婚登记申请

D. C项规定期限届满后15日内，双方应当亲自到婚姻登记机关申请发给离婚证；未申请的，视为撤回离婚登记申请

610. 关于再婚对所继承财产的处分，以下表述正确的是：(　　)

A. 夫妻一方死亡后另一方再婚的，有权处分所继承的财产

B. 夫妻一方死亡后另一方再婚的，应当返还所继承的财产，返还的财产按法定继承办理

C. 夫妻一方死亡后另一方再婚的，对其所继承财产的处分，任何组织不得干涉

D. 夫妻一方死亡后另一方再婚的，对其所继承财产的处分，任何个人不得干涉

611. 关于实施自助行为的前提条件，表述正确的是：(　　)

A. 合法权益受到损害，情况紧迫且不能及时获得国家机关保护

B. 不立即采取措施将使其合法权益受到难以弥补的损害

C. 受害人可以在保护自己合法权益的必要范围内采取合理措施

D. 应当立即请求有关国家机关处理

612. 下列哪些情形下，被侵权人有权请求精神损害赔偿？(　　)

A. 侵害自然人人身权益造成精神损害

B. 侵害自然人人身权益造成严重精神损害

C. 侵害自然人具有人身意义的特定物造成严重损害

D. 因故意或者重大过失侵害自然人具有人身意义的特定物造成严重精神损害

613. 关于无民事行为能力人在教育机构受到人身损害的侵权责任，下列哪些说法是错误的？(　　)

A. 无民事行为能力人在教育机构学习、生活期间受到人身损害的，教育机构应当承担侵权责任

B. 无民事行为能力人在教育机构学习、生活期间遭受财产损失的，教育机构应当承担侵权责任

C. 能够证明尽到教育、管理职责的，教育机构不承担侵权责任

D. 能够证明尽到教育、管理职责的，可以适当减轻教育机构的侵权责任

614. 因产品缺陷危及他人人身、财产安全的，被侵权人有权请求生产者、销售者承担下列哪些侵权责任？（　　）

A. 停止侵害　　B. 排除妨碍

C. 返还财产　　D. 消除危险

615. 关于禁止饲养的危险动物损害责任，下列哪些说法是错误的？（　　）

A. 烈性犬造成他人损害，动物饲养人或者管理人有过错的，应当承担侵权责任

B. 烈性犬造成他人损害，动物饲养人或者管理人不能证明自己没有过错的，应当承担侵权责任

C. 禁止饲养的烈性犬等危险动物造成他人损害，动物饲养人或者管理人有过错的，应当承担侵权责任

D. 禁止饲养的烈性犬等危险动物造成他人损害的，动物饲养人或者管理人应当承担侵权责任

（四）填空题

616. 民事主体从事民事活动，不得违反____，不得违背____。

617. 涉及____、____等胎儿利益保护的，胎儿视为具有民事权利能力。但是，胎儿娩出时为死体的，其民事权利能力____。

618. 不能____自己行为的成年人为无民事行为能力人，由其____代理实施民事法律行为。

619. 监护人____或者____的，应当承担法律责任。

620. 被监护人____或者____完全民事行为能力，监护关系终止。

621. 财产代管人因____或者____造成失踪人财产损失的，应当承担赔偿责任。

622. 行为人与相对人____，损害他人合法权益的民事法律行为无效。

623. 附生效期限的民事法律行为，自期限____时生效。附终止期限的民事法律行为，自期限____时失效。

624. 因自愿实施____造成受助人损害的，救助人不承担民事责任。
625. 侵害____烈士等的姓名、肖像、名誉、荣誉，损害____的，应当承担民事责任。
626. 建筑物及其附属设施的费用分摊、收益分配等事项，有约定的，按照约定；没有约定或者约定不明确的，按照业主____确定。
627. 共有人____管理共有的不动产或者动产；____，各共有人都有管理的权利和义务。
628. 用益物权人对他人所有的不动产或者动产，依法享有____、____和____的权利。
629. 通过招标、拍卖、公开协商等方式承包农村土地，经依法登记取得权属证书的，可以依法采取____、____、____或者其他方式____土地经营权。
630. 当事人订立合同，可以采取____、____方式或者其他方式。
631. 当事人采用合同书形式订立合同的，最后____、____或者____的地点为合同成立的地点，但是当事人另有约定的除外。
632. 当事人约定非金钱债权不得转让的，不得对抗____。当事人约定金钱债权不得转让的，不得对抗____。
633. 因____等原因断电，供电人应当按照国家有关规定及时抢修；未及时抢修，造成用电人损失的，应当____。
634. 赠与合同中，赠与人的撤销权，自知道或者应当知道撤销事由之日起____内行使。
635. 民事主体可以将自己的姓名、名称、肖像等许可他人使用，但是____或者____的除外。
636. 自然人的____、____、____受到侵害或者处于其他危难情形的，____的组织或者个人应当及时施救。
637. 因胁迫结婚的，受胁迫的一方可以向____请求撤销婚姻。请求撤销婚姻的，应当自____之日起____年内提出。被非法限制人身自由的当事人请求撤销婚姻的，应当自____之日起____年内提出。
638. 对继承人以外的依靠被继承人扶养的人，或者继承人以外的对被继承人扶养较多的人，____。

639. 行为人造成他人民事权益损害，____行为人有无过错，法律规定应当承担侵权责任的，____。

640. 被侵权人死亡的，其____有权请求侵权人承担侵权责任。被侵权人为组织，该组织分立、合并的，____有权请求侵权人承担侵权责任。

（五）简答题

641. 简述我国民法的基本原则。

642. 简述撤销监护人资格的条件。

643. 简述申请宣告死亡的情形。

644. 简述委托代理终止的情形。

645. 简述承担民事责任的方式。

646. 简答租赁合同中非承租人构成根本性违约时，承租人可以解除合同的情形。

647. 试列举我国《民法典》规定的肖像权的合理使用情形。

648. 在婚姻存续期间，哪些财产为夫妻共同财产？

649. 简述我国《民法典》规定的医务人员在诊疗活动中的说明义务和患者知情同意权。

650. 简述我国《民法典》关于建筑物、构筑物或者其他设施倒塌、塌陷致害责任的规定。

参考答案

（一）判断题

542. √，解析：根据《民法典》第7条规定。

543. √，解析：根据《民法典》第13条规定。

544. √，解析：根据《民法典》第22条规定。

545. ×，解析：根据《民法典》第26条规定，父母对未成年子女负有抚养、教育和保护的义务。成年子女对父母负有赡养、扶助和保护的义务。

546. √，解析：根据《民法典》第42条规定。

547. ×，解析：根据《民法典》第52条规定，被宣告死亡的人在被宣告死亡期间，其子女被他人依法收养的，在死亡宣告被撤销后，不得以未经本人同意为由主张收养行为无效。

548. √，解析：根据《民法典》第 112 条规定。

549. √，解析：根据《民法典》第 135 条规定。

550. ×，解析：根据《民法典》第 146 条第 1 款规定，行为人与相对人以虚假的意思表示实施的民事法律行为无效。根据《民法典》第 147 条规定，基于重大误解实施的民事法律行为，行为人有权请求人民法院或者仲裁机构予以撤销。

551. √，解析：根据《民法典》第 168 条规定。

552. ×，解析：根据《民法典》第 186 条规定，因当事人一方的违约行为，损害对方人身权益、财产权益的，受损害方有权选择请求其承担违约责任或者侵权责任。

553. ×，解析：根据《民法典》第 273 条规定，业主对建筑物专有部分以外的共有部分，享有权利，承担义务；不得以放弃权利为由不履行义务。业主转让建筑物内的住宅、经营性用房，其对共有部分享有的共有和共同管理的权利一并转让。

554. √，解析：根据《民法典》第 284 条规定。

555. √，解析：根据《民法典》第 327 条规定。

556. √，解析：根据《民法典》第 412 条规定

557. ×，解析：根据《民法典》第 541 条规定，自债务人的行为发生之日起 5 年内没有行使撤销权的，该撤销权消灭。

558. √，解析：根据《民法典》第 674 条规定。

559. √，解析：根据《民法典》第 1014 条规定。

560. √，解析：根据《民法典》第 1028 条规定。

561. √，解析：根据《民法典》第 1055 条规定。

562. ×，解析：根据《民法典》第 1128 条规定，被继承人的子女先于被继承人死亡的，由被继承人的子女的直系晚辈血亲代位继承。被继承人的兄弟姐妹先于被继承人死亡的，由被继承人的兄弟姐妹的子女代位继承。代位继承人一般只能继承被代位继承人有权继承的遗产份额。

563. ×，解析：根据《民法典》第 1176 条第 1 款规定，自愿参加具有一定风险的文体活动，因其他参加者的行为受到损害的，受害人不得请求其他参加者承担侵权责任；但是，其他参加者对损害的发生有故意或者重大过失的除外。

564. ×，解析：根据《民法典》第 1182 条规定，侵害他人人身权益造成财产损失的，按照被侵权人因此受到的损失或者侵权人因此获得的利益赔偿；被侵权人因此受到的损失以及侵权人因此获得的利益难以确定，被侵权人和侵权人就赔偿数额协商不一致，向人民法院提起诉讼的，由人民法院根据实际情况确定赔偿数额。

565. √，解析：根据《民法典》第 1202 条规定。

（二）单项选择题

566. A，解析：根据《民法典》第 2 条规定，民法调整平等主体的自然人、法人和非法人组织之间的人身关系和财产关系。

567. B，解析：根据《民法典》第 14 条规定，自然人的民事权利能力一律平等。

568. A，解析：根据《民法典》第 33 条规定，具有完全民事行为能力的成年人，可以与其近亲属、其他愿意担任监护人的个人或者组织事先协商，以书面形式确定自己的监护人，在自己丧失或者部分丧失民事行为能力时，由该监护人履行监护职责。

569. B，解析：根据《民法典》第 40 条规定，自然人下落不明满 2 年的，利害关系人可以向人民法院申请宣告该自然人为失踪人。

570. A，解析：根据《民法典》第 49 条规定，自然人被宣告死亡但是并未死亡的，不影响该自然人在被宣告死亡期间实施的民事法律行为的效力。

571. C，解析：根据《民法典》第 117 条规定，为了公共利益的需要，依照法律规定的权限和程序征收、征用不动产或者动产的，应当给予公平、合理的补偿。

572. C，解析：根据《民法典》第 133 条规定，民事法律行为是民事主体通过意思表示设立、变更、终止民事法律关系的行为。根据《民法典》第 134 条规定，民事法律行为可以基于双方或者多方的意思表示一致成立，也可以基于单方的意思表示成立。法人、非法人组织依照法律或者章程规定的议事方式和表决程序作出决议的，该决议行为成立。

573. C，解析：根据《民法典》第 158 条规定，民事法律行为可以附条件，但是根据其性质不得附条件的除外。附生效条件的民事法律行为，自条件成就时生效。附解除条件的民事法律行为，自条件成就时失效。

574. D，解析：根据《民法典》第 180 条规定，因不可抗力不能履行民事义务的，不承担民事责任。法律另有规定的，依照其规定。不可抗力是不能预见、不能避免且不能克服的客观情况。

575. C，解析：根据《民法典》第 188 条第 2 款规定，诉讼时效期间自权利人知道或者应当知道权利受到损害以及义务人之日起计算。法律另有规定的，依照其规定。但是，自权利受到损害之日起超过 20 年的，人民法院不予保护，有特殊情况的，人民法院可以根据权利人的申请决定延长。

576. C，解析：根据《民法典》第 271 条规定，业主对建筑物内的住宅、经营性用房等专有部分享有所有权，对专有部分以外的共有部分享有共有和共同管理的权利。

577. A，解析：根据《民法典》第 359 条规定，住宅建设用地使用权期限届满的，自动续期。续期费用的缴纳或者减免，依照法律、行政法规的规定办理。非住宅建设用地使用权期限届满后的续期，依照法律规定办理。该土地上的房屋及其他不动产的归属，有约定的，按照约定；没有约定或者约定不明确的，依照法律、行政法规的规定办理。

578. D，解析：根据《民法典》第 368 条规定，居住权无偿设立，但是当事人另有约定的除外。设立居住权的，应当向登记机构申请居住权登记。居住权自登记时设立。D 项表述错误。

579. B，解析：根据《民法典》第 476 条规定，要约可以撤销，但是有下列情形之一的除外：（1）要约人以确定承诺期限或者其他形式明示要约不可撤销；（2）受要约人有理由认为要约是不可撤销的，并已经为履行合同做了合理准备工作。因此 B 项正确。

580. C，解析：根据《民法典》第 506 条规定，合同中的下列免责条款无效：（1）造成对方人身损害的；（2）因故意或者重大过失造成对方财产损失的。

581. D，解析：根据《民法典》第 589 条规定，债务人按照约定履行债务，债权人无正当理由拒绝受领的，债务人可以请求债权人赔偿增加的费用。在债权人受领迟延期间，债务人无须支付利息。

582. D，解析：根据《民法典》第 981 条规定，管理人管理他人事务，应当采取有利于受益人的方法。中断管理对受益人更为不利的，无正当理由不得中断。A 项表述正确，D 项表述错误。根据《民法典》第 982 条规定，管理人管理他人事务时，能够通知受益人的，应当及时通知受益人。管理的事务不需要紧急处理的，应当等待受益人的指示。B 项表述正确。根据《民法典》第 983 条规定，管理结束后，管理人应当向受益人报告管理事务的情况。管理人管理事务取得的财产，应当及时转交给受益人。C 项表述正确。

583. D，解析：根据《民法典》第996条规定，因当事人一方的违约行为，损害对方人格权并造成严重精神损害，受损害方选择请求其承担违约责任的，不影响受损害方请求精神损害赔偿。

584. C，解析：根据《民法典》第1016条规定，自然人决定、变更姓名，或者法人、非法人组织决定、变更、转让名称的，应当依法向有关机关办理登记手续，但是法律另有规定的除外。民事主体变更姓名、名称的，变更前实施的民事法律行为对其具有法律约束力。据此，ABD项表述正确，C项表述错误。

585. D，解析：根据《民法典》第1066条规定，婚姻关系存续期间，有下列情形之一的，夫妻一方可以向人民法院请求分割共同财产：（1）一方有隐藏、转移、变卖、毁损、挥霍夫妻共同财产或者伪造夫妻共同债务等严重损害夫妻共同财产利益的行为；（2）一方负有法定扶养义务的人患重大疾病需要医治，另一方不同意支付相关医疗费用。D项中，朋友不是一方负有法定扶养义务的人，另一方没有支付医疗费用的义务。故D项当选。

586. C，解析：根据《民法典》第1122条规定，遗产是自然人死亡时遗留的个人合法财产。依照法律规定或者根据其性质不得继承的遗产，不得继承。

587. C，解析：根据《民法典》第1150条规定，继承开始后，知道被继承人死亡的继承人应当及时通知其他继承人和遗嘱执行人。继承人中无人知道被继承人死亡或者知道被继承人死亡而不能通知的，由被继承人生前所在单位或者住所地的居民委员会、村民委员会负责通知。据此，ABC项正确，D项错误。

588. D，解析：根据《民法典》第1170条规定，二人以上实施危及他人人身、财产安全的行为，其中一人或者数人的行为造成他人损害，能够确定具体侵权人的，由侵权人承担责任；不能确定具体侵权人的，行为人承担连带责任。故ABC项表述正确，D项表述错误。

589. D，解析：根据《民法典》第1192条第1款规定，个人之间形成劳务关系，提供劳务一方因劳务造成他人损害的，由接受劳务一方承担侵权责任。接受劳务一方承担侵权责任后，可以向有故意或者重大过失的提供劳务一方追偿。提供劳务一方因劳务受到损害的，根据双方各自的过错承担相应的责任。故D项正确。

590. C，解析：根据《民法典》第1209条规定，因租赁、借用等情形机动车所有人、管理人与使用人不是同一人时，发生交通事故造成损害，属于该机动车一方责任的，由机动车使用人承担赔偿责任；机动车所有人、管理人对损害的发生有过错的，承担相应的赔偿责任。根据《民法典》第1210条规定，当事人之间已经以买卖或者其他方式转让并交付机动车但是未办理登记，发生交通事故造成损害，属于该机动车一方责任的，由受让人承担赔偿责任。故C项表述错误。

（三）多项选择题

591. ABCD，解析：根据《民法典》第4条至第9条规定，我国民法的基本原则包括平等原则、自愿原则、公平原则、诚信原则、守法与公序良俗原则以及绿色原则。

592. ABCD，解析：根据《民法典》第15条规定，自然人的出生时间和死亡时间，以出生证明、死亡证明记载的时间为准；没有出生证明、死亡证明的，以户籍登记或者其他有效身份登记记载的时间为准。有其他证据足以推翻以上记载时间的，以该证据证明的时间为准。

593. ACD，解析：根据《民法典》第25条规定，自然人以户籍登记或者其他有效身份登记记载的居所为住所；经常居所与住所不一致的，经常居所视为住所。

594. CD，解析：根据《民法典》第41条规定，自然人下落不明的时间自其失去音讯之日起计算。战争期间下落不明的，下落不明的时间自战争结束之日或者有关机关确定的下落不明之日起计算。

595. AD，解析：根据《民法典》第54条规定，自然人从事工商业经营，经依法登记，为个体工商户。个体工商户可以起字号。根据《民法典》第56条第1款规定，个体工商户的债务，个人经营的，以个人财产承担；家庭经营的，以家庭财产承担；无法区分的，以家庭财产承担。

596. ABCD，解析：根据《民法典》第111条规定，自然人的个人信息受法律保护。任何组织或者个人需要获取他人个人信息的，应当依法取得并确保信息安全，不得非法收集、使用、加工、传输他人个人信息，不得非法买卖、提供或者公开他人个人信息。

597. ABCD，解析：根据《民法典》第137条规定，以对话方式作出的意思表示，相对人知道其内容时生效。以非对话方式作出的意思表示，到达相对人时生效。以非对话方式作出的采用数据电文形式的意思表示，相对人指定特定系统接收数据电文的，该数据电文进入该特定系统时生效；未指定特定系统的，相对人知道或者应当知道该数据电文进入其系统时生效。当事人对采用数据电文形式的意思表示的生效时间另有约定的，按照其约定。根据《民法典》第 138 条规定，无相对人的意思表示，表示完成时生效。法律另有规定的，依照其规定。根据《民法典》第 139 条规定，以公告方式作出的意思表示，公告发布时生效。

598. ABCD，解析：根据《民法典》第 148 条规定，一方以欺诈手段，使对方在违背真实意思的情况下实施的民事法律行为，受欺诈方有权请求人民法院或者仲裁机构予以撤销。根据《民法典》第 149 条规定，第三人实施欺诈行为，使一方在违背真实意思的情况下实施的民事法律行为，对方知道或者应当知道该欺诈行为的，受欺诈方有权请求人民法院或者仲裁机构予以撤销。根据《民法典》第 150 条规定，一方或者第三人以胁迫手段，使对方在违背真实意思的情况下实施的民事法律行为，受胁迫方有权请求人民法院或者仲裁机构予以撤销。根据《民法典》第 151 条规定，一方利用对方处于危困状态、缺乏判断能力等情形，致使民事法律行为成立时显失公平的，受损害方有权请求人民法院或者仲裁机构予以撤销。

599. ABCD，解析：根据《民法典》第 177 条规定，二人以上依法承担按份责任，能够确定责任大小的，各自承担相应的责任；难以确定责任大小的，平均承担责任。根据《民法典》第 178 条规定，二人以上依法承担连带责任的，权利人有权请求部分或者全部连带责任人承担责任。连带责任人的责任份额根据各自责任大小确定；难以确定责任大小的，平均承担责任。实际承担责任超过自己责任份额的连带责任人，有权向其他连带责任人追偿。连带责任，由法律规定或者当事人约定。

600. BCD，解析：根据《民法典》第 409 条规定，抵押权人可以放弃抵押权或者抵押权的顺位。抵押权人与抵押人可以协议变更抵押权顺位以及被担保的债权数额等内容。但是，抵押权的变更未经其他抵押权人书面同意的，不得对其他抵押权人产生不利影响。债务人以自己的财产设定抵押，抵押权人放弃该抵押权、抵押权顺位或者变更抵押权的，其他担保人在抵押权人丧失优先受偿权益的范围内免除担保责任，但是其他担保人承诺仍然提供担保的除外。

601. BCD，解析：根据《民法典》第 481 条规定，承诺应当在要约确定的期限内到达要约人。要约没有确定承诺期限的，承诺应当依照下列规定到达：（1）要约以对话方式作出的，应当即时作出承诺；（2）要约以非对话方式作出的，承诺应当在合理期限内到达。

602. AD，解析：根据《民法典》第529条规定，债权人分立、合并或者变更住所没有通知债务人，致使履行债务发生困难的，债务人可以中止履行或者将标的物提存。

603. ABCD，解析：根据《民法典》第603条规定，出卖人应当按照约定的地点交付标的物。当事人没有约定交付地点或者约定不明确，依据本法第510条的规定仍不能确定的，适用下列规定：（1）标的物需要运输的，出卖人应当将标的物交付给第一承运人以运交给买受人；（2）标的物不需要运输，出卖人和买受人订立合同时知道标的物在某一地点的，出卖人应当在该地点交付标的物；不知道标的物在某一地点的，应当在出卖人订立合同时的营业地交付标的物。

604. ABC，解析：根据《民法典》第635条规定，凭样品买卖的当事人应当封存样品，并可以对样品质量予以说明。出卖人交付的标的物应当与样品及其说明的质量相同。

605. ABC，解析：根据《民法典》第986条规定，得利人不知道且不应当知道取得的利益没有法律根据，取得的利益已经不存在的，不承担返还该利益的义务。A项正确。根据《民法典》第987条规定，得利人知道或者应当知道取得的利益没有法律根据的，受损失的人可以请求得利人返还其取得的利益并依法赔偿损失。B项正确，D项错误。根据《民法典》第988条规定，得利人已经将取得的利益无偿转让给第三人的，受损失的人可以请求第三人在相应范围内承担返还义务。C项正确。

606. ABC，解析：根据《民法典》第1011条规定，以非法拘禁等方式剥夺、限制他人的行动自由，或者非法搜查他人身体的，受害人有权依法请求行为人承担民事责任。选项ABC正确。根据《民法典》第1032条第1款规定，D项属于侵害隐私权的行为。

607. ABCD，解析：根据《民法典》第1015条规定，自然人应当随父姓或者母姓，但是有下列情形之一的，可以在父姓和母姓之外选取姓氏：（1）选取其他直系长辈血亲的姓氏；（2）因由法定扶养人以外的人扶养而选取扶养人姓氏；（3）有不违背公序良俗的其他正当理由。少数民族自然人的姓氏可以遵从本民族的文化传统和风俗习惯。

608. ABCD，解析：根据《民法典》第1043条规定，家庭应当树立优良家风，弘扬家庭美德，重视家庭文明建设。夫妻应当互相忠实，互相尊重，互相关爱；家庭成员应当敬老爱幼，互相帮助，维护平等、和睦、文明的婚姻家庭关系。

609. ABD，解析：根据《民法典》第 1077 条规定，自婚姻登记机关收到离婚登记申请之日起 30 日内，任何一方不愿意离婚的，可以向婚姻登记机关撤回离婚登记申请。前款规定期限届满后 30 日内，双方应当亲自到婚姻登记机关申请发给离婚证；未申请的，视为撤回离婚登记申请，故 ABD 项表述错误。

610. ACD，解析：根据《民法典》第 1157 条规定，夫妻一方死亡后另一方再婚的，有权处分所继承的财产，任何组织或者个人不得干涉。据此，ACD 项正确，B 项错误。

611. ABCD，解析：根据《民法典》第 1177 条规定，合法权益受到侵害，情况紧迫且不能及时获得国家机关保护，不立即采取措施将使其合法权益受到难以弥补的损害的，受害人可以在保护自己合法权益的必要范围内采取扣留侵权人的财物等合理措施；但是，应当立即请求有关国家机关处理。受害人采取的措施不当造成他人损害的，应当承担侵权责任。故 ABCD 项均当选。

612. BD，解析：根据《民法典》第 1183 条规定，侵害自然人人身权益造成严重精神损害的，被侵权人有权请求精神损害赔偿。因故意或者重大过失侵害自然人具有人身意义的特定物造成严重精神损害的，被侵权人有权请求精神损害赔偿。故 BD 项当选。

613. BD，解析：根据《民法典》第 1199 条规定，无民事行为能力人在幼儿园、学校或者其他教育机构学习、生活期间受到人身损害的，幼儿园、学校或者其他教育机构应当承担侵权责任；但是，能够证明尽到教育、管理职责的，不承担侵权责任。故 BD 项表述错误。

614. ABD，解析：根据《民法典》第 1205 条规定，因产品缺陷危及他人人身、财产安全的，被侵权人有权请求生产者、销售者承担停止侵害、排除妨碍、消除危险等侵权责任。故 ABD 项正确。

615. ABC，解析：根据《民法典》第 1247 条规定，禁止饲养的烈性犬等危险动物造成他人损害的，动物饲养人或者管理人应当承担侵权责任。故 ABC 项表述错误。

（四）填空题

616. 法律；公序良俗。（《民法典》第 8 条）

617. 遗产继承；接受赠与；自始不存在。（《民法典》第 16 条）

618. 辨认；法定代理人。（《民法典》第 21 条）

619. 不履行监护职责；侵害被监护人合法权益。（《民法典》第 34 条）

620. 取得；恢复。（《民法典》第 39 条）
621. 故意；重大过失。（《民法典》第 43 条）
622. 恶意串通。（《民法典》第 154 条）
623. 届至；届满。（《民法典》第 160 条）
624. 紧急救助行为。（《民法典》第 184 条）
625. 英雄；社会公共利益。（《民法典》第 185 条）
626. 专有部分面积所占比例。（《民法典》第 283 条）
627. 按照约定；没有约定或者约定不明确的。（《民法典》第 300 条）
628. 占有；使用；收益。（《民法典》第 323 条）
629. 出租；入股；抵押；流转。（《民法典》第 342 条）
630. 要约；承诺。（《民法典》第 471 条）
631. 签名；盖章；按指印。（《民法典》第 493 条）
632. 善意第三人；第三人。（《民法典》第 545 条）
633. 自然灾害；承担赔偿责任。（《民法典》第 653 条）
634. 1 年；（《民法典》第 663 条）
635. 依照法律规定；根据其性质不得许可。（《民法典》第 993 条）
636. 生命权；身体权；健康权；负有法定救助义务。（《民法典》1005 条）
637. 人民法院；胁迫行为终止；1；恢复人身自由；1。（《民法典》第 1052 条）
638. 可以分给适当的遗产。（《民法典》第 1131 条）
639. 不论；依照其规定。（《民法典》第 1166 条）
640. 近亲属；承继权利的组织。（《民法典》第 1181 条）

（五）简答题

641. 答：根据《民法典》第 4 条至第 9 条规定，我国民法的基本原则有：平等原则、自愿原则、公平原则、诚信原则、守法与公序良俗原则和绿色原则。

（1）平等原则是指，民事主体在民事活动中的法律地位一律平等。

（2）自愿原则是指，民事主体从事民事活动，应当遵循自愿原则，按照自己的意思设立、变更、终止民事法律关系。

（3）公平原则是指，民事主体从事民事活动，应当遵循公平原则，合理确定各方的权利和义务。

（4）诚信原则是指，民事主体从事民事活动，应当遵循诚信原则，秉持诚实，恪守承诺。

（5）守法与公序良俗原则是指，民事主体从事民事活动，不得违反法律，不得违背公序良俗。

(6) 绿色原则是指，民事主体从事民事活动，应当有利于节约资源、保护生态环境。

642. 答：根据《民法典》第36条第1款规定，监护人有下列情形之一的，人民法院根据有关个人或者组织的申请，撤销其监护人资格，安排必要的临时监护措施，并按照最有利于被监护人的原则依法指定监护人：(1) 实施严重损害被监护人身心健康的行为；(2) 怠于履行监护职责，或者无法履行监护职责且拒绝将监护职责部分或者全部委托给他人，导致被监护人处于危困状态；(3) 实施严重侵害被监护人合法权益的其他行为。

643. 答：根据《民法典》第46条规定，自然人有下列情形之一的，利害关系人可以向人民法院申请宣告该自然人死亡：(1) 下落不明满4年；(2) 因意外事件，下落不明满2年。因意外事件下落不明，经有关机关证明该自然人不可能生存的，申请宣告死亡不受2年时间的限制。

644. 答：根据《民法典》第173条规定，有下列情形之一的，委托代理终止：(1) 代理期间届满或者代理事务完成；(2) 被代理人取消委托或者代理人辞去委托；(3) 代理人丧失民事行为能力；(4) 代理人或者被代理人死亡；(5) 作为代理人或者被代理人的法人、非法人组织终止。

645. 答：根据《民法典》第179条第1款规定，承担民事责任的方式主要有：(1) 停止侵害；(2) 排除妨碍；(3) 消除危险；(4) 返还财产；(5) 恢复原状；(6) 修理、重作、更换；(7) 继续履行；(8) 赔偿损失；(9) 支付违约金；(10) 消除影响、恢复名誉；(11) 赔礼道歉。

646. 答：根据《民法典》第724条规定，有下列情形之一，非因承租人原因致使租赁物无法使用的，承租人可以解除合同：(1) 租赁物被司法机关或者行政机关依法查封、扣押；(2) 租赁物权属有争议；(3) 租赁物具有违反法律、行政法规关于使用条件的强制性规定情形。

647. 答：根据《民法典》第1020条规定，合理实施下列行为的，可以不经肖像权人同意：(1) 为个人学习、艺术欣赏、课堂教学或者科学研究，在必要范围内使用肖像权人已经公开的肖像；(2) 为实施新闻报道，不可避免地制作、使用、公开肖像权人的肖像；(3) 为依法履行职责，国家机关在必要范围内制作、使用、公开肖像权人的肖像；(4) 为展示特定公共环境，不可避免地制作、使用、公开肖像权人的肖像；(5) 为维护公共利益或者肖像权人合法权益，制作、使用、公开肖像权人的肖像的其他行为。

648. 答：根据《民法典》第 1062 条第 1 款规定，夫妻在婚姻关系存续期间所得的下列财产，为夫妻的共同财产，归夫妻共同所有：（1）工资、奖金、劳务报酬；（2）生产、经营、投资的收益；（3）知识产权的收益；（4）继承或者受赠的财产，但是本法第 1063 条第 3 项规定（遗嘱或者赠与合同中确定只归一方的财产）的除外；（5）其他应当归共同所有的财产。

649. 答：根据《民法典》第 1219 条规定，医务人员在诊疗活动中应当向患者说明病情和医疗措施。需要实施手术、特殊检查、特殊治疗的，医务人员应当及时向患者具体说明医疗风险、替代医疗方案等情况，并取得其明确同意；不能或者不宜向患者说明的，应当向患者的近亲属说明，并取得其明确同意。医务人员未尽到前款义务，造成患者损害的，医疗机构应当承担赔偿责任。根据《民法典》第 1220 条规定，因抢救生命垂危的患者等紧急情况，不能取得患者或者其近亲属意见的，经医疗机构负责人或者授权的负责人批准，可以立即实施相应的医疗措施。

650. 答：根据《民法典》第 1252 条规定，建筑物、构筑物或者其他设施倒塌、塌陷造成他人损害的，由建设单位与施工单位承担连带责任，但是建设单位与施工单位能够证明不存在质量缺陷的除外。建设单位、施工单位赔偿后，有其他责任人的，有权向其他责任人追偿。因所有人、管理人、使用人或者第三人的原因，建筑物、构筑物或者其他设施倒塌、塌陷造成他人损害的，由所有人、管理人、使用人或者第三人承担侵权责任。

二、消费者权益保护法

(一) 判断题

651. 为保护消费者的合法权益，维护社会经济秩序，促进社会主义市场经济健康发展，制定《消费者权益保护法》。(　　)

652. 保护消费者的合法权益仅仅是有关市场监管部门的责任。(　　)

653. 消费者因购买、使用商品或者接受服务受到人身、财产损害的，享有依法获得赔偿的权利（　　）

654. 消费者享有获得有关消费和消费者权益保护方面的知识的权利。
消费者应当努力掌握所需商品或者服务的知识和使用技能，正确使用商品，提高自我保护意识。(　　)

655. 消费者在购买、使用商品和接受服务时，享有人格尊严、民族风俗习惯得到尊重的权利，享有个人信息依法得到保护的权利。(　　)

(二) 单项选择题

656. 消费者向有关行政部门投诉的，该部门应当自收到投诉之日起（　　）个工作日内，予以处理并告知消费者。

A. 3　　B. 5
C. 7　　D. 14

657. 消费者在购买商品或者接受服务时，以下哪项不属于消费者有权获得的交易条件？(　　)

A. 质量保障　　B. 价格合理
C. 计量正确　　D. 随意退货

658. 消费者协会和其他消费者组织是依法成立的对商品和服务进行社会监督的保护消费者合法权益的（　　）。

A. 私人组织　　B. 社会组织

C. 政府机关 D. 企业

659. （　　）应当加强领导，组织、协调、督促有关行政部门做好保护消费者合法权益的工作，落实保护消费者合法权益的职责。

A. 各级人民政府 B. 企业

C. 消费者协会 D. 市场监管部门

（三）多项选择题

660. 经营者与消费者进行交易，应当遵循下列哪些原则？（　　）

A. 自愿 B. 平等

C. 公平 D. 诚实信用

661. 国家倡导下列哪些消费方式？（　　）

A. 文明 B. 健康

C. 节约资源 D. 保护环境

662. 消费者在购买、使用商品和接受服务时享有（　　）不受侵害的权利。

A. 人身安全 B. 财产安全

C. 身份地位 D. 名誉

663. 经营者在经营活动中使用格式条款的，应当以显著方式提请消费者注意商品或者服务的哪些内容？（　　）

A. 数量和质量 B. 价款或者费用

C. 履行期限和方式 D. 安全注意事项和风险警示

（四）填空题

664. 国家制定有关消费者权益的法律、法规、规章和强制性标准，应当听取____，____的意见。

665. 对侵害众多消费者合法权益的行为，中国消费者协会以及在省、自治区、直辖市设立的____，可以向人民法院____。

666. 经营者违反《消费者权益保护法》规定，应当承担____和缴纳____，其财产不足以同时支付的，先承担民事赔偿责任。

667. 国家机关工作人员____或者包庇经营者侵害消费者合法权益的行为的，由其所在单位或者上级机关给予行政处分；情节严重，构成犯罪的，依法追究____。

668. 经营者有____、搜查身体、侵犯人身自由等侵害消费者或者其他受害人人身权益的行为，造成严重精神损害的，受害人可以要求____。

（五）简答题

669. 消费者和经营者发生消费者权益争议的，可以通过哪些途径解决？

670. 消费者协会履行哪些公益性职责？

参考答案

（一）判断题

651. √，解析：根据《消费者权益保护法》第1条规定。

652. ×，解析：根据《消费者权益保护法》第6条规定，保护消费者的合法权益是全社会的共同责任。国家鼓励、支持一切组织和个人对损害消费者合法权益的行为进行社会监督。大众传播媒介应当做好维护消费者合法权益的宣传，对损害消费者合法权益的行为进行舆论监督。

653. √，解析：根据《消费者权益保护法》第11条规定。

654. √，解析：根据《消费者权益保护法》第13条规定。

655. √，解析：根据《消费者权益保护法》第14条规定。

（二）单项选择题

656. C，解析：根据《消费者权益保护法》第46条规定，消费者向有关行政部门投诉的，该部门应当自收到投诉之日起7个工作日内，予以处理并告知消费者。

657. D，解析：根据《消费者权益保护法》第10条规定，消费者享有公平交易的权利。消费者在购买商品或者接受服务时，有权获得质量保障、价格合理、计量正确等公平交易条件，有权拒绝经营者的强制交易行为。

658. B，解析：根据《消费者权益保护法》第36条规定，消费者协会和其他消费者组织是依法成立的对商品和服务进行社会监督的保护消费者合法权益的社会组织。

659. A，解析：根据《消费者权益保护法》第31条规定，各级人民政府应当加强领导，组织、协调、督促有关行政部门做好保护消费者合法权益的工作，落实保护消费者合法权益的职责。各级人民政府应当加强监督，预防危害消费者人身、财产安全行为的发生，及时制止危害消费者人身、财产安全的行为。

（三）多项选择题

660. ABCD，解析：根据《消费者权益保护法》第 4 条规定，经营者与消费者进行交易，应当遵循自愿、平等、公平、诚实信用的原则。

661. ABCD，解析：根据《消费者权益保护法》第 5 条规定，国家保护消费者的合法权益不受侵害。国家采取措施，保障消费者依法行使权利，维护消费者的合法权益。国家倡导文明、健康、节约资源和保护环境的消费方式，反对浪费。

662. AB，解析：根据《消费者权益保护法》第 7 条规定，消费者在购买、使用商品和接受服务时享有人身、财产安全不受损害的权利。消费者有权要求经营者提供的商品和服务，符合保障人身、财产安全的要求。

663. ABCD，解析：根据《消费者权益保护法》第 26 条规定，经营者在经营活动中使用格式条款的，应当以显著方式提请消费者注意商品或者服务的数量和质量、价款或者费用、履行期限和方式、安全注意事项和风险警示、售后服务、民事责任等与消费者有重大利害关系的内容，并按照消费者的要求予以说明。经营者不得以格式条款、通知、声明、店堂告示等方式，作出排除或者限制消费者权利、减轻或者免除经营者责任、加重消费者责任等对消费者不公平、不合理的规定，不得利用格式条款并借助技术手段强制交易。格式条款、通知、声明、店堂告示等含有前款所列内容的，其内容无效。

（四）填空题

664. 消费者；消费者协会等组织。（《消费者权益保护法》第 30 条）

665. 消费者协会；提起诉讼。（《消费者权益保护法》第 47 条）

666. 民事赔偿责任；罚款、罚金。（《消费者权益保护法》第 58 条）

667. 玩忽职守；刑事责任。（《消费者权益保护法》第 61 条）

668. 侮辱诽谤；精神损害赔偿。（《消费者权益保护法》第 51 条）

（五）简答题

669. 答：根据《消费者权益保护法》第 39 条规定，消费者和经营者发生消费者权益争议的，可以通过下列途径解决：（1）与经营者协商和解；（2）请求消费者协会或者依法成立的其他调解组织调解；（3）向有关行政部门投诉；

(4) 根据与经营者达成的仲裁协议提请仲裁机构仲裁；(5) 向人民法院提起诉讼。

670. 答：根据《消费者权益保护法》第37条规定，消费者协会履行下列公益性职责：(1) 向消费者提供消费信息和咨询服务，提高消费者维护自身合法权益的能力，引导文明、健康、节约资源和保护环境的消费方式；(2) 参与制定有关消费者权益的法律、法规、规章和强制性标准；(3) 参与有关行政部门对商品和服务的监督、检查；(4) 就有关消费者合法权益的问题，向有关部门反映、查询，提出建议；(5) 受理消费者的投诉，并对投诉事项进行调查、调解；(6) 投诉事项涉及商品和服务质量问题的，可以委托具备资格的鉴定人鉴定，鉴定人应当告知鉴定意见；(7) 就损害消费者合法权益的行为，支持受损害的消费者提起诉讼或者依照本法提起诉讼；(8) 对损害消费者合法权益的行为，通过大众传播媒介予以揭露、批评。各级人民政府对消费者协会履行职责应当予以必要的经费等支持。消费者协会应当认真履行保护消费者合法权益的职责，听取消费者的意见和建议，接受社会监督。依法成立的其他消费者组织依照法律、法规及其章程的规定，开展保护消费者合法权益的活动。

三、著作权法

(一) 判断题

671. 著作权法的立法宗旨为保护文学、艺术和科学作品作者的著作权，以及与著作权有关的权益，鼓励有益于社会主义精神文明、物质文明建设的作品的创作和传播，促进社会主义文化和科学事业的发展与繁荣。(　　)

672. 中国公民、法人或者非法人组织的作品，必须经发表后，才能依法享有著作权。(　　)

673. 工程设计图、产品设计图、地图、示意图等图形作品和模型作品属于著作权法所称的作品。(　　)

674. 著作权人和与著作权有关的权利人行使权利，不得违反宪法和法律，不得损害公共利益。(　　)

675. 历法、通用数表、通用表格和公式属于著作权法所称的作品。(　　)

(二) 单项选择题

676. 外国人、无国籍人的作品（　　），依照著作权法的规定享有著作权。
   A. 首先在中国参加的国际条约的成员国出版的
   B. 首先在中国境内出版的
   C. 首先在非成员国出版的
   D. 在成员国和非成员国同时出版的

677. 下列选项中，属于著作权所称的“作品”的是：(　　)
   A. 单纯事实消息　　B. 通用数表
   C. 法律、法规　　D. 计算机软件

678. 下列选项中，不适用《著作权法》的有：(　　)
   A. 历法　　B. 工程设计图

C. 产品设计图　　　　　　　　D. 建筑作品

679. 民间文学艺术作品的著作权保护办法由（　　）另行规定。

A. 全国人民代表大会　　　　　B. 国务院

C. 国家著作权主管部门　　　　D. 省级以上地方主管著作权的部门

680. （　　）负责各行政区域的著作权管理工作。

A. 国家著作权主管部门

B. 省级以上地方主管著作权的部门

C. 市级以上地方主管著作权的部门

D. 县级以上地方主管著作权的部门

（三）多项选择题

681. 下列选项中，属于著作权法所称的作品有：（　　）

A. 文字作品　　　　　　　　B. 口述作品

C. 摄影作品　　　　　　　　D. 公式

682. 下列选项说法正确的是：（　　）

A. 著作权人和与著作权有关的权利人行使权利，不得违反宪法和法律，不得损害公共利益

B. 国家对作品的出版、传播依法进行监督管理

C. 民间文学艺术作品的著作权保护办法由国务院另行规定

D. 影视作品的著作权保护办法由国务院另行规定

683. 关于著作权集体管理组织，下列说法正确的是：（　　）

A. 著作权人和与著作权有关的权利人可以授权著作权集体管理组织行使著作权或者与著作权有关的权利

B. 著作权集体管理组织被授权后，可以以自己的名义为著作权人和与著作权有关的权利人主张权利

C. 著作权集体管理组织不得作为侵犯著作权诉讼的当事人

D. 著作权集体管理组织是非营利性组织

684. 关于著作权集体管理组织向使用者收取使用费，下列说法正确的是：（　　）

A. 著作权集体管理组织根据授权向使用者收取使用费

B. 使用费的收取标准由著作权集体管理组织和使用者代表协商确定，协商不成的，可以向国家著作权主管部门申请裁决

C. 对使用费的收取标准的裁决不服的，可以向人民法院提起诉讼

D. 可以直接向人民法院提起诉讼

(四) 填空题

685. 《著作权法》所称的作品，是指文学、艺术和科学领域内具有____并能以一定形式表现的____。

686. 国家对作品的____、____依法进行监督管理。

687. ____的著作权保护办法由国务院另行。

688. ____负责全国的著作权管理工作。

689. 著作权集体管理组织应当将____的收取和转付、____的提取和使用、____的未分配部分等总体情况定期向社会公布，并应当建立____，供____查询。

(五) 简答题

690. 简述《著作权法》所称的作品类型。

691. 简述著作权集体管理组织的职能。

692. 简述表演者对于表演享有的具体权利。

参考答案

(一) 判断题

671. √，解析：根据《著作权法》第 1 条规定。

672. ×，解析：根据《著作权法》第 2 条第 1 款规定，中国公民、法人或者非法人组织的作品，不论是否发表，依照本法享有著作权。

673. √，解析：根据《著作权法》第 3 条规定。

674. √，解析：根据《著作权法》第 4 条规定。

675. ×，解析：根据《著作权法》第 5 条规定，本法不适用于：（1）法律、法规，国家机关的决议、决定、命令和其他具有立法、行政、司法性质的文

件，及其官方正式译文；（2）单纯事实消息；（3）历法、通用数表、通用表格和公式。

（二）单项选择题

676. B，解析：根据《著作权法》第2条第3款规定，外国人、无国籍人的作品首先在中国境内出版的，依照本法享有著作权。

677. D，解析：根据《著作权法》第3条规定，本法所称的作品，是指文学、艺术和科学领域内具有独创性并能以一定形式表现的智力成果，包括：（1）文字作品；（2）口述作品；（3）音乐、戏剧、曲艺、舞蹈、杂技艺术作品；（4）美术、建筑作品；（5）摄影作品；（6）视听作品；（7）工程设计图、产品设计图、地图、示意图等图形作品和模型作品；（8）计算机软件；（9）符合作品特征的其他智力成果。

678. A，解析：根据《著作权法》第5条规定，本法不适用于：（1）法律、法规，国家机关的决议、决定、命令和其他具有立法、行政、司法性质的文件，及其官方正式译文；（2）单纯事实消息；（3）历法、通用数表、通用表格和公式。

679. B，解析：根据《著作权法》第6条规定，民间文学艺术作品的著作权保护办法由国务院另行规定。

680. D，解析：根据《著作权法》第7条规定，县级以上地方主管著作权的部门负责本行政区域的著作权管理工作。

（三）多项选择题

681. ABC，解析：根据《著作权法》第3条规定，本法所称的作品，是指文学、艺术和科学领域内具有独创性并能以一定形式表现的智力成果，包括：（1）文字作品；（2）口述作品；（3）音乐、戏剧、曲艺、舞蹈、杂技艺术作品；（4）美术、建筑作品；（5）摄影作品；（6）视听作品；（7）工程设计图、产品设计图、地图、示意图等图形作品和模型作品；（8）计算机软件；（9）符合作品特征的其他智力成果。

682. ABC，解析：根据《著作权法》第4条规定，著作权人和与著作权有关的权利人行使权利，不得违反宪法和法律，不得损害公共利益。国家对作品的出版、传播依法进行监督管理。根据《著作权法》第6条规定，民间文学艺术作品的著作权保护办法由国务院另行规定。

683. ABD，解析：根据《著作权法》第8条第1款规定，著作权人和与著作权有关的权利人可以授权著作权集体管理组织行使著作权或者与著作权有关的权利。依法设立的著作权集体管理组织是非营利法人，被授权后可以以自己的名义为著作权人和与著作权有关的权利人主张权利，并可以作为当事人进行涉及著作权或者与著作权有关的权利的诉讼、仲裁、调解活动。

684. ABCD，解析：根据《著作权法》第 8 条第 2 款规定，著作权集体管理组织根据授权向使用者收取使用费。使用费的收取标准由著作权集体管理组织和使用者代表协商确定，协商不成的，可以向国家著作权主管部门申请裁决，对裁决不服的，可以向人民法院提起诉讼；当事人也可以直接向人民法院提起诉讼。

（四）填空题

685. 独创性；智力成果。（《著作权法》第 3 条）

686. 出版；传播。（《著作权法》第 4 条）

687. 民间文学艺术作品。（《著作权法》第 6 条）

688. 国家著作权主管部门。（《著作权法》第 7 条）

689. 使用费；管理费；使用费；权利信息查询系统；权利人和使用者。（《著作权法》第 8 条）

（五）简答题

690. 答：根据《著作权法》第 3 条规定，作品包括：（1）文字作品；（2）口述作品；（3）音乐、戏剧、曲艺、舞蹈、杂技艺术作品；（4）美术、建筑作品；（5）摄影作品；（6）视听作品；（7）工程设计图、产品设计图、地图、示意图等图形作品和模型作品；（8）计算机软件；（9）符合作品特征的其他智力成果。

691. 答：根据《著作权法》第 8 条规定，著作权集体管理组织的职能包括：（1）经著作权人和与著作权有关的权利人授权，以自己的名义为著作权人和与著作权有关的权利人主张权利；（2）经著作权人和与著作权有关的权利人授权，可以作为当事人进行涉及著作权或者与著作权有关的权利的诉讼、仲裁、调解活动；（3）根据授权向使用者收取使用费。

692. 答：根据《著作权法》第 39 条规定，表演者对其表演享有下列权利：（1）表明表演者身份；（2）保护表演形象不受歪曲；（3）许可他人从现场直播和公开传送其现场表演，并获得报酬；（4）许可他人录音录像，并获得报酬；（5）许可他人复制、发行、出租录有其表演的录音录像制品，并获得报酬；（6）许可他人通过信息网络向公众传播其表演，并获得报酬。被许可人以前款第三项至第六项规定的方式使用作品，还应当取得著作权人许可，并支付报酬。

四、商标法

（一）判断题

693. 商标法是为了加强商标管理，保护商标专用权，促使生产、经营者保证商品和服务质量，维护商标信誉，以保障消费者和生产、经营者的利益，促进社会主义市场经济的发展所制定的。（　　）

694. 国务院工商行政管理部门商标局主管全国商标注册和管理的工作。（　　）

695. 经商标局核准注册的商标为注册商标，包括商品商标、服务商标和集体商标、证明商标；商标注册人享有商标专用权，受法律保护。（　　）

696. 自然人、法人或者其他组织在生产经营活动中，对其商品或者服务不需要取得商标专用权。（　　）

697. 两个以上的自然人、法人或者其他组织不能共同向商标局申请注册同一商标，不能共同享有和行使该商标专用权。（　　）

（二）单项选择题

698. （　　）在生产经营活动中，对其商品或者服务需要取得商标专用权的，应当向商标局申请商标注册。

A. 自然人、法人或者其他组织　　B. 自然人

C. 法人或者股东　　D. 公益组织

699. 自然人、法人或者其他组织在生产经营活动中，对其商品或者服务需要取得商标专用权的，应当向商标局申请商标注册。下列哪种情形应当予以驳回？（　　）

A. 不以使用为目的商标注册

B. 不以使用为目的恶意商标注册申请

C. 一切恶意的商标注册

D. 商标的恶意注册申请

700. （　　）个以上的自然人、法人或者其他组织可以共同向商标局申请注册同一商标，共同享有和行使该商标专用权。

A. 2　　B. 3

C. 4　　D. 5

701. 法律、行政法规规定必须使用注册商标的商品，未经核准注册的，该商品（　　）。

A. 可以在市场上销售，但其商标不受法律保护

B. 原则上可以在市场上销售，但商标法另有规定的除外

C. 原则上不得在市场上销售，但商标法另有规定的除外

D. 不得在市场上销售

702. 申请注册和使用商标应当遵循（　　）原则。

A. 合法　　B. 自愿

C. 平等　　D. 诚实信用

（三）多项选择题

703. 商标法所称集体商标，是指以（　　）名义注册，供该组织成员在商事活动中使用，以表明使用者在该组织中的成员资格的标志。

A. 团体　　B. 协会

C. 自然人　　D. 其他组织

704. 下列说法中，正确的有：（　　）

A. 法律、行政法规规定必须使用注册商标的商品，必须申请商标注册，未经核准注册的，不得生产

B. 法律、行政法规规定必须使用注册商标的商品，必须申请商标注册，未经核准注册的，不得在市场销售

C. 申请注册和使用商标，应当遵循公平原则

D. 申请注册和使用商标，应当遵循诚实信用原则

705. 下列关于注册商标显著性的描述错误的是：（　　）

A. 注册商标不一定非要具有显著性

B. 商标注册人不一定有权利标明注册标记

C. 申请注册的商标可以与他人在先取得的某项权利冲突

D. 有显著性的标志一定可以注册成为商标

(四) 填空题

706. 商标注册人有权标明“____”或者注册标记。

707. 中华人民共和国的国家名称、国旗、____、国歌、军旗、____、军歌、勋章等相同或者近似的，以及同中央国家机关的____、____、所在地特定地点的名称或者标志性建筑物的名称、图形相同的不得作为商标使用。

708. 仅有本商品的通用名称、____、型号的；仅直接表示商品的____、主要原料、功能、用途、重量、数量及其他特点的；不得作为商标注册。

709. 以____申请注册商标的，仅由商品自身的性质产生的形状、为获得技术效果而需有的商品形状或者使商品具有实质性价值的形状，不得注册。

710. 为相关公众所熟知的商标，持有人认为其权利受到侵害时，可以依照《商标法》的规定请求____保护。

(五) 简答题

711. 简述《商标法》所规定的不得作为商标使用的标志。

712. 简述《商标法》所规定的不得作为商标注册的标注。

713. 简述认定驰名商标应当考虑的因素。

参考答案

(一) 判断题

693. √，解析：根据《商标法》第 1 条规定。

694. √，解析：根据《商标法》第 2 条规定。

695. √，解析：根据《商标法》第 3 条规定。

696. ×，解析：根据《商标法》第 4 条第 1 款规定，自然人、法人或者其他组织在生产经营活动中，对其商品或者服务需要取得商标专用权的，应当向商标局申请商标注册。

697. ×，解析：根据《商标法》第 5 条规定，两个以上的自然人、法人或者其他组织可以共同向商标局申请注册同一商标，共同享有和行使该商标专用权。

（二）单项选择题

698. A，解析：根据《商标法》第 4 条第 1 款规定，自然人、法人或者其他组织在生产经营活动中，对其商品或者服务需要取得商标专用权的，应当向商标局申请商标注册。

699. B，解析：根据《商标法》第 4 条第 1 款规定，自然人、法人或者其他组织在生产经营活动中，对其商品或者服务需要取得商标专用权的，应当向商标局申请商标注册。不以使用为目的的恶意商标注册申请，应当予以驳回。

700. A，解析：根据《商标法》第 5 条规定，两个以上的自然人、法人或者其他组织可以共同向商标局申请注册同一商标，共同享有和行使该商标专用权。

701. B，解析：根据《商标法》第 6 条规定，法律、行政法规规定必须使用注册商标的商品，必须申请商标注册，未经核准注册的，不得在市场销售。

702. D，解析：根据《商标法》第 7 条第 2 款规定，商标使用人应当对其使用商标的商品质量负责。

（三）多项选择题

703. ABD，解析：根据《商标法》第 3 条第 2 款规定，本法所称集体商标，是指以团体、协会或者其他组织名义注册，供该组织成员在商事活动中使用，以表明使用者在该组织中的成员资格的标志。

704. BD，解析：根据《商标法》第 6 条规定，法律、行政法规规定必须使用注册商标的商品，必须申请商标注册，未经核准注册的，不得在市场销售。根据《商标法》第 7 条第 1 款规定，申请注册和使用商标，应当遵循诚实信用原则。

705. ABCD，解析：根据《商标法》第 9 条规定，申请注册的商标，应当有显著特征，便于识别，并不得与他人在先取得的合法权利相冲突。商标注册人有权标明“注册商标”或者注册标记。

（四）填空题

706. 注册商标。（《商标法》第 9 条）

707. 国徽；军徽；名称；标志（《商标法》第 10 条）

708. 图形；质量。（《商标法》第 11 条）

709. 三维标志。(《商标法》第12条)

710. 驰名商标。(《商标法》第13条)

(五) 简答题

711. 答：根据《商标法》第10条第1款规定，不得作为商标使用的标志包括：(1) 同中华人民共和国的国家名称、国旗、国徽、国歌、军旗、军徽、军歌、勋章等相同或者近似的，以及同中央国家机关的名称、标志、所在地特定地点的名称或者标志性建筑物的名称、图形相同的；(2) 同外国的国家名称、国旗、国徽、军旗等相同或者近似的，但经该国政府同意的除外；(3) 同政府间国际组织的名称、旗帜、徽记等相同或者近似的，但经该组织同意或者不易误导公众的除外；(4) 与表明实施控制、予以保证的官方标志、检验印记相同或者近似的，但经授权的除外；(5) 同"红十字"、"红新月"的名称、标志相同或者近似的；(6) 带有民族歧视性的；(7) 带有欺骗性，容易使公众对商品的质量等特点或者产地产生误认的；(8) 有害于社会主义道德风尚或者有其他不良影响的。

712. 答：根据《商标法》第11条第1款规定，下列标志不得作为商标注册：(1) 仅有本商品的通用名称、图形、型号的；(2) 仅直接表示商品的质量、主要原料、功能、用途、重量、数量及其他特点的；(3) 其他缺乏显著特征的。

713. 答：根据《商标法》第14条规定，认定驰名商标应当考虑下列因素：(1) 相关公众对该商标的知晓程度；(2) 该商标使用的持续时间；(3) 该商标的任何宣传工作的持续时间、程度和地理范围；(4) 该商标作为驰名商标受保护的记录；(5) 该商标驰名的其他因素。

五、专利法

（一）判断题

714. 在中国没有经常居所或者营业所的外国人、外国企业或者外国其他组织无权在中国申请专利。（　　）

715. 中国单位或者个人在国内申请专利和办理其他专利事务的，应当委托依法设立的专利代理机构办理。（　　）

716. 任何单位或者个人不得将在中国完成的发明或者实用新型向外国申请专利。（　　）

717. 滥用专利权，排除或者限制竞争，构成垄断行为的，依照《反垄断法》处理。（　　）

718. 在专利申请公布或者公告前，国务院专利行政部门的工作人员及有关人员对其内容负有保密责任。（　　）

（二）单项选择题

719. 专利权人（　　）在其专利产品或者该产品的包装上标明专利标识。

A. 应当　　B. 必须

C. 有权　　D. 不得

720. 在中国没有经常居所或者营业所的外国人、外国企业或者外国其他组织在中国申请专利的，依照其所属国同中国签订的协议或者共同参加的国际条约，或者依照（　　）原则，根据专利法办理。

A. 平等　　B. 互惠

C. 诚信　　D. 协调

721. 在中国没有经常居所或者营业所的外国人，外国企业或者外国其他组织在中国申请专利的，应当委托（　　）办理。

A. 其本国专利代理机构

B. 在中国依法设立的专利代理机构

C. 中国国务院指定的专利代理机构

D. 中国国务院专利行政部门指定的律师事务所

722. 中国单位或者个人在国内申请专利和办理其他专利事务的，（　　）委托依法设立的专利代理机构办理。

A. 可以　　B. 应当

C. 必须　　D. 不得

723. 任何单位或者个人将在中国完成的发明或者实用新型向外国申请专利的，应当事先报经国务院专利行政部门进行（　　）审查。

A. 实质　　B. 保密

C. 形式　　D. 合法性

（三）多项选择题

724. 关于专利申请，下列说法正确的是：（　　）

A. 国务院专利行政部门负责管理全国的专利工作

B. 国务院专利行政部门负责统一受理和审查专利申请，依法授予专利权

C. 省、自治区、直辖市人民政府管理专利工作的部门负责本行政区域内的专利管理工作

D. 国务院专利行政部门设立的专利代办处受理所有专利申请

725. 申请专利的发明创造涉及（　　）需要保密的，按照国家有关规定办理。

A. 国家安全　　B. 商业秘密

C. 重大利益　　D. 社会公共利益

726. 对（　　）的发明创造，不授予专利权。

A. 违反法律　　B. 违反社会公德

C. 妨害公共利益　　D. 侵犯他人权益

727. 关于职务发明创造，下列说法正确的是：（　　）

A. 执行本单位的任务或者主要是利用本单位的物质技术条件所完成的发明创造为职务发明创造

B. 职务发明创造申请专利的权利属于发明人，申请被批准后，该发明人为专利权人

C. 非职务发明创造，申请专利的权利属于发明人或者设计人；申请被批准后，该发明人或者设计人为专利权人

D. 利用本单位的物质技术条件所完成的发明创造，单位与发明人或者设计人订有合同，对申请专利的权利和专利权的归属作出约定的，从其约定

728. 除另有协议的以外，（　　）申请专利的权利属于完成或者共同完成的单位或者个人。

A. 1 个以上单位或者个人合作完成的发明创造

B. 2 个以上单位或者个人合作完成的发明创造

C. 1 个单位接受其他单位或者个人委托所完成的发明创造

D. 个人接受其他单位或者个人委托所完成的发明创造

（四）填空题

729. 申请专利的发明创造涉及____或者____需要保密的，按照国家有关规定办理。

730. 对违反法律、行政法规的规定____或者____遗传资源，并____该遗传资源完成的发明创造，不授予专利权。

731. 非职务发明创造，申请专利的权利属于____或者____。

（五）简答题

732. 简述我国《专利法》的保护对象。

733. 简述外观设计的含义和特点。

734. 简述职务发明创造的类型。

参考答案

（一）判断题

714. ×，解析：根据《专利法》第 17 条规定，在中国没有经常居所或者营业所

的外国人、外国企业或者外国其他组织在中国申请专利的，依照其所属国同中国签订的协议或者共同参加的国际条约，或者依照互惠原则，根据本法办理。

715. ×，解析：根据《专利法》第 18 条第 2 款规定，中国单位或者个人在国内申请专利和办理其他专利事务的，可以委托依法设立的专利代理机构办理。

716. ×，解析：根据《专利法》第 19 条第 1 款规定，任何单位或者个人将在中国完成的发明或者实用新型向外国申请专利的，应当事先报经国务院专利行政部门进行保密审查。

717. √，解析：根据《专利法》第 20 条规定。

718. √，解析：根据《专利法》第 21 条规定。

（二）单项选择题

719. C，解析：根据《专利法》第 16 条第 2 款规定，专利权人有权在其专利产品或者该产品的包装上标明专利标识。

720. B，解析：根据《专利法》第 17 条规定，在中国没有经常居所或者营业所的外国人、外国企业或者外国其他组织在中国申请专利的，依照其所属国同中国签订的协议或者共同参加的国际条约，或者依照互惠原则，根据本法办理。

721. B，解析：根据《专利法》第 18 条第 1 款规定，在中国没有经常居所或者营业所的外国人、外国企业或者外国其他组织在中国申请专利和办理其他专利事务的，应当委托依法设立的专利代理机构办理。

722. A，解析：根据《专利法》第 18 条第 2 款规定，中国单位或者个人在国内申请专利和办理其他专利事务的，可以委托依法设立的专利代理机构办理。

723. B，解析：根据《专利法》第 19 条第 1 款规定，任何单位或者个人将在中国完成的发明或者实用新型向外国申请专利的，应当事先报经国务院专利行政部门进行保密审查。

（三）多项选择题

724. ABC，解析：根据《专利法》第 3 条规定，国务院专利行政部门负责管理全国的专利工作；统一受理和审查专利申请，依法授予专利权。省、自治区、直辖市人民政府管理专利工作的部门负责本行政区域内的专利管理工作。

725. AC，解析：根据《专利法》第 4 条规定，申请专利的发明创造涉及国家安全或者重大利益需要保密的，按照国家有关规定办理。

726. ABC，解析：根据《专利法》第 5 条规定，对违反法律、社会公德或者妨害公共利益的发明创造，不授予专利权。

727. ACD，解析：根据《专利法》第 6 条规定，执行本单位的任务或者主要是利用本单位的物质技术条件所完成的发明创造为职务发明创造。职务发明创造申请专利的权利属于该单位，申请被批准后，该单位为专利权人。该单位可以依法处置其职务发明创造申请专利的权利和专利权，促进相关发明创造的实施和运用。非职务发明创造，申请专利的权利属于发明人或者设计人；申请被批准后，该发明人或者设计人为专利权人。利用本单位的物质技术条件所完成的发明创造，单位与发明人或者设计人订有合同，对申请专利的权利和专利权的归属作出约定的，从其约定。

728. BCD，解析：根据《专利法》第 8 条规定，两个以上单位或者个人合作完成的发明创造、一个单位或者个人接受其他单位或者个人委托所完成的发明创造，除另有协议的以外，申请专利的权利属于完成或者共同完成的单位或者个人；申请被批准后，申请的单位或者个人为专利权人。

（四）填空题

729. 国家安全；重大利益。（《专利法》第 4 条）

730. 获取；利用；依赖。（《专利法》第 5 条）

731. 发明人；设计人。（《专利法》第 6 条）

（五）简答题

732. 答：根据《专利法》第 2 条规定，我国《专利法》保护的对象有发明、实用新型和外观设计。（1）发明，是指对产品、方法或者其改进所提出的新的技术方案。（2）实用新型，是指对产品的形状、构造或者其结合所提出的适于实用的新的技术方案。（3）外观设计，是指对产品的整体或者局部的形状、图案或者其结合以及色彩与形状、图案的结合所作出的富有美感并适于工业应用的新设计。

733. 答：根据《专利法》第 2 条第 4 款规定，外观设计，是指对产品的整体或者局部的形状、图案或者其结合以及色彩与形状、图案的结合所作出的富有美感并适于工业应用的新设计。外观设计的特点具体如下：（1）是对工业产品的外观设计。（2）是对产品的形状、图案和色彩的设计。（3）富有美感。

734. 答：根据《专利法》第 6 条第 1 款规定，执行本单位的任务或者主要是利用本单位的物质技术条件所完成的发明创造为职务发明创造。职务发明创造的类型具体如下：（1）执行本单位的任务所完成的发明创造。（2）主要是利用本单位的物质技术条件所完成的发明创造。

六、公司法

（一）判断题

735. 依法设立的公司，由公司登记机关发给公司营业执照。公司营业执照签发日期为公司成立日期。（　　）
736. 公司以其注册登记地为住所。（　　）
737. 有限责任公司监事会应当包括股东代表和适当比例的公司职工代表，其中职工代表的比例不得高于1/5。（　　）
738. 有限责任公司股东向股东以外的人转让股权，应当经其他股东过半数同意。（　　）
739. 股份有限公司持有的本公司股份有表决权。（　　）

（二）单项选择题

740. 依据《公司法》的规定，下列关于公司的说法错误的是：（　　）
    A. 我国《公司法》中规定的公司，包括在中国境内设立的有限责任公司和股份有限公司
    B. 公司是企业法人，有独立的法人财产，享有法人财产权
    C. 有限责任公司的股东以其全部个人财产对公司承担责任
    D. 股份有限公司的股东以其认购的股份为限对公司承担责任
741. 关于分公司和子公司，下列说法错误的是：（　　）
    A. 公司可以设立分公司和子公司
    B. 设立分公司，应当向公司登记机关申请登记，领取营业执照
    C. 子公司具有法人资格，依法独立承担民事责任
    D. 分公司具有法人资格，依法独立承担民事责任
742. 依据《公司法》的规定，有限责任公司由（　　）个以下股东出资设立。设立股份有限公司，应当有2人以上（　　）人以下为发起人，

其中须有半数以上的发起人在中国境内有住所。

A. 50；100　　B. 50；200

C. 30；100　　D. 30；200

743. 关于一人有限责任公司，下列说法正确的是：（　　）

A. 一个法人只能投资设立一个一人有限责任公司

B. 一人有限责任公司可以投资设立新的一人有限责任公司

C. 一人有限责任公司章程由股东制定

D. 一人有限责任公司的股东对公司债务承担连带责任

744. 关于募集设立的规定，下列说法错误的是：（　　）

A. 以募集设立方式设立股份有限公司的，发起人认购的股份不得少于公司股份总数的25%

B. 发起人向社会公开募集股份，应当由依法设立的证券公司承销

C. 发起人向社会公开募集股份，应当同银行签订代收股款协议

D. 发行股份的股款缴足后，必须经依法设立的验资机构验资并出具证明

（三）多项选择题

745. 关于公司股东的义务和责任，下列说法正确的是：（　　）

A. 公司股东不得滥用股东权利损害公司或者其他股东的利益

B. 公司股东不得滥用公司法人独立地位和股东有限责任损害公司债权人的利益

C. 公司股东滥用股东权利给公司或者其他股东造成损失的，应当依法承担赔偿责任

D. 公司股东滥用公司法人独立地位和股东有限责任，逃避债务的，应当对公司债务承担连带责任

746. 关于有限责任公司股东的权利，下列说法正确的是：（　　）

A. 股东可以要求查阅公司会计账簿

B. 股东有权查阅、复制公司财务会计报告

C. 股东按照应缴的出资比例分取红利

D. 公司新增资本时，股东有权优先按照实缴的出资比例认缴出资

747. 关于以发起设立方式设立股份有限公司，下列说法正确的是：(　　)
   A. 发起设立，是指由发起人认购公司应发行股份的一部分，其余股份向社会公开募集或者向特定对象募集而设立公司
   B. 发起人应当书面认足公司章程规定其认购的股份，并按照公司章程规定缴纳出资
   C. 发起人不缴纳出资的，应当按照发起人协议承担违约责任
   D. 以非货币财产出资的，应当依法办理其财产权的转移手续

748. 有下列哪些情形，股份有限公司的发起人应当承担责任：(　　)
   A. 公司不能成立时，因设立行为所产生的债务和费用
   B. 公司不能成立时，对认股人已缴纳的股款，返还股款并加算银行同期存款利息
   C. 在公司设立过程中，由于发起人的过失致使公司利益受到损害
   D. 股份有限公司成立后，发起人未按照公司章程的规定缴足出资的

749. 关于上市公司，下列说法正确的是：(　　)
   A. 上市公司是指其股票在证券交易所上市交易的股份有限公司
   B. 上市公司需设独立董事
   C. 上市公司在1年内购买重大资产超过公司资产总额30%的，应当由董事会作出决议
   D. 上市公司董事与董事会会议决议事项所涉及的企业有关联关系的，不得对该项决议行使表决权

（四）填空题

750. 公司股东依法享有____、参与重大决策和____等权利。

751. 有限责任公司变更为股份有限公司的，或者股份有限公司变更为有限责任公司的，公司变更前的债权、债务由____承继。

752. 公司为公司股东或者____提供担保的，必须经股东会或者____决议。

753. 股东会会议作出修改____、增加或者减少注册资本的决议，以及公司合并、分立、解散或者____的决议，必须经代表____以上表决权的股东通过。

（五）简答题

754. 简述股份有限公司股东大会会议召集的相关规则。

参考答案

（一）判断题

735. √，解析：根据《公司法》第7条规定。

736. ×，解析：根据《公司法》第10条规定，公司以其主要办事机构所在地为住所。

737. ×，解析：根据《公司法》第51条第2款规定，监事会应当包括股东代表和适当比例的公司职工代表，其中职工代表的比例不得低于1/3，具体比例由公司章程规定。监事会中的职工代表由公司职工通过职工代表大会、职工大会或者其他形式民主选举产生。

738. √，解析：根据《公司法》第71条规定。

739. ×，解析：根据《公司法》第103条第1款规定，股东出席股东大会会议，所持每一股份有一表决权。但是，公司持有的本公司股份没有表决权。

（二）单项选择题

740. C，解析：根据《公司法》第2条规定，本法所称公司是指依照本法在中国境内设立的有限责任公司和股份有限公司。根据《公司法》第3条规定，公司是企业法人，有独立的法人财产，享有法人财产权。公司以其全部财产对公司的债务承担责任。有限责任公司的股东以其认缴的出资额为限对公司承担责任；股份有限公司的股东以其认购的股份为限对公司承担责任。

741. D，解析：根据《公司法》第14条规定，公司可以设立分公司。设立分公司，应当向公司登记机关申请登记，领取营业执照。分公司不具有法人资格，其民事责任由公司承担。公司可以设立子公司，子公司具有法人资格，依法独立承担民事责任。

742. B，解析：根据《公司法》第24条规定，有限责任公司由50个以下股东出资设立。根据《公司法》第78条规定，设立股份有限公司，应当有2人以上200人以下为发起人，其中须有半数以上的发起人在中国境内有住所。

743. C，解析：根据《公司法》第58条规定，一个自然人只能投资设立一个一人有限责任公司。该一人有限责任公司不能投资设立新的一人有限责任公司。根据《公司法》第60条规定，一人有限责任公司章程由股东制定。根据《公司法》第63条规定，一人有限责任公司的股东不能证明公司财产独立于股东自己的财产的，应当对公司债务承担连带责任。

744. A，解析：根据《公司法》第 84 条规定，以募集设立方式设立股份有限公司的，发起人认购的股份不得少于公司股份总数的 35%；但是，法律、行政法规另有规定的，从其规定。

（三）多项选择题

745. ABC，解析：根据《公司法》第 20 条规定，公司股东应当遵守法律、行政法规和公司章程，依法行使股东权利，不得滥用股东权利损害公司或者其他股东的利益；不得滥用公司法人独立地位和股东有限责任损害公司债权人的利益。公司股东滥用股东权利给公司或者其他股东造成损失的，应当依法承担赔偿责任。公司股东滥用公司法人独立地位和股东有限责任，逃避债务，严重损害公司债权人利益的，应当对公司债务承担连带责任。据此，D 项还需满足“严重损害公司债权人利益”这一要件。

746. ABD，解析：根据《公司法》第 33 条规定，股东有权查阅、复制公司章程、股东会会议记录、董事会会议决议、监事会会议决议和财务会计报告。股东可以要求查阅公司会计账簿。股东要求查阅公司会计账簿的，应当向公司提出书面请求，说明目的。公司有合理根据认为股东查阅会计账簿有不正当目的，可能损害公司合法利益的，可以拒绝提供查阅，并应当自股东提出书面请求之日起 15 日内书面答复股东并说明理由。公司拒绝提供查阅的，股东可以请求人民法院要求公司提供查阅。根据《公司法》第 34 条规定，股东按照实缴的出资比例分取红利；公司新增资本时，股东有权优先按照实缴的出资比例认缴出资。但是，全体股东约定不按照出资比例分取红利或者不按照出资比例优先认缴出资的除外。C 项应为“按照实缴的出资比例”。

747. BCD，解析：根据《公司法》第 77 条规定，股份有限公司的设立，可以采取发起设立或者募集设立的方式。发起设立，是指由发起人认购公司应发行的全部股份而设立公司。募集设立，是指由发起人认购公司应发行股份的一部分，其余股份向社会公开募集或者向特定对象募集而设立公司。故 A 项错误。根据《公司法》第 83 条规定，B、C、D 项正确。

748. ABCD，解析：根据《公司法》第 93 条规定，股份有限公司成立后，发起人未按照公司章程的规定缴足出资的，应当补缴；其他发起人承担连带责任。股份有限公司成立后，发现作为设立公司出资的非货币财产的实际价额显著低于公司章程所定价额的，应当由交付该出资的发起人补足其差额；其他发起人承担连带责任。根据《公司法》第 94 条规定，股份有限公司的发起人应当承担下列责任：（1）公司不能成立时，对设立行为所产生的债务和费用负连带责任；（2）公司不能成立时，对认股人已 缴纳的股款，负返还股款并加算银行同期存款利息的连带责任；（3）在公司设立过程中，由于发起人的过失致使公司利益受到损害的，应当对公司承担赔偿责任。

749. ABD，解析：根据《公司法》第120、122、124条规定，A、B、D项正确。根据《公司法》第121条规定，上市公司在1年内购买、出售重大资产或者担保金额超过公司资产总额30%的，应当由股东大会作出决议，并经出席会议的股东所持表决权的2/3以上通过。故C项错误。

（四）填空题

750. 资产收益；选择管理者。（《公司法》第4条）

751. 变更后的公司。（《公司法》第9条）

752. 实际控制人；股东大会。（《公司法》第16条）

753. 公司章程；变更公司形式；2/3。（《公司法》第43条）

（五）简答题

754. 答：根据《公司法》第102条规定，股份有限公司股东大会会议召集的规则如下：（1）召开股东大会会议，应当将会议召开的时间、地点和审议的事项于会议召开20日前通知各股东；临时股东大会应当于会议召开15日前通知各股东；发行无记名股票的，应当于会议召开30日前公告会议召开的时间、地点和审议事项。（2）单独或者合计持有公司3%以上股份的股东，可以在股东大会召开10日前提出临时提案并书面提交董事会；董事会应当在收到提案后2日内通知其他股东，并将该临时提案提交股东大会审议。临时提案的内容应当属于股东大会职权范围，并有明确议题和具体决议事项。（3）股东大会不得对上述通知中未列明的事项作出决议。（4）无记名股票持有人出席股东大会会议的，应当于会议召开5日前至股东大会闭会时将股票交存于公司。

七、合伙企业法

（一）判断题

755. 合伙协议依法由全体合伙人协商一致、以口头形式或者书面形式订立。（　　）

756. 合伙企业的生产经营所得和其他所得，按照国家有关税收规定，由合伙企业缴纳所得税。（　　）

757. 合伙人在合伙企业清算前私自转移或者处分合伙企业财产的，合伙企业不得以此对抗善意第三人。（　　）

758. 合伙人之间转让在合伙企业中的全部或者部分财产份额时，须经其他合伙人一致同意。（　　）

759. 合伙人对执行合伙事务享有同等的权利。（　　）

（二）单项选择题

760. 依据《合伙企业法》的规定，关于合伙协议，下列说法错误的是：（　　）

A. 合伙协议经全体合伙人签名、盖章后生效

B. 合伙协议未约定或者约定不明确的事项，由合伙人协商决定

C. 合伙人按照合伙协议享有权利，履行义务

D. 修改或者补充合伙协议，应当经过过半数合伙人同意

761. 关于合伙企业的利润分配、亏损分担的处理，下列说法错误的是：（　　）

A. 按照合伙协议的约定办理

B. 合伙协议未约定或者约定不明确的，由合伙人协商决定

C. 协商不成的，由合伙人按照应缴出资比例分配、分担

D. 无法确定出资比例的，由合伙人平均分配、分担

762. 依据《合伙企业法》的规定，合伙协议未约定合伙期限的，合伙人在不给合伙企业事务执行造成不利影响的情况下，可以退伙，但应当提前（　　）日通知其他合伙人。

A. 15　　B. 30

C. 45　　D. 60

763. 关于合伙企业与第三人关系，下列说法错误的是：（　　）

A. 合伙企业对合伙人执行合伙事务的限制，可以对抗第三人

B. 合伙企业对其债务，应先以其全部财产进行清偿

C. 合伙企业不能清偿到期债务的，合伙人承担无限连带责任

D. 合伙人发生与合伙企业无关的债务，相关债权人不得以其债权抵销其对合伙企业的债务

764. 下列哪一项不是合伙人当然退伙的情形：（　　）

A. 作为合伙人的自然人死亡或者被依法宣告死亡

B. 合伙人在合伙企业中的全部财产份额被人民法院强制执行

C. 作为合伙人的法人被宣告破产

D. 合伙协议约定的退伙事由出现

（三）多项选择题

765. 关于有限合伙企业，下列说法正确的是：（　　）

A. 有限合伙企业由普通合伙人和有限合伙人组成

B. 国有独资公司可以成为普通合伙人

C. 有限合伙人以其认缴的出资额为限对合伙企业债务承担责任

D. 普通合伙人对合伙企业债务承担无限连带责任

766. 普通合伙企业中，下列可以作为合伙人的出资的是：（　　）

A. 实物　　B. 劳务

C. 知识产权　　D. 土地使用权

767. 除合伙协议另有约定外，合伙企业的下列哪些事项应当经全体合伙人一致同意：（　　）

A. 改变合伙企业的名称

B. 改变合伙企业的经营范围、主要经营场所的地点

C. 处分合伙企业的不动产

D. 以合伙企业名义为他人提供担保

768. 合伙协议约定合伙期限的，在合伙企业存续期间，有下列哪些情形之一的，合伙人可以退伙：(　　)

A. 执行合伙事务时有不正当行为

B. 经全体合伙人一致同意

C. 发生合伙人难以继续参加合伙的事由

D. 合伙协议约定的退伙事由出现

769. 关于特殊的普通合伙企业，下列说法正确的是：(　　)

A. 以专业知识和专门技能为客户提供有偿服务的专业服务机构，可以设立为特殊的普通合伙企业

B. 特殊的普通合伙企业名称中应当标明“特殊普通合伙”字样

C. 一个合伙人或者数个合伙人在执业活动中因故意或者重大过失造成合伙企业债务的，由全体合伙人承担无限连带责任

D. 特殊的普通合伙企业应当建立执业风险基金、办理职业保险

(四) 填空题

770. 国有独资公司、国有企业、____以及公益性的事业单位、社会团体不得成为____。

771. 合伙企业的营业执照____，为合伙企业成立日期。合伙企业领取营业执照前，合伙人不得以合伙企业名义从事合伙业务。

772. 合伙人在合伙企业____前，不得请求分割合伙企业的财产；但是，《合伙企业法》另有规定的除外。合伙人在合伙企业清算前私自转移或者处分合伙企业财产的，合伙企业不得以此对抗____。

773. 合伙人对合伙企业有关事项作出决议，按照合伙协议约定的表决办法办理。合伙协议未约定或者约定不明确的，实行合伙人____并经全体合伙人____通过的表决办法。

774. 入伙的新合伙人与原合伙人享有____，承担同等责任。入伙协议另有约定的，从其约定。新合伙人对入伙前合伙企业的债务承担____。

(五) 简答题

775. 简述合伙人履行合伙协议时发生争议的解决途径。

参考答案

(一) 判断题

755. ×，解析：根据《合伙企业法》第 4 条规定，合伙协议依法由全体合伙人协商一致、以书面形式订立。

756. ×，解析：根据《合伙企业法》第 6 条规定，合伙企业的生产经营所得和其他所得，按照国家有关税收规定，由合伙人分别缴纳所得税。

757. √，解析：根据《合伙企业法》第 21 条规定。

758. ×，解析：根据《合伙企业法》第 22 条第 2 款规定，合伙人之间转让在合伙企业中的全部或者部分财产份额时，应当通知其他合伙人。

759. √，解析：根据《合伙企业法》第 26 条规定。

(二) 单项选择题

760. D，解析：根据《合伙企业法》第 19 条规定，合伙协议经全体合伙人签名、盖章后生效。合伙人按照合伙协议享有权利，履行义务。修改或者补充合伙协议，应当经全体合伙人一致同意；但是，合伙协议另有约定的除外。合伙协议未约定或者约定不明确的事项，由合伙人协商决定；协商不成的，依照本法和其他有关法律、行政法规的规定处理。据此，D 项错误，当选。

761. C，解析：根据《合伙企业法》第 33 条第 1 款规定，合伙企业的利润分配、亏损分担，按照合伙协议的约定办理；合伙协议未约定或者约定不明确的，由合伙人协商决定；协商不成的，由合伙人按照实缴出资比例分配、分担；无法确定出资比例的，由合伙人平均分配、分担。故 C 项错误。

762. B，解析：根据《合伙企业法》第 46 条规定，合伙协议未约定合伙期限的，合伙人在不给合伙企业事务执行造成不利影响的情况下，可以退伙，但应当提前 30 日通知其他合伙人。故 B 项正确。

763. A，解析：根据《合伙企业法》第 37 条规定，合伙企业对合伙人执行合伙事务以及对外代表合伙企业权利的限制，不得对抗善意第三人。故 A 项错误。根据《合伙企业法》第 38、39、42 条规定，B、C、D 项正确。

764. D，解析：根据《合伙企业法》第48条第1款规定，合伙人有下列情形之一的，当然退伙：（1）作为合伙人的自然人死亡或者被依法宣告死亡；（2）个人丧失偿债能力；（3）作为合伙人的法人或者其他组织依法被吊销营业执照、责令关闭、撤销，或者被宣告破产；（4）法律规定或者合伙协议约定合伙人必须具有相关资格而丧失该资格；（5）合伙人在合伙企业中的全部财产份额被人民法院强制执行。故D项不是当然退伙的情形，当选。

（三）多项选择题

765. ACD，解析：根据《合伙企业法》第2条第3款规定，有限合伙企业由普通合伙人和有限合伙人组成，普通合伙人对合伙企业债务承担无限连带责任，有限合伙人以其认缴的出资额为限对合伙企业债务承担责任。故A、C、D项正确。根据《合伙企业法》第3条规定，国有独资公司、国有企业、上市公司以及公益性的事业单位、社会团体不得成为普通合伙人。故B项错误。

766. ABCD，解析：根据《合伙企业法》第16条规定，合伙人可以用货币、实物、知识产权、土地使用权或者其他财产权利出资，也可以用劳务出资。合伙人以实物、知识产权、土地使用权或者其他财产权利出资，需要评估作价的，可以由全体合伙人协商确定，也可以由全体合伙人委托法定评估机构评估。合伙人以劳务出资的，其评估办法由全体合伙人协商确定，并在合伙协议中载明。故A、B、C、D项正确。

767. ABCD，解析：根据《合伙企业法》第31条规定，除合伙协议另有约定外，合伙企业的下列事项应当经全体合伙人一致同意：（1）改变合伙企业的名称；（2）改变合伙企业的经营范围、主要经营场所的地点；（3）处分合伙企业的不动产；（4）转让或者处分合伙企业的知识产权和其他财产权利；（5）以合伙企业名义为他人提供担保；（6）聘任合伙人以外的人担任合伙企业的经营管理人员。故A、B、C、D项正确。

768. BCD，解析：根据《合伙企业法》第45条规定，合伙协议约定合伙期限的，在合伙企业存续期间，有下列情形之一的，合伙人可以退伙：（1）合伙协议约定的退伙事由出现；（2）经全体合伙人一致同意；（3）发生合伙人难以继续参加合伙的事由；（4）其他合伙人严重违反合伙协议约定的义务。据此，B、C、D项正确。

769. ABD，解析：根据《合伙企业法》第55、56、59条规定，A、B、D项正确。根据《合伙企业法》第57条第1款规定，一个合伙人或者数个合伙人在执业活动中因故意或者重大过失造成合伙企业债务的，应当承担无限责任或者无限连带责任，其他合伙人以其在合伙企业中的财产份额为限承担责任。故C项错误。

（四）填空题

770. 上市公司；普通合伙人。（《合伙企业法》第3条）

771. 签发日期。（《合伙企业法》第11条）

772. 清算；善意第三人。（《合伙企业法》第21条）

773. 一人一票；过半数。（《合伙企业法》第30条）

774. 同等权利；无限连带责任。（《合伙企业法》第44条）

（五）简答题

775. 答：根据《合伙企业法》第103条规定，合伙人履行合伙协议时发生争议的解决途径如下：（1）合伙人可以通过协商或者调解解决。（2）不愿通过协商、调解解决或者协商、调解不成的，可以按照合伙协议约定的仲裁条款或者事后达成的书面仲裁协议，向仲裁机构申请仲裁。（3）合伙协议中未订立仲裁条款，事后又没有达成书面仲裁协议的，可以向人民法院起诉。

八、个人独资企业法

（一）判断题

776. 个人独资企业，是指依照《个人独资企业法》在中国境内设立，由一个自然人投资，财产为投资人个人所有，以个人独资企业的所有财产对企业债务承担无限责任的经营实体。(　　)

777. 个人独资企业以其主要办事机构所在地为住所。(　　)

778. 个人独资企业的名称应当与其责任形式及从事的营业相符合。(　　)

779. 法律、行政法规禁止从事营利性活动的人，不得作为投资人申请设立个人独资企业。(　　)

780. 个人独资企业解散的，应优先清偿所欠税款。(　　)

（二）单项选择题

781. 关于个人独资企业设立的分支机构，下列说法错误的是：(　　)

A. 应当由投资人或者其委托的代理人向分支机构所在地的登记机关申请登记，领取营业执照

B. 分支机构经核准登记后，应将登记情况报该分支机构隶属的个人独资企业的登记机关备案

C. 分支机构的民事责任，由设立该分支机构的个人独资企业承担

D. 分支机构的民事责任，由该分支机构独立承担

782. 个人独资企业解散后，原投资人对个人独资企业存续期间的债务仍应承担偿还责任，但债权人在（　　）年内未向债务人提出偿债请求的，该责任消灭。

A. 1　　B. 5

C. 10　　D. 20

（三）多项选择题

783. 个人独资企业投资人委托或者聘用的管理个人独资企业事务的人员，不得有下列行为：（　　）

A. 利用职务上的便利，索取或者收受贿赂

B. 擅自以企业财产提供担保

C. 未经投资人同意，同本企业订立合同或者进行交易

D. 泄露本企业的商业秘密

784. 个人独资企业有下列哪些情形之一时，应当解散：（　　）

A. 投资人决定解散

B. 投资人死亡或者被宣告死亡，无继承人或者继承人决定放弃继承

C. 被依法吊销营业执照

D. 个人独资企业投资人丧失民事行为能力

（四）填空题

785. 个人独资企业存续期间登记事项发生变更的，应当在作出变更决定之日起的____日内依法向登记机关申请办理变更登记。

786. 个人独资企业投资人对本企业的财产依法享有所有权，其有关权利可以依法进行____或____。

787. 个人独资企业投资人在申请企业设立登记时明确以其家庭共有财产作为个人出资的，应当依法以家庭共有财产对企业债务承担____。

参考答案

（一）判断题

776. ×，解析：根据《个人独资企业法》第 2 条规定，本法所称个人独资企业，是指依照本法在中国境内设立，由一个自然人投资，财产为投资人个人所有，投资人以其个人财产对企业债务承担无限责任的经营实体。

777. √，解析：根据《个人独资企业法》第 3 条规定。

778. √，解析：根据《个人独资企业法》第 11 条规定。

779. √，解析：根据《个人独资企业法》第16条规定。

780. ×，解析：根据《个人独资企业法》第29条规定，个人独资企业解散的，财产应当按照下列顺序清偿：（1）所欠职工工资和社会保险费用；（2）所欠税款；（3）其他债务。

（二）单项选择题

781. D，解析：根据《个人独资企业法》第14条规定，个人独资企业设立分支机构，应当由投资人或者其委托的代理人向分支机构所在地的登记机关申请登记，领取营业执照。分支机构经核准登记后，应将登记情况报该分支机构隶属的个人独资企业的登记机关备案。分支机构的民事责任由设立该分支机构的个人独资企业承担。故D项错误。

782. B，解析：根据《个人独资企业法》第28条规定，个人独资企业解散后，原投资人对个人独资企业存续期间的债务仍应承担偿还责任，但债权人在5年内未向债务人提出偿债请求的，该责任消灭。故B项正确。

（三）多项选择题

783. ABCD，解析：根据《个人独资企业法》第20条规定，投资人委托或者聘用的管理个人独资企业事务的人员不得有下列行为：（1）利用职务上的便利，索取或者收受贿赂；（2）利用职务或者工作上的便利侵占企业财产；（3）挪用企业的资金归个人使用或者借贷给他人；（4）擅自将企业资金以个人名义或者以他人名义开立帐户储存；（5）擅自以企业财产提供担保；（6）未经投资人同意，从事与本企业相竞争的业务；（7）未经投资人同意，同本企业订立合同或者进行交易；（8）未经投资人同意，擅自将企业商标或者其他知识产权转让给他人使用；（9）泄露本企业的商业秘密；（10）法律、行政法规禁止的其他行为。故A、B、C、D项正确。

784. ABC，解析：根据《个人独资企业法》第26条规定，个人独资企业有下列情形之一时，应当解散：（1）投资人决定解散；（2）投资人死亡或者被宣告死亡，无继承人或者继承人决定放弃继承；（3）被依法吊销营业执照；（4）法律、行政法规规定的其他情形。故A、B、C项正确。

（四）填空题

785. 15。（《个人独资企业法》第15条）

786. 转让；继承。（《个人独资企业法》第17条）

787. 无限责任。（《个人独资企业法》第18条）

九、企业破产法

(一) 判断题

788. 依照《企业破产法》开始的破产程序，仅对债务人在中华人民共和国领域内的财产发生效力。(　　)

789. 人民法院受理破产申请后，债务人对个别债权人的债务清偿合法有效。(　　)

790. 人民法院受理破产申请后，有关债务人财产的保全措施应当解除，执行程序应当中止。(　　)

791. 人民法院受理破产申请后，债务人的出资人尚未完全履行出资义务，超过出资期限的，管理人不得要求该出资人缴纳所认缴的出资。(　　)

792. 附条件、附期限的债权和诉讼、仲裁未决的债权，债权人可以申报。(　　)

(二) 单项选择题

793. 自人民法院受理破产申请的裁定送达债务人之日起至破产程序终结之日，债务人的法定代表人的下列哪项行为不符合法律规定：(　　)

A. 妥善保管其占有和管理的财产、印章和账簿、文书等资料

B. 列席债权人会议并如实回答债权人的询问

C. 根据人民法院、管理人的要求进行工作，并如实回答询问

D. 新任其他企业的董事、监事、高级管理人员

794. 人民法院受理破产申请后，关于破产申请受理前成立而债务人和对方当事人均未履行完毕的合同，下列说法错误的是：(　　)

A. 管理人有权决定解除合同

B. 管理人决定继续履行合同的，无需通知对方当事人

C. 管理人决定继续履行合同的，对方当事人应当履行

D. 对于继续履行的合同，对方当事人要求提供担保，管理人不提供的，视为解除合同

795. 依据《企业破产法》，下列哪一项不是破产费用：（　　）

A. 债务人所欠职工的工资和医疗、伤残补助、抚恤费用

B. 管理、变价和分配债务人财产的费用

C. 管理人执行职务的费用、报酬和聘用工作人员的费用

D. 破产案件的诉讼费用

796. 人民法院受理破产申请后，应当确定债权人申报债权的期限。债权申报期限自人民法院发布受理破产申请公告之日起计算，最短不得少于（　　）日，最长不得超过（　　）个月。

A. 15；2　　B. 30；3

C. 15；3　　D. 30；6

797. 关于和解，下列说法错误的是：（　　）

A. 债务人可以直接向人民法院申请和解

B. 债务人可以在人民法院受理破产申请后、宣告债务人破产前，向人民法院申请和解

C. 债务人申请和解，可以要求债权人提出和解协议草案

D. 债务人应当按照和解协议规定的条件清偿债务

（三）多项选择题

798. 向人民法院提出破产申请的，破产申请书应当载明下列哪些事项：（　　）

A. 申请人、被申请人的基本情况

B. 申请目的

C. 申请的事实和理由

D. 人民法院认为应当载明的其他事项

799. 人民法院受理破产申请前1年内，涉及债务人财产的下列哪些行为，管理人有权请求人民法院予以撤销：（　　）

A. 无偿转让财产

B. 对没有财产担保的债务提供财产担保

C. 放弃债权

D. 对未到期的债务提前清偿

800. 涉及债务人财产的下列哪些行为无效：（　　）

A. 为逃避债务而隐匿、转移财产

B. 以明显不合理的价格进行交易

C. 虚构债务

D. 承认不真实的债务

801. 债权人申请对债务人进行破产清算的，在人民法院受理破产申请后、宣告债务人破产前，下列哪些人可以向人民法院申请重整：（　　）

A. 债务人

B. 管理人

C. 出资额占债务人注册资本 1/10 以上的出资人

D. 债权人委员会

802. 破产宣告前，有下列哪些情形的，人民法院应当裁定终结破产程序，并予以公告：（　　）

A. 债务人向人民法院申请和解

B. 债务人已清偿全部到期债务

C. 第三人为债务人提供足额担保

D. 第三人为债务人清偿全部到期债务

（四）填空题

803. 破产案件由____人民法院管辖。

804. 人民法院受理破产申请后，债务人的债务人或者财产持有人应当向管理人____或者____。

805. 破产企业可以____或者部分变价出售破产财产。企业变价出售时，可以将其中的____和其他财产单独变价出售。

806. 管理人应当自破产程序终结之日起____日内，持人民法院终结破产程序的裁定，向破产人的原登记机关办理____。

807. 债务人的有关人员违反《企业破产法》规定，擅自离开住所地的，人民法院可以予以____、____，可以依法____。

（五）简答题

808. 简述破产费用和共益债务的清偿规则。

参考答案

（一）判断题

788. ×，解析：根据《企业破产法》第5条第1款规定，依照本法开始的破产程序，对债务人在中华人民共和国领域外的财产发生效力。
789. ×，解析：根据《企业破产法》第16条规定，人民法院受理破产申请后，债务人对个别债权人的债务清偿无效。
790. √，解析：根据《企业破产法》第19条规定。
791. ×，解析：根据《企业破产法》第35条规定，人民法院受理破产申请后，债务人的出资人尚未完全履行出资义务的，管理人应当要求该出资人缴纳所认缴的出资，而不受出资期限的限制。
792. √，解析：根据《企业破产法》第47条规定。

（二）单项选择题

793. D，解析：根据《企业破产法》第15条规定，自人民法院受理破产申请的裁定送达债务人之日起至破产程序终结之日，债务人的有关人员承担下列义务：（1）妥善保管其占有和管理的财产、印章和账簿、文书等资料；（2）根据人民法院、管理人的要求进行工作，并如实回答询问；（3）列席债权人会议并如实回答债权人的询问；（4）未经人民法院许可，不得离开住所地；（5）不得新任其他企业的董事、监事、高级管理人员。前款所称有关人员，是指企业的法定代表人；经人民法院决定，可以包括企业的财务管理人员和其他经营管理人员。据此，D项行为不符合法律规定，当选。
794. B，解析：根据《企业破产法》第18条规定，人民法院受理破产申请后，管理人对破产申请受理前成立而债务人和对方当事人均未履行完毕的合同有权决定解除或者继续履行，并通知对方当事人。管理人自破产申请受理之日起2个月内未通知对方当事人，或者自收到对方当事人催告之日起30日内未答复的，视为解除合同。管理人决定继续履行合同的，对方当事人应当履行；但是，对方当事人有权要求管理人提供担保。管理人不提供担保的，视为解除合同。故B项错误。

795. A，解析：根据《企业破产法》第41条规定，人民法院受理破产申请后发生的下列费用，为破产费用：（1）破产案件的诉讼费用；（2）管理、变价和分配债务人财产的费用；（3）管理人执行职务的费用、报酬和聘用工作人员的费用。故A项不是破产费用，当选。

796. B，解析：根据《企业破产法》第45条规定，人民法院受理破产申请后，应当确定债权人申报债权的期限。债权申报期限自人民法院发布受理破产申请公告之日起计算，最短不得少于30日，最长不得超过3个月。故B项正确。

797. C，解析：根据《企业破产法》第95条规定，债务人可以依照本法规定，直接向人民法院申请和解；也可以在人民法院受理破产申请后、宣告债务人破产前，向人民法院申请和解。债务人申请和解，应当提出和解协议草案。故C项错误，A、B项正确。根据《企业破产法》第102条规定，债务人应当按照和解协议规定的条件清偿债务。D项正确。

（三）多项选择题

798. ABCD，解析：根据《企业破产法》第8条第2款规定，破产申请书应当载明下列事项：（1）申请人、被申请人的基本情况；（2）申请目的；（3）申请的事实和理由；（4）人民法院认为应当载明的其他事项。故A、B、C、D项正确。

799. ABCD，解析：根据《企业破产法》第31条规定，人民法院受理破产申请前1年内，涉及债务人财产的下列行为，管理人有权请求人民法院予以撤销：（1）无偿转让财产的；（2）以明显不合理的价格进行交易的；（3）对没有财产担保的债务提供财产担保的；（4）对未到期的债务提前清偿的；（5）放弃债权的。故A、B、C、D项正确。

800. ACD，解析：根据《企业破产法》第33条规定，涉及债务人财产的下列行为无效：（1）为逃避债务而隐匿、转移财产的；（2）虚构债务或者承认不真实的债务的。故A、C、D项正确。

801. AC，解析：根据《企业破产法》第70条第2款规定，债权人申请对债务人进行破产清算的，在人民法院受理破产申请后、宣告债务人破产前，债务人或者出资额占债务人注册资本1/10以上的出资人，可以向人民法院申请重整。故A、C项正确。

802. BCD，解析：根据《企业破产法》第108条规定，破产宣告前，有下列情形之一的，人民法院应当裁定终结破产程序，并予以公告：（1）第三人为债务人提供足额担保或者为债务人清偿全部到期债务的；（2）债务人已清偿全部到期债务的。故B、C、D项正确。

（四）填空题

803. 债务人住所地。（《企业破产法》第3条）

804. 清偿债务；交付财产。（《企业破产法》第17条）

805. 全部；无形资产。（《企业破产法》第112条）

806. 10；注销登记。（《企业破产法》第121条）

807. 训诫；拘留；并处罚款。（《企业破产法》第129条）

（五）简答题

808. 答：根据《企业破产法》第43条规定，破产费用和共益债务的清偿规则如下：（1）破产费用和共益债务由债务人财产随时清偿。（2）债务人财产不足以清偿所有破产费用和共益债务的，先行清偿破产费用。（3）债务人财产不足以清偿所有破产费用或者共益债务的，按照比例清偿。（4）债务人财产不足以清偿破产费用的，管理人应当提请人民法院终结破产程序。

十、证券法

（一）判断题

809. 在中华人民共和国境内，股票、公司债券、存托凭证和国务院依法认定的其他证券的发行和交易，适用《证券法》；《证券法》未规定的，适用《公司法》和其他法律、行政法规的规定。（　　）

810. 股票依法发行后，发行人经营与收益的变化，由投资者自行负责；由此变化引致的投资风险，由发行人自行负责。（　　）

811. 证券包销是指证券公司将发行人的证券按照协议全部购入或者在承销期结束时将售后剩余证券全部自行购入的承销方式。（　　）

812. 非公开发行的证券，不可以在证券交易所、国务院批准的其他全国性证券交易场所、按照国务院规定设立的区域性股权市场转让。（　　）

813. 采取协议收购方式的，收购人可以依照法律、行政法规的规定同被收购公司的股东以协议方式进行股份转让。以协议方式收购上市公司时，达成协议后，收购人必须在 5 日内将该收购协议向国务院证券监督管理机构及证券交易所作出书面报告，并予公告。（　　）

（二）单项选择题

814. 按照《证券法》的相关规定，关于公开发行证券，下列说法错误的是：（　　）

A. 公开发行证券，必须符合法律、行政法规规定的条件，并依法报经国务院证券监督管理机构或者国务院授权的部门注册

B. 非公开发行证券，也可以采用广告、公开劝诱和变相公开方式

C. 向不特定对象发行证券的为公开发行

D. 证券发行注册制的具体范围、实施步骤，由国务院规定

815. 国务院证券监督管理机构或者国务院授权的部门应当自受理证券发行申请文件之日起（　　）内，依照法定条件和法定程序作出予以注册或者不予注册的决定，发行人根据要求补充、修改发行申请文件的时间不计算在内。

A. 15 日　　B. 1 个月

C. 2 个月　　D. 3 个月

816. 按照《证券法》的相关规定，对证券交易所作出的不予上市交易、终止上市交易决定不服的，相关的当事人可以采取哪种措施？（　　）

A. 向国务院证券监督管理机构设立的复核机构申请复核

B. 向证券交易所设立的复核机构申请复核

C. 向证券交易所所在地的中级人民法院起诉

D. 向国务院证券监督管理机构申请复核

817. 国务院证券监督管理机构依法有权对有关单位进行监督检查或者调查，下列说法中，错误的是：（　　）

A. 国务院证券监督管理机构监督检查、调查的人员不得少于 3 人

B. 应当出示合法证件和监督检查、调查通知书或者其他执法文书

C. 被检查、调查的单位和个人应当配合，如实提供有关文件和资料，不得拒绝、阻碍和隐瞒

D. 不得泄露其有关单位的商业秘密

818. 关于证券登记结算机构的职能，下列说法不正确的是：（　　）

A. 证券账户、结算账户的设立　　B. 证券的托管和过户

C. 证券持有人名册登记　　D. 证券交易的清算和交收

（三）多项选择题

819.《证券法》的相关规定，公司开发新股，应当报送募股申请和（　　）等文件。

A. 公司营业执照　　B. 公司章程

C. 股东大会决议　　D. 财务会计报告

820. 关于证券业协会，下列说法正确的是：（　　）

A. 证券业协会是证券业的自律性组织，是营利性法人

B. 证券公司应当加入证券业协会

C. 证券业协会的权力机构为全体会员组成的会员大会

D. 证券业协会章程由会员大会制定，并报国务院证券监督管理机构备案

821. 按照《证券法》的相关规定，证券投资咨询机构及其从业人员从事证券服务业务不得有哪些行为？（　　）

A. 代理委托人从事证券投资

B. 与委托人约定分享证券投资收益或者分担证券投资损失

C. 买卖本证券投资咨询机构提供服务的证券

D. 法律、行政法规禁止的其他行为

822. 关于证券公司，下列说法正确的是：（　　）

A. 证券公司的从业人员在证券交易活动中，执行所属的证券公司的指令或者利用职务违反交易规则的，由所属的证券公司承担全部责任

B. 证券公司的从业人员不得私下接受客户委托买卖证券

C. 证券公司应当建立客户信息查询制度，确保客户能够查询其账户信息、委托记录、交易记录以及其他与接受服务或者购买产品有关的重要信息

D. 证券公司应当妥善保存客户开户资料、委托记录、交易记录和与内部管理、业务经营有关的各项信息，任何人不得隐匿、伪造、篡改或者毁损。上述信息的保存期限不得少于30年

823. 设立证券登记结算机构，应当具备下列哪些条件？（　　）

A. 自有资金不少于人民币3亿元

B. 具有证券登记、存管和结算服务所必须的场所和设施

C. 国务院证券监督管理机构规定的其他条件

D. 证券登记结算机构的名称中应当标明证券登记结算字样

（四）填空题

824. 证券的发行、交易活动，必须遵守法律、行政法规；____、____和____的行为。

825. 国务院证券监督管理机构依法对全国证券市场实行____。国务院证券监督管理机构根据需要可以设立____，按照授权履行监督管理职责。

826. 公司对公开发行股票所募集资金，必须按照招股说明书或者其他公开发行募集文件所列资金用途使用；改变资金用途，必须经____作出决议。

827. 发行人向不特定对象发行的证券，法律、行政法规规定应当由证券公司承销的，发行人应当同证券公司签订____。证券承销业务采取____或者____方式。

828. 证券在证券交易所上市交易，应当采用____方式或者____批准的其他方式。

（五）简答题

829. 国务院证券监督管理机构或者国务院授权的部门做出哪些行为时，对直接负责的主管人员和其他直接责任人员，依法给予处分。

830. 简述证券业协会应当履行的职责。

参考答案

（一）判断题

809. √，解析：根据《证券法》第 2 条规定。

810. ×，解析：根据《证券法》第 25 条规定，股票依法发行后，发行人经营与收益的变化，由发行人自行负责；由此变化引致的投资风险，由投资者自行负责。

811. √，解析：根据《证券法》第 26 条规定。

812. ×，解析：根据《证券法》第 37 条规定，公开发行的证券，应当在依法设立的证券交易所上市交易或者在国务院批准的其他全国性证券交易场所交易。非公开发行的证券，可以在证券交易所、国务院批准的其他全国性证券交易场所、按照国务院规定设立的区域性股权市场转让。

813. ×，解析：根据《证券法》第 71 条规定，采取协议收购方式的，收购人可以依照法律、行政法规的规定同被收购公司的股东以协议方式进行股份转让。以协议方式收购上市公司时，达成协议后，收购人必须在 3 日内将该收购协议向国务院证券监督管理机构及证券交易所作出书面报告，并予公告。在公告前不得履行收购协议。

（二）单项选择题

814. B，解析：根据《证券法》第 9 条规定，公开发行证券，必须符合法律、行政法规规定的条件，并依法报经国务院证券监督管理机构或者国务院授权的部门注册。未经依法注册，任何单位和个人不得公开发行证券。证券发行注册制的具体范围、实施步骤，由国务院规定。有下列情形之一的，为公开发行：（1）向不特定对象发行证券；（2）向特定对象发行证券累计超过 200 人，但依法实施员工持股计划的员工人数不计算在内；（3）法律、行政法规规定的其他发行行为。非公开发行证券，不得采用广告、公开劝诱和变相公开方式。

815. D，解析：根据《证券法》第 22 条规定，国务院证券监督管理机构或者国务院授权的部门应当自受理证券发行申请文件之日起 3 个月内，依照法定条件和法定程序作出予以注册或者不予注册的决定，发行人根据要求补充、修改发行申请文件的时间不计算在内。不予注册的，应当说明理由。

816. B，解析：根据《证券法》第 49 条规定，对证券交易所作出的不予上市交易、终止上市交易决定不服的，可以向证券交易所设立的复核机构申请复核。

817. A，解析：根据《证券法》第 172 条规定，国务院证券监督管理机构依法履行职责，进行监督检查或者调查，其监督检查、调查的人员不得少于 2 人，并应当出示合法证件和监督检查、调查通知书或者其他执法文书。监督检查、调查的人员少于 2 人或者未出示合法证件和监督检查、调查通知书或者其他执法文书的，被检查、调查的单位和个人有权拒绝。

818. B，解析：根据《证券法》第 147 条规定，证券登记结算机构履行下列职能：（1）证券账户、结算账户的设立；（2）证券的存管和过户；（3）证券持有人名册登记；（4）证券交易的清算和交收；（5）受发行人的委托派发证券权益；（6）办理与上述业务有关的查询、信息服务；（7）国务院证券监督管理机构批准的其他业务。

（三）多项选择题

819. ABCD，解析：根据《证券法》第 13 条规定，公司公开发行新股，应当报送募股申请和下列文件：（1）公司营业执照；（2）公司章程；（3）股东大会决议；（4）招股说明书或者其他公开发行募集文件；（5）财务会计报告；（6）代收股款银行的名称及地址。依照本法规定聘请保荐人的，还应当报送保荐人出具的发行保荐书。依照本法规定实行承销的，还应当报送承销机构名称及有关的协议。

820. BCD，解析：根据《证券法》第164条规定，证券业协会是证券业的自律性组织，是社会团体法人。证券公司应当加入证券业协会。证券业协会的权力机构为全体会员组成的会员大会。根据《证券法》第165条规定，证券业协会章程由会员大会制定，并报国务院证券监督管理机构备案。

821. ABCD，解析：根据《证券法》第161条规定，证券投资咨询机构及其从业人员从事证券服务业务不得有下列行为：（1）代理委托人从事证券投资；（2）与委托人约定分享证券投资收益或者分担证券投资损失；（3）买卖本证券投资咨询机构提供服务的证券；（4）法律、行政法规禁止的其他行为。有前款所列行为之一，给投资者造成损失的，应当依法承担赔偿责任。

822. ABC，解析：根据《证券法》第136条规定，证券公司的从业人员在证券交易活动中，执行所属的证券公司的指令或者利用职务违反交易规则的，由所属的证券公司承担全部责任。证券公司的从业人员不得私下接受客户委托买卖证券。根据《证券法》第137条规定，证券公司应当建立客户信息查询制度，确保客户能够查询其账户信息、委托记录、交易记录以及其他与接受服务或者购买产品有关的重要信息。证券公司应当妥善保存客户开户资料、委托记录、交易记录和与内部管理、业务经营有关的各项信息，任何人不得隐匿、伪造、篡改或者毁损。上述信息的保存期限不得少于20年。

823. BCD，解析：根据《证券法》第146条规定，设立证券登记结算机构，应当具备下列条件：（1）自有资金不少于人民币2亿元；（2）具有证券登记、存管和结算服务所必须的场所和设施；（3）国务院证券监督管理机构规定的其他条件。证券登记结算机构的名称中应当标明证券登记结算字样。

（四）填空题

824. 禁止欺诈；内幕交易；操纵证券市场。（《证券法》第5条）

825. 集中统一监督管理；派出机构（《证券法》第7条）

826. 股东大会。（《证券法》第14条）

827. 承销协议；代销；包销。（《证券法》第26条）

828. 公开的集中交易；国务院证券监督管理机构。（《证券法》第38条）

（五）简答题

829. 答：根据《证券法》第216条规定，国务院证券监督管理机构或者国务院授权的部门有下列情形之一的，对直接负责的主管人员和其他直接责任人员，依法给予处分：（1）对不符合本法规定的发行证券、设立证券公司等申请予以核准、注册、批准的；（2）违反本法规定采取现场检查、调查取证、查询、冻结或者查封等措施的；（3）违反本法规定对有关机构和人员采取监督管理措施的；（4）违反本法规定对有关机构和人员实施行政处罚的；（5）其他不依法履行职责的行为。

830. 答：根据《证券法》第166条规定，证券业协会履行下列职责：（1）教育和组织会员及其从业人员遵守证券法律、行政法规，组织开展证券行业诚信建设，督促证券行业履行社会责任；（2）依法维护会员的合法权益，向证券监督管理机构反映会员的建议和要求；（3）督促会员开展投资者教育和保护活动，维护投资者合法权益；（4）制定和实施证券行业自律规则，监督、检查会员及其从业人员行为，对违反法律、行政法规、自律规则或者协会章程的，按照规定给予纪律处分或者实施其他自律管理措施；（5）制定证券行业业务规范，组织从业人员的业务培训；（6）组织会员就证券行业的发展、运作及有关内容进行研究，收集整理、发布证券相关信息，提供会员服务，组织行业交流，引导行业创新发展；（7）对会员之间、会员与客户之间发生的证券业务纠纷进行调解；（8）证券业协会章程规定的其他职责。

十一、票据法

（一）判断题

831. 票据出票人制作票据，应当按照法定条件在票据上签章，并按照所记载的事项承担票据责任。(　　)

832. 票据当事人可以委托其代理人在票据上签章，并可以在票据上表明其代理关系。(　　)

833. 无民事行为能力人或者限制民事行为能力人在票据上签章的，其签章无效，其他签章一并无效。(　　)

834. 票据金额、日期、收款人名称不得更改，更改的票据无效。(　　)

835. 失票人应当在通知挂失止付后5日内，也可以在票据丧失后，依法向人民法院申请公示催告，或者向人民法院提起诉讼。(　　)

（二）单项选择题

836. 按照《票据法》的相关规定，持票人对支票出票人的权利，自出票日起（　　）。

A. 3个月　　B. 5个月

C. 6个月　　D. 1年

837. 关于汇票上的记载事项，下列说法错误的是：(　　)

A. 汇票上记载付款日期、付款地、出票地等事项的，应当清楚、明确

B. 汇票上未记载付款日期的，为定日付款

C. 汇票上未记载付款地的，付款人的营业场所、住所或者经常居住地为付款地

D. 汇票上未记载出票地的，出票人的营业场所、住所或者经常居住地为出票地

838. 按照《票据法》的有关规定，下列关于背书的说法错误的是：(　　)

A. 背书是指在票据背面或者粘单上记载有关事项并签章的票据行为

B. 背书由背书人签章并记载背书日期。背书未记载日期的，视为在汇票到期日前背书

C. 背书可以附有条件。背书时附有条件的，所附条件仍具有汇票上的效力

D. 以背书转让的汇票，后手应当对其直接前手背书的真实性负责。后手是指在票据签章人之后签章的其他票据债务人

839. 关于被保证的汇票，下列说法错误的是：(　　)

A. 被保证的汇票，保证人应当与被保证人对持票人承担有限责任

B. 汇票到期后得不到付款的，持票人有权向保证人请求付款，保证人应当足额付款

C. 保证人为 2 人以上的，保证人之间承担连带责任

D. 保证人清偿汇票债务后，可以行使持票人对被保证人及其前手的追索权

840. 关于提示付款，下列说法错误的是：(　　)

A. 定日付款、出票后定期付款或者见票后定期付款的汇票，自到期日起 10 日内向承兑人提示付款

B. 持票人未按照规定期限提示付款的，在作出说明后，承兑人或者付款人仍应当继续对持票人承担付款责任

C. 通过委托收款银行或者通过票据交换系统向付款人提示付款的，视同持票人提示付款

D. 见票即付的汇票，自出票日起 2 个月内向付款人提示付款

(三) 多项选择题

841. 因 (　　) 可以依法无偿取得票据的，不受给付对价的限制。但是，所享有的票据权利不得优于其前手的权利。

A. 税收　　　　B. 继承

C. 赠与　　　　D. 拾得

842. 按照《票据法》的相关规定，关于票据时效，下列说法正确的是：(　　)

A. 持票人对票据的出票人和承兑人的权利，自票据到期日起2年。见票即付的汇票、本票，自出票日起2年
B. 持票人对支票出票人的权利，自出票日起1年
C. 持票人对前手的追索权，自被拒绝承兑或者被拒绝付款之日起6个月
D. 持票人对前手的再追索权，自清偿日或者被提起诉讼之日起3个月

843. 汇票必须记载下列哪些事项？（　　）
A. 表明“汇票”的字样　　B. 无条件支付的委托
C. 确定的金额　　D. 付款人名称

844. 汇票到期日前，发生以下哪些情形，持票人可以行使追索权？（　　）
A. 汇票到期被拒绝付款
B. 承兑人或者付款人死亡、逃匿的
C. 承兑人或者付款人被依法宣告破产
D. 因违法被责令终止业务活动

845. 持票人行使追索权，可以请求被追索人支付下列哪些金额和费用？（　　）
A. 被拒绝付款的汇票金额
B. 汇票金额自到期日或者提示付款日起至清偿日止，按照中国人民银行规定的利率计算的利息
C. 取得有关拒绝证明费用
D. 发出通知书的费用

（四）填空题

846. 《票据法》所称的票据，是指____、____和____。
847. 《票据法》所称的票据权利，是指持票人向票据债务人请求支付票据金额的权利，包括____和____。
848. 票据上的签章，应为____、____或者____。
849. 汇票是出票人签发的，委托付款人在见票时或者在指定日期无条件支付确定的金额给收款人或者持票人的票据。汇票分为____和____。
850. 汇票的____、背书人、____和____对持票人承担连带责任。

（五）简答题

851. 简述支票必须记载的事项。
852. 简述应当依法追究刑事责任的票据行为。

参考答案

（一）判断题

831. √，解析：根据《票据法》第4条规定。
832. ×，解析：根据《票据法》第5条规定，票据当事人可以委托其代理人在票据上签章，并应当在票据上表明其代理关系。没有代理权而以代理人名义在票据上签章的，应当由签章人承担票据责任；代理人超越代理权限的，应当就其超越权限的部分承担票据责任。
833. ×，解析：根据《票据法》第6条规定，无民事行为能力人或者限制民事行为能力人在票据上签章的，其签章无效，但是不影响其他签章的效力。
834. √，解析：根据《票据法》第9条规定。
835. ×，解析：根据《票据法》第15条规定，票据丧失，失票人可以及时通知票据的付款人挂失止付，但是，未记载付款人或者无法确定付款人及其代理付款人的票据除外。收到挂失止付通知的付款人，应当暂停支付。失票人应当在通知挂失止付后3日内，也可以在票据丧失后，依法向人民法院申请公示催告，或者向人民法院提起诉讼。

（二）单项选择题

836. C，解析：根据《票据法》第17条规定，票据权利在下列期限内不行使而消灭：（1）持票人对票据的出票人和承兑人的权利，自票据到期日起2年。见票即付的汇票、本票，自出票日起2年；（2）持票人对支票出票人的权利，自出票日起6个月；（3）持票人对前手的追索权，自被拒绝承兑或者被拒绝付款之日起6个月；（4）持票人对前手的再追索权，自清偿日或者被提起诉讼之日起3个月。票据的出票日、到期日由票据当事人依法确定。
837. B，解析：根据《票据法》第23条规定，汇票上记载付款日期、付款地、出票地等事项的，应当清楚、明确。汇票上未记载付款日期的，为见票即付。汇票上未记载付款地的，付款人的营业场所、住所或者经常居住地为付款地。汇票上未记载出票地的，出票人的营业场所、住所或者经常居住地为出票地。

838. C，解析：根据《票据法》第33条规定，背书不得附有条件。背书时附有条件的，所附条件不具有汇票上的效力。将汇票金额的一部分转让的背书或者将汇票金额分别转让给二人以上的背书无效。

839. A，解析：根据《票据法》第50条规定，被保证的汇票，保证人应当与被保证人对持票人承担连带责任。汇票到期后得不到付款的，持票人有权向保证人请求付款，保证人应当足额付款。根据《票据法》第51条规定，保证人为2人以上的，保证人之间承担连带责任。根据《票据法》第52条规定，保证人清偿汇票债务后，可以行使持票人对被保证人及其前手的追索权。

840. D，解析：根据《票据法》第53条规定，持票人应当按照下列期限提示付款：（1）见票即付的汇票，自出票日起1个月内向付款人提示付款；（2）定日付款、出票后定期付款或者见票后定期付款的汇票，自到期日起10日内向承兑人提示付款。持票人未按照前款规定期限提示付款的，在作出说明后，承兑人或者付款人仍应当继续对持票人承担付款责任。通过委托收款银行或者通过票据交换系统向付款人提示付款的，视同持票人提示付款。

（三）多项选择题

841. ABC，解析：根据《票据法》第11条规定，因税收、继承、赠与可以依法无偿取得票据的，不受给付对价的限制。但是，所享有的票据权利不得优于其前手的权利。前手是指在票据签章人或者持票人之前签章的其他票据债务人。

842. ACD，解析：根据《票据法》第17条规定，票据权利在下列期限内不行使而消灭：（1）持票人对票据的出票人和承兑人的权利，自票据到期日起2年。见票即付的汇票、本票，自出票日起2年；（2）持票人对支票出票人的权利，自出票日起6个月；（3）持票人对前手的追索权，自被拒绝承兑或者被拒绝付款之日起6个月；（4）持票人对前手的再追索权，自清偿日或者被提起诉讼之日起3个月。票据的出票日、到期日由票据当事人依法确定。

843. ABCD，解析：根据《票据法》第22条规定，汇票必须记载下列事项：（1）表明“汇票”的字样；（2）无条件支付的委托；（3）确定的金额；（4）付款人名称；（5）收款人名称；（6）出票日期；（7）出票人签章。汇票上未记载前款规定事项之一的，汇票无效。

844. ABCD，解析：根据《票据法》第 61 条规定，汇票到期被拒绝付款的，持票人可以对背书人、出票人以及汇票的其他债务人行使追索权。汇票到期日前，有下列情形之一的，持票人也可以行使追索权：（1）汇票被拒绝承兑的；（2）承兑人或者付款人死亡、逃匿的；（3）承兑人或者付款人被依法宣告破产的或者因违法被责令终止业务活动的。

845. ABCD，解析：根据《票据法》第 70 条规定，持票人行使追索权，可以请求被追索人支付下列金额和费用：（1）被拒绝付款的汇票金额；（2）汇票金额自到期日或者提示付款日起至清偿日止，按照中国人民银行规定的利率计算的利息；（3）取得有关拒绝证明和发出通知书的费用。被追索人清偿债务时，持票人应当交出汇票和有关拒绝证明，并出具所收到利息和费用的收据。

（四）填空题

846. 汇票；本票；支票。（《票据法》第 2 条）

847. 付款请求权；追索权。（《票据法》第 4 条）

848. 签名；盖章；签名加盖章。（《票据法》第 7 条）

849. 银行汇票；商业汇票。（《票据法》第 19 条）

850. 出票人；承兑人；保证人。（《票据法》第 68 条）

（五）简答题

851. 答：根据《票据法》第 84 条规定，支票必须记载下列事项：（1）表明“支票”的字样；（2）无条件支付的委托；（3）确定的金额；（4）付款人名称；（5）出票日期；（6）出票人签章。支票上未记载前款规定事项之一的，支票无效。

852. 答：根据《票据法》第 102 条规定，有下列票据欺诈行为之一的，依法追究刑事责任：（1）伪造、变造票据的；（2）故意使用伪造、变造的票据的；（3）签发空头支票或者故意签发与其预留的本名签名式样或者印鉴不符的支票，骗取财物的；（4）签发无可靠资金来源的汇票、本票，骗取资金的；（5）汇票、本票的出票人在出票时作虚假记载，骗取财物的；（6）冒用他人的票据，或者故意使用过期或者作废的票据，骗取财物的；（7）付款人同出票人、持票人恶意串通，实施前六项所列行为之一的。

十二、保险法

(一) 判断题

853. 保险是指投保人根据合同约定，向保险人支付保险费，保险人对于合同约定的可能发生的事故因其发生所造成的财产损失承担赔偿保险金责任，或者当被保险人死亡、伤残、疾病或者达到合同约定的年龄、期限等条件时承担给付保险金责任的商业保险行为。(　　)

854. 投保人可以为无民事行为能力人投保以死亡为给付保险金条件的人身保险，保险人也可以承保。(　　)

855. 保险合同是投保人与保险人约定保险权利义务关系的协议。投保人是指与保险人订立保险合同，并按照合同约定负有支付保险费义务的人。保险人是指与投保人订立保险合同，并按照合同约定承担赔偿或者给付保险金责任的保险公司。(　　)

856. 以死亡为给付保险金条件的合同，未经被保险人同意并认可保险金额的，合同也依然有效。(　　)

857. 人身保险的受益人由被保险人或者投保人指定。投保人指定受益人时须经被保险人同意。投保人为与其有劳动关系的劳动者投保人身保险，不得指定被保险人及其近亲属以外的人为受益人。(　　)

(二) 单项选择题

858. 投保人故意造成被保险人死亡、伤残或者疾病的，保险人不承担给付保险金的责任。投保人已交足（　　）保险费的，保险人应当按照合同约定向其他权利人退还保险单的现金价值。

A. 2 年以上　　B. 3 年以上

C. 1 年以上　　D. 6 个月以上

859. 保险标的转让的，保险标的的（　　）承继被保险人的权利和义务。

A. 出让人　　B. 受让人

C. 保险人　　D. 投保人

860. 保险标的转让的，被保险人或者受让人应当及时通知保险人，但（　　）和另有约定的合同除外。

A. 保证保险　　B. 责任保险

C. 货物运输保险合同　　D. 信用保险

861. （　　）应当遵守国家有关消防、安全、生产操作、劳动保护等方面的规定，维护保险标的的安全。

A. 保险人　　B. 被保险人

C. 投保人　　D. 受益人

862. 被保险人未及时履行通知义务的，因保险标的的危险程度显著增加而发生的保险事故，保险人（　　）的责任。

A. 不承担赔偿保险金　　B. 承担按比例承担赔偿保险金

C. 承担全额的赔偿保险金　　D. 承担一定的赔偿保险金

（三）多项选择题

863. 设立保险公司应当具备以下哪些条件？（　　）

A. 主要股东具有持续盈利能力，信誉良好，最近 3 年内无重大违法违规记录，净资产不低于人民币 2 亿元

B. 有符合《保险法》和《公司法》规定的章程

C. 有符合《保险法》规定的注册资本

D. 有健全的组织机构和管理制度

864. 关于保险公司，下列说法正确的是：（　　）

A. 设立保险公司，其注册资本的最低限额为人民币 3 亿元

B. 保险公司的注册资本必须为实缴货币资本

C. 保险公司在中华人民共和国境内设立分支机构，应当经保险监督管理机构批准

D. 保险公司分支机构不具有法人资格，其民事责任由保险公司承担

865. 保险公司申请设立分支机构，应当向保险监督管理机构提出书面申请，并提交（　　）材料。

A. 设立申请书

B. 拟设机构3年业务发展规划和市场分析材料

C. 拟任高级管理人员的简历及相关证明材料

D. 国务院保险监督管理机构规定的其他材料

866. 保险公司有（　　）情形的，应当经保险监督管理机构批准。

A. 变更名称　　B. 变更注册资本

C. 变更公司内部的管理体系　　D. 撤销分支机构

867. 下列属于保险公司业务范围的是：（　　）

A. 人寿保险　　B. 健康保险

C. 责任保险　　D. 信用保险

（四）填空题

868. 保险公司对危险单位的划分方法和巨灾风险安排方案，应当报____备案。

869. 保险公司开展业务，应当遵循____的原则，不得____。

870. 保险经纪人是基于____的利益，为投保人与保险人订立保险合同提供中介服务，并依法收取____的机构。

871. ____、____，应当品行良好，熟悉保险法律、行政法规，具有履行职责所需的经营管理能力，并在任职前取得保险监督管理机构核准的任职资格。

872. 个人保险代理人在代为办理人寿保险业务时，不得同时接受____保险人的委托。

（五）简答题

873. 保险代理人、保险经纪人及其从业人员在办理保险业务活动中不得有哪些行为？

874. 简述国务院保险监督管理机构可以对保险公司实行接管的情形。

参考答案

（一）判断题

853. √，解析：根据《保险法》第2条规定。

854. ×，解析：根据《保险法》第33条规定，投保人不得为无民事行为能力人投保以死亡为给付保险金条件的人身保险，保险人也不得承保。父母为其未成年子女投保的人身保险，不受前款规定限制。但是，因被保险人死亡给付的保险金总和不得超过国务院保险监督管理机构规定的限额。

855. √，解析：根据《保险法》第10条规定。

856. ×，解析：根据《保险法》第34条规定，以死亡为给付保险金条件的合同，未经被保险人同意并认可保险金额的，合同无效。按照以死亡为给付保险金条件的合同所签发的保险单，未经被保险人书面同意，不得转让或者质押。父母为其未成年子女投保的人身保险，不受本条第一款规定限制。

857. √，解析：根据《保险法》第39条规定。

（二）单项选择题

858. A，解析：根据《保险法》第43条规定，投保人故意造成被保险人死亡、伤残或者疾病的，保险人不承担给付保险金的责任。投保人已交足2年以上保险费的，保险人应当按照合同约定向其他权利人退还保险单的现金价值。受益人故意造成被保险人死亡、伤残、疾病的，或者故意杀害被保险人未遂的，该受益人丧失受益权。

859. B，解析：根据《保险法》第49条第1款规定，保险标的转让的，保险标的的受让人承继被保险人的权利和义务。

860. C，解析：根据《保险法》第49条第2款规定，保险标的转让的，被保险人或者受让人应当及时通知保险人，但货物运输保险合同和另有约定的合同除外。

861. B，解析：根据《保险法》第51条规定，被保险人应当遵守国家有关消防、安全、生产操作、劳动保护等方面的规定，维护保险标的的安全。

862. A，解析：根据《保险法》第52条第2款规定，被保险人未履行前款规定的通知义务的，因保险标的的危险程度显著增加而发生的保险事故，保险人不承担赔偿保险金的责任。

（三）多项选择题

863. ABCD，解析：根据《保险法》第68条规定，设立保险公司应当具备下列条件：（1）主要股东具有持续盈利能力，信誉良好，最近三年内无重大违法违规记录，净资产不低于人民币二亿元；（2）有符合本法和《中华人民共和国公司法》规定的章程；（3）有符合本法规定的注册资本；（4）有具备任职专业知识和业务工作经验的董事、监事和高级管理人员；（5）有健全的组织机构和管理制度；（6）有符合要求的营业场所和与经营业务有关的其他设施；（7）法律、行政法规和国务院保险监督管理机构规定的其他条件。

864. BCD，解析：根据《保险法》第69条规定，设立保险公司，其注册资本的最低限额为人民币2亿元。国务院保险监督管理机构根据保险公司的业务范围、经营规模，可以调整其注册资本的最低限额，但不得低于本条第一款规定的限额。保险公司的注册资本必须为实缴货币资本。根据《保险法》第74条规定，保险公司在中华人民共和国境内设立分支机构，应当经保险监督管理机构批准。保险公司分支机构不具有法人资格，其民事责任由保险公司承担。

865. ABCD，解析：根据《保险法》第75条规定，保险公司申请设立分支机构，应当向保险监督管理机构提出书面申请，并提交下列材料：（1）设立申请书；（2）拟设机构三年业务发展规划和市场分析材料；（3）拟任高级管理人员的简历及相关证明材料；（4）国务院保险监督管理机构规定的其他材料。

866. ABD，解析：根据《保险法》第84条规定，保险公司有下列情形之一的，应当经保险监督管理机构批准：（1）变更名称；（2）变更注册资本；（3）变更公司或者分支机构的营业场所；（4）撤销分支机构；（5）公司分立或者合并；（6）修改公司章程；（7）变更出资额占有限责任公司资本总额5%以上的股东，或者变更持有股份有限公司股份5%以上的股东；（8）国务院保险监督管理机构规定的其他情形。

867. ABCD，解析：根据《保险法》第95条规定，保险公司的业务范围：（1）人身保险业务，包括人寿保险、健康保险、意外伤害保险等保险业务；（2）财产保险业务，包括财产损失保险、责任保险、信用保险、保证保险等保险业务；（3）国务院保险监督管理机构批准的与保险有关的其他业务。保险人不得兼营人身保险业务和财产保险业务。但是，经营财产保险业务的保险公司经国务院保险监督管理机构批准，可以经营短期健康保险业务和意外伤害保险业务。保险公司应当在国务院保险监督管理机构依法批准的业务范围内从事保险经营活动。

(四) 填空题

868. 国务院保险监督管理机构。(《保险法》第 104 条)
869. 公平竞争；从事不正当竞争（《保险法》第 115 条)
870. 投保人；佣金（《保险法》第 118 条)
871. 保险专业代理机构；保险经纪人的高级管理人员（《保险法》第 121 条)
872. 两个以上。(《保险法》第 125 条)

(五) 简答题

873. 答：根据《保险法》第 131 条规定，保险代理人、保险经纪人及其从业人员在办理保险业务活动中不得有下列行为：（1）欺骗保险人、投保人、被保险人或者受益人；（2）隐瞒与保险合同有关的重要情况；（3）阻碍投保人履行本法规定的如实告知义务，或者诱导其不履行本法规定的如实告知义务；（4）给予或者承诺给予投保人、被保险人或者受益人保险合同约定以外的利益；（5）利用行政权力、职务或者职业便利以及其他不正当手段强迫、引诱或者限制投保人订立保险合同；（6）伪造、擅自变更保险合同，或者为保险合同当事人提供虚假证明材料；（7）挪用、截留、侵占保险费或者保险金；（8）利用业务便利为其他机构或者个人牟取不正当利益；（9）串通投保人、被保险人或者受益人，骗取保险金；（10）泄露在业务活动中知悉的保险人、投保人、被保险人的商业秘密。
874. 答：根据《保险法》第 144 条规定，保险公司有下列情形之一的，国务院保险监督管理机构可以对其实行接管：（1）公司的偿付能力严重不足的；（2）违反本法规定，损害社会公共利益，可能严重危及或者已经严重危及公司的偿付能力的。被接管的保险公司的债权债务关系不因接管而变化。

十三、招标投标法

（一）判断题

875. 任何单位和个人不得将依法必须进行招标的项目化整为零或者以其他任何方式规避招标。（ ）

876. 依法必须进行招标的项目，其招标投标活动可以排斥外地企业的参与。（ ）

877. 招标项目按照国家有关规定需要履行项目审批手续的，应当先履行审批手续，取得批准。（ ）

878. 在招标文件要求提交投标文件的截止时间后送达的投标文件，招标人可以拒收。（ ）

879. 招标文件不得要求或者标明特定的生产供应者以及含有倾向或者排斥潜在投标人的其他内容。（ ）

（二）单项选择题

880. 关于招投标活动的参与人，下列说法错误的是：（ ）

A. 招标人是依照《招标投标法》规定提出招标项目、进行招标的法人或者其他组织

B. 招标代理机构是依法设立、从事招标代理业务并提供相关服务的社会中介组织

C. 投标人是响应招标、参加投标竞争的法人或者其他组织

D. 两个以上法人或者其他组织不得组成一个联合体，以一个投标人的身份共同投标

881. 招标人采用邀请招标方式的，应当向（ ）个以上具备承担招标项目的能力、资信良好的特定的法人或者其他组织发出投标邀请书。

A. 2　　B. 3

C. 5　　D. 7

882. 关于招投标中的履约保证金，下列说法正确的是：(　　)

A. 招标文件要求中标人提交履约保证金的，中标人应当提交

B. 中标人不履行与招标人订立的合同的，履约保证金应当部分退还

C. 中标人不履行合同，给招标人造成的损失超过履约保证金数额的，仅以履约保证金为限承担责任

D. 中标人不履行合同，没有提交履约保证金的，不再对招标人的损失承担赔偿责任

883. 招标人和中标人应当自中标通知书发出之日起（　　）内，按照招标文件和中标人的投标文件订立书面合同。

A. 15 日　　B. 20 日

C. 30 日　　D. 45 日

884. 关于开标、评标和中标的流程，下列说法错误的是：(　　)

A. 开标应当在招标文件确定的提交投标文件截止时间的同一时间公开进行

B. 评标由招标人依法组建的评标委员会负责

C. 评标委员会要求投标人对投标文件澄清或者说明的内容，不得超出投标文件的范围或者改变投标文件的实质性内容

D. 中标人确定后，招标人无需将中标结果通知所有未中标的投标人

(三) 多项选择题

885. 招标投标活动应当遵循下列的原则有：(　　)

A. 公开　　B. 公平

C. 公正　　D. 诚实信用

886. 在中华人民共和国境内进行下列哪些工程建设项目包括项目的勘察、设计、施工、监理以及与工程建设有关的重要设备、材料等的采购，必须进行招标：(　　)

A. 大型基础设施、公用事业等关系社会公共利益、公众安全的项目

B. 涉及国家安全、国家秘密、抢险救灾，不适宜进行招标的项目

C. 使用国际组织或者外国政府贷款、援助资金的项目

D. 全部或者部分使用国有资金投资或者国家融资的项目

887. 关于公开招标，下列说法正确的是：（　　）

A. 公开招标是指招标人以投标邀请书的方式邀请特定的法人或者其他组织投标

B. 公开招标应当发布招标公告

C. 公开招标应当委托招标代理机构

D. 依法必须进行招标的项目的招标公告，应当通过国家指定的报刊、信息网络或者其他媒介发布

888. 依据《招标投标法》，投标人不得从事下列哪些行为：（　　）

A. 相互串通投标报价

B. 排挤其他投标人的公平竞争

C. 与招标人串通投标，损害国家利益、社会公共利益或者他人的合法权益

D. 以向招标人或者评标委员会成员行贿的手段谋取中标

889. 依据《招标投标法》，下列哪些是中标人的义务：（　　）

A. 按照合同约定履行义务，完成中标项目

B. 不得向他人转让中标项目

C. 不得将中标项目肢解后分别向他人转让

D. 依法必须进行招标的项目，确定中标人后向有关行政监督部门提交招标投标情况的书面报告

（四）填空题

890. 招标人不得以____的条件限制或者排斥潜在投标人，不得对潜在投标人实行____。

891. 投标人应当在招标文件要求提交投标文件的截止时间前，将投标文件送达投标地点。招标人收到投标文件后，应当签收保存，____开启。投标人少于____个的，招标人应当依照《招标投标法》重新招标。

892. 投标人不得以____的报价竞标，也不得以____投标或者以其他方式弄虚作假，骗取中标。

893. 在确定中标人前，招标人不得与投标人就____、____等实质性内容进行谈判。

894. 投标人和其他利害关系人认为招标投标活动不符合《招标投标法》有关规定的，有权向招标人提出____或者依法向有关行政监督部门____。

（五）简答题

895. 简述投标人相互串通投标或者与招标人串通投标，以及投标人以向招标人或者评标委员会成员行贿的手段谋取中标的法律后果。

参考答案

（一）判断题

875. √，解析：根据《招标投标法》第 4 条规定。

876. ×，解析：根据《招标投标法》第 6 条规定，依法必须进行招标的项目，其招标投标活动不受地区或者部门的限制。任何单位和个人不得违法限制或者排斥本地区、本系统以外的法人或者其他组织参加投标，不得以任何方式非法干涉招标投标活动。

877. √，解析：根据《招标投标法》第 9 条规定。

878. ×，解析：根据《招标投标法》第 28 条第 2 款规定，在招标文件要求提交投标文件的截止时间后送达的投标文件，招标人应当拒收。

879. √，解析：根据《招标投标法》第 20 条规定。

（二）单项选择题

880. D，解析：根据《招标投标法》第 8、13、25 条规定，A、B、C 项正确。根据《招标投标法》第 31 条第 1 款规定，两个以上法人或者其他组织可以组成一个联合体，以一个投标人的身份共同投标。故 D 项错误。

881. B，解析：根据《招标投标法》第 17 条第 1 款规定，招标人采用邀请招标方式的，应当向 3 个以上具备承担招标项目的能力、资信良好的特定的法人或者其他组织发出投标邀请书。故 B 项正确。

882. A，解析：根据《招标投标法》第 46 条第 2 款规定，招标文件要求中标人提交履约保证金的，中标人应当提交。故 A 项正确。根据《招标投标法》第 60 条第 1 款规定，中标人不履行与招标人订立的合同的，履约保证金不予退还，给招标人造成的损失超过履约保证金数额的，还应当对超过部分予以赔偿；没有提交履约保证金的，应当对招标人的损失承担赔偿责任。故

B、C、D项错误。

883. C，解析：根据《招标投标法》第46条第1款规定，招标人和中标人应当自中标通知书发出之日起30日内，按照招标文件和中标人的投标文件订立书面合同。招标人和中标人不得再行订立背离合同实质性内容的其他协议。故C项正确。

884. D，解析：根据《招标投标法》第34、37、39条规定，A、B、C项正确。根据《招标投标法》第45条第1款规定，中标人确定后，招标人应当向中标人发出中标通知书，并同时将中标结果通知所有未中标的投标人。故D项错误。

(三) 多项选择题

885. ABCD，解析：根据《招标投标法》第5条规定，招标投标活动应当遵循公开、公平、公正和诚实信用的原则。故A、B、C、D项正确。

886. ACD，解析：根据《招标投标法》第3条规定，在中华人民共和国境内进行下列工程建设项目包括项目的勘察、设计、施工、监理以及与工程建设有关的重要设备、材料等的采购，必须进行招标：（1）大型基础设施、公用事业等关系社会公共利益、公众安全的项目；（2）全部或者部分使用国有资金投资或者国家融资的项目；（3）使用国际组织或者外国政府贷款、援助资金的项目。前款所列项目的具体范围和规模标准，由国务院发展计划部门会同国务院有关部门制订，报国务院批准。法律或者国务院对必须进行招标的其他项目的范围有规定的，依照其规定。故A、C、D项正确。

887. BD，解析：根据《招标投标法》第16条规定，招标人采用公开招标方式的，应当发布招标公告。依法必须进行招标的项目的招标公告，应当通过国家指定的报刊、信息网络或者其他媒介发布。招标公告应当载明招标人的名称和地址、招标项目的性质、数量、实施地点和时间以及获取招标文件的办法等事项。故B、D项正确。根据《招标投标法》第10条第2款规定，公开招标，是指招标人以招标公告的方式邀请不特定的法人或者其他组织投标。故A项错误。C项于法无据，故错误。

888. ABCD，解析：根据《招标投标法》第32条规定，投标人不得相互串通投标报价，不得排挤其他投标人的公平竞争，损害招标人或者其他投标人的合法权益。投标人不得与招标人串通投标，损害国家利益、社会公共利益或者他人的合法权益。禁止投标人以向招标人或者评标委员会成员行贿的手段谋取中标。故A、B、C、D项正确。

889. ABC，解析：根据《招标投标法》第48条规定，中标人应当按照合同约定履行义务，完成中标项目。中标人不得向他人转让中标项目，也不得将中标项目肢解后分别向他人转让。中标人按照合同约定或者经招标人同意，可以将中标项目的部分非主体、非关键性工作分包给他人完成。接受分包的人应当具备相应的资格条件，并不得再次分包。中标人应当就分包项目向招标人负责，接受分包的人就分包项目承担连带责任。故A、B、C项正确。根据《招标投标法》第47条规定，依法必须进行招标的项目，招标人应当自确定中标人之日起15日内，向有关行政监督部门提交招标投标情况的书面报告。D项是招标人的义务，故D项错误。

（四）填空题

890. 不合理；歧视待遇。（《招标投标法》第18条）

891. 不得；3。（《招标投标法》第28条）

892. 低于成本；他人名义。（《招标投标法》第33条）

893. 投标价格；投标方案。（《招标投标法》第43条）

894. 异议；投诉。（《招标投标法》第65条）

（五）简答题

895. 答：根据《招标投标法》第53条规定，投标人相互串通投标或者与招标人串通投标的，投标人以向招标人或者评标委员会成员行贿的手段谋取中标的，法律后果如下：（1）中标无效，处中标项目金额5‰以上10‰以下的罚款，对单位直接负责的主管人员和其他直接责任人员处单位罚款数额5%以上10%以下的罚款。（2）有违法所得的，并处没收违法所得。（3）情节严重的，取消其1年至2年内参加依法必须进行招标的项目的投标资格并予以公告，直至由工商行政管理机关（市场监督管理机关）吊销营业执照。（4）构成犯罪的，依法追究刑事责任。（5）给他人造成损失的，依法承担赔偿责任。

十四、农村土地承包法

（一）判断题

896. 任何组织和个人不得剥夺和非法限制农村集体经济组织成员承包土地的权利。（　　）

897. 农村土地承包，妇女与男子享有平等的权利。承包中应当保护妇女的合法权益，任何组织和个人不得剥夺、侵害妇女应当享有的土地承包经营权。（　　）

898. 耕地的承包期为40年。草地的承包期为30年至50年。林地的承包期为30年至70年。（　　）

899. 承包合同自成立之日起生效。承包方自承包合同生效时取得土地承包经营权。（　　）

900. 承包方之间为方便耕种或者各自需要，可以对属于同一集体经济组织的土地的土地承包经营权进行互换，并向发包方备案。（　　）

901. 农村土地承包采取农村集体经济组织内部的家庭承包方式，不宜采取家庭承包方式的荒山、荒沟、荒丘、荒滩等农村土地，可以采取招标、拍卖、公开协商等方式承包。（　　）

902. 土地承包经营权证或者林权证等证书应当将具有土地承包经营权的全部家庭成员列入。（　　）

903. 承包方流转土地经营权的，其与发包方的承包关系改变。（　　）

904. 实现担保物权时，担保物权人有权就土地经营权优先受偿。（　　）

（二）单项选择题

905. 关于《农村土地承包法》，下列说法错误的是：（　　）

A. 农民集体所有的土地依法属于村农民集体所有的，由村集体经济组织或者村民委员会发包

B. 承包地可以买卖

C. 国家鼓励增加对土地的投入，培肥地力，提高农业生产能力

D. 国家所有依法由农民集体使用的农村土地，由使用该土地的农村集体经济组织、村民委员会或者村民小组发包

906. 经发包方同意，承包方可以将（　　）的土地承包经营权转让给本集体经济组织的其他农户，由该农户同发包方确立新的承包关系，原承包方与发包方在该土地上的承包关系即行终止。

A. 全部　　B. 70%

C. 部分　　D. 全部或者部分

907. 关于土地承包经营权的保护和互换、转让，下列说法中错误的是：（　　）

A. 承包期内，发包方不得收回承包地

B. 承包期内，发包方可以调整承包地

C. 国家保护进城农户的土地承包经营权。不得以退出土地承包经营权作为农户进城落户的条件

D. 承包期内，因自然灾害严重毁损承包地等特殊情形对个别农户之间承包的耕地和草地需要适当调整的，必须经本集体经济组织成员的村民会议 2/3 以上成员或者 2/3 以上村民代表的同意，并报乡（镇）人民政府和县级人民政府农业农村、林业和草原等主管部门批准

（三）多项选择题

908. 农村土地承包采取农村集体经济组织内部的家庭承包方式，不宜采取家庭承包方式的荒山、荒沟、荒丘、荒滩等农村土地，可以采取（　　）等方式承包。

A. 招标　　B. 申请

C. 拍卖　　D. 公开协商

909. 国家保护承包方（　　）流转土地经营权，保护土地经营权人的合法权益，任何组织和个人不得侵犯。

A. 非法　　B. 依法

C. 自愿　　D. 有偿

910. 关于《农村土地承包法》，下列说法正确的是：（　　）

A. 国家对耕地、林地和草地等实行统一登记，登记机构应当向承包方颁发土地承包经营权证或者林权证等证书，并登记造册，确认土地承包经营权

B. 土地承包经营权证或者林权证等证书应当将具有土地承包经营权的全部家庭成员列入

C. 登记机构除按规定收取证书工本费外，不得收取其他费用

D. 国家机关及其工作人员不得利用职权干涉农村土地承包或者变更、解除承包合同

911. 关于《农村土地承包法》，下列说法错误的是：（　　）

A. 承包期内，妇女结婚，在新居住地未取得承包地的，发包方不得收回其原承包地

B. 妇女离婚或者丧偶，仍在原居住地生活或者不在原居住地生活但在新居住地未取得承包地的，发包方可以收回其原承包地

C. 承包人应得的承包收益，依照继承法的规定继承

D. 林地承包的承包人死亡，其继承人不得在承包期内继续承包

912. （　　）等可以直接通过招标、拍卖、公开协商等方式实行承包经营，也可以将土地经营权折股分给本集体经济组织成员后，再实行承包经营或者股份合作经营。

A. 荒山　　　　B. 荒沟

C. 荒丘　　　　D. 荒滩

（四）填空题

913. 承包方承包土地后，享有____，可以自己经营，也可以保留土地承包权，流转其承包地的____，由他人经营。

914. 农村土地承包经营应当遵守法律、法规，保护土地资源的____和____。未经依法批准不得将承包地用于非农建设。

915. 承包期内，承包方可以____将承包地交回发包方。承包方自愿交回承包地的，可以获得____，但是应当提前半年以____通知发包方。承包方在承包期内交回承包地的，在承包期内不得再要求承包土地。

916. 土地承包经营权互换、转让的，当事人可以向登记机构____。未经登记，不得对抗____。
917. 经____同意，受让方可以依法投资改良土壤，建设农业生产附属、配套设施，并按照合同约定对其投资部分获得____。
918. 经承包方____同意，并向本集体经济组织备案，受让方可以再____。
919. 承包荒山、荒沟、荒丘、荒滩的，应当遵守有关法律、行政法规的规定，防止____，保护____。

（五）简答题

920. 简述发包方享有的权利和承担的义务。
921. 简述承包方享有的权利和承担的义务。
922. 简述土地经营权流转应当遵循的原则。

参考答案

（一）判断题

896. √，解析：根据《农村土地承包法》第5条规定。
897. √，解析：根据《农村土地承包法》第6条规定。
898. ×，解析：根据《农村土地承包法》第21条规定，耕地的承包期为30年。草地的承包期为30年至50年。林地的承包期为30年至70年。前款规定的耕地承包期届满后再延长30年，草地、林地承包期届满后依照前款规定相应延长。
899. √，解析：根据《农村土地承包法》第23条规定。
900. √，解析：根据《农村土地承包法》第33条规定。
901. √，解析：根据《农村土地承包法》第3条规定。
902. √，解析：根据《农村土地承包法》第24条规定。
903. ×，解析：根据《农村土地承包法》第44条规定，承包方流转土地经营权的，其与发包方的承包关系不变。
904. √，解析：根据《农村土地承包法》第47条第3款规定。

（二）单项选择题

905. B，解析：根据《农村土地承包法》第4条规定，农村土地承包后，土地的所有权性质不变。承包地不得买卖。

906. D，解析：根据《农村土地承包法》第34条规定，经发包方同意，承包方可以将全部或者部分的土地承包经营权转让给本集体经济组织的其他农户，由该农户同发包方确立新的承包关系，原承包方与发包方在该土地上的承包关系即行终止。

907. B，解析：根据《农村土地承包法》第28条第1款规定，承包期内，发包方不得调整承包地。

（三）多项选择题

908. ACD，解析：根据《农村土地承包法》第3条第2款规定，农村土地承包采取农村集体经济组织内部的家庭承包方式，不宜采取家庭承包方式的荒山、荒沟、荒丘、荒滩等农村土地，可以采取招标、拍卖、公开协商等方式承包。

909. BCD，解析：根据《农村土地承包法》第10条规定，国家保护承包方依法、自愿、有偿流转土地经营权，保护土地经营权人的合法权益，任何组织和个人不得侵犯。

910. ABCD，解析：根据《农村土地承包法》第24条规定，国家对耕地、林地和草地等实行统一登记，登记机构应当向承包方颁发土地承包经营权证或者林权证等证书，并登记造册，确认土地承包经营权。土地承包经营权证或者林权证等证书应当将具有土地承包经营权的全部家庭成员列入。登记机构除按规定收取证书工本费外，不得收取其他费用。根据《农村土地承包法》第26条规定，国家机关及其工作人员不得利用职权干涉农村土地承包或者变更、解除承包合同。

911. BD，解析：根据《农村土地承包法》第31条规定，妇女离婚或者丧偶，仍在原居住地生活或者不在原居住地生活但在新居住地未取得承包地的，发包方不得收回其原承包地。故B项错误。根据《农村土地承包法》第32条第2款规定，林地承包的承包人死亡，其继承人可以在承包期内继续承包。故D项错误。

912. ABCD，解析：根据《农村土地承包法》第50条第1款规定，荒山、荒沟、荒丘、荒滩等可以直接通过招标、拍卖、公开协商等方式实行承包经营，也可以将土地经营权折股分给本集体经济组织成员后，再实行承包经营或者股份合作经营。

（四）填空题

913. 土地承包经营权；土地经营权。（《农村土地承包法》第9条）

914. 合理开发；可持续利用。(《农村土地承包法》第 11 条)
915. 自愿；合理补偿；书面形式。(《农村土地承包法》第 30 条)
916. 申请登记；善意第三人。(《农村土地承包法》第 35 条)
917. 承包方；合理补偿。(《农村土地承包法》第 43 条)
918. 书面；流转土地经营权。(《农村土地承包法》第 46 条)
919. 水土流失；生态环境。(《农村土地承包法》第 50 条)

(五) 简答题

920. 答：根据《农村土地承包法》第 14 条规定，发包方享有下列权利：(1) 发包本集体所有的或者国家所有依法由本集体使用的农村土地；(2) 监督承包方依照承包合同约定的用途合理利用和保护土地；(3) 制止承包方损害承包地和农业资源的行为；(4) 法律、行政法规规定的其他权利。根据《农村土地承包法》第 15 条规定，发包方承担下列义务：(1) 维护承包方的土地承包经营权，不得非法变更、解除承包合同；(2) 尊重承包方的生产经营自主权，不得干涉承包方依法进行正常的生产经营活动；(3) 依照承包合同约定为承包方提供生产、技术、信息等服务；(4) 执行县、乡(镇) 土地利用总体规划，组织本集体经济组织内的农业基础设施建设；(5) 法律、行政法规规定的其他义务。

921. 答：根据《农村土地承包法》第 17 条规定，承包方享有下列权利：(1) 依法享有承包地使用、收益的权利，有权自主组织生产经营和处置产品；(2) 依法互换、转让土地承包经营权；(3) 依法流转土地经营权；(4) 承包地被依法征收、征用、占用的，有权依法获得相应的补偿；(5) 法律、行政法规规定的其他权利。根据《农村土地承包法》第 18 条规定，承包方承担下列义务：(1) 维持土地的农业用途，未经依法批准不得用于非农建设；(2) 依法保护和合理利用土地，不得给土地造成永久性损害；(3) 法律、行政法规规定的其他义务。

922. 答：根据《农村土地承包法》第 38 条规定，土地经营权流转应当遵循以下原则：(1) 依法、自愿、有偿，任何组织和个人不得强迫或者阻碍土地经营权流转；(2) 不得改变土地所有权的性质和土地的农业用途，不得破坏农业综合生产能力和农业生态环境；(3) 流转期限不得超过承包期的剩余期限；(4) 受让方须有农业经营能力或者资质；(5) 在同等条件下，本集体经济组织成员享有优先权。

叁 行政法

一、保守国家秘密法

(一) 判断题

923. 国家秘密及其密级的具体范围的规定，应当向社会公布，并根据情况变化及时调整。( )
924. 国家秘密的保密期限，除另有规定外，不超过15年。( )
925. 国家秘密的密级、保密期限和知悉范围，一经确定不得变更。( )
926. 机关、单位对是否属于国家秘密或者属于何种密级不明确或者有争议的，应当报请上一级机关、单位确定。( )
927. 国家秘密载体应当在符合国家保密标准的设施、设备中保存，并指定专人管理。( )

(二) 单项选择题

928. 关于定密权限，下列哪一项是不正确的？( )
   A. 中央国家机关可以确定绝密级、机密级和秘密级国家秘密
   B. 省级机关及其授权的机关、单位可以确定绝密级、机密级和秘密级国家秘密
   C. 设区的市、自治州一级的机关可以确定机密级和秘密级国家秘密
   D. 县级机关可以确定秘密级国家秘密
929. 关于国家秘密的知悉范围，下列哪一项说法是错误的？( )
   A. 应当根据工作需要限定在最小范围
   B. 能够限定到具体人员的，限定到具体人员
   C. 不能限定到具体人员的，限定到机关、单位，由机关、单位限定到具体人员
   D. 国家秘密的知悉范围以外的人员，因工作需要知悉国家秘密的，应

当经过保密部门批准

930. 关于国家秘密解密和延长保密期限，下列哪一项说法是错误的？（ ）

A. 国家秘密的保密期限已满的，自行解密

B. 在保密期限内因保密事项范围调整不再作为国家秘密事项的，应当及时解密

C. 对需要延长保密期限的，应当在原保密期限到期后重新确定保密期限

D. 提前解密或者延长保密期限的，可以由原定密机关、单位决定

931. 关于涉密人员的下列说法，哪一项是不正确的？（ ）

A. 应当经过保密教育培训后才能上岗

B. 按照涉密程度分为核心涉密人员、重要涉密人员和一般涉密人员，实行分类管理

C. 应当签订保密承诺书

D. 出境应当经本机关、单位负责人批准

932. 办理涉嫌泄露国家秘密案件的机关，需要对有关事项是否属于国家秘密以及属于何种密级进行鉴定的，可以由下列哪一机关鉴定？（ ）

A. 本级人民政府　　B. 国务院

C. 省级保密行政管理部门　　D. 上一级领导机关

（三）多项选择题

933. 下列哪些事项，可以确定为国家秘密？（ ）

A. 国家事务重大决策中的秘密事项

B. 外交和外事活动中的秘密事项

C. 科学技术中的秘密事项

D. 追查刑事犯罪中的秘密事项

934. 下级机关、单位认为本机关、本单位产生的有关定密事项属于上级机关、单位的定密权限，应当如何处理？（ ）

A. 先行采取保密措施

B. 立即报请上级机关、单位确定

C. 在取得上级机关的授权后再定密

D. 没有上级机关、单位的，应当立即提请有相应定密权限的业务主管部门或者保密行政管理部门确定

935. 关于国家秘密的密级、保密期限和知悉范围的变更，下列哪些说法是正确的？（　　）

A. 应当根据情况变化及时变更

B. 可以由其上级机关决定

C. 应当由原定密机关、单位决定

D. 应当及时书面通知知悉范围内的机关、单位或者人员

936. 对于绝密级国家秘密的保存、使用和管理，下列哪些做法是正确的？（　　）

A. 指定专人管理

B. 未经原定密机关、单位或者其上级机关批准，不得复制和摘抄

C. 收发、传递和外出携带，应当指定人员负责

D. 应当在符合国家保密标准的设施、设备中保存

937. 机关、单位工作人员的下列哪些行为是不被允许的？（　　）

A. 将涉密计算机、涉密存储设备接入互联网及其他公共信息网络

B. 使用非涉密计算机、非涉密存储设备存储、处理国家秘密信息

C. 将未经安全技术处理的退出使用的涉密计算机改作其他用途

D. 在采取防护措施的情况下，在涉密信息系统与互联网及其他公共信息网络之间进行信息交换

938. 机关、单位工作人员的下列哪些行为应当被禁止？（　　）

A. 通过普通邮政、快递传递国家秘密载体

B. 邮寄、托运国家秘密载体出境

C. 在互联网中传递国家秘密

D. 在私人交往和通信中涉及国家秘密

（四）填空题

939. 机关、单位应当实行____，健全保密管理制度，完善保密防护措施，开展保密宣传教育，加强保密检查。

940. 国家秘密的密级分为____、____、____三级。

941. 机关、单位确定、变更和解除本机关、本单位的国家秘密，应当由承办人提出具体意见，经____审核批准。
942. 机关、单位对所产生的国家秘密事项，应当按照国家秘密及其密级的具体范围的规定确定密级，同时确定____和____。
943. 国家秘密的保密期限，应当根据事项的性质和特点，按照维护国家安全和利益的需要，限定在必要的期限内；不能确定期限的，应当确定____。

（五）简答题

944. 哪些事项属于国家秘密？
945. 简述国家秘密的分级及其保密期限。

参考答案

（一）判断题

923. ×，解析：根据《保守国家秘密法》第 11 条第 3 款规定，国家秘密及其密级的具体范围的规定，应当在有关范围内公布，并根据情况变化及时调整。
924. ×，解析：根据《保守国家秘密法》第 15 条第 2 款规定，国家秘密的保密期限，除另有规定外，绝密级不超过 30 年，机密级不超过 20 年，秘密级不超过 10 年。
925. ×，解析：根据《保守国家秘密法》第 18 条第 1 款规定，国家秘密的密级、保密期限和知悉范围，应当根据情况变化及时变更。国家秘密的密级、保密期限和知悉范围的变更，由原定密机关、单位决定，也可以由其上级机关决定。
926. ×，解析：根据《保守国家秘密法》第 20 条规定，机关、单位对是否属于国家秘密或者属于何种密级不明确或者有争议的，由国家保密行政管理部门或者省、自治区、直辖市保密行政管理部门确定。
927. ×，解析：根据《保守国家秘密法》第 21 条第 2 款规定，绝密级国家秘密载体应当在符合国家保密标准的设施、设备中保存，并指定专人管理。

（二）单项选择题

928. D，解析：根据《保守国家秘密法》第 13 条第 2 款规定，中央国家机关、省级机关及其授权的机关、单位可以确定绝密级、机密级和秘密级国家秘密；设区的市、自治州一级的机关及其授权的机关、单位可以确定机密级和秘密级国家秘密。具体的定密权限、授权范围由国家保密行政管理部门规定。

929. D，解析：根据《保守国家秘密法》第 16 条规定，国家秘密的知悉范围，应当根据工作需要限定在最小范围。国家秘密的知悉范围能够限定到具体人员的，限定到具体人员；不能限定到具体人员的，限定到机关、单位，由机关、单位限定到具体人员。国家秘密的知悉范围以外的人员，因工作需要知悉国家秘密的，应当经过机关、单位负责人批准。

930. C，解析：根据《保守国家秘密法》第 19 条规定，国家秘密的保密期限已满的，自行解密。机关、单位应当定期审核所确定的国家秘密。对在保密期限内因保密事项范围调整不再作为国家秘密事项，或者公开后不会损害国家安全和利益，不需要继续保密的，应当及时解密；对需要延长保密期限的，应当在原保密期限届满前重新确定保密期限。提前解密或者延长保密期限的，由原定密机关、单位决定，也可以由其上级机关决定。

931. D，解析：根据《保守国家秘密法》第 35 条第 1 款规定，在涉密岗位工作的人员（以下简称涉密人员），按照涉密程度分为核心涉密人员、重要涉密人员和一般涉密人员，实行分类管理。第 36 条规定，涉密人员上岗应当经过保密教育培训，掌握保密知识技能，签订保密承诺书，严格遵守保密规章制度，不得以任何方式泄露国家秘密。第 37 条规定，涉密人员出境应当经有关部门批准，有关机关认为涉密人员出境将对国家安全造成危害或者对国家利益造成重大损失的，不得批准出境。

932. C，解析：根据《保守国家秘密法》第 46 条规定，办理涉嫌泄露国家秘密案件的机关，需要对有关事项是否属于国家秘密以及属于何种密级进行鉴定的，由国家保密行政管理部门或者省、自治区、直辖市保密行政管理部门鉴定。

（三）多项选择题

933. ABCD，解析：根据《保守国家秘密法》第 9 条规定，下列涉及国家安全和利益的事项，泄露后可能损害国家在政治、经济、国防、外交等领域的安全和利益的，应当确定为国家秘密：（1）国家事务重大决策中的秘密事项；（2）国防建设和武装力量活动中的秘密事项；（3）外交和外事活动中的秘密事项以及对外承担保密义务的秘密事项；（4）国民经济和社会发展中的秘密事项；(5) 科学技术中的秘密事项；(6) 维护国家安全活动和追查刑事犯罪中的秘密事项；(7) 经国家保密行政管理部门确定的其他秘密事项。政党的秘密事项中符合前款规定的，属于国家秘密。

934. ABD，解析：根据《保守国家秘密法》第 13 条第 3 款规定，机关、单位执行上级确定的国家秘密事项，需要定密的，根据所执行的国家秘密事项的密级确定。下级机关、单位认为本机关、本单位产生的有关定密事项属于上级机关、单位的定密权限，应当先行采取保密措施，并立即报请上级机关、单位确定；没有上级机关、单位的，应当立即提请有相应定密权限的业务主管部门或者保密行政管理部门确定。

935. ABD，解析：根据《保守国家秘密法》第 18 条规定，国家秘密的密级、保密期限和知悉范围，应当根据情况变化及时变更。国家秘密的密级、保密期限和知悉范围的变更，由原定密机关、单位决定，也可以由其上级机关决定。国家秘密的密级、保密期限和知悉范围变更的，应当及时书面通知知悉范围内的机关、单位或者人员。

936. ABCD，解析：根据《保守国家秘密法》第 21 条规定，国家秘密载体的制作、收发、传递、使用、复制、保存、维修和销毁，应当符合国家保密规定。绝密级国家秘密载体应当在符合国家保密标准的设施、设备中保存，并指定专人管理；未经原定密机关、单位或者其上级机关批准，不得复制和摘抄；收发、传递和外出携带，应当指定人员负责，并采取必要的安全措施。

937. ABC，解析：根据《保守国家秘密法》第 24 条规定，机关、单位应当加强对涉密信息系统的管理，任何组织和个人不得有下列行为：(1) 将涉密计算机、涉密存储设备接入互联网及其他公共信息网络；(2) 在未采取防护措施的情况下，在涉密信息系统与互联网及其他公共信息网络之间进行信息交换；(3) 使用非涉密计算机、非涉密存储设备存储、处理国家秘密信息；(4) 擅自卸载、修改涉密信息系统的安全技术程序、管理程序；(5) 将未经安全技术处理的退出使用的涉密计算机、涉密存储设备赠送、出售、丢弃或者改作其他用途。

938. ABCD，解析：根据《保守国家秘密法》第 25、26 条规定。

(四) 填空题

939. 保密工作责任制。(《保守国家秘密法》第 7 条)

940. 绝密；机密；秘密。(《保守国家秘密法》第 10 条)

941. 定密责任人。(《保守国家秘密法》第12条)

942. 保密期限;知悉范围。(《保守国家秘密法》第14条)

943. 解密的条件。(《保守国家秘密法》第15条)

(五)简答题

944. 答:根据《保守国家秘密法》第9条规定,下列涉及国家安全和利益的事项,泄露后可能损害国家在政治、经济、国防、外交等领域的安全和利益的,应当确定为国家秘密:(1)国家事务重大决策中的秘密事项;(2)国防建设和武装力量活动中的秘密事项;(3)外交和外事活动中的秘密事项以及对外承担保密义务的秘密事项;(4)国民经济和社会发展中的秘密事项;(5)科学技术中的秘密事项;(6)维护国家安全活动和追查刑事犯罪中的秘密事项;(7)经国家保密行政管理部门确定的其他秘密事项。政党的秘密事项中符合前款规定的,属于国家秘密。

945. 答:根据《保守国家秘密法》第10条规定,国家秘密的密级分为绝密、机密、秘密三级。绝密级国家秘密是最重要的国家秘密,泄露会使国家安全和利益遭受特别严重的损害;机密级国家秘密是重要的国家秘密,泄露会使国家安全和利益遭受严重的损害;秘密级国家秘密是一般的国家秘密,泄露会使国家安全和利益遭受损害。第15条规定第2款规定,国家秘密的保密期限,除另有规定外,绝密级不超过30年,机密级不超过20年,秘密级不超过10年。

二、反间谍法

(一) 判断题

946. 反间谍工作坚持中央统一领导，坚持公开工作与秘密工作相结合、专门工作与群众路线相结合、积极防御、依法惩治的原则。(　　)
947. 反间谍工作应当依法进行，尊重和保障人权，保障公民和组织的合法权益。(　　)
948. 境外机构、组织、个人实施或者指使、资助他人实施的，或者境内机构、组织、个人与境外机构、组织、个人相勾结实施的危害中华人民共和国国家安全的间谍行为，都必须受到法律追究。(　　)
949. 国家安全机关及其工作人员在工作中，应当严格依法办事，必要时可以超越职权，但不得侵犯组织和个人的合法权益。(　　)
950. 机关、团体和其他组织应当对本单位的人员进行维护国家安全的教育，动员、组织本单位的人员防范、制止间谍行为。(　　)
951. 实施间谍行为，有自首或者立功表现的，可以从轻、减轻或者免除处罚；有重大立功表现的，应当免除处罚。(　　)
952. 国家安全机关对依照《反间谍法》查封、扣押、冻结的财物，应当妥善保管。没有违法事实的，或者与案件无关的，应当解除查封、扣押、冻结，并及时返还相关财物；造成损失的，应当依法赔偿。(　　)
953. 国家安全机关工作人员滥用职权、玩忽职守、徇私舞弊，构成犯罪的，或者有非法拘禁、刑讯逼供、暴力取证、违反规定泄露国家秘密、商业秘密和个人隐私等行为，构成犯罪的，依法追究刑事责任。(　　)

(二) 单项选择题

954. (　　) 是反间谍工作的主管机关。

A. 国家安全机关　　B. 公安机关

C. 保密机关　　　　D. 情报机关

955. 一切（　　），都有防范、制止间谍行为，维护国家安全的义务。

A. 国家机关和武装力量

B. 各政党和各社会团体及各企业事业组织

C. 各社会团体及各企业事业组织

D. 国家机关和武装力量、各政党和各社会团体及各企业事业组织

956. 国家安全机关对用于间谍行为的工具和其他财物，以及用于资助间谍行为的资金、场所、物资，经设区的市级以上国家安全机关负责人批准，可以依法（　　）。

A. 查封　　　　B. 查封、扣押

C. 查封、冻结　　　　D. 查封、扣押、冻结

957. 公民和组织发现间谍行为，向公安机关等其他国家机关、组织报告的，相关国家机关、组织应当立即移送（　　）处理。

A. 上一级公安机关　　　　B. 当地法院

C. 国家安全机关　　　　D. 当地派出所

958. 任何个人和组织对国家安全机关及其工作人员超越职权、滥用职权和其他违法行为，都有权向（　　）或者有关部门检举、控告。

A. 上级国家安全机关　　　　B. 该国家安全机关领导

C. 国务院　　　　D. 同级人大常委会

959. 在境外受胁迫或者受诱骗参加敌对组织、间谍组织，从事危害中华人民共和国国家安全的活动，及时向中华人民共和国驻外机构如实说明情况，或者入境后直接或者通过所在单位及时向国家安全机关、公安机关如实说明情况，并有悔改表现的，可以（　　）。

A. 从轻处罚　　　　B. 减轻处罚

C. 不予追究　　　　D. 给予奖励

（三）多项选择题

960. 国家安全机关因反间谍工作需要，按照国家有关规定，可以（　　）机关、团体、企业事业组织和个人的交通工具、通信工具、场地和建筑物。

A. 随意使用　　B. 优先使用

C. 依法征用　　D. 无偿征用

961. 国家安全机关及其工作人员依法履行反间谍工作职责获取的组织和个人的信息、材料，只能用于反间谍工作。对属于（　　）的，应当保密。

A. 国家秘密　　B. 商业秘密

C. 政府信息　　D. 个人隐私

962. 实施间谍行为，有自首或者立功表现的，可以（　　）。

A. 从轻处罚　　B. 减轻处罚

C. 免除处罚　　D. 给予奖励

963. 明知他人有间谍犯罪行为，在国家安全机关向其调查有关情况、收集有关证据时，拒绝提供的，由（　　）予以处分，或者由国家安全机关处 15 日以下行政拘留；构成犯罪的，依法追究刑事责任。

A. 所在单位　　B. 上级主管部门

C. 公安部门　　D. 国家安全部门

964. 非法持有属于国家秘密的文件、资料和其他物品，构成犯罪的，依法追究刑事责任；尚不构成犯罪的，国家安全机关予以可以对其依法作出什么处罚？（　　）。

A. 警告　　B. 逮捕

C. 行政拘留　　D. 没收

965. 下列属于间谍行为的有：（　　）

A. 间谍组织及其代理人实施或者指使、资助他人实施，或者境内外机构、组织、个人与其相勾结实施的危害中华人民共和国国家安全的活动

B. 参加间谍组织或者接受间谍组织及其代理人的任务的

C. 间谍组织及其代理人以外的其他境外机构、组织、个人实施或者指使、资助他人实施，或者境内机构、组织、个人与其相勾结实施的窃取、刺探、收买或者非法提供国家秘密或者情报，或者策动、引诱、收买国家工作人员叛变的活动

D. 为敌人指示攻击目标的

（四）填空题

966. 国家安全机关在反间谍工作中必须依靠____的支持，动员、组织____防范、制止危害国家安全的间谍行为。

967. 国家对支持、协助反间谍工作的组织和个人给予____，对有重大贡献的给予____。

968. 国家安全机关因侦察间谍行为的需要，根据国家有关规定，经过严格的批准手续，可以采取____措施。

969. 对协助国家安全机关工作或者依法检举、控告的个人和组织，任何个人和组织不得____和____。

（五）简答题

970. 国家安全机关对依法查封、扣押、冻结的财物，应当如何处理？

参考答案

（一）判断题

946. √，解析：根据《反间谍法》第2条规定。

947. √，解析：根据《反间谍法》第5条规定。

948. √，解析：根据《反间谍法》第6条规定。

949. ×，解析：根据《反间谍法》第17条第1款规定，国家安全机关及其工作人员在工作中，应当严格依法办事，不得超越职权、滥用职权，不得侵犯组织和个人的合法权益。

950. √，解析：根据《反间谍法》第19条规定。

951. ×，解析：根据《反间谍法》第27条第2款规定，实施间谍行为，有自首或者立功表现的，可以从轻、减轻或者免除处罚；有重大立功表现的，给予奖励。

952. √，解析：根据《反间谍法》第36条规定。

953. √，解析：根据《反间谍法》第37条规定。

（二）单项选择题

954. A，解析：根据《反间谍法》第3条规定，国家安全机关是反间谍工作的主管机关。公安、保密行政管理等其他有关部门和军队有关部门按照职责分工，密切配合，加强协调，依法做好有关工作。

955. D，解析：根据《反间谍法》第 4 条第 2 款规定，一切国家机关和武装力量、各政党和各社会团体及各企业事业组织，都有防范、制止间谍行为，维护国家安全的义务。

956. D，解析：根据《反间谍法》第 15 条规定，国家安全机关对用于间谍行为的工具和其他财物，以及用于资助间谍行为的资金、场所、物资，经设区的市级以上国家安全机关负责人批准，可以依法查封、扣押、冻结。

957. C，解析：根据《反间谍法》第 21 条规定，公民和组织发现间谍行为，应当及时向国家安全机关报告；向公安机关等其他国家机关、组织报告的，相关国家机关、组织应当立即移送国家安全机关处理。

958. A，解析：根据《反间谍法》第 26 条规定，任何个人和组织对国家安全机关及其工作人员超越职权、滥用职权和其他违法行为，都有权向上级国家安全机关或者有关部门检举、控告。受理检举、控告的国家安全机关或者有关部门应当及时查清事实，负责处理，并将处理结果及时告知检举人、控告人。

959. C，解析：根据《反间谍法》第 28 条规定，在境外受胁迫或者受诱骗参加敌对组织、间谍组织，从事危害中华人民共和国国家安全的活动，及时向中华人民共和国驻外机构如实说明情况，或者入境后直接或者通过所在单位及时向国家安全机关、公安机关如实说明情况，并有悔改表现的，可以不予追究。

（三）多项选择题

960. BC，解析：根据《反间谍法》第 11 条第 2 款规定。

961. ABD，解析：根据《反间谍法》第 17 条第 2 款规定。

962. ABC，解析：根据《反间谍法》第 27 条第 2 款规定，实施间谍行为，有自首或者立功表现的，可以从轻、减轻或者免除处罚；有重大立功表现的，给予奖励。

963. AB，解析：根据《反间谍法》第 29 条规定，明知他人有间谍犯罪行为，在国家安全机关向其调查有关情况、收集有关证据时，拒绝提供的，由其所在单位或者上级主管部门予以处分，或者由国家安全机关处 15 日以下行政拘留；构成犯罪的，依法追究刑事责任。

964. AC，解析：根据《反间谍法》第 32 条规定，对非法持有属于国家秘密的文件、资料和其他物品的，以及非法持有、使用专用间谍器材的，国家安全机关可以依法对其人身、物品、住处和其他有关的地方进行搜查；对其非法持有的属于国家秘密的文件、资料和其他物品，以及非法持有、使用的专用间谍器材予以没收。非法持有属于国家秘密的文件、资料和其他物品，构成犯罪的，依法追究刑事责任；尚不构成犯罪的，由国家安全机关予以警告或者处15日以下行政拘留。

965. ABCD，解析：根据《反间谍法》第38条规定，本法所称间谍行为，是指下列行为：(1) 间谍组织及其代理人实施或者指使、资助他人实施，或者境内外机构、组织、个人与其相勾结实施的危害中华人民共和国国家安全的活动；(2) 参加间谍组织或者接受间谍组织及其代理人的任务的；(3) 间谍组织及其代理人以外的其他境外机构、组织、个人实施或者指使、资助他人实施，或者境内机构、组织、个人与其相勾结实施的窃取、刺探、收买或者非法提供国家秘密或者情报，或者策动、引诱、收买国家工作人员叛变的活动；(4) 为敌人指示攻击目标的；(5) 进行其他间谍活动的。

（四）填空题

966. 人民；人民。(《反间谍法》第4条)

967. 保护；奖励。(《反间谍法》第7条)

968. 技术侦察。(《反间谍法》第12条)

969. 压制；打击报复。(《反间谍法》第26条)

（五）简答题

970. 答：根据《反间谍法》第36条第1款规定，国家安全机关对依照本法查封、扣押、冻结的财物，应当妥善保管，并按照下列情形分别处理：(1) 涉嫌犯罪的，依照刑事诉讼法的规定处理；(2) 尚不构成犯罪，有违法事实的，对依法应当没收的予以没收，依法应当销毁的予以销毁；(3) 没有违法事实的，或者与案件无关的，应当解除查封、扣押、冻结，并及时返还相关财物；造成损失的，应当依法赔偿。

三、反恐怖主义法

（一）判断题

971. 公安机关、国家安全机关和人民检察院、人民法院、司法行政机关以及其他有关国家机关，应当根据分工，实行工作责任制，依法做好反恐怖主义工作。（　　）
972. 任何单位和个人都有协助、配合有关部门开展反恐怖主义工作的义务，发现恐怖活动嫌疑或者恐怖活动嫌疑人员的，应当及时向公安机关或者有关部门报告。（　　）
973. 对在中华人民共和国领域外对中华人民共和国国家、公民或者机构实施的恐怖活动犯罪，中华人民共和国不能行使刑事管辖权追究刑事责任。（　　）
974. 国务院反洗钱行政主管部门发现涉嫌恐怖主义融资的，可以依法进行调查，申请法院批准采取临时冻结措施。（　　）
975. 审计、财政、税务等部门在依照法律、行政法规的规定对有关单位实施监督检查的过程中，发现资金流入流出涉嫌恐怖主义融资的，应当及时通报公安机关。（　　）
976. 海关在对进出境人员携带现金和无记名有价证券实施监管的过程中，发现涉嫌恐怖主义融资的，应当立即通报有管辖权的公安机关。（　　）
977. 出入境证件签发机关、出入境边防检查机关对恐怖活动人员和恐怖活动嫌疑人员，有权决定不准其出境入境、不予签发出境入境证件或者宣布其出境入境证件作废。（　　）
978. 海关、出入境边防检查机关发现恐怖活动嫌疑人员或者涉嫌恐怖活动物品的，应当依法扣留，并立即移送公安机关或者国家安全机关。（　　）

979. 国务院外交、公安、国家安全、发展改革、工业和信息化、商务、旅游等主管部门应当建立境外投资合作、旅游等安全风险评估制度，对中国在境外的公民以及驻外机构、设施、财产加强安全保护，防范和应对恐怖袭击。(　　)

980. 应对处置恐怖事件，各级反恐怖主义工作领导机构应当成立由有关部门参加的指挥机构，实行指挥长负责制。由反恐怖主义工作领导机构负责人担任指挥长。(　　)

981. 恐怖事件应对处置结束后，各级人民政府应当组织有关部门帮助受影响的单位和个人尽快恢复生活、生产，稳定受影响地区的社会秩序和公众情绪。(　　)

982. 国家鼓励、支持反恐怖主义科学研究和技术创新，开发和推广使用先进的反恐怖主义技术、设备。(　　)

983. 对依照《反恐怖主义法》规定查封、扣押、冻结、扣留、收缴的物品、资金等，经审查发现与恐怖主义无关的，应当及时解除有关措施，予以退还。(　　)

(二) 单项选择题

984. 国务院公安部门、国家安全部门、外交部门和省级反恐怖主义工作领导机构对于需要认定恐怖活动组织和人员的，应当向（　　）提出申请。

A. 国务院　　B. 最高人民法院

C. 国家反恐怖主义工作领导机构　　D. 最高人民检察院

985. 对管制器具、危险化学品、民用爆炸物品，国务院有关主管部门或者（　　）根据需要，在特定区域、特定时间，可以决定对生产、进出口、运输、销售、使用、报废实施管制，可以禁止使用现金、实物进行交易或者对交易活动作出其他限制。

A. 县级以上人民政府　　B. 国家安全部门

C. 省级人民政府　　D. 设区的市级以上人民政府

986. 审计、财政、税务等部门在依照法律、行政法规的规定对有关单位实施监督检查的过程中，发现资金流入流出涉嫌恐怖主义融资的，应当及时通报（　　）。

A. 公安机关　　B. 国家安全机关
C. 人民检察院　　D. 反洗钱行政主管部门

987. 公安机关经调查，发现犯罪事实或者犯罪嫌疑人的，应当依照刑事诉讼法的规定（　　）。
A. 立案侦查　　B. 批准逮捕
C. 诉至法院　　D. 严加审问

988. 恐怖事件发生后，负责应对处置的反恐怖主义工作领导机构可以决定由有关部门和单位采取在特定区域内实施互联网、无线电、通讯管制的处置措施的，应由（　　）反恐怖主义工作领导机构决定或者批准。
A. 县级以上　　B. 市级以上
C. 省级以上　　D. 国务院

989. 恐怖事件发生、发展和应对处置信息，由恐怖事件发生地的（　　）统一发布。
A. 省级人民政府　　B. 省级公安局
C. 省级反恐怖主义工作领导机构　　D. 设区的市级人民政府

990. 国务院有关部门根据（　　）授权，代表中国政府与外国政府和有关国际组织开展反恐怖主义政策对话、情报信息交流、执法合作和国际资金监管合作。
A. 国务院　　B. 全国人大常委会
C. 最高人民法院　　D. 中央军事委员会

991. 经与有关国家达成协议，并报（　　）批准，国务院公安部门、国家安全部门可以派员出境执行反恐怖主义任务。
A. 国务院　　B. 全国人大常委会
C. 最高人民法院　　D. 中央军事委员会

992. 公安机关、国家安全机关、中国人民解放军、中国人民武装警察部队因履行反恐怖主义职责的紧急需要，根据国家有关规定，可以（　　）单位和个人的财产。
A. 征用　　B. 无偿使用
C. 借用　　D. 扣押

（三）多项选择题

993. 反恐怖主义工作应坚持哪些原则？（　　）

A. 专门工作与群众路线相结合　　B. 防范为主、惩防结合

C. 先发制敌、保持主动　　D. 公开工作与秘密工作相结合

994. 海关在对进出境人员携带现金和无记名有价证券实施监管的过程中，发现涉嫌恐怖主义融资的，应当立即通报（　　）。

A. 国务院反洗钱行政主管部门　　B. 国家安全部门

C. 有管辖权的公安机关　　D. 人民检察院

995. 出入境证件签发机关、出入境边防检查机关对恐怖活动人员和恐怖活动嫌疑人员，有权作出（　　）决定。

A. 不准其出境入境　　B. 不予签发出境入境证件

C. 宣布其出境入境证件作废　　D. 逮捕

996. 海关、出入境边防检查机关发现恐怖活动嫌疑人员或者涉嫌恐怖活动物品的，应当依法扣留，并可以立即移送下列哪些机关？（　　）

A. 公安机关　　B. 人民检察院

C. 国家安全机关　　D. 中国人民解放军

997. 下列哪些机构在其职责范围内，因反恐怖主义情报信息工作的需要，根据国家有关规定，经过严格的批准手续，可以采取技术侦察措施？（　　）

A. 公安机关　　B. 人民法院

C. 国家安全机关　　D. 军事机关

998. 公安机关调查恐怖活动嫌疑，经县级以上公安机关负责人批准，可以根据其危险程度，责令恐怖活动嫌疑人员遵守下列哪些约束措施？（　　）

A. 未经公安机关批准不得离开所居住的市、县或者指定的处所

B. 不得参加大型群众性活动或者从事特定的活动

C. 未经公安机关批准不得乘坐公共交通工具或者进入特定的场所

D. 不得与特定的人员会见或者通信

999. 应对处置恐怖事件，各级反恐怖主义工作领导机构应当成立由有关部门参加的指挥机构，实行指挥长负责制。以下判断中正确的有：（　　）

A. 反恐怖主义工作领导机构负责人可以担任指挥长

B. 公安机关负责人可以担任指挥长

C. 反恐怖主义工作领导机构的其他成员单位负责人可以担任指挥长

D. 可以存在多名负责不同事务的指挥长

1000. 恐怖事件发生后，负责应对处置的反恐怖主义工作领导机构可以决定由有关部门和单位采取下列哪些处置措施？（　　）

A. 组织营救和救治受害人员，疏散、撤离并妥善安置受到威胁的人员以及采取其他救助措施

B. 封锁现场和周边道路，查验现场人员的身份证件，在有关场所附近设置临时警戒线

C. 在特定区域内实施空域、海（水）域管制，对特定区域内的交通运输工具进行检查

D. 在特定区域内实施互联网、无线电、通讯管制

1001. 人民警察、人民武装警察以及其他依法配备、携带武器的应对处置人员在（　　）情形下可以使用武器。

A. 对在现场持枪支、刀具等凶器正在实施暴力行为的人员，经警告无效的

B. 对在现场使用其他危险方法正在实施暴力行为的人员，经警告无效的

C. 对在现场持枪支、刀具等凶器准备实施暴力行为的人员，经警告无效的

D. 对在现场使用其他危险方法准备实施暴力行为的人员，经警告无效的

1002. 因报告和制止恐怖活动，在恐怖活动犯罪案件中作证，或者从事反恐怖主义工作，本人或者其近亲属的人身安全面临危险的，经本人或者其近亲属提出申请，公安机关、有关部门应当采取下列哪些保护措施？（　　）

A. 不公开真实姓名、住址和工作单位等个人信息

B. 禁止特定的人接触被保护人员

C. 对人身和住宅采取专门性保护措施

D. 变更被保护人员的姓名，重新安排住所和工作单位

1003. 下列情形中，需要依法追究刑事责任的有：(　　)

A. 组织、策划、准备实施、实施恐怖活动，宣扬恐怖主义，煽动实施恐怖活动

B. 非法持有宣扬恐怖主义的物品

C. 强制他人在公共场所穿戴宣扬恐怖主义的服饰、标志

D. 组织、领导、参加恐怖活动组织，为恐怖活动组织、恐怖活动人员、实施恐怖活动或者恐怖活动培训提供帮助

(四) 填空题

1004. 公安机关应当会同有关部门，将遭受恐怖袭击的可能性较大以及遭受恐怖袭击可能造成重大的人身伤亡、财产损失或者社会影响的单位、场所、活动、设施等确定为防范恐怖袭击的重点目标，报____备案。

1005. 有关部门应当加强反恐怖主义情报信息搜集工作，对搜集的有关线索、人员、行动类情报信息，应当依照规定及时统一归口报送____。

1006. 公安机关、国家安全机关、军事机关在其职责范围内，因反恐怖主义情报信息工作的需要，根据国家有关规定，经过严格的批准手续，可以采取____措施。

1007. 应对处置恐怖事件，各级反恐怖主义工作领导机构应当成立由有关部门参加的指挥机构，实行____制。

1008. 中华人民共和国根据缔结或者参加的国际条约，或者按照____原则，与其他国家、地区、国际组织开展反恐怖主义合作。

1009. ____、国家安全机关和有关部门，以及____、____，应当依照法律规定的职责，建立反恐怖主义专业力量，加强专业训练，配备必要的反恐怖主义专业设备、设施。

(五) 简答题

1010. 简述公安机关调查恐怖活动嫌疑可以责令恐怖活动嫌疑人员遵守的约束措施。

1011. 简述恐怖事件信息的发布机制以及报道、传播的禁止性要求。

参考答案

（一）判断题

971. √，解析：根据《反恐怖主义法》第8条规定。

972. √，解析：根据《反恐怖主义法》第9条规定。

973. ×，解析：根据《反恐怖主义法》第11条规定，对在中华人民共和国领域外对中华人民共和国国家、公民或者机构实施的恐怖活动犯罪，或者实施的中华人民共和国缔结、参加的国际条约所规定的恐怖活动犯罪，中华人民共和国行使刑事管辖权，依法追究刑事责任。

974. ×，解析：根据《反恐怖主义法》第24条第2款规定，国务院反洗钱行政主管部门发现涉嫌恐怖主义融资的，可以依法进行调查，采取临时冻结措施。

975. √，解析：根据《反恐怖主义法》第25条规定。

976. ×，解析：根据《反恐怖主义法》第26条规定，海关在对进出境人员携带现金和无记名有价证券实施监管的过程中，发现涉嫌恐怖主义融资的，应当立即通报国务院反洗钱行政主管部门和有管辖权的公安机关。

977. √，解析：根据《反恐怖主义法》第39条规定。

978. √，解析：根据《反恐怖主义法》第40条规定。

979. √，解析：根据《反恐怖主义法》第41条规定。

980. ×，解析：根据《反恐怖主义法》第56条第1款规定，应对处置恐怖事件，各级反恐怖主义工作领导机构应当成立由有关部门参加的指挥机构，实行指挥长负责制。反恐怖主义工作领导机构负责人可以担任指挥长，也可以确定公安机关负责人或者反恐怖主义工作领导机构的其他成员单位负责人担任指挥长。

981. √，解析：根据《反恐怖主义法》第64条规定。

982. √，解析：根据《反恐怖主义法》第77条规定。

983. √，解析：根据《反恐怖主义法》第95条规定。

（二）单项选择题

984. C，解析：根据《反恐怖主义法》第13条规定，国务院公安部门、国家安全部门、外交部门和省级反恐怖主义工作领导机构对于需要认定恐怖活动组织和人员的，应当向国家反恐怖主义工作领导机构提出申请。

985. C，解析：根据《反恐怖主义法》第22条第4款规定，对管制器具、危险化学品、民用爆炸物品，国务院有关主管部门或者省级人民政府根据需要，在特定区域、特定时间，可以决定对生产、进出口、运输、销售、使用、报废实施管制，可以禁止使用现金、实物进行交易或者对交易活动作出其他限制。

986. A，解析：根据《反恐怖主义法》第25条规定，审计、财政、税务等部门在依照法律、行政法规的规定对有关单位实施监督检查的过程中，发现资金流入流出涉嫌恐怖主义融资的，应当及时通报公安机关。

987. A，解析：根据《反恐怖主义法》第54条规定，公安机关经调查，发现犯罪事实或者犯罪嫌疑人的，应当依照刑事诉讼法的规定立案侦查。本章规定的有关期限届满，公安机关未立案侦查的，应当解除有关措施。

988. C，解析：根据《反恐怖主义法》第61条第1款第4项规定，恐怖事件发生后，负责应对处置的反恐怖主义工作领导机构可以决定由有关部门和单位采取在特定区域内实施互联网、无线电、通讯管制。根据第61条第2款规定，采取前款第三项至第五项规定的应对处置措施，由省级以上反恐怖主义工作领导机构决定或者批准；采取前款第六项规定的应对处置措施，由设区的市级以上反恐怖主义工作领导机构决定。应对处置措施应当明确适用的时间和空间范围，并向社会公布。

989. C，解析：根据《反恐怖主义法》第63条第1款规定，恐怖事件发生、发展和应对处置信息，由恐怖事件发生地的省级反恐怖主义工作领导机构统一发布；跨省、自治区、直辖市发生的恐怖事件，由指定的省级反恐怖主义工作领导机构统一发布。

990. A，解析：根据《反恐怖主义法》第69条第1款规定，国务院有关部门根据国务院授权，代表中国政府与外国政府和有关国际组织开展反恐怖主义政策对话、情报信息交流、执法合作和国际资金监管合作。

991. A，解析：根据《反恐怖主义法》第71条第1款规定，经与有关国家达成协议，并报国务院批准，国务院公安部门、国家安全部门可以派员出境执行反恐怖主义任务。

992. A，解析：根据《反恐怖主义法》第78条规定，公安机关、国家安全机关、中国人民解放军、中国人民武装警察部队因履行反恐怖主义职责的紧急需要，根据国家有关规定，可以征用单位和个人的财产。任务完成后应当及时归还或者恢复原状，并依照规定支付相应费用；造成损失的，应当补偿。

（三）多项选择题

993. ABC，解析：根据《反恐怖主义法》第5条规定，反恐怖主义工作坚持专门工作与群众路线相结合，防范为主、惩防结合和先发制敌、保持主动的原则。

994. AC，解析：根据《反恐怖主义法》第26条规定，海关在对进出境人员携带现金和无记名有价证券实施监管的过程中，发现涉嫌恐怖主义融资的，应当立即通报国务院反洗钱行政主管部门和有管辖权的公安机关。

995. ABC，解析：根据《反恐怖主义法》第39条规定，出入境证件签发机关、出入境边防检查机关对恐怖活动人员和恐怖活动嫌疑人员，有权决定不准其出境入境、不予签发出境入境证件或者宣布其出境入境证件作废。

996. AC，解析：根据《反恐怖主义法》第40条规定，海关、出入境边防检查机关发现恐怖活动嫌疑人员或者涉嫌恐怖活动物品的，应当依法扣留，并立即移送公安机关或者国家安全机关。

997. ACD，解析：根据《反恐怖主义法》第45条第1款规定，公安机关、国家安全机关、军事机关在其职责范围内，因反恐怖主义情报信息工作的需要，根据国家有关规定，经过严格的批准手续，可以采取技术侦察措施。

998. ABCD，解析：根据《反恐怖主义法》第53条第1款规定，公安机关调查恐怖活动嫌疑，经县级以上公安机关负责人批准，可以根据其危险程度，责令恐怖活动嫌疑人员遵守下列一项或者多项约束措施：（1）未经公安机关批准不得离开所居住的市、县或者指定的处所；（2）不得参加大型群众性活动或者从事特定的活动；（3）未经公安机关批准不得乘坐公共交通工具或者进入特定的场所；（4）不得与特定的人员会见或者通信；（5）定期向公安机关报告活动情况；（6）将护照等出入境证件、身份证件、驾驶证件交公安机关保存。

999. ABC，解析：根据《反恐怖主义法》第56条第1款规定，应对处置恐怖事件，各级反恐怖主义工作领导机构应当成立由有关部门参加的指挥机构，实行指挥长负责制。反恐怖主义工作领导机构负责人可以担任指挥长，也可以确定公安机关负责人或者反恐怖主义工作领导机构的其他成员单位负责人担任指挥长。

1000. ABCD，解析：根据《反恐怖主义法》第61条第1款规定，恐怖事件发生后，负责应对处置的反恐怖主义工作领导机构可以决定由有关部门和单位采取下列一项或者多项应对处置措施：（1）组织营救和救治受害人员，疏散、撤离并妥善安置受到威胁的人员以及采取其他救助措施；（2）封锁现场和周边道路，查验现场人员的身份证件，在有关场所附近设置临时警戒线；（3）在特定区域内实施空域、海（水）域管制，对特定区域内的交通运输工具进行检查；（4）在特定区域内实施互联网、无线电、通讯管制；（5）在特定区域内或者针对特定人员实施出境入境管制；（6）禁止或者限制使用有关设备、设施，关闭或者限制使用有关场所，中止人员密集的活动或者可能导致危害扩大的生产经营活动；（7）抢修被损坏的交通、电信、互联网、广播电视、供水、排水、供电、供气、供热等公共设施；（8）组织志愿人员参加反恐怖主义救援工作，要求具有特定专长的人员提供服务；（9）其他必要的应对处置措施。

1001. ABCD，解析：根据《反恐怖主义法》第62条规定，人民警察、人民武装警察以及其他依法配备、携带武器的应对处置人员，对在现场持枪支、刀具等凶器或者使用其他危险方法，正在或者准备实施暴力行为的人员，经警告无效的，可以使用武器；紧急情况下或者警告后可能导致更为严重危害后果的，可以直接使用武器。

1002. ABCD，解析：根据《反恐怖主义法》第76条第1款规定，因报告和制止恐怖活动，在恐怖活动犯罪案件中作证，或者从事反恐怖主义工作，本人或者其近亲属的人身安全面临危险的，经本人或者其近亲属提出申请，公安机关、有关部门应当采取下列一项或者多项保护措施：（1）不公开真实姓名、住址和工作单位等个人信息；（2）禁止特定的人接触被保护人员；（3）对人身和住宅采取专门性保护措施；（4）变更被保护人员的姓名，重新安排住所和工作单位；（5）其他必要的保护措施。

1003. ABCD，解析：根据《反恐怖主义法》第79条规定，组织、策划、准备实施、实施恐怖活动，宣扬恐怖主义，煽动实施恐怖活动，非法持有宣扬恐怖主义的物品，强制他人在公共场所穿戴宣扬恐怖主义的服饰、标志，组织、领导、参加恐怖活动组织，为恐怖活动组织、恐怖活动人员、实施恐怖活动或者恐怖活动培训提供帮助的，依法追究刑事责任。

（四）填空题

1004. 本级反恐怖主义工作领导机构。（《反恐怖主义法》第31条）

1005. 国家反恐怖主义情报中心。（《反恐怖主义法》第43条）

1006. 技术侦察。（《反恐怖主义法》第45条）

1007. 指挥长负责。（《反恐怖主义法》第56条）

1008. 平等互惠。(《反恐怖主义法》第 68 条)

1009. 公安机关；中国人民解放军；中国人民武装警察部队。(《反恐怖主义法》第 74 条)

(五) 简答题

1010. 答：根据《反恐怖主义法》第 53 条规定，公安机关调查恐怖活动嫌疑，经县级以上公安机关负责人批准，可以根据其危险程度，责令恐怖活动嫌疑人员遵守下列一项或者多项约束措施：(1) 未经公安机关批准不得离开所居住的市、县或者指定的处所；(2) 不得参加大型群众性活动或者从事特定的活动；(3) 未经公安机关批准不得乘坐公共交通工具或者进入特定的场所；(4) 不得与特定的人员会见或者通信；(5) 定期向公安机关报告活动情况；(6) 将护照等出入境证件、身份证件、驾驶证件交公安机关保存。公安机关可以采取电子监控、不定期检查等方式对其遵守约束措施的情况进行监督。采取前两款规定的约束措施的期限不得超过 3 个月。对不需要继续采取约束措施的，应当及时解除。

1011. 答：根据《反恐怖主义法》第 63 条规定，恐怖事件发生、发展和应对处置信息，由恐怖事件发生地的省级反恐怖主义工作领导机构统一发布；跨省、自治区、直辖市发生的恐怖事件，由指定的省级反恐怖主义工作领导机构统一发布。任何单位和个人不得编造、传播虚假恐怖事件信息；不得报道、传播可能引起模仿的恐怖活动的实施细节；不得发布恐怖事件中残忍、不人道的场景；在恐怖事件的应对处置过程中，除新闻媒体经负责发布信息的反恐怖主义工作领导机构批准外，不得报道、传播现场应对处置的工作人员、人质身份信息和应对处置行动情况。

四、行政许可法

（一）判断题

1012. 有关行政许可的规定应当公布；未经公布的，不得作为实施行政许可的依据。（　　）

1013. 依法取得的行政许可，依照法定条件和程序均可以转让。（　　）

1014. 行政机关实施行政许可，不得向申请人提出购买指定商品、接受有偿服务等不正当要求。（　　）

1015. 行政许可需要行政机关内设的多个机构办理的，该行政机关应当统一受理行政许可申请，统一送达行政许可决定。（　　）

1016. 行政机关实施监督检查，不得妨碍被许可人正常的生产经营活动。（　　）

（二）单项选择题

1017. 申请人、利害关系人在被告知听证权利之日起（　　）日内提出听证申请的，行政机关应当在（　　）日内组织听证。

A. 5；10　　B. 5；20
C. 10；10　　D. 5；30

1018. 经国务院批准，下列哪一机关根据精简、统一、效能的原则，可以决定一个行政机关行使有关行政机关的行政许可权？（　　）

A. 省级人民政府　　B. 设区的市级以上人民政府
C. 县级以上人民政府　　D. 乡级以上人民政府

1019. 关于行政许可的收费，下列哪一说法是不正确的？（　　）

A. 行政机关实施行政许可和对行政许可事项进行监督检查，绝对不能收取任何费用

B. 行政机关提供行政许可申请书格式文本，不得收费

C. 行政机关实施行政许可所需经费应当列入本行政机关的预算，由本级财政予以保障

D. 财政部门不得以任何形式向行政机关返还或者变相返还实施行政许可所收取的费用

1020. 法人或者其他组织依法终止的，行政机关应当依法办理有关行政许可的（　　）手续。

A. 撤销　　B. 注销

C. 吊销　　D. 撤回

（三）多项选择题

1021. 行政许可的实施和结果，除涉及下列哪些事项的外，应当公开？（　　）

A. 国家秘密　　B. 商业秘密

C. 集体秘密　　D. 个人隐私

1022. 关于听证的程序下列选项表述正确的是：（　　）

A. 行政机关应当于举行听证的 7 日前将举行听证的时间、地点通知申请人、利害关系人，必要时予以公告

B. 行政机关应当指定审查该行政许可申请的工作人员以外的人员为听证主持人，申请人、利害关系人认为主持人与该行政许可事项有直接利害关系的，有权申请回避

C. 举行听证时，审查该行政许可申请的工作人员应当提供审查意见的证据、理由，申请人、利害关系人可以提出证据，并进行申辩和质证

D. 听证应当制作笔录，听证笔录应当交听证参加人确认无误后签字或者盖章

1023. 下列哪些规范性文件不得设定应当由国家统一确定的公民、法人或者其他组织的资格、资质的行政许可？（　　）

A. 法律

B. 行政法规

C. 地方性法规

D. 省、自治区、直辖市人民政府规章

1024. 通过下列哪些方式能够予以规范的事项，可以不设定行政许可？（　　）

A. 公民、法人或者其他组织能够自主决定的

B. 市场竞争机制能够有效调节的

C. 行业组织或者中介机构能够自律管理的

D. 行政机关采用事后监督等其他行政管理方式能够解决的

1025. 关于行政许可的委托，下列哪些选项是正确的？（　　）

A. 可以委托其他行政机关、组织或个人实施行政许可

B. 受委托实施行政许可的内容应当予以公告

C. 委托行政机关对受委托行政机关实施行政许可行为的后果承担法律责任

D. 受委托行政机关经委托行政机关许可，可以再委托其他组织或者个人实施行政许可

（四）填空题

1026. 行政许可所依据的法律、法规、规章修改或者废止，或者准予行政许可所依据的____发生重大变化的，为了____的需要，行政机关可以依法变更或者撤回已经生效的行政许可。由此给公民、法人或者其他组织造成财产损失的，行政机关应当依法给予____。

1027. 行政机关____行政许可申请，应当出具加盖本行政机关____和注明日期的____。

1028. 行政许可依法由地方人民政府两个以上部门分别实施的，本级人民政府可以确定一个部门受理行政许可申请并转告有关部门分别提出意见后____，或者组织有关部门____、____。

1029. 行政机关作出准予行政许可的决定，应当自作出决定之日起____日内向申请人颁发、送达____，或者加贴标签、加盖检验、检测、检疫印章。

1030. 听证应当制作笔录，听证笔录应当交听证参加人确认无误后____或者____。行政机关____根据听证笔录，作出行政许可决定。

（五）简答题

1031. 简述行政机关对申请人提出的行政许可申请应当如何处理。

1032. 简述行政许可的听证程序。

1033. 简述行政机关应当依法办理有关行政许可的注销手续的情形。

参考答案

（一）判断题

1012. √，解析：根据《行政许可法》第 5 条规定。

1013. ×，解析：根据《行政许可法》第 9 条规定，依法取得的行政许可，除法律、法规规定依照法定条件和程序可以转让的外，不得转让。

1014. √，解析：根据《行政许可法》第 27 条规定。

1015. ×，解析：根据《行政许可法》第 26 条第 1 款规定，行政许可需要行政机关内设的多个机构办理的，该行政机关应当确定一个机构统一受理行政许可申请，统一送达行政许可决定。

1016. √，解析：根据《行政许可法》第 63 条规定。

（二）单项选择题

1017. B，解析：根据《行政许可法》第 47 条第 1 款规定，行政许可直接涉及申请人与他人之间重大利益关系的，行政机关在作出行政许可决定前，应当告知申请人、利害关系人享有要求听证的权利；申请人、利害关系人在被告知听证权利之日起 5 日内提出听证申请的，行政机关应当在 20 日内组织听证。

1018. A，解析：根据《行政许可法》第 25 条规定，经国务院批准，省、自治区、直辖市人民政府根据精简、统一、效能的原则，可以决定一个行政机关行使有关行政机关的行政许可权。

1019. A，解析：根据《行政许可法》第 58 条规定，行政机关实施行政许可和对行政许可事项进行监督检查，不得收取任何费用。但是，法律、行政法规另有规定的，依照其规定。行政机关提供行政许可申请书格式文本，不得收费。行政机关实施行政许可所需经费应当列入本行政机关的预算，由本级财政予以保障，按照批准的预算予以核拨。根据《行政许可法》第

59条规定，行政机关实施行政许可，依照法律、行政法规收取费用的，应当按照公布的法定项目和标准收费；所收取的费用必须全部上缴国库，任何机关或者个人不得以任何形式截留、挪用、私分或者变相私分。财政部门不得以任何形式向行政机关返还或者变相返还实施行政许可所收取的费用。

1020. B，解析：根据《行政许可法》第70条规定，有下列情形之一的，行政机关应当依法办理有关行政许可的注销手续：（1）行政许可有效期届满未延续的；（2）赋予公民特定资格的行政许可，该公民死亡或者丧失行为能力的；（3）法人或者其他组织依法终止的；（4）行政许可依法被撤销、撤回，或者行政许可证件依法被吊销的；（5）因不可抗力导致行政许可事项无法实施的；（6）法律、法规规定的应当注销行政许可的其他情形。

（三）多项选择题

1021. ABD，解析：根据《行政许可法》第5条第2款规定，有关行政许可的规定应当公布；未经公布的，不得作为实施行政许可的依据。行政许可的实施和结果，除涉及国家秘密、商业秘密或者个人隐私的外，应当公开。未经申请人同意，行政机关及其工作人员、参与专家评审等的人员不得披露申请人提交的商业秘密、未披露信息或者保密商务信息，法律另有规定或者涉及国家安全、重大社会公共利益的除外；行政机关依法公开申请人前述信息的，允许申请人在合理期限内提出异议。

1022. ABCD，解析：根据《行政许可法》第48条第1款规定，听证按照下列程序进行：（1）行政机关应当于举行听证的7日前将举行听证的时间、地点通知申请人、利害关系人，必要时予以公告；（2）听证应当公开举行；（3）行政机关应当指定审查该行政许可申请的工作人员以外的人员为听证主持人，申请人、利害关系人认为主持人与该行政许可事项有直接利害关系的，有权申请回避；（4）举行听证时，审查该行政许可申请的工作人员应当提供审查意见的证据、理由，申请人、利害关系人可以提出证据，并进行申辩和质证；（5）听证应当制作笔录，听证笔录应当交听证参加人确认无误后签字或者盖章。

1023. CD，解析：根据《行政许可法》第15条第2款规定，地方性法规和省、自治区、直辖市人民政府规章，不得设定应当由国家统一确定的公民、法人或者其他组织的资格、资质的行政许可；不得设定企业或者其他组织的设立登记及其前置性行政许可。其设定的行政许可，不得限制其他地区的个人或者企业到本地区从事生产经营和提供服务，不得限制其他地区的商品进入本地区市场。

1024. ABCD，解析：根据《行政许可法》第 13 条规定，本法第 12 条所列事项，通过下列方式能够予以规范的，可以不设行政许可：（1）公民、法人或者其他组织能够自主决定的；（2）市场竞争机制能够有效调节的；（3）行业组织或者中介机构能够自律管理的；（4）行政机关采用事后监督等其他行政管理方式能够解决的。

1025. BC，解析：根据《行政许可法》第 24 条规定，行政机关在其法定职权范围内，依照法律、法规、规章的规定，可以委托其他行政机关实施行政许可。委托机关应当将受委托行政机关和受委托实施行政许可的内容予以公告。委托行政机关对受委托行政机关实施行政许可的行为应当负责监督，并对该行为的后果承担法律责任。受委托行政机关在委托范围内，以委托行政机关名义实施行政许可；不得再委托其他组织或者个人实施行政许可。

（四）填空题

1026. 客观情况；公共利益；补偿。（《行政许可法》第 8 条）

1027. 受理或者不予受理；专用印章；书面凭证。（《行政许可法》第 32 条）

1028. 统一办理；联合办理；集中办理。（《行政许可法》第 26 条）

1029. 10；行政许可证件。（《行政许可法》第 44 条）

1030. 签字；盖章；应当。（《行政许可法》第 48 条）

（五）简答题

1031. 答：根据《行政许可法》第 32 条规定，行政机关对申请人提出的行政许可申请，应当根据下列情况分别作出处理：（1）申请事项依法不需要取得行政许可的，应当即时告知申请人不受理；（2）申请事项依法不属于本行政机关职权范围的，应当即时作出不予受理的决定，并告知申请人向有关行政机关申请；（3）申请材料存在可以当场更正的错误的，应当允许申请人当场更正；（4）申请材料不齐全或者不符合法定形式的，应当当场或者在 5 日内一次告知申请人需要补正的全部内容，逾期不告知的，自收到申请材料之日起即为受理；（5）申请事项属于本行政机关职权范围，申请材料齐全、符合法定形式，或者申请人按照本行政机关的要求提交全部补正申请材料的，应当受理行政许可申请。

1032. 答：根据《行政许可法》第48条规定，听证按照下列程序进行：（1）行政机关应当于举行听证的7日前将举行听证的时间、地点通知申请人、利害关系人，必要时予以公告；（2）听证应当公开举行；（3）行政机关应当指定审查该行政许可申请的工作人员以外的人员为听证主持人，申请人、利害关系人认为主持人与该行政许可事项有直接利害关系的，有权申请回避；（4）举行听证时，审查该行政许可申请的工作人员应当提供审查意见的证据、理由，申请人、利害关系人可以提出证据，并进行申辩和质证；（5）听证应当制作笔录，听证笔录应当交听证参加人确认无误后签字或者盖章。行政机关应当根据听证笔录，作出行政许可决定。

1033. 答：根据《行政许可法》第70条规定，有下列情形之一的，行政机关应当依法办理有关行政许可的注销手续：（1）行政许可有效期届满未延续的；（2）赋予公民特定资格的行政许可，该公民死亡或者丧失行为能力的；（3）法人或者其他组织依法终止的；（4）行政许可依法被撤销、撤回，或者行政许可证件依法被吊销的；（5）因不可抗力导致行政许可事项无法实施的；（6）法律、法规规定的应当注销行政许可的其他情形。

五、行政处罚法

（一）判断题

1034. 行政法规可以设定限制人身自由的行政处罚。（　　）

1035. 违法行为轻微并及时改正，没有造成危害后果的，不予行政处罚。（　　）

1036. 违法行为构成犯罪，人民法院判处拘役或者有期徒刑时，行政机关已经给予当事人行政拘留的，经当事人申请，可以依法折抵相应刑期。（　　）

1037. 公民、法人或者其他组织违反行政管理秩序的行为，依法应当给予行政处罚的，行政机关必须查明事实；违法事实不清、证据不足的，不得给予行政处罚。（　　）

（二）单项选择题

1038. 已满 14 周岁不满 18 周岁的未成年人有违法行为的，下列哪一说法是正确的？（　　）

A. 不予行政处罚　　B. 可以从轻行政处罚

C. 可以减轻行政处罚　　D. 应当从轻或者减轻行政处罚

1039. 2 个以上行政机关都有管辖权的，由（　　）行政机关管辖。

A. 最先受理的　　B. 最先立案的

C. 共同的上一级　　D. 当事人选择的

1040. 限制人身自由的行政处罚权只能由（　　）和法律规定的其他机关行使。

A. 公安机关　　B. 监察机关

C. 检察机关　　D. 审判机关

1041. 对当事人的同一个违法行为，不得给予（　　）次以上罚款的行政处罚。同一个违法行为违反多个法律规范应当给予罚款处罚的，按照罚款数额高的规定处罚。

A. 1　　B. 3

C. 2　　D. 4

1042. 执法人员当场收缴的罚款，应当自收缴罚款之日起（　　）日内，交至行政机关；在水上当场收缴的罚款，应当自抵岸之日起（　　）日内交至行政机关；行政机关应当在（　　）日内将罚款缴付指定的银行。

A. 2；2；2　　B. 1；2；3

C. 2；3；3　　D. 3；3；3

（三）多项选择题

1043. 当事人有下列哪些情形之一的，应当从轻或者减轻行政处罚？（　　）

A. 主动消除或者减轻违法行为危害后果的

B. 受他人胁迫或者诱骗实施违法行为的

C. 主动供述行政机关尚未掌握的违法行为的

D. 配合行政机关查处违法行为有立功表现的

1044. 有下列哪些情形之一的，在行政机关负责人作出行政处罚的决定之前，应当由从事行政处罚决定法制审核的人员进行法制审核；未经法制审核或者审核未通过的，不得作出决定？（　　）

A. 涉及重大公共利益的

B. 直接关系当事人或者第三人重大权益，经过听证程序的

C. 案件情况疑难复杂、涉及多个法律关系的

D. 涉及多个当事人的

1045. 行政处罚决定书应当载明下列哪些事项？（　　）

A. 当事人的姓名或者名称、地址

B. 违反法律、法规、规章的事实和证据

C. 行政处罚的种类和依据

D. 行政处罚的履行方式和期限

1046. 当事人逾期不履行行政处罚决定的，作出行政处罚决定的行政机关可以采取下列哪些措施？（ ）

A. 到期不缴纳罚款的，每日按罚款数额的 2%加处罚款，加处罚款的数额不得超出罚款的数额

B. 根据法律规定，将查封、扣押的财物拍卖、依法处理

C. 根据法律规定，将冻结的存款、汇款划拨抵缴罚款

D. 依照《行政强制法》的规定申请人民法院强制执行

（四）填空题

1047. 尚未制定法律、法规的，地方政府规章对违反行政管理秩序的行为，可以设定____、____或者____的行政处罚。罚款的限额由____规定。

1048. 国务院部门和省、自治区、直辖市人民政府及其有关部门应当____组织评估行政处罚的实施情况和____，对不适当的行政处罚事项及种类、罚款数额等，应当提出修改或者废止的____。

1049. 行政处罚应当由具有____的执法人员实施。执法人员不得少于____人，法律另有规定的除外。

1050. 违法行为在____内未被发现的，不再给予行政处罚；涉及公民生命健康安全、金融安全且有危害后果的，上述期限延长至____。法律另有规定的除外。前款规定的期限，从违法行为____起计算；违法行为有连续或者继续状态的，从行为____起计算。

（五）简答题

1051. 简述行政处罚的设定权。

1052. 简述行政处罚的种类。

1053. 简述行政处罚的听证程序。

参考答案

（一）判断题

1034. ×，解析：根据《行政处罚法》第 11 条第 1 款规定，行政法规可以设定除限制人身自由以外的行政处罚。

1035. √，解析：根据《行政处罚法》第33条规定。

1036. ×，解析：根据《行政处罚法》第35条第1款规定，违法行为构成犯罪，人民法院判处拘役或者有期徒刑时，行政机关已经给予当事人行政拘留的，应当依法折抵相应刑期。

1037. √，解析：根据《行政处罚法》第40条规定。

（二）单项选择题

1038. D，解析：根据《行政处罚法》第30条规定，不满14周岁的未成年人有违法行为的，不予行政处罚，责令监护人加以管教；已满14周岁不满18周岁的未成年人有违法行为的，应当从轻或者减轻行政处罚。

1039. B，解析：根据《行政处罚法》第25条第1款规定，两个以上行政机关都有管辖权的，由最先立案的行政机关管辖。

1040. A，解析：根据《行政处罚法》第18条第3款规定，限制人身自由的行政处罚权只能由公安机关和法律规定的其他机关行使。

1041. C，解析：根据《行政处罚法》第29条规定，对当事人的同一个违法行为，不得给予两次以上罚款的行政处罚。同一个违法行为违反多个法律规范应当给予罚款处罚的，按照罚款数额高的规定处罚。

1042. A，解析：根据《行政处罚法》第71条规定，执法人员当场收缴的罚款，应当自收缴罚款之日起2日内，交至行政机关；在水上当场收缴的罚款，应当自抵岸之日起2日内交至行政机关；行政机关应当在2日内将罚款缴付指定的银行。

（三）多项选择题

1043. ABCD，解析：根据《行政处罚法》第32条规定，当事人有下列情形之一，应当从轻或者减轻行政处罚：（1）主动消除或者减轻违法行为危害后果的；（2）受他人胁迫或者诱骗实施违法行为的；（3）主动供述行政机关尚未掌握的违法行为的；（4）配合行政机关查处违法行为有立功表现的；（5）法律、法规、规章规定其他应当从轻或者减轻行政处罚的。

1044. ABC，解析：根据《行政处罚法》第58条规定，有下列情形之一，在行政机关负责人作出行政处罚的决定之前，应当由从事行政处罚决定法制审核的人员进行法制审核；未经法制审核或者审核未通过的，不得作出决定：（1）涉及重大公共利益的；（2）直接关系当事人或者第三人重大权益，经过听证程序的；（3）案件情况疑难复杂、涉及多个法律关系的；（4）法律、法规规定应当进行法制审核的其他情形。

1045. ABCD，解析：根据《行政处罚法》第59条第1款规定，行政处罚决定书应当载明下列事项：（1）当事人的姓名或者名称、地址；（2）违反法律、法规、规章的事实和证据；（3）行政处罚的种类和依据；（4）行政处罚的履行方式和期限；（5）申请行政复议、提起行政诉讼的途径和期限；（6）作出行政处罚决定的行政机关名称和作出决定的日期。

1046. BCD，解析：根据《行政处罚法》第72条第1款规定，当事人逾期不履行行政处罚决定的，作出行政处罚决定的行政机关可以采取下列措施：（1）到期不缴纳罚款的，每日按罚款数额的3%加处罚款，加处罚款的数额不得超出罚款的数额；（2）根据法律规定，将查封、扣押的财物拍卖、依法处理或者将冻结的存款、汇款划拨抵缴罚款；（3）根据法律规定，采取其他行政强制执行方式；（4）依照《中华人民共和国行政强制法》的规定申请人民法院强制执行。

（四）填空题

1047. 警告；通报批评；一定数额罚款；省、自治区、直辖市人民代表大会常务委员会。（《行政处罚法》第14条）

1048. 定期；必要性；建议。（《行政处罚法》第15条）

1049. 行政执法资格；2。（《行政处罚法》第42条）

1050. 2年；5年；发生之日；终了之日。（《行政处罚法》第36条）

（五）简答题

1051. 答：根据《行政处罚法》第10-16条的规定，行政处罚的设定权如下：（1）法律可以设定各种行政处罚。限制人身自由的行政处罚，只能由法律设定。（2）行政法规可以设定除限制人身自由以外的行政处罚。法律对违法行为未作出行政处罚规定，行政法规为实施法律，可以补充设定行政处罚。拟补充设定行政处罚的，应当通过听证会、论证会等形式广泛听取意见，并向制定机关作出书面说明。行政法规报送备案时，应当说明补充设定行政处罚的情况。（3）地方性法规可以设定除限制人身自由、吊销企业营业执照以外的行政处罚。法律、行政法规对违法行为未作出行政处罚规定，地方性法规为实施法律、行政法规，可以补充设定行政处罚。拟补充设定行政处罚的，应当通过听证会、论证会等形式广泛听取意见，并向制定机关作出书面说明。地方性法规报送备案时，应当说明补充设定行政处罚的情况。（4）尚未制定法律、行政法规的，国务院部门规章对违反行政管理秩序的行为，可以设定警告、通报批评或者一定数额罚款的行政处罚。罚款的限额由国务院规定。(5) 尚未制定法律、法规的，地方政府规章对违反行政管理秩序的行为，可以设定警告、通报批评或者一定数额罚款的行政处罚。罚款的限额由省、自治区、直辖市人民代表大会常务委员会规定。(6) 除法律、法规、规章以外的其他规范性文件不得设定行政处罚。

1052. 答：根据《行政处罚法》第 9 条规定，行政处罚的种类如下，(1) 警告、通报批评；(2) 罚款、没收违法所得、没收非法财物；(3) 暂扣许可证件、降低资质等级、吊销许可证件；(4) 限制开展生产经营活动、责令停产停业、责令关闭、限制从业；(5) 行政拘留；(6) 法律、行政法规规定的其他行政处罚。

1053. 答：根据《行政处罚法》第 64 条规定，听证应当依照以下程序组织：(1) 当事人要求听证的，应当在行政机关告知后 5 日内提出；(2) 行政机关应当在举行听证的 7 日前，通知当事人及有关人员听证的时间、地点；(3) 除涉及国家秘密、商业秘密或者个人隐私依法予以保密外，听证公开举行；(4) 听证由行政机关指定的非本案调查人员主持；当事人认为主持人与本案有直接利害关系的，有权申请回避；(5) 当事人可以亲自参加听证，也可以委托 1 至 2 人代理；(6) 当事人及其代理人无正当理由拒不出席听证或者未经许可中途退出听证的，视为放弃听证权利，行政机关终止听证；(7) 举行听证时，调查人员提出当事人违法的事实、证据和行政处罚建议，当事人进行申辩和质证；(8) 听证应当制作笔录。笔录应当交当事人或者其代理人核对无误后签字或者盖章。当事人或者其代理人拒绝签字或者盖章的，由听证主持人在笔录中注明。

六、行政强制法

（一）判断题

1054. 行政强制的设定和实施，应当依照法定的权限、范围、条件和程序。（　　）

1055. 法律对行政强制措施的对象、条件、种类作了规定的，行政法规、地方性法规可以作出适当扩大。（　　）

1056. 违法行为涉嫌犯罪应当移送司法机关的，行政机关应当将查封、扣押、冻结的财物一并移送，并书面告知当事人。（　　）

1057. 当事人收到催告书后有权进行陈述和申辩。行政机关应当充分听取当事人的意见，对当事人提出的事实、理由和证据，应当进行记录、复核。当事人提出的事实、理由或者证据成立的，行政机关应当采纳。（　　）

1058. 当事人在法定期限内不申请行政复议或者提起行政诉讼，又不履行行政决定的，没有行政强制执行权的行政机关可以自期限届满之日起1个月内，申请人民法院强制执行。（　　）

（二）单项选择题

1059. 下列哪一项不属于行政强制执行的方式？（　　）

A. 划拨存款、汇款　　B. 代履行

C. 罚款　　D. 拍卖扣押的财物

1060. 关于行政机关实施行政强制措施应当遵守的规定，下列哪一选项是错误的？（　　）

A. 出示执法身份证件

B. 通知当事人到场

C. 情况紧急，需要当场实施行政强制措施的，应当立即向行政机关负

责人报告

D. 制作现场笔录

1061. 关于冻结存款、汇款的程序，下列哪一项是不正确的？（　　）

A. 由法律规定的行政机关实施

B. 可以委托给其他行政机关或者组织实施

C. 冻结存款、汇款的数额应当与违法行为涉及的金额相当

D. 已被其他国家机关依法冻结的，不得重复冻结

1062. 关于行政强制执行协议，下列哪一说法是不正确的？（　　）

A. 不得损害公共利益和他人合法权益

B. 可以约定分阶段履行

C. 当事人采取补救措施的，可以减免加处的罚款或者滞纳金

D. 当事人不履行执行协议的，行政机关可以强制执行该协议

1063. 人民法院接到行政机关强制执行的申请，应当在（　　）日内受理。行政机关对人民法院不予受理的裁定有异议的，可以在（　　）日内向上一级人民法院申请复议，上一级人民法院应当自收到复议申请之日起（　　）日内作出是否受理的裁定。

A. 5；15；15　　B. 15；30；30

C. 3；5；5　　D. 5；15；30

（三）多项选择题

1064. 《行政强制法》所称的行政强制，包括以下哪些选项？（　　）

A. 行政强制措施　　B. 行政强制执行

C. 行政强制程序　　D. 行政强制履行

1065. 以下哪些选项属于行政强制措施？（　　）

A. 限制公民人身自由　　B. 查封场所、设施或者财物

C. 扣押财物　　D. 冻结存款、汇款

1066. 以下哪些选项属于可以查封、扣押的范围？（　　）

A. 涉案的场所　　B. 涉案的设施

C. 涉案的财物　　D. 涉案的生活必需品

1067. 行政机关作出强制执行决定前，应当事先催告当事人履行义务。催告应当以书面形式作出，并载明以下哪些事项？(　　)

A. 履行义务的期限

B. 履行义务的方式

C. 涉及金钱给付的，应当有明确的金额和给付方式

D. 当事人依法享有的陈述权和申辩权

1068. 人民法院发现有下列哪些情形之一的，在作出强制执行的裁定前可以听取被执行人和行政机关的意见？(　　)

A. 明显缺乏事实根据的

B. 明显缺乏法律、法规依据的

C. 其他明显违法并损害被执行人合法权益的

D. 涉及多人利益的

(四) 填空题

1069. 行政强制的设定和实施，应当适当。采用____可以达到行政管理目的的，不得设定和实施行政强制。

1070. 查封、扣押应当由____、____规定的行政机关实施，其他任何行政机关或者组织不得实施。

1071. 行政机关不得在____或者____实施行政强制执行。但是，情况紧急的除外。行政机关____对居民生活采取停止供水、供电、供热、供燃气等方式迫使当事人履行相关行政决定。

1072. 行政机关依法作出金钱给付义务的行政决定，当事人逾期不履行的，行政机关可以依法____或者____。

1073. 行政机关依法作出要求当事人履行排除妨碍、恢复原状等义务的行政决定，当事人逾期不履行，经____仍不履行，其后果已经或者将危害____、造成____或者破坏____的，行政机关可以代履行，或者委托____代履行。

(五) 简答题

1074. 简述行政强制执行的方式。

1075. 简述行政机关实施限制公民人身自由的行政强制措施应当遵守哪些规定。

1076. 简述行政机关应当及时作出解除查封、扣押决定的具体情形。

参考答案

（一）判断题

1054. √，解析：根据《行政强制法》第 4 条规定。

1055. ×，解析：根据《行政强制法》第 11 条第 1 款规定，法律对行政强制措施的对象、条件、种类作了规定的，行政法规、地方性法规不得作出扩大规定。

1056. √，解析：根据《行政强制法》第 21 条规定。

1057. √，解析：根据《行政强制法》第 36 条规定。

1058. ×，解析：根据《行政强制法》第 53 条规定，当事人在法定期限内不申请行政复议或者提起行政诉讼，又不履行行政决定的，没有行政强制执行权的行政机关可以自期限届满之日起 3 个月内，依照本章规定申请人民法院强制执行。

（二）单项选择题

1059. C，解析：根据《行政强制法》第 12 条规定，行政强制执行的方式：（1）加处罚款或者滞纳金；（2）划拨存款、汇款；（3）拍卖或者依法处理查封、扣押的场所、设施或者财物；（4）排除妨碍、恢复原状；（5）代履行；（6）其他强制执行方式。

1060. C，解析：根据《行政强制法》第 19 条规定，情况紧急，需要当场实施行政强制措施的，行政执法人员应当在 24 小时内向行政机关负责人报告，并补办批准手续。行政机关负责人认为不应当采取行政强制措施的，应当立即解除。故 C 项错误。ABD 项符合《行政强制法》第 18 条规定。

1061. B，解析：根据《行政强制法》第 29 条规定，冻结存款、汇款应当由法律规定的行政机关实施，不得委托给其他行政机关或者组织；其他任何行政机关或者组织不得冻结存款、汇款。冻结存款、汇款的数额应当与违法行为涉及的金额相当；已被其他国家机关依法冻结的，不得重复冻结。

1062. D，解析：根据《行政强制法》第 42 条规定，实施行政强制执行，行政机关可以在不损害公共利益和他人合法权益的情况下，与当事人达成执行协议。执行协议可以约定分阶段履行；当事人采取补救措施的，可以减免加处的罚款或者滞纳金。执行协议应当履行。当事人不履行执行协议的，行政机关应当恢复强制执行。

1063. A，解析：根据《行政强制法》第 56 条规定，人民法院接到行政机关强制执行的申请，应当在 5 日内受理。行政机关对人民法院不予受理的裁定有异议的，可以在 15 日内向上一级人民法院申请复议，上一级人民法院应当自收到复议申请之日起 15 日内作出是否受理的裁定。

（三）多项选择题

1064. AB，解析：根据《行政强制法》第 2 条规定，本法所称行政强制，包括行政强制措施和行政强制执行。行政强制措施，是指行政机关在行政管理过程中，为制止违法行为、防止证据损毁、避免危害发生、控制危险扩大等情形，依法对公民的人身自由实施暂时性限制，或者对公民、法人或者其他组织的财物实施暂时性控制的行为。行政强制执行，是指行政机关或者行政机关申请人民法院，对不履行行政决定的公民、法人或者其他组织，依法强制履行义务的行为。

1065. ABCD，解析：根据《行政强制法》第 9 条规定，行政强制措施的种类：（1）限制公民人身自由；（2）查封场所、设施或者财物；（3）扣押财物；（4）冻结存款、汇款；（5）其他行政强制措施。

1066. ABC，解析：根据《行政强制法》第 23 条规定，查封、扣押限于涉案的场所、设施或者财物，不得查封、扣押与违法行为无关的场所、设施或者财物；不得查封、扣押公民个人及其所扶养家属的生活必需品。

1067. ABCD，解析：根据《行政强制法》第 35 条规定，行政机关作出强制执行决定前，应当事先催告当事人履行义务。催告应当以书面形式作出，并载明下列事项：（1）履行义务的期限；（2）履行义务的方式；（3）涉及金钱给付的，应当有明确的金额和给付方式；（4）当事人依法享有的陈述权和申辩权。

1068. ABC，解析：根据《行政强制法》第 58 条第 1 款规定，人民法院发现有下列情形之一的，在作出裁定前可以听取被执行人和行政机关的意见：（1）明显缺乏事实根据的；（2）明显缺乏法律、法规依据的；（3）其他明显违法并损害被执行人合法权益的。

（四）填空题

1069. 非强制手段。（《行政强制法》第 37 条）

1070. 法律；法规。（《行政强制法》第 22 条）

1071. 夜间；法定节假日；不得。(《行政强制法》第43条)

1072. 加处罚款；滞纳金。(《行政强制法》第45条)

1073. 催告；交通安全；环境污染；自然资源；没有利害关系的第三人。(《行政强制法》第50条)

(五) 简答题

1074. 答：根据《行政强制法》第12条规定，行政强制执行的方式有：(1) 加处罚款或者滞纳金；(2) 划拨存款、汇款；(3) 拍卖或者依法处理查封、扣押的场所、设施或者财物；(4) 排除妨碍、恢复原状；(5) 代履行；(6) 其他强制执行方式。

1075. 答：根据《行政强制法》第18条规定，行政机关实施行政强制措施应当遵守下列规定：(1) 实施前须向行政机关负责人报告并经批准；(2) 由两名以上行政执法人员实施；(3) 出示执法身份证件；(4) 通知当事人到场；(5) 当场告知当事人采取行政强制措施的理由、依据以及当事人依法享有的权利、救济途径；(6) 听取当事人的陈述和申辩；(7) 制作现场笔录；(8) 现场笔录由当事人和行政执法人员签名或者盖章，当事人拒绝的，在笔录中予以注明；(9) 当事人不到场的，邀请见证人到场，由见证人和行政执法人员在现场笔录上签名或者盖章；(10) 法律、法规规定的其他程序。第20条规定，依照法律规定实施限制公民人身自由的行政强制措施，除应当履行本法第18条规定的程序外，还应当遵守下列规定：(1) 当场告知或者实施行政强制措施后立即通知当事人家属实施行政强制措施的行政机关、地点和期限；(2) 在紧急情况下当场实施行政强制措施的，在返回行政机关后，立即向行政机关负责人报告并补办批准手续；(3) 法律规定的其他程序。实施限制人身自由的行政强制措施不得超过法定期限。实施行政强制措施的目的已经达到或者条件已经消失，应当立即解除。

1076. 答：根据《行政强制法》第28条规定，有下列情形之一的，行政机关应当及时作出解除查封、扣押决定：(1) 当事人没有违法行为；(2) 查封、扣押的场所、设施或者财物与违法行为无关；(3) 行政机关对违法行为已经作出处理决定，不再需要查封、扣押；(4) 查封、扣押期限已经届满；(5) 其他不再需要采取查封、扣押措施的情形。解除查封、扣押应当立即退还财物；已将鲜活物品或者其他不易保管的财物拍卖或者变卖的，退还拍卖或者变卖所得款项。变卖价格明显低于市场价格，给当事人造成损失的，应当给予补偿。

七、行政复议法

（一）判断题

1077. 公民、法人或者其他组织对行政复议决定不服的，可以依照《行政诉讼法》的规定向人民法院提起行政诉讼，但是法律规定行政复议决定为最终裁决的除外。（ ）

1078. 对被撤销的行政机关在撤销前所作出的具体行政行为不服的，向继续行使其职权的行政机关的上一级行政机关申请行政复议。（ ）

1079. 公民、法人或者其他组织向人民法院提起行政诉讼，人民法院依法受理的，可以申请行政复议。（ ）

1080. 公民、法人或者其他组织依法提出行政复议申请，行政复议机关无正当理由不予受理的，上级行政机关应当直接受理。（ ）

（二）单项选择题

1081. 在行政复议（ ），被申请人不得自行向申请人和其他有关组织或者个人收集证据。

A. 期间　　B. 决定作出前

C. 30 日内　　D. 过程中

1082. 对省、自治区人民政府依法设立的派出机关所属的县级地方人民政府的具体行政行为不服的，向（ ）申请行政复议。

A. 国务院　　B. 省、自治区人民政府

C. 上一级地方人民政府　　D. 该派出机关

1083. 申请人在申请行政复议时，一并提出对规章以下的规范性文件的审查申请的，行政复议机关对该规定有权处理的，应当在 30 日内依法处理；无权处理的，应当在（ ）按照法定程序转送有权处理的行政机关依法处理，有权处理的行政机关应当在（ ）依法处理。处理

期间，中止对具体行政行为的审查。

A. 5日内；30日内　　B. 5日内；60日内

C. 7日内；30日内　　D. 7日内；60日内

1084. 公民、法人或者其他组织认为行政机关的具体行政行为侵犯其已经依法取得的土地、矿藏、水流、森林、山岭、草原、荒地、滩涂、海域等自然资源的所有权和使用权的，可以采取何种救济措施？（　　）

A. 可以提起行政诉讼

B. 只能申请行政复议

C. 应当先申请行政复议，对复议决定不服再提起行政诉讼

D. 向人民法院进行申诉

（三）多项选择题

1085. 对县级以上地方各级人民政府工作部门的具体行政行为不服的，由申请人选择，可以向以下哪些机关申请行政复议？（　　）

A. 国务院　　B. 省、自治区、直辖市人民政府

C. 该部门的本级人民政府　　D. 上一级主管部门

1086. 行政复议期间具体行政行为不停止执行；但是，有下列哪些情形之一的，可以停止执行？（　　）

A. 被申请人认为需要停止执行的

B. 行政复议机关认为需要停止执行的

C. 申请人申请停止执行，行政复议机关认为其要求合理，决定停止执行的

D. 法律规定停止执行的

1087. 申请人逾期不起诉又不履行行政复议决定的，或者不履行最终裁决的行政复议决定的，按照下列哪些规定分别处理？（　　）

A. 维持具体行政行为的行政复议决定，由作出具体行政行为的行政机关依法强制执行，或者申请人民法院强制执行

B. 维持具体行政行为的行政复议决定，由行政复议机关依法强制执行，或者申请人民法院强制执行

C. 变更具体行政行为的行政复议决定，由作出具体行政行为的行政机

关依法强制执行，或者申请人民法院强制执行

D. 变更具体行政行为的行政复议决定，由行政复议机关依法强制执行，或者申请人民法院强制执行

1088. 关于行政复议，下列说法正确的是：（　　）

A. 对县级以上地方人民政府依法设立的派出机关的具体行政行为不服的，向设立该派出机关的人民政府申请行政复议

B. 对政府工作部门依法设立的派出机构依照法律、法规或者规章规定，以自己的名义作出的具体行政行为不服的，向设立该派出机构的部门或者该部门的本级地方人民政府申请行政复议

C. 对法律、法规授权的组织的具体行政行为不服的，分别向直接管理该组织的地方人民政府、地方人民政府工作部门或者国务院部门申请行政复议

D. 对两个或者两个以上行政机关以共同的名义作出的具体行政行为不服的，向其共同上一级行政机关申请行政复议

（四）填空题

1089. 对政府工作部门依法设立的____依照法律、法规或者规章规定，以自己的名义作出的具体行政行为不服的，向____或者____申请行政复议。

1090. 行政复议机关收到行政复议申请后，应当在____内进行审查，对不符合《行政复议法》规定的行政复议申请，决定____，并书面告知申请人；对符合《行政复议法》规定，但是____本机关受理的行政复议申请，应当告知申请人向有关行政复议机关提出。

1091. 被申请人不履行或者____拖延履行行政复议决定的，____或者____行政机关应当责令其限期履行。

1092. 行政复议机关在对被申请人作出的具体行政行为进行审查时，认为其依据不合法，本机关____处理的，应当在30日内依法处理；____处理的，应当在7日内按照法定程序转送有权处理的国家机关依法处理。处理期间，____对具体行政行为的审查。

1093. 行政复议机关受理行政复议申请，不得向申请人收取____。行政复议活动所需经费，应当列入本机关的____，由本级财政予以保障。

（五）简答题

1094. 申请人逾期不起诉又不履行行政复议决定的，或者不履行最终裁决的行政复议决定的，应当如何处理？

1095. 简述行政复议期间，具体行政行为可以停止执行的情形。

参考答案

（一）判断题

1077. √，解析：根据《行政复议法》第5条规定。

1078. √，解析：根据《行政复议法》第15条规定。

1079. ×，解析：根据《行政复议法》第16条第2款规定，公民、法人或者其他组织向人民法院提起行政诉讼，人民法院已经依法受理的，不得申请行政复议。

1080. ×，解析：根据《行政复议法》第20条规定，公民、法人或者其他组织依法提出行政复议申请，行政复议机关无正当理由不予受理的，上级行政机关应当责令其受理；必要时，上级行政机关也可以直接受理。

（二）单项选择题

1081. D，解析：根据《行政复议法》第24条规定，在行政复议过程中，被申请人不得自行向申请人和其他有关组织或者个人收集证据。

1082. D，解析：根据《行政复议法》第13条第2款规定，对省、自治区人民政府依法设立的派出机关所属的县级地方人民政府的具体行政行为不服的，向该派出机关申请行政复议。

1083. D，解析：根据《行政复议法》第26条规定，申请人在申请行政复议时，一并提出对本法第7条所列有关规定的审查申请的，行政复议机关对该规定有权处理的，应当在30日内依法处理；无权处理的，应当在7日内按照法定程序转送有权处理的行政机关依法处理，有权处理的行政机关应当在60日内依法处理。处理期间，中止对具体行政行为的审查。

1084. C，解析：根据《行政复议法》第30条第1款规定，公民、法人或者其他组织认为行政机关的具体行政行为侵犯其已经依法取得的土地、矿藏、水流、森林、山岭、草原、荒地、滩涂、海域等自然资源的所有权或者使用权的，应当先申请行政复议；对行政复议决定不服的，可以依法向人民法院提起行政诉讼。

（三）多项选择题

1085. CD，解析：根据《行政复议法》第 12 条第 1 款规定，对县级以上地方各级人民政府工作部门的具体行政行为不服的，由申请人选择，可以向该部门的本级人民政府申请行政复议，也可以向上一级主管部门申请行政复议。

1086. ABCD，解析：根据《行政复议法》第 21 条规定，行政复议期间具体行政行为不停止执行；但是，有下列情形之一的，可以停止执行：(1) 被申请人认为需要停止执行的；(2) 行政复议机关认为需要停止执行的；(3) 申请人申请停止执行，行政复议机关认为其要求合理，决定停止执行的；(4) 法律规定停止执行的。

1087. AD，解析：根据《行政复议法》第 33 条规定，申请人逾期不起诉又不履行行政复议决定的，或者不履行最终裁决的行政复议决定的，按照下列规定分别处理：(1) 维持具体行政行为的行政复议决定，由作出具体行政行为的行政机关依法强制执行，或者申请人民法院强制执行；(2) 变更具体行政行为的行政复议决定，由行政复议机关依法强制执行，或者申请人民法院强制执行。

1088. ABCD，解析：根据《行政复议法》第 15 条第 1 款规定，对本法第 12 条、第 13 条、第 14 条规定以外的其他行政机关、组织的具体行政行为不服的，按照下列规定申请行政复议：(1) 对县级以上地方人民政府依法设立的派出机关的具体行政行为不服的，向设立该派出机关的人民政府申请行政复议；(2) 对政府工作部门依法设立的派出机构依照法律、法规或者规章规定，以自己的名义作出的具体行政行为不服的，向设立该派出机构的部门或者该部门的本级地方人民政府申请行政复议；(3) 对法律、法规授权的组织的具体行政行为不服的，分别向直接管理该组织的地方人民政府、地方人民政府工作部门或者国务院部门申请行政复议；(4) 对两个或者两个以上行政机关以共同的名义作出的具体行政行为不服的，向其共同上一级行政机关申请行政复议；(5) 对被撤销的行政机关在撤销前所作出的具体行政行为不服的，向继续行使其职权的行政机关的上一级行政机关申请行政复议。

（四）填空题

1089. 派出机构；设立该派出机构的部门；该部门的本级地方人民政府。（《行政复议法》第 15 条）

1090. 5 日；不予受理；不属于。(《行政复议法》第 17 条)

1091. 无正当理由；行政复议机关；有关上级。(《行政复议法》第 32 条)

1092. 有权；无权；中止。(《行政复议法》第 27 条)

1093. 任何费用；行政经费。(《行政复议法》第 39 条)

(五) 简答题

1094. 答：根据《行政复议法》第 33 条规定，申请人逾期不起诉又不履行行政复议决定的，或者不履行最终裁决的行政复议决定的，按照下列规定分别处理：(1) 维持具体行政行为的行政复议决定，由作出具体行政行为的行政机关依法强制执行，或者申请人民法院强制执行；(2) 变更具体行政行为的行政复议决定，由行政复议机关依法强制执行，或者申请人民法院强制执行。

1095. 答：根据《行政复议法》第 21 条规定，行政复议期间具体行政行为不停止执行；但是，有下列情形之一的，可以停止执行：(1) 被申请人认为需要停止执行的；(2) 行政复议机关认为需要停止执行的；(3) 申请人申请停止执行，行政复议机关认为其要求合理，决定停止执行的；(4) 法律规定停止执行的。

八、公务员法

（一）判断题

1096. 国家对公务员实行一致性管理，提高管理效能和科学化水平。（　　）

1097. 公务员应当保守国家秘密和工作秘密。（　　）

1098. 公务员的领导职务、职级应当对应相应的级别。（　　）

1099. 定期考核的结果可以以口头形式通知公务员本人。（　　）

1100. 公务员任职应当在规定的编制限额和职数内进行，并有相应的职位空缺。（　　）

1101. 公务员有权进行陈述和申辩；处分决定机关不得因公务员申辩而加重处分。（　　）

1102. 公务员受开除以外的处分，在受处分期间有悔改表现，并且没有再发生违纪违法行为的，处分期满后公告解除。（　　）

1103. 机关不得委托其他培训机构承担公务员培训任务。（　　）

1104. 上级机关应当注重从基层机关公开遴选公务员。（　　）

1105. 公务员达到国家规定的退休年龄或者完全丧失工作能力的，应当退休。（　　）

（二）单项选择题

1106. 公务员的管理，坚持监督约束与（　　）并重的原则。

A. 公平公正　　B. 激励保障

C. 德才兼备　　D. 提高效能

1107. 国家根据人民警察、消防救援人员以及海关、驻外外交机构等公务员的工作特点，设置与其领导职务、职级相对应的（　　）。

A. 岗位　　B. 任务

C. 衔级　　D. 级别

1108. 公务员的考核分为平时考核、专项考核和（　　）等方式。

A. 不定期考核　　B. 季度考核

C. 年度考核　　D. 定期考核

1109. （　　）公务员在选举结果生效时即任当选职务。

A. 任期制　　B. 聘任制

C. 选任制　　D. 委任制

1110. 公务员晋升领导职务的，应当按照有关规定实行任职前（　　）和任职试用期制度。

A. 公示制度　　B. 宣誓制度

C. 公告制度　　D. 考察制度

1111. 公务员的职务、职级实行（　　）。

A. 优胜劣汰　　B. 能上能下

C. 末位淘汰　　D. 择优录用

1112. 对工作表现突出，有显著成绩和贡献，或者有其他突出事迹的公务员或者公务员集体，给予（　　）。

A. 嘉奖　　B. 奖励

C. 表彰　　D. 表扬

1113. 公务员奖励分为：（　　）、记三等功、记二等功、记一等功、授予称号。

A. 嘉奖　　B. 奖励

C. 表彰　　D. 表扬

1114. 辞退决定应当以（　　）通知被辞退的公务员，并应当告知辞退依据和理由。

A. 书面形式　　B. 口头形式

C. 公告形式　　D. 邮寄形式

1115. 受理公务员申诉的机关应当自受理之日起（　　）内作出处理决定。

A. 15日　　B. 30日

C. 60日　　D. 90日

（三）多项选择题

1116. 公务员的管理，坚持（　　）的原则，依照法定的权限、条件、标准和程序进行。

A. 公开　　B. 平等

C. 竞争　　D. 择优

1117. 公务员的考核应当按照管理权限，全面考核公务员的德、能、勤、绩、廉，重点考核（　　）。

A. 政治素质　　B. 道德品质

C. 工作实绩　　D. 廉洁奉公

1118. 定期考核的结果作为调整公务员职位、职务、职级、级别、工资以及公务员（　　）的依据。

A. 奖励　　B. 辞退

C. 培训　　D. 晋升

1119. 公务员职级应当逐级晋升，根据个人（　　），参考民主推荐或者民主测评结果确定人选，经公示后，按照管理权限审批。

A. 德才表现　　B. 工作实绩

C. 任职资历　　D. 政治素质

1120. 公务员应当遵纪守法，不得有（　　）行为。

A. 组织或者参加罢工

B. 拒绝执行上级依法作出的决定和命令

C. 违反职业道德、社会公德和家庭美德

D. 不担当，不作为，玩忽职守，贻误工作

1121. 解除处分后，晋升（　　）不再受原处分的影响。

A. 工资档次　　B. 级别

C. 职务　　D. 职级

1122. 公务员按照国家规定享受（　　）等津贴。

A. 地区附加津贴　　B. 中西部基层就业津贴

C. 艰苦边远地区津贴　　D. 岗位津贴

1123. 公务员有下列哪些情形的，不得辞退？（　　）

A. 因公致残，被确认丧失或者部分丧失工作能力的

B. 患病或者负伤，在规定的医疗期内的

C. 女性公务员在孕期、产假、哺乳期内的

D. 在婚假期间的

1124. 公务员在受警告处分期间不得晋升：(　　)

A. 工资档次　　B. 职务

C. 职级　　D. 级别

1125. 公务员交流的方式包括：(　　)

A. 调任　　B. 转任

C. 挂职　　D. 晋升

(四) 填空题

1126. 公示期满，中央一级招录机关应当将拟录用人员名单报中央公务员主管部门____；地方各级招录机关应当将拟录用人员名单报____公务员主管部门审批。

1127. 公务员因违纪违法应当承担纪律责任的，依照《公务员法》给予处分或者由____依法给予____；违纪违法行为情节轻微，经批评教育后改正的，可以____。

1128. 受处分的期间为：警告，____；记过，____；记大过，____；降级、撤职，____。受撤职处分的，按照规定____。

1129. 公务员在不同职位之间转任应当具备拟任职位所要求的____，在规定的____和职数内进行。

1130. 根据工作需要，机关可以采取____方式选派公务员承担重大工程、重大项目、____或者其他专项工作。

1131. 担任领导职务的公务员，因工作变动依照法律规定需要辞去现任职务的，应当履行____。

1132. 被辞退的公务员，可以领取____或者根据国家有关规定享受____。

1133. 公务员退休后，享受国家规定的____和其他待遇，国家为其生活和健康提供必要的服务和帮助，鼓励发挥____，参与社会发展。

1134. 受理公务员申诉的机关应当自受理之日起____内作出处理决定；案情复杂的，可以适当延长，但是延长时间不得超过____。复核、申诉期间____人事处理的执行。

1135. 公务员申诉的受理机关审查认定人事处理有错误的，原处理机关应当及时____。

（五）简答题

1136. 简述《公务员法》中规定的公务员应当履行的义务。
1137. 简述哪些人员不得录用为公务员。
1138. 简述给予公务员或者公务员集体奖励的情形。
1139. 简述公务员应当予以辞退的情形。
1140. 简述对公务员的哪些人事处理情形，公务员本人不服的可以提出申诉。

参考答案

（一）判断题

1096. ×，解析：根据《公务员法》第 8 条规定，国家对公务员实行分类管理。
1097. √，解析：根据《公务员法》第 14 条规定。
1098. √，解析：根据《公务员法》第 21 条规定。
1099. ×，解析：根据《公务员法》第 38 条第 2 款规定，定期考核的结果应当以书面形式通知公务员本人。
1100. √，解析：根据《公务员法》第 43 条规定。
1101. √，解析：根据《公务员法》第 63 条规定。
1102. ×，解析：根据《公务员法》第 65 条第 1 款规定，公务员受开除以外的处分，在受处分期间有悔改表现，并且没有再发生违纪违法行为的，处分期满后自动解除。
1103. ×，解析：根据《公务员法》第 66 条第 2 款规定，国家建立专门的公务员培训机构。机关根据需要也可以委托其他培训机构承担公务员培训任务。
1104. √，解析：根据《公务员法》第 71 条规定。
1105. √，解析：根据《公务员法》第 92 条规定。

（二）单项选择题

1106. B，解析：根据《公务员法》第 6 条规定，公务员的管理，坚持监督约束与激励保障并重的原则。

1107. C，解析：根据《公务员法》第22条规定，国家根据人民警察、消防救援人员以及海关、驻外外交机构等公务员的工作特点，设置与其领导职务、职级相对应的衔级。

1108. D，解析：根据《公务员法》第36条规定，公务员的考核分为平时考核、专项考核和定期考核等方式。

1109. C，解析：根据《公务员法》第41条规定，选任制公务员在选举结果生效时即任当选职务。

1110. A，解析：根据《公务员法》第48条规定，公务员晋升领导职务的，应当按照有关规定实行任职前公示制度和任职试用期制度。

1111. B，解析：根据《公务员法》第50条规定，公务员的职务、职级实行能上能下。

1112. B，解析：根据《公务员法》第51条第1款规定，对工作表现突出，有显著成绩和贡献，或者有其他突出事迹的公务员或者公务员集体，给予奖励。

1113. A，解析：根据《公务员法》第53条第1款规定，奖励分为：嘉奖、记三等功、记二等功、记一等功、授予称号。

1114. A，解析：根据《公务员法》第90条第1款规定，辞退决定应当以书面形式通知被辞退的公务员，并应当告知辞退依据和理由。

1115. C，解析：根据《公务员法》第96条第1款规定，受理公务员申诉的机关应当自受理之日起60日内作出处理决定；案情复杂的，可以适当延长，但是延长时间不得超过30日。

（三）多项选择题

1116. ABCD，解析：根据《公务员法》第5条规定，公务员的管理，坚持公开、平等、竞争、择优的原则，依照法定的权限、条件、标准和程序进行。

1117. AC，解析：根据《公务员法》第35条规定，公务员的考核应当按照管理权限，全面考核公务员的德、能、勤、绩、廉，重点考核政治素质和工作实绩。

1118. ABC，解析：根据《公务员法》第39条规定，定期考核的结果作为调整公务员职位、职务、职级、级别、工资以及公务员奖励、培训、辞退的依据。

1119. ABC，解析：根据《公务员法》第49条规定，公务员职级应当逐级晋升，根据个人德才表现、工作实绩和任职资历，参考民主推荐或者民主测评结果确定人选，经公示后，按照管理权限审批。

1120. ABCD，解析：根据《公务员法》第 59 条第 2 项、第 4 项、第 5 项、第 14 项规定，公务员应当遵纪守法，不得有下列行为：组织或者参加非法组织，组织或者参加罢工；不担当，不作为，玩忽职守，贻误工作；拒绝执行上级依法作出的决定和命令；违反职业道德、社会公德和家庭美德。

1121. ABCD，解析：根据《公务员法》第 65 条第 2 款规定，解除处分后，晋升工资档次、级别和职务、职级不再受原处分的影响。

1122. ACD，解析：根据《公务员法》第 80 条第 2 款规定，公务员按照国家规定享受地区附加津贴、艰苦边远地区津贴、岗位津贴等津贴。

1123. ABC，解析：根据《公务员法》第 89 条规定，对有下列情形之一的公务员，不得辞退：（1）因公致残，被确认丧失或者部分丧失工作能力的；（2）患病或者负伤，在规定的医疗期内的；（3）女性公务员在孕期、产假、哺乳期内的；（4）法律、行政法规规定的其他不得辞退的情形。

1124. BCD，解析：根据《公务员法》第 64 条第 1 款规定，公务员在受处分期间不得晋升职务、职级和级别，其中受记过、记大过、降级、撤职处分的，不得晋升工资档次。

1125. AB，解析：根据《公务员法》第 69 条规定，国家实行公务员交流制度。公务员可以在公务员和参照本法管理的工作人员队伍内部交流，也可以与国有企业和不参照本法管理的事业单位中从事公务的人员交流。交流的方式包括调任、转任。

（四）填空题

1126. 备案；省级或者设区的市级。（《公务员法》第 32 条）

1127. 监察机关；政务处分；免予处分。（《公务员法》第 61 条）

1128. 6 个月；12 个月；18 个月；24 个月；降低级别。（《公务员法》第 64 条）

1129. 资格条件；编制限额。（《公务员法》第 71 条）

1130. 挂职；重点任务。（《公务员法》第 72 条）

1131. 辞职手续。（《公务员法》第 87 条）

1132. 辞退费；失业保险。（《公务员法》第 90 条）

1133. 养老金；个人专长。（《公务员法》第 94 条）

1134. 60 日；30 日；不停止。（《公务员法》第 96 条）

1135. 予以纠正。（《公务员法》第 97 条）

(五) 简答题

1136. 答：根据《公务员法》第14条规定，公务员应当履行下列义务：(1) 忠于宪法，模范遵守、自觉维护宪法和法律，自觉接受中国共产党领导；(2) 忠于国家，维护国家的安全、荣誉和利益；(3) 忠于人民，全心全意为人民服务，接受人民监督；(4) 忠于职守，勤勉尽责，服从和执行上级依法作出的决定和命令，按照规定的权限和程序履行职责，努力提高工作质量和效率；(5) 保守国家秘密和工作秘密；(6) 带头践行社会主义核心价值观，坚守法治，遵守纪律，恪守职业道德，模范遵守社会公德、家庭美德；(7) 清正廉洁，公道正派；(8) 法律规定的其他义务。

1137. 答：根据《公务员法》第26条规定，下列人员不得录用为公务员：(1) 因犯罪受过刑事处罚的；(2) 被开除中国共产党党籍的；(3) 被开除公职的；(4) 被依法列为失信联合惩戒对象的；(5) 有法律规定不得录用为公务员的其他情形的。

1138. 答：根据《公务员法》第52条规定，公务员或者公务员集体有下列情形之一的，给予奖励：(1) 忠于职守，积极工作，勇于担当，工作实绩显著的；(2) 遵纪守法，廉洁奉公，作风正派，办事公道，模范作用突出的；(3) 在工作中有发明创造或者提出合理化建议，取得显著经济效益或者社会效益的；(4) 为增进民族团结，维护社会稳定做出突出贡献的；(5) 爱护公共财产，节约国家资财有突出成绩的；(6) 防止或者消除事故有功，使国家和人民群众利益免受或者减少损失的；(7) 在抢险、救灾等特定环境中做出突出贡献的；(8) 同违纪违法行为作斗争有功绩的；(9) 在对外交往中为国家争得荣誉和利益的；(10) 有其他突出功绩的。

1139. 答：根据《公务员法》第88条规定，公务员有下列情形之一的，予以辞退：(1) 在年度考核中，连续2年被确定为不称职的；(2) 不胜任现职工作，又不接受其他安排的；(3) 因所在机关调整、撤销、合并或者缩减编制员额需要调整工作，本人拒绝合理安排的；(4) 不履行公务员义务，不遵守法律和公务员纪律，经教育仍无转变，不适合继续在机关工作，又不宜给予开除处分的；(5) 旷工或者因公外出、请假期满无正当理由逾期不归连续超过15天，或者1年内累计超过30天的。

1140. 答：根据《公务员法》第95条第1款规定，公务员对涉及本人的下列人事处理不服的，可以自知道该人事处理之日起30日内向原处理机关申请复核；对复核结果不服的，可以自接到复核决定之日起 15 日内，按照规定向同级公务员主管部门或者作出该人事处理的机关的上一级机关提出申诉；也可以不经复核，自知道该人事处理之日起 30 日内直接提出申诉：(1) 处分；(2) 辞退或者取消录用；(3) 降职；(4) 定期考核定为不称职；(5) 免职；(6) 申请辞职、提前退休未予批准；(7) 不按照规定确定或者扣减工资、福利、保险待遇；(8) 法律、法规规定可以申诉的其他情形。

九、道路交通安全法

(一) 判断题

1141. 道路交通安全工作，应当遵循依法管理、方便群众的原则。(　　)

1142. 县级以上地方各级人民政府应当适应道路交通发展的需要，依据道路交通安全法律、法规和国家有关政策，制定道路交通安全管理规划，并组织实施。(　　)

1143. 国务院交通安全部门负责全国道路交通安全管理工作。(　　)

1144. 各级交管部门应当经常进行道路交通安全教育，提高公民的道路交通安全意识。(　　)

1145. 驾驶机动车上道路行驶，可以不悬挂机动车号牌，但要放置检验合格标志、保险标志，并随车携带机动车行驶证。(　　)

1146. 公安机关交通管理部门、机动车安全技术检验机构可以要求机动车到指定的场所进行维修、保养。(　　)

1147. 驾驶人应当按照驾驶证载明的准驾车型驾驶机动车；驾驶机动车时，应当随身携带机动车驾驶证。(　　)

1148. 道路划设专用车道的，在特殊情况下，可以允许其他车辆进入专用车道内行驶。(　　)

(二) 单项选择题

1149. 行人、乘车人、非机动车驾驶人违反道路交通安全法律、法规关于道路通行规定的，处(　　)。

A. 警告

B. 50元罚款

C. 拘留

D. 警告或者5元以上50元以下罚款

1150. 机动车驾驶人违反道路交通安全法律、法规关于道路通行规定的，处（　　）。

A. 警告

B. 警告或者 20 元以上 200 元以下罚款

C. 拘留

D. 200 元罚款

1151. 饮酒后驾驶机动车的，处（　　）。

A. 暂扣 6 个月机动车驾驶证，并处 1000 元以上 2000 元以下罚款

B. 暂扣 3 个月机动车驾驶证，并处 1000 元以上 2000 元以下罚款

C. 暂扣 3 个月机动车驾驶证，并处 1000 元以上 3000 元以下罚款

D. 暂扣 9 个月机动车驾驶证，并处 1000 元以上 2000 元以下罚款

1152. 醉酒驾驶机动车的，由公安机关交通管理部门约束至酒醒，吊销机动车驾驶证，依法追究刑事责任；（　　）年内不得重新取得机动车驾驶证。

A. 4　　B. 5

C. 6　　D. 7

1153. 伪造、变造或者使用伪造、变造的机动车登记证书、号牌、行驶证、驾驶证的，由公安机关交通管理部门予以收缴，（　　）。

A. 扣留该机动车，处 20 日以下拘留，并处 2000 元以上 5000 元以下罚款

B. 扣留该机动车，处 20 日以下拘留，并处 3000 元以上 5000 元以下罚款

C. 扣留该机动车，处 15 日以下拘留，并处 2000 元以上 5000 元以下罚款

D. 扣留该机动车，处 10 日以下拘留，并处 2000 元以上 5000 元以下罚款

（三）多项选择题

1154. 任何单位和个人不得有下列哪些行为？（　　）

A. 拼装机动车或者擅自改变机动车已登记的结构、构造或者特征

B. 改变机动车型号、发动机号、车架号或者车辆识别代号
C. 伪造、变造或者使用伪造、变造的机动车登记证书、号牌、行驶证、检验合格标志、保险标志
D. 使用其他机动车的登记证书、号牌、行驶证、检验合格标志、保险标志

1155. 同车道行驶的机动车，后车应当与前车保持足以采取紧急制动措施的安全距离。下列哪些情形下不得超车？（　　）
A. 前车正在左转弯、掉头、超车的
B. 与对面来车有会车可能的
C. 前车为执行紧急任务的警车、消防车、救护车、工程救险车的
D. 行经铁路道口、交叉路口、窄桥、弯道、陡坡、隧道、人行横道、市区交通流量大的路段等没有超车条件的

1156. 交通警察调查处理道路交通安全违法行为和交通事故，哪些情形下，应当回避？（　　）
A. 是本案的当事人或者当事人的近亲属
B. 本人或者其近亲属与本案有利害关系
C. 与本案当事人有其他关系，可能影响案件的公正处理
D. 是本案的证人或者受害人

1157. 对道路交通安全违法行为的处罚种类包括：（　　）
A. 警告　　B. 罚款
C. 暂扣或者吊销机动车驾驶证　　D. 拘留

（四）填空题

1158. 机动车安全技术检验机构对机动车检验收取费用，应当严格执行____核定的收费标准。

1159. 国家实行机动车强制报废制度，根据机动车的____和____，规定不同的报废标准。

1160. 国家实行____，设立道路交通事故社会救助基金。具体办法由国务院规定。

1161. 依法应当登记的非机动车，经公安机关____登记后，方可上道路行驶。

1162. 机动车的驾驶培训实行社会化，由____对驾驶培训学校、驾驶培训班实行资格管理，其中专门的拖拉机驾驶培训学校、驾驶培训班由____实行资格管理。

1163. 公安机关交通管理部门对机动车驾驶人违反道路交通安全法律、法规的行为，除依法给予行政处罚外，实行____制度。

参考答案

（一）判断题

1141. √，解析：根据《道路交通安全法》第 3 条规定。

1142. √，解析：根据《道路交通安全法》第 4 条规定。

1143. ×，解析：根据《道路交通安全法》第 5 条规定，国务院公安部门负责全国道路交通安全管理工作。县级以上地方各级人民政府公安机关交通管理部门负责本行政区域内的道路交通安全管理工作。

1144. ×，解析：根据《道路交通安全法》第 6 条规定，各级人民政府应当经常进行道路交通安全教育，提高公民的道路交通安全意识。

1145. ×，解析：根据《道路交通安全法》第 11 条规定，驾驶机动车上道路行驶，应当悬挂机动车号牌，放置检验合格标志、保险标志，并随车携带机动车行驶证。

1146. ×，解析：根据《道路交通安全法》第 13 条规定，公安机关交通管理部门、机动车安全技术检验机构不得要求机动车到指定的场所进行维修、保养。

1147. √，解析：根据《道路交通安全法》第 19 条规定。

1148. ×，解析：根据《道路交通安全法》第 37 条规定，道路划设专用车道的，在专用车道内，只准许规定的车辆通行，其他车辆不得进入专用车道内行驶。

（二）单项选择题

1149. D，解析：根据《道路交通安全法》第 89 条规定，行人、乘车人、非机动车驾驶人违反道路交通安全法律、法规关于道路通行规定的，处警告或者 5 元以上 50 元以下罚款。

1150. B，解析：根据《道路交通安全法》第 90 条规定，机动车驾驶人违反道路交通安全法律、法规关于道路通行规定的，处警告或者 20 元以上 200 元以下罚款。本法另有规定的，依照规定处罚。

1151. A，解析：根据《道路交通安全法》第91条规定，饮酒后驾驶机动车的，处暂扣6个月机动车驾驶证，并处1000元以上2000元以下罚款。因饮酒后驾驶机动车被处罚，再次饮酒后驾驶机动车的，处10日以下拘留，并处1000元以上2000元以下罚款，吊销机动车驾驶证。

1152. B，解析：根据《道路交通安全法》第91条规定，醉酒驾驶机动车的，由公安机关交通管理部门约束至酒醒，吊销机动车驾驶证，依法追究刑事责任；5年内不得重新取得机动车驾驶证。

1153. C，解析：根据《道路交通安全法》第96条规定，伪造、变造或者使用伪造、变造的机动车登记证书、号牌、行驶证、驾驶证的，由公安机关交通管理部门予以收缴，扣留该机动车，处15日以下拘留，并处2000元以上5000元以下罚款。

（三）多项选择题

1154. ABCD，解析：根据《道路交通安全法》第16条规定，任何单位或者个人不得有下列行为：（1）拼装机动车或者擅自改变机动车已登记的结构、构造或者特征；（2）改变机动车型号、发动机号、车架号或者车辆识别代号；（3）伪造、变造或者使用伪造、变造的机动车登记证书、号牌、行驶证、检验合格标志、保险标志；（4）使用其他机动车的登记证书、号牌、行驶证、检验合格标志、保险标志。

1155. ABCD，解析：根据《道路交通安全法》第43条规定，同车道行驶的机动车，后车应当与前车保持足以采取紧急制动措施的安全距离。有下列情形之一的，不得超车：（1）前车正在左转弯、掉头、超车的；（2）与对面来车有会车可能的；（3）前车为执行紧急任务的警车、消防车、救护车、工程救险车的；（4）行经铁路道口、交叉路口、窄桥、弯道、陡坡、隧道、人行横道、市区交通流量大的路段等没有超车条件的。

1156. ABC，解析：根据《道路交通安全法》第83条规定，交通警察调查处理道路交通安全违法行为和交通事故，有下列情形之一的，应当回避：（1）是本案的当事人或者当事人的近亲属；（2）本人或者其近亲属与本案有利害关系；（3）与本案当事人有其他关系，可能影响案件的公正处理。

1157. ABCD，解析：根据《道路交通安全法》第88条规定，对道路交通安全违法行为的处罚种类包括：警告、罚款、暂扣或者吊销机动车驾驶证、拘留。

（四）填空题

1158. 国务院价格主管部门。（《道路交通安全法》第13条）

1159. 安全技术状况；不同用途。(《道路交通安全法》第 14 条)
1160. 机动车第三者责任强制保险制度。(《道路交通安全法》第 17 条)
1161. 交通管理部门。(《道路交通安全法》第 18 条)
1162. 交通运输主管部门；农业（农业机械）主管部门。(《道路交通安全法》第 20 条)
1163. 累积记分制度。(《道路交通安全法》第 24 条)

十、教育法

（一）判断题

1164. 教育是社会主义现代化建设的基础，对提高人民综合素质、促进人的全面发展、增强中华民族创新创造活力、实现中华民族伟大复兴具有决定性意义，国家保障教育事业优先发展。（　　）

1165. 国家实行学前教育、初等教育、中等教育、高等教育的学校教育制度。（　　）

1166. 未成年人的父母或者其他监护人应当为其未成年子女或者其他被监护人受教育提供必要条件。（　　）

1167. 学校及其他教育机构应当同基层群众性自治组织、企业事业组织、社会团体相互配合，加强对未成年人的校内教育工作。（　　）

1168. 各级人民政府及其有关部门应当发展教育信息技术和其他现代化教学方式，有关行政部门应当优先安排，给予扶持。（　　）

（二）单项选择题

1169. 教育必须为社会主义现代化建设服务、为（　　）服务，必须与生产劳动和社会实践相结合，培养德智体美劳全面发展的社会主义建设者和接班人。

A. 公民　　B. 人民
C. 群众　　D. 劳动者

1170. 国家实行（　　）年制义务教育制度。各级人民政府采取各种措施保障适龄儿童、少年就学。

A. 6　　B. 9
C. 10　　D. 12

1171. 学校及其他教育机构中的教学辅助人员和其他专业技术人员，实行专业技术职务（　　）制度。

A. 聘用　　B. 任命

C. 聘请　　D. 聘任

1172. 与他人串通，允许他人冒用本人身份，顶替本人取得的入学资格的，由教育行政部门或者其他有关行政部门责令停止参加相关国家教育考试（　　）；有违法所得的，没收违法所得；已经成为公职人员的，依法给予处分；构成违反治安管理行为的，由公安机关依法给予治安管理处罚；构成犯罪的，依法追究刑事责任。

A. 6个月以上1年以下　　B. 1年以上3年以下

C. 2年以上4年以下　　D. 3年以上5年以下

（三）多项选择题

1173. 国家在受教育者中进行爱国主义、集体主义、中国特色社会主义的教育，进行（　　）、国防和民族团结的教育。

A. 理想　　B. 道德

C. 纪律　　D. 法治

1174. 下列关于教育事业的说法正确的有：（　　）

A. 国家采取措施促进教育公平，推动教育均衡发展。

B. 国家扶持和发展残疾人教育事业

C. 国家采取措施，为少数民族学生为主的学校及其他教育机构实施双语教育提供条件和支持

D. 国家对发展教育事业做出突出贡献的组织和个人，给予奖励

1175. 学校及其他教育机构应当履行的义务有：（　　）

A. 贯彻国家的教育方针，执行国家教育教学标准，保证教育教学质量

B. 维护受教育者、教师及其他职工的合法权益

C. 以适当方式为受教育者及其监护人了解受教育者的学业成绩及其他有关情况提供便利

D. 遵照国家有关规定收取费用并公开收费项目

1176. 国家、社会对符合入学条件、家庭经济困难的（　　），提供各种形式的资助。

A. 儿童　　B. 少年

C. 青年　　D. 老年人

（四）填空题

1177. 中华人民共和国公民有受教育的____。公民不分民族、种族、性别、职业、财产状况、____等，依法享有____的受教育机会。

1178. 国家举办学校及其他教育机构，应当坚持____的原则。以____经费、捐赠资产举办或者参与举办的学校及其他教育机构____设立为营利性组织。

1179. 国家鼓励企业事业组织、社会团体及其他社会组织同____、中等职业学校在教学、科研、技术开发和推广等方面进行____的合作。

1180. 国家建立以____为主、其他多种渠道筹措教育经费为辅的体制，____对教育的投入，保证国家举办的学校教育经费的稳定来源。

1181. 教育对外交流与合作坚持____、平等互利、相互尊重的原则，不得违反中国法律，不得损害国家主权、安全和____。

（五）简答题

1182. 简述学校及其他教育机构行使的权利。

1183. 简述受教育者享有的权利。

参考答案

（一）判断题

1164. √，解析：根据《教育法》第4条规定。

1165. √，解析：根据《教育法》第17条规定。

1166. √，解析：根据《教育法》第50条规定。

1167. ×，解析：根据《教育法》第52条第2款规定，学校及其他教育机构应当同基层群众性自治组织、企业事业组织、社会团体相互配合，加强对未成年人的校外教育工作。

1168. ×，解析：根据《教育法》第 66 条第 2 款规定，县级以上人民政府及其有关部门应当发展教育信息技术和其他现代化教学方式，有关行政部门应当优先安排，给予扶持。

（二）单项选择题

1169. B，解析：根据《教育法》第 5 条规定，教育必须为社会主义现代化建设服务、为人民服务，必须与生产劳动和社会实践相结合，培养德智体美劳全面发展的社会主义建设者和接班人。

1170. B，解析：根据《教育法》第 19 条规定，国家实行九年制义务教育制度。各级人民政府采取各种措施保障适龄儿童、少年就学。适龄儿童、少年的父母或者其他监护人以及有关社会组织和个人有义务使适龄儿童、少年接受并完成规定年限的义务教育。

1171. D，解析：根据《教育法》第 36 条第 2 款规定，学校及其他教育机构中的教学辅助人员和其他专业技术人员，实行专业技术职务聘任制度。

1172. B，解析：根据《教育法》第 77 条第 3 款规定，与他人串通，允许他人冒用本人身份，顶替本人取得的入学资格的，由教育行政部门或者其他有关行政部门责令停止参加相关国家教育考试 1 年以上 3 年以下；有违法所得的，没收违法所得；已经成为公职人员的，依法给予处分；构成违反治安管理行为的，由公安机关依法给予治安管理处罚；构成犯罪的，依法追究刑事责任。

（三）多项选择题

1173. ABCD，解析：根据《教育法》第 6 条第 2 款规定，国家在受教育者中进行爱国主义、集体主义、中国特色社会主义的教育，进行理想、道德、纪律、法治、国防和民族团结的教育。

1174. ABCD，解析：根据《教育法》第 10 条第 3 款规定，国家扶持和发展残疾人教育事业。根据《教育法》第 11 条第 2 款规定，国家采取措施促进教育公平，推动教育均衡发展。根据《教育法》第 12 条第 3 款规定，国家采取措施，为少数民族学生为主的学校及其他教育机构实施双语教育提供条件和支持。根据《教育法》第 13 条规定，国家对发展教育事业做出突出贡献的组织和个人，给予奖励。

1175. ABCD，解析：根据《教育法》第 30 条规定，学校及其他教育机构应当履行下列义务：（1）遵守法律、法规；（2）贯彻国家的教育方针，执行国家教育教学标准，保证教育教学质量；（3）维护受教育者、教师及其他职工的合法权益；（4）以适当方式为受教育者及其监护人了解受教育者的学业成绩及其他有关情况提供便利；（5）遵照国家有关规定收取费用并公开收费项目；（6）依法接受监督。

1176. ABC，解析：根据《教育法》第38条规定，国家、社会对符合入学条件、家庭经济困难的儿童、少年、青年，提供各种形式的资助。

（四）填空题

1177. 权利和义务；宗教信仰；平等。(《教育法》第9条)

1178. 勤俭节约；财政性；不得。(《教育法》第26条)

1179. 高等学校；多种形式。(《教育法》第47条)

1180. 财政拨款；逐步增加。(《教育法》第54条)

1181. 独立自主；社会公共利益。(《教育法》第67条)

（五）简答题

1182. 答：根据《教育法》第29条规定，学校及其他教育机构行使下列权利：（1）按照章程自主管理；（2）组织实施教育教学活动；（3）招收学生或者其他受教育者；（4）对受教育者进行学籍管理，实施奖励或者处分；（5）对受教育者颁发相应的学业证书；（6）聘任教师及其他职工，实施奖励或者处分；（7）管理、使用本单位的设施和经费；（8）拒绝任何组织和个人对教育教学活动的非法干涉；（9）法律、法规规定的其他权利。国家保护学校及其他教育机构的合法权益不受侵犯。

1183. 答：根据《教育法》第43条规定，受教育者享有下列权利：（1）参加教育教学计划安排的各种活动，使用教育教学设施、设备、图书资料；（2）按照国家有关规定获得奖学金、贷学金、助学金；（3）在学业成绩和品行上获得公正评价，完成规定的学业后获得相应的学业证书、学位证书；（4）对学校给予的处分不服向有关部门提出申诉，对学校、教师侵犯其人身权、财产权等合法权益，提出申诉或者依法提起诉讼；（5）法律、法规规定的其他权利。

十一、义务教育法

(一) 判断题

1184. 凡具有中华人民共和国国籍的适龄儿童、少年，不分性别、民族、种族、家庭财产状况、宗教信仰等，依法享有平等接受义务教育的权利，并履行接受义务教育的义务。(　　)

1185. 县级人民政府教育行政部门和乡镇人民政府组织和督促适龄儿童、少年入学，帮助解决适龄儿童、少年接受义务教育的困难，采取措施防止适龄儿童、少年辍学。(　　)

(二) 单项选择题

1186. 任何社会组织或者个人有权对违反《义务教育法》的行为向有关国家机关提出检举或者控告。发生违反《义务教育法》的重大事件，妨碍义务教育实施，造成重大社会影响的，负有领导责任的人民政府或者人民政府教育行政部门负责人应当(　　)。

A. 引咎辞职　　B. 辞职

C. 辞退　　D. 降职

1187. 根据国家有关规定经批准招收适龄儿童、少年进行文艺、体育等专业训练的社会组织，应当保证所招收的适龄儿童、少年接受义务教育；自行实施义务教育的，应当经(　　)批准。

A. 县级人民政府

B. 县级人民政府教育行政部门

C. 县级以上地方人民政府

D. 县级以上地方人民政府教育行政部门

（三）多项选择题

1188. 教育教学工作应当符合教育规律和学生身心发展特点，面向全体学生，教书育人，将（　　）等有机统一在教育教学活动中，注重培养学生独立思考能力、创新能力和实践能力，促进学生全面发展。

A. 德育　　B. 智育

C. 体育　　D. 美育

1189. 适龄儿童、少年的父母或者其他法定监护人无正当理由未依照《义务教育法》规定送适龄儿童、少年入学接受义务教育的，由当地（　　）给予批评教育，责令限期改正。

A. 乡镇人民政府　　B. 县级人民政府教育行政部门

C. 县级人民政府　　D. 教育行政部门

（四）填空题

1190. ____及其有关部门应当履行《义务教育法》规定的各项职责，保障____、少年接受义务教育的权利。

1191. 凡年满____周岁的儿童，其父母或者其他法定监护人应当送其入学接受并完成义务教育；条件不具备的地区的儿童，可以推迟到____周岁。

1192. 各级人民政府及其有关部门依法维护学校____秩序，保护学生、教师、学校的合法权益，为学校提供____保障。

参考答案

（一）判断题

1184. √，解析：根据《义务教育法》第4条规定。

1185. √，解析：根据《义务教育法》第13条规定。

（二）单项选择题

1186. A，解析：根据《义务教育法》第9条规定，任何社会组织或者个人有权对违反本法的行为向有关国家机关提出检举或者控告。发生违反本法的重大事件，妨碍义务教育实施，造成重大社会影响的，负有领导责任的人民政府或者人民政府教育行政部门负责人应当引咎辞职。

1187. B，解析：根据《义务教育法》第 14 条规定，禁止用人单位招用应当接受义务教育的适龄儿童、少年。根据国家有关规定经批准招收适龄儿童、少年进行文艺、体育等专业训练的社会组织，应当保证所招收的适龄儿童、少年接受义务教育；自行实施义务教育的，应当经县级人民政府教育行政部门批准。

（三）多项选择题

1188. ABCD，解析：根据《义务教育法》第 34 条规定，教育教学工作应当符合教育规律和学生身心发展特点，面向全体学生，教书育人，将德育、智育、体育、美育等有机统一在教育教学活动中，注重培养学生独立思考能力、创新能力和实践能力，促进学生全面发展。

1189. AB，解析：根据《义务教育法》第 58 条规定，适龄儿童、少年的父母或者其他法定监护人无正当理由未依照本法规定送适龄儿童、少年入学接受义务教育的，由当地乡镇人民政府或者县级人民政府教育行政部门给予批评教育，责令限期改正。

（四）填空题

1190. 各级人民政府；适龄儿童。(《义务教育法》第 5 条)

1191. 6；7。(《义务教育法》第 11 条)

1192. 周边；安全。(《义务教育法》第 23 条)

十二、食品安全法

（一）判断题

1193. 食品安全工作实行预防为主、风险管理、全程控制、社会共治，建立科学、严格的监督管理制度。（　　）

1194. 对在食品安全工作中做出突出贡献的单位和个人，按照国家有关规定给予表彰、奖励。（　　）

1195. 食品安全风险监测工作人员有权进入相关食用农产品种植养殖、食品生产经营场所采集样品、收集相关数据。采集样品无须支付费用。（　　）

1196. 国家鼓励食品生产企业制定严于食品安全国家标准或者地方标准的企业标准，在本企业适用，并报省、自治区、直辖市人民政府卫生行政部门备案。（　　）

1197. 同一企业可以用同一配方生产不同品牌的婴幼儿配方乳粉。（　　）

（二）单项选择题

1198. （　　）实行食品安全监督管理责任制。

A. 国务院　　B. 省级以上人民政府

C. 市级以上人民政府　　D. 县级以上地方人民政府

1199. 国家对农药的使用实行严格的管理制度，加快淘汰剧毒、高毒、高残留农药，推动替代产品的研发和应用，鼓励使用（　　）农药。

A. 高效高毒高残留　　B. 高效低毒高残留

C. 低效低毒低残留　　D. 高效低毒低残留

1200. 食品生产经营者应当按照食品安全（　　）使用食品添加剂。

A. 国际标准　　B. 国家标准

C. 行业标准　　D. 通用标准

1201. 食用农产品销售者应当建立食用农产品进货查验记录制度，如实记录食用农产品的名称、数量、进货日期以及供货者名称、地址、联系方式等内容，并保存相关凭证。记录和凭证保存期限不得少于（　　）。

A. 6个月　　B. 1年

C. 2年　　D. 3年

1202. 采用国家规定的快速检测方法对食用农产品进行抽查检测，被抽查人对检测结果有异议的，可以自收到检测结果时起（　　）小时内申请复检。

A. 1　　B. 4

C. 12　　D. 24

（三）多项选择题

1203. 在中华人民共和国境内从事下列哪些活动，应当遵守《食品安全法》：（　　）

A. 食品添加剂的生产经营

B. 食品生产经营者使用食品添加剂、食品相关产品

C. 食品的贮存和运输

D. 对食品、食品添加剂、食品相关产品的安全管理

1204. 食品安全标准应当包括下列哪些内容：（　　）

A. 食品添加剂的品种、使用范围、用量

B. 食品生产经营过程的卫生要求

C. 与食品安全有关的质量要求

D. 与食品安全有关的食品检验方法与规程

1205. 依据《食品安全法》，禁止生产经营下列哪些食品、食品添加剂、食品相关产品：（　　）

A. 用超过保质期的食品原料、食品添加剂生产的食品、食品添加剂

B. 超范围、超限量使用食品添加剂的食品

C. 营养成分不符合食品安全标准的专供婴幼儿和其他特定人群的主辅食品

D. 被包装材料、容器、运输工具等污染的食品、食品添加剂

1206. 食品生产企业应当就下列事项制定并实施控制要求，保证所生产的食品符合食品安全标准：（　　）

A. 原料采购、原料验收、投料等原料控制

B. 生产工序、设备、贮存、包装等生产关键环节控制

C. 原料检验、半成品检验、成品出厂检验等检验控制

D. 运输和交付控制

1207. 关于进口食品，下列说法正确的是：（　　）

A. 进口的预包装食品、食品添加剂应当有中文标签

B. 预包装食品没有中文说明书的，经补全后，可以进口

C. 进口商应当建立食品、食品添加剂进口和销售记录制度

D. 记录和凭证保存期限不得少于产品保质期满后 3 个月

（四）填空题

1208. 消费者协会和其他消费者组织对违反《食品安全法》规定，损害消费者____的行为，依法进行____。

1209. 制定食品安全标准，应当以____为宗旨，做到____、安全可靠。

1210. 从事____工作的食品生产经营人员应当每年进行健康检查，取得____后方可上岗工作。

1211. 食品和食品添加剂的标签、说明书应当____，生产日期、保质期等事项应当____，容易辨识。

1212. 保健食品的标签、说明书不得涉及____、治疗功能，内容应当真实，与注册或者备案的内容相一致，载明适宜人群、不适宜人群、功效成分或者____及其含量等，并声明“____”。保健食品的功能和成分应当与标签、说明书相一致。

（五）简答题

1213. 简述食品生产者采购食品原料、食品添加剂、食品相关产品应当遵循的规定。

参考答案

（一）判断题

1193. √，解析：根据《食品安全法》第 3 条规定。

1194. √，解析：根据《食品安全法》第 13 条规定。

1195. ×，解析：根据《食品安全法》第 15 条第 2 款规定，食品安全风险监测工作人员有权进入相关食用农产品种植养殖、食品生产经营场所采集样品、收集相关数据。采集样品应当按照市场价格支付费用。

1196. √，解析：根据《食品安全法》第 30 条规定。

1197. ×，解析：根据《食品安全法》第 81 条第 5 款规定，不得以分装方式生产婴幼儿配方乳粉，同一企业不得用同一配方生产不同品牌的婴幼儿配方乳粉。

（二）单项选择题

1198. D，解析：根据《食品安全法》第 7 条规定，县级以上地方人民政府实行食品安全监督管理责任制。上级人民政府负责对下一级人民政府的食品安全监督管理工作进行评议、考核。县级以上地方人民政府负责对本级食品安全监督管理部门和其他有关部门的食品安全监督管理工作进行评议、考核。故 D 项正确。

1199. D，解析：根据《食品安全法》第 11 条第 2 款规定，国家对农药的使用实行严格的管理制度，加快淘汰剧毒、高毒、高残留农药，推动替代产品的研发和应用，鼓励使用高效低毒低残留农药。故 D 项正确。

1200. B，解析：根据《食品安全法》第 40 条第 2 款规定，食品生产经营者应当按照食品安全国家标准使用食品添加剂。故 B 项正确。

1201. A，解析：根据《食品安全法》第 65 条规定，食用农产品销售者应当建立食用农产品进货查验记录制度，如实记录食用农产品的名称、数量、进货日期以及供货者名称、地址、联系方式等内容，并保存相关凭证。记录和凭证保存期限不得少于 6 个月。故 A 项正确。

1202. B，解析：根据《食品安全法》第 88 条第 2 款规定，采用国家规定的快速检测方法对食用农产品进行抽查检测，被抽查人对检测结果有异议的，可以自收到检测结果时起 4 小时内申请复检。复检不得采用快速检测方法。故 B 项正确。

（三）多项选择题

1203. ABCD，解析：根据《食品安全法》第2条第1款规定，在中华人民共和国境内从事下列活动，应当遵守本法：（1）食品生产和加工（以下称食品生产），食品销售和餐饮服务（以下称食品经营）；（2）食品添加剂的生产经营；（3）用于食品的包装材料、容器、洗涤剂、消毒剂和用于食品生产经营的工具、设备（以下称食品相关产品）的生产经营；（4）食品生产经营者使用食品添加剂、食品相关产品；（5）食品的贮存和运输；（6）对食品、食品添加剂、食品相关产品的安全管理。故A、B、C、D项正确。

1204. ABCD，解析：根据《食品安全法》第26条规定，食品安全标准应当包括下列内容：（1）食品、食品添加剂、食品相关产品中的致病性微生物，农药残留、兽药残留、生物毒素、重金属等污染物质以及其他危害人体健康物质的限量规定；（2）食品添加剂的品种、使用范围、用量；（3）专供婴幼儿和其他特定人群的主辅食品的营养成分要求；（4）对与卫生、营养等食品安全要求有关的标签、标志、说明书的要求；（5）食品生产经营过程的卫生要求；（6）与食品安全有关的质量要求；（7）与食品安全有关的食品检验方法与规程；（8）其他需要制定为食品安全标准的内容。故A、B、C、D项正确。

1205. ABCD，解析：根据《食品安全法》第34条规定，禁止生产经营下列食品、食品添加剂、食品相关产品：（1）用非食品原料生产的食品或者添加食品添加剂以外的化学物质和其他可能危害人体健康物质的食品，或者用回收食品作为原料生产的食品；（2）致病性微生物，农药残留、兽药残留、生物毒素、重金属等污染物质以及其他危害人体健康的物质含量超过食品安全标准限量的食品、食品添加剂、食品相关产品；（3）用超过保质期的食品原料、食品添加剂生产的食品、食品添加剂；（4）超范围、超限量使用食品添加剂的食品；（5）营养成分不符合食品安全标准的专供婴幼儿和其他特定人群的主辅食品；（6）腐败变质、油脂酸败、霉变生虫、污秽不洁、混有异物、掺假掺杂或者感官性状异常的食品、食品添加剂；（7）病死、毒死或者死因不明的禽、畜、兽、水产动物肉类及其制品；（8）未按规定进行检疫或者检疫不合格的肉类，或者未经检验或者检验不合格的肉类制品；（9）被包装材料、容器、运输工具等污染的食品、食品添加剂；（10）标注虚假生产日期、保质期或者超过保质期的食品、食品添加剂；（11）无标签的预包装食品、食品添加剂；（12）国家为防病等特殊需要明令禁止生产经营的食品；（13）其他不符合法律、法规或者食品安全标准的食品、食品添加剂、食品相关产品。故 A、B、C、D 项正确。

1206. ABCD，解析：根据《食品安全法》第 46 条规定，食品生产企业应当就下列事项制定并实施控制要求，保证所生产的食品符合食品安全标准：（1）原料采购、原料验收、投料等原料控制；（2）生产工序、设备、贮存、包装等生产关键环节控制；（3）原料检验、半成品检验、成品出厂检验等检验控制；（4）运输和交付控制。故 A、B、C、D 项正确。

1207. AC，解析：根据《食品安全法》第 97 条规定，进口的预包装食品、食品添加剂应当有中文标签；依法应当有说明书的，还应当有中文说明书。标签、说明书应当符合本法以及我国其他有关法律、行政法规的规定和食品安全国家标准的要求，并载明食品的原产地以及境内代理商的名称、地址、联系方式。预包装食品没有中文标签、中文说明书或者标签、说明书不符合本条规定的，不得进口。故 A 项正确，B 项于法无据，错误。根据《食品安全法》第 98 条规定，进口商应当建立食品、食品添加剂进口和销售记录制度，如实记录食品、食品添加剂的名称、规格、数量、生产日期、生产或者进口批号、保质期、境外出口商和购货者名称、地址及联系方式、交货日期等内容，并保存相关凭证。记录和凭证保存期限应当符合本法第 50 条第 2 款的规定。根据《食品安全法》第 50 条第 2 款规定，食品生产企业应当建立食品原料、食品添加剂、食品相关产品进货查验记录制度，如实记录食品原料、食品添加剂、食品相关产品的名称、规格、数量、生产日期或者生产批号、保质期、进货日期以及供货者名称、地址、联系方式等内容，并保存相关凭证。记录和凭证保存期限不得少于产品保质期满后 6 个月；没有明确保质期的，保存期限不得少于 2 年。故 C 项正确，D 项错误。

（四）填空题

1208. 合法权益；社会监督。（《食品安全法》第 9 条）

1209. 保障公众身体健康；科学合理。（《食品安全法》第 24 条）

1210. 接触直接入口食品；健康证明。（《食品安全法》第 45 条）

1211. 清楚、明显；显著标注。（《食品安全法》第 71 条）

1212. 疾病预防；标志性成分；本品不能代替药物。（《食品安全法》第 78 条）

（五）简答题

1213. 答：根据《食品安全法》第 50 条规定，食品生产者采购食品原料、食品添加剂、食品相关产品应当遵循如下规定：（1）食品生产者采购食品原料、食品添加剂、食品相关产品，应当查验供货者的许可证和产品合格证明；对无法提供合格证明的食品原料，应当按照食品安全标准进行检验；不得采购或者使用不符合食品安全标准的食品原料、食品添加剂、食品相关产品。（2）食品生产企业应当建立食品原料、食品添加剂、食品相关产品进货查验记录制度，如实记录食品原料、食品添加剂、食品相关产品的名称、规格、数量、生产日期或者生产批号、保质期、进货日期以及供货者名称、地址、联系方式等内容，并保存相关凭证。记录和凭证保存期限不得少于产品保质期满后 6 个月；没有明确保质期的，保存期限不得少于 2 年。

十三、药品管理法

（一）判断题

1214. 药品管理应当以人民健康为中心，坚持风险管理、全程管控、社会共治的原则，建立科学、严格的监督管理制度，全面提升药品质量，保障药品的安全、有效、可及。（　　）

1215. 对治疗危及生命且尚无有效治疗手段的疾病以及公共卫生方面急需的药品，药物临床试验已有数据显示疗效并能预测其临床价值的，可以批准，并在药品注册证书中载明相关事项。（　　）

1216. 医疗机构因临床急需进口少量药品的，经国务院药品监督管理部门或者国务院授权的省、自治区、直辖市人民政府批准，可以进口。（　　）

1217. 药品上市许可持有人应当开展药品上市后不良反应监测，主动收集、跟踪分析疑似药品不良反应信息，对已识别风险的药品及时采取风险控制措施。（　　）

1218. 药品广告的内容应当真实、合法，以国务院药品监督管理部门核准的药品说明书为准，不得含有虚假的内容。（　　）

（二）单项选择题

1219. 开展药物非临床研究，应当符合国家有关规定，有与研究项目相适应的人员、场地、设备、仪器和管理制度，保证有关数据、资料和样品的（　　）。

A. 真实性　　B. 确定性

C. 有效性　　D. 价值性

1220. 药品上市许可持有人应当建立年度报告制度，每年将药品生产销售、上市后研究、风险管理等情况按照规定向（　　）报告。

A. 省、自治区、直辖市人民政府

B. 省、自治区、直辖市人民政府药品监督管理部门

C. 国务院

D. 国务院药品监督管理部门

1221. 药品上市许可持有人、药品生产企业、药品经营企业和医疗机构中直接接触药品的工作人员，应当（　　）进行健康检查。

A. 每月　　B. 每季度

C. 每半年　　D. 每年

1222. 对已确认发生严重不良反应的药品，由国务院药品监督管理部门或者省、自治区、直辖市人民政府药品监督管理部门根据实际情况采取停止生产、销售、使用等紧急控制措施，并应当在（　　）日内组织鉴定，自鉴定结论作出之日起（　　）日内依法作出行政处理决定。

A. 5；5　　B. 5；15

C. 15；15　　D. 15；20

（三）多项选择题

1223. 申请药品注册，应当提供（　　）的数据、资料和样品，证明药品的安全性、有效性和质量可控性。

A. 真实　　B. 有效

C. 充分　　D. 可靠

1224. 经国务院药品监督管理部门批准，药品上市许可持有人可以转让药品上市许可。受让方应当具备保障药品（　　）和质量可控性的质量管理、风险防控和责任赔偿等能力，履行药品上市许可持有人义务。

A. 真实性　　B. 可靠性

C. 安全性　　D. 有效性

1225. 药品经营企业零售药品应当准确无误，并正确说明（　　）和注意事项；调配处方应当经过核对，对处方所列药品不得擅自更改或者代用。

A. 用法　　B. 用量

C. 用药时间　　D. 用药次数

1226. 经评价，对疗效（　　）或者因其他原因危害人体健康的药品，应当注销药品注册证书。

A. 不明显　　B. 不确切

C. 不良反应大　　D. 不良反应较大

(四) 填空题

1227. 国家支持以____为导向、对人的疾病具有明确或者特殊疗效的药物创新，鼓励具有新的治疗机理、治疗严重危及生命的疾病或者罕见病、对人体具有____系统性调节干预功能等的新药研制，推动药品技术进步。

1228. 血液制品、____、____、医疗用毒性药品、____不得委托生产；但是，国务院药品监督管理部门另有规定的除外。

1229. 直接接触药品的包装材料和容器，应当符合药用要求，符合保障人体____的标准。对不合格的直接接触药品的包装材料和容器，由药品监督管理部门责令____使用。

1230. 医疗机构应当坚持____的用药原则，遵循药品临床应用指导原则、临床诊疗指南和药品说明书等合理用药，对医师处方、用药医嘱的适宜性进行____。

1231. 国家鼓励短缺药品的研制和生产，对临床急需的____、防治重大传染病和____等疾病的新药予以优先审评审批。

(五) 简答题

1232. 简述从事药品生产活动应当具备的条件。

1233. 简述假药和劣药的定义。

参考答案

(一) 判断题

1214. √，解析：根据《药品管理法》第 3 条规定。

1215. ×，解析：根据《药品管理法》第 26 条规定，对治疗严重危及生命且尚无有效治疗手段的疾病以及公共卫生方面急需的药品，药物临床试验已有数据显示疗效并能预测其临床价值的，可以附条件批准，并在药品注册证书中载明相关事项。

1216. √，解析：根据《药品管理法》第 65 条规定。

1217. √，解析：根据《药品管理法》第 80 条规定。

1218. √，解析：根据《药品管理法》第 90 条规定。

（二）单项选择题

1219. A，解析：根据《药品管理法》第 18 条规定，开展药物非临床研究，应当符合国家有关规定，有与研究项目相适应的人员、场地、设备、仪器和管理制度，保证有关数据、资料和样品的真实性。

1220. B，解析：根据《药品管理法》第 37 条规定，药品上市许可持有人应当建立年度报告制度，每年将药品生产销售、上市后研究、风险管理等情况按照规定向省、自治区、直辖市人民政府药品监督管理部门报告。

1221. D，解析：根据《药品管理法》第 50 条规定，药品上市许可持有人、药品生产企业、药品经营企业和医疗机构中直接接触药品的工作人员，应当每年进行健康检查。患有传染病或者其他可能污染药品的疾病的，不得从事直接接触药品的工作。

1222. B，解析：根据《药品管理法》第 81 条第 2 款规定，对已确认发生严重不良反应的药品，由国务院药品监督管理部门或者省、自治区、直辖市人民政府药品监督管理部门根据实际情况采取停止生产、销售、使用等紧急控制措施，并应当在 5 日内组织鉴定，自鉴定结论作出之日起 15 日内依法作出行政处理决定。

（三）多项选择题

1223. ACD，解析：根据《药品管理法》第 24 条第 2 款规定，申请药品注册，应当提供真实、充分、可靠的数据、资料和样品，证明药品的安全性、有效性和质量可控性。

1224. CD，解析：根据《药品管理法》第 40 条规定，经国务院药品监督管理部门批准，药品上市许可持有人可以转让药品上市许可。受让方应当具备保障药品安全性、有效性和质量可控性的质量管理、风险防控和责任赔偿等能力，履行药品上市许可持有人义务。

1225. AB，解析：根据《药品管理法》第 58 条规定，药品经营企业零售药品应当准确无误，并正确说明用法、用量和注意事项；调配处方应当经过核对，对处方所列药品不得擅自更改或者代用。对有配伍禁忌或者超剂量的处方，应当拒绝调配；必要时，经处方医师更正或者重新签字，方可调配。

1226. BC，解析：根据《药品管理法》第 83 条第 2 款规定，经评价，对疗效不确切、不良反应大或者因其他原因危害人体健康的药品，应当注销药品注册证书。

（四）填空题

1227. 临床价值；多靶向。（《药品管理法》第 16 条）

1228. 麻醉药品；精神药品；药品类易制毒化学品。（《药品管理法》第 32 条）

1229. 健康、安全；停止。（《药品管理法》第 46 条）

1230. 安全有效、经济合理；审核。（《药品管理法》第 72 条）

1231. 短缺药品；罕见病。（《药品管理法》第 96 条）

（五）简答题

1232. 答：根据《药品管理法》第 42 条规定，从事药品生产活动，应当具备以下条件：（1）有依法经过资格认定的药学技术人员、工程技术人员及相应的技术工人；（2）有与药品生产相适应的厂房、设施和卫生环境；（3）有能对所生产药品进行质量管理和质量检验的机构、人员及必要的仪器设备；（4）有保证药品质量的规章制度，并符合国务院药品监督管理部门依据本法制定的药品生产质量管理规范要求。

1233. 答：根据《药品管理法》第 98 条规定，有下列情形之一的，为假药：（1）药品所含成份与国家药品标准规定的成份不符；（2）以非药品冒充药品或者以他种药品冒充此种药品；（3）变质的药品；（4）药品所标明的适应症或者功能主治超出规定范围。

有下列情形之一的，为劣药：（1）药品成份的含量不符合国家药品标准；（2）被污染的药品；（3）未标明或者更改有效期的药品；（4）未注明或者更改产品批号的药品；（5）超过有效期的药品；（6）擅自添加防腐剂、辅料的药品；（7）其他不符合药品标准的药品。

十四、土地管理法

（一）判断题

1234. 因挖损、塌陷、压占等造成土地破坏，用地单位和个人应当按照国家有关规定负责复垦；没有条件复垦或者复垦不符合要求的，应当缴纳土地复垦费，专项用于土地复垦。复垦的土地应当优先用于农业。（　　）

1235. 自《土地管理法》施行之日起，新增建设用地的土地有偿使用费，40%上缴中央财政，60%留给有关地方人民政府。（　　）

1236. 临时使用土地的使用者应当按照临时使用土地合同约定的用途使用土地，可以修建永久性建筑物。临时使用土地期限一般不超过 2 年。（　　）

1237. 违反《土地管理法》规定，拒不履行土地复垦义务的，由县级以上人民政府自然资源主管部门责令限期改正；逾期不改正的，责令缴纳复垦费，专项用于土地复垦，可以处以罚款。（　　）

1238. 依法收回国有土地使用权当事人拒不交出土地的，临时使用土地期满拒不归还的，或者不按照批准的用途使用国有土地的，由县级以上人民政府自然资源主管部门责令交还土地，处以罚款。（　　）

（二）单项选择题

1239. 永久基本农田转为建设用地的，由下列哪一机关批准？（　　）

A. 县级以上人民政府　　B. 设区的市级以上人民政府

C. 省级人民政府　　D. 国务院

1240. 征收农用地的，应当依法先行办理农用地转用审批。对此，下列哪一选项是不正确的？（　　）

A. 应当同时办理征地审批手续

B. 经国务院批准农用地转用的，同时办理征地审批手续，不再另行办理征地审批

C. 经省级人民政府在征地批准权限内批准农用地转用的，同时办理征地审批手续，不再另行办理征地审批

D. 只要经国务院或省级人民政府批准农用地转用的，同时办理征地审批手续，均不再另行办理征地审批

1241. 国家征收土地的，依照法定程序批准后，由（　　）予以公告并组织实施。

A. 乡级人民政府　　B. 县级人民政府

C. 县级以上地方人民政府　　D. 设区的市级以上地方人民政府

（三）多项选择题

1242. 关于《土地管理法》，下列说法正确的有：（　　）

A. 农村村民出卖、出租、赠与住宅后，再申请宅基地的，不予批准

B. 在土地利用总体规划制定前已建的不符合土地利用总体规划确定的用途的建筑物、构筑物，可以重建、扩建

C. 县级以上人民政府自然资源主管部门对违反土地管理法律、法规的行为进行监督检查

D. 国务院农业农村主管部门负责全国农村宅基地改革和管理有关工作

1243. 国有土地和农民集体所有的土地，可以依法确定给单位或者个人使用。使用土地的单位和个人，有（　　）土地的义务。

A. 保护　　B. 管理

C. 开发　　D. 合理利用

1244. 土地的所有权和使用权的登记，依照有关不动产登记的（　　）执行。

A. 法律　　B. 地方性法规

C. 行政法规　　D. 政府规章

1245. 关于耕地保护，下列说法正确的是：（　　）

A. 国家保护耕地，不控制耕地转为非耕地

B. 国家实行永久基本农田保护制度

C. 禁止任何单位和个人闲置、荒芜耕地

D. 禁止占用永久基本农田发展林果业和挖塘养鱼

1246. 征收下列哪些土地，应由国务院批准？（　　）

A. 永久基本农田

B. 永久基本农田以外的耕地超过35公顷

C. 建设用地超过50公顷

D. 其他土地超过70公顷

（四）填空题

1247. 征收土地应当给予____的补偿，保障被征地农民原有生活水平____、长远生计有保障。

1248. 因挖损、塌陷、压占等造成土地破坏，用地单位和个人应当按照国家有关规定负责____；没有条件复垦或者复垦不符合要求的，应当缴纳____，专项用于土地复垦。复垦的土地应当优先用于农业。

1249. 农村村民建住宅，应当符合乡（镇）土地利用总体规划、村庄规划，不得占用____，并尽量使用____。编制乡（镇）土地利用总体规划、村庄规划应当统筹并合理安排____，改善农村村民居住环境和条件。

1250. 有关单位和个人对县级以上人民政府自然资源主管部门就土地违法行为进行的监督检查应当____，并提供____，不得拒绝与阻碍土地管理监督检查人员依法执行职务。

（五）简答题

1251. 哪些耕地应当根据土地利用总体规划划为永久基本农田，实行严格保护？

参考答案

（一）判断题

1234. √，解析：根据《土地管理法》第43条规定。

1235. ×，解析：根据《土地管理法》第 55 条第 2 款规定，自本法施行之日起，新增建设用地的土地有偿使用费，30%上缴中央财政，70%留给有关地方人民政府。具体使用管理办法由国务院财政部门会同有关部门制定，并报国务院批准。

1236. ×，解析：根据《土地管理法》第 57 条第 2、3 款规定，临时使用土地的使用者应当按照临时使用土地合同约定的用途使用土地，并不得修建永久性建筑物。临时使用土地期限一般不超过 2 年。

1237. √，解析：根据《土地管理法》第 76 条规定。

1238. √，解析：根据《土地管理法》第 81 条规定。

（二）单项选择题

1239. D，解析：根据《土地管理法》第 44 条第 2 款规定，永久基本农田转为建设用地的，由国务院批准。

1240. D，解析：根据《土地管理法》第 46 条第 2 款规定，征收农用地的，应当依照本法第 44 条的规定先行办理农用地转用审批。其中，经国务院批准农用地转用的，同时办理征地审批手续，不再另行办理征地审批；经省、自治区、直辖市人民政府在征地批准权限内批准农用地转用的，同时办理征地审批手续，不再另行办理征地审批，超过征地批准权限的，应当依照本条第一款的规定另行办理征地审批。

1241. C，解析：根据《土地管理法》第 47 条第 1 款规定，国家征收土地的，依照法定程序批准后，由县级以上地方人民政府予以公告并组织实施。

（三）多项选择题

1242. ACD，解析：根据《土地管理法》第 65 条规定，在土地利用总体规划制定前已建的不符合土地利用总体规划确定的用途的建筑物、构筑物，不得重建、扩建。故 B 项错误。

1243. ABD，解析：根据《土地管理法》第 10 条规定，国有土地和农民集体所有的土地，可以依法确定给单位或者个人使用。使用土地的单位和个人，有保护、管理和合理利用土地的义务。

1244. AC，解析：根据《土地管理法》第 12 条第 1 款规定，土地的所有权和使用权的登记，依照有关不动产登记的法律、行政法规执行。

1245. BCD，解析：根据《土地管理法》第 30 条第 1 款规定，国家保护耕地，严格控制耕地转为非耕地。故 A 项错误。

1246. ABD，解析：根据《土地管理法》第 46 条第 1、2 款规定，征收下列土地的，由国务院批准：（1）永久基本农田；（2）永久基本农田以外的耕地超过35公顷的；（3）其他土地超过70公顷的。征收前款规定以外的土地的，由省、自治区、直辖市人民政府批准。

（四）填空题

1247. 公平、合理；不降低。（《土地管理法》第48条）

1248. 复垦；土地复垦费。（《土地管理法》第43条）

1249. 永久基本农田；原有的宅基地和村内空闲地；宅基地用地。（《土地管理法》第62条）

1250. 支持与配合；工作方便。（《土地管理法》第70条）

（五）简答题

1251. 答：根据《土地管理法》第33条第1款规定，国家实行永久基本农田保护制度。下列耕地应当根据土地利用总体规划划为永久基本农田，实行严格保护：（1）经国务院农业农村主管部门或者县级以上地方人民政府批准确定的粮、棉、油、糖等重要农产品生产基地内的耕地；（2）有良好的水利与水土保持设施的耕地，正在实施改造计划以及可以改造的中、低产田和已建成的高标准农田；（3）蔬菜生产基地；（4）农业科研、教学试验田；（5）国务院规定应当划为永久基本农田的其他耕地。

十五、城市房地产管理法

（一）判断题

1252. 国家根据社会、经济发展水平，扶持发展房地产开发建设，逐步改善居民的居住条件。(　　)

1253. 为了公共利益的需要，国家可以征收国有土地上单位和个人的房屋，并依法给予拆迁补偿，维护被征收人的合法权益；征收个人住宅的，还应当保障被征收人的居住条件。(　　)

1254. 县级以上地方人民政府房产管理、土地管理部门的机构设置及其职权由省、自治区、直辖市人民政府确定。(　　)

1255. 土地使用权出让，是指国家将国有土地使用权永久出让给土地使用者，由土地使用者向国家支付土地使用权出让金的行为。(　　)

1256. 采取双方协议方式出让土地使用权的出让金不得高于按国家规定所确定的最高价。(　　)

（二）单项选择题

1257. 土地使用权出让合同由市、县人民政府土地管理部门与（　　）签订。

A. 土地承包人　　B. 土地租赁人

C. 土地买卖人　　D. 土地使用者

1258. 土地使用者按照出让合同约定支付土地使用权出让金的，市、县人民政府土地管理部门必须按照出让合同约定，提供出让的土地；未按照出让合同约定提供出让的土地的，土地使用者有权解除合同，由土地管理部门返还（　　），土地使用者并可以请求违约赔偿。

A. 土地使用权赔偿金　　B. 土地使用权补偿金

C. 土地使用权出让金　　D. 土地使用权定金

1259. 土地使用权出让金应当（　　）上缴财政，列入预算，用于城市基础设施建设和土地开发。土地使用权出让金上缴和使用的具体办法由国务院。

A. 全部　　B. 二分之一

C. 三分之一　　D. 四分之三

1260. 在依法取得的房地产开发用地上建成房屋的，应当凭（　　）向县级以上地方人民政府房产管理部门申请登记，由县级以上地方人民政府房产管理部门核实并颁发房屋所有权证书。

A. 土地所有权证书　　B. 土地承包权证书

C. 土地使用权证书　　D. 土地经营权证书

（三）多项选择题

1261. 土地使用权出让，必须符合土地利用（　　）。

A. 总体规划　　B. 城市规划

C. 农村规划　　D. 年度建设用地计划

1262. 土地使用权出让，可以采取下列哪些方式？（　　）

A. 出租　　B. 拍卖

C. 招标　　D. 双方协议

1263. 房地产开发必须严格执行城市规划，按照（　　）相统一的原则，实行全面规划、合理布局、综合开发、配套建设。

A. 国家利益　　B. 经济效益

C. 社会效益　　D. 环境效益

1264. 哪些建设用地的土地使用权，确属必需的，可以由县级以上人民政府依法批准划拨？（　　）

A. 国家机关用地和军事用地

B. 城市基础设施用地和公益事业用地

C. 国家重点扶持的能源、交通、水利等项目用地

D. 法律、行政法规规定的其他用地

(四) 填空题

1265. 土地使用权因____而终止。

1266. 土地使用权出让合同约定的使用年限届满，土地使用者需要继续使用土地的，应当至迟于届满前____申请续期，除根据社会公共利益需要收回该幅土地的，应当予以批准。

1267. 以出让方式取得土地使用权进行房地产开发的，必须按照土地使用权出让合同约定的土地用途、动工开发期限开发土地。超过出让合同约定的动工开发日期满____未动工开发的，可以征收相当于土地使用权出让金百分之____以下的土地闲置费；满 2 年未动工开发的，可以无偿收回土地使用权；但是，因不可抗力或者政府、政府有关部门的行为或者动工开发必需的前期工作造成动工开发迟延的除外。

1268. 房地产转让，应当签订书面转让合同，合同中应当载明土地使用权____。

1269. 以____方式取得的土地使用权，可以设定抵押权。

1270. 房地产抵押，应当凭____、____办理。

(五) 简答题

1271. 请简述以出让方式取得土地使用权的，转让房地产时应当符合的条件。

参考答案

(一) 判断题

1252. ×，解析：根据《城市房地产管理法》第 4 条规定，国家根据社会、经济发展水平，扶持发展居民住宅建设，逐步改善居民的居住条件。

1253. √，解析：根据《城市房地产管理法》第 6 条规定。

1254. √，解析：根据《城市房地产管理法》第 7 条规定。

1255. ×，解析：根据《城市房地产管理法》第 8 条规定，土地使用权出让，是指国家将国有土地使用权（以下简称土地使用权）在一定年限内出让给土地使用者，由土地使用者向国家支付土地使用权出让金的行为。

1256. ×，解析：根据《城市房地产管理法》第13条第3款规定，采取双方协议方式出让土地使用权的出让金不得低于按国家规定所确定的最低价。

（二）单项选择题

1257. D，解析：根据《城市房地产管理法》第15条第2款规定，土地使用权出让合同由市、县人民政府土地管理部门与土地使用者签订。

1258. C，解析：根据《城市房地产管理法》第17条规定，土地使用者按照出让合同约定支付土地使用权出让金的，市、县人民政府土地管理部门必须按照出让合同约定，提供出让的土地；未按照出让合同约定提供出让的土地的，土地使用者有权解除合同，由土地管理部门返还土地使用权出让金，土地使用者并可以请求违约赔偿。

1259. A，解析：根据《城市房地产管理法》第19条规定，土地使用权出让金应当全部上缴财政，列入预算，用于城市基础设施建设和土地开发。土地使用权出让金上缴和使用的具体办法由国务院规定。

1260. C，解析：根据《城市房地产管理法》第61条第2款规定，在依法取得的房地产开发用地上建成房屋的，应当凭土地使用权证书向县级以上地方人民政府房产管理部门申请登记，由县级以上地方人民政府房产管理部门核实并颁发房屋所有权证书。

（三）多项选择题

1261. ABD，解析：根据《城市房地产管理法》第10条规定，土地使用权出让，必须符合土地利用总体规划、城市规划和年度建设用地计划。

1262. BCD，解析：根据《城市房地产管理法》第13条第1款规定，土地使用权出让，可以采取拍卖、招标或者双方协议的方式。

1263. BCD，解析：根据《城市房地产管理法》第25条规定，房地产开发必须严格执行城市规划，按照经济效益、社会效益、环境效益相统一的原则，实行全面规划、合理布局、综合开发、配套建设。

1264. ABCD，解析：根据《城市房地产管理法》第24条规定，下列建设用地的土地使用权，确属必需的，可以由县级以上人民政府依法批准划拨：（1）国家机关用地和军事用地；（2）城市基础设施用地和公益事业用地；（3）国家重点扶持的能源、交通、水利等项目用地；（4）法律、行政法规规定的其他用地。

（四）填空题

1265. 土地灭失。（《城市房地产管理法》第21条）

1266. 1年。(《城市房地产管理法》第22条)
1267. 1年；20。(《城市房地产管理法》第26条)
1268. 取得的方式。(《城市房地产管理法》第41条)
1269. 出让。(《城市房地产管理法》第48条)
1270. 土地使用权证书；房屋所有权证书。(《城市房地产管理法》第49条)

(五) 简答题

1271. 答：根据《城市房地产管理法》第39条规定，以出让方式取得土地使用权的，转让房地产时，应当符合下列条件：(1) 按照出让合同约定已经支付全部土地使用权出让金，并取得土地使用权证书；(2) 按照出让合同约定进行投资开发，属于房屋建设工程的，完成开发投资总额的25%以上，属于成片开发土地的，形成工业用地或者其他建设用地条件。转让房地产时房屋已经建成的，还应当持有房屋所有权证书。

十六、城乡规划法

（一）判断题

1272. 县级以上地方人民政府应当根据当地经济社会发展的实际，在城市总体规划、镇总体规划中合理确定城市、镇的发展规模、步骤和建设标准。（　）

1273. 任何单位和个人都有权向城乡规划主管部门或者其他有关部门举报或者控告违反城乡规划的行为。（　）

1274. 规划条件未纳入国有土地使用权出让合同的，该国有土地使用权出让合同仍有效。（　）

1275. 城乡规划报送审批前，组织编制机关应当依法将城乡规划草案予以公告，并采取论证会、听证会或者其他方式征求专家和公众的意见。公告的时间不得少于15日。（　）

1276. 城乡规划主管部门经上级审批可以在城乡规划确定的建设用地范围以外作出规划许可。（　）

（二）单项选择题

1277. 未取得建设工程规划许可证或者未按照建设工程规划许可证的规定进行建设的，由县级以上地方人民政府城乡规划主管部门责令停止建设；尚可采取改正措施消除对规划实施的影响的，限期改正，处建设工程造价（　）的罚款；无法采取改正措施消除影响的，限期拆除，不能拆除的，没收实物或者违法收入，可以并处建设工程造价（　）的罚款。

A. 10%以下；10%以下　　B. 30%以上；10%以下

C. 50%以下；50%以下　　D. 5%以上10%以下；10%以下

1278. 乡、村庄的建设和发展，应当因地制宜、节约用地，发挥（　　）的作用，引导村民合理进行建设，改善农村生产、生活条件。

A. 村民自治组织　　B. 居民委员会

C. 乡镇人民政府　　D. 党员示范

1279. 城市、县、镇人民政府应当根据城市总体规划、镇总体规划、土地利用总体规划和年度计划以及国民经济和社会发展规划，制定近期建设规划，报（　　）。

A. 省级人民政府审批　　B. 省级人大常委会备案

C. 国务院备案　　D. 总体规划审批机关备案

（三）多项选择题

1280. 历史文化名城、名镇、名村的保护以及受保护建筑物的维护和使用，应当遵守有关（　　）的规定。

A. 法律　　B. 行政法规

C. 国务院的规定　　D. 地方性法规

1281. 城市地下空间的开发和利用，应当与经济和技术发展水平相适应，遵循统筹安排、综合开发、合理利用的原则，充分考虑（　　）等需要，并符合城市规划，履行规划审批手续。

A. 防灾减灾　　B. 矿产开发

C. 人民防空　　D. 通信

1282. 有下列哪些情形之一的，组织编制机关方可按照规定的权限和程序修改省域城镇体系规划、城市总体规划、镇总体规划？（　　）

A. 上级人民政府制定的城乡规划发生变更，提出修改规划要求的

B. 行政区划调整确需修改规划的

C. 因国务院批准重大建设工程确需修改规划的

D. 经评估确需修改规划的

1283. 县级以上人民政府城乡规划主管部门对城乡规划的实施情况进行监督检查，有权采取哪些措施？（　　）

A. 要求有关单位和人员提供与监督事项有关的文件、资料，并进行复制

B. 要求有关单位和人员就监督事项涉及的问题作出解释和说明

C. 根据需要进入现场进行勘测

D. 责令有关单位和人员停止违反有关城乡规划的法律、法规的行为

（四）填空题

1284. 在城市、镇规划区内进行建筑物、构筑物、道路、管线和其他工程建设的，建设单位或者个人应当向城市、县人民政府城乡规划主管部门或者省、自治区、直辖市人民政府确定的镇人民政府申请办理____。

1285. 在乡、村庄规划区内进行乡镇企业、乡村公共设施和公益事业建设的，建设单位或者个人应当向乡、镇人民政府提出申请，由乡、镇人民政府报城市、县人民政府城乡规划主管部门核发____。

1286. 城乡规划编制单位取得资质证书后，不再符合相应的资质条件的，由原发证机关____；逾期不改正的，____或者____。

1287. 建设单位未在建设工程竣工验收后____个月内向城乡规划主管部门报送有关竣工验收资料的，由所在地城市、县人民政府城乡规划主管部门责令限期补报；逾期不补报的，处____的罚款。

1288. 规划条件未纳入国有土地使用权出让合同的，该国有土地使用权出让合同____；对未取得建设用地规划许可证的建设单位批准用地的，由县级以上人民政府____有关批准文件；占用土地的，应当及时____；给当事人造成损失的，应当依法给予____。

（五）简答题

1289. 简述从事城乡规划编制工作应当具备的条件。

1290. 简述申请办理建设工程规划许可证应当提交的材料。

参考答案

（一）判断题

1272. √，解析：根据《城乡规划法》第4条规定。

1273. √，解析：根据《城乡规划法》第9条规定。

1274. ×，解析：根据《城乡规划法》第 39 条规定，规划条件未纳入国有土地使用权出让合同的，该国有土地使用权出让合同无效。

1275. ×，解析：根据《城乡规划法》第 26 条第 1 款规定，城乡规划报送审批前，组织编制机关应当依法将城乡规划草案予以公告，并采取论证会、听证会或者其他方式征求专家和公众的意见。公告的时间不得少于 30 日。

1276. ×，解析：根据《城乡规划法》第 42 条规定，城乡规划主管部门不得在城乡规划确定的建设用地范围以外作出规划许可。

（二）单项选择题

1277. D，解析：根据《城乡规划法》第 64 条规定，未取得建设工程规划许可证或者未按照建设工程规划许可证的规定进行建设的，由县级以上地方人民政府城乡规划主管部门责令停止建设；尚可采取改正措施消除对规划实施的影响的，限期改正，处建设工程造价 5%以上 10%以下的罚款；无法采取改正措施消除影响的，限期拆除，不能拆除的，没收实物或者违法收入，可以并处建设工程造价 10%以下的罚款。

1278. A，解析：根据《城乡规划法》第 29 条第 3 款规定，乡、村庄的建设和发展，应当因地制宜、节约用地，发挥村民自治组织的作用，引导村民合理进行建设，改善农村生产、生活条件。

1279. D，解析：根据《城乡规划法》第 34 条第 1 款规定，城市、县、镇人民政府应当根据城市总体规划、镇总体规划、土地利用总体规划和年度计划以及国民经济和社会发展规划，制定近期建设规划，报总体规划审批机关备案。

（三）多项选择题

1280. ABC，解析：根据《城乡规划法》第 31 条第 2 款规定，历史文化名城、名镇、名村的保护以及受保护建筑物的维护和使用，应当遵守有关法律、行政法规和国务院的规定。

1281. ACD，解析：根据《城乡规划法》第 33 条规定，城市地下空间的开发和利用，应当与经济和技术发展水平相适应，遵循统筹安排、综合开发、合理利用的原则，充分考虑防灾减灾、人民防空和通信等需要，并符合城市规划，履行规划审批手续。

1282. ABCD，解析：根据《城乡规划法》第 47 条第 1 款规定，有下列情形之一的，组织编制机关方可按照规定的权限和程序修改省域城镇体系规划、城市总体规划、镇总体规划：（1）上级人民政府制定的城乡规划发生变更，提出修改规划要求的；（2）行政区划调整确需修改规划的；（3）因国务院批准重大建设工程确需修改规划的；（4）经评估确需修改规划的；（5）城乡规划的审批机关认为应当修改规划的其他情形。

1283. ABCD，解析：根据《城乡规划法》第53条规定，县级以上人民政府城乡规划主管部门对城乡规划的实施情况进行监督检查，有权采取以下措施：（1）要求有关单位和人员提供与监督事项有关的文件、资料，并进行复制；（2）要求有关单位和人员就监督事项涉及的问题作出解释和说明，并根据需要进入现场进行勘测；（3）责令有关单位和人员停止违反有关城乡规划的法律、法规的行为。城乡规划主管部门的工作人员履行前款规定的监督检查职责，应当出示执法证件。被监督检查的单位和人员应当予以配合，不得妨碍和阻挠依法进行的监督检查活动。

（四）填空题

1284. 建设工程规划许可证。（《城乡规划法》第40条）

1285. 乡村建设规划许可证。（《城乡规划法》第41条）

1286. 责令限期改正；降低资质等级；吊销资质证书。（《城乡规划法》第63条）

1287. 6；1万元以上5万元以下。（《城乡规划法》第67条）

1288. 无效；撤销；退回；赔偿。（《城乡规划法》第39条）

（五）简答题

1289. 答：根据《城乡规划法》第24条第2款规定，从事城乡规划编制工作应当具备下列条件，并经国务院城乡规划主管部门或者省、自治区、直辖市人民政府城乡规划主管部门依法审查合格，取得相应等级的资质证书后，方可在资质等级许可的范围内从事城乡规划编制工作：（1）有法人资格；（2）有规定数量的经相关行业协会注册的规划师；（3）有规定数量的相关专业技术人员；（4）有相应的技术装备；（5）有健全的技术、质量、财务管理制度。

1290. 答：根据《城乡规划法》第40条第2款规定，申请办理建设工程规划许可证，应当提交使用土地的有关证明文件、建设工程设计方案等材料。需要建设单位编制修建性详细规划的建设项目，还应当提交修建性详细规划。

十七、基本医疗卫生与健康促进法

(一) 判断题

1291. 国家实行预防接种制度，加强免疫规划工作。居民有依法接种免疫规划疫苗的权利和义务。政府向居民免费提供免疫规划疫苗。(　　)

1292. 国家推进基层医疗卫生机构实行家庭医生签约服务，建立家庭医生服务团队，与居民签订协议，根据居民健康状况和医疗需求提供基本医疗卫生服务。(　　)

1293. 国家建立健全由基层医疗卫生机构、医院、专业公共卫生机构等组成的城乡全覆盖、功能互补、连续协同的医疗卫生服务体系。(　　)

1294. 医疗卫生机构执业场所是提供医疗卫生服务的公共场所，任何组织或者个人不得扰乱其秩序。(　　)

1295. 国家建立中央医药储备，用于保障重大灾情、疫情及其他突发事件等应急需要。(　　)

(二) 单项选择题

1296. (　　) 以上地方人民政府卫生健康主管部门负责统筹协调本行政区域医疗卫生与健康促进工作。县级以上地方人民政府其他有关部门在各自职责范围内负责有关的医疗卫生与健康促进工作。

A. 县级　　B. 乡级

C. 市级　　D. 省级

1297. 县级以上人民政府及其有关部门应当采取措施，推进 (　　) 在医疗卫生领域和医学教育中的应用，支持探索发展医疗卫生服务新模式、新业态。

A. 信息技术　　B. 计算机

C. 高科技　　D. 互联网

1298. 执业医师晋升为副高级技术职称的，应当有累计（　　）以上在县级以下或者对口支援的医疗卫生机构提供医疗卫生服务的经历。

A. 半年　　B. 1 年

C. 3 年　　D. 2 年

（三）多项选择题

1299. 国家加大对医疗卫生与健康事业的财政投入，通过增加转移支付等方式重点扶持（　　）发展医疗卫生与健康事业。

A. 革命老区　　B. 民族地区

C. 边疆地区　　D. 经济欠发达地区

1300. 社会力量可以选择设立（　　）医疗卫生机构。

A. 非营利性　　B. 营利性

C. 大型　　D. 中型

1301. 国家建立（　　）的现代医院管理制度。

A. 权责清晰　　B. 管理科学

C. 治理完善　　D. 运行高效、监督有力

1302. 医疗卫生人员应当弘扬（　　）的崇高职业精神，遵守行业规范，恪守医德，努力提高专业水平和服务质量。

A. 敬佑生命　　B. 救死扶伤

C. 甘于奉献　　D. 大爱无疆

1303. 国家完善药品供应保障制度，建立工作协调机制，保障药品的（　　）。

A. 安全　　B. 有效

C. 可及　　D. 充足

（四）填空题

1304. 医疗卫生与健康事业应当坚持____，____。医疗卫生事业应当坚持____原则。

1305. 国家实施____战略，普及健康生活，优化健康服务，完善健康保障，建设健康环境，发展健康产业，提升公民全生命周期健康水平。

1306. 国家合理规划和配置医疗卫生资源，以____为重点，采取多种措施优先支持____以下医疗卫生机构发展，提高其医疗卫生服务能力。

1307. 国家建立传染病防控制度，制定传染病防治规划并组织实施，加强传染病监测预警，坚持____、____，联防联控、群防群控、源头防控、____，阻断传播途径，保护易感人群，降低传染病的危害。

1308. 国家建立健全院前急救体系，为急危重症患者提供____、____、____的急救服务。

1309. 政府举办的医疗卫生机构应当坚持____，所有收支均纳入预算管理，按照医疗卫生服务体系规划合理设置并控制规模。国家鼓励政府举办的医疗卫生机构与社会力量合作举办____医疗卫生机构。政府举办的医疗卫生机构不得与其他组织投资设立非独立法人资格的医疗卫生机构，不得与社会资本合作举办____医疗卫生机构。

(五) 简答题

1310. 简述基本医疗卫生服务。

参考答案

(一) 判断题

1291. √，解析：根据《基本医疗卫生与健康促进法》第 21 条规定。

1292. √，解析：根据《基本医疗卫生与健康促进法》第 31 条规定。

1293. √，解析：根据《基本医疗卫生与健康促进法》第 34 条规定。

1294. √，解析：根据《基本医疗卫生与健康促进法》第 46 条规定。

1295. ×，解析：根据《基本医疗卫生与健康促进法》第 63 条规定，国家建立中央与地方两级医药储备，用于保障重大灾情、疫情及其他突发事件等应急需要。

(二) 单项选择题

1296. A，解析：根据《基本医疗卫生与健康促进法》第 7 条第 3 款规定，县级以上地方人民政府卫生健康主管部门负责统筹协调本行政区域医疗卫生与健康促进工作。县级以上地方人民政府其他有关部门在各自职责范围内负责有关的医疗卫生与健康促进工作。

1297. A，解析：根据《基本医疗卫生与健康促进法》第 49 条第 2 款规定，县级以上人民政府及其有关部门应当采取措施，推进信息技术在医疗卫生领域和医学教育中的应用，支持探索发展医疗卫生服务新模式、新业态。

1298. B，解析：根据《基本医疗卫生与健康促进法》第 56 条第 3 款规定，执业医师晋升为副高级技术职称的，应当有累计 1 年以上在县级以下或者对口支援的医疗卫生机构提供医疗卫生服务的经历。

（三）多项选择题

1299. ABCD，解析：根据《基本医疗卫生与健康促进法》第 11 条规定，国家加大对医疗卫生与健康事业的财政投入，通过增加转移支付等方式重点扶持革命老区、民族地区、边疆地区和经济欠发达地区发展医疗卫生与健康事业。

1300. AB，解析：根据《基本医疗卫生与健康促进法》第 41 条第 3 款规定，社会力量可以选择设立非营利性或者营利性医疗卫生机构。

1301. ABCD，解析：根据《基本医疗卫生与健康促进法》第 45 条第 1 款规定，国家建立权责清晰、管理科学、治理完善、运行高效、监督有力的现代医院管理制度。

1302. ABCD，解析：根据《基本医疗卫生与健康促进法》第 51 条第 1 款规定，医疗卫生人员应当弘扬敬佑生命、救死扶伤、甘于奉献、大爱无疆的崇高职业精神，遵守行业规范，恪守医德，努力提高专业水平和服务质量。

1303. ABC，解析：根据《基本医疗卫生与健康促进法》第 58 条规定，国家完善药品供应保障制度，建立工作协调机制，保障药品的安全、有效、可及。

（四）填空题

1304. 以人民为中心；为人民健康服务；公益性。（《基本医疗卫生与健康促进法》第 3 条）

1305. 健康中国。（《基本医疗卫生与健康促进法》第 4 条）

1306. 基层；县级。（《基本医疗卫生与健康促进法》第 10 条）

1307. 预防为主；防治结合；综合治理。（《基本医疗卫生与健康促进法》第 20 条）

1308. 及时；规范；有效。（《基本医疗卫生与健康促进法》第 27 条）

1309. 公益性质；非营利性；营利性。（《基本医疗卫生与健康促进法》第 40 条）

（五）简答题

1310. 答：根据《基本医疗卫生与健康促进法》第 15 条规定，基本医疗卫生服务，是指维护人体健康所必需、与经济社会发展水平相适应、公民可公平获得的，采用适宜药物、适宜技术、适宜设备提供的疾病预防、诊断、治疗、护理和康复等服务。基本医疗卫生服务包括基本公共卫生服务和基本医疗服务。基本公共卫生服务由国家免费提供。

十八、传染病防治法

(一) 判断题

1311. 黑热病属于乙类传染病。(　　)

1312. 国务院卫生行政部门根据传染病暴发、流行情况和危害程度，可以决定增加、减少或者调整乙类、丙类传染病病种并予以公布。(　　)

1313. 各级人民政府应当加强艾滋病的防治工作，采取预防、控制措施，防止艾滋病的传播。(　　)

1314. 任何单位和个人发现疑似传染病病人时，无需向附近的疾病预防控制机构或者医疗机构报告。(　　)

1315. 医疗机构对本单位内被传染病病原体污染的场所、物品以及医疗废物，必须依照法律、法规的规定实施消毒和无害化处置。(　　)

1316. 甲类、乙类传染病暴发、流行时，县级以上地方人民政府报经上一级人民政府决定，可以宣布本行政区域部分或者全部为疫区。(　　)

1317. 为了查找传染病病因，医疗机构在必要时可以按照国务院卫生行政部门的规定，对传染病病人尸体或者疑似传染病病人尸体进行解剖查验，无需告知死者家属。(　　)

(二) 单项选择题

1318. 下列不属于丙类传染病的是：(　　)

A. 麻风病　　B. 新生儿破伤风

C. 流行性感冒　　D. 流行性腮腺炎

1319. 关于传染病防治，下列说法错误的是：(　　)

A. 国家开展预防传染病的健康教育

B. 各级各类学校应当对学生进行健康知识和传染病预防知识的教育

C. 居民委员会、村民委员会应当组织居民、村民参与社区、农村的传

染病预防与控制活动

D. 新闻媒体可以有偿开展传染病防治和公共卫生教育的宣传

1320. 对可能导致甲类传染病传播的以及国务院卫生行政部门规定的菌种、毒种和传染病检测样本，确需采集、保藏、携带、运输和使用的，须经（　　）卫生行政部门批准。

A. 国务院或省级以上人民政府　　B. 国务院

C. 省级以上人民政府　　D. 县级以上人民政府

1321. 关于我国的传染病防治制度，下列说法错误的是：（　　）

A. 国家建立传染病疫情信息保密制度

B. 国家实行有计划的预防接种制度

C. 国家对儿童实行预防接种证制度

D. 国家建立传染病监测制度

1322. 病人拒绝隔离治疗或者隔离期未满擅自脱离隔离治疗的，可以由（　　）协助医疗机构采取强制隔离治疗措施。

A. 医疗机构所在地人民政府　　B. 公安机关

C. 社区矫正机构　　D. 人民法院

1323. 传染病暴发、流行时，关于县级以上地方人民政府的权力的说法错误的是：（　　）

A. 有权在本行政区域内紧急调集人员

B. 有权在本行政区域内紧急调用储备物资

C. 有权在本行政区域内无偿征用房屋

D. 有权在本行政区域内临时征用房屋、交通工具以及相关设施、设备

（三）多项选择题

1324. 《传染病防治法》规定的传染病分为哪几类？（　　）

A. 甲类　　B. 乙类

C. 丙类　　D. 丁类

1325. 《传染病防治法》规定的甲类传染病包括：（　　）

A. 艾滋病　　B. 鼠疫

C. 狂犬病　　D. 霍乱

1326. 下列属于乙类传染病的有：(　　)

A. 猩红热　　B. 病毒性肝炎、脊髓灰质炎

C. 登革热、炭疽　　D. 梅毒

1327. 各级疾病预防控制机构在传染病预防控制中履行的职责包括：(　　)

A. 实施传染病预防控制规划、计划和方案

B. 收集、分析和报告传染病监测信息，预测传染病的发生、流行趋势

C. 开展对传染病疫情和突发公共卫生事件的流行病学调查、现场处理及其效果评价

D. 开展传染病实验室检测、诊断、病原学鉴定

1328. 传染病预防、控制预案的主要内容包括：(　　)

A. 传染病预防控制指挥部的组成和相关部门的职责

B. 传染病的监测、信息收集、分析、报告、通报制度

C. 疾病预防控制机构、医疗机构在发生传染病疫情时的任务与职责

D. 开展健康教育、咨询，普及传染病防治知识

1329. 传染病暴发、流行时，必要时，县级以上地方人民政府报经上一级人民政府决定，可以采取的紧急措施有：(　　)

A. 限制或者停止集市、影剧院演出或者其他人群聚集的活动

B. 停工、停业、停课

C. 控制或者扑杀染疫野生动物、家畜家禽

D. 封闭可能造成传染病扩散的场所

1330. 关于患传染病死亡的尸体，下列说法正确的有：(　　)

A. 患甲类传染病死亡的，应当将尸体立即进行卫生处理，就近火化

B. 患其他传染病死亡的，必要时，应当将尸体进行卫生处理后火化或者按照规定深埋

C. 患炭疽死亡的，应当将尸体按照规定深埋

D. 患炭疽死亡的，应当将尸体立即进行卫生处理，就近火化

1331. 关于传染病，下列说法正确的有：(　　)

A. 病原携带者，是指感染病原体无临床症状但能排出病原体的人

B. 疫点，是指病原体从传染源向周围播散的范围较小或者单个疫源地

C. 疫区，是指传染病在人群中暴发、流行，其病原体向周围播散时所能波及的地区

D. 菌种、毒种，是指可能引起《传染病防治法》规定的传染病发生的细菌菌种、病毒毒种

(四) 填空题

1332. 对因参与传染病防治工作致病、致残、死亡的人员，按照有关规定给予____、____。

1333. 与人畜共患传染病有关的野生动物、家畜家禽，经____后，方可出售、运输。

1334. 国家建立传染病____、____库。

1335. 疾病预防控制机构应当主动____、____、____、____传染病疫情信息。

1336. 公布传染病疫情信息应当____、____。

1337. 甲类、乙类传染病暴发、流行时，县级以上地方人民政府报经上一级人民政府决定，可以宣布本行政区域部分或者全部为____。

1338. 发生甲类传染病时，为了防止该传染病通过交通工具及其乘运的人员、物资传播，可以实施____。

1339. 紧急调集人员的，应当按照规定给予____。临时征用房屋、交通工具以及相关设施、设备的，应当依法给予____；能返还的，应当____。

1340. ____：指在医学服务中，因病原体传播引起的感染；____：指用化学、物理、生物的方法杀灭或者消除环境中的病原微生物。

(五) 简答题

1341. 简述医疗机构发现甲类传染病时应当及时采取的措施。

参考答案

(一) 判断题

1311. ×，解析：根据《传染病防治法》第 3 条第 4 款规定，丙类传染病是指：流行性感冒、流行性腮腺炎、风疹、急性出血性结膜炎、麻风病、流行性

和地方性斑疹伤寒、黑热病、包虫病、丝虫病，除霍乱、细菌性和阿米巴性痢疾、伤寒和副伤寒以外的感染性腹泻病。

1312. √，解析：根据《传染病防治法》第3条规定。

1313. √，解析：根据《传染病防治法》第24条规定。

1314. ×，解析：根据《传染病防治法》第31条规定，任何单位和个人发现传染病病人或者疑似传染病病人时，应当及时向附近的疾病预防控制机构或者医疗机构报告。

1315. √，解析：根据《传染病防治法》第39条规定。

1316. √，解析：根据《传染病防治法》第43条规定。

1317. ×，解析：根据《传染病防治法》第46条第2款规定，为了查找传染病病因，医疗机构在必要时可以按照国务院卫生行政部门的规定，对传染病病人尸体或者疑似传染病病人尸体进行解剖查验，并应当告知死者家属。

（二）单项选择题

1318. B，解析：根据《传染病防治法》第3条第4款规定，丙类传染病是指：流行性感冒、流行性腮腺炎、风疹、急性出血性结膜炎、麻风病、流行性和地方性斑疹伤寒、黑热病、包虫病、丝虫病，除霍乱、细菌性和阿米巴性痢疾、伤寒和副伤寒以外的感染性腹泻病。

1319. D，解析：根据《传染病防治法》第9条第2款规定，居民委员会、村民委员会应当组织居民、村民参与社区、农村的传染病预防与控制活动。根据《传染病防治法》第10条规定，国家开展预防传染病的健康教育。新闻媒体应当无偿开展传染病防治和公共卫生教育的公益宣传。各级各类学校应当对学生进行健康知识和传染病预防知识的教育。医学院校应当加强预防医学教育和科学研究，对在校学生以及其他与传染病防治相关人员进行预防医学教育和培训，为传染病防治工作提供技术支持。疾病预防控制机构、医疗机构应当定期对其工作人员进行传染病防治知识、技能的培训。

1320. C，解析：根据《传染病防治法》第26条第3款规定，对可能导致甲类传染病传播的以及国务院卫生行政部门规定的菌种、毒种和传染病检测样本，确需采集、保藏、携带、运输和使用的，须经省级以上人民政府卫生行政部门批准。

1321. A，解析：根据《传染病防治法》第15条规定，国家实行有计划的预防接种制度。国务院卫生行政部门和省、自治区、直辖市人民政府卫生行政部门，根据传染病预防、控制的需要，制定传染病预防接种规划并组织实施。用于预防接种的疫苗必须符合国家质量标准。国家对儿童实行预防接种证制度。国家免疫规划项目的预防接种实行免费。医疗机构、疾病预防控制机构与儿童的监护人应当相互配合，保证儿童及时接受预防接种。具体办法由国务院制定。根据《传染病防治法》第 17 条第 1 款规定，国家建立传染病监测制度。根据《传染病防治法》第 38 条第 1 款规定，国家建立传染病疫情信息公布制度。

1322. B，解析：根据《传染病防治法》第 39 条第 2 款规定，拒绝隔离治疗或者隔离期未满擅自脱离隔离治疗的，可以由公安机关协助医疗机构采取强制隔离治疗措施。

1323. C，解析：根据《传染病防治法》第 45 条规定，传染病暴发、流行时，根据传染病疫情控制的需要，国务院有权在全国范围或者跨省、自治区、直辖市范围内，县级以上地方人民政府有权在本行政区域内紧急调集人员或者调用储备物资，临时征用房屋、交通工具以及相关设施、设备。紧急调集人员的，应当按照规定给予合理报酬。临时征用房屋、交通工具以及相关设施、设备的，应当依法给予补偿；能返还的，应当及时返还。

（三）多项选择题

1324. ABC，解析：根据《传染病防治法》第 3 条第 1 款规定，本法规定的传染病分为甲类、乙类和丙类。

1325. BD，解析：根据《传染病防治法》第 3 条第 2 款规定，甲类传染病是指：鼠疫、霍乱。

1326. ABCD，解析：根据《传染病防治法》第 3 条第 3 款规定，乙类传染病是指：传染性非典型肺炎、艾滋病、病毒性肝炎、脊髓灰质炎、人感染高致病性禽流感、麻疹、流行性出血热、狂犬病、流行性乙型脑炎、登革热、炭疽、细菌性和阿米巴性痢疾、肺结核、伤寒和副伤寒、流行性脑脊髓膜炎、百日咳、白喉、新生儿破伤风、猩红热、布鲁氏菌病、淋病、梅毒、钩端螺旋体病、血吸虫病、疟疾。

1327. ABCD，解析：根据《传染病防治法》第 18 条第 1 款规定，各级疾病预防控制机构在传染病预防控制中履行下列职责：（1）实施传染病预防控制规划、计划和方案；（2）收集、分析和报告传染病监测信息，预测传染病的发生、流行趋势；（3）开展对传染病疫情和突发公共卫生事件的流行病学调查、现场处理及其效果评价；（4）开展传染病实验室检测、诊断、病原学鉴定；（5）实施免疫规划，负责预防性生物制品的使用管理；（6）开展健康教育、咨询，普及传染病防治知识；（7）指导、培训下级疾病预防控制机构及其工作人员开展传染病监测工作；（8）开展传染病防治应用性研究和卫生评价，提供技术咨询。

1328. ABC，解析：根据《传染病防治法》第20条第2款规定，传染病预防、控制预案应当包括以下主要内容：（1）传染病预防控制指挥部的组成和相关部门的职责；（2）传染病的监测、信息收集、分析、报告、通报制度；（3）疾病预防控制机构、医疗机构在发生传染病疫情时的任务与职责；（4）传染病暴发、流行情况的分级以及相应的应急工作方案；（5）传染病预防、疫点疫区现场控制，应急设施、设备、救治药品和医疗器械以及其他物资和技术的储备与调用。

1329. ABCD，解析：根据《传染病防治法》第42条第1款规定，传染病暴发、流行时，县级以上地方人民政府应当立即组织力量，按照预防、控制预案进行防治，切断传染病的传播途径，必要时，报经上一级人民政府决定，可以采取下列紧急措施并予以公告：（1）限制或者停止集市、影剧院演出或者其他人群聚集的活动；（2）停工、停业、停课；（3）封闭或者封存被传染病病原体污染的公共饮用水源、食品以及相关物品；（4）控制或者扑杀染疫野生动物、家畜家禽；（5）封闭可能造成传染病扩散的场所。

1330. ABD，解析：根据《传染病防治法》第46条第1款规定，患甲类传染病、炭疽死亡的，应当将尸体立即进行卫生处理，就近火化。患其他传染病死亡的，必要时，应当将尸体进行卫生处理后火化或者按照规定深埋。

1331. ABCD，解析：根据《传染病防治法》第78条第2项规定，病原携带者：指感染病原体无临床症状但能排出病原体的人。第4项规定，疫点：指病原体从传染源向周围播散的范围较小或者单个疫源地。第5项规定，疫区：指传染病在人群中暴发、流行，其病原体向周围播散时所能波及的地区。第12项规定，菌种、毒种：指可能引起本法规定的传染病发生的细菌菌种、病毒毒种。

（四）填空题

1332. 补助；抚恤。（《传染病防治法》第11条）

1333. 检疫合格。（《传染病防治法》第25条）

1334. 菌种；毒种。（《传染病防治法》第26条）

1335. 收集；分析；调查；核实。(《传染病防治法》第33条)
1336. 及时；准确。(《传染病防治法》第38条)
1337. 疫区。(《传染病防治法》第43条)
1338. 交通卫生检疫。(《传染病防治法》第44条)
1339. 合理报酬；补偿；及时返还。(《传染病防治法》第45条)
1340. 医源性感染；消毒。(《传染病防治法》第78条)

(五) 简答题

1341. 答：根据《传染病防治法》第39条第1款规定，医疗机构发现甲类传染病时，应当及时采取下列措施：(1) 对病人、病原携带者，予以隔离治疗，隔离期限根据医学检查结果确定；(2) 对疑似病人，确诊前在指定场所单独隔离治疗；(3) 对医疗机构内的病人、病原携带者、疑似病人的密切接触者，在指定场所进行医学观察和采取其他必要的预防措施。

十九、环境保护法

（一）判断题

1342. 各级人民政府应当加强环境保护宣传和普及工作，鼓励基层群众性自治组织、社会组织、环境保护志愿者开展环境保护法律法规和环境保护知识的宣传，营造保护环境的良好风气。（　　）

1343. 县级以上地方人民政府环境保护主管部门会同有关部门，根据国家环境保护规划的要求，编制本行政区域的环境保护规划，报上一级环境保护主管部门批准并公布实施。（　　）

1344. 未依法进行环境影响评价的开发利用规划，不得组织实施；未依法进行环境影响评价的建设项目，不得开工建设。（　　）

1345. 省、自治区、直辖市人民政府对国家环境质量标准中未作规定的项目，可以制定地方环境质量标准；对国家环境质量标准中已作规定的项目，可以制定严于国家环境质量标准的地方环境质量标准。地方环境质量标准应当报国务院环境保护主管部门备案。（　　）

1346. 国家实行重点污染物排放总量控制制度。重点污染物排放总量控制指标由国务院下达，省、市、县人民政府分解落实。（　　）

（二）单项选择题

1347. 关于污染物排放标准，下列哪一项说法是错误的？（　　）

A. 国务院环境保护主管部门制定国家污染物排放标准

B. 县级以上人民政府对国家污染物排放标准中未作规定的项目，可以制定地方污染物排放标准

C. 对国家污染物排放标准中已作规定的项目，可以制定严于国家污染物排放标准的地方污染物排放标准

D. 地方污染物排放标准应当报国务院环境保护主管部门备案

1348. 关于排污费，下列说法不正确的是：(　　)

A. 排放污染物的企业事业单位和其他生产经营者应当缴纳

B. 排污费应当全部专项用于环境污染防治

C. 按照排污许可证的要求排放污染物可以免征排污费

D. 依照法律规定征收环境保护税的，不再征收排污费

1349. 应当由（　　）建立环境污染公共监测预警机制，组织制定预警方案。

A. 国务院　　B. 省、自治区、直辖市人民政府

C. 市政府环保部门　　D. 县级以上人民政府

1350. 关于生态保护补偿制度，下列哪一说法是不正确的？(　　)

A. 国家加大对生态保护地区的财政转移支付力度

B. 有关地方人民政府应当落实生态保护补偿资金，确保其用于生态保护补偿

C. 必须按照市场规则进行生态保护补偿

D. 受益地区和生态保护地区人民政府均应在国家指导下进行生态保护补偿

(三) 多项选择题

1351. 国家建立跨行政区域的重点区域、流域环境污染和生态破坏联合防治协调机制，应当实行下列哪些举措？(　　)

A. 统一规划　　B. 统一标准

C. 统一监测　　D. 统一的防治措施

1352. 国家在哪些区域划定生态保护红线，实行严格保护？(　　)

A. 重点生态功能区

B. 重要的水源涵养区

C. 生态环境敏感区和脆弱区

D. 珍稀、濒危的野生动植物自然分布区域

1353. 关于县级以上人民政府环境保护主管部门的职责，下列选项正确的是：(　　)

A. 依法公开环境质量、环境监测、突发环境事件

B. 依法公开环境行政许可、行政处罚、排污费的征收和使用情况等信息

C. 对本行政区域环境保护工作实施统一监督管理

D. 查封、扣押造成污染物排放的设施、设备

1354. 关于环境质量标准的制定，下列说法正确的是：(　　)

A. 国家环境质量标准由国务院环境保护主管部门制定

B. 省、自治区、直辖市可以对国家环境质量标准中未作规定的项目制定地方环境质量标准

C. 地方环境质量标准可以低于国家环境质量标准

D. 地方环境质量标准应当报上一级政府备案

1355. 建设项目中防治污染的设施应当与主体工程（　　）。

A. 同时设计　　B. 同时审批

C. 同时施工　　D. 同时投产使用

（四）填空题

1356. 每年____月____日为环境日。

1357. 国务院环境保护主管部门根据____和____，制定国家污染物排放标准。

1358. 违反《环境保护法》规定，重点排污单位____或者____环境信息的，由县级以上地方人民政府环境保护主管部门责令公开，处以罚款，并予以公告。

1359. 对超过国家重点污染物排放总量控制指标或者未完成国家确定的环境质量目标的地区，____人民政府环境保护主管部门应当____审批其新增重点污染物排放总量的建设项目环境影响评价文件。

1360. 重点排污单位应当如实向社会公开其主要污染物的名称、____、排放浓度和总量、超标排放情况，以及____的建设和运行情况，接受社会监督。

（五）简答题

1361. 简述国家重点污染物排放总量控制制度。

参考答案

（一）判断题

1342. √，解析：根据《环境保护法》第 9 条规定。

1343. ×，解析：根据《环境保护法》第 13 条第 3 款规定，县级以上地方人民政府环境保护主管部门会同有关部门，根据国家环境保护规划的要求，编制本行政区域的环境保护规划，报同级人民政府批准并公布实施。

1344. √，解析：根据《环境保护法》第 19 条规定。

1345. √，解析：根据《环境保护法》第 15 条规定。

1346. ×，解析：根据《环境保护法》第 44 条第 1 款规定，国家实行重点污染物排放总量控制制度。重点污染物排放总量控制指标由国务院下达，省、自治区、直辖市人民政府分解落实。

（二）单项选择题

1347. B，解析：根据《环境保护法》第 16 条规定，国务院环境保护主管部门根据国家环境质量标准和国家经济、技术条件，制定国家污染物排放标准。省、自治区、直辖市人民政府对国家污染物排放标准中未作规定的项目，可以制定地方污染物排放标准；对国家污染物排放标准中已作规定的项目，可以制定严于国家污染物排放标准的地方污染物排放标准。地方污染物排放标准应当报国务院环境保护主管部门备案。

1348. C，解析：根据《环境保护法》第 43 条规定，排放污染物的企业事业单位和其他生产经营者，应当按照国家有关规定缴纳排污费。排污费应当全部专项用于环境污染防治，任何单位和个人不得截留、挤占或者挪作他用。依照法律规定征收环境保护税的，不再征收排污费。

1349. D，解析：根据《环境保护法》第 47 条第 2 款规定，县级以上人民政府应当建立环境污染公共监测预警机制，组织制定预警方案；环境受到污染，可能影响公众健康和环境安全时，依法及时公布预警信息，启动应急措施。

1350. C，解析：根据《环境保护法》第 31 条规定，国家建立、健全生态保护补偿制度。国家加大对生态保护地区的财政转移支付力度。有关地方人民政府应当落实生态保护补偿资金，确保其用于生态保护补偿。国家指导受益地区和生态保护地区人民政府通过协商或者按照市场规则进行生态保护补偿。

（三）多项选择题

1351. ABCD，解析：根据《环境保护法》第20条第1款规定，国家建立跨行政区域的重点区域、流域环境污染和生态破坏联合防治协调机制，实行统一规划、统一标准、统一监测、统一的防治措施。

1352. AC，解析：根据《环境保护法》第29条第1款规定，国家在重点生态功能区、生态环境敏感区和脆弱区等区域划定生态保护红线，实行严格保护。

1353. ABCD，解析：根据《环境保护法》第54条第2款规定，县级以上人民政府环境保护主管部门和其他负有环境保护监督管理职责的部门，应当依法公开环境质量、环境监测、突发环境事件以及环境行政许可、行政处罚、排污费的征收和使用情况等信息。A、B项正确。根据《环境保护法》第10条第1款规定，县级以上地方人民政府环境保护主管部门，对本行政区域环境保护工作实施统一监督管理。C项正确。根据《环境保护法》第25条规定，企业事业单位和其他生产经营者违反法律法规规定排放污染物，造成或者可能造成严重污染的，县级以上人民政府环境保护主管部门和其他负有环境保护监督管理职责的部门，可以查封、扣押造成污染物排放的设施、设备。D项正确。

1354. AB，解析：根据《环境保护法》第15条规定，国务院环境保护主管部门制定国家环境质量标准。省、自治区、直辖市人民政府对国家环境质量标准中未作规定的项目，可以制定地方环境质量标准；对国家环境质量标准中已作规定的项目，可以制定严于国家环境质量标准的地方环境质量标准。地方环境质量标准应当报国务院环境保护主管部门备案。国家鼓励开展环境基准研究。

1355. ACD，解析：根据《环境保护法》第41条规定，建设项目中防治污染的设施，应当与主体工程同时设计、同时施工、同时投产使用。防治污染的设施应当符合经批准的环境影响评价文件的要求，不得擅自拆除或者闲置。

（四）填空题

1356. 6；5。（《环境保护法》第12条）

1357. 国家环境质量标准；国家经济、技术条件。（《环境保护法》第16条）

1358. 不公开；不如实公开。（《环境保护法》第62条）

1359. 省级以上；暂停。（《环境保护法》第44条）

1360. 排放方式；防治污染设施。（《环境保护法》第55条）

（五）简答题

1361. 答：根据《环境保护法》第44条规定，国家实行重点污染物排放总量控制制度。重点污染物排放总量控制指标由国务院下达，省、自治区、直辖市人民政府分解落实。企业事业单位在执行国家和地方污染物排放标准的同时，应当遵守分解落实到本单位的重点污染物排放总量控制指标。

对超过国家重点污染物排放总量控制指标或者未完成国家确定的环境质量目标的地区，省级以上人民政府环境保护主管部门应当暂停审批其新增重点污染物排放总量的建设项目环境影响评价文件。

二十、环境影响评价法

(一) 判断题

1362. 环境影响评价必须客观、公开、公正，综合考虑规划或者建设项目实施后对各种环境因素及其所构成的生态系统可能造成的影响，为决策提供科学依据。(　　)

1363. 专项规划的编制机关在报批规划草案时，应当将环境影响报告书一并附送审批机关审查；未附送环境影响报告书的，审批机关不予审批。(　　)

1364. 设区的市级以上人民政府或者省级以上人民政府有关部门在审批专项规划草案时，应当对环境影响报告书结论以及审查意见予以采纳，并作为审批的唯一依据。(　　)

1365. 作为一项整体建设项目的规划，按照建设项目进行环境影响评价，仍须进行规划的环境影响评价。(　　)

1366. 生态环境主管部门应当为建设单位指定编制建设项目环境影响报告书、环境影响报告表的技术单位。(　　)

(二) 单项选择题

1367. 关于建设项目的环境影响评价，下列说法不正确的是：(　　)

A. 建设项目的环境影响评价实行分类管理

B. 可能造成轻度环境影响的，应当编制环境影响报告书，对产生的环境影响进行分析或者专项评价

C. 对环境影响很小、不需要进行环境影响评价的，应当填报环境影响登记表

D. 可能造成重大环境影响的，应当编制环境影响报告书，对产生的环境影响进行全面评价

1368. 关于建设单位开展环境影响评价，下列哪一项说法是错误的？(　　)

A. 建设单位具备环境影响评价技术能力的，可以自行对其建设项目开展环境影响评价

B. 建设单位可以委托技术单位对其建设项目开展环境影响评价

C. 接受委托的技术单位不得与建设项目环境影响报告书、环境影响报告表的审批部门存在任何利益关系

D. 接受委托的技术单位应当对其编制的建设项目环境影响报告书、环境影响报告表的内容和结论负责

1369. 关于建设项目的环境影响报告书、报告表的审批，哪一项是正确的？(　　)

A. 由建设单位按照国务院的规定报有审批权的生态环境主管部门审批

B. 环境影响报告书应当自收到之日起 90 日内审批

C. 环境影响报告表应当自收到之日起 60 日内审批

D. 审核、审批建设项目环境影响报告书、报告表以及备案环境影响登记表，只收取工本费

1370. 建设项目可能造成跨行政区域的不良环境影响，有关生态环境主管部门对该项目的环境影响评价结论有争议的，其环境影响评价文件由(　　)审批。

A. 国务院　　B. 省级生态环境主管部门

C. 省级人民政府　　D. 共同的上一级生态环境主管部门

1371. 建设项目的环境影响评价文件自批准之日起超过（　　）年，方决定该项目开工建设的，其环境影响评价文件应当报原审批部门重新审核。

A. 2　　B. 3

C. 5　　D. 10

(三) 多项选择题

1372. 专项规划的环境影响报告书应当包括下列哪些内容？(　　)

A. 实施该规划对环境可能造成影响的分析、预测和评估

B. 预防或者减轻不良环境影响的对策和措施

C. 环境影响评价的结论

D. 对环境造成破坏的处罚措施

1373. （　　）在审批专项规划草案时，应当将环境影响报告书结论以及审查意见作为决策的重要依据。

A. 设区的市级以上人民政府

B. 省级以上人民政府有关部门

C. 设区的市级以上人民政府有关部门

D. 县级以上人民政府有关部门

1374. 建设项目的环境影响报告书应当包括下列哪些内容？（　　）

A. 建设项目周围环境现状

B. 建设项目对环境可能造成影响的分析、预测和评估

C. 建设项目对环境影响的经济损益分析

D. 环境影响评价的结论

1375. 下列建设项目的环境影响评价文件应由国务院生态环境主管部门负责审批的有：（　　）

A. 核设施建设项目

B. 跨省的建设项目

C. 跨设区的市的建设项目

D. 由国务院审批的或者由国务院授权有关部门审批的建设项目

1376. 在项目建设、运行过程中产生不符合经审批的环境影响评价文件的情形的，建设单位应当组织环境影响的后评价，采取改进措施，并报（　　）备案。

A. 生态环境主管部门　　B. 原环境影响评价文件审批部门

C. 规划审批机关　　D. 原建设项目审批部门

（四）填空题

1377. 国家加强环境影响评价的____和____建设，鼓励和支持对环境影响评价的方法、技术规范进行科学研究，建立必要的环境影响评价____制度，提高环境影响评价的科学性。

1378. 国务院有关部门、____以上地方人民政府及其有关部门，对其组织编制的____的有关规划，区域、流域、海域的建设、开发利用规划，应

当在规划编制过程中组织进行环境影响评价，编写该规划有关环境影响的篇章或者说明。

1379. 编制专项规划应当在该专项规划草案____前，组织进行环境影响评价，并向审批该专项规划的机关提出____。进行环境影响评价的规划的具体范围，由国务院生态环境主管部门会同国务院有关部门规定，报____批准。

1380. 专项规划的编制机关对可能造成____并____的规划，应当在该规划草案报送审批前，举行论证会、听证会，或者采取其他形式，征求有关单位、专家和公众对环境影响报告书草案的意见。但是，国家规定需要____的情形除外。

1381. 对环境有重大影响的规划实施后，____应当及时组织环境影响的跟踪评价，并将评价结果报告____；发现有明显不良环境影响的，应当及时提出改进措施。

1382. 已经进行了环境影响评价的规划包含具体建设项目的，规划的环境影响评价结论应当作为建设项目环境影响评价的____，建设项目环境影响评价的内容应当根据规划的环境影响评价审查意见予以____。

1383. 建设单位应当对建设项目环境影响报告书、环境影响报告表的内容和结论____，接受委托编制建设项目环境影响报告书、环境影响报告表的技术单位对其编制的建设项目环境影响报告书、环境影响报告表承担____。

(五) 简答题

1384. 简述建设项目的环境影响评价的分类管理制度。

参考答案

(一) 判断题

1362. √，解析：根据《环境影响评价法》第 4 条规定。

1363. √，解析：根据《环境影响评价法》第 12 条规定。

1364. ×，解析：根据《环境影响评价法》第 14 条第 2 款规定，设区的市级以上人民政府或者省级以上人民政府有关部门在审批专项规划草案时，应当将环境影响报告书结论以及审查意见作为决策的重要依据。

1365. ×，解析：根据《环境影响评价法》第18条第2款规定，作为一项整体建设项目的规划，按照建设项目进行环境影响评价，不进行规划的环境影响评价。

1366. ×，解析：根据《环境影响评价法》第20条第4款规定，任何单位和个人不得为建设单位指定编制建设项目环境影响报告书、环境影响报告表的技术单位。

（二）单项选择题

1367. B，解析：根据《环境影响评价法》第16条第1、2款规定，国家根据建设项目对环境的影响程度，对建设项目的环境影响评价实行分类管理。建设单位应当按照下列规定组织编制环境影响报告书、环境影响报告表或者填报环境影响登记表（以下统称环境影响评价文件）：（1）可能造成重大环境影响的，应当编制环境影响报告书，对产生的环境影响进行全面评价；（2）可能造成轻度环境影响的，应当编制环境影响报告表，对产生的环境影响进行分析或者专项评价；（3）对环境影响很小、不需要进行环境影响评价的，应当填报环境影响登记表。

1368. D，解析：根据《环境影响评价法》第19条第1、4款规定，建设单位可以委托技术单位对其建设项目开展环境影响评价，编制建设项目环境影响报告书、环境影响报告表；建设单位具备环境影响评价技术能力的，可以自行对其建设项目开展环境影响评价，编制建设项目环境影响报告书、环境影响报告表。接受委托为建设单位编制建设项目环境影响报告书、环境影响报告表的技术单位，不得与负责审批建设项目环境影响报告书、环境影响报告表的生态环境主管部门或者其他有关审批部门存在任何利益关系。根据《环境影响评价法》第20条第1款规定，建设单位应当对建设项目环境影响报告书、环境影响报告表的内容和结论负责，接受委托编制建设项目环境影响报告书、环境影响报告表的技术单位对其编制的建设项目环境影响报告书、环境影响报告表承担相应责任。

1369. A，解析：根据《环境影响评价法》第22条规定，建设项目的环境影响报告书、报告表，由建设单位按照国务院的规定报有审批权的生态环境主管部门审批。海洋工程建设项目的海洋环境影响报告书的审批，依照《中华人民共和国海洋环境保护法》的规定办理。审批部门应当自收到环境影响报告书之日起60日内，收到环境影响报告表之日起30日内，分别作出审批决定并书面通知建设单位。国家对环境影响登记表实行备案管理。审核、审批建设项目环境影响报告书、报告表以及备案环境影响登记表，不得收取任何费用。

1370. D，解析：根据《环境影响评价法》第23条第3款规定，建设项目可能造成跨行政区域的不良环境影响，有关生态环境主管部门对该项目的环境影响评价结论有争议的，其环境影响评价文件由共同的上一级生态环境主管部门审批。

1371. C，解析：根据《环境影响评价法》第24条第2款规定，建设项目的环境影响评价文件自批准之日起超过5年，方决定该项目开工建设的，其环境影响评价文件应当报原审批部门重新审核；原审批部门应当自收到建设项目环境影响评价文件之日起10日内，将审核意见书面通知建设单位。

（三）多项选择题

1372. ABC，解析：根据《环境影响评价法》第10条规定，专项规划的环境影响报告书应当包括下列内容：（1）实施该规划对环境可能造成影响的分析、预测和评估；（2）预防或者减轻不良环境影响的对策和措施；（3）环境影响评价的结论。

1373. AB，解析：根据《环境影响评价法》第14条第2款规定，设区的市级以上人民政府或者省级以上人民政府有关部门在审批专项规划草案时，应当将环境影响报告书结论以及审查意见作为决策的重要依据。

1374. ABCD，解析：根据《环境影响评价法》第17条规定，建设项目的环境影响报告书应当包括下列内容：（1）建设项目概况；（2）建设项目周围环境现状；（3）建设项目对环境可能造成影响的分析、预测和评估；（4）建设项目环境保护措施及其技术、经济论证；（5）建设项目对环境影响的经济损益分析；（6）对建设项目实施环境监测的建议；（7）环境影响评价的结论。环境影响报告表和环境影响登记表的内容和格式，由国务院生态环境主管部门制定。

1375. ABD，解析：根据《环境影响评价法》第23条第1款规定，国务院生态环境主管部门负责审批下列建设项目的环境影响评价文件：（1）核设施、绝密工程等特殊性质的建设项目；（2）跨省、自治区、直辖市行政区域的建设项目；（3）由国务院审批的或者由国务院授权有关部门审批的建设项目。

1376. BD，解析：根据《环境影响评价法》第27条规定，在项目建设、运行过程中产生不符合经审批的环境影响评价文件的情形的，建设单位应当组织环境影响的后评价，采取改进措施，并报原环境影响评价文件审批部门和建设项目审批部门备案；原环境影响评价文件审批部门也可以责成建设单位进行环境影响的后评价，采取改进措施。

（四）填空题

1377. 基础数据库；评价指标体系；信息共享。（《环境影响评价法》第6条）

1378. 设区的市级；土地利用。（《环境影响评价法》第7条）

1379. 上报审批；环境影响报告书；国务院。（《环境影响评价法》第8、9条）

1380. 不良环境影响；直接涉及公众环境权益；保密。（《环境影响评价法》第11条）

1381. 编制机关；审批机关。（《环境影响评价法》第15条）

1382. 重要依据；简化。（《环境影响评价法》第18条）

1383. 负责；相应责任。（《环境影响评价法》第20条）

（五）简答题

1384. 答：根据《环境影响评价法》第16条规定，国家根据建设项目对环境的影响程度，对建设项目的环境影响评价实行分类管理。建设单位应当按照下列规定组织编制环境影响报告书、环境影响报告表或者填报环境影响登记表（以下统称环境影响评价文件）：（1）可能造成重大环境影响的，应当编制环境影响报告书，对产生的环境影响进行全面评价；（2）可能造成轻度环境影响的，应当编制环境影响报告表，对产生的环境影响进行分析或者专项评价；（3）对环境影响很小、不需要进行环境影响评价的，应当填报环境影响登记表。建设项目的环境影响评价分类管理名录，由国务院生态环境主管部门制定并公布。

二十一、治安管理处罚法

（一）判断题

1385. 实施治安管理处罚，应当公开、公正，尊重和保障人权，保护公民的人格尊严。（　　）
1386. 违反治安管理所得的财物，追缴退还被侵害人。（　　）
1387. 出于他人胁迫或者诱骗，违反治安管理的，一律不予处罚。（　　）
1388. 因扰乱体育比赛秩序被处以拘留处罚的，可以同时责令其 12 个月内不得进入体育场馆观看同类比赛。（　　）
1389. 违反国家规定，制造传染病病原体等危险物质的，处 10 日以上 15 日以下拘留；情节较轻的，处 5 日以上 10 日以下拘留。（　　）
1390. 擅自进入铁路防护网或者火车来临时在铁路线路上行走坐卧、抢越铁路，影响行车安全的，处警告或者 200 元以下罚款。（　　）
1391. 胁迫、诱骗或者利用他人乞讨的，处 15 日以下拘留，不能并处罚款。（　　）
1392. 冒充国家机关工作人员或者以其他虚假身份招摇撞骗，情节较轻的，处 5 日以下拘留或者 200 元以下罚款。（　　）
1393. 明知是赃物而窝藏、转移或者代为销售的，处 15 日拘留。（　　）
1394. 引诱、容留、介绍他人卖淫的，处 10 日以上 15 日以下拘留，可以并处 5000 元以下罚款。（　　）
1395. 教唆、引诱、欺骗他人吸食、注射毒品的，处 10 日以上 15 日以下拘留，并处 500 元以上 2000 元以下罚款。（　　）
1396. 公安机关对报案、控告、举报或者违反治安管理行为人主动投案，以及其他行政主管部门、司法机关移送的违反治安管理案件，应当及时受理，并进行登记。（　　）
1397. 对违反治安管理行为人，人民警察不能口头传唤。（　　）

1398. 治安管理处罚只能由县级以上人民政府公安机关决定。(　　)

1399. 被处罚人对治安管理处罚决定不服的，可以依法申请行政复议或者提起行政诉讼。(　　)

1400. 被处罚人不服行政拘留处罚决定，申请行政复议、提起行政诉讼的，可以向公安机关提出暂缓执行行政拘留的申请。(　　)

1401. 公安机关及其人民警察违法行使职权，侵犯公民、法人和其他组织合法权益的，应当赔礼道歉；造成损害的，应当依法承担赔偿责任。(　　)

(二) 单项选择题

1402. 在中华人民共和国船舶和航空器内发生的违反治安管理行为，除(　　)有特别规定的外，适用《治安管理处罚法》。

A. 法律　　B. 法规

C. 行政规章　　D. 地方法规

1403. (　　)负责全国的治安管理工作。县级以上地方各级人民政府公安机关负责本行政区域内的治安管理工作。

A. 最高人民法院　　B. 最高人民检察院

C. 国务院公安部门　　D. 国家监察机关

1404. 醉酒的人违反治安管理的，应当(　　)。

A. 给予处罚　　B. 减轻处罚

C. 从轻处罚　　D. 不予处罚

1405. 散布谣言，扰乱公共秩序，情节较轻的，处(　　)。

A. 15 日以下拘留　　B. 5 日以下拘留

C. 200 元以下罚款　　D. 警告

1406. 旅馆、饭店、影剧院、娱乐场、运动场、展览馆或者其他供社会公众活动的场所的(　　)，违反安全规定，致使该场所有发生安全事故危险，经公安机关责令改正，拒不改正的，处 5 日以下拘留。

A. 股东　　B. 法定代表人

C. 经营管理人员　　D. 人员

1407. 虐待家庭成员，被虐待人要求处理的，处(　　)以下拘留或者警告。

A. 15 日　　B. 10 日

C. 5日　　D. 3日

1408. 船舶擅自进入、停靠国家禁止、限制进入的水域或者岛屿的，对（　　）及有关责任人员处500元以上1000元以下罚款；情节严重的，处5日以下拘留，并处500元以上1000元以下罚款。

A. 船舶所有人　　B. 船舶负责人

C. 船舶承租人　　D. 船舶出租人

1409. 收购（　　）的，处500元以上1000元以下罚款；情节严重的，处5日以上10日以下拘留，并处500元以上1000元以下罚款。

A. 金条

B. 海洛因

C. 茅台

D. 公安机关通报寻查的赃物或者有赃物嫌疑的物品

1410. 在（　　）拉客招嫖的，处5日以下拘留或者500元以下罚款。

A. 私人平房　　B. 私人别墅

C. 私人游艇　　D. 公共场所

1411. 非法持有鸦片不满（　　），处10日以上15日以下拘留，可以并处2000元以下罚款；情节较轻的，处5日以下拘留或者500元以下罚款。

A. 10克　　B. 50克

C. 100克　　D. 200克

1412. 下列哪一证据可以作为处罚的根据？（　　）

A. 以合法手段收集的涉及当事人隐私的证据

B. 以刑讯逼供手段收集的证据

C. 采用威胁手段收集的证据

D. 采取引诱、欺骗等手段收集的证据

1413. 关于询问被侵害人或者其他证人的程序，下列哪一说法是错误的？（　　）

A. 可以到其所在单位或者住处进行

B. 必要时，也可以通知其到公安机关提供证言

C. 在公安机关以外询问被侵害人或者其他证人，应当出示工作证件

D. 询问被侵害人或者其他证人，无需将询问笔录交其核对

1414. 公安机关作出治安管理处罚决定的，应当制作（　　）。

A. 行政处罚决定书　　B. 治安管理处罚裁定书

C. 治安管理处罚决定书　　D. 治安管理处罚判决书

1415. 受到罚款处罚的人应当自收到处罚决定书之日起（　　）内，到指定的银行缴纳罚款。

A. 10 日　　B. 15 日

C. 20 日　　D. 30 日

1416. 被决定给予行政拘留处罚的人交纳保证金，暂缓行政拘留后，逃避行政拘留处罚的执行的，保证金予以没收并上缴国库，已经作出的行政拘留决定（　　）。

A. 不再执行　　B. 仍应执行

C. 中止执行　　D. 终结执行

1417. 公安机关及其人民警察违法行使职权，侵犯公民、法人和其他组织合法权益的，应当（　　）；造成损害的，应当依法承担赔偿责任。

A. 赔礼道歉　　B. 给予行政处分

C. 革除公职　　D. 闭门思过

（三）多项选择题

1418. 下列关于治安管理工作的分工的说法，哪些是正确的？（　　）

A. 国务院公安部门负责全国的治安管理工作

B. 国务院负责全国的治安管理工作

C. 县级以上地方各级人民政府公安机关负责本行政区域内的治安管理工作

D. 省级以上地方各级人民政府公安机关负责本行政区域内的治安管理工作

1419. （　　）的人违反治安管理的，可以从轻、减轻或者不予处罚。

A. 残疾人　　B. 盲人

C. 超过 75 周岁　　D. 又聋又哑

1420. 违反治安管理行为人有下列哪些情形的，依照《治安管理处罚法》应当给予行政拘留处罚的，不执行行政拘留处罚？（　　）

A. 已满 14 周岁不满 16 周岁的

B. 已满 16 周岁不满 18 周岁，初次违反治安管理的

C. 70 周岁以上的

D. 怀孕或者哺乳自己不满 1 周岁婴儿的

1421. 对下列哪些寻衅滋事行为，应处 5 日以上 10 日以下拘留，可以并处 500 元以下罚款；情节较重的，处 10 日以上 15 日以下拘留，可以并处 1000 元以下罚款？(　　)

A. 结伙斗殴的

B. 追逐、拦截他人的

C. 强拿硬要或者任意损毁、占用公私财物的

D. 其他寻衅滋事行为

1422. 有下列那些行为之一的，处 5 日以上 10 日以下拘留，可以并处 500 元以下罚款；情节较轻的，处 5 日以下拘留或者 500 元以下罚款？(　　)

A. 盗窃、损毁或者擅自移动铁路设施、设备、机车车辆配件或者安全标志的

B. 在铁路线路上放置障碍物，或者故意向列车投掷物品的

C. 在铁路线路、桥梁、涵洞处挖掘坑穴、采石取沙的

D. 在铁路线路上私设道口或者平交过道的

1423. 下列哪些场所的经营管理人员，违反安全规定，致使该场所有发生安全事故危险，经公安机关责令改正，拒不改正的，处 5 日以下拘留？(　　)

A. 娱乐场　　B. 影剧院

C. 饭店　　D. 旅馆

1424. 猥亵下列哪些人员或者有其他严重情节的，处 10 日以上 15 日以下拘留？(　　)

A. 精神病人　　B. 妇女

C. 残疾人　　D. 不满 14 周岁的人

1425. 伪造下列哪些主体的印章，处 10 日以上 15 日以下拘留，可以并处 1000 元以下罚款；情节较轻的，处 5 日以上 10 日以下拘留，可以并处 500 元以下罚款？(　　)

A. 国家机关　　B. 事业单位
C. 企业　　D. 人民团体

1426. （　　）他人吸食、注射毒品的，处10日以上15日以下拘留，并处500元以上2000元以下罚款。
A. 帮助　　B. 引诱
C. 教唆　　D. 欺骗

1427. 饲养动物，干扰他人正常生活的，处警告；警告后（　　），处200元以上500元以下罚款。
A. 改正的　　B. 不改正的
C. 放任动物恐吓他人的　　D. 遗弃动物的

1428. 人民警察与其办理的治安案件有利害关系的，除自行回避外，下列哪些主体有权要求其回避？（　　）
A. 违反治安管理行为人　　B. 被侵害人
C. 报案人　　D. 被侵害人的法定代理人

1429. 人民警察询问被侵害人或者其他证人，应当遵循下列哪些规定？（　　）
A. 可以到其所在单位或者住处进行
B. 必要时，也可以通知其到公安机关提供证言
C. 应当出示工作证件
D. 询问笔录应当交被询问人核对

1430. 公安机关作出下列哪些决定前，违反治安管理行为人有权要求举行听证？（　　）
A. 吊销许可证　　B. 处3000元以上罚款
C. 处2000元以上罚款　　D. 罚款

1431. 有下列哪些情形的，人民警察可以当场收缴罚款？（　　）
A. 被处50元以下罚款，被处罚人对罚款无异议
B. 在交通不便地区作出罚款决定
C. 被处罚人在当地没有固定住所，不当场收缴事后难以执行
D. 在边远、水上、交通不便地区，公安机关及其人民警察依照《治安管理处罚法》的规定作出罚款决定后，被处罚人向指定的银行缴纳罚款确有困难，经被处罚人提出的

1432. 担保人应当符合下列哪些条件？（　　）

A. 与本案无牵连

B. 享有政治权利，人身自由未受到限制

C. 在当地有常住户口和固定住所

D. 有能力履行担保义务

1433. 公安机关及其人民警察办理治安案件，应当自觉接受（　　）的监督。

A. 社会　　B. 公众

C. 公民　　D. 人民

(四) 填空题

1434. 治安管理处罚的程序，适用《治安管理处罚法》的规定；《治安管理处罚法》没有规定的，适用____的有关规定。

1435. 已满 14 周岁不满 18 周岁的人违反治安管理的，____处罚；不满 14 周岁的人违反治安管理的，不予处罚，但是应当责令其____严加管教。

1436. 有两种以上违反治安管理行为的，分别决定，____。行政拘留处罚合并执行的，最长不超过____。

1437. 因扰乱体育比赛秩序被处以拘留处罚的，可以同时责令其____内不得进入体育场馆观看同类比赛；违反规定进入体育场馆的，____。

1438. 违反国家规定，____干扰无线电业务正常进行的，或者对正常运行的无线电台（站）产生____干扰，经有关主管部门指出后，____有效措施消除的，处 5 日以上 10 日以下拘留；情节严重的，处 10 日以上 15 日以下拘留。

1439. 非法进行影响国（边）界线走向的活动或者修建有碍国（边）境管理的设施的，处____拘留。

1440. 以暴力、威胁或者其他手段强迫他人劳动的，情节较轻的，处____拘留，并处____罚款。

1441. 遗弃没有____的被扶养人的，处 5 日以下拘留或者警告。

1442. 阻碍人民警察依法执行职务的，____。

1443. 旅馆业的工作人员对住宿的旅客不按规定登记____、____种类和号码的，或者明知住宿的旅客将____带入旅馆，不予制止的，处200元以上500元以下罚款。

1444. 以____为目的，为赌博____的，或者参与赌博赌资____的，处5日以下拘留或者500元以下罚款；情节严重的，处10日以上15日以下拘留，并处500元以上3000元以下罚款。

1445. 饲养动物，干扰他人____的，处警告；警告后不改正的，或者____动物恐吓他人的，处200元以上500元以下罚款。

1446. 对违反治安管理行为人，公安机关传唤后应当____询问查证，询问查证的时间不得超过____；情况复杂，依照《治安管理处罚法》规定可能适用行政拘留处罚的，询问查证的时间不得超过____。

1447. 询问聋哑的____、____或者____，应当有通晓手语的人提供帮助，并在笔录上注明。

1448. 公安机关应当向被处罚人____治安管理处罚决定书，并当场交付被处罚人；无法当场向被处罚人宣告的，应当在____内送达被处罚人。

1449. 当场作出治安管理处罚决定的，经办的人民警察应当在____内报所属公安机关备案。

1450. 人民警察当场收缴的罚款，应当自收缴罚款之日起____内，交至所属的公安机关；在水上、旅客列车上当场收缴的罚款，应当自抵岸或者到站之日起____内，交至所属的公安机关；公安机关应当自收到罚款之日起____内将罚款缴付指定的银行。

1451. 行政拘留的处罚决定____，或者行政拘留处罚____的，公安机关收取的保证金应当及时退还交纳人。

（五）简答题

1452. 简述治安管理处罚的原则。

1453. 简述治安管理工作的分工。

1454. 简述对违反治安管理行为从重处罚的情形。

1455. 简述对违反治安管理行为人不执行行政拘留处罚的情形。

1456. 简述对违反治安管理行为减轻处罚或者不予处罚的情形。

1457. 简述对扰乱文化、教育等大型群众性活动秩序行为的治安管理处罚措施。

1458. 简述对非法携带枪支、弹药行为的治安管理处罚措施。
1459. 简述对猥亵行为的治安管理处罚措施。
1460. 简述对招摇撞骗行为的治安管理处罚措施。
1461. 简述人民警察在办理治安案件过程中应当回避的情形。
1462. 简述对违反治安管理行为人的询问查证制度。
1463. 简述治安管理处罚案件担保人应当符合的条件。
1464. 简述治安管理处罚中当场收缴罚款的具体情形。
1465. 简述治安管理处罚决定书的内容。
1466. 简述公安机关实施罚款处罚的原则。

参考答案

（一）判断题

1385. √，解析：根据《治安管理处罚法》第 5 条规定。
1386. √，解析：根据《治安管理处罚法》第 11 条规定。
1387. ×，解析：根据《治安管理处罚法》第 19 条规定，违反治安管理有下列情形之一的，减轻处罚或者不予处罚：（1）情节特别轻微的；（2）主动消除或者减轻违法后果，并取得被侵害人谅解的；（3）出于他人胁迫或者诱骗的；（4）主动投案，向公安机关如实陈述自己的违法行为的；（5）有立功表现的。
1388. √，解析：根据《治安管理处罚法》第 24 条规定。
1389. √，解析：根据《治安管理处罚法》第 30 条规定。
1390. √，解析：根据《治安管理处罚法》第 36 条规定。
1391. ×，解析：根据《治安管理处罚法》第 41 条第 1 款规定，胁迫、诱骗或者利用他人乞讨的，处 10 日以上 15 日以下拘留，可以并处 1000 元以下罚款。
1392. ×，解析：根据《治安管理处罚法》第 51 条第 1 款规定，冒充国家机关工作人员或者以其他虚假身份招摇撞骗的，处 5 日以上 10 日以下拘留，可以并处 500 元以下罚款；情节较轻的，处 5 日以下拘留或者 500 元以下罚款。
1393. ×，解析：根据《治安管理处罚法》第 60 条规定，有下列行为之一的，处 5 日以上 10 日以下拘留，并处 200 元以上 500 元以下罚款：（1）隐藏、转移、变卖或者损毁行政执法机关依法扣押、查封、冻结的财物的；（2）伪造、隐匿、毁灭证据或者提供虚假证言、谎报案情，影响行政执法机关依法办案的；(3) 明知是赃物而窝藏、转移或者代为销售的；(4) 被依法执行管制、剥夺政治权利或者在缓刑、暂予监外执行中的罪犯或者被依法采取刑事强制措施的人，有违反法律、行政法规或者国务院有关部门的监督管理规定的行为。

1394. √，解析：根据《治安管理处罚法》第 67 条规定。

1395. √，解析：根据《治安管理处罚法》第 73 条规定。

1396. √，解析：根据《治安管理处罚法》第 77 条规定。

1397. √，解析：根据《治安管理处罚法》第 82 条规定。

1398. ×，解析：根据《治安管理处罚法》第 91 条规定，治安管理处罚由县级以上人民政府公安机关决定；其中警告、500 元以下的罚款可以由公安派出所决定。

1399. √，解析：根据《治安管理处罚法》第 102 条规定。

1400. √，解析：根据《治安管理处罚法》第 107 条规定。

1401. √，解析：根据《治安管理处罚法》第 117 条规定。

（二）单项选择题

1402. A，解析：根据《治安管理处罚法》第 4 条第 2 款规定，在中华人民共和国船舶和航空器内发生的违反治安管理行为，除法律有特别规定的外，适用本法。

1403. C，解析：根据《治安管理处罚法》第 7 条第 1 款规定，国务院公安部门负责全国的治安管理工作。县级以上地方各级人民政府公安机关负责本行政区域内的治安管理工作。

1404. A，解析：根据《治安管理处罚法》第 15 条第 1 款规定，醉酒的人违反治安管理的，应当给予处罚。

1405. B，解析：根据《治安管理处罚法》第 25 条规定，散布谣言，扰乱公共秩序，情节较轻的，处 5 日以下拘留或者 500 元以下罚款。

1406. C，解析：根据《治安管理处罚法》第 39 条规定，旅馆、饭店、影剧院、娱乐场、运动场、展览馆或者其他供社会公众活动的场所的经营管理人员，违反安全规定，致使该场所有发生安全事故危险，经公安机关责令改正，拒不改正的，处 5 日以下拘留。

1407. C，解析：根据《治安管理处罚法》第 45 条规定，有下列行为之一的，处 5 日以下拘留或者警告：（1）虐待家庭成员，被虐待人要求处理的；

（2）遗弃没有独立生活能力的被扶养人的。

1408. B，解析：根据《治安管理处罚法》第 53 条规定，船舶擅自进入、停靠国家禁止、限制进入的水域或者岛屿的，对船舶负责人及有关责任人员处 500 元以上 1000 元以下罚款；情节严重的，处 5 日以下拘留，并处 500 元以上 1000 元以下罚款。

1409. D，解析：根据《治安管理处罚法》第 59 条规定，有下列行为之一的，处 500 元以上 1000 元以下罚款；情节严重的，处 5 日以上 10 日以下拘留，并处 500 元以上 1000 元以下罚款：（1）典当业工作人员承接典当的物品，不查验有关证明、不履行登记手续，或者明知是违法犯罪嫌疑人、赃物，不向公安机关报告的；（2）违反国家规定，收购铁路、油田、供电、电信、矿山、水利、测量和城市公用设施等废旧专用器材的；（3）收购公安机关通报寻查的赃物或者有赃物嫌疑的物品的；（4）收购国家禁止收购的其他物品的。

1410. D，解析：根据《治安管理处罚法》第 66 条第 2 款规定，在公共场所拉客招嫖的，处 5 日以下拘留或者 500 元以下罚款。

1411. D，解析：根据《治安管理处罚法》第 72 条规定，有下列行为之一的，处 10 日以上 15 日以下拘留，可以并处 2000 元以下罚款；情节较轻的，处 5 日以下拘留或者 500 元以下罚款：（1）非法持有鸦片不满 200 克、海洛因或者甲基苯丙胺不满 10 克或者其他少量毒品的；（2）向他人提供毒品的；（3）吸食、注射毒品的；（4）胁迫、欺骗医务人员开具麻醉药品、精神药品的。

1412. A，解析：根据《治安管理处罚法》第 79 条规定，公安机关及其人民警察对治安案件的调查，应当依法进行。严禁刑讯逼供或者采用威胁、引诱、欺骗等非法手段收集证据。以非法手段收集的证据不得作为处罚的根据。

1413. D，解析：根据《治安管理处罚法》第 85 条规定，人民警察询问被侵害人或者其他证人，可以到其所在单位或者住处进行；必要时，也可以通知其到公安机关提供证言。人民警察在公安机关以外询问被侵害人或者其他证人，应当出示工作证件。询问被侵害人或者其他证人，同时适用本法第 84 条的规定。

1414. C，解析：根据《治安管理处罚法》第 96 条第 1 款规定，公安机关作出治安管理处罚决定的，应当制作治安管理处罚决定书。

1415. B，解析：根据《治安管理处罚法》第104条规定，受到罚款处罚的人应当自收到处罚决定书之日起15日内，到指定的银行缴纳罚款。

1416. B，解析：根据《治安管理处罚法》第110条规定，被决定给予行政拘留处罚的人交纳保证金，暂缓行政拘留后，逃避行政拘留处罚的执行的，保证金予以没收并上缴国库，已经作出的行政拘留决定仍应执行。

1417. A，解析：根据《治安管理处罚法》第117条规定，公安机关及其人民警察违法行使职权，侵犯公民、法人和其他组织合法权益的，应当赔礼道歉；造成损害的，应当依法承担赔偿责任。

（三）多项选择题

1418. AC，解析：根据《治安管理处罚法》第7条规定，国务院公安部门负责全国的治安管理工作。县级以上地方各级人民政府公安机关负责本行政区域内的治安管理工作。治安案件的管辖由国务院公安部门规定。

1419. BD，解析：根据《治安管理处罚法》第14条规定，盲人或者又聋又哑的人违反治安管理的，可以从轻、减轻或者不予处罚。

1420. ABCD，解析：根据《治安管理处罚法》第21条规定，违反治安管理行为人有下列情形之一，依照本法应当给予行政拘留处罚的，不执行行政拘留处罚：（1）已满14周岁不满16周岁的；（2）已满16周岁不满18周岁，初次违反治安管理的；（3）70周岁以上的；（4）怀孕或者哺乳自己不满1周岁婴儿的。

1421. ABCD，解析：根据《治安管理处罚法》第26条规定，有下列行为之一的，处5日以上10日以下拘留，可以并处500元以下罚款；情节较重的，处10日以上15日以下拘留，可以并处1000元以下罚款：（1）结伙斗殴的；（2）追逐、拦截他人的；（3）强拿硬要或者任意损毁、占用公私财物的；（4）其他寻衅滋事行为。

1422. ABCD，解析：根据《治安管理处罚法》第35条规定，有下列行为之一的，处5日以上10日以下拘留，可以并处500元以下罚款；情节较轻的，处5日以下拘留或者500元以下罚款：（1）盗窃、损毁或者擅自移动铁路设施、设备、机车车辆配件或者安全标志的；（2）在铁路线路上放置障碍物，或者故意向列车投掷物品的；（3）在铁路线路、桥梁、涵洞处挖掘坑穴、采石取沙的；（4）在铁路线路上私设道口或者平交过道的。

1423. ABCD，解析：根据《治安管理处罚法》第39条规定，旅馆、饭店、影剧院、娱乐场、运动场、展览馆或者其他供社会公众活动的场所的经营管理人员，违反安全规定，致使该场所有发生安全事故危险，经公安机关责令改正，拒不改正的，处5日以下拘留。

1424. ABD，解析：根据《治安管理处罚法》第44条规定，猥亵他人的，或者在公共场所故意裸露身体，情节恶劣的，处5日以上10日以下拘留；猥亵智力残疾人、精神病人、不满14周岁的人或者有其他严重情节的，处10日以上15日以下拘留。

1425. ABCD，解析：根据《治安管理处罚法》第52条规定，有下列行为之一的，处10日以上15日以下拘留，可以并处1000元以下罚款；情节较轻的，处5日以上10日以下拘留，可以并处500元以下罚款：（1）伪造、变造或者买卖国家机关、人民团体、企业、事业单位或者其他组织的公文、证件、证明文件、印章的；（2）买卖或者使用伪造、变造的国家机关、人民团体、企业、事业单位或者其他组织的公文、证件、证明文件的；（3）伪造、变造、倒卖车票、船票、航空客票、文艺演出票、体育比赛入场券或者其他有价票证、凭证的；（4）伪造、变造船舶户牌，买卖或者使用伪造、变造的船舶户牌，或者涂改船舶发动机号码的。

1426. BCD，解析：根据《治安管理处罚法》第73条规定，教唆、引诱、欺骗他人吸食、注射毒品的，处10日以上15日以下拘留，并处500元以上2000元以下罚款。

1427. BC，解析：根据《治安管理处罚法》第75条第1款规定，饲养动物，干扰他人正常生活的，处警告；警告后不改正的，或者放任动物恐吓他人的，处200元以上500元以下罚款。

1428. ABD，解析：根据《治安管理处罚法》第81条第1款规定，人民警察在办理治安案件过程中，遇有下列情形之一的，应当回避；违反治安管理行为人、被侵害人或者其法定代理人也有权要求他们回避：（1）是本案当事人或者当事人的近亲属的；（2）本人或者其近亲属与本案有利害关系的；（3）与本案当事人有其他关系，可能影响案件公正处理的。

1429. ABD，解析：根据《治安管理处罚法》第85条规定，人民警察询问被侵害人或者其他证人，可以到其所在单位或者住处进行；必要时，也可以通知其到公安机关提供证言。人民警察在公安机关以外询问被侵害人或者其他证人，应当出示工作证件。询问被侵害人或者其他证人，同时适用本法第84条的规定。

1430. AC，解析：根据《治安管理处罚法》第98条规定，公安机关作出吊销许可证以及处2000元以上罚款的治安管理处罚决定前，应当告知违反治安管理行为人有权要求举行听证；违反治安管理行为人要求听证的，公安机关应当及时依法举行听证。

1431. ACD，解析：根据《治安管理处罚法》第104条规定，受到罚款处罚的人应当自收到处罚决定书之日起15日内，到指定的银行缴纳罚款。但是，有下列情形之一的，人民警察可以当场收缴罚款：（1）被处50元以下罚款，被处罚人对罚款无异议的；（2）在边远、水上、交通不便地区，公安机关及其人民警察依照本法的规定作出罚款决定后，被处罚人向指定的银行缴纳罚款确有困难，经被处罚人提出的；（3）被处罚人在当地没有固定住所，不当场收缴事后难以执行的。

1432. ABCD，解析：根据《治安管理处罚法》第108条规定，担保人应当符合下列条件：（1）与本案无牵连；（2）享有政治权利，人身自由未受到限制；（3）在当地有常住户口和固定住所；（4）有能力履行担保义务。

1433. AC，解析：根据《治安管理处罚法》第114条第1款规定，公安机关及其人民警察办理治安案件，应当自觉接受社会和公民的监督。

（四）填空题

1434. 《中华人民共和国行政处罚法》。（《治安管理处罚法》第3条）

1435. 从轻或者减轻；监护人。（《治安管理处罚法》第12条）

1436. 合并执行；20日。（《治安管理处罚法》第16条）

1437. 12个月；强行带离现场。（《治安管理处罚法》第24条）

1438. 故意；有害；拒不采取。（《治安管理处罚法》第28条）

1439. 10日以上15日以下。（《治安管理处罚法》第33条）

1440. 5日以上10日以下；200元以上500元以下。（《治安管理处罚法》第40条）

1441. 独立生活能力。（《治安管理处罚法》第45条）

1442. 从重处罚。（《治安管理处罚法》第50条）

1443. 姓名；身份证件；危险物质。（《治安管理处罚法》第56条）

1444. 营利；提供条件；较大。（《治安管理处罚法》第70条）

1445. 正常生活；放任。（《治安管理处罚法》第75条）

1446. 及时；8小时；24小时。（《治安管理处罚法》第83条）

1447. 违反治安管理行为人；被侵害人；其他证人。（《治安管理处罚法》第86条）

1448. 宣告；2日。（《治安管理处罚法》第97条）

1449. 24 小时。(《治安管理处罚法》第 101 条)

1450. 2 日;2 日;2 日。(《治安管理处罚法》第 105 条)

1451. 被撤销;开始执行。(《治安管理处罚法》第 111 条)

(五) 简答题

1452. 答:根据《治安管理处罚法》第 5 条规定,治安管理处罚必须以事实为依据,与违反治安管理行为的性质、情节以及社会危害程度相当。实施治安管理处罚,应当公开、公正,尊重和保障人权,保护公民的人格尊严。办理治安案件应当坚持教育与处罚相结合的原则。

1453. 答:根据《治安管理处罚法》第 7 条规定,国务院公安部门负责全国的治安管理工作。县级以上地方各级人民政府公安机关负责本行政区域内的治安管理工作。治安案件的管辖由国务院公安部门规定。

1454. 答:根据《治安管理处罚法》第 20 条规定,违反治安管理有下列情形之一的,从重处罚:(1)有较严重后果的;(2)教唆、胁迫、诱骗他人违反治安管理的;(3)对报案人、控告人、举报人、证人打击报复的;(4)6 个月内曾受过治安管理处罚的。

1455. 答:根据《治安管理处罚法》第 21 条规定,违反治安管理行为人有下列情形之一,依照本法应当给予行政拘留处罚的,不执行行政拘留处罚:(1)已满 14 周岁不满 16 周岁的;(2)已满 16 周岁不满 18 周岁,初次违反治安管理的;(3)70 周岁以上的;(4)怀孕或者哺乳自己不满 1 周岁婴儿的。

1456. 答:根据《治安管理处罚法》第 19 条规定,违反治安管理有下列情形之一的,减轻处罚或者不予处罚:(1)情节特别轻微的;(2)主动消除或者减轻违法后果,并取得被侵害人谅解的;(3)出于他人胁迫或者诱骗的;(4)主动投案,向公安机关如实陈述自己的违法行为的;(5)有立功表现的。

1457. 答:根据《治安管理处罚法》第 24 条第 1 款规定,有下列行为之一,扰乱文化、体育等大型群众性活动秩序的,处警告或者 200 元以下罚款;情节严重的,处 5 日以上 10 日以下拘留,可以并处 500 元以下罚款:(1)强行进入场内的;(2)违反规定,在场内燃放烟花爆竹或者其他物品的;(3)展示侮辱性标语、条幅等物品的;(4)围攻裁判员、运动员或者其他工作人员的;(5)向场内投掷杂物,不听制止的;(6)扰乱大型群众性活动秩序的其他行为。

1458. 答：根据《治安管理处罚法》第 32 条规定，非法携带枪支、弹药或者弩、匕首等国家规定的管制器具的，处 5 日以下拘留，可以并处 500 元以下罚款；情节较轻的，处警告或者 200 元以下罚款。非法携带枪支、弹药或者弩、匕首等国家规定的管制器具进入公共场所或者公共交通工具的，处 5 日以上 10 日以下拘留，可以并处 500 元以下罚款。

1459. 答：根据《治安管理处罚法》第 44 条规定，猥亵他人的，或者在公共场所故意裸露身体，情节恶劣的，处 5 日以上 10 日以下拘留；猥亵智力残疾人、精神病人、不满 14 周岁的人或者有其他严重情节的，处 10 日以上 15 日以下拘留。

1460. 答：根据《治安管理处罚法》第 51 条规定，冒充国家机关工作人员或者以其他虚假身份招摇撞骗的，处 5 日以上 10 日以下拘留，可以并处 500 元以下罚款；情节较轻的，处 5 日以下拘留或者 500 元以下罚款。冒充军警人员招摇撞骗的，从重处罚。

1461. 答：根据《治安管理处罚法》第 81 条第 1 款规定，人民警察在办理治安案件过程中，遇有下列情形之一的，应当回避；违反治安管理行为人、被侵害人或者其法定代理人也有权要求他们回避：（1）是本案当事人或者当事人的近亲属的；（2）本人或者其近亲属与本案有利害关系的；（3）与本案当事人有其他关系，可能影响案件公正处理的。

1462. 答：根据《治安管理处罚法》第 83 条规定，对违反治安管理行为人，公安机关传唤后应当及时询问查证，询问查证的时间不得超过 8 小时；情况复杂，依照本法规定可能适用行政拘留处罚的，询问查证的时间不得超过 24 小时。公安机关应当及时将传唤的原因和处所通知被传唤人家属。

1463. 答：根据《治安管理处罚法》第 108 条规定，担保人应当符合下列条件：（1）与本案无牵连；（2）享有政治权利，人身自由未受到限制；（3）在当地有常住户口和固定住所；（4）有能力履行担保义务。

1464. 答：根据《治安管理处罚法》第 104 条规定，受到罚款处罚的人应当自收到处罚决定书之日起 15 日内，到指定的银行缴纳罚款。但是，有下列情形之一的，人民警察可以当场收缴罚款：（1）被处 50 元以下罚款，被处罚人对罚款无异议的；（2）在边远、水上、交通不便地区，公安机关及其人民警察依照本法的规定作出罚款决定后，被处罚人向指定的银行缴纳罚款确有困难，经被处罚人提出的；（3）被处罚人在当地没有固定住所，不当场收缴事后难以执行的。

1465. 答：根据《治安管理处罚法》第 96 条第 1 款规定，公安机关作出治安管理处罚决定的，应当制作治安管理处罚决定书。决定书应当载明下列内容：（1）被处罚人的姓名、性别、年龄、身份证件的名称和号码、住址；（2）违法事实和证据；（3）处罚的种类和依据；（4）处罚的执行方式和期限；(5) 对处罚决定不服，申请行政复议、提起行政诉讼的途径和期限；（6）作出处罚决定的公安机关的名称和作出决定的日期。

1466. 答：根据《治安管理处罚法》第 115 条规定，公安机关依法实施罚款处罚，应当依照有关法律、行政法规的规定，实行罚款决定与罚款收缴分离；收缴的罚款应当全部上缴国库。

二十二、社区矫正法

（一）判断题

1467. 对被判处管制、宣告缓刑、假释和暂予监外执行的罪犯，依法实行社区矫正。（　　）

1468. 社区矫正对象依法享有的人身权利、财产权利和其他权利不受侵犯，在就业、就学和享受社会保障等方面不受歧视。（　　）

1469. 社区矫正执行地为社区矫正对象的户籍所在地。（　　）

1470. 社区矫正对象的居住地、经常居住地无法确定或者不适宜执行社区矫正的，社区矫正决定机关应当根据有利于社区矫正对象接受矫正、更好地融入社会的原则，确定执行地。（　　）

1471. 人民法院决定暂予监外执行的社区矫正对象，由看守所或者执行取保候审、监视居住的公安机关自收到决定之日起5日内将社区矫正对象移送社区矫正机构。（　　）

1472. 社区矫正对象为女性的，矫正小组中应有女性成员。（　　）

1473. 社区矫正对象有被依法决定拘留、强制隔离戒毒、采取刑事强制措施等限制人身自由情形的，有关机关无需通知社区矫正机构。（　　）

1474. 有关人民团体应当依法协助社区矫正机构做好教育帮扶工作。（　　）

1475. 社区矫正机构可以协调有关部门和单位，依法对就业困难的社区矫正对象开展职业技能培训、就业指导，帮助社区矫正对象中的在校学生完成学业。（　　）

1476. 社区矫正对象不可以申请社会救助、参加社会保险或获得法律援助。（　　）

1477. 对于在考验期限内犯新罪或者发现判决宣告以前还有其他罪没有判决的，应当由审理该案件的人民法院撤销缓刑、假释，并书面通知原审人民法院和执行地社区矫正机构。（　　）

1478. 被裁定撤销缓刑、假释和被决定收监执行的社区矫正对象逃跑的，由社区矫正机构追捕，公安机关、有关单位和个人予以协助。（　）

1479. 社区矫正对象在社区矫正期间死亡的，其监护人、家庭成员应当及时向社区矫正机构报告。（　）

1480. 未成年社区矫正对象在社区矫正期间年满 18 周岁的，继续按照未成年人社区矫正有关规定执行。（　）

（二）单项选择题

1481. （　）根据社区矫正机构的委托，承担社区矫正相关工作。

A. 人民法院　　B. 公安机关

C. 人民检察院　　D. 司法所

1482. 社区矫正决定机关应当自判决、裁定或者决定生效之日起（　）日内通知执行地社区矫正机构，并在（　）日内送达有关法律文书，同时抄送人民检察院和执行地公安机关。

A. 5；10　　B. 10；5

C. 15；10　　D. 3；10

1483. 人民法院判处管制、宣告缓刑、裁定假释的社区矫正对象，应当自判决、裁定生效之日起（　）日内到执行地社区矫正机构报到。

A. 15　　B. 10

C. 5　　D. 25

1484. 监狱管理机关、公安机关批准暂予监外执行的社区矫正对象，由监狱或者看守所自收到批准决定之日起（　）日内将社区矫正对象移送社区矫正机构。

A. 10　　B. 15

C. 7　　D. 5

1485. 依法对社区矫正对象使用电子定位装置的期限不得超过（　）。

A. 15 日　　B. 1 年

C. 3 个月　　D. 6 个月

1486. 社区矫正对象符合刑法规定的减刑条件的，社区矫正机构应当向社区矫正执行地的（　）提出减刑建议，并将减刑建议书抄送同级人民检察院。

A. 基层人民法院　　B. 高级人民法院
C. 公安机关　　D. 中级以上人民法院

1487. 人民法院应当在收到社区矫正机构的减刑建议书后（　　）日内作出裁定，并将裁定书送达社区矫正机构，同时抄送人民检察院、公安机关。

A. 25　　B. 30
C. 15　　D. 60

1488. 社区矫正对象具有刑法规定的撤销缓刑、假释情形的，应当由（　　）撤销缓刑、假释。

A. 司法所　　B. 人民检察院
C. 公安机关　　D. 人民法院

1489. 被提请撤销缓刑、假释的社区矫正对象可能逃跑或者可能发生社会危险的，社区矫正机构可以在提出撤销缓刑、假释建议的同时，提请人民法院决定对其予以逮捕。人民法院应当在（　　）内作出是否逮捕的决定。

A. 24 小时　　B. 7 日
C. 48 小时　　D. 20 日

1490. 人民法院应当在收到社区矫正机构撤销缓刑、假释建议书后（　　）日内作出裁定，将裁定书送达社区矫正机构和公安机关，并抄送人民检察院。

A. 30　　B. 20
C. 15　　D. 7

1491. 人民法院裁定撤销缓刑、假释的，公安机关应当及时将社区矫正对象送交监狱或者看守所执行。执行以前被逮捕的，羁押 1 日折抵刑期（　　）日。

A. 2　　B. 1
C. 3　　D. 4

1492. 社区矫正决定机关收到收监执行建议书后，应当在（　　）日内作出决定。

A. 15　　B. 10

C. 20　　D. 30

1493. 对未成年人的社区矫正，应当与成年人（　　）进行。

A. 共同　　B. 分别

C. 一起　　D. 分别或一起

（三）多项选择题

1494. 依法实行社区矫正的对象有：（　　）

A. 被判处管制的罪犯　　B. 被宣告缓刑的罪犯

C. 假释的罪犯　　D. 暂予监外执行的罪犯

1495. 社区矫正机构根据需要，组织具有（　　）等专业知识或者实践经验的社会工作者开展社区矫正相关工作。

A. 法律　　B. 教育

C. 心理　　D. 社会工作

1496. 社区矫正决定机关，是指依法判处管制、宣告缓刑、裁定假释、决定暂予监外执行的人民法院和依法批准暂予监外执行的（　　）。

A. 监狱管理机关　　B. 检察机关

C. 公安机关　　D. 监察机关

1497. 社区矫正机构应当根据裁判内容和社区矫正对象的（　　）等情况，制定有针对性的矫正方案，实现分类管理、个别化矫正。

A. 性别、年龄　　B. 心理特点、健康状况、犯罪原因

C. 犯罪类型、犯罪情节　　D. 悔罪表现

1498. 下列应当给予社区矫正对象表扬的情况有：（　　）

A. 认罪悔罪　　B. 遵守法律法规

C. 服从监督管理　　D. 接受教育表现突出

1499. 经县级司法行政部门负责人批准，下列可以对社区矫正对象适用电子定位装置、加强监督管理的情形有：（　　）

A. 违反人民法院禁止令或者无正当理由，未经批准离开所居住的市、县

B. 拒不按照规定报告自己的活动情况，被给予警告

C. 违反监督管理规定，被给予治安管理处罚

D. 拟提请撤销缓刑、假释或者暂予监外执行收监执行

1500. 社区矫正对象认为其合法权益受到侵害的，有权向人民检察院或者有关机关（　　）。

A. 告发　　B. 申诉

C. 控告　　D. 检举

1501. 社区矫正对象的（　　）应当协助社区矫正机构做好对社区矫正对象的教育。

A. 所在单位　　B. 监护人、家庭成员

C. 就读学校　　D. 父母

1502. 社区矫正机构可以通过公开择优购买社区矫正社会工作服务或者其他社会服务，为社区矫正对象在（　　）等方面提供必要的帮扶。

A. 教育　　B. 心理辅导

C. 职业技能培训　　D. 社会关系改善

1503. 社区矫正终止的情形包括：（　　）

A. 被裁定撤销缓刑　　B. 被裁定撤销假释

C. 被决定收监执行　　D. 死亡

1504. 人民法院拟撤销缓刑、假释的，应当听取（　　）。

A. 社区矫正对象的申辩　　B. 社区矫正对象委托的律师的意见

C. 司法所的意见　　D. 社区矫正对象直系亲属的意见

1505. 被裁定撤销缓刑、假释和被决定收监执行的社区矫正对象逃跑的，由公安机关追捕，（　　）予以协助。

A. 有关单位　　B. 社区矫正机构

C. 居民委员会　　D. 个人

1506. 社区矫正机构应当根据未成年社区矫正对象的（　　）等情况，采取针对性的矫正措施。

A. 发育需要、成长经历

B. 年龄、心理特点

C. 犯罪原因、家庭监护教育条件

D. 外貌

1507. 关于未成年人社区矫正对象的档案信息，下列说法正确的有：(　　)
A. 相关工作人员对履行职责过程中获得的未成年人身份信息应当予以保密
B. 司法机关出于办案需要可以查询未成年社区矫正对象的档案信息
C. 有关单位根据国家规定可以查询未成年社区矫正对象的档案信息
D. 依法进行查询的单位，无需对获得未成年社区矫正对象的档案信息予以保密

(四) 填空题

1508. 社区矫正对象依法享有的____、____和其他权利不受侵犯，在____、____和享受社会保障等方面不受歧视。

1509. 社区矫正决定机关应当自判决、裁定或者决定生效之日起____日内通知执行地社区矫正机构，并在____日内送达有关法律文书，同时抄送人民检察院和执行地公安机关。社区矫正决定地与执行地不在同一地方的，由____社区矫正机构将法律文书转送所在地的人民检察院、公安机关。

1510. 监狱管理机关、公安机关批准暂予监外执行的社区矫正对象，由____或者____自收到批准决定之日起 10 日内将社区矫正对象移送社区矫正机构。

1511. 社区矫正机构开展实地查访等工作时，应当保护社区矫正对象的____和____。

1512. 对于不需要继续使用电子定位装置的，应当____；对于期限届满后，经评估仍有必要继续使用的，经过批准，期限可以延长，每次不得超过____。

1513. 开展社区矫正工作，应当保障社区矫正对象的____。社区矫正的措施和方法应当避免对社区矫正对象的正常工作和生活造成不必要的影响；非依法律规定，不得限制或者变相限制社区矫正对象的____。

1514. 社区矫正机构根据需要，对社区矫正对象进行____、____等教育，增强其____，提高其____和____。

1515. 居民委员会、村民委员会可以引导____和____，利用社区资源，采取多种形式，对有特殊困难的社区矫正对象进行必要的____。

1516. 社区矫正对象____或者____的，社区矫正机构应当向社区矫正对象发放____，并通知社区矫正决定机关、所在地的人民检察院、公安机关。

1517. 人民法院应当在48小时内作出是否逮捕的决定。决定逮捕的，由____执行。逮捕后的羁押期限不得超过____。

1518. 人民法院裁定不予撤销____、____的，对被逮捕的社区矫正对象，公安机关应当立即予以____。

1519. 年满____周岁的社区矫正对象有就业意愿的，社区矫正机构可以协调有关部门和单位为其提供____，给予就业指导和帮助。

(五) 简答题

1520. 简述应当对社区矫正机构工作人员和其他国家工作人员给予处分的行为种类。

参考答案

(一) 判断题

1467. √，解析：根据《社区矫正法》第2条规定。

1468. √，解析：根据《社区矫正法》第4条规定。

1469. ×，解析：根据《社区矫正法》第17条第2款规定，社区矫正执行地为社区矫正对象的居住地。

1470. √，解析：根据《社区矫正法》第17条规定。

1471. ×，解析：根据《社区矫正法》第21条第2款规定，人民法院决定暂予监外执行的社区矫正对象，由看守所或者执行取保候审、监视居住的公安机关自收到决定之日起10日内将社区矫正对象移送社区矫正机构。

1472. √，解析：根据《社区矫正法》第25条规定。

1473. ×，解析：根据《社区矫正法》第32条规定，社区矫正对象有被依法决定拘留、强制隔离戒毒、采取刑事强制措施等限制人身自由情形的，有关机关应当及时通知社区矫正机构。

1474. √，解析：根据《社区矫正法》第35条规定。

1475. √，解析：根据《社区矫正法》第37条规定。

1476. ×，解析：根据《社区矫正法》第43条规定，社区矫正对象可以按照国家有关规定申请社会救助、参加社会保险、获得法律援助，社区矫正机构应当给予必要的协助。

1477. √，解析：根据《社区矫正法》第46条规定。

1478. ×，解析：根据《社区矫正法》第50条规定，被裁定撤销缓刑、假释和被决定收监执行的社区矫正对象逃跑的，由公安机关追捕，社区矫正机构、有关单位和个人予以协助。

1479. √，解析：根据《社区矫正法》第51条规定。

1480. √，解析：根据《社区矫正法》第58条规定。

（二）单项选择题

1481. D，解析：根据《社区矫正法》第9条第2款规定，司法所根据社区矫正机构的委托，承担社区矫正相关工作。

1482. A，解析：根据《社区矫正法》第20条第1款规定，社区矫正决定机关应当自判决、裁定或者决定生效之日起5日内通知执行地社区矫正机构，并在10日内送达有关法律文书，同时抄送人民检察院和执行地公安机关。

1483. B，解析：根据《社区矫正法》第21条第1款规定，人民法院判处管制、宣告缓刑、裁定假释的社区矫正对象，应当自判决、裁定生效之日起10日内到执行地社区矫正机构报到。

1484. A，解析：根据《社区矫正法》第21条第3款规定，监狱管理机关、公安机关批准暂予监外执行的社区矫正对象，由监狱或者看守所自收到批准决定之日起10日内将社区矫正对象移送社区矫正机构。

1485. C，解析：根据《社区矫正法》第29条第2款规定，前款规定的使用电子定位装置的期限不得超过3个月。

1486. D，解析：根据《社区矫正法》第33条第1款规定，社区矫正对象符合刑法规定的减刑条件的，社区矫正机构应当向社区矫正执行地的中级以上人民法院提出减刑建议，并将减刑建议书抄送同级人民检察院。

1487. B，解析：根据《社区矫正法》第33条第2款规定，人民法院应当在收到社区矫正机构的减刑建议书后30日内作出裁定，并将裁定书送达社区矫正机构，同时抄送人民检察院、公安机关。

1488. D，解析：根据《社区矫正法》第46条第1款规定，社区矫正对象具有刑法规定的撤销缓刑、假释情形的，应当由人民法院撤销缓刑、假释。

1489. C，解析：根据《社区矫正法》第47条规定，被提请撤销缓刑、假释的社区矫正对象可能逃跑或者可能发生社会危险的，社区矫正机构可以在提出撤销缓刑、假释建议的同时，提请人民法院决定对其予以逮捕。人民法院应当在48小时内作出是否逮捕的决定。

1490. A，解析：根据《社区矫正法》第48条第1款规定，人民法院应当在收到社区矫正机构撤销缓刑、假释建议书后30日内作出裁定，将裁定书送达社区矫正机构和公安机关，并抄送人民检察院。

1491. B，解析：根据《社区矫正法》第48条第3款规定，人民法院裁定撤销缓刑、假释的，公安机关应当及时将社区矫正对象送交监狱或者看守所执行。执行以前被逮捕的，羁押1日折抵刑期1日。

1492. D，解析：根据《社区矫正法》第49条第2款规定，社区矫正决定机关应当在收到建议书后30日内作出决定，将决定书送达社区矫正机构和公安机关，并抄送人民检察院。

1493. B，解析：根据《社区矫正法》第52条第3款规定，对未成年人的社区矫正，应当与成年人分别进行。

（三）多项选择题

1494. ABCD，解析：根据《社区矫正法》第2条第1款规定，对被判处管制、宣告缓刑、假释和暂予监外执行的罪犯，依法实行社区矫正。

1495. ABCD，解析：根据《社区矫正法》第11条规定，社区矫正机构根据需要，组织具有法律、教育、心理、社会工作等专业知识或者实践经验的社会工作者开展社区矫正相关工作。

1496. AC，解析：根据《社区矫正法》第17条第4款规定，本法所称社区矫正决定机关，是指依法判处管制、宣告缓刑、裁定假释、决定暂予监外执行的人民法院和依法批准暂予监外执行的监狱管理机关、公安机关。

1497. ABCD，解析：根据《社区矫正法》第24条规定，社区矫正机构应当根据裁判内容和社区矫正对象的性别、年龄、心理特点、健康状况、犯罪原因、犯罪类型、犯罪情节、悔罪表现等情况，制定有针对性的矫正方案，实现分类管理、个别化矫正。矫正方案应当根据社区矫正对象的表现等情况相应调整。

1498. ABCD，解析：根据《社区矫正法》第28条第1款规定，社区矫正机构根据社区矫正对象的表现，依照有关规定对其实施考核奖惩。社区矫正对象认罪悔罪、遵守法律法规、服从监督管理、接受教育表现突出的，应当给予表扬。

1499. ABCD，解析：根据《社区矫正法》第29条第1款规定，社区矫正对象有下列情形之一的，经县级司法行政部门负责人批准，可以使用电子定位装置，加强监督管理：（1）违反人民法院禁止令的；（2）无正当理由，未经批准离开所居住的市、县的；（3）拒不按照规定报告自己的活动情况，被给予警告的；（4）违反监督管理规定，被给予治安管理处罚的；（5）拟提请撤销缓刑、假释或者暂予监外执行收监执行的。

1500. BCD，解析：根据《社区矫正法》第 34 条第 2 款规定，社区矫正对象认为其合法权益受到侵害的，有权向人民检察院或者有关机关申诉、控告和检举。受理机关应当及时办理，并将办理结果告知申诉人、控告人和检举人。

1501. ABC，解析：根据《社区矫正法》第 39 条规定，社区矫正对象的监护人、家庭成员，所在单位或者就读学校应当协助社区矫正机构做好对社区矫正对象的教育。

1502. ABCD，解析：根据《社区矫正法》第 40 条第 1 款规定，社区矫正机构可以通过公开择优购买社区矫正社会工作服务或者其他社会服务，为社区矫正对象在教育、心理辅导、职业技能培训、社会关系改善等方面提供必要的帮扶。

1503. ABCD，解析：根据《社区矫正法》第 45 条规定，社区矫正对象被裁定撤销缓刑、假释，被决定收监执行，或者社区矫正对象死亡的，社区矫正终止。

1504. AB，解析：根据《社区矫正法》第 48 条第 2 款规定，人民法院拟撤销缓刑、假释的，应当听取社区矫正对象的申辩及其委托的律师的意见。

1505. ABD，解析：根据《社区矫正法》第 50 条规定，被裁定撤销缓刑、假释和被决定收监执行的社区矫正对象逃跑的，由公安机关追捕，社区矫正机构、有关单位和个人予以协助。

1506. ABC，解析：根据《社区矫正法》第 52 条第 1 款规定，社区矫正机构应当根据未成年社区矫正对象的年龄、心理特点、发育需要、成长经历、犯罪原因、家庭监护教育条件等情况，采取针对性的矫正措施。

1507. ABC，解析：根据《社区矫正法》第 54 条规定，社区矫正机构工作人员和其他依法参与社区矫正工作的人员对履行职责过程中获得的未成年人身份信息应当予以保密。除司法机关办案需要或者有关单位根据国家规定查询外，未成年社区矫正对象的档案信息不得提供给任何单位或者个人。依法进行查询的单位，应当对获得的信息予以保密。

（四）填空题

1508. 人身权利；财产权利；就业；就学。（《社区矫正法》第 4 条）
1509. 5；10；执行地。（《社区矫正法》第 20 条）
1510. 监狱；看守所。（《社区矫正法》第 21 条）
1511. 身份信息；个人隐私。（《社区矫正法》第 26 条）
1512. 及时解除；3 个月。（《社区矫正法》第 29 条）
1513. 合法权益；人身自由。（《社区矫正法》第 34 条）
1514. 法治；道德；法治观念；道德素质；悔罪意识。（《社区矫正法》第 36 条）
1515. 志愿者；社区群众；教育帮扶。（《社区矫正法》第 38 条）
1516. 矫正期满；被赦免；解除社区矫正证明书。（《社区矫正法》第 44 条）
1517. 公安机关；30 日。（《社区矫正法》第 47 条）
1518. 缓刑；假释；释放。（《社区矫正法》第 48 条）
1519. 16；职业技能培训。（《社区矫正法》第 55 条）

（五）简答题

1520. 答：根据《社区矫正法》第 61 条规定，社区矫正机构工作人员和其他国家工作人员有下列行为之一的，应当给予处分；构成犯罪的，依法追究刑事责任：（1）利用职务或者工作便利索取、收受贿赂的；（2）不履行法定职责的；（3）体罚、虐待社区矫正对象，或者违反法律规定限制或者变相限制社区矫正对象的人身自由的；（4）泄露社区矫正工作秘密或者其他依法应当保密的信息的；（5）对依法申诉、控告或者检举的社区矫正对象进行打击报复的；（6）有其他违纪违法行为的。

二十三、消防法

（一）判断题

1521. 消防工作贯彻预防为主、防消结合的方针，按照政府统一领导、部门依法监管、单位全面负责、公民积极参与的原则，实行消防安全责任制，建立健全社会化的消防工作网络。(　　)

1522. 任何单位和公民都有参加有组织的灭火工作的义务。(　　)

1523. 生产、储存、经营易燃易爆危险品的场所可以与居住场所设置在同一建筑物内。(　　)

1524. 消防产品必既可以符合国家标准又可以符合行业标准。(　　)

1525. 国家综合性消防救援队、专职消防队扑救火灾、应急救援，可以收取费用。(　　)

（二）单项选择题

1526. （　　）领导全国的消防工作。

A. 应急管理部　　B. 中国人民武装警察部队

C. 国务院　　D. 民政部

1527. 举办大型群众性活动，(　　）应当依法向公安机关申请安全许可。

A. 承办人　　B. 主办人

C. 协办人　　D. 出资方

1528. 国家综合性消防救援队、专职消防队参加火灾以外的其他重大灾害事故的应急救援工作，由（　　）以上人民政府统一领导。

A. 省级　　B. 市级

C. 县级　　D. 乡级

（三）多项选择题

1529. 任何单位和个人都有（　　）的义务。

A. 维护消防安全　　B. 保护消防设施
C. 预防火灾　　D. 报告火警

1530. 县级以上地方人民政府消防救援机构应当将（　　）的单位，确定为本行政区域内的消防安全重点单位。
A. 发生火灾可能性较大
B. 发生火灾可能造成重大的人身伤亡
C. 发生火灾可能造成重大的财产损失
D. 存在发生火灾可能性的

1531. 下列哪些部门或者机构有职责加强对消防产品质量的监督检查？（　　）
A. 产品质量行业协会　　B. 产品质量监督部门
C. 工商行政管理部门　　D. 消防救援机构

（四）填空题

1532. 地方各级人民政府应当将包括____、消防站、消防供水、消防通信、____、消防装备等内容的消防规划纳入____，并负责组织实施。

1533. 电器产品、____的安装、使用及其线路、管路的设计、敷设、维护保养、____，必须符合消防技术标准和管理规定。

1534. 消防设施，是指火灾____系统、自动灭火系统、消火栓系统、____系统以及应急广播和应急照明、安全疏散设施等。

（五）简答题

1535. 简述机关、团体、企业、事业等单位应当履行的消防安全职责。

1536. 简述消防安全重点单位除应当履行一般消防安全职责外，还应当履行的消防安全职责。

1537. 哪些单位应当建立单位专职消防队，承担本单位的火灾扑救工作？

参考答案

（一）判断题

1521. √，解析：根据《消防法》第 2 条规定。

1522. ×，解析：根据《消防法》第 5 条规定，任何单位和个人都有维护消防安全、保护消防设施、预防火灾、报告火警的义务。任何单位和成年人都有参加有组织的灭火工作的义务。

1523. ×，解析：根据《消防法》第 19 条第 1 款规定，生产、储存、经营易燃易爆危险品的场所不得与居住场所设置在同一建筑物内，并应当与居住场所保持安全距离。

1524. ×，解析：根据《消防法》第 24 条第 1 款规定，消防产品必须符合国家标准；没有国家标准的，必须符合行业标准。禁止生产、销售或者使用不合格的消防产品以及国家明令淘汰的消防产品。

1525. ×，解析：根据《消防法》第 49 条第 1 款规定，国家综合性消防救援队、专职消防队扑救火灾、应急救援，不得收取任何费用。

（二）单项选择题

1526. C，解析：根据《消防法》第 3 条第 1 款规定，国务院领导全国的消防工作。地方各级人民政府负责本行政区域内的消防工作。

1527. A，解析：根据《消防法》第 20 条规定，举办大型群众性活动，承办人应当依法向公安机关申请安全许可，制定灭火和应急疏散预案并组织演练，明确消防安全责任分工，确定消防安全管理人员，保持消防设施和消防器材配置齐全、完好有效，保证疏散通道、安全出口、疏散指示标志、应急照明和消防车通道符合消防技术标准和管理规定。

1528. C，解析：根据《消防法》第 46 条规定，国家综合性消防救援队、专职消防队参加火灾以外的其他重大灾害事故的应急救援工作，由县级以上人民政府统一领导。

（三）多项选择题

1529. ABCD，解析：根据《消防法》第 5 条规定，任何单位和个人都有维护消防安全、保护消防设施、预防火灾、报告火警的义务。任何单位和成年人都有参加有组织的灭火工作的义务。

1530. ABC，解析：根据《消防法》第 17 条第 1 款规定，县级以上地方人民政府消防救援机构应当将发生火灾可能性较大以及发生火灾可能造成重大的人身伤亡或者财产损失的单位，确定为本行政区域内的消防安全重点单位，并由应急管理部门报本级人民政府备案。

1531. BCD，解析：根据《消防法》第 25 条规定，产品质量监督部门、工商行政管理部门、消防救援机构应当按照各自职责加强对消防产品质量的监督检查。

(四) 填空题

1532. 消防安全布局；消防车通道；城乡规划。(《消防法》第 8 条)

1533. 燃气用具；检测（《消防法》第 27 条)

1534. 自动报警；防烟排烟。(《消防法》第 73 条)

(五) 简答题

1535. 答：根据《消防法》第 16 条规定，机关、团体、企业、事业等单位应当履行下列消防安全职责：(1) 落实消防安全责任制，制定本单位的消防安全制度、消防安全操作规程，制定灭火和应急疏散预案；(2) 按照国家标准、行业标准配置消防设施、器材，设置消防安全标志，并定期组织检验、维修，确保完好有效；(3) 对建筑消防设施每年至少进行一次全面检测，确保完好有效，检测记录应当完整准确，存档备查；(4) 保障疏散通道、安全出口、消防车通道畅通，保证防火防烟分区、防火间距符合消防技术标准；(5) 组织防火检查，及时消除火灾隐患；(6) 组织进行有针对性的消防演练；(7) 法律、法规规定的其他消防安全职责。单位的主要负责人是本单位的消防安全责任人。

1536. 答：根据《消防法》第 17 条第 2 款规定，消防安全重点单位除应当履行本法第 16 条规定的职责外，还应当履行下列消防安全职责：(1) 确定消防安全管理人，组织实施本单位的消防安全管理工作；(2) 建立消防档案，确定消防安全重点部位，设置防火标志，实行严格管理；(3) 实行每日防火巡查，并建立巡查记录；(4) 对职工进行岗前消防安全培训，定期组织消防安全培训和消防演练。

1537. 答：根据《消防法》第 39 条规定，下列单位应当建立单位专职消防队，承担本单位的火灾扑救工作：(1) 大型核设施单位、大型发电厂、民用机场、主要港口；(2) 生产、储存易燃易爆危险品的大型企业；(3) 储备可燃的重要物资的大型仓库、基地；(4) 第一项、第二项、第三项规定以外的火灾危险性较大、距离国家综合性消防救援队较远的其他大型企业；(5) 距离国家综合性消防救援队较远、被列为全国重点文物保护单位的古建筑群的管理单位。

二十四、防震减灾法

（一）判断题

1538. 任何单位和个人都有依法参加防震减灾活动的义务。(　　)

1539. 任何单位和个人不得侵占、毁损、拆除或者擅自移动地震监测设施。(　　)

1540. 国家鼓励、支持研究开发和推广使用符合抗震设防要求、经济实用的新技术、新工艺、新材料。(　　)

1541. 地震应急预案无需根据实际情况适时修订。(　　)

1542. 地震震情、灾情和抗震救灾等信息按照国务院有关规定实行归口管理，统一、准确、及时发布。(　　)

（二）单项选择题

1543. 地震应急预案的内容不包括：(　　)

A. 组织指挥体系及其职责

B. 预防和预警机制、处置程序

C. 应急响应和应急保障措施

D. 地震灾害预防措施

1544. 特别重大地震灾害发生后，(　　) 负责组织有关部门启动地震应急预案。

A. 地震发生地的市、县人民政府

B. 国务院

C. 地震发生地的省人民政府

D. 地震发生地的自治区、直辖市人民政府

1545. 关于地震灾害紧急救援队伍，下列说法错误的是：(　　)

A. 应当提高地震灾害紧急救援能力

B. 无需开展培训和演练

C. 实施救援时，应当首先对倒塌建筑物、构筑物压埋人员进行紧急救援

D. 应当配备相应的装备、器材

（三）多项选择题

1546. 防震减灾规划的内容应当包括：（　　）

A. 震情形势和防震减灾总体目标、地震监测台网建设布局

B. 地震灾害预防措施

C. 地震应急救援措施

D. 防震减灾技术、信息、资金、物资等保障措施

1547. 未采取抗震设防措施或者抗震设防措施未达到抗震设防要求的，应当按照国家有关规定进行抗震性能鉴定，并采取必要的抗震加固措施的建设工程有：（　　）

A. 重大建设工程

B. 可能发生严重次生灾害的建设工程

C. 具有重大历史、科学、艺术价值或者重要纪念意义的建设工程

D. 学校、医院等人员密集场所的建设工程

1548. 城乡规划应当根据地震应急避难的需要，合理确定应急疏散通道和应急避难场所，统筹安排地震应急避难所必需的（　　）等基础设施建设。

A. 交通　　B. 供水

C. 供电　　D. 排污

1549. 按照社会危害程度、影响范围等因素，地震灾害分为：（　　）

A. 一般　　B. 较大

C. 重大　　D. 特别重大

（四）填空题

1550. 地震监测台网不得擅自____或者____运行。

1551. 国家对地震预报意见实行____发布制度。

1552. 国家鼓励城市人民政府组织制定____。____由国务院地震工作主管部门负责审定。

1553. 国家发展有财政支持的地震灾害____事业，鼓励单位和个人参加地震灾害____。

参考答案

（一）判断题

1538. √，解析：根据《防震减灾法》第 8 条规定。
1539. √，解析：根据《防震减灾法》第 23 条规定。
1540. √，解析：根据《防震减灾法》第 43 条规定。
1541. ×，解析：根据《防震减灾法》第 47 条第 2 款规定，地震应急预案应当根据实际情况适时修订。
1542. √，解析：根据《防震减灾法》第 52 条规定。

（二）单项选择题

1543. D，解析：根据《防震减灾法》第 47 条第 1 款规定，地震应急预案的内容应当包括：组织指挥体系及其职责，预防和预警机制，处置程序，应急响应和应急保障措施等。
1544. B，解析：根据《防震减灾法》第 49 条第 2 款规定，一般或者较大地震灾害发生后，地震发生地的市、县人民政府负责组织有关部门启动地震应急预案；重大地震灾害发生后，地震发生地的省、自治区、直辖市人民政府负责组织有关部门启动地震应急预案；特别重大地震灾害发生后，国务院负责组织有关部门启动地震应急预案。
1545. B，解析：根据《防震减灾法》第 54 条第 3、4 款规定，地震灾害紧急救援队伍应当配备相应的装备、器材，开展培训和演练，提高地震灾害紧急救援能力。地震灾害紧急救援队伍在实施救援时，应当首先对倒塌建筑物、构筑物压埋人员进行紧急救援。

（三）多项选择题

1546. ABCD，解析：根据《防震减灾法》第 14 条第 1 款规定，防震减灾规划的内容应当包括：震情形势和防震减灾总体目标，地震监测台网建设布局，地震灾害预防措施，地震应急救援措施，以及防震减灾技术、信息、资金、物资等保障措施。
1547. ABCD，解析：根据《防震减灾法》第 39 条规定，已经建成的下列建设工程，未采取抗震设防措施或者抗震设防措施未达到抗震设防要求的，应当按照国家有关规定进行抗震性能鉴定，并采取必要的抗震加固措施：（1）重大建设工程；（2）可能发生严重次生灾害的建设工程；（3）具有重大历史、科学、艺术价值或者重要纪念意义的建设工程；（4）学校、医院等人员密集场所的建设工程；（5）地震重点监视防御区内的建设工程。

1548. ABCD，解析：根据《防震减灾法》第 41 条规定，城乡规划应当根据地震应急避难的需要，合理确定应急疏散通道和应急避难场所，统筹安排地震应急避难所必需的交通、供水、供电、排污等基础设施建设。

1549. ABCD，解析：根据《防震减灾法》第 49 条第 1 款规定，按照社会危害程度、影响范围等因素，地震灾害分为一般、较大、重大和特别重大四级。具体分级标准按照国务院规定执行。

（四）填空题

1550. 中止；终止。（《防震减灾法》第 21 条）

1551. 统一。（《防震减灾法》第 29 条）

1552. 地震小区划图；地震小区划图。（《防震减灾法》第 37 条）

1553. 保险；保险。（《防震减灾法》第 45 条）

二十五、突发事件应对法

(一) 判断题

1554. 突发事件，是指突然发生，造成或者可能造成严重社会危害，需要采取应急处置措施予以应对的自然灾害、事故灾难、公共卫生事件和社会安全事件。(　　)

1555. 县级以上人民政府应当建立健全突发事件应急管理培训制度，对人民政府及其有关部门负有处置突发事件职责的工作人员定期进行培训。(　　)

1556. 新闻媒体可有偿开展突发事件预防与应急、自救与互救知识的宣传。(　　)

1557. 有关单位和人员报送、报告突发事件信息，应当做到及时、客观、真实，不得迟报、谎报、瞒报、漏报。(　　)

(二) 单项选择题

1558. 突发事件应对工作的原则是：(　　)

A. 应急为主　　B. 预防为主、预防与应急相结合

C. 预防为主　　D. 预防或应急为主

1559. 县级人民政府应当在居民委员会、村民委员会和有关单位建立专职或者兼职信息（　　）。

A. 申请制度　　B. 审批制度

C. 备案制度　　D. 报告员制度

1560. 一级自然灾害、事故灾害或公共卫生事件用下列哪种颜色标示？(　　)

A. 红色　　B. 橙色

C. 黄色　　D. 蓝色

（三）多项选择题

1561. 按照社会危害程度、影响范围等因素，自然灾害、事故灾难、公共卫生事件可分为四级，具体包括：（　　）

A. 特别重大　　B. 重大

C. 较大　　D. 一般

1562. 国家鼓励公民、法人和其他组织为人民政府应对突发事件工作提供：（　　）。

A. 物资　　B. 资金

C. 技术支持　　D. 捐赠

1563. 关于我国的突发事件应对，下列说法正确的有：（　　）

A. 国家建立健全突发事件监测制度

B. 国家建立健全突发事件预警制度

C. 国家建立健全应急通信保障体系

D. 国家建立健全应急物资储备保障制度

1564. 可以预警的自然灾害、事故灾难和公共卫生事件的预警级别，按照突发事件发生的紧急程度、发展势态和可能造成的危害程度分为：（　　）

A. 一级　　B. 二级

C. 三级　　D. 四级

（四）填空题

1565. 国家建立____、综合协调、____、分级负责、____的应急管理体制。

1566. 因采取突发事件应对措施，诉讼、行政复议、仲裁活动不能正常进行的，适用有关____和____的规定，但法律另有规定的除外。

1567. 国务院建立____的突发事件信息系统。

1568. 履行统一领导职责或者组织处置突发事件的人民政府，应当按照有关规定____、____、____发布有关突发事件事态发展和应急处置工作的信息。

（五）简答题

1569. 简述突发事件发生时需要对有关单位处以罚款的情形。

参考答案

（一）判断题

1554. √，解析：根据《突发事件应对法》第 3 条规定。

1555. √，解析：根据《突发事件应对法》第 25 条规定。

1556. ×，解析：根据《突发事件应对法》第 29 条第 3 款规定，新闻媒体应当无偿开展突发事件预防与应急、自救与互救知识的公益宣传。

1557. √，解析：根据《突发事件应对法》第 39 条规定。

（二）单项选择题

1558. B，解析：根据《突发事件应对法》第 5 条规定，突发事件应对工作实行预防为主、预防与应急相结合的原则。国家建立重大突发事件风险评估体系，对可能发生的突发事件进行综合性评估，减少重大突发事件的发生，最大限度地减轻重大突发事件的影响。

1559. D，解析：根据《突发事件应对法》第 38 条第 2 款规定，县级人民政府应当在居民委员会、村民委员会和有关单位建立专职或者兼职信息报告员制度。

1560. A，解析：根据《突发事件应对法》第 42 条第 2 款规定，可以预警的自然灾害、事故灾难和公共卫生事件的预警级别，按照突发事件发生的紧急程度、发展势态和可能造成的危害程度分为一级、二级、三级和四级，分别用红色、橙色、黄色和蓝色标示，一级为最高级别。

（三）多项选择题

1561. ABCD，解析：根据《突发事件应对法》第 3 条第 2 款规定，按照社会危害程度、影响范围等因素，自然灾害、事故灾难、公共卫生事件分为特别重大、重大、较大和一般四级。法律、行政法规或者国务院另有规定的，从其规定。

1562. ABCD，解析：根据《突发事件应对法》第 34 条规定，国家鼓励公民、法人和其他组织为人民政府应对突发事件工作提供物资、资金、技术支持和捐赠。

1563. ABCD，解析：根据《突发事件应对法》第 32 条第 1 款规定，国家建立健全应急物资储备保障制度，完善重要应急物资的监管、生产、储备、调拨和紧急配送体系。根据《突发事件应对法》第 33 条规定，国家建立健全应急通信保障体系，完善公用通信网，建立有线与无线相结合、基础电信网络与机动通信系统相配套的应急通信系统，确保突发事件应对工作的通信畅通。根据《突发事件应对法》第41条第1款规定，国家建立健全突发事件监测制度。根据《突发事件应对法》第42条第1款规定，国家建立健全突发事件预警制度。

1564. ABCD，解析：根据《突发事件应对法》第42条第2款规定，可以预警的自然灾害、事故灾难和公共卫生事件的预警级别，按照突发事件发生的紧急程度、发展势态和可能造成的危害程度分为一级、二级、三级和四级，分别用红色、橙色、黄色和蓝色标示，一级为最高级别。

（四）填空题

1565. 统一领导；分类管理；属地管理为主。（《突发事件应对法》第4条）

1566. 时效中止；程序中止。（《突发事件应对法》第13条）

1567. 全国统一。（《突发事件应对法》第37条）

1568. 统一；准确；及时。（《突发事件应对法》第53条）

（五）简答题

1569. 答：根据《突发事件应对法》第64条第1款规定，有关单位有下列情形之一的，由所在地履行统一领导职责的人民政府责令停产停业，暂扣或者吊销许可证或者营业执照，并处5万元以上20万元以下的罚款；构成违反治安管理行为的，由公安机关依法给予处罚：（1）未按规定采取预防措施，导致发生严重突发事件的；（2）未及时消除已发现的可能引发突发事件的隐患，导致发生严重突发事件的；（3）未做好应急设备、设施日常维护、检测工作，导致发生严重突发事件或者突发事件危害扩大的；（4）突发事件发生后，不及时组织开展应急救援工作，造成严重后果的。

肆 经济法

一、反洗钱法

(一) 判断题

1570. 为了预防洗钱活动，维护金融秩序，遏制洗钱犯罪及相关犯罪，制定《反洗钱法》。(　　)

1571. 国务院有关金融监督管理机构参与制定所监督管理的金融机构反洗钱规章，对所监督管理的金融机构提出按照规定建立健全反洗钱外部控制制度的要求，履行法律和国务院规定的有关反洗钱的其他职责。(　　)

1572. 国务院有关金融监督管理机构审批新设金融机构或者金融机构增设分支机构时，应当审查新机构反洗钱内部控制制度的方案；对于不符合《反洗钱法》规定的设立申请，不予批准。(　　)

1573. 金融机构应当按照反洗钱预防、监控制度的要求，开展反洗钱培训和宣传工作。(　　)

1574. 应当履行反洗钱义务的特定非金融机构的范围、其履行反洗钱义务和对其监督管理的具体办法，由国务院反洗钱行政主管部门会同国务院有关部门制定。(　　)

(二) 单项选择题

1575. 在中华人民共和国境内设立的金融机构和按照规定应当履行反洗钱义务的特定非金融机构，应当依法采取（　　）措施，建立健全客户身份识别制度、客户身份资料和交易记录保存制度、大额交易和可疑交易报告制度，履行反洗钱义务。

A. 预防、监管　　B. 预防、监控

C. 防范、监控　　D. 防范、监管

1576. 反洗钱行政主管部门和其他依法负有反洗钱监督管理职责的部门、机构发现涉嫌洗钱犯罪的交易活动，应当及时向（　　）报告。

A. 侦查机关　　B. 国家安全机关

C. 审判机关　　D. 检察机关

1577. 客户由他人代理办理业务的，金融机构应当同时对代理人和被代理人的身份证件或者其他身份证明文件进行核对并（　　）。

A. 记录在案　　B. 登记

C. 备案　　D. 注册

1578. 金融机构应当按照规定建立客户身份资料和交易记录保存制度。客户身份资料在业务关系结束后、客户交易信息在交易结束后，应当至少保存（　　）年。

A. 1　　B. 2

C. 3　　D. 5

1579. 金融机构应当按照规定执行大额交易和可疑交易报告制度。金融机构办理的单笔交易或者在规定期限内的累计交易超过规定金额或者发现可疑交易的，应当及时向（　　）报告。

A. 金融监管机关　　B. 反洗钱信息中心

C. 公安机关　　D. 市场监管机关

1580. 国务院反洗钱行政主管部门或者其省一级派出机构发现可疑交易活动，需要调查核实的，可以向金融机构进行调查。关于调查程序，下列说法错误的是：（　　）

A. 调查中需要进一步核查的，经国务院反洗钱行政主管部门或者其省一级派出机构的负责人批准，可以查阅、复制被调查对象的账户信息、交易记录和其他有关资料

B. 对可能被转移、隐藏、篡改或者毁损的文件、资料，应当予以封存

C. 调查人员封存文件、资料，应当会同在场的金融机构工作人员查点清楚，当场开列清单一式二份，由调查人员和在场的金融机构工作人员签名或者盖章，一份交金融机构，一份附卷备查

D. 调查人员少于2人或者未出示合法证件和调查通知书的，金融机构有权拒绝调查

1581. 金融机构在按照国务院反洗钱行政主管部门的要求采取临时冻结措施后（　　）小时内，未接到侦查机关继续冻结通知的，应当立即解除冻结。

A. 24　　B. 36

C. 48　　D. 72

（三）多项选择题

1582. 反洗钱，是指为了预防通过各种方式掩饰、隐瞒（　　）、贪污贿赂犯罪、破坏金融管理秩序犯罪、金融诈骗犯罪等犯罪所得及其收益的来源和性质的洗钱活动，依照《反洗钱法》规定采取相关措施的行为。

A. 毒品犯罪　　B. 黑社会性质的组织犯罪

C. 恐怖活动犯罪　　D. 走私犯罪

1583. 海关发现个人出入境携带的（　　）超过规定金额的，应当及时向反洗钱行政主管部门通报。

A. 现金　　B. 发票

C. 存单　　D. 无记名有价证券

1584. 金融机构在与客户建立业务关系或者为客户提供规定金额以上的（　　）等一次性金融服务时，应当要求客户出示真实有效的身份证件或者其他身份证明文件，进行核对并登记。

A. 现金汇款　　B. 现钞兑换

C. 票据兑付　　D. 开具发票

1585. 金融机构对与客户建立业务关系时获得的客户身份资料的（　　）有疑问的，应当重新识别客户身份。

A. 真实性　　B. 有效性

C. 合法性　　D. 完整性

1586. 国务院反洗钱行政主管部门发现可疑交易活动，需要调查核实的，可以向金融机构进行调查。关于调查程序，下列说法正确的是：（　　）

A. 调查可疑交易活动，可以询问金融机构有关人员，要求其说明情况

B. 询问应当制作询问笔录

C. 询问笔录应当交被询问人核对。记载有遗漏或者差错的，被询问人可以要求补充或者更正

D. 被询问人确认笔录无误后，应当签名和盖章；调查人员也应当在笔录上签名和盖章

1587. 下列关于反洗钱国际合作的说法正确的是：(　　)

A. 中华人民共和国根据缔结或者参加的国际条约，或者按照平等互惠原则，开展反洗钱国际合作

B. 中华人民共和国根据缔结或者参加的国际条约，或者按照对等原则，开展反洗钱国际合作

C. 涉及追究洗钱犯罪的司法协助，由司法机关依照有关法律的规定办理

D. 涉及追究洗钱犯罪的司法协助，由司法行政机关依照有关法律的规定办理

1588. 金融机构，是指依法设立的从事金融业务的政策性银行、(　　)、证券公司、期货经纪公司、保险公司以及国务院反洗钱行政主管部门确定并公布的从事金融业务的其他机构。

A. 商业银行　　B. 信用合作社

C. 邮政储汇机构　　D. 信托投资公司

(四) 填空题

1589. 对依法履行反洗钱职责或者义务获得的客户身份资料和交易信息，应当予以____；非依____规定，不得向任何单位和个人提供。

1590. 金融机构应当依照《反洗钱法》规定建立健全反洗钱____制度，金融机构的负责人应当对反洗钱内部控制制度的有效实施负责。金融机构应当设立反洗钱____或者指定内设机构负责反洗钱工作。

1591. 对涉嫌____资金的监控适用《反洗钱法》；其他法律另有规定的，适用其规定。

(五) 简答题

1592. 简述依法给予反洗钱行政主管部门和其他依法负有反洗钱监督管理职责的部门、机构从事反洗钱工作的人员行政处分的行为。

参考答案

（一）判断题

1570. √，解析：根据《反洗钱法》第1条规定。

1571. ×，解析：根据《反洗钱法》第9条规定，国务院有关金融监督管理机构参与制定所监督管理的金融机构反洗钱规章，对所监督管理的金融机构提出按照规定建立健全反洗钱内部控制制度的要求，履行法律和国务院规定的有关反洗钱的其他职责。

1572. √，解析：根据《反洗钱法》第14条规定。

1573. √，解析：根据《反洗钱法》第22条规定。

1574. √，解析：根据《反洗钱法》第35条规定。

（二）单项选择题

1575. B，解析：根据《反洗钱法》第3条规定，在中华人民共和国境内设立的金融机构和按照规定应当履行反洗钱义务的特定非金融机构，应当依法采取预防、监控措施，建立健全客户身份识别制度、客户身份资料和交易记录保存制度、大额交易和可疑交易报告制度，履行反洗钱义务。

1576. A，解析：根据《反洗钱法》第13条规定，反洗钱行政主管部门和其他依法负有反洗钱监督管理职责的部门、机构发现涉嫌洗钱犯罪的交易活动，应当及时向侦查机关报告。

1577. B，解析：根据《反洗钱法》第16条第3款规定，客户由他人代理办理业务的，金融机构应当同时对代理人和被代理人的身份证件或者其他身份证明文件进行核对并登记。

1578. D，解析：根据《反洗钱法》第19条第3款规定，客户身份资料在业务关系结束后、客户交易信息在交易结束后，应当至少保存5年。

1579. B，解析：根据《反洗钱法》第20条规定，金融机构应当按照规定执行大额交易和可疑交易报告制度。金融机构办理的单笔交易或者在规定期限内的累计交易超过规定金额或者发现可疑交易的，应当及时向反洗钱信息中心报告。

1580. B，解析：根据《反洗钱法》第23条规定，国务院反洗钱行政主管部门或者其省一级派出机构发现可疑交易活动，需要调查核实的，可以向金融机构进行调查，金融机构应当予以配合，如实提供有关文件和资料。调查可疑交易活动时，调查人员不得少于2人，并出示合法证件和国务院反洗钱行政主管部门或者其省一级派出机构出具的调查通知书。调查人员少于2人或者未出示合法证件和调查通知书的，金融机构有权拒绝调查。根据《反洗钱法》第25条规定，调查中需要进一步核查的，经国务院反洗钱行政主管部门或者其省一级派出机构的负责人批准，可以查阅、复制被调查对象的账户信息、交易记录和其他有关资料；对可能被转移、隐藏、篡改或者毁损的文件、资料，可以予以封存。调查人员封存文件、资料，应当会同在场的金融机构工作人员查点清楚，当场开列清单一式二份，由调查人员和在场的金融机构工作人员签名或者盖章，一份交金融机构，一份附卷备查。

1581. C，解析：根据《反洗钱法》第26条第3款规定，临时冻结不得超过48小时。金融机构在按照国务院反洗钱行政主管部门的要求采取临时冻结措施后48小时内，未接到侦查机关继续冻结通知的，应当立即解除冻结。

（三）多项选择题

1582. ABCD，解析：根据《反洗钱法》第2条规定，本法所称反洗钱，是指为了预防通过各种方式掩饰、隐瞒毒品犯罪、黑社会性质的组织犯罪、恐怖活动犯罪、走私犯罪、贪污贿赂犯罪、破坏金融管理秩序犯罪、金融诈骗犯罪等犯罪所得及其收益的来源和性质的洗钱活动，依照本法规定采取相关措施的行为。

1583. AD，解析：根据《反洗钱法》第12条第1款规定，海关发现个人出入境携带的现金、无记名有价证券超过规定金额的，应当及时向反洗钱行政主管部门通报。

1584. ABC，解析：根据《反洗钱法》第16条第2款规定，金融机构在与客户建立业务关系或者为客户提供规定金额以上的现金汇款、现钞兑换、票据兑付等一次性金融服务时，应当要求客户出示真实有效的身份证件或者其他身份证明文件，进行核对并登记。

1585. ABD，解析：根据《反洗钱法》第16条第6款规定，金融机构对先前获得的客户身份资料的真实性、有效性或者完整性有疑问的，应当重新识别客户身份。

1586. ABC，解析：根据《反洗钱法》第24条规定，调查可疑交易活动，可以询问金融机构有关人员，要求其说明情况。询问应当制作询问笔录。询问笔录应当交被询问人核对。记载有遗漏或者差错的，被询问人可以要求补充或者更正。被询问人确认笔录无误后，应当签名或者盖章；调查人员也应当在笔录上签名。

1587. AC，解析：根据《反洗钱法》第 27 条规定，中华人民共和国根据缔结或者参加的国际条约，或者按照平等互惠原则，开展反洗钱国际合作。根据《反洗钱法》第 29 条规定，涉及追究洗钱犯罪的司法协助，由司法机关依照有关法律的规定办理。

1588. ABCD，解析：根据《反洗钱法》第 34 条规定，本法所称金融机构，是指依法设立的从事金融业务的政策性银行、商业银行、信用合作社、邮政储汇机构、信托投资公司、证券公司、期货经纪公司、保险公司以及国务院反洗钱行政主管部门确定并公布的从事金融业务的其他机构。

（四）填空题

1589. 保密；法律。（《反洗钱法》第 5 条）

1590. 内部控制；专门机构。（《反洗钱法》第 15 条）

1591. 恐怖活动。（《反洗钱法》第 36 条）

（五）简答题

1592. 答：根据《反洗钱法》第 30 条规定，反洗钱行政主管部门和其他依法负有反洗钱监督管理职责的部门、机构从事反洗钱工作的人员有下列行为之一的，依法给予行政处分：（1）违反规定进行检查、调查或者采取临时冻结措施的；（2）泄露因反洗钱知悉的国家秘密、商业秘密或者个人隐私的；（3）违反规定对有关机构和人员实施行政处罚的；（4）其他不依法履行职责的行为。

二、反垄断法

（一）判断题

1593. 中华人民共和国境内经济活动中的垄断行为，适用《反垄断法》；中华人民共和国境外的垄断行为，对境内市场竞争产生排除、限制影响的，适用《反垄断法》。（　　）

1594. 经营者集中未达到国务院规定的申报标准，但有证据证明该经营者集中具有或者可能具有排除、限制竞争效果的，国务院反垄断执法机构可以要求经营者申报。（　　）

1595. 行政机关和法律、法规授权的具有管理公共事务职能的组织不得滥用行政权力，通过与经营者签订合作协议、备忘录等方式，妨碍其他经营者进入相关市场或者对其他经营者实行不平等待遇，排除、限制竞争。（　　）

1596. 经营者、行政机关和法律、法规授权的具有管理公共事务职能的组织，涉嫌违反《反垄断法》规定的，反垄断执法机构可以对其法定代表人或者负责人进行传唤，要求其提出改进措施。（　　）

（二）单项选择题

1597. 经营者能够证明其在相关市场的市场份额（　　）国务院反垄断执法机构规定的标准，并符合国务院反垄断执法机构规定的其他条件的，不予禁止。

A. 低于　　B. 不低于

C. 高于　　D. 不高于

1598. 国务院反垄断执法机构决定实施进一步审查的，应当自决定之日起（　　）日内审查完毕，作出是否禁止经营者集中的决定，并书面通知经营者。

A. 30　　B. 60

C. 90　　D. 120

1599. 行业协会违反《反垄断法》规定，组织本行业的经营者达成垄断协议的，由反垄断执法机构责令改正，可以处（　　）元以下的罚款；情节严重的，社会团体登记管理机关可以依法撤销登记。

A. 50万　　B. 100万

C. 200万　　D. 300万

（三）多项选择题

1600. 禁止具有竞争关系的经营者达成的垄断协议有：（　　）

A. 固定或者变更商品价格

B. 限制商品的生产数量或者销售数量

C. 分割销售市场或者原材料采购市场

D. 限制购买新技术、新设备或者限制开发新技术、新产品

1601. 禁止具有市场支配地位的经营者从事滥用市场支配地位的行为有：（　　）

A. 以不公平的高价销售商品或者以不公平的低价购买商品

B. 没有正当理由，以低于成本的价格销售商品

C. 没有正当理由，拒绝与交易相对人进行交易

D. 没有正当理由搭售商品，或者在交易时附加其他不合理的交易条件

1602. 行政机关和法律、法规授权的具有管理公共事务职能的组织不得滥用行政权力，制定含有（　　）竞争内容的规定。

A. 排除　　B. 排斥

C. 限制　　D. 制约

（四）填空题

1603. 经营者不得利用数据和____、技术、资本优势以及____等从事《反垄断法》禁止的垄断行为。

1604. 国务院反垄断执法机构应当将禁止经营者集中的决定或者对经营者集中附加____条件的决定，及时向社会____。

1605. 被调查的经营者、利害关系人或者其他有关单位或者个人应当____反垄断执法机构依法履行职责，不得____、阻碍反垄断执法机构的调查。

1606. 经营者实施垄断行为，损害社会公共利益的，____以上人民检察院可以依法向人民法院提起民事公益诉讼。

（五）简答题

1607. 《反垄断法》规定的垄断行为包括哪些？

1608. 简述反垄断委员会的职责。

1609. 简述认定经营者具有市场支配地位应当依据的因素。

1610. 简述反垄断执法机构调查涉嫌垄断行为可以采取的措施。

参考答案

（一）判断题

1593. √，解析：根据《反垄断法》第 2 条规定。

1594. √，解析：根据《反垄断法》第 26 条规定。

1595. √，解析：根据《反垄断法》第 40 条规定。

1596. ×，解析：根据《反垄断法》第 55 条规定，经营者、行政机关和法律、法规授权的具有管理公共事务职能的组织，涉嫌违反本法规定的，反垄断执法机构可以对其法定代表人或者负责人进行约谈，要求其提出改进措施。

（二）单项选择题

1597. A，解析：根据《反垄断法》第 18 条第 3 款规定，经营者能够证明其在相关市场的市场份额低于国务院反垄断执法机构规定的标准，并符合国务院反垄断执法机构规定的其他条件的，不予禁止。

1598. C，解析：根据《反垄断法》第 31 条规定，国务院反垄断执法机构决定实施进一步审查的，应当自决定之日起 90 日内审查完毕，作出是否禁止经营者集中的决定，并书面通知经营者。作出禁止经营者集中的决定，应当说明理由。审查期间，经营者不得实施集中。

1599. D，解析：根据《反垄断法》第 56 条第 4 款规定，行业协会违反本法规定，组织本行业的经营者达成垄断协议的，由反垄断执法机构责令改正，可以处300万元以下的罚款；情节严重的，社会团体登记管理机关可以依法撤销登记。

(三) 多项选择题

1600. ABCD，解析：根据《反垄断法》第17条规定，禁止具有竞争关系的经营者达成下列垄断协议：(1) 固定或者变更商品价格；(2) 限制商品的生产数量或者销售数量；(3) 分割销售市场或者原材料采购市场；(4) 限制购买新技术、新设备或者限制开发新技术、新产品；(5) 联合抵制交易；(6) 国务院反垄断执法机构认定的其他垄断协议。

1601. ABCD，解析：根据《反垄断法》第22条规定，禁止具有市场支配地位的经营者从事下列滥用市场支配地位的行为：(1) 以不公平的高价销售商品或者以不公平的低价购买商品；(2) 没有正当理由，以低于成本的价格销售商品；(3) 没有正当理由，拒绝与交易相对人进行交易；(4) 没有正当理由，限定交易相对人只能与其进行交易或者只能与其指定的经营者进行交易；(5) 没有正当理由搭售商品，或者在交易时附加其他不合理的交易条件；(6) 没有正当理由，对条件相同的交易相对人在交易价格等交易条件上实行差别待遇；(7) 国务院反垄断执法机构认定的其他滥用市场支配地位的行为。具有市场支配地位的经营者不得利用数据和算法、技术以及平台规则等从事前款规定的滥用市场支配地位的行为。本法所称市场支配地位，是指经营者在相关市场内具有能够控制商品价格、数量或者其他交易条件，或者能够阻碍、影响其他经营者进入相关市场能力的市场地位。

1602. AC，解析：根据《反垄断法》第45条规定，行政机关和法律、法规授权的具有管理公共事务职能的组织不得滥用行政权力，制定含有排除、限制竞争内容的规定。

(四) 填空题

1603. 算法；平台规则。(《反垄断法》第9条)

1604. 限制性；公布。(《反垄断法》第36条)

1605. 配合；拒绝。(《反垄断法》第50条)

1606. 设区的市级。(《反垄断法》第60条)

(五) 简答题

1607. 答：根据《反垄断法》第3条规定，本法规定的垄断行为包括：(1) 经营者达成垄断协议；(2) 经营者滥用市场支配地位；(3) 具有或者可能具有排除、限制竞争效果的经营者集中。

1608. 答：根据《反垄断法》第12条规定，国务院设立反垄断委员会，负责组织、协调、指导反垄断工作，履行下列职责：(1)研究拟订有关竞争政策；(2)组织调查、评估市场总体竞争状况，发布评估报告；(3)制定、发布反垄断指南；(4)协调反垄断行政执法工作；(5)国务院规定的其他职责。国务院反垄断委员会的组成和工作规则由国务院规定。

1609. 答：根据《反垄断法》第23条规定，认定经营者具有市场支配地位，应当依据下列因素：(1)该经营者在相关市场的市场份额，以及相关市场的竞争状况；(2)该经营者控制销售市场或者原材料采购市场的能力；(3)该经营者的财力和技术条件；(4)其他经营者对该经营者在交易上的依赖程度；(5)其他经营者进入相关市场的难易程度；(6)与认定该经营者市场支配地位有关的其他因素。

1610. 答：根据《反垄断法》第47条规定，反垄断执法机构调查涉嫌垄断行为，可以采取下列措施：(1)进入被调查的经营者的营业场所或者其他有关场所进行检查；(2)询问被调查的经营者、利害关系人或者其他有关单位或者个人，要求其说明有关情况；(3)查阅、复制被调查的经营者、利害关系人或者其他有关单位或者个人的有关单证、协议、会计账簿、业务函电、电子数据等文件、资料；(4)查封、扣押相关证据；(5)查询经营者的银行账户。采取前款规定的措施，应当向反垄断执法机构主要负责人书面报告，并经批准。

三、反不正当竞争法

(一) 判断题

1611. 国家鼓励、支持和保护一切组织和个人对不正当竞争行为进行社会监督。( )

1612. 经营者不得编造、传播虚假信息或者误导性信息，损害竞争对手的商业信誉、商品声誉。( )

1613. 监督检查部门调查涉嫌不正当竞争行为，被调查的经营者、利害关系人及其他有关单位、个人应当如实提供有关资料或者情况。( )

1614. 经营者的合法权益受到不正当竞争行为损害的，应当向人民法院提起诉讼。( )

1615. 当事人对监督检查部门作出的决定不服的，可以依法申请行政复议或者提起行政诉讼。( )

(二) 单项选择题

1616. 经营者进行有奖销售时，抽奖式的有奖销售，最高奖的金额超过( )万元，构成反不正当竞争。

A. 5　　B. 10

C. 15　　D. 20

1617. 经营者实施的下列哪一行为，符合《反不正当竞争法》的规定：( )

A. 恶意对其他经营者合法提供的网络产品或者服务实施不兼容

B. 误导、欺骗、强迫用户修改、关闭、卸载其他经营者合法提供的网络产品或者服务

C. 以电子侵入方式获取权利人的商业秘密

D. 经其他经营者同意，在其合法提供的网络产品中插入链接

1618. 关于经营者恶意实施侵犯商业秘密的赔偿数额的确定，下列说法错误的是：（　　）

A. 按照其因被侵权所受到的实际损失确定

B. 实际损失难以计算的，按照侵权人因侵权所获得的利益确定

C. 权利人因被侵权所受到的实际损失、侵权人因侵权所获得的利益难以确定的，由人民法院根据侵权行为的情节判决给予权利人500万元以下的赔偿

D. 赔偿数额不包括经营者为制止侵权行为所支付的合理开支

（三）多项选择题

1619. 经营者在生产经营活动中，应当遵循下列哪些原则：（　　）

A. 自愿　　B. 平等

C. 公平　　D. 诚信

1620. 经营者不得实施下列哪些混淆行为，引人误认为是他人商品或者与他人存在特定联系：（　　）

A. 擅自使用与他人有一定影响的商品名称、包装、装潢等相同或者近似的标识

B. 擅自使用他人有一定影响的企业名称（包括简称、字号等）、社会组织名称（包括简称等）、姓名（包括笔名、艺名、译名等）

C. 擅自使用他人有一定影响的域名主体部分、网站名称、网页等

D. 通过组织虚假交易等方式，帮助其他经营者进行虚假或者引人误解的商业宣传

1621. 经营者不得采用财物或者其他手段贿赂下列哪些单位或者个人，以谋取交易机会或者竞争优势：（　　）

A. 经营者的工作人员

B. 交易相对方的工作人员

C. 受交易相对方委托办理相关事务的单位或者个人

D. 利用职权或者影响力影响交易的单位或者个人

(四) 填空题

1622. 《反不正当竞争法》所称的商业秘密，是指不为____所知悉、具有____并经权利人采取相应保密措施的____、经营信息等商业信息。
1623. 监督检查部门及其工作人员对____中知悉的商业秘密负有____义务。
1624. 经营者违反《反不正当竞争法》第7条规定贿赂他人的，由监督检查部门____，处10万元以上300万元以下的罚款。情节严重的，____。
1625. 经营者违反《反不正当竞争法》规定从事不正当竞争，受到____的，由监督检查部门记入____，并依照有关法律、行政法规的规定予以公示。
1626. 在侵犯商业秘密的民事审判程序中，商业秘密权利人提供初步证据，证明其已经对所主张的商业秘密采取____，且合理表明商业秘密被侵犯，____应当证明权利人所主张的商业秘密不属于《反不正当竞争法》规定的商业秘密。

(五) 简答题

1627. 简述监督检查部门调查涉嫌不正当竞争行为，可以采取的措施。

参考答案

(一) 判断题

1611. √，解析：根据《反不正当竞争法》第5条规定。
1612. √，解析：根据《反不正当竞争法》第11条规定。
1613. √，解析：根据《反不正当竞争法》第14条规定。
1614. ×，解析：根据《反不正当竞争法》第17条第2款规定，经营者的合法权益受到不正当竞争行为损害的，可以向人民法院提起诉讼。
1615. √，解析：根据《反不正当竞争法》第29条规定。

(二) 单项选择题

1616. A，解析：根据《反不正当竞争法》第10条规定，经营者进行有奖销售不得存在下列情形：（1）所设奖的种类、兑奖条件、奖金金额或者奖品等有奖销售信息不明确，影响兑奖；（2）采用谎称有奖或者故意让内定人员中奖的欺骗方式进行有奖销售；（3）抽奖式的有奖销售，最高奖的金额超过5万元。故A项正确。

1617. D，解析：根据《反不正当竞争法》第9条第1款第1项规定，C项行为违法。根据《反不正当竞争法》第12条第2款规定，经营者不得利用技术手段，通过影响用户选择或者其他方式，实施下列妨碍、破坏其他经营者合法提供的网络产品或者服务正常运行的行为：（1）未经其他经营者同意，在其合法提供的网络产品或者服务中，插入链接、强制进行目标跳转；（2）误导、欺骗、强迫用户修改、关闭、卸载其他经营者合法提供的网络产品或者服务；（3）恶意对其他经营者合法提供的网络产品或者服务实施不兼容；（4）其他妨碍、破坏其他经营者合法提供的网络产品或者服务正常运行的行为。故D项行为合法，A、B项行为违法。本题答案为D项。

1618. D，解析：根据《反不正当竞争法》第17条第3、4款规定，因不正当竞争行为受到损害的经营者的赔偿数额，按照其因被侵权所受到的实际损失确定；实际损失难以计算的，按照侵权人因侵权所获得的利益确定。经营者恶意实施侵犯商业秘密行为，情节严重的，可以在按照上述方法确定数额的1倍以上5倍以下确定赔偿数额。赔偿数额还应当包括经营者为制止侵权行为所支付的合理开支。经营者违反本法第6条、第9条规定，权利人因被侵权所受到的实际损失、侵权人因侵权所获得的利益难以确定的，由人民法院根据侵权行为的情节判决给予权利人500万元以下的赔偿。故D项错误，当选。

（三）多项选择题

1619. ABCD，解析：根据《反不正当竞争法》第2条第1款规定，经营者在生产经营活动中，应当遵循自愿、平等、公平、诚信的原则，遵守法律和商业道德。故A、B、C、D项正确。

1620. ABC，解析：根据《反不正当竞争法》第6条规定，经营者不得实施下列混淆行为，引人误认为是他人商品或者与他人存在特定联系：（1）擅自使用与他人有一定影响的商品名称、包装、装潢等相同或者近似的标识；（2）擅自使用他人有一定影响的企业名称（包括简称、字号等）、社会组织名称（包括简称等）、姓名（包括笔名、艺名、译名等）；（3）擅自使用他人有一定影响的域名主体部分、网站名称、网页等；（4）其他足以引人误认为是他人商品或者与他人存在特定联系的混淆行为。故A、B、C项正确。

1621. BCD，解析：根据《反不正当竞争法》第 7 条第 1 款规定，经营者不得采用财物或者其他手段贿赂下列单位或者个人，以谋取交易机会或者竞争优势：（1）交易相对方的工作人员；（2）受交易相对方委托办理相关事务的单位或者个人；（3）利用职权或者影响力影响交易的单位或者个人。故 B、C、D 项正确。

（四）填空题

1622. 公众；商业价值；技术信息。(《反不正当竞争法》第 9 条)

1623. 调查过程；保密。(《反不正当竞争法》第 15 条)

1624. 没收违法所得；吊销营业执照。(《反不正当竞争法》第 19 条)

1625. 行政处罚；信用记录。(《反不正当竞争法》第 26 条)

1626. 保密措施；涉嫌侵权人。(《反不正当竞争法》第 32 条)

（五）简答题

1627. 答：根据《反不正当竞争法》第 13 条第 1 款规定，监督检查部门调查涉嫌不正当竞争行为，可以采取下列措施：（1）进入涉嫌不正当竞争行为的经营场所进行检查；（2）询问被调查的经营者、利害关系人及其他有关单位、个人，要求其说明有关情况或者提供与被调查行为有关的其他资料；（3）查询、复制与涉嫌不正当竞争行为有关的协议、账簿、单据、文件、记录、业务函电和其他资料；（4）查封、扣押与涉嫌不正当竞争行为有关的财物；（5）查询涉嫌不正当竞争行为的经营者的银行账户。

四、产品质量法

（一）判断题

1628. 对产品质量管理先进和产品质量达到国际先进水平、成绩显著的单位和个人，给予奖励。（　　）

1629. 国家监督抽查的产品，地方可以另行重复抽查。（　　）

1630. 从事产品质量检验、认证的社会中介机构必须依法设立，不得与行政机关和其他国家机关存在隶属关系或者其他利益关系。（　　）

1631. 拒绝接受依法进行的产品质量监督检查的，给予警告，并处罚金；拒不改正的，责令停业整顿；情节特别严重的，吊销营业执照。（　　）

1632. 以暴力、威胁方法阻碍市场监督管理部门的工作人员依法执行职务的，依法追究刑事责任；拒绝、阻碍未使用暴力、威胁方法的，由公安机关依照《治安管理处罚法》的规定处罚。（　　）

（二）单项选择题

1633. （　　）主管全国产品质量监督工作。

A. 国务院　　B. 国务院有关部门

C. 国务院市场监督管理部门　　D. 县级以上地方市场监督管理部门

1634. 产品质量检验机构必须具备相应的检测条件和能力，经（　　）考核合格后，方可承担产品质量检验工作。

A. 国务院有关部门

B. 国务院市场监督管理部门或者其授权的部门

C. 省级以上人民政府市场监督管理部门或者其授权的部门

D. 县级以上人民政府市场监督管理部门或者其授权的部门

1635. 因产品存在缺陷造成损害要求赔偿的诉讼时效期间为（　　）年，自当事人知道或者应当知道其权益受到损害时起计算。

A. 1　　B. 2

C. 3　　D. 5

1636. 社会团体、社会中介机构对产品质量作出承诺、保证，而该产品又不符合其承诺、保证的质量要求，给消费者造成损失的，与产品的生产者、销售者承担（　　）责任。

A. 连带　　B. 刑事

C. 按份　　D. 行政

1637. 隐匿、转移、变卖、损毁被市场监督管理部门查封、扣押的物品的，处被隐匿、转移、变卖、损毁物品货值金额等值以上（　　）倍以下的罚款；有违法所得的，并处没收违法所得。

A. 2　　B. 3

C. 4　　D. 5

（三）多项选择题

1638. （　　）应当建立健全内部产品质量管理制度，严格实施岗位质量规范、质量责任以及相应的考核办法。

A. 生产者　　B. 经营者

C. 销售者　　D. 消费者

1639. 可能危及人体健康和人身、财产安全的工业产品，必须符合保障人体健康和人身、财产安全的（　　）。

A. 国际标准　　B. 国家标准

C. 产业标准　　D. 行业标准

1640. 县级以上市场监督管理部门根据已经取得的违法嫌疑证据或者举报，对涉嫌违反《产品质量法》规定的行为进行查处时，可以行使下列哪些职权？（　　）

A. 对当事人涉嫌从事违反《产品质量法》的生产、销售活动的场所实施现场检查

B. 向当事人的法定代表人、主要负责人和其他有关人员调查、了解与涉嫌从事违反《产品质量法》的生产、销售活动有关的情况

C. 查阅、复制当事人有关的合同、发票、帐簿以及其他有关资料

D. 对有根据认为不符合保障人体健康和人身、财产安全的国家标准、行业标准的产品或者有其他严重质量问题的产品，以及直接用于生产、销售该项产品的原辅材料、包装物、生产工具，予以查封或者扣押

1641. 售出的产品有下列哪些情形，销售者应当负责修理、更换、退货；给购买产品的消费者造成损失的，销售者应当赔偿损失？（　　）

A. 不具备产品应当具备的使用性能而事先未作说明的

B. 不符合在产品或者其包装上注明采用的产品标准的

C. 不符合以产品说明、实物样品等方式表明的质量状况的

D. 存在危及人身、财产安全的不合理的危险

1642. 各级人民政府工作人员和其他国家机关工作人员有下列哪些情形，依法给予行政处分；构成犯罪的，依法追究刑事责任？（　　）

A. 隐匿、转移、变卖、损毁被市场监督管理部门查封、扣押的物品的

B. 包庇、放纵产品生产、销售中违反《产品质量法》规定行为的

C. 向从事违反《产品质量法》规定的生产、销售活动的当事人通风报信，帮助其逃避查处的

D. 阻挠、干预市场监督管理部门依法对产品生产、销售中违反《产品质量法》规定的行为进行查处，造成严重后果的

（四）填空题

1643. 《产品质量法》所称产品，是指经过____，用于____的产品。

1644. 各级地方人民政府和其他国家机关有____产品生产、销售中违反《产品质量法》规定的行为的，依法追究其____的法律责任。

1645. 对依法进行的产品质量监督检查，生产者、销售者____。

1646. 生产者生产产品，不得____，不得以假充真、____，不得以不合格产品冒充合格产品。

1647. 违反《产品质量法》规定，应当承担民事赔偿责任和____，其财产不足以同时支付时，先承担____。

（五）简答题

1648. 简述产品或者其包装上的标识需符合的要求。

参考答案

（一）判断题

1628. √，解析：根据《产品质量法》第 6 条规定。

1629. ×，解析：根据《产品质量法》第 15 条第 2 款规定，国家监督抽查的产品，地方不得另行重复抽查；上级监督抽查的产品，下级不得另行重复抽查。

1630. √，解析：根据《产品质量法》第 20 条规定。

1631. ×，解析：根据《产品质量法》第 56 条规定，拒绝接受依法进行的产品质量监督检查的，给予警告，责令改正；拒不改正的，责令停业整顿；情节特别严重的，吊销营业执照。

1632. √，解析：根据《产品质量法》第 69 条规定。

（二）单项选择题

1633. C，解析：根据《产品质量法》第 8 条第 1 款规定，国务院市场监督管理部门主管全国产品质量监督工作。国务院有关部门在各自的职责范围内负责产品质量监督工作。故 C 项正确。

1634. C，解析：根据《产品质量法》第 19 条规定，产品质量检验机构必须具备相应的检测条件和能力，经省级以上人民政府市场监督管理部门或者其授权的部门考核合格后，方可承担产品质量检验工作。法律、行政法规对产品质量检验机构另有规定的，依照有关法律、行政法规的规定执行。故 C 项正确。

1635. B，解析：根据《产品质量法》第 45 条第 1 款规定，因产品存在缺陷造成损害要求赔偿的诉讼时效期间为 2 年，自当事人知道或者应当知道其权益受到损害时起计算。故 B 项正确。

1636. A，解析：根据《产品质量法》第 58 条规定，社会团体、社会中介机构对产品质量作出承诺、保证，而该产品又不符合其承诺、保证的质量要求，给消费者造成损失的，与产品的生产者、销售者承担连带责任。故 A 项正确。

1637. B，解析：根据《产品质量法》第 63 条规定，隐匿、转移、变卖、损毁被市场监督管理部门查封、扣押的物品的，处被隐匿、转移、变卖、损毁物品货值金额等值以上 3 倍以下的罚款；有违法所得的，并处没收违法所得。故 B 项正确。

（三）多项选择题

1638. AC，解析：根据《产品质量法》第3条规定，生产者、销售者应当建立健全内部产品质量管理制度，严格实施岗位质量规范、质量责任以及相应的考核办法。故A、C项正确。

1639. BD，解析：根据《产品质量法》第13条第1款规定，可能危及人体健康和人身、财产安全的工业产品，必须符合保障人体健康和人身、财产安全的国家标准、行业标准；未制定国家标准、行业标准的，必须符合保障人体健康和人身、财产安全的要求。故B、D项正确。

1640. ABCD，解析：根据《产品质量法》第18条规定，县级以上市场监督管理部门根据已经取得的违法嫌疑证据或者举报，对涉嫌违反本法规定的行为进行查处时，可以行使下列职权：（1）对当事人涉嫌从事违反本法的生产、销售活动的场所实施现场检查；（2）向当事人的法定代表人、主要负责人和其他有关人员调查、了解与涉嫌从事违反本法的生产、销售活动有关的情况；（3）查阅、复制当事人有关的合同、发票、帐簿以及其他有关资料；（4）对有根据认为不符合保障人体健康和人身、财产安全的国家标准、行业标准的产品或者有其他严重质量问题的产品，以及直接用于生产、销售该项产品的原辅材料、包装物、生产工具，予以查封或者扣押。故A、B、C、D项正确。

1641. ABC，解析：根据《产品质量法》第40条第1款规定，售出的产品有下列情形之一的，销售者应当负责修理、更换、退货；给购买产品的消费者造成损失的，销售者应当赔偿损失：（1）不具备产品应当具备的使用性能而事先未作说明的；（2）不符合在产品或者其包装上注明采用的产品标准的；（3）不符合以产品说明、实物样品等方式表明的质量状况的。故A、B、C项正确。

1642. BCD，解析：根据《产品质量法》第65条规定，各级人民政府工作人员和其他国家机关工作人员有下列情形之一的，依法给予行政处分；构成犯罪的，依法追究刑事责任：（1）包庇、放纵产品生产、销售中违反本法规定行为的；（2）向从事违反本法规定的生产、销售活动的当事人通风报信，帮助其逃避查处的；（3）阻挠、干预市场监督管理部门依法对产品生产、销售中违反本法规定的行为进行查处，造成严重后果的。故B、C、D项正确。

(四) 填空题

1643. 加工、制作；销售。(《产品质量法》第 2 条)

1644. 包庇、放纵；主要负责人。(《产品质量法》第 9 条)

1645. 不得拒绝。(《产品质量法》第 16 条)

1646. 掺杂、掺假；以次充好。(《产品质量法》第 32 条)

1647. 缴纳罚款、罚金；民事赔偿责任。(《产品质量法》第 64 条)

(五) 简答题

1648. 答：根据《产品质量法》第 27 条第 1 款规定，产品或者其包装上的标识必须真实，并符合下列要求：(1) 有产品质量检验合格证明；(2) 有中文标明的产品名称、生产厂厂名和厂址；(3) 根据产品的特点和使用要求，需要标明产品规格、等级、所含主要成份的名称和含量的，用中文相应予以标明；需要事先让消费者知晓的，应当在外包装上标明，或者预先向消费者提供有关资料；(4) 限期使用的产品，应当在显著位置清晰地标明生产日期和安全使用期或者失效日期；(5) 使用不当，容易造成产品本身损坏或者可能危及人身、财产安全的产品，应当有警示标志或者中文警示说明。

五、农产品质量安全法

（一）判断题

1649.《农产品质量安全法》所称农产品质量安全，是指农产品质量达到农产品质量安全标准，符合保障人的健康、安全的要求。（　　）

1650. 各级人民政府及有关部门应当加强农产品质量安全知识的宣传，发挥基层群众性自治组织、农村集体经济组织的优势和作用，强制农产品生产经营者加强质量安全管理，保障农产品消费安全。（　　）

1651. 对可能影响农产品质量安全的农药、兽药、饲料和饲料添加剂、肥料、兽医器械，依照有关法律、行政法规的规定实行许可制度。（　　）

1652. 从事农产品收购的单位或者个人应当按照规定收取、保存承诺达标合格证或者其他质量安全合格证明，对其收购的农产品进行混装或者分装后销售的，应当按照规定开具承诺达标合格证。（　　）

1653. 农产品质量安全检测机构对出具的检测报告负责。检测报告应当客观公正，检测数据应当真实可靠，禁止出具虚假检测报告。（　　）

（二）单项选择题

1654. 国家（　　）农产品标准化生产，鼓励和支持生产绿色优质农产品，禁止生产、销售不符合国家规定的农产品质量安全标准的农产品。

A. 引导、推广　　B. 指导、推广

C. 引导、推行　　D. 指导、推行

1655. 农产品生产企业应当建立农产品质量安全管理制度，配备相应的技术人员；不具备配备条件的，应当委托具有专业技术知识的人员进行农产品质量安全（　　）。

A. 管理　　B. 监管

C. 指导　　D. 引导

1656. 农产品生产经营者对监督抽查检测结果有异议的，可以自收到检测结果之日起（　　）个工作日内，向实施农产品质量安全监督抽查的农业农村主管部门或者其上一级农业农村主管部门申请复检。复检机构与初检机构不得为同一机构。

A. 3　　　　B. 5

C. 7　　　　D. 10

（三）多项选择题

1657. 下列关于农产品质量安全风险监测制度的说法正确的是：（　　）

A. 国务院农业农村主管部门应当制定国家农产品质量安全风险监测计划，并对重点区域、重点农产品品种进行质量安全风险监测

B. 省、自治区、直辖市人民政府农业农村主管部门应当根据国家农产品质量安全风险监测计划，结合本行政区域农产品生产经营实际，制定本行政区域的农产品质量安全风险监测实施方案，并报国务院农业农村主管部门备案

C. 县级以上地方人民政府农业农村主管部门负责组织实施本行政区域的农产品质量安全风险监测

D. 县级以上人民政府市场监督管理部门和其他有关部门获知有关农产品质量安全风险信息后，应当立即核实并向同级农业农村主管部门通报

1658. 县级以上地方人民政府农业农村主管部门应当会同同级生态环境、自然资源等部门制定农产品产地监测计划，加强农产品产地安全（　　）工作。

A. 调查　　　　B. 监测

C. 检验　　　　D. 评价

1659. 国家鼓励具备信息化条件的农产品生产经营者采用现代信息技术手段（　　）生产记录、购销记录等生产经营信息。

A. 收集　　　　B. 采集

C. 留存　　　　D. 储存

（四）填空题

1660. 国家加强农产品质量安全工作，实行____、风险管理、____，建立科学、严格的监督管理制度，构建协同、高效的社会____。

1661. 制定农产品质量安全标准应当____考虑农产品质量安全风险评估结果，并听取农产品生产经营者、消费者、有关部门、____等的意见，保障农产品消费安全。

1662. 农产品生产企业、农民专业合作社应当根据质量安全控制要求____或者____检测机构对农产品质量安全进行检测；经检测不符合农产品质量安全标准的农产品，应当及时采取____措施，且____销售。

1663. 农产品质量安全监督抽查检测应当委托符合《农产品质量安全法》规定条件的农产品质量安全检测机构进行。监督抽查____向被抽查人收取费用，抽取的样品应当按照____价格支付费用，并不得超过国务院农业农村主管部门规定的____。

1664. 县级以上地方人民政府农业农村主管部门应当加强对农产品质量安全执法人员的专业技术培训并组织____。不具备相应____的，不得从事农产品质量安全执法工作。

（五）简答题

1665. 简述不得销售农产品的情形。

1666. 简述开展农产品质量安全监督检查有权采取的措施。

参考答案

（一）判断题

1649. √，解析：根据《农产品质量安全法》第2条规定。

1650. ×，解析：根据《农产品质量安全法》第11条第1款规定，各级人民政府及有关部门应当加强农产品质量安全知识的宣传，发挥基层群众性自治组织、农村集体经济组织的优势和作用，指导农产品生产经营者加强质量安全管理，保障农产品消费安全。

1651. √，解析：根据《农产品质量安全法》第 28 条规定。
1652. √，解析：根据《农产品质量安全法》第 39 条规定。
1653. √，解析：根据《农产品质量安全法》第 49 条规定。

（二）单项选择题

1654. A，解析：根据《农产品质量安全法》第 9 条规定，国家引导、推广农产品标准化生产，鼓励和支持生产绿色优质农产品，禁止生产、销售不符合国家规定的农产品质量安全标准的农产品。

1655. C，解析：根据《农产品质量安全法》第 26 条第 2 款规定，农产品生产企业应当建立农产品质量安全管理制度，配备相应的技术人员；不具备配备条件的，应当委托具有专业技术知识的人员进行农产品质量安全指导。

1656. B，解析：根据《农产品质量安全法》第 51 条第 1 款规定，农产品生产经营者对监督抽查检测结果有异议的，可以自收到检测结果之日起 5 个工作日内，向实施农产品质量安全监督抽查的农业农村主管部门或者其上一级农业农村主管部门申请复检。复检机构与初检机构不得为同一机构。

（三）多项选择题

1657. ABCD，解析：根据《农产品质量安全法》第 13 条规定，国家建立农产品质量安全风险监测制度。国务院农业农村主管部门应当制定国家农产品质量安全风险监测计划，并对重点区域、重点农产品品种进行质量安全风险监测。省、自治区、直辖市人民政府农业农村主管部门应当根据国家农产品质量安全风险监测计划，结合本行政区域农产品生产经营实际，制定本行政区域的农产品质量安全风险监测实施方案，并报国务院农业农村主管部门备案。县级以上地方人民政府农业农村主管部门负责组织实施本行政区域的农产品质量安全风险监测。县级以上人民政府市场监督管理部门和其他有关部门获知有关农产品质量安全风险信息后，应当立即核实并向同级农业农村主管部门通报。接到通报的农业农村主管部门应当及时上报。制定农产品质量安全风险监测计划、实施方案的部门应当及时研究分析，必要时进行调整。

1658. ABD，解析：根据《农产品质量安全法》第 20 条规定，国家建立健全农产品产地监测制度。县级以上地方人民政府农业农村主管部门应当会同同级生态环境、自然资源等部门制定农产品产地监测计划，加强农产品产地安全调查、监测和评价工作。

1659. BC，解析：根据《农产品质量安全法》第41条第2款规定，国家鼓励具备信息化条件的农产品生产经营者采用现代信息技术手段采集、留存生产记录、购销记录等生产经营信息。

（四）填空题

1660. 源头治理；全程控制；共治体系。(《农产品质量安全法》第4条)

1661. 充分；行业协会。(《农产品质量安全法》第17条)

1662. 自行；委托；管控；不得。(《农产品质量安全法》第34条)

1663. 不得；市场；数量。(《农产品质量安全法》第47条)

1664. 考核；知识和能力。(《农产品质量安全法》第57条)

（五）简答题

1665. 答：根据《农产品质量安全法》第36条规定，有下列情形之一的农产品，不得销售：(1) 含有国家禁止使用的农药、兽药或者其他化合物；(2) 农药、兽药等化学物质残留或者含有的重金属等有毒有害物质不符合农产品质量安全标准；(3) 含有的致病性寄生虫、微生物或者生物毒素不符合农产品质量安全标准；(4) 未按照国家有关强制性标准以及其他农产品质量安全规定使用保鲜剂、防腐剂、添加剂、包装材料等，或者使用的保鲜剂、防腐剂、添加剂、包装材料等不符合国家有关强制性标准以及其他质量安全规定；(5) 病死、毒死或者死因不明的动物及其产品；(6) 其他不符合农产品质量安全标准的情形。对前款规定不得销售的农产品，应当依照法律、法规的规定进行处置。

1666. 答：根据《农产品质量安全法》第53条规定，开展农产品质量安全监督检查，有权采取下列措施：(1) 进入生产经营场所进行现场检查，调查了解农产品质量安全的有关情况；(2) 查阅、复制农产品生产记录、购销台账等与农产品质量安全有关的资料；(3) 抽样检测生产经营的农产品和使用的农业投入品以及其他有关产品；(4) 查封、扣押有证据证明存在农产品质量安全隐患或者经检测不符合农产品质量安全标准的农产品；(5) 查封、扣押有证据证明可能危及农产品质量安全或者经检测不符合产品质量标准的农业投入品以及其他有毒有害物质；(6) 查封、扣押用于违法生产经营农产品的设施、设备、场所以及运输工具；(7) 收缴伪造的农产品质量标志。农产品生产经营者应当协助、配合农产品质量安全监督检查，不得拒绝、阻挠。

六、审计法

（一）判断题

1667. 国家实行审计监督制度。坚持中国共产党对审计工作的领导，构建集中统一、全面覆盖、权威高效的审计监督体系。（　　）

1668. 遇有涉及国家财政金融重大利益情形，为维护国家经济安全，审计署可以对国有企业、国有金融机构和国有资本占控股地位或者主导地位的企业、金融机构以外的金融机构进行专项审计调查或者审计。（　　）

1669. 审计机关履行审计监督职责，发现经济社会运行中存在风险隐患的，应当及时向本级人民政府报告或者向有关主管机关、单位通报。（　　）

1670. 审计机关根据经批准的审计项目计划确定的审计事项组成审计组，并应当在实施审计 5 日前，向被审计单位送达审计通知书；遇有特殊情况，经县级以上人民政府审计机关负责人批准，可以直接持审计通知书实施审计。（　　）

1671. 对被审计单位违反国家规定的财务收支行为，审计机关、人民政府或者有关主管机关、单位在法定职权范围内，依照法律、行政法规的规定，区别情况采取前条规定的处理措施，并可以依法给予处罚。（　　）

1672. 被审计单位应当按照规定时间整改审计查出的问题，将整改情况报告审计机关，同时向本级人大或者有关主管机关、单位报告，并按照规定向社会公布。（　　）

（二）单项选择题

1673. 审计机关根据工作需要，经（　　）批准，可以在其审计管辖范围内设立派出机构。派出机构根据审计机关的授权，依法进行审计工作。

A. 本级人大　　B. 本级人大常委会
C. 本级人民政府　　D. 上一级审计机关

1674. 审计机关对政府投资和以政府投资为主的建设项目的预算执行情况和决算，对其他关系国家利益和公共利益的（　　）的资金管理使用和建设运营情况，进行审计监督。
A. 工程项目　　B. 公共工程项目
C. 特大公共工程项目　　D. 重大公共工程项目

1675. 审计机关进行审计时，有权就审计事项的有关问题向有关单位和个人进行调查，并取得有关证明材料。有关单位和个人应当（　　）审计机关工作，如实向审计机关反映情况，提供有关证明材料。
A. 支持、帮助　　B. 拥护、协助
C. 支持、协助　　D. 拥护、帮助

1676. 审计组对审计事项实施审计后，应当向审计机关提出审计组的审计报告。审计组的审计报告报送审计机关前，应当征求被审计单位的意见。被审计单位应当自接到审计组的审计报告之日起（　　）日内，将其书面意见送交审计组。
A. 5　　B. 10
C. 15　　D. 30

（三）多项选择题

1677. 审计机关和审计人员对在执行职务中知悉的（　　）和个人信息，应当予以保密，不得泄露或者向他人非法提供。
A. 国家秘密　　B. 工作秘密
C. 商业秘密　　D. 个人隐私

1678. 下列关于审计机关和审计人员的说法正确的是：（　　）
A. 审计人员依法执行职务，受法律保护
B. 任何组织和个人不得拒绝、阻碍审计人员依法执行职务，不得打击报复审计人员
C. 审计机关负责人没有违法失职或者其他不符合任职条件的情况的，不得随意撤换

D. 地方各级审计机关负责人的任免，应当事先征求上一级审计机关的意见

1679. 审计机关进行审计时，有权检查被审计单位的财务、会计资料以及与财政收支、财务收支有关的业务、管理等资料和资产，有权检查被审计单位信息系统的（　　），被审计单位不得拒绝。

A. 稳定性　　B. 安全性

C. 可靠性　　D. 经济性

（四）填空题

1680. 审计机关依据有关财政收支、财务收支的法律、法规和国家其他有关规定进行____，在____范围内作出审计决定。

1681. 审计机关和审计人员不得参加可能影响其____履行审计监督职责的活动，不得____、插手被审计单位及其相关单位的正常生产经营和管理活动。

1682. 根据经____的审计项目计划安排，审计机关可以对被审计单位____国家重大经济社会政策措施情况进行审计监督。

1683. 审计机关进行审计时，被审计单位不得转移、隐匿、____、毁弃财务、会计资料以及与财政收支、财务收支有关的业务、管理等资料，不得转移、隐匿、____所持有的违反国家规定取得的资产。

1684. 上级审计机关认为下级审计机关作出的审计决定____的，可以责成下级审计机关予以变更或者撤销，____也可以直接作出变更或者撤销的决定。

1685. 被审计单位对审计机关作出的有关财政收支的审计决定不服的，可以____审计机关的本级人民政府裁决，本级人民政府的裁决为____决定。

参考答案

（一）判断题

1667. √，解析：根据《审计法》第 2 条规定。

1668. ×，解析：根据《审计法》第 22 条规定，审计机关对国有企业、国有金融机构和国有资本占控股地位或者主导地位的企业、金融机构的资产、负

债、损益以及其他财务收支情况，进行审计监督。遇有涉及国家财政金融重大利益情形，为维护国家经济安全，经国务院批准，审计署可以对前款规定以外的金融机构进行专项审计调查或者审计。

1669. √，解析：根据《审计法》第 30 条规定。

1670. ×，解析：根据《审计法》第 42 条规定，审计机关根据经批准的审计项目计划确定的审计事项组成审计组，并应当在实施审计 3 日前，向被审计单位送达审计通知书；遇有特殊情况，经县级以上人民政府审计机关负责人批准，可以直接持审计通知书实施审计。

1671. √，解析：根据《审计法》第 50 条规定。

1672. ×，解析：根据《审计法》第 52 条第 1 款规定，被审计单位应当按照规定时间整改审计查出的问题，将整改情况报告审计机关，同时向本级人民政府或者有关主管机关、单位报告，并按照规定向社会公布。

（二）单项选择题

1673. C，解析：根据《审计法》第 10 条规定，审计机关根据工作需要，经本级人民政府批准，可以在其审计管辖范围内设立派出机构。派出机构根据审计机关的授权，依法进行审计工作。

1674. D，解析：根据《审计法》第 23 条规定，审计机关对政府投资和以政府投资为主的建设项目的预算执行情况和决算，对其他关系国家利益和公共利益的重大公共工程项目的资金管理使用和建设运营情况，进行审计监督。

1675. C，解析：根据《审计法》第 37 条第 1 款规定，审计机关进行审计时，有权就审计事项的有关问题向有关单位和个人进行调查，并取得有关证明材料。有关单位和个人应当支持、协助审计机关工作，如实向审计机关反映情况，提供有关证明材料。

1676. B，解析：根据《审计法》第 44 条规定，审计组对审计事项实施审计后，应当向审计机关提出审计组的审计报告。审计组的审计报告报送审计机关前，应当征求被审计单位的意见。被审计单位应当自接到审计组的审计报告之日起 10 日内，将其书面意见送交审计组。审计组应当将被审计单位的书面意见一并报送审计机关。

（三）多项选择题

1677. ABCD，解析：根据《审计法》第 16 条规定，审计机关和审计人员对在执行职务中知悉的国家秘密、工作秘密、商业秘密、个人隐私和个人信息，应当予以保密，不得泄露或者向他人非法提供。

1678. ABCD，解析：根据《审计法》第17条规定，审计人员依法执行职务，受法律保护。任何组织和个人不得拒绝、阻碍审计人员依法执行职务，不得打击报复审计人员。审计机关负责人依照法定程序任免。审计机关负责人没有违法失职或者其他不符合任职条件的情况的，不得随意撤换。地方各级审计机关负责人的任免，应当事先征求上一级审计机关的意见。

1679. BCD，解析：根据《审计法》第36条规定，审计机关进行审计时，有权检查被审计单位的财务、会计资料以及与财政收支、财务收支有关的业务、管理等资料和资产，有权检查被审计单位信息系统的安全性、可靠性、经济性，被审计单位不得拒绝。

（四）填空题

1680. 审计评价；法定职权。（《审计法》第3条）

1681. 依法独立；干预。（《审计法》第14条）

1682. 批准；贯彻落实。（《审计法》第26条）

1683. 篡改；故意毁损。（《审计法》第38条）

1684. 违反国家有关规定；必要时。（《审计法》第46条）

1685. 提请；最终。（《审计法》第53条）

七、税收征收管理法

（一）判断题

1686. 任何机关、单位和个人不得违反法律、行政法规的规定，擅自作出税收开征、停征以及减税、免税、退税、补税和其他同税收法律、行政法规相抵触的决定。（　　）

1687. 从事生产、经营的纳税人应当按照国家有关规定，持税务登记证件，在银行或者其他金融机构开立基本存款帐户和其他存款帐户，必要时将其帐号向税务机关报告。（　　）

1688. 纳税人、扣缴义务人应当直接到税务机关办理纳税申报或者报送代扣代缴、代收代缴税款报告表，不得采取邮寄方式办理上述申报、报送事项。（　　）

1689. 纳税人在限期内已缴纳税款，税务机关未立即解除税收保全措施，使纳税人的合法利益遭受损失的，税务机关应当承担赔偿责任。（　　）

1690. 税务机关、税务人员查封、扣押纳税人个人及其所扶养家属维持生活必需的住房和用品的，责令退还，依法给予行政处分；构成犯罪的，依法追究刑事责任。（　　）

（二）单项选择题

1691. 关于纳税人的权利，下列说法错误的是：（　　）

A. 纳税人、扣缴义务人有权向税务机关了解国家税收法律、行政法规的规定以及与纳税程序有关的情况

B. 纳税人、扣缴义务人有权要求税务机关为纳税人、扣缴义务人的情况保密

C. 纳税人依法享有申请减税、免税、退税的权利

D. 纳税人、扣缴义务人依法享有申请行政复议、提起行政诉讼等权利，但无权请求国家赔偿

1692. 企业，企业在外地设立的分支机构和从事生产、经营的场所，个体工商户和从事生产、经营的事业单位自领取营业执照之日起（　　）日内，持有关证件，向税务机关申报办理税务登记。

A. 20　　B. 30

C. 60　　D. 90

1693. 纳税人因有特殊困难，不能按期缴纳税款的，经省、自治区、直辖市国家税务局、地方税务局批准，可以延期缴纳税款，但是最长不得超过（　　）。

A. 1 个月　　B. 3 个月

C. 6 个月　　D. 1 年

1694. 税务机关扣押商品、货物或者其他财产时，必须开付（　　）；查封商品、货物或者其他财产时，必须开付（　　）。

A. 收据、收据　　B. 清单、清单

C. 清单、收据　　D. 收据、清单

1695. 纳税人、扣缴义务人编造虚假计税依据的，由税务机关责令限期改正，并处（　　）万元以下的罚款。

A. 1　　B. 2

C. 5　　D. 10

（三）多项选择题

1696. 依据《税收征收管理法》，对未按照规定办理税务登记的从事生产、经营的纳税人以及临时从事经营的纳税人，税务机关有权采取的措施有：（　　）

A. 由税务机关核定其应纳税额，责令缴纳

B. 不缴纳的，税务机关可以扣押其价值相当于应纳税款的商品、货物

C. 扣押后缴纳应纳税款的，税务机关必须立即解除扣押，并归还所扣押的商品、货物

D. 扣押后仍不缴纳应纳税款的，经县以上税务局（分局）局长批准，

依法拍卖或者变卖所扣押的商品、货物，以拍卖或者变卖所得抵缴税款

1697. 依据《税收征收管理法》，税务机关有权进行下列哪些税务检查：（　　）

A. 检查纳税人的帐簿、记帐凭证、报表和有关资料，检查扣缴义务人代扣代缴、代收代缴税款帐簿、记帐凭证和有关资料

B. 到纳税人的生产、经营场所和货物存放地检查纳税人应纳税的商品、货物或者其他财产，检查扣缴义务人与代扣代缴、代收代缴税款有关的经营情况

C. 询问纳税人、扣缴义务人与纳税或者代扣代缴、代收代缴税款有关的问题和情况

D. 到车站、码头、机场、邮政企业及其分支机构检查纳税人托运、邮寄应纳税商品、货物或者其他财产的有关单据、凭证和有关资料

1698. 纳税人有下列哪些行为，由税务机关责令限期改正，可以处2000元以下的罚款；情节严重的，处2000元以上1万元以下的罚款：（　　）

A. 未按照规定的期限申报办理税务登记、变更或者注销登记的

B. 未按照规定将财务、会计制度或者财务、会计处理办法和会计核算软件报送税务机关备查的

C. 未按照规定将其全部银行帐号向税务机关报告的

D. 未按照规定安装、使用税控装置，或者损毁或者擅自改动税控装置的

1699. 从事生产、经营的纳税人、扣缴义务人未按照规定的期限缴纳或者解缴税款，纳税担保人未按照规定的期限缴纳所担保的税款，由税务机关责令限期缴纳，逾期仍未缴纳的，依据《税收征收管理法》规定，关于税收征收的强制执行，下列说法正确的是：（　　）

A. 税务机关采取强制执行措施，需经市以上税务局局长批准

B. 税务机关可以口头或书面通知其开户银行或者其他金融机构从其存款中扣缴税款

C. 税务机关采取强制执行措施时，对纳税人、扣缴义务人、纳税担保人未缴纳的滞纳金同时强制执行

D. 个人及其所扶养家属维持生活必需的住房和用品，不在强制执行措施的范围之内

1700. 关于纳税人、扣缴义务人未缴或者少缴税款的处理，下列说法正确的是：(　　)

A. 因纳税人、扣缴义务人计算错误等失误，未缴或者少缴税款的，税务机关在3年内可以追征税款、滞纳金；有特殊情况的，追征期可以延长到5年

B. 因税务机关的责任，致使纳税人、扣缴义务人未缴或者少缴税款的，税务机关在3年内可以要求纳税人、扣缴义务人补缴税款、滞纳金

C. 对偷税的，税务机关追征其未缴或者少缴的税款、滞纳金，追征期可以延长到10年

D. 对骗税的，税务机关追征其所骗取的税款，追征期不受上述时间限制

(四) 填空题

1701. 地方各级人民政府应当依法加强对____内税收征收管理工作的领导或者协调，支持税务机关依法执行职务，依照____计算税额，依法征收税款。

1702. 国家根据税收征收管理的需要，积极推广使用____。纳税人应当按照规定安装、使用税控装置，不得损毁或者____税控装置。

1703. 税务机关采取税收保全措施和强制执行措施必须依照法定权限和____，不得查封、扣押纳税人个人及其所扶养家属____的住房和用品。

1704. 纳税人欠缴应纳税款，采取转移或者隐匿财产的手段，妨碍税务机关追缴欠缴的税款的，由税务机关追缴欠缴的税款、滞纳金，并处欠缴税款____以上____倍以下的罚款；构成犯罪的，依法追究刑事责任。

1705. 纳税人、扣缴义务人、纳税担保人同税务机关在纳税上发生争议时，必须先依照税务机关的纳税决定缴纳或者解缴税款及滞纳金或者____，然后可以依法申请行政复议；对行政复议决定不服的，可以依法____。

（五）简答题

1706. 简述税务机关有权核定纳税人应纳税额的情形。

参考答案

（一）判断题

1686. √，解析：根据《税收征收管理法》第 3 条规定。

1687. ×，解析：根据《税收征收管理法》第 17 条第 1 款规定，从事生产、经营的纳税人应当按照国家有关规定，持税务登记证件，在银行或者其他金融机构开立基本存款帐户和其他存款帐户，并将其全部帐号向税务机关报告。

1688. ×，解析：根据《税收征收管理法》第 26 条规定，纳税人、扣缴义务人可以直接到税务机关办理纳税申报或者报送代扣代缴、代收代缴税款报告表，也可以按照规定采取邮寄、数据电文或者其他方式办理上述申报、报送事项。

1689. √，解析：根据《税收征收管理法》第 39 条规定。

1690. √，解析：根据《税收征收管理法》第 79 条规定。

（二）单项选择题

1691. D，解析：根据《税收征收管理法》第 8 条规定，纳税人、扣缴义务人有权向税务机关了解国家税收法律、行政法规的规定以及与纳税程序有关的情况。纳税人、扣缴义务人有权要求税务机关为纳税人、扣缴义务人的情况保密。税务机关应当依法为纳税人、扣缴义务人的情况保密。纳税人依法享有申请减税、免税、退税的权利。纳税人、扣缴义务人对税务机关所作出的决定，享有陈述权、申辩权；依法享有申请行政复议、提起行政诉讼、请求国家赔偿等权利。纳税人、扣缴义务人有权控告和检举税务机关、税务人员的违法违纪行为。故 D 项错误，当选。

1692. B，解析：根据《税收征收管理法》第 15 条第 1 款规定，企业，企业在外地设立的分支机构和从事生产、经营的场所，个体工商户和从事生产、经营的事业单位（以下统称从事生产、经营的纳税人）自领取营业执照之日起 30 日内，持有关证件，向税务机关申报办理税务登记。税务机关应当于收到申报的当日办理登记并发给税务登记证件。故 B 项正确。

1693. B，解析：根据《税收征收管理法》第31条第2款规定，纳税人因有特殊困难，不能按期缴纳税款的，经省、自治区、直辖市国家税务局、地方税务局批准，可以延期缴纳税款，但是最长不得超过3个月。故B项正确。

1694. D，解析：根据《税收征收管理法》第47条规定，税务机关扣押商品、货物或者其他财产时，必须开付收据；查封商品、货物或者其他财产时，必须开付清单。故D项正确。

1695. C，解析：根据《税收征收管理法》第64条第1款规定，纳税人、扣缴义务人编造虚假计税依据的，由税务机关责令限期改正，并处5万元以下的罚款。故C项正确。

（三）多项选择题

1696. ABCD，解析：根据《税收征收管理法》第37条规定，对未按照规定办理税务登记的从事生产、经营的纳税人以及临时从事经营的纳税人，由税务机关核定其应纳税额，责令缴纳；不缴纳的，税务机关可以扣押其价值相当于应纳税款的商品、货物。扣押后缴纳应纳税款的，税务机关必须立即解除扣押，并归还所扣押的商品、货物；扣押后仍不缴纳应纳税款的，经县以上税务局（分局）局长批准，依法拍卖或者变卖所扣押的商品、货物，以拍卖或者变卖所得抵缴税款。据此，A、B、C、D项正确。

1697. ABCD，解析：根据《税收征收管理法》第54条规定，税务机关有权进行下列税务检查：（1）检查纳税人的帐簿、记帐凭证、报表和有关资料，检查扣缴义务人代扣代缴、代收代缴税款帐簿、记帐凭证和有关资料；（2）到纳税人的生产、经营场所和货物存放地检查纳税人应纳税的商品、货物或者其他财产，检查扣缴义务人与代扣代缴、代收代缴税款有关的经营情况；（3）责成纳税人、扣缴义务人提供与纳税或者代扣代缴、代收代缴税款有关的文件、证明材料和有关资料；（4）询问纳税人、扣缴义务人与纳税或者代扣代缴、代收代缴税款有关的问题和情况；（5）到车站、码头、机场、邮政企业及其分支机构检查纳税人托运、邮寄应纳税商品、货物或者其他财产的有关单据、凭证和有关资料；（6）经县以上税务局（分局）局长批准，凭全国统一格式的检查存款帐户许可证明，查询从事生产、经营的纳税人、扣缴义务人在银行或者其他金融机构的存款帐户。税务机关在调查税收违法案件时，经设区的市、自治州以上税务局（分局）局长批准，可以查询案件涉嫌人员的储蓄存款。税务机关查询所获得的资料，不得用于税收以外的用途。故A、B、C、D项正确。

1698. ABCD，解析：根据《税收征收管理法》第 60 条第 1 款规定，纳税人有下列行为之一的，由税务机关责令限期改正，可以处 2000 元以下的罚款；情节严重的，处 2000 元以上 1 万元以下的罚款：（1）未按照规定的期限申报办理税务登记、变更或者注销登记的；（2）未按照规定设置、保管帐簿或者保管记帐凭证和有关资料的；（3）未按照规定将财务、会计制度或者财务、会计处理办法和会计核算软件报送税务机关备查的；（4）未按照规定将其全部银行帐号向税务机关报告的；（5）未按照规定安装、使用税控装置，或者损毁或者擅自改动税控装置的。故 A、B、C、D 项正确。

1699. CD，解析：根据《税收征收管理法》第 40 条规定，从事生产、经营的纳税人、扣缴义务人未按照规定的期限缴纳或者解缴税款，纳税担保人未按照规定的期限缴纳所担保的税款，由税务机关责令限期缴纳，逾期仍未缴纳的，经县以上税务局（分局）局长批准，税务机关可以采取下列强制执行措施：（1）书面通知其开户银行或者其他金融机构从其存款中扣缴税款；（2）扣押、查封、依法拍卖或者变卖其价值相当于应纳税款的商品、货物或者其他财产，以拍卖或者变卖所得抵缴税款。税务机关采取强制执行措施时，对前款所列纳税人、扣缴义务人、纳税担保人未缴纳的滞纳金同时强制执行。个人及其所扶养家属维持生活必需的住房和用品，不在强制执行措施的范围之内。据此，C、D 项正确。

1700. AD，解析：根据《税收征收管理法》第 52 条规定，因税务机关的责任，致使纳税人、扣缴义务人未缴或者少缴税款的，税务机关在 3 年内可以要求纳税人、扣缴义务人补缴税款，但是不得加收滞纳金。因纳税人、扣缴义务人计算错误等失误，未缴或者少缴税款的，税务机关在 3 年内可以追征税款、滞纳金；有特殊情况的，追征期可以延长到 5 年。对偷税、抗税、骗税的，税务机关追征其未缴或者少缴的税款、滞纳金或者所骗取的税款，不受前款规定期限的限制。据此，A、D 项正确。

（四）填空题

1701. 本行政区域；法定税率。（《税收征收管理法》第 5 条）

1702. 税控装置；擅自改动。（《税收征收管理法》第 23 条）

1703. 法定程序；维持生活必需。（《税收征收管理法》第 42 条）

1704. 50%；5。（《税收征收管理法》第 65 条）

1705. 提供相应的担保；向人民法院起诉。（《税收征收管理法》第 88 条）

（五）简答题

1706. 答：根据《税收征收管理法》第 35 条第 1 款规定，纳税人有下列情形之一的，税务机关有权核定其应纳税额：（1）依照法律、行政法规的规定可以不设置帐簿的；（2）依照法律、行政法规的规定应当设置帐簿但未设置的；（3）擅自销毁帐簿或者拒不提供纳税资料的；（4）虽设置帐簿，但帐目混乱或者成本资料、收入凭证、费用凭证残缺不全，难以查帐的；（5）发生纳税义务，未按照规定的期限办理纳税申报，经税务机关责令限期申报，逾期仍不申报的；（6）纳税人申报的计税依据明显偏低，又无正当理由的。

八、企业所得税法

(一) 判断题

1707. 非居民企业在中国境内设立机构、场所的，仅就其来源于中国境内的所得缴纳企业所得税。(　　)

1708. 企业在汇总计算缴纳企业所得税时，其境外营业机构的亏损可以抵减境内营业机构的盈利。(　　)

1709. 企业购置用于环境保护、节能节水、安全生产等专用设备的投资额，应当按一定比例实行税额抵免。(　　)

1710. 对非居民企业在中国境内取得工程作业和劳务所得应缴纳的所得税，税务机关可以指定工程价款或者劳务费的支付人为扣缴义务人。(　　)

1711. 企业不提供与其关联方之间业务往来资料，或者提供虚假、不完整资料，未能真实反映其关联业务往来情况的，税务机关有权依法核定其应纳税所得额。(　　)

(二) 单项选择题

1712. 企业所得税的税率为（　　）。

A. 15%　　B. 20%

C. 25%　　D. 30%

1713. 企业的应纳税所得额乘以适用税率，减除依照《企业所得税法》关于税收优惠的规定减免和抵免的税额后的余额，为（　　）。

A. 应纳税所得额　　B. 应纳税额

C. 所得税税额　　D. 抵免限额

1714. 国家需要重点扶持的高新技术企业，减按（　　）的税率征收企业所得税。

A. 15%　　B. 20%

C. 25%　　D. 30%

1715. 根据国民经济和社会发展的需要，或者由于突发事件等原因对企业经营活动产生重大影响的，(　　) 可以制定企业所得税专项优惠政策，报全国人民代表大会常务委员会备案。

A. 国务院　　B. 全国人民代表大会

C. 国家税务总局　　D. 省级人民政府

1716. 扣缴义务人每次代扣的税款，应当自代扣之日起（　　）日内缴入国库，并向所在地的税务机关报送扣缴企业所得税报告表。

A. 3　　B. 7

C. 10　　D. 15

(三) 多项选择题

1717. 依据《企业所得税法》的规定，下列关于纳税企业的说法正确的是：(　　)

A. 个人独资企业、合伙企业不适用《企业所得税法》

B. 企业分为居民企业和非居民企业

C. 居民企业，是指依法在中国境内成立，或者依照外国（地区）法律成立但实际管理机构在中国境内的企业

D. 非居民企业，是指依照外国（地区）法律成立且实际管理机构不在中国境内，但在中国境内设立机构、场所的，或者在中国境内未设立机构、场所，但有来源于中国境内所得的企业

1718. 依据《企业所得税法》的规定，收入总额中为不征税收入的有：(　　)

A. 股息、红利等权益性投资收益

B. 财政拨款

C. 依法收取并纳入财政管理的行政事业性收费、政府性基金

D. 特许使用费收入

1719. 在计算应纳税所得额时，企业发生的下列哪些支出作为长期待摊费用，按照规定摊销的，准予扣除：(　　)

A. 已足额提取折旧的固定资产的改建支出

B. 租入固定资产的改建支出

C. 固定资产的大修理支出

D. 向投资者支付的股息、红利等权益性投资收益款项

1720. 依据《企业所得税法》的规定，企业的免税收入有：(　　)

A. 国债利息收入

B. 符合条件的居民企业之间的股息、红利等权益性投资收益

C. 在中国境内设立机构、场所的非居民企业从居民企业取得与该机构、场所有实际联系的股息、红利等权益性投资收益

D. 接受捐赠收入

(四) 填空题

1721. 企业____存货，按照规定计算的____，准予在计算应纳税所得额时扣除。

1722. 企业的____由于技术进步等原因，确需____的，可以缩短折旧年限或者采取加速折旧的方法。

1723. 企业与其关联方之间的业务往来，不符合____而减少企业或者其关联方应纳税收入或者所得额的，税务机关有权按照____调整。

1724. 企业实施其他不具有____的安排而减少其应纳税收入或者所得额的，税务机关有权按照____调整。

1725. 企业在一个纳税年度中间开业，或者终止经营活动，使该纳税年度的____不足 12 个月的，应当以其实际经营期为一个____。

(五) 简答题

1726. 简述在计算应纳税所得额时，不得扣除的支出。

参考答案

(一) 判断题

1707. ×，解析：根据《企业所得税法》第 3 条第 2、3 款规定，非居民企业在中国境内设立机构、场所的，应当就其所设机构、场所取得的来源于中国

境内的所得，以及发生在中国境外但与其所设机构、场所有实际联系的所得，缴纳企业所得税。非居民企业在中国境内未设立机构、场所的，或者虽设立机构、场所但取得的所得与其所设机构、场所没有实际联系的，应当就其来源于中国境内的所得缴纳企业所得税。

1708. ×，解析：根据《企业所得税法》第 17 条规定，企业在汇总计算缴纳企业所得税时，其境外营业机构的亏损不得抵减境内营业机构的盈利。

1709. ×，解析：根据《企业所得税法》第 34 条规定，企业购置用于环境保护、节能节水、安全生产等专用设备的投资额，可以按一定比例实行税额抵免。

1710. √，解析：根据《企业所得税法》第 38 条规定。

1711. √，解析：根据《企业所得税法》第 44 条规定。

（二）单项选择题

1712. C，解析：根据《企业所得税法》第 4 条第 1 款规定，企业所得税的税率为 25%。故 C 项正确。

1713. B，解析：根据《企业所得税法》第 22 条规定，企业的应纳税所得额乘以适用税率，减除依照本法关于税收优惠的规定减免和抵免的税额后的余额，为应纳税额。故 B 项正确。

1714. A，解析：根据《企业所得税法》第 28 条第 2 款规定，国家需要重点扶持的高新技术企业，减按 15%的税率征收企业所得税。故 A 项正确。

1715. A，解析：根据《企业所得税法》第 36 条规定，根据国民经济和社会发展的需要，或者由于突发事件等原因对企业经营活动产生重大影响的，国务院可以制定企业所得税专项优惠政策，报全国人民代表大会常务委员会备案。故 A 项正确。

1716. B，解析：根据《企业所得税法》第 40 条规定，扣缴义务人每次代扣的税款，应当自代扣之日起 7 日内缴入国库，并向所在地的税务机关报送扣缴企业所得税报告表。故 B 项正确。

（三）多项选择题

1717. ABCD，解析：根据《企业所得税法》第 1 条第 2 款规定，个人独资企业、合伙企业不适用本法。据此，A 项正确。根据《企业所得税法》第 2 条规定，企业分为居民企业和非居民企业。本法所称居民企业，是指依法在中国境内成立，或者依照外国（地区）法律成立但实际管理机构在中国境内的企业。本法所称非居民企业，是指依照外国（地区）法律成立且实际管理机构不在中国境内，但在中国境内设立机构、场所的，或者在中国境内未设立机构、场所，但有来源于中国境内所得的企业。据此，B、C、D 项正确。

1718. BC，解析：根据《企业所得税法》第 7 条规定，收入总额中的下列收入为不征税收入：（1）财政拨款；（2）依法收取并纳入财政管理的行政事业性收费、政府性基金；（3）国务院规定的其他不征税收入。故 B、C 项正确。

1719. ABC，解析：根据《企业所得税法》第 13 条规定，在计算应纳税所得额时，企业发生的下列支出作为长期待摊费用，按照规定摊销的，准予扣除：（1）已足额提取折旧的固定资产的改建支出；（2）租入固定资产的改建支出；（3）固定资产的大修理支出；（4）其他应当作为长期待摊费用的支出。故 A、B、C 项正确。

1720. ABC，解析：根据《企业所得税法》第 26 条规定，企业的下列收入为免税收入：（1）国债利息收入；（2）符合条件的居民企业之间的股息、红利等权益性投资收益；（3）在中国境内设立机构、场所的非居民企业从居民企业取得与该机构、场所有实际联系的股息、红利等权益性投资收益；（4）符合条件的非营利组织的收入。故 A、B、C 项正确。

（四）填空题

1721. 使用或者销售；存货成本。（《企业所得税法》第 15 条）

1722. 固定资产；加速折旧。（《企业所得税法》第 32 条）

1723. 独立交易原则；合理方法。（《企业所得税法》第 41 条）

1724. 合理商业目的；合理方法。（《企业所得税法》第 47 条）

1725. 实际经营期；纳税年度。（《企业所得税法》第 53 条）

（五）简答题

1726. 答：根据《企业所得税法》第 10 条规定，在计算应纳税所得额时，下列支出不得扣除：（1）向投资者支付的股息、红利等权益性投资收益款项；（2）企业所得税税款；（3）税收滞纳金；（4）罚金、罚款和被没收财物的损失；（5）《企业所得税法》第 9 条规定以外的捐赠支出；（6）赞助支出；（7）未经核定的准备金支出；（8）与取得收入无关的其他支出。

九、个人所得税法

（一）判断题

1727. 在中国境内无住所又不居住，或者无住所而一个纳税年度内在中国境内居住累计不满 183 天的个人，为非居民个人。(　　)

1728. 因自然灾害遭受重大损失的应当减征个人所得税。(　　)

1729. 纳税人有中国公民身份号码的，以中国公民身份号码为纳税人识别号；纳税人没有中国公民身份号码的，由税务机关赋予其纳税人识别号。扣缴义务人扣缴税款时，纳税人应当向扣缴义务人提供纳税人识别号。(　　)

1730. 非居民个人取得工资、薪金所得，劳务报酬所得，稿酬所得和特许权使用费所得，有扣缴义务人的，由扣缴义务人按月或者按次代扣代缴税款，不办理汇算清缴。(　　)

1731. 个人转让不动产的，税务机关可以根据不动产登记等相关信息核验应缴的个人所得税，登记机构办理转移登记时，可以查验与该不动产转让相关的个人所得税的完税凭证。(　　)

（二）单项选择题

1732. 个人将其所得对教育、扶贫、济困等公益慈善事业进行捐赠，捐赠额未超过纳税人申报的应纳税所得额（　　）的部分，可以从其应纳税所得额中扣除；国务院规定对公益慈善事业捐赠实行全额税前扣除的，从其规定。

A. 20%　　B. 30%　　C. 50%　　D. 70%

1733. 纳税人取得应税所得没有扣缴义务人的，应当在取得所得的次月（　　）日内向税务机关报送纳税申报表，并缴纳税款。

A. 5　　B. 15　　C. 20　　D. 30

1734. 对扣缴义务人按照所扣缴的税款，付给（　　）的手续费。

A. 2%　　B. 3%　　C. 5%　　D. 10%

（三）多项选择题

1735. 依据《个人所得税法》的规定，关于个人所得税的税率，下列说法正确的是：（　　）

A. 综合所得，适用3%至45%的超额累进税率

B. 经营所得，适用5%至35%的超额累进税率

C. 财产转让所得和偶然所得，适用5%至45%的超额累进税率

D. 利息、股息、红利所得，财产租赁所得，适用比例税率，税率为20%

1736. 依据《个人所得税法》的规定，下列哪些个人所得，免征个人所得税？（　　）

A. 国债和国家发行的金融债券利息

B. 福利费、抚恤金、救济金

C. 军人的转业费、复员费、退役金

D. 中国政府参加的国际公约、签订的协议中规定免税的所得

1737. 依据《个人所得税法》，关于应纳税所得额的计算，下列说法正确的是：（　　）

A. 居民个人的综合所得，以每一纳税年度的收入额减除费用6万元以及专项扣除、专项附加扣除和依法确定的其他扣除后的余额，为应纳税所得额

B. 经营所得，以每一纳税年度的收入总额减除成本、费用以及损失后的余额，为应纳税所得额

C. 财产租赁所得，每次收入不超过4000元的，减除费用800元；4000以上的，减除20%的费用，其余额为应纳税所得额

D. 利息、股息、红利所得和偶然所得，以每次收入额为应纳税所得额

1738. 有下列哪些情形，纳税人应当依法办理纳税申报？（　　）

A. 取得综合所得需要办理汇算清缴

B. 取得应税所得没有扣缴义务人

C. 取得应税所得，扣缴义务人未扣缴税款

D. 非居民个人在中国境内从两处以上取得工资、薪金所得

(四) 填空题

1739. 居民个人从____取得的所得，可以从其应纳税额中抵免已在境外缴纳的个人所得税税额，但抵免额不得超过该纳税人境外所得依照《个人所得税法》规定计算的____。

1740. 纳税人取得利息、____、红利所得，财产租赁所得，财产转让所得和____，按月或者按次计算个人所得税，有扣缴义务人的，由扣缴义务人按月或者按次代扣代缴税款。

1741. 纳税人办理汇算清缴退税或者扣缴义务人为纳税人办理汇算清缴退税的，____审核后，按照____的有关规定办理退税。

1742. 各项所得的计算，以____为单位。所得为人民币以外的货币的，按照人民币____折合成人民币缴纳税款。

(五) 简答题

1743. 简述应当缴纳个人所得税的情形。

参考答案

(一) 判断题

1727. √，解析：根据《个人所得税法》第1条规定。

1728. ×，解析：根据《个人所得税法》第5条第1款规定，有下列情形之一的，可以减征个人所得税，具体幅度和期限，由省、自治区、直辖市人民政府规定，并报同级人民代表大会常务委员会备案：(1) 残疾、孤老人员和烈属的所得；(2) 因自然灾害遭受重大损失的。

1729. √，解析：根据《个人所得税法》第9条规定。

1730. √，解析：根据《个人所得税法》第11条规定。

1731. ×，解析：根据《个人所得税法》第15条第2款规定，个人转让不动产的，税务机关应当根据不动产登记等相关信息核验应缴的个人所得税，登记机构办理转移登记时，应当查验与该不动产转让相关的个人所得税的完

税凭证。个人转让股权办理变更登记的，市场主体登记机关应当查验与该股权交易相关的个人所得税的完税凭证。

（二）单项选择题

1732. B，解析：根据《个人所得税法》第6条第3款规定，个人将其所得对教育、扶贫、济困等公益慈善事业进行捐赠，捐赠额未超过纳税人申报的应纳税所得额30%的部分，可以从其应纳税所得额中扣除；国务院规定对公益慈善事业捐赠实行全额税前扣除的，从其规定。故B项正确。

1733. B，解析：根据《个人所得税法》第13条第1款规定，纳税人取得应税所得没有扣缴义务人的，应当在取得所得的次月15日内向税务机关报送纳税申报表，并缴纳税款。故B项正确。

1734. A，解析：根据《个人所得税法》第17条规定，对扣缴义务人按照所扣缴的税款，付给2%的手续费。故A项正确。

（三）多项选择题

1735. ABD，解析：根据《个人所得税法》第3条规定，个人所得税的税率：（1）综合所得，适用3%至45%的超额累进税率（税率表附后）；（2）经营所得，适用5%至35%的超额累进税率（税率表附后）；（3）利息、股息、红利所得，财产租赁所得，财产转让所得和偶然所得，适用比例税率，税率为20%。故A、B、D项正确。

1736. ABCD，解析：根据《个人所得税法》第4条第1款规定，下列各项个人所得，免征个人所得税：（1）省级人民政府、国务院部委和中国人民解放军军以上单位，以及外国组织、国际组织颁发的科学、教育、技术、文化、卫生、体育、环境保护等方面的奖金；（2）国债和国家发行的金融债券利息；（3）按照国家统一规定发给的补贴、津贴；（4）福利费、抚恤金、救济金；（5）保险赔款；（6）军人的转业费、复员费、退役金；（7）按照国家统一规定发给干部、职工的安家费、退职费、基本养老金或者退休费、离休费、离休生活补助费；（8）依照有关法律规定应予免税的各国驻华使馆、领事馆的外交代表、领事官员和其他人员的所得；（9）中国政府参加的国际公约、签订的协议中规定免税的所得；（10）国务院规定的其他免税所得。故A、B、C、D项正确。

1737. ABCD，解析：根据《个人所得税法》第6条第1款规定，应纳税所得额的计算：（1）居民个人的综合所得，以每一纳税年度的收入额减除费用6万元以及专项扣除、专项附加扣除和依法确定的其他扣除后的余额，为应纳税所得额。(2) 非居民个人的工资、薪金所得，以每月收入额减除费用5000元后的余额为应纳税所得额；劳务报酬所得、稿酬所得、特许权使用费所得，以每次收入额为应纳税所得额。(3) 经营所得，以每一纳税年度的收入总额减除成本、费用以及损失后的余额，为应纳税所得额。(4) 财产租赁所得，每次收入不超过4000元的，减除费用800元；4000元以上的，减除20%的费用，其余额为应纳税所得额。(5) 财产转让所得，以转让财产的收入额减除财产原值和合理费用后的余额，为应纳税所得额。(6) 利息、股息、红利所得和偶然所得，以每次收入额为应纳税所得额。故A、B、C、D项正确。

1738. ABCD，解析：根据《个人所得税法》第10条第1款规定，有下列情形之一的，纳税人应当依法办理纳税申报：(1) 取得综合所得需要办理汇算清缴；(2) 取得应税所得没有扣缴义务人；(3) 取得应税所得，扣缴义务人未扣缴税款；(4) 取得境外所得；(5) 因移居境外注销中国户籍；(6) 非居民个人在中国境内从两处以上取得工资、薪金所得；(7) 国务院规定的其他情形。故A、B、C、D项正确。

(四) 填空题

1739. 中国境外；应纳税额。(《个人所得税法》第7条)

1740. 股息；偶然所得。(《个人所得税法》第12条)

1741. 税务机关；国库管理。(《个人所得税法》第14条)

1742. 人民币；汇率中间价。(《个人所得税法》第16条)

(五) 简答题

1743. 答：根据《个人所得税法》第2条规定，下列各项个人所得，应当缴纳个人所得税：(1) 工资、薪金所得；(2) 劳务报酬所得；(3) 稿酬所得；(4) 特许权使用费所得；(5) 经营所得；(6) 利息、股息、红利所得；(7) 财产租赁所得；(8) 财产转让所得；(9) 偶然所得。

十、政府采购法

（一）判断题

1744.《政府采购法》所称政府采购，是指各级国家机关、事业单位和团体组织，使用财政性资金采购依法制定的集中采购目录以内的或者采购限额标准以上的货物、工程和服务的行为。（　　）

1745. 采购人有权自行选择采购代理机构，相关单位和个人可以为采购人指定采购代理机构。（　　）

1746. 采用公开招标方式的费用占政府采购项目总价值的比例过大的货物或者服务，可以依照《政府采购法》采用竞争性谈判方式采购。（　　）

1747. 政府采购合同应当采用书面形式。（　　）

1748. 政府采购监督管理部门应当在收到投诉后30日内，对投诉事项作出处理决定，并以书面形式通知投诉人和与投诉事项有关的当事人。（　　）

（二）单项选择题

1749. 集中采购机构进行政府采购活动，应当符合采购价格（　　）市场平均价格、采购效率更高、采购质量优良和服务良好的要求。

A. 低于　　B. 不低于

C. 高于　　D. 不高于

1750. 政府采购的主要采购方式是：（　　）

A. 公开招标　　B. 邀请招标

C. 询价　　D. 竞争性谈判

1751. 货物或者服务项目采取邀请招标方式采购的，采购人应当从符合相应资格条件的供应商中，通过随机方式选择（　　）家以上的供应商，并向其发出投标邀请书。

A. 2　　B. 3
C. 4　　D. 5

1752. 采购文件的保存期限为从采购结束之日起至少保存（　　）年。
A. 5　　B. 10
C. 15　　D. 20

（三）多项选择题

1753. 政府采购应当遵循的原则有：（　　）
A. 公开透明原则　　B. 公平竞争原则
C. 公正原则　　D. 诚实信用原则

1754. 下列关于政府采购的说法正确的是：（　　）
A. 政府采购当事人不得相互串通损害国家利益、社会公共利益和其他当事人的合法权益
B. 政府采购当事人不得以任何手段排斥其他供应商参与竞争
C. 供应商不得以向采购人、采购代理机构、评标委员会的组成人员、竞争性谈判小组的组成人员、询价小组的组成人员行贿或者采取其他不正当手段谋取中标或者成交
D. 采购代理机构不得以向采购人行贿或者采取其他不正当手段谋取非法利益

1755. 下列关于集中采购机构的采购人员的说法正确的是：（　　）
A. 集中采购机构的采购人员应当具有相关职业素质和专业技能，符合政府采购监督管理部门规定的专业岗位任职要求
B. 集中采购机构对其工作人员应当加强教育和培训
C. 对采购人员的专业水平、工作实绩和职业道德状况不定期进行考核
D. 采购人员经考核不合格的，不得继续任职

1756. 政府采购监督管理部门应当对集中采购机构的（　　）、有无违法行为等事项进行考核，并定期如实公布考核结果。
A. 采购价格　　B. 节约资金效果
C. 服务质量　　D. 信誉状况

(四) 填空题

1757. 政府采购实行集中采购和____相结合。集中采购的范围由____以上人民政府公布的集中采购目录确定。

1758. 采购人可以要求参加政府采购的供应商提供有关____和业绩情况，并根据《政府采购法》规定的供应商条件和采购项目对供应商的特定要求，对供应商的资格进行____。

1759. 中标、成交通知书发出后，采购人____中标、成交结果的，或者中标、成交供应商____中标、成交项目的，应当依法承担法律责任。

1760. 供应商认为采购文件、采购过程和中标、成交结果使自己的权益受到损害的，可以在知道或者应知其权益受到损害之日起____个工作日内，以____形式向采购人提出质疑。

1761. 采购人、采购代理机构违反《政府采购法》规定隐匿、销毁应当保存的采购文件或者伪造、变造采购文件的，由政府采购监督管理部门处以____的罚款，对其直接负责的主管人员和其他直接责任人员依法给予____；构成犯罪的，依法追究刑事责任。

(五) 简答题

1762. 简述供应商参加政府采购活动应当具备的条件。

1763. 简述采用竞争性谈判方式采购的应当遵循的程序。

参考答案

(一) 判断题

1744. √，解析：根据《政府采购法》第2条规定。

1745. ×，解析：根据《政府采购法》第19条规定，采购人有权自行选择采购代理机构，任何单位和个人不得以任何方式为采购人指定采购代理机构。

1746. ×，解析：根据《政府采购法》第29条规定，符合下列情形之一的货物或者服务，可以依照本法采用邀请招标方式采购：（1）具有特殊性，只能从有限范围的供应商处采购的；（2）采用公开招标方式的费用占政府采购项目总价值的比例过大的。

1747. √，解析：根据《政府采购法》第 44 条规定。

1748. ×，解析：根据《政府采购法》第 56 条规定，政府采购监督管理部门应当在收到投诉后 30 个工作日内，对投诉事项作出处理决定，并以书面形式通知投诉人和与投诉事项有关的当事人。

（二）单项选择题

1749. A，解析：根据《政府采购法》第 17 条规定，集中采购机构进行政府采购活动，应当符合采购价格低于市场平均价格、采购效率更高、采购质量优良和服务良好的要求。

1750. A，解析：根据《政府采购法》第 26 条规定，政府采购采用以下方式：（1）公开招标；（2）邀请招标；（3）竞争性谈判；（4）单一来源采购；（5）询价；（6）国务院政府采购监督管理部门认定的其他采购方式。公开招标应作为政府采购的主要采购方式。

1751. B，解析：根据《政府采购法》第 34 条规定，货物或者服务项目采取邀请招标方式采购的，采购人应当从符合相应资格条件的供应商中，通过随机方式选择 3 家以上的供应商，并向其发出投标邀请书。

1752. C，解析：根据《政府采购法》第 42 条第 1 款规定，采购人、采购代理机构对政府采购项目每项采购活动的采购文件应当妥善保存，不得伪造、变造、隐匿或者销毁。采购文件的保存期限为从采购结束之日起至少保存 15 年。

（三）多项选择题

1753. ABCD，解析：根据《政府采购法》第 3 条规定，政府采购应当遵循公开透明原则、公平竞争原则、公正原则和诚实信用原则。

1754. ABCD，解析：根据《政府采购法》第 25 条规定，政府采购当事人不得相互串通损害国家利益、社会公共利益和其他当事人的合法权益；不得以任何手段排斥其他供应商参与竞争。供应商不得以向采购人、采购代理机构、评标委员会的组成人员、竞争性谈判小组的组成人员、询价小组的组成人员行贿或者采取其他不正当手段谋取中标或者成交。采购代理机构不得以向采购人行贿或者采取其他不正当手段谋取非法利益。

1755. ABD，解析：根据《政府采购法》第 62 条规定，集中采购机构的采购人员应当具有相关职业素质和专业技能，符合政府采购监督管理部门规定的专业岗位任职要求。集中采购机构对其工作人员应当加强教育和培训；对采购人员的专业水平、工作实绩和职业道德状况定期进行考核。采购人员经考核不合格的，不得继续任职。

1756. ABCD，解析：根据《政府采购法》第 66 条规定，政府采购监督管理部门应当对集中采购机构的采购价格、节约资金效果、服务质量、信誉状况、有无违法行为等事项进行考核，并定期如实公布考核结果。

（四）填空题

1757. 分散采购；省级。（《政府采购法》第 7 条）

1758. 资质证明文件；审查。（《政府采购法》第 23 条）

1759. 改变；放弃。（《政府采购法》第 46 条）

1760. 7；书面。（《政府采购法》第 52 条）

1761. 2 万元以上 10 万元以下；处分。（《政府采购法》第 76 条）

（五）简答题

1762. 答：根据《政府采购法》第 22 条规定，供应商参加政府采购活动应当具备下列条件：（1）具有独立承担民事责任的能力；（2）具有良好的商业信誉和健全的财务会计制度；（3）具有履行合同所必需的设备和专业技术能力；（4）有依法缴纳税收和社会保障资金的良好记录；（5）参加政府采购活动前 3 年内，在经营活动中没有重大违法记录；（6）法律、行政法规规定的其他条件。采购人可以根据采购项目的特殊要求，规定供应商的特定条件，但不得以不合理的条件对供应商实行差别待遇或者歧视待遇。

1763. 答：根据《政府采购法》第 38 条规定，采用竞争性谈判方式采购的，应当遵循下列程序：（1）成立谈判小组。谈判小组由采购人的代表和有关专家共 3 人以上的单数组成，其中专家的人数不得少于成员总数的 2/3。（2）制定谈判文件。谈判文件应当明确谈判程序、谈判内容、合同草案的条款以及评定成交的标准等事项。（3）确定邀请参加谈判的供应商名单。谈判小组从符合相应资格条件的供应商名单中确定不少于 3 家的供应商参加谈判，并向其提供谈判文件。（4）谈判。谈判小组所有成员集中与单一供应商分别进行谈判。在谈判中，谈判的任何一方不得透露与谈判有关的其他供应商的技术资料、价格和其他信息。谈判文件有实质性变动的，谈判小组应当以书面形式通知所有参加谈判的供应商。（5）确定成交供应商。谈判结束后，谈判小组应当要求所有参加谈判的供应商在规定时间内进行最后报价，采购人从谈判小组提出的成交候选人中根据符合采购需求、质量和服务相等且报价最低的原则确定成交供应商，并将结果通知所有参加谈判的未成交的供应商。

十一、网络安全法

（一）判断题

1764. 国家倡导诚实守信、健康文明的网络行为，推动传播社会主义核心价值观，采取措施提高重点人群的网络安全意识和水平，形成全社会共同参与促进网络安全的良好环境。(　　)

1765. 任何个人和组织有权对危害网络安全的行为向网信、电信、公安等部门举报。收到举报的部门应当及时依法作出处理；不属于本部门职责的，应当及时移送有权处理的部门。(　　)

1766. 国家支持企业和高等学校、职业学校等教育培训机构开展网络安全相关教育与培训，采取多种方式培养网络安全人才，促进网络安全人才交流。(　　)

1767. 国家实行网络安全等级保护制度。(　　)

1768. 在发生危害网络安全的事件时，立即启动应急预案，采取相应的补救措施，并按照规定在 24 小时内向有关主管部门报告。(　　)

1769. 有关行业组织建立健全本行业的网络安全保护规范和协作机制，加强对网络安全风险的分析评估，不定期向会员进行风险警示，支持、协助会员应对网络安全风险。(　　)

1770. 关键信息基础设施的运营者采购网络产品和服务，可能影响国家安全的，应当通过国家电信部门会同国务院有关部门组织的国家安全审查。(　　)

1771. 在发生或者可能发生个人信息泄露、毁损、丢失的情况时，网络运营者应当立即采取补救措施，按照规定及时告知用户并向有关主管部门报告。(　　)

1772. 因维护国家安全和社会公共秩序，处置突发社会安全事件的需要，经国务院决定或者批准，可以在特定区域对网络通信采取限制等临

时措施。（　　）

1773. 网络运营者，是指网络的所有者、管理者和网络服务提供者。（　　）

（二）单项选择题

1774. 国家制定并不断完善网络安全战略，明确保障网络安全的（　　），提出重点领域的网络安全政策、工作任务和措施。

A. 基本要求和主要目标　　B. 主要要求和基本目标

C. 基本要求和基本目标　　D. 主要要求和主要目标

1775. 网络相关行业组织按照章程，加强行业自律，制定网络安全行为规范，（　　）会员加强网络安全保护，提高网络安全保护水平，促进行业健康发展。

A. 倡导　　B. 要求

C. 指导　　D. 监督

1776. 国家支持研究开发有利于未成年人健康成长的网络产品和服务，依法（　　）利用网络从事危害未成年人身心健康的活动，为未成年人提供安全、健康的网络环境。

A. 处治　　B. 惩治

C. 处理　　D. 打击

1777. 大众传播媒介应当有针对性地面向（　　）进行网络安全宣传教育。

A. 政府部门　　B. 领导干部

C. 青少年　　D. 社会

1778. 关键信息基础设施的运营者应当自行或者委托网络安全服务机构对其网络的安全性和可能存在的风险（　　）至少进行一次检测评估，并将检测评估情况和改进措施报送相关负责关键信息基础设施安全保护工作的部门。

A. 每月　　B. 每季

C. 每半年　　D. 每年

1779. 依法负有网络安全监督管理职责的部门及其工作人员，必须对在履行职责中知悉的（　　）严格保密，不得泄露、出售或者非法向他人提供。

A. 个人信息和商业秘密
B. 个人隐私和商业秘密
C. 个人信息和个人隐私
D. 个人信息、隐私和商业秘密

1780. 电子信息发送服务提供者和应用软件下载服务提供者，应当履行（　　）义务，知道其用户有《网络安全法》第 48 条第 1 款规定行为的，应当停止提供服务，采取消除等处置措施，保存有关记录，并向有关主管部门报告。

A. 安全监督
B. 安全监管
C. 安全管理
D. 安全管制

1781. 网络运营者不履行《网络安全法》第 21 条、第 25 条规定的网络安全保护义务的，由有关主管部门责令改正，给予警告；拒不改正或者导致危害网络安全等后果的，处（　　）罚款，对直接负责的主管人员处 5000 元以上 5 万元以下罚款。

A. 1 万元以上 3 万元以下
B. 1 万元以上 5 万元以下
C. 1 万元以上 10 万元以下
D. 5 万元以上 10 万元以下

1782. 违反《网络安全法》第 27 条规定，受到治安管理处罚的人员，（　　）年内不得从事网络安全管理和网络运营关键岗位的工作；受到刑事处罚的人员，终身不得从事网络安全管理和网络运营关键岗位的工作。

A. 2
B. 3
C. 5
D. 10

1783. 境外的机构、组织、个人从事攻击、侵入、干扰、破坏等危害中华人民共和国的关键信息基础设施的活动，造成严重后果的，依法追究法律责任；（　　）和有关部门并可以决定对该机构、组织、个人采取冻结财产或者其他必要的制裁措施。

A. 国务院公安部门
B. 国家安全部门
C. 司法部门
D. 国务院司法行政部门

（三）多项选择题

1784. 在中华人民共和国境内（　　）网络，以及网络安全的监督管理，适用《网络安全法》。

A. 建设
B. 运营

C. 维护 D. 使用

1785. 国家积极开展网络空间治理、网络技术研发和标准制定、打击网络违法犯罪等方面的国际交流与合作，推动构建和平、安全、开放、合作的网络空间，建立（ ）的网络治理体系。

A. 平等 B. 多边

C. 民主 D. 透明

1786. 国务院标准化行政主管部门和国务院其他有关部门根据各自的职责，组织制定并适时修订有关网络安全管理以及网络产品、服务和运行安全的（ ）。

A. 国家标准 B. 地区标准

C. 行业标准 D. 区域标准

1787. 国家推进网络安全社会化服务体系建设，鼓励有关企业、机构开展网络安全（ ）等安全服务。

A. 评级 B. 认证

C. 检测 D. 风险评估

1788. 国家鼓励开发网络数据安全（ ）技术，促进公共数据资源开放，推动技术创新和经济社会发展。

A. 保障 B. 保护

C. 使用 D. 利用

1789. 国家实施网络可信身份战略，支持研究开发（ ）的电子身份认证技术，推动不同电子身份认证之间的互认。

A. 迅捷 B. 安全

C. 方便 D. 快速

1790. 网络运营者应当制定网络安全事件应急预案，及时处置（ ）等安全风险。

A. 系统漏洞 B. 计算机病毒

C. 网络攻击 D. 网络侵入

1791. 建设关键信息基础设施应当确保其具有支持业务稳定、持续运行的性能，并保证安全技术措施（ ）。

A. 同步规划 B. 同步修订

C. 同步建设　　　　D. 同步使用

1792. 网络运营者收集、使用个人信息，应当遵循（　　）的原则，公开收集、使用规则，明示收集、使用信息的目的、方式和范围，并经被收集者同意。

A. 合法　　　　B. 正当

C. 必要　　　　D. 公开

1793. 网络运营者不得（　　）其收集的个人信息；未经被收集者同意，不得向他人提供个人信息。但是，经过处理无法识别特定个人且不能复原的除外。

A. 传递　　　　B. 泄露

C. 篡改　　　　D. 毁损

1794. 国家建立网络安全监测预警和信息通报制度。国家网信部门应当统筹协调有关部门加强网络安全信息（　　）工作，按照规定统一发布网络安全监测预警信息。

A. 收集　　　　B. 分析

C. 通报　　　　D. 上报

1795. 网络安全事件应急预案应当按照事件发生后的（　　）等因素对网络安全事件进行分级，并规定相应的应急处置措施。

A. 时间长短　　　　B. 危害程度

C. 影响范围　　　　D. 涉及的人员多寡

1796. 网络运营者违反《网络安全法》第 47 条规定，对法律、行政法规禁止发布或者传输的信息未（　　）的，由有关主管部门责令改正，给予警告，没收违法所得；拒不改正或者情节严重的，处 10 万元以上 50 万元以下罚款，并可以责令暂停相关业务、停业整顿、关闭网站、吊销相关业务许可证或者吊销营业执照，对直接负责的主管人员和其他直接责任人员处 1 万元以上 10 万元以下罚款。

A. 停止传输　　　　B. 24 小时内及时上报

C. 采取消除等处置措施　　　　D. 保存有关记录

1797. 网络，是指由计算机或者其他信息终端及相关设备组成的按照一定的规则和程序对信息进行（　　）、处理的系统。

A. 收集　　B. 存储

C. 传输　　D. 交换

1798. 网络安全，是指通过采取必要措施，防范对网络的攻击、侵入、干扰、破坏和非法使用以及意外事故，使网络处于稳定可靠运行的状态，以及保障网络数据的（　　）的能力。

A. 完整性　　B. 准确性

C. 保密性　　D. 可用性

（四）填空题

1799. 国家积极开展____、网络技术研发和标准制定、____等方面的国际交流与合作，推动构建____的网络空间，建立多边、民主、透明的网络治理体系。

1800. 网络运营者开展经营和服务活动，必须遵守____，尊重____，遵守商业道德，诚实信用，履行网络安全保护义务，接受政府和社会的____，承担____。

1801. 任何个人和组织有权对危害网络安全的行为向网信、电信、公安等部门举报。有关部门应当对举报人的相关信息予以____，保护举报人的____。

1802. 国家建立和完善网络安全____体系。

1803. 国家____创新网络安全管理方式，运用网络新技术，____网络安全保护水平。

1804. 国家____部门会同国务院有关部门制定、公布网络关键设备和网络安全____，并推动安全认证和安全检测结果____，避免重复认证、检测。

1805. 开展网络安全____、检测、风险评估等活动，向社会发布____、计算机病毒、网络攻击、网络侵入等网络安全信息，应当遵守国家有关规定。

1806. 网信部门和有关部门在履行网络安全保护____中获取的信息，____用于维护网络安全的需要，____用于其他用途。

1807. 关键信息基础设施的运营者采购网络产品和服务，应当按照规定与提供者签订____，明确安全和保密义务与责任。

1808. 网络运营者应当对其收集的用户信息严格____，并建立健全用户信息____制度。

1809. 网络运营者应当采取技术措施和其他必要措施，确保其收集的个人信息安全，防止信息____。

1810. 任何个人和组织应当对其使用网络的行为负责，不得设立用于实施诈骗，____，制作或者销售违禁物品、管制物品等违法犯罪活动的____，不得利用网络发布涉及实施诈骗，制作或者销售违禁物品、管制物品以及其他违法犯罪活动的信息。

1811. 有《网络安全法》规定的违法行为的，依照有关法律、行政法规的规定记入____，并予以公示。

1812. 网络数据，是指通过网络____、存储、传输、处理和____的各种电子数据。

1813. 军事网络的安全保护，由____另行规定。

（五）简答题

1814. 简述网络运营者应当按照网络安全等级保护制度的要求，履行的安全保护义务。

1815. 简述关键信息基础设施的运营者应当履行的安全保护义务。

1816. 简述国家网信部门应当统筹协调有关部门对关键信息基础设施的安全保护采取的措施。

1817. 网络安全事件发生的风险增大时，省级以上人民政府有关部门应当按照规定的权限和程序并根据网络安全风险的特点和可能造成的危害，采取哪些措施？

参考答案

（一）判断题

1764. ×，解析：根据《网络安全法》第6条规定，国家倡导诚实守信、健康文明的网络行为，推动传播社会主义核心价值观，采取措施提高全社会的网络安全意识和水平，形成全社会共同参与促进网络安全的良好环境。

1765. √，解析：根据《网络安全法》第 14 条规定。

1766. √，解析：根据《网络安全法》第 20 条规定。

1767. √，解析：根据《网络安全法》第 21 条规定。

1768. ×，解析：根据《网络安全法》第 25 条规定，网络运营者应当制定网络安全事件应急预案，及时处置系统漏洞、计算机病毒、网络攻击、网络侵入等安全风险；在发生危害网络安全的事件时，立即启动应急预案，采取相应的补救措施，并按照规定向有关主管部门报告。

1769. ×，解析：根据《网络安全法》第 29 条规定，国家支持网络运营者之间在网络安全信息收集、分析、通报和应急处置等方面进行合作，提高网络运营者的安全保障能力。有关行业组织建立健全本行业的网络安全保护规范和协作机制，加强对网络安全风险的分析评估，定期向会员进行风险警示，支持、协助会员应对网络安全风险。

1770. ×，解析：根据《网络安全法》第 35 条规定，关键信息基础设施的运营者采购网络产品和服务，可能影响国家安全的，应当通过国家网信部门会同国务院有关部门组织的国家安全审查。

1771. √，解析：根据《网络安全法》第 42 条规定。

1772. ×，解析：根据《网络安全法》第 58 条规定，因维护国家安全和社会公共秩序，处置重大突发社会安全事件的需要，经国务院决定或者批准，可以在特定区域对网络通信采取限制等临时措施。

1773. √，解析：根据《网络安全法》第 76 条规定。

（二）单项选择题

1774. A，解析：根据《网络安全法》第 4 条规定，国家制定并不断完善网络安全战略，明确保障网络安全的基本要求和主要目标，提出重点领域的网络安全政策、工作任务和措施。

1775. C，解析：根据《网络安全法》第 11 条规定，网络相关行业组织按照章程，加强行业自律，制定网络安全行为规范，指导会员加强网络安全保护，提高网络安全保护水平，促进行业健康发展。

1776. B，解析：根据《网络安全法》第 13 条规定，国家支持研究开发有利于未成年人健康成长的网络产品和服务，依法惩治利用网络从事危害未成年人身心健康的活动，为未成年人提供安全、健康的网络环境。

1777. D，解析：根据《网络安全法》第 19 条规定，各级人民政府及其有关部门应当组织开展经常性的网络安全宣传教育，并指导、督促有关单位做好网络安全宣传教育工作。大众传播媒介应当有针对性地面向社会进行网络安全宣传教育。

1778. D，解析：根据《网络安全法》第38条规定，关键信息基础设施的运营者应当自行或者委托网络安全服务机构对其网络的安全性和可能存在的风险每年至少进行一次检测评估，并将检测评估情况和改进措施报送相关负责关键信息基础设施安全保护工作的部门。

1779. D，解析：根据《网络安全法》第45条规定，依法负有网络安全监督管理职责的部门及其工作人员，必须对在履行职责中知悉的个人信息、隐私和商业秘密严格保密，不得泄露、出售或者非法向他人提供。

1780. C，解析：根据《网络安全法》第48条规定，任何个人和组织发送的电子信息、提供的应用软件，不得设置恶意程序，不得含有法律、行政法规禁止发布或者传输的信息。电子信息发送服务提供者和应用软件下载服务提供者，应当履行安全管理义务，知道其用户有前款规定行为的，应当停止提供服务，采取消除等处置措施，保存有关记录，并向有关主管部门报告。

1781. C，解析：根据《网络安全法》第59条第1款规定，网络运营者不履行本法第21条、第25条规定的网络安全保护义务的，由有关主管部门责令改正，给予警告；拒不改正或者导致危害网络安全等后果的，处1万元以上10万元以下罚款，对直接负责的主管人员处5000元以上5万元以下罚款。

1782. C，解析：根据《网络安全法》第63条第3款规定，违反本法第27条规定，受到治安管理处罚的人员，5年内不得从事网络安全管理和网络运营关键岗位的工作；受到刑事处罚的人员，终身不得从事网络安全管理和网络运营关键岗位的工作。

1783. A，解析：根据《网络安全法》第75条规定，境外的机构、组织、个人从事攻击、侵入、干扰、破坏等危害中华人民共和国的关键信息基础设施的活动，造成严重后果的，依法追究法律责任；国务院公安部门和有关部门并可以决定对该机构、组织、个人采取冻结财产或者其他必要的制裁措施。

（三）多项选择题

1784. ABCD，解析：根据《网络安全法》第2条规定，在中华人民共和国境内建设、运营、维护和使用网络，以及网络安全的监督管理，适用本法。

1785. BCD，解析：根据《网络安全法》第 7 条规定，国家积极开展网络空间治理、网络技术研发和标准制定、打击网络违法犯罪等方面的国际交流与合作，推动构建和平、安全、开放、合作的网络空间，建立多边、民主、透明的网络治理体系。

1786. AC，解析：根据《网络安全法》第 15 条第 1 款规定，国家建立和完善网络安全标准体系。国务院标准化行政主管部门和国务院其他有关部门根据各自的职责，组织制定并适时修订有关网络安全管理以及网络产品、服务和运行安全的国家标准、行业标准。

1787. BCD，解析：根据《网络安全法》第 17 条规定，国家推进网络安全社会化服务体系建设，鼓励有关企业、机构开展网络安全认证、检测和风险评估等安全服务。

1788. BD，解析：根据《网络安全法》第 18 条规定，国家鼓励开发网络数据安全保护和利用技术，促进公共数据资源开放，推动技术创新和经济社会发展。国家支持创新网络安全管理方式，运用网络新技术，提升网络安全保护水平。

1789. BC，解析：根据《网络安全法》第 24 条第 2 款规定，国家实施网络可信身份战略，支持研究开发安全、方便的电子身份认证技术，推动不同电子身份认证之间的互认。

1790. ABCD，解析：根据《网络安全法》第 25 条规定，网络运营者应当制定网络安全事件应急预案，及时处置系统漏洞、计算机病毒、网络攻击、网络侵入等安全风险；在发生危害网络安全的事件时，立即启动应急预案，采取相应的补救措施，并按照规定向有关主管部门报告。

1791. ACD，解析：根据《网络安全法》第 33 条规定，建设关键信息基础设施应当确保其具有支持业务稳定、持续运行的性能，并保证安全技术措施同步规划、同步建设、同步使用。

1792. ABC，解析：根据《网络安全法》第 41 条规定，网络运营者收集、使用个人信息，应当遵循合法、正当、必要的原则，公开收集、使用规则，明示收集、使用信息的目的、方式和范围，并经被收集者同意。网络运营者不得收集与其提供的服务无关的个人信息，不得违反法律、行政法规的规定和双方的约定收集、使用个人信息，并应当依照法律、行政法规的规定和与用户的约定，处理其保存的个人信息。

1793. BCD，解析：根据《网络安全法》第 42 条规定，网络运营者不得泄露、篡改、毁损其收集的个人信息；未经被收集者同意，不得向他人提供个人信息。但是，经过处理无法识别特定个人且不能复原的除外。网络运营者应当采取技术措施和其他必要措施，确保其收集的个人信息安全，防止信息泄露、毁损、丢失。在发生或者可能发生个人信息泄露、毁损、丢失的情况时，应当立即采取补救措施，按照规定及时告知用户并向有关主管部门报告。

1794. ABC，解析：根据《网络安全法》第 51 条规定，国家建立网络安全监测预警和信息通报制度。国家网信部门应当统筹协调有关部门加强网络安全信息收集、分析和通报工作，按照规定统一发布网络安全监测预警信息。

1795. BC，解析：根据《网络安全法》第 53 条第 3 款规定，网络安全事件应急预案应当按照事件发生后的危害程度、影响范围等因素对网络安全事件进行分级，并规定相应的应急处置措施。

1796. ACD，解析：根据《网络安全法》第 68 条规定，网络运营者违反本法第 47 条规定，对法律、行政法规禁止发布或者传输的信息未停止传输、采取消除等处置措施、保存有关记录的，由有关主管部门责令改正，给予警告，没收违法所得；拒不改正或者情节严重的，处 10 万元以上 50 万元以下罚款，并可以责令暂停相关业务、停业整顿、关闭网站、吊销相关业务许可证或者吊销营业执照，对直接负责的主管人员和其他直接责任人员处 1 万元以上 10 万元以下罚款。电子信息发送服务提供者、应用软件下载服务提供者，不履行本法第 48 条第 2 款规定的安全管理义务的，依照前款规定处罚。

1797. ABCD，解析：根据《网络安全法》第 76 条第 1 项规定，网络，是指由计算机或者其他信息终端及相关设备组成的按照一定的规则和程序对信息进行收集、存储、传输、交换、处理的系统。

1798. ACD，解析：根据《网络安全法》第 76 条第 2 项规定，网络安全，是指通过采取必要措施，防范对网络的攻击、侵入、干扰、破坏和非法使用以及意外事故，使网络处于稳定可靠运行的状态，以及保障网络数据的完整性、保密性、可用性的能力。

（四）填空题

1799. 网络空间治理；打击网络违法犯罪；和平、安全、开放、合作。（《网络安全法》第 7 条）

1800. 法律、行政法规；社会公德；监督；社会责任。（《网络安全法》第 9 条）

1801. 保密；合法权益。(《网络安全法》第14条)
1802. 标准。(《网络安全法》第15条)
1803. 支持；提升。(《网络安全法》第18条)
1804. 网信；专用产品目录；互认。(《网络安全法》第23条)
1805. 认证；系统漏洞。(《网络安全法》第26条)
1806. 职责；只能；不得。(《网络安全法》第30条)
1807. 安全保密协议。(《网络安全法》第36条)
1808. 保密；保护。(《网络安全法》第40条)
1809. 泄露、毁损、丢失。(《网络安全法》第42条)
1810. 传授犯罪方法；网站、通讯群组。(《网络安全法》第46条)
1811. 信用档案。(《网络安全法》第71条)
1812. 收集；产生。(《网络安全法》第76条)
1813. 中央军事委员会。(《网络安全法》第78条)

(五) 简答题

1814. 答：根据《网络安全法》第21条规定，网络运营者应当按照网络安全等级保护制度的要求，履行下列安全保护义务，保障网络免受干扰、破坏或者未经授权的访问，防止网络数据泄露或者被窃取、篡改：(1) 制定内部安全管理制度和操作规程，确定网络安全负责人，落实网络安全保护责任；(2) 采取防范计算机病毒和网络攻击、网络侵入等危害网络安全行为的技术措施；(3) 采取监测、记录网络运行状态、网络安全事件的技术措施，并按照规定留存相关的网络日志不少于6个月；(4) 采取数据分类、重要数据备份和加密等措施；(5) 法律、行政法规规定的其他义务。

1815. 答：根据《网络安全法》第21条规定，网络运营者应当按照网络安全等级保护制度的要求，履行下列安全保护义务，保障网络免受干扰、破坏或者未经授权的访问，防止网络数据泄露或者被窃取、篡改：(1) 制定内部安全管理制度和操作规程，确定网络安全负责人，落实网络安全保护责任；(2) 采取防范计算机病毒和网络攻击、网络侵入等危害网络安全行为的技术措施；(3) 采取监测、记录网络运行状态、网络安全事件的技术措施，并按照规定留存相关的网络日志不少于6个月；(4) 采取数据分类、重要数据备份和加密等措施；(5) 法律、行政法规规定的其他义务。根据《网络安全法》第34条规定，除上述规定外，关键信息基础设施的运营者还应当履行下列安全保护义务：(1) 设置专门安全管理机构和安全管理负责人，并对该负责人和关键岗位的人员进行安全背景审查；（2）定期对从业人员进行网络安全教育、技术培训和技能考核；（3）对重要系统和数据库进行容灾备份；（4）制定网络安全事件应急预案，并定期进行演练；（5）法律、行政法规规定的其他义务。

1816. 答：根据《网络安全法》第39条规定，国家网信部门应当统筹协调有关部门对关键信息基础设施的安全保护采取下列措施：（1）对关键信息基础设施的安全风险进行抽查检测，提出改进措施，必要时可以委托网络安全服务机构对网络存在的安全风险进行检测评估；（2）定期组织关键信息基础设施的运营者进行网络安全应急演练，提高应对网络安全事件的水平和协同配合能力；（3）促进有关部门、关键信息基础设施的运营者以及有关研究机构、网络安全服务机构等之间的网络安全信息共享；（4）对网络安全事件的应急处置与网络功能的恢复等，提供技术支持和协助。

1817. 答：根据《网络安全法》第54条规定，网络安全事件发生的风险增大时，省级以上人民政府有关部门应当按照规定的权限和程序，并根据网络安全风险的特点和可能造成的危害，采取下列措施：（1）要求有关部门、机构和人员及时收集、报告有关信息，加强对网络安全风险的监测；（2）组织有关部门、机构和专业人员，对网络安全风险信息进行分析评估，预测事件发生的可能性、影响范围和危害程度；（3）向社会发布网络安全风险预警，发布避免、减轻危害的措施。

十二、个人信息保护法

（一）判断题

1818. 为了保护个人信息权益，规范个人信息处理活动，促进个人信息合理利用，根据宪法，制定《个人信息保护法》。(　　)

1819. 个人信息是以电子或者其他方式记录的与已识别或者可识别的自然人有关的各种信息，包括匿名化处理后的信息。(　　)

1820. 处理个人信息应当保证个人信息的质量，避免因个人信息不准确、不完整对个人权益造成不利影响。(　　)

1821. 个人信息处理者可以以个人不同意处理其个人信息或者撤回同意为由，拒绝提供产品或者服务；处理个人信息属于提供产品或者服务所必需的除外。(　　)

1822. 通过自动化决策方式作出对个人权益有重大影响的决定，个人有权要求个人信息处理者予以说明，并有权拒绝个人信息处理者仅通过自动化决策的方式作出决定。(　　)

1823. 国家机关处理的个人信息应当在中华人民共和国境内存储；确需向境外提供的，应当进行安全评估。安全评估可以要求有关部门提供支持与协助。(　　)

1824. 任何国家或者地区在个人信息保护方面对中华人民共和国采取歧视性的禁止、限制或者其他类似措施的，中华人民共和国可以根据实际情况对该国家或者地区对等采取措施。(　　)

1825. 个人信息处理者应当定期对其处理个人信息遵守法律、行政法规的情况进行合规审计。(　　)

1826. 任何组织、个人有权对违法个人信息处理活动向履行个人信息保护职责的部门进行投诉、举报。收到投诉、举报的部门应当依法及时处理，并将处理结果告知投诉、举报人。(　　)

1827. 去标识化，是指个人信息经过处理，使其在不借助额外信息的情况下可以识别特定自然人的过程。(　　)

(二) 单项选择题

1828. 处理个人信息应当具有明确、合理的目的，并应当与处理目的直接相关，采取对个人权益影响（　　）的方式。

A. 最大　　B. 最小

C. 最高　　D. 最低

1829. 个人信息处理者共同处理个人信息，侵害个人信息权益造成损害的，应当依法（　　）。

A. 按照职责承担各自的责任　　B. 按照侵害程度承担各自的责任

C. 各自承担50%的责任　　D. 承担连带责任

1830. 个人信息处理者利用个人信息进行自动化决策，应当保证决策的透明度和结果（　　），不得对个人在交易价格等交易条件上实行不合理的差别待遇。

A. 公平、公开　　B. 公开、公正

C. 公平、公正　　D. 公平、公正、公开

1831. 在公共场所安装图像采集、个人身份识别设备，应当为维护（　　）所必需，遵守国家有关规定，并设置显著的提示标识。

A. 公共安全　　B. 国家安全

C. 人民群众安全　　D. 公共利益

1832. 敏感个人信息是一旦泄露或者非法使用，容易导致自然人的人格尊严受到侵害或者人身、财产安全受到危害的个人信息，包括生物识别、宗教信仰、特定身份、医疗健康、金融账户、行踪轨迹等信息，以及不满（　　）周岁未成年人的个人信息。

A. 12　　B. 14

C. 16　　D. 18

1833. 个人请求查阅、复制其个人信息的，个人信息处理者应当（　　）提供。

A. 自请求之日起8小时内　　B. 自请求之日起24小时内

C. 自请求之日起3日内　　D. 及时

1834. 个人信息处理者应当建立（　　）的个人行使权利的申请受理和处理机制。拒绝个人行使权利的请求的，应当说明理由。

A. 便捷　　B. 快速

C. 快捷　　D. 便利

1835. 个人信息保护影响评估报告和处理情况记录应当至少保存（　　）年。

A. 1　　B. 2

C. 3　　D. 5

1836. 履行个人信息保护职责的部门在履行职责中，发现个人信息处理活动存在较大风险或者发生个人信息安全事件的，可以按照规定的权限和程序对该个人信息处理者的法定代表人或者主要负责人进行（　　），或者要求个人信息处理者委托专业机构对其个人信息处理活动进行合规审计。

A. 谈话　　B. 约谈

C. 传唤　　D. 拘传

1837. 有《个人信息保护法》规定的违法行为的，依照有关法律、行政法规的规定记入（　　）档案，并予以公示。

A. 个人　　B. 违法

C. 人事　　D. 信用

（三）多项选择题

1838. 处理个人信息应当遵循（　　）原则，不得通过误导、欺诈、胁迫等方式处理个人信息。

A. 合法　　B. 正当

C. 必要　　D. 诚信

1839. 处理个人信息应当遵循公开、透明原则，公开个人信息处理规则，明示处理的（　　）。

A. 目的　　B. 方式

C. 范围　　D. 用途

1840. 下列关于个人信息的说法正确的是：（　　）

A. 个人信息的处理目的、处理方式和处理的个人信息种类发生变更的，应当重新取得个人同意

B. 基于个人同意处理个人信息的，个人有权撤回其同意

C. 个人信息处理者应当提供便捷的撤回同意的方式

D. 个人撤回同意，不影响撤回前基于个人同意已进行的个人信息处理活动的效力

1841. 个人信息处理者处理个人信息，有法律、行政法规规定应当保密或者不需要告知的情形的，可以不向个人告知（　　）。

A. 个人信息处理者的名称或者姓名和联系方式

B. 个人信息的处理目的、处理方式

C. 个人行使《个人信息保护法》规定权利的方式和程序

D. 处理的个人信息种类、保存期限

1842. 个人信息处理者因（　　）等原因需要转移个人信息的，应当向个人告知接收方的名称或者姓名和联系方式。接收方应当继续履行个人信息处理者的义务。接收方变更原先的处理目的、处理方式的，应当依照《个人信息保护法》规定重新取得个人同意。

A. 合并　　B. 分立

C. 解散　　D. 被宣告破产

1843. 国家机关为履行法定职责处理个人信息，应当依照法律、行政法规规定的权限、程序进行，不得超出履行法定职责所必需的（　　）。

A. 界限　　B. 程度

C. 范围　　D. 限度

1844. 个人对其个人信息的处理享有（　　），有权限制或者拒绝他人对其个人信息进行处理；法律、行政法规另有规定的除外。

A. 参与全　　B. 知情权

C. 管理权　　D. 决定权

1845. 自然人死亡的，其近亲属为了自身的合法、正当利益，可以对死者的相关个人信息行使《个人信息保护法》第四章规定的（　　）等权利；死者生前另有安排的除外。

A. 查阅　　B. 复制

C. 更正　　D. 删除

1846. 下列关于个人信息保护的说法正确的是：（　　）

A. 国家机关不履行《个人信息保护法》规定的个人信息保护义务的，由其上级机关或者履行个人信息保护职责的部门责令改正

B. 履行个人信息保护职责的部门的工作人员玩忽职守、滥用职权、徇私舞弊，尚不构成犯罪的，依法给予处分

C. 处理个人信息侵害个人信息权益造成损害，个人信息处理者不能证明自己没有过错的，应当承担损害赔偿等侵权责任

D. 损害赔偿责任按照个人因此受到的损失或者个人信息处理者因此获得的利益确定

1847. 自动化决策，是指通过计算机程序自动（　　）个人的行为习惯、兴趣爱好或者经济、健康、信用状况等，并进行决策的活动。

A. 分析　　B. 分解

C. 评估　　D. 评价

（四）填空题

1848. 自然人的个人信息受____保护，任何组织、个人不得____自然人的个人信息权益。

1849. 个人信息的处理包括个人信息的____、存储、____、加工、传输、提供、____、删除等。

1850. 收集个人信息，应当限于实现处理目的的____范围，不得____收集个人信息。

1851. 个人信息处理者应当对其个人信息处理活动负责，并采取必要措施保障所处理的个人信息的____。

1852. 基于个人同意处理个人信息的，该同意应当由个人在充分知情的前提下____作出。法律、行政法规规定处理个人信息应当取得个人单独同意或者____同意的，从其规定。

1853. 个人信息处理者不得____其处理的个人信息，取得个人____同意的除外。

1854. 个人信息处理者处理不满____周岁未成年人个人信息的，应当取得未成年人的____或者其他监护人的同意。

1855. 处理个人信息达到国家网信部门规定____的个人信息处理者应当指定个人信息保护负责人，负责对个人信息处理活动以及采取的保护措施等进行____。
1856. 履行个人信息保护职责的部门依法履行职责，当事人应当予以____，不得____。
1857. 匿名化，是指个人信息经过处理无法____特定自然人且不能____的过程。

（五）简答题

1858. 简述在中华人民共和国境外处理中华人民共和国境内自然人个人信息的活动适用《个人信息保护法》的情形。
1859. 简述个人信息处理者可以处理个人信息的条件。
1860. 简述个人信息处理者在处理个人信息前应当向个人告知的事项。
1861. 简述个人信息处理者应当主动删除个人信息的情形。
1862. 简述个人信息处理者应当事前进行个人信息保护影响评估的情形。
1863. 简述个人信息保护影响评估应当包括的内容。
1864. 简述履行个人信息保护职责的部门的职责。

参考答案

（一）判断题

1818. √，解析：根据《个人信息保护法》第1条规定。
1819. ×，解析：根据《个人信息保护法》第4条第1款规定，个人信息是以电子或者其他方式记录的与已识别或者可识别的自然人有关的各种信息，不包括匿名化处理后的信息。
1820. √，解析：根据《个人信息保护法》第8条规定。
1821. ×，解析：根据《个人信息保护法》第16条规定，个人信息处理者不得以个人不同意处理其个人信息或者撤回同意为由，拒绝提供产品或者服务；处理个人信息属于提供产品或者服务所必需的除外。
1822. √，解析：根据《个人信息保护法》第24条规定。
1823. √，解析：根据《个人信息保护法》第36条规定。

1824. √，解析：根据《个人信息保护法》第43条规定。

1825. √，解析：根据《个人信息保护法》第54条规定。

1826. √，解析：根据《个人信息保护法》第65条规定。

1827. ×，解析：根据《个人信息保护法》第73条第3项规定，去标识化，是指个人信息经过处理，使其在不借助额外信息的情况下无法识别特定自然人的过程。

（二）单项选择题

1828. B，解析：根据《个人信息保护法》第6条规定，处理个人信息应当具有明确、合理的目的，并应当与处理目的直接相关，采取对个人权益影响最小的方式。收集个人信息，应当限于实现处理目的的最小范围，不得过度收集个人信息。

1829. D，解析：根据《个人信息保护法》第20条第2款规定，个人信息处理者共同处理个人信息，侵害个人信息权益造成损害的，应当依法承担连带责任。

1830. C，解析：根据《个人信息保护法》第24条第1款规定，个人信息处理者利用个人信息进行自动化决策，应当保证决策的透明度和结果公平、公正，不得对个人在交易价格等交易条件上实行不合理的差别待遇。

1831. A，解析：根据《个人信息保护法》第26条规定，在公共场所安装图像采集、个人身份识别设备，应当为维护公共安全所必需，遵守国家有关规定，并设置显著的提示标识。所收集的个人图像、身份识别信息只能用于维护公共安全的目的，不得用于其他目的；取得个人单独同意的除外。

1832. B，解析：根据《个人信息保护法》第28条第1款规定，敏感个人信息是一旦泄露或者非法使用，容易导致自然人的人格尊严受到侵害或者人身、财产安全受到危害的个人信息，包括生物识别、宗教信仰、特定身份、医疗健康、金融账户、行踪轨迹等信息，以及不满14周岁未成年人的个人信息。

1833. D，解析：根据《个人信息保护法》第45条第2款规定，个人请求查阅、复制其个人信息的，个人信息处理者应当及时提供。

1834. A，解析：根据《个人信息保护法》第50条第1款规定，个人信息处理者应当建立便捷的个人行使权利的申请受理和处理机制。拒绝个人行使权利的请求的，应当说明理由。

1835. C，解析：根据《个人信息保护法》第 56 条第 2 款规定，个人信息保护影响评估报告和处理情况记录应当至少保存 3 年。

1836. B，解析：根据《个人信息保护法》第 64 条第 1 款规定，履行个人信息保护职责的部门在履行职责中，发现个人信息处理活动存在较大风险或者发生个人信息安全事件的，可以按照规定的权限和程序对该个人信息处理者的法定代表人或者主要负责人进行约谈，或者要求个人信息处理者委托专业机构对其个人信息处理活动进行合规审计。个人信息处理者应当按照要求采取措施，进行整改，消除隐患。

1837. D，解析：根据《个人信息保护法》第 67 条规定，有本法规定的违法行为的，依照有关法律、行政法规的规定记入信用档案，并予以公示。

（三）多项选择题

1838. ABCD，解析：根据《个人信息保护法》第 5 条规定，处理个人信息应当遵循合法、正当、必要和诚信原则，不得通过误导、欺诈、胁迫等方式处理个人信息。

1839. ABC，解析：根据《个人信息保护法》第 7 条规定，处理个人信息应当遵循公开、透明原则，公开个人信息处理规则，明示处理的目的、方式和范围。

1840. ABCD，解析：根据《个人信息保护法》第 14 条第 2 款规定，个人信息的处理目的、处理方式和处理的个人信息种类发生变更的，应当重新取得个人同意。根据《个人信息保护法》第 15 条规定，基于个人同意处理个人信息的，个人有权撤回其同意。个人信息处理者应当提供便捷的撤回同意的方式。个人撤回同意，不影响撤回前基于个人同意已进行的个人信息处理活动的效力。

1841. ABCD，解析：根据《个人信息保护法》第 18 条第 1 款规定，个人信息处理者处理个人信息，有法律、行政法规规定应当保密或者不需要告知的情形的，可以不向个人告知前条第 1 款规定的事项。根据《个人信息保护法》第 17 条第 1 款规定，个人信息处理者在处理个人信息前，应当以显著方式、清晰易懂的语言真实、准确、完整地向个人告知下列事项：（1）个人信息处理者的名称或者姓名和联系方式；（2）个人信息的处理目的、处理方式，处理的个人信息种类、保存期限；（3）个人行使本法规定权利的方式和程序；（4）法律、行政法规规定应当告知的其他事项。

1842. ABCD，解析：根据《个人信息保护法》第22条规定，个人信息处理者因合并、分立、解散、被宣告破产等原因需要转移个人信息的，应当向个人告知接收方的名称或者姓名和联系方式。接收方应当继续履行个人信息处理者的义务。接收方变更原先的处理目的、处理方式的，应当依照本法规定重新取得个人同意。

1843. CD，解析：根据《个人信息保护法》第34条规定，国家机关为履行法定职责处理个人信息，应当依照法律、行政法规规定的权限、程序进行，不得超出履行法定职责所必需的范围和限度。

1844. BD，解析：根据《个人信息保护法》第44条规定，个人对其个人信息的处理享有知情权、决定权，有权限制或者拒绝他人对其个人信息进行处理；法律、行政法规另有规定的除外。

1845. ABCD，解析：根据《个人信息保护法》第49条规定，自然人死亡的，其近亲属为了自身的合法、正当利益，可以对死者的相关个人信息行使本章规定的查阅、复制、更正、删除等权利；死者生前另有安排的除外。

1846. ABCD，解析：根据《个人信息保护法》第68条规定，国家机关不履行本法规定的个人信息保护义务的，由其上级机关或者履行个人信息保护职责的部门责令改正；对直接负责的主管人员和其他直接责任人员依法给予处分。履行个人信息保护职责的部门的工作人员玩忽职守、滥用职权、徇私舞弊，尚不构成犯罪的，依法给予处分。根据《个人信息保护法》第69条规定，处理个人信息侵害个人信息权益造成损害，个人信息处理者不能证明自己没有过错的，应当承担损害赔偿等侵权责任。前款规定的损害赔偿责任按照个人因此受到的损失或者个人信息处理者因此获得的利益确定；个人因此受到的损失和个人信息处理者因此获得的利益难以确定的，根据实际情况确定赔偿数额。

1847. AC，解析：根据《个人信息保护法》第73条第2项规定，自动化决策，是指通过计算机程序自动分析、评估个人的行为习惯、兴趣爱好或者经济、健康、信用状况等，并进行决策的活动。

（四）填空题

1848. 法律；侵害。（《个人信息保护法》第2条）

1849. 收集；使用；公开。（《个人信息保护法》第4条）

1850. 最小；过度。（《个人信息保护法》第6条）

1851. 安全。（《个人信息保护法》第9条）

1852. 自愿、明确；书面。(《个人信息保护法》第 14 条)
1853. 公开；单独。(《个人信息保护法》第 25 条)
1854. 14；父母。(《个人信息保护法》第 31 条)
1855. 数量；监督。(《个人信息保护法》第 52 条)
1856. 协助、配合；拒绝、阻挠。(《个人信息保护法》第 63 条)
1857. 识别；复原。(《个人信息保护法》第 73 条)

(五) 简答题

1858. 答：根据《个人信息保护法》第 3 条规定，在中华人民共和国境外处理中华人民共和国境内自然人个人信息的活动，有下列情形之一的，也适用本法：(1) 以向境内自然人提供产品或者服务为目的；(2) 分析、评估境内自然人的行为；(3) 法律、行政法规规定的其他情形。

1859. 答：根据《个人信息保护法》第 13 条规定，符合下列情形之一的，个人信息处理者方可处理个人信息：(1) 取得个人的同意；(2) 为订立、履行个人作为一方当事人的合同所必需，或者按照依法制定的劳动规章制度和依法签订的集体合同实施人力资源管理所必需；(3) 为履行法定职责或者法定义务所必需；(4) 为应对突发公共卫生事件，或者紧急情况下为保护自然人的生命健康和财产安全所必需；(5) 为公共利益实施新闻报道、舆论监督等行为，在合理的范围内处理个人信息；(6) 依照本法规定在合理的范围内处理个人自行公开或者其他已经合法公开的个人信息；(7) 法律、行政法规规定的其他情形。依照本法其他有关规定，处理个人信息应当取得个人同意，但是有前款第 2 项至第 7 项规定情形的，不需取得个人同意。

1860. 答：根据《个人信息保护法》第 17 条规定，个人信息处理者在处理个人信息前，应当以显著方式、清晰易懂的语言真实、准确、完整地向个人告知下列事项：(1) 个人信息处理者的名称或者姓名和联系方式；(2) 个人信息的处理目的、处理方式，处理的个人信息种类、保存期限；(3) 个人行使本法规定权利的方式和程序；(4) 法律、行政法规规定应当告知的其他事项。前款规定事项发生变更的，应当将变更部分告知个人。

1861. 答：根据《个人信息保护法》第 47 条规定，有下列情形之一的，个人信息处理者应当主动删除个人信息；个人信息处理者未删除的，个人有权请求删除：(1) 处理目的已实现、无法实现或者为实现处理目的不再必要；(2) 个人信息处理者停止提供产品或者服务，或者保存期限已届满；

（3）个人撤回同意；（4）个人信息处理者违反法律、行政法规或者违反约定处理个人信息；（5）法律、行政法规规定的其他情形。法律、行政法规规定的保存期限未届满，或者删除个人信息从技术上难以实现的，个人信息处理者应当停止除存储和采取必要的安全保护措施之外的处理。

1862. 答：根据《个人信息保护法》第55条规定，有下列情形之一的，个人信息处理者应当事前进行个人信息保护影响评估，并对处理情况进行记录：（1）处理敏感个人信息；（2）利用个人信息进行自动化决策；（3）委托处理个人信息、向其他个人信息处理者提供个人信息、公开个人信息；（4）向境外提供个人信息；（5）其他对个人权益有重大影响的个人信息处理活动。

1863. 答：根据《个人信息保护法》第56条规定，个人信息保护影响评估应当包括下列内容：（1）个人信息的处理目的、处理方式等是否合法、正当、必要；（2）对个人权益的影响及安全风险；（3）所采取的保护措施是否合法、有效并与风险程度相适应。

1864. 答：根据《个人信息保护法》第61条规定，履行个人信息保护职责的部门履行下列个人信息保护职责：（1）开展个人信息保护宣传教育，指导、监督个人信息处理者开展个人信息保护工作；（2）接受、处理与个人信息保护有关的投诉、举报；（3）组织对应用程序等个人信息保护情况进行测评，并公布测评结果；（4）调查、处理违法个人信息处理活动；（5）法律、行政法规规定的其他职责。

十三、中小企业促进法

（一）判断题

1865. 中小企业应当依法经营，遵守国家劳动用工、安全生产、职业卫生、社会保障、资源环境、质量标准、知识产权、财政税收等方面的法律、法规，遵循诚信原则，规范内部管理，提高经营管理水平。（　　）

1866. 国家实行有利于小型微型企业发展的税收政策，对符合条件的小型微型企业按照规定实行缓征、减征、免征企业所得税、增值税等措施，简化税收征管程序，减轻小型微型企业税收负担。（　　）

1867. 国家健全多层次资本市场体系，多渠道推动股权融资，发展并规范债券市场，促进中小企业利用多种方式间接融资。（　　）

1868. 国家鼓励中小企业研究开发拥有自主知识产权的技术和产品，规范内部知识产权管理，提升保护和运用知识产权的能力；鼓励中小企业投保知识产权保险；减轻中小企业申请和维持知识产权的费用等负担。（　　）

1869. 县级以上人民政府负责中小企业促进工作综合管理的部门应当建立跨部门的政策信息互联网发布平台，及时汇集涉及中小企业的法律法规、创业、创新、金融、市场、权益保护等各类政府服务信息，必要时可收取适量信息费。（　　）

（二）单项选择题

1870. 关于国家对中小企业融资促进的政策支持，下列说法错误的是：（　　）

A. 中国人民银行应当综合运用货币政策工具，鼓励和引导金融机构加大对小型微型企业的信贷支持

B. 国务院银行业监督管理机构对金融机构开展小型微型企业金融服务，应当采取降低小型微型企业不良贷款容忍度等措施

C. 国家鼓励各类金融机构开发和提供适合中小企业特点的金融产品和服务

D. 国有大型商业银行应当设立普惠金融机构，为小型微型企业提供金融服务

1871. 下列哪一项内容不属于县级以上人民政府及其有关部门应当通过政府网站、宣传资料等形式，为创业人员免费提供的法律政策咨询和公共信息服务：（　　）

A. 工商、财税、金融　　B. 环境保护、安全生产

C. 劳动用工、社会保障　　D. 商业秘密、个人信用

1872. 向中小企业预留的采购份额应当占本部门年度政府采购项目预算总额的（　　）以上；其中，预留给小型微型企业的比例不低于（　　）。中小企业无法提供的商品和服务除外。

A. 30%；70%　　B. 30%；60%

C. 40%；60%　　D. 50%；50%

1873. 下列哪一类人员创办小型微型企业，不能按照国家规定享受税收优惠和收费减免：（　　）

A. 外国人和无国籍人　　B. 退役军人

C. 失业人员　　D. 高等学校毕业生

（三）多项选择题

1874. 国家将促进中小企业发展作为长期发展战略，坚持各类企业（　　），对中小企业特别是其中的小型微型企业实行积极扶持、加强引导、完善服务、依法规范、保障权益的方针，为中小企业创立和发展创造有利的环境。

A. 权利平等　　B. 机会平等

C. 义务平等　　D. 规则平等

1875. 关于中小企业发展基金的规定，下列说法正确的是：（　　）

A. 国家设立中小企业发展基金

B. 国家中小企业发展基金应当遵循政策性导向和市场化运作原则，主要用于引导和带动社会资金支持初创期中小企业，促进创业创新

C. 县级以上地方各级人民政府可以设立中小企业发展基金

D. 中小企业发展基金的设立和使用管理办法由国务院规定

1876. 国家支持征信机构发展针对中小企业融资的征信产品和服务，依法向（　　）采集信息。

A. 政府有关部门

B. 公用事业单位

C. 商业机构

D. 第三方评级机构

1877. 关于随机抽查和合并、联合检查的规定，下列说法正确的是：（　　）

A. 县级以上地方各级人民政府有关部门对中小企业实施监督检查应当依法进行，建立随机抽查机制

B. 同一部门对中小企业实施的多项监督检查能够合并进行的，应当合并进行

C. 同一部门对中小企业实施的多项监督检查能够合并进行的，可以不合并进行

D. 不同部门对中小企业实施的多项监督检查能够合并完成的，由本级人民政府组织有关部门实施合并或者联合检查

（四）填空题

1878. 国家推进中小企业信用制度建设，建立社会化的____征集与评价体系，实现中小企业信用信息查询、交流和共享的____。

1879. 国家完善担保融资制度，支持金融机构为中小企业提供以____、知识产权、____、机器设备等为担保品的担保融资。

1880. 国家支持利用闲置的____、工业厂房、企业库房和____等，为创业者提供低成本生产经营场所。

1881. 国家鼓励科研机构、____和大型企业等创造条件向中小企业开放试验设施，开展技术研发与合作，帮助中小企业开发新产品，培养____。

1882. 任何单位不得违反法律、法规向中小企业____，不得实施没有法律、法规依据的____，不得向中小企业____。中小企业对违反上述规定的行为有权____和举报、控告。

参考答案

（一）判断题

1865. √，解析：根据《中小企业促进法》第4条规定。

1866. √，解析：根据《中小企业促进法》第11条规定。

1867. ×，解析：根据《中小企业促进法》第18条规定，国家健全多层次资本市场体系，多渠道推动股权融资，发展并规范债券市场，促进中小企业利用多种方式直接融资。

1868. √，解析：根据《中小企业促进法》第35条规定。

1869. ×，解析：根据《中小企业促进法》第45条规定，县级以上人民政府负责中小企业促进工作综合管理的部门应当建立跨部门的政策信息互联网发布平台，及时汇集涉及中小企业的法律法规、创业、创新、金融、市场、权益保护等各类政府服务信息，为中小企业提供便捷无偿服务。

（二）单项选择题

1870. B，解析：根据《中小企业促进法》第14、16、17条规定，A、C、D项正确。根据《中小企业促进法》第15条规定，国务院银行业监督管理机构对金融机构开展小型微型企业金融服务应当制定差异化监管政策，采取合理提高小型微型企业不良贷款容忍度等措施，引导金融机构增加小型微型企业融资规模和比重，提高金融服务水平。故B项错误，当选。

1871. D，解析：根据《中小企业促进法》第24条规定，县级以上人民政府及其有关部门应当通过政府网站、宣传资料等形式，为创业人员免费提供工商、财税、金融、环境保护、安全生产、劳动用工、社会保障等方面的法律政策咨询和公共信息服务。故D项当选。

1872. B，解析：根据《中小企业促进法》第40条第2款规定，向中小企业预留的采购份额应当占本部门年度政府采购项目预算总额的30%以上；其中，预留给小型微型企业的比例不低于60%。中小企业无法提供的商品和服务除外。故B项正确。

1873. A，解析：根据《中小企业促进法》第25条规定，高等学校毕业生、退役军人和失业人员、残疾人员等创办小型微型企业，按照国家规定享受税收优惠和收费减免。故A项当选。

（三）多项选择题

1874. ABD，解析：根据《中小企业促进法》第 3 条规定，国家将促进中小企业发展作为长期发展战略，坚持各类企业权利平等、机会平等、规则平等，对中小企业特别是其中的小型微型企业实行积极扶持、加强引导、完善服务、依法规范、保障权益的方针，为中小企业创立和发展创造有利的环境。故 A、B、D 项正确。

1875. ABCD，解析：根据《中小企业促进法》第 10 条规定，国家设立中小企业发展基金。国家中小企业发展基金应当遵循政策性导向和市场化运作原则，主要用于引导和带动社会资金支持初创期中小企业，促进创业创新。县级以上地方各级人民政府可以设立中小企业发展基金。中小企业发展基金的设立和使用管理办法由国务院规定。故 A、B、C、D 项正确。

1876. ABC，解析：根据《中小企业促进法》第 23 条第 1 款规定，国家支持征信机构发展针对中小企业融资的征信产品和服务，依法向政府有关部门、公用事业单位和商业机构采集信息。故 A、B、C 项正确。

1877. ABD，解析：根据《中小企业促进法》第 56 条规定，县级以上地方各级人民政府有关部门对中小企业实施监督检查应当依法进行，建立随机抽查机制。同一部门对中小企业实施的多项监督检查能够合并进行的，应当合并进行；不同部门对中小企业实施的多项监督检查能够合并完成的，由本级人民政府组织有关部门实施合并或者联合检查。故 A、B、D 项正确。

（四）填空题

1878. 信用信息；社会化。（《中小企业促进法》第 7 条）

1879. 应收账款；存货。（《中小企业促进法》第 19 条）

1880. 商业用房；物流设施。（《中小企业促进法》第 29 条）

1881. 高等学校；专业人才。（《中小企业促进法》第 37 条）

1882. 收取费用；罚款；摊派财物；拒绝。（《中小企业促进法》第 54 条）

十四、乡镇企业法

（一）判断题

1883. 乡镇企业是农村经济的重要支柱和国民经济的重要组成部分。（　　）
1884. 经依法登记设立的乡镇企业，应当向当地乡镇企业行政管理部门办理登记备案手续。（　　）
1885. 国家保护乡镇企业的合法权益；乡镇企业的合法财产不受侵犯。（　　）
1886. 乡镇企业应当依法使用商标，重视企业信誉；按照国家规定，制作所生产经营的商品标识，可以伪造产品的产地或者伪造、冒用他人厂名、厂址和认证标志、名优标志。（　　）
1887. 乡镇企业必须遵守有关劳动保护、劳动安全的法律、法规，认真贯彻执行安全第一、预防为主的方针，采取有效的劳动卫生技术措施和管理措施，防止生产伤亡事故和职业病的发生。（　　）
1888. 乡镇企业建设项目中防治污染的设施，必须与主体工程同时设计、同时施工、同时投产使用。（　　）

（二）单项选择题

1889. 国家根据乡镇企业发展的情况，在一定时期内对乡镇企业减征一定比例的税收。减征税收的税种、期限和比例由（　　）规定。

A. 全国人大　　B. 全国人大常委会
C. 国务院　　D. 全国人大及其常委会

1890. 除法律、行政法规另有规定外，任何（　　）不得以任何方式向乡镇企业收取费用，进行摊派。

A. 政府机关　　B. 社会组织
C. 个人　　D. 机关、组织或者个人

（三）多项选择题

1891. 乡镇企业按照（ ）规定的企业形式设立，投资者依照有关法律、行政法规决定企业的重大事项，建立经营管理制度，依法享有权利和承担义务。

A. 部门规章　　B. 法律

C. 行政法规　　D. 地方政府规章

1892. 乡镇企业必须遵守有关环境保护的法律、法规，按照国家产业政策，在当地人民政府的统一指导下，采取措施，积极发展（ ）的企业，切实防治环境污染和生态破坏，保护和改善环境。

A. 无污染　　B. 有污染

C. 少污染　　D. 低资源消耗

1893. 下列选项中，在乡镇企业发展基金的使用范围中的有：（ ）

A. 支持少数民族地区、边远地区和贫困地区发展乡镇企业；

B. 支持乡镇企业进行技术改造，开发名特优新产品和生产传统手工艺产品；

C. 发展从事粮食、饲料、肉类的加工、贮存、运销经营的乡镇企业；

D. 支持乡镇企业职工的职业教育和技术培训；

1894. 县级以上人民政府依照国家有关规定，可以设立乡镇企业发展基金。基金由哪些资金构成？（ ）

A. 政府拨付的用于乡镇企业发展的周转金

B. 乡镇企业每年上缴地方税金增长部分中一定比例的资金

C. 基金运用产生的收益

D. 农村集体经济组织、乡镇企业、农民等自愿提供的资金

（四）填空题

1895. 乡镇企业依法实行____，投资者在确定企业经营管理制度和企业负责人，作出重大经营决策和决定职工工资、生活福利、劳动保护、劳动安全等重大问题时，应当____本企业工会或者职工的意见，实施情况要定期向职工公布，接受职工____。

1896. 乡镇企业应当按照市场需要和国家产业政策，合理调整____和____，加强____，不断采用先进的技术、生产工艺和设备，提高企业经营管理水平。

1897. 乡镇企业应当按照国家有关规定，建立____，加强____，依法设置____，如实记录____。

1898. 乡镇企业必须按照国家统计制度，如实报送统计资料。对于违反国家规定制发的____，乡镇企业有权____。

1899. 乡镇企业应当加强____，努力提高产品质量；生产和销售的产品必须符合保障人体健康，人身、财产安全的____和____；不得生产、销售失效、变质产品和国家明令淘汰的产品。

1900. 乡镇企业使用农村集体所有的土地，连续闲置____或者因停办闲置一年以上的，应当由原土地所有者____，重新安排使用。

1901. 乡镇企业通过多渠道、多形式培训____、____和____，并采取优惠措施吸引人才。

（五）简答题

1902. 简述乡镇企业的主要任务。

1903. 简述乡镇企业发展基金的使用范围。

参考答案

（一）判断题

1883. √，解析：根据《乡镇企业法》第3条规定。

1884. √，解析：根据《乡镇企业法》第8条规定。

1885. √，解析：根据《乡镇企业法》第12条规定。

1886. ×，解析：根据《乡镇企业法》第34条规定，乡镇企业应当依法使用商标，重视企业信誉；按照国家规定，制作所生产经营的商品标识，不得伪造产品的产地或者伪造、冒用他人厂名、厂址和认证标志、名优标志。

1887. √，解析：根据《乡镇企业法》第37条规定。

1888. √，解析：根据《乡镇企业法》第36条规定。

（二）单项选择题

1889. C，解析：根据《乡镇企业法》第18条规定，国家根据乡镇企业发展的情况，在一定时期内对乡镇企业减征一定比例的税收。减征税收的税种、期限和比例由国务院规定。

1890. D，解析：根据《乡镇企业法》第17条第2款规定，除法律、行政法规另有规定外，任何机关、组织或者个人不得以任何方式向乡镇企业收取费用，进行摊派。

（三）多项选择题

1891. BC，解析：根据《乡镇企业法》第13条规定，乡镇企业按照法律、行政法规规定的企业形式设立，投资者依照有关法律、行政法规决定企业的重大事项，建立经营管理制度，依法享有权利和承担义务。

1892. ACD，解析：根据《乡镇企业法》第35条第1款规定，乡镇企业必须遵守有关环境保护的法律、法规，按照国家产业政策，在当地人民政府的统一指导下，采取措施，积极发展无污染、少污染和低资源消耗的企业，切实防治环境污染和生态破坏，保护和改善环境。

1893. ABCD，解析：根据《中华人民共和国乡镇企业法》第22条规定，乡镇企业发展基金专门用于扶持乡镇企业发展，其使用范围如下：（1）支持少数民族地区、边远地区和贫困地区发展乡镇企业；（2）支持经济欠发达地区、少数民族地区与经济发达地区的乡镇企业之间进行经济技术合作和举办合资项目；（3）支持乡镇企业按照国家产业政策调整产业结构和产品结构；（4）支持乡镇企业进行技术改造，开发名特优新产品和生产传统手工艺产品；（5）发展生产农用生产资料或者直接为农业生产服务的乡镇企业；（6）发展从事粮食、饲料、肉类的加工、贮存、运销经营的乡镇企业；（7）支持乡镇企业职工的职业教育和技术培训；（8）其他需要扶持的项目。

1894. ABCD，解析：根据《乡镇企业法》第21条规定，县级以上人民政府依照国家有关规定，可以设立乡镇企业发展基金。基金由下列资金组成：（1）政府拨付的用于乡镇企业发展的周转金；（2）乡镇企业每年上缴地方税金增长部分中一定比例的资金；（3）基金运用产生的收益；（4）农村集体经济组织、乡镇企业、农民等自愿提供的资金。

（四）填空题

1895. 民主管理；听取；监督。（《乡镇企业法》第14条）

1896. 产业结构；产品结构；技术改造。（《乡镇企业法》第 27 条）

1897. 财务会计制度；财务管理；会计帐册；财务活动。（《乡镇企业法》第 30 条）

1898. 统计调查报表；拒绝填报。（《乡镇企业法》第 31 条）

1899. 产品质量管理；国家标准；行业标准。（《乡镇企业法》第 33 条）

1900. 两年以上；收回该土地使用权。（《乡镇企业法》第 28 条）

1901. 技术人员；经营管理人员；生产人员。（《乡镇企业法》第 23 条）

（五）简答题

1902. 答：根据《乡镇企业法》第 3 条第 2 款规定，乡镇企业的主要任务是，根据市场需要发展商品生产，提供社会服务，增加社会有效供给，吸收农村剩余劳动力，提高农民收入，支援农业，推进农业和农村现代化，促进国民经济和社会事业发展。

1903. 答：根据《乡镇企业法》第 22 条规定，乡镇企业发展基金专门用于扶持乡镇企业发展，其使用范围如下：（1）支持少数民族地区、边远地区和贫困地区发展乡镇企业；（2）支持经济欠发达地区、少数民族地区与经济发达地区的乡镇企业之间进行经济技术合作和举办合资项目；（3）支持乡镇企业按照国家产业政策调整产业结构和产品结构；（4）支持乡镇企业进行技术改造，开发名特优新产品和生产传统手工艺产品；（5）发展生产农用生产资料或者直接为农业生产服务的乡镇企业；（6）发展从事粮食、饲料、肉类的加工、贮存、运销经营的乡镇企业；（7）支持乡镇企业职工的职业教育和技术培训；（8）其他需要扶持的项目。

十五、外商投资法

（一）判断题

1904. 外商投资企业，指全部由外国投资者投资，依照中国法律在中国境内经登记注册设立的企业。(　　)

1905. 国家根据国民经济和社会发展需要，鼓励和引导外国投资者在特定行业、领域、地区投资。(　　)

1906. 国家制定的强制性标准平等适用于外商投资企业。(　　)

1907. 国家保障外商投资企业依法通过公平竞争参与政府采购活动。(　　)

1908. 外商投资企业可以依法通过公开发行股票、公司债券等证券和其他方式进行融资。(　　)

（二）单项选择题

1909. 依据《外商投资法》的规定，关于准入前国民待遇加负面清单管理制度，下列说法错误的是：(　　)

A. 准入前国民待遇，是指在投资准入阶段给予外国投资者及其投资不低于本国投资者及其投资的待遇

B. 负面清单，是指国家规定在特定领域对外商投资实施的准入特别管理措施

C. 国家对负面清单之外的外商投资，给予国民待遇

D. 负面清单由全国人民代表大会发布或者批准发布

1910. 关于外国投资者和外商投资企业的知识产权，下列说法错误的是：(　　)

A. 国家保护外国投资者和外商投资企业的知识产权，保护知识产权权利人和相关权利人的合法权益

B. 行政机关及其工作人员可以利用行政手段强制转让技术

C. 国家鼓励在外商投资过程中基于自愿原则和商业规则开展技术合作
D. 技术合作的条件由投资各方遵循公平原则平等协商确定

1911. 关于外商投资管理，下列说法错误的是：(　　)
A. 外商投资准入负面清单规定禁止投资的领域，外国投资者不得投资
B. 外商投资准入负面清单规定限制投资的领域，外国投资者进行投资应当符合负面清单规定的条件
C. 外商投资准入负面清单以外的领域，按照内资优先于外资的原则实施管理
D. 外商投资需要办理投资项目核准、备案的，按照国家有关规定执行

1912. 制定与外商投资有关的下列哪一文件，无需采取适当方式征求外商投资企业的意见和建议？(　　)
A. 法律　　B. 法规
C. 规章　　D. 司法解释

(三) 多项选择题

1913. 依据《外商投资法》，外商投资包括：(　　)
A. 外国投资者单独或者与其他投资者共同在中国境内设立外商投资企业
B. 外国投资者取得中国境内企业的股份、股权、财产份额或者其他类似权益
C. 外国投资者单独或者与其他投资者共同在中国境内投资新建项目
D. 法律、行政法规或者国务院规定的其他方式的投资

1914. 关于对外国投资者的征收、征用，下列说法正确的是：(　　)
A. 国家对外国投资者的投资不实行征收
B. 在特殊情况下，国家为了公共利益的需要，可以依照法律规定对外国投资者的投资实行征收或者征用
C. 征收、征用应当依照法定程序进行
D. 征收、征用可以给予适当的补偿

1915. 各级人民政府及其有关部门制定涉及外商投资的规范性文件，没有法律、行政法规依据的，不得有下列哪些情形？(　　)

A. 减损外商投资企业的合法权益

B. 设置市场准入和退出条件

C. 干预外商投资企业的正常生产经营活动

D. 增加外商投资企业的义务

1916. 外国投资者在中国境内下列哪些所得，可以依法以人民币或者外汇自由汇入、汇出？（　　）

A. 出资、利润

B. 资本收益、资产处置所得

C. 知识产权许可使用费

D. 依法获得的补偿或者赔偿

（四）填空题

1917. 国家实行高水平投资自由化便利化政策，建立和完善外商投资促进机制，营造稳定、____、可预期和____的市场环境。

1918. 在中国境内进行投资活动的外国投资者、外商投资企业，应当遵守中国法律法规，不得危害中国____、损害____。

1919. 国家根据需要，设立____，或者在部分地区实行____措施，促进外商投资，扩大对外开放。

1920. 外商投资企业可以依法通过公开发行____、____等证券和其他方式进行融资。

1921. 行政机关及其工作人员对于____过程中知悉的外国投资者、外商投资企业的____，应当依法予以保密，不得泄露或者非法向他人提供。

参考答案

（一）判断题

1904. ×，解析：根据《外商投资法》第 2 条第 3 款规定，本法所称外商投资企业，是指全部或者部分由外国投资者投资，依照中国法律在中国境内经登记注册设立的企业。

1905. √，解析：根据《外商投资法》第 14 条规定。

1906. √，解析：根据《外商投资法》第15条规定。

1907. √，解析：根据《外商投资法》第16条规定。

1908. √，解析：根据《外商投资法》第17条规定。

（二）单项选择题

1909. D，解析：根据《外商投资法》第4条规定，国家对外商投资实行准入前国民待遇加负面清单管理制度。前款所称准入前国民待遇，是指在投资准入阶段给予外国投资者及其投资不低于本国投资者及其投资的待遇；所称负面清单，是指国家规定在特定领域对外商投资实施的准入特别管理措施。国家对负面清单之外的外商投资，给予国民待遇。负面清单由国务院发布或者批准发布。中华人民共和国缔结或者参加的国际条约、协定对外国投资者准入待遇有更优惠规定的，可以按照相关规定执行。

1910. B，解析：根据《外商投资法》第22条规定，国家保护外国投资者和外商投资企业的知识产权，保护知识产权权利人和相关权利人的合法权益；对知识产权侵权行为，严格依法追究法律责任。国家鼓励在外商投资过程中基于自愿原则和商业规则开展技术合作。技术合作的条件由投资各方遵循公平原则平等协商确定。行政机关及其工作人员不得利用行政手段强制转让技术。

1911. C，解析：根据《外商投资法》第28条规定，外商投资准入负面清单规定禁止投资的领域，外国投资者不得投资。外商投资准入负面清单规定限制投资的领域，外国投资者进行投资应当符合负面清单规定的条件。外商投资准入负面清单以外的领域，按照内外资一致的原则实施管理。

1912. D，解析：根据《外商投资法》第10条规定，制定与外商投资有关的法律、法规、规章，应当采取适当方式征求外商投资企业的意见和建议。与外商投资有关的规范性文件、裁判文书等，应当依法及时公布。

（三）多项选择题

1913. ABCD，解析：根据《外商投资法》第2条第2款规定，本法所称外商投资，是指外国的自然人、企业或者其他组织（以下称外国投资者）直接或者间接在中国境内进行的投资活动，包括下列情形：（1）外国投资者单独或者与其他投资者共同在中国境内设立外商投资企业；（2）外国投资者取得中国境内企业的股份、股权、财产份额或者其他类似权益；（3）外国投资者单独或者与其他投资者共同在中国境内投资新建项目；（4）法律、行政法规或者国务院规定的其他方式的投资。

1914. ABC，解析：根据《外商投资法》第 20 条规定，国家对外国投资者的投资不实行征收。在特殊情况下，国家为了公共利益的需要，可以依照法律规定对外国投资者的投资实行征收或者征用。征收、征用应当依照法定程序进行，并及时给予公平、合理的补偿。

1915. ABCD，解析：根据《外商投资法》第 24 条规定，各级人民政府及其有关部门制定涉及外商投资的规范性文件，应当符合法律法规的规定；没有法律、行政法规依据的，不得减损外商投资企业的合法权益或者增加其义务，不得设置市场准入和退出条件，不得干预外商投资企业的正常生产经营活动。

1916. ABCD，解析：根据《外商投资法》第 21 条规定，外国投资者在中国境内的出资、利润、资本收益、资产处置所得、知识产权许可使用费、依法获得的补偿或者赔偿、清算所得等，可以依法以人民币或者外汇自由汇入、汇出。

（四）填空题

1917. 透明；公平竞争。(《外商投资法》第 3 条)

1918. 国家安全；社会公共利益。(《外商投资法》第 6 条)

1919. 特殊经济区域；外商投资试验性政策。(《外商投资法》第 13 条)

1920. 股票；公司债券。(《外商投资法》第 17 条)

1921. 履行职责；商业秘密。(《外商投资法》第 23 条)

十六、农业法

（一）判断题

1922. 国家把农业放在发展国民经济的首位。（　　）

1923. 国家采取措施，保障农业更好地发挥在提供食物、工业原料和其他农产品，维护和改善生态环境，促进农村经济社会发展等多方面的作用。（　　）

1924. 国家实行农村土地承包经营制度，依法保障农村土地承包关系的长期稳定，保护农民对承包土地的所有权。（　　）

1925. 国家对发展农业和农村经济有显著成绩的单位和个人，给予奖励。（　　）

1926. 国家长期稳定农村以家庭承包经营为基础、统分结合的双层经营体制，发展社会化服务体系，壮大集体经济实力，引导农民走同步富裕的道路。（　　）

（二）单项选择题

1927. 国家对农民和农业生产经营组织购买（　　）农业机械给予扶持。

A. 落后　　B. 高能耗

C. 先进　　D. 高污染

1928. 对于《中华人民共和国农业法》，下列说法错误的是：（　　）

A. 国家对缺水地区发展节水型农业给予重点扶持。

B. 各级人民政府应当支持为农业服务的气象事业的发展，提高对气象灾害的监测和预报水平。

C. 国家支持依法建立健全优质农产品认证和标志制度。

D. 农业生产资料的生产者、销售者可以生产和销售国家明令淘汰的农药、兽药、饲料添加剂、农业机械等农业生产资料。

1929. 在不与我国缔结或加入的有关国际条约相抵触的情况下，国家对农民实施收入支持政策，具体办法由（　　）制定。

A. 民政部　　B. 全国人民代表大会

C. 农业农村部　　D. 国务院

1930. 国家鼓励和扶持（　　）投入资金支持贫困地区开发建设。

A. 金融机构、其他企业事业单位和个人

B. 其他企业事业单位

C. 个人

D. 金融机构

（三）多项选择题

1931. 农村土地承包经营的方式、期限、发包方和承包方的权利义务、土地承包经营权的保护和流转等，适用（　　）。

A.《中华人民共和国土地管理法》

B.《中华人民共和国刑事诉讼法》

C.《中华人民共和国农村土地承包法》

D.《中华人民共和国民事诉讼法》

1932. 农民专业合作经济组织应当坚持为成员服务的宗旨，按照（　　）的原则，依法在其章程规定的范围内开展农业生产经营和服务活动。

A. 加入自愿　　B. 退出自由

C. 民主管理　　D. 盈余返还

1933. 关于粮食安全，下列说法中正确的有：（　　）

A. 农民按保护价制度出售粮食，国家委托的收购单位不得拒收

B. 在粮食的市场价格过低时，国务院可以决定对部分粮食品种实行保护价制度。保护价应当根据有利于保护农民利益、稳定粮食生产的原则确定

C. 县级以上人民政府应当组织财政、金融等部门以及国家委托的收购单位及时筹足粮食收购资金，任何部门、单位或者个人不得截留或者挪用

D. 国家建立粮食安全预警制度，采取措施保障粮食供给。国务院应当

制定粮食安全保障目标与粮食储备数量指标，并根据需要组织有关主管部门进行耕地、粮食库存情况的核查

1934. 关于农民权益保护，下列说法中正确的有：(　　)

A. 任何机关或者单位向农民或者农业生产经营组织收取行政、事业性费用必须依据法律、法规的规定。收费的项目、范围和标准应当公布

B. 没有法律、法规依据的收费，农民和农业生产经营组织有权拒绝

C. 任何机关或者单位对农民或者农业生产经营组织进行罚款处罚必须依据法律、法规、规章的规定

D. 没有法律、法规、规章依据的罚款，农民和农业生产经营组织也无权拒绝

(四) 填空题

1935. 农民和农业生产经营组织可以自愿按照____、____和____相结合的原则，以资金、技术、实物等入股，依法兴办各类企业。

1936. 农民和农业生产经营组织可以按照法律、行政法规成立各种____，为成员提供生产、营销、信息、技术、培训等服务，发挥协调和自律作用，提出____的申请，维护成员和行业的利益。

1937. 种植业以____、____、____为中心，调整作物结构、品种结构和品质结构。

1938. 农药、兽药、饲料和饲料添加剂、肥料、种子、农业机械等可能危害人畜安全的农业生产资料的____，依照相关法律、行政法规的规定实行____制度。

1939. 国家提倡____粮食，并采取措施改善人民的____。

1940. 国家逐步完善____制度，保障农村五保户、贫困残疾农民、贫困老年农民和其他丧失劳动能力的农民的基本生活。

1941. 国家鼓励、支持农民巩固和发展____和其他医疗保障形式，提高____。

1942. 违反《中华人民共和国农业法》规定，侵害农民和农业生产经营组织的土地承包经营权等财产权或者其他合法权益的，应当____，____；造成损失、损害的，依法承担____。

1943. 国家鼓励和支持农民和农业生产经营组织使用先进、适用的____，加强农业机械安全管理，提高____。

（五）简答题

1944. 简述各级人民政府在财政预算内安排的各项用于农业的资金应当主要用于的地方。

1945. 有何种行为之一的，由上级主管机关责令停止违法行为，并给予直接负责的主管人员和其他直接责任人员行政处分，责令退还违法收取的集资款、税款或者费用。

参考答案

（一）判断题

1922. √，解析：根据《农业法》第 3 条规定。

1923. √，解析：根据《农业法》第 4 条规定。

1924. ×，解析：根据《农业法》第 10 条第 1 款规定，国家实行农村土地承包经营制度，依法保障农村土地承包关系的长期稳定，保护农民对承包土地的使用权。

1925. √，解析：根据《农业法》第 8 条规定。

1926. ×，解析：根据《农业法》第 5 条第 2 款规定，国家长期稳定农村以家庭承包经营为基础、统分结合的双层经营体制，发展社会化服务体系，壮大集体经济实力，引导农民走共同富裕的道路。

（二）单项选择题

1927. C，解析：根据《农业法》第 20 条第 2 款规定，国家对农民和农业生产经营组织购买先进农业机械给予扶持。

1928. D，解析：根据《农业法》第 25 条第 3 条规定，农业生产资料的生产者、销售者应当对其生产、销售的产品的质量负责，禁止以次充好、以假充真、以不合格的产品冒充合格的产品；禁止生产和销售国家明令淘汰的农药、兽药、饲料添加剂、农业机械等农业生产资料。

1929. D，解析：根据《农业法》第 37 条第 2 条规定，在不与我国缔结或加入的有关国际条约相抵触的情况下，国家对农民实施收入支持政策，具体办法由国务院制定。

1930. A，解析：根据《农业法》第 86 条第 2 款规定，国家鼓励和扶持金融机构、其他企业事业单位和个人投入资金支持贫困地区开发建设。

（三）多项选择题

1931. AC，解析：根据《农业法》第 10 条第 2 款规定，农村土地承包经营的方式、期限、发包方和承包方的权利义务、土地承包经营权的保护和流转等，适用《土地管理法》和《农村土地承包法》。

1932. ABCD，解析：根据《农业法》第 11 条第 2 款规定，农民专业合作经济组织应当坚持为成员服务的宗旨，按照加入自愿、退出自由、民主管理、盈余返还的原则，依法在其章程规定的范围内开展农业生产经营和服务活动。

1933. ABCD，解析：根据《农业法》第 33 条规定，在粮食的市场价格过低时，国务院可以决定对部分粮食品种实行保护价制度。保护价应当根据有利于保护农民利益、稳定粮食生产的原则确定。农民按保护价制度出售粮食，国家委托的收购单位不得拒收。县级以上人民政府应当组织财政、金融等部门以及国家委托的收购单位及时筹足粮食收购资金，任何部门、单位或者个人不得截留或者挪用。根据《农业法》第 34 条规定，国家建立粮食安全预警制度，采取措施保障粮食供给。国务院应当制定粮食安全保障目标与粮食储备数量指标，并根据需要组织有关主管部门进行耕地、粮食库存情况的核查。国家对粮食实行中央和地方分级储备调节制度，建设仓储运输体系。承担国家粮食储备任务的企业应当按照国家规定保证储备粮的数量和质量。

1934. ABC，解析：根据《农业法》第 67 条第 2 款规定，没有法律、法规、规章依据的罚款，农民和农业生产经营组织有权拒绝。

（四）填空题

1935. 民主管理；按劳分配；按股分红。（《农业法》第 12 条）

1936. 农产品行业协会；农产品贸易救济措施。（《农业法》第 14 条）

1937. 优化品种；提高质量；增加效益。（《农业法》第 16 条）

1938. 生产经营；登记或者许可。（《农业法》第 25 条）

1939. 珍惜和节约；食物营养结构。（《农业法》第 36 条）

1940. 农村社会救济。（《农业法》第 83 条）

1941. 农村合作医疗；农民健康水平。（《农业法》第 84 条）

1942. 停止侵害；恢复原状；赔偿责任。(《农业法》第 90 条)

1943. 农业机械；农业机械化水平。(《农业法》第 20 条)

(五) 简答题

1944. 答：根据《农业法》第 38 条第 2 款规定，各级人民政府在财政预算内安排的各项用于农业的资金应当主要用于：加强农业基础设施建设；支持农业结构调整，促进农业产业化经营；保护粮食综合生产能力，保障国家粮食安全；健全动植物检疫、防疫体系，加强动物疫病和植物病、虫、杂草、鼠害防治；建立健全农产品质量标准和检验检测监督体系、农产品市场及信息服务体系；支持农业科研教育、农业技术推广和农民培训；加强农业生态环境保护建设；扶持贫困地区发展；保障农民收入水平等。

1945. 答：根据《农业法》第 94 条规定，有下列行为之一的，由上级主管机关责令停止违法行为，并给予直接负责的主管人员和其他直接责任人员行政处分，责令退还违法收取的集资款、税款或者费用：(1) 违反本法第 86 条规定，非法在农村进行集资、达标、升级、验收活动的；(2) 违反本法第 69 条规定，以违法方法向农民征税的；(3) 违反本法第 70 条规定，通过农村中小学校向农民超额、超项目收费的。

十七、森林法

（一）判断题

1946. 乡镇人民政府可以确定相关机构或者设置专职、兼职人员承担林业相关工作。（　　）

1947. 教育行政部门、学校应当对学生进行森林资源保护教育。（　　）

1948. 森林资源属于国家所有，由法律规定属于集体所有的除外。（　　）

1949. 未实行承包经营的集体林地以及林地上的林木，由农村集体经济组织统一经营。经本集体经济组织成员的村民会议 2/3 以上成员或者 2/3 以上村民代表同意并公示，可以通过招标、拍卖、公开协商等方式依法流转林地经营权、林木所有权和使用权。（　　）

1950. 单位之间发生的林木、林地所有权和使用权争议，由县级以上人民政府依法处理。（　　）

1951. 中央和地方财政分别安排资金，用于公益林的营造、抚育、保护、管理和非国有公益林权利人的经济补偿等，实行专款专用。具体办法由国务院财政部门会同林业主管部门制定。（　　）

1952. 采伐林地上的林木应当申请采伐许可证，并按照采伐许可证的规定进行采伐；采伐自然保护区以外的竹林，不仅需要申请采伐许可证，而且应当符合林木采伐技术规程。（　　）

1953. 滥伐林木的，由县级以上人民政府林业主管部门责令限期在原地或者异地补种滥伐株数 1 倍以上 3 倍以下的树木，可以处滥伐林木价值 3 倍以上 5 倍以下的罚款。（　　）

1954. 违反《森林法》规定，未完成更新造林任务的，由县级以上人民政府林业主管部门责令限期完成；逾期未完成的，可以处未完成造林任务所需费用 2 倍以下的罚款；对直接负责的主管人员和其他直接责任人员，依法给予处分。（　　）

1955. 符合林木采伐技术规程的，审核发放采伐许可证的部门应当及时核发采伐许可证。但是，审核发放采伐许可证的部门不得超过年采伐限额发放采伐许可证。(　　)

(二) 单项选择题

1956. 集体或者个人承包国家所有和集体所有的宜林荒山荒地荒滩营造的林木，归承包的（　　）所有；合同另有约定的从其约定。

A. 集体　　B. 个人

C. 集体或者个人　　D. 单位

1957. 公益林划定涉及非国有林地的，应当与权利人签订书面协议，并给予合理（　　）。

A. 赔偿　　B. 补偿

C. 奖金　　D. 罚金

1958. 采伐许可证由（　　）以上人民政府林业主管部门核发。

A. 市级　　B. 县级

C. 省级　　D. 乡级

1959. 采伐林木的组织和个人应当按照有关规定完成更新造林。更新造林的面积不得（　　）采伐的面积，更新造林应当达到相关技术规程规定的标准。

A. 大于　　B. 等于

C. 超过　　D. 少于

1960. 依照《森林法》规定应当作出行政处罚决定而未作出的，上级主管部门有权责令下级主管部门作出行政处罚决定或者直接给予（　　）。

A. 行政处罚　　B. 刑事处罚

C. 民事处罚　　D. 罚金处罚

1961. 违反《森林法》规定，未经县级以上人民政府林业主管部门审核同意，擅自改变林地用途的，由县级以上人民政府林业主管部门责令限期恢复植被和林业生产条件，可以处恢复植被和林业生产条件所需费用（　　）以下的罚款。

A. 1 倍　　B. 5 倍

C. 7倍　　D. 3倍

1962. 向林地排放重金属或者其他有毒有害物质含量超标的污水、污泥，以及可能造成林地污染的清淤底泥、尾矿、矿渣等的，依照（　　）的有关规定处罚。

A.《民法典》　　B.《国家安全法》

C.《土壤污染防治法》　　D.《种子法》

（三）多项选择题

1963. 农村居民在（　　）种植的林木，归个人所有。

A. 房前屋后　　B. 自留地

C. 自留山　　D. 他人屋后

1964. 国家鼓励公民通过（　　）等方式参与造林绿化。

A. 植树造林　　B. 保护环境

C. 抚育管护　　D. 认建认养

1965. 木材经营加工企业应当建立原料和产品出入库台账。任何单位和个人不得（　　）明知是盗伐、滥伐等非法来源的林木。

A. 收购　　B. 加工

C. 购买　　D. 运输

1966. 省级以上人民政府林业主管部门对（　　）的地区，可以约谈所在地区县级以上地方人民政府及其有关部门主要负责人，要求其采取措施及时整改。约谈整改情况应当向社会公开。

A. 森林覆盖率低　　B. 森林资源保护发展工作不力

C. 问题突出　　D. 群众反映强烈

（四）填空题

1967. 林地和林地上的森林、林木的所有权、使用权，由____统一登记造册，核发证书。

1968. 国家所有的林地和林地上的森林、林木可以依法确定给____使用。林业经营者依法取得的国有林地和林地上的森林、林木的____，经批准可以转让、出租、作价出资等。具体办法由国务院制定。

1969. 集体所有和国家所有依法由农民集体使用的林地实行承包经营的，承包方享有林地____和承包林地上的____，合同另有约定的从其约定。承包方可以依法采取____等方式流转林地经营权、林木所有权和使用权。

1970. 个人之间、个人与单位之间发生的____和____争议，由乡镇人民政府或者县级以上人民政府依法处理。

1971. 在林木、林地权属争议解决前，除因森林防火、林业有害生物防治、国家重大基础设施建设等需要外，当事人任何一方不得____或者____。

1972. 在符合公益林生态区位保护要求和不影响公益林生态功能的前提下，经科学论证，可以合理利用公益林林地资源和森林景观资源，适度开展____、森林旅游等。

1973. 农村居民采伐自留地和房前屋后个人所有的零星林木，不需要申请____。

1974. 林业经营者可以自愿申请____，促进森林经营水平提高和可持续经营。

（五）简答题

1975. 哪些区域的林地和林地上的森林，应当划定为公益林？

1976. 国家鼓励发展哪些商品林？

参考答案

（一）判断题

1946. √，解析：根据《森林法》第 9 条规定。

1947. √，解析：根据《森林法》第 12 条规定。

1948. √，解析：根据《森林法》第 14 条规定。

1949. √，解析：根据《森林法》第 18 条规定。

1950. √，解析：根据《森林法》第 22 条规定。

1951. √，解析：根据《森林法》第 29 条规定。

1952. ×，解析：根据《森林法》第 56 条第 1 款规定，采伐林地上的林木应当申请采伐许可证，并按照采伐许可证的规定进行采伐；采伐自然保护区以外的竹林，不需要申请采伐许可证，但应当符合林木采伐技术规程。

1953. √，解析：根据《森林法》第 76 条规定。

1954. √，解析：根据《森林法》第79条规定。

1955. √，解析：根据《森林法》第59条规定。

（二）单项选择题

1956. C，解析：根据《森林法》第20条第3款规定，集体或者个人承包国家所有和集体所有的宜林荒山荒地荒滩营造的林木，归承包的集体或者个人所有；合同另有约定的从其约定。

1957. B，解析：根据《森林法》第48条第3款规定，公益林划定涉及非国有林地的，应当与权利人签订书面协议，并给予合理补偿。

1958. B，解析：根据《森林法》第57条第1款规定，采伐许可证由县级以上人民政府林业主管部门核发。

1959. D，解析：根据《森林法》第61条规定，采伐林木的组织和个人应当按照有关规定完成更新造林。更新造林的面积不得少于采伐的面积，更新造林应当达到相关技术规程规定的标准。

1960. A，解析：根据《森林法》第70条第2款规定，依照本法规定应当作出行政处罚决定而未作出的，上级主管部门有权责令下级主管部门作出行政处罚决定或者直接给予行政处罚。

1961. D，解析：根据《森林法》第73条第1款规定，违反本法规定，未经县级以上人民政府林业主管部门审核同意，擅自改变林地用途的，由县级以上人民政府林业主管部门责令限期恢复植被和林业生产条件，可以处恢复植被和林业生产条件所需费用3倍以下的罚款。

1962. C，解析：根据《森林法》第74条第3款规定，向林地排放重金属或者其他有毒有害物质含量超标的污水、污泥，以及可能造成林地污染的清淤底泥、尾矿、矿渣等的，依照《土壤污染防治法》的有关规定处罚。

（三）多项选择题

1963. ABC，解析：根据《森林法》第20条第2款规定，农村居民在房前屋后、自留地、自留山种植的林木，归个人所有。城镇居民在自有房屋的庭院内种植的林木，归个人所有。

1964. ACD，解析：根据《森林法》第44条规定，国家鼓励公民通过植树造林、抚育管护、认建认养等方式参与造林绿化。

1965. ABD，解析：根据《森林法》第65条规定，木材经营加工企业应当建立原料和产品出入库台账。任何单位和个人不得收购、加工、运输明知是盗伐、滥伐等非法来源的林木。

1966. BCD，解析：根据《森林法》第 67 条规定，省级以上人民政府林业主管部门对森林资源保护发展工作不力、问题突出、群众反映强烈的地区，可以约谈所在地区县级以上地方人民政府及其有关部门主要负责人，要求其采取措施及时整改。约谈整改情况应当向社会公开。

（四）填空题

1967. 不动产登记机构。（《森林法》第 15 条）

1968. 林业经营者；使用权。（《森林法》第 16 条）

1969. 承包经营权；林木所有权；出租（转包）、入股、转让。（《森林法》第 17 条）

1970. 林木所有权；林地使用权。（《森林法》第 22 条）

1971. 砍伐有争议的林木；改变林地现状。（《森林法》第 22 条）

1972. 林下经济。（《森林法》第 49 条）

1973. 采伐许可证。（《森林法》第 56 条）

1974. 森林认证。（《森林法》第 64 条）

（五）简答题

1975. 答：根据《森林法》第 48 条第 2 款规定，下列区域的林地和林地上的森林，应当划定为公益林：（1）重要江河源头汇水区域；（2）重要江河干流及支流两岸、饮用水水源地保护区；（3）重要湿地和重要水库周围；（4）森林和陆生野生动物类型的自然保护区；（5）荒漠化和水土流失严重地区的防风固沙林基干林带；（6）沿海防护林基干林带；（7）未开发利用的原始林地区；（8）需要划定的其他区域。

1976. 答：根据《森林法》第 50 条规定，国家鼓励发展下列商品林：（1）以生产木材为主要目的的森林；（2）以生产果品、油料、饮料、调料、工业原料和药材等林产品为主要目的的森林；（3）以生产燃料和其他生物质能源为主要目的的森林；（4）其他以发挥经济效益为主要目的的森林。在保障生态安全的前提下，国家鼓励建设速生丰产、珍贵树种和大径级用材林，增加林木储备，保障木材供给安全。

十八、草原法

（一）判断题

1977. 任何单位和个人都有遵守草原法律法规、保护草原的义务，同时享有对违反草原法律法规、破坏草原的行为进行监督、检举和控告的权利。（　　）

1978. 草原属于集体所有。（　　）

1979. 集体所有的草原或者依法确定给集体经济组织使用的国家所有的草原，可以由本集体经济组织内的家庭或者联户承包经营。（　　）

1980. 承包经营草原的单位和个人，应当履行保护、建设和按照承包合同约定的用途合理利用草原的义务。（　　）

1981. 草原承包经营权转让可以不经发包方同意。（　　）

（二）单项选择题

1982. 任何（　　）不得侵占、买卖或者以其他形式非法转让草原。

A. 单位　　B. 个人

C. 单位或者个人　　D. 组织

1983. 县级以上人民政府应当根据草原保护、建设、利用规划，在本级国民经济和社会发展计划中安排资金用于草原改良、人工种草和草种生产，任何单位或者个人不得（　　）；县级以上人民政府财政部门和审计部门应当加强监督管理。

A. 破坏　　B. 污染

C. 挪用　　D. 截留、挪用

1984. 牧区的草原承包经营者应当实行（　　），合理配置畜群，均衡利用草原。

A. 休牧　　B. 划区轮牧

C. 划区轮作　　D. 连续放牧

1985. 临时占用草原的期限不得超过（ ），并不得在临时占用的草原上修建永久性建筑物、构筑物；占用期满，用地单位必须恢复草原植被并及时退还。

A. 1年　　B. 2年

C. 3年　　D. 4年

(三) 多项选择题

1986. 草原承包经营者应当采取种植和储备饲草饲料（ ）等措施，保持草畜平衡。

A. 调剂处理牲畜　　B. 优化畜群结构

C. 增加饲草饲料供应量　　D. 提高出栏率

1987. 承包经营草原，发包方和承包方应当签订书面合同。草原承包合同的内容应当包括（ ）承包草原用途和违约责任等。承包期届满，原承包经营者在同等条件下享有优先承包权。

A. 双方的权利和义务　　B. 承包草原四至界限

C. 面积和等级　　D. 承包期和起止日期

1988. 关于《草原法》下列说法正确的是：（ ）

A. 因建设征收、征用集体所有的草原的，应当依照《土地管理法》的规定给予补偿

B. 因建设使用国家所有的草原的，应当依照国务院有关规定对草原承包经营者给予补偿

C. 因建设征收、征用或者使用草原的，应当交纳草原植被恢复费

D. 草原植被恢复费专款专用，由草原行政主管部门按照规定用于恢复草原植被，任何单位和个人不得截留、挪用

(四) 填空题

1989. 依法登记的草原所有权和使用权受法律保护，任何____不得侵犯。

1990. 遇到自然灾害等特殊情况，需要临时调剂使用草原的，按照____的原则，由双方____解决；需要跨县临时调剂使用草原的，由有关县级人民政府或者共同的上级人民政府组织协商解决。

1991. 需要____草原的，应当经县级以上地方人民政府草原行政主管部门审核同意。

1992. 对在国务院批准规划范围内实施退耕还草的农牧民，按照国家规定给予____。退耕还草完成后，由县级以上人民政府草原行政主管部门核实登记，依法履行土地用途变更手续，发放____。

（五）简答题

1993. 对于草原所有权、使用权的争议如何处理？

参考答案

（一）判断题

1977. √，解析：根据《草原法》第 5 条规定。

1978. ×，解析：根据《草原法》第 9 条规定，草原属于国家所有，由法律规定属于集体所有的除外。国家所有的草原，由国务院代表国家行使所有权。

1979. √，解析：根据《草原法》第 13 条规定。

1980. √，解析：根据《草原法》第 14 条规定。

1981. ×，解析：根据《草原法》第 15 条规定，草原承包经营权转让应当经发包方同意。承包方与受让方在转让合同中约定的转让期限，不得超过原承包合同剩余的期限。

（二）单项选择题

1982. C，解析：根据《草原法》第 9 条规定，任何单位或者个人不得侵占、买卖或者以其他形式非法转让草原。

1983. D，解析：根据《草原法》第 32 条规定，县级以上人民政府应当根据草原保护、建设、利用规划，在本级国民经济和社会发展计划中安排资金用于草原改良、人工种草和草种生产，任何单位或者个人不得截留、挪用；县级以上人民政府财政部门和审计部门应当加强监督管理。

1984. B，解析：根据《草原法》第 34 条规定，牧区的草原承包经营者应当实行划区轮牧，合理配置畜群，均衡利用草原。

1985. B，解析：根据《草原法》第 40 条规定，临时占用草原的期限不得超过 2

年，并不得在临时占用的草原上修建永久性建筑物、构筑物；占用期满，用地单位必须恢复草原植被并及时退还。

（三）多项选择题

1986. ABCD，解析：根据《草原法》第 33 条规定，草原承包经营者应当采取种植和储备饲草饲料、增加饲草饲料供应量、调剂处理牲畜、优化畜群结构、提高出栏率等措施，保持草畜平衡。

1987. ABCD，解析：根据《草原法》第 14 条规定，承包经营草原，发包方和承包方应当签订书面合同。草原承包合同的内容应当包括双方的权利和义务、承包草原四至界限、面积和等级、承包期和起止日期、承包草原用途和违约责任等。承包期届满，原承包经营者在同等条件下享有优先承包权。

1988. ABCD，解析：根据《草原法》第 39 条规定，因建设征收、征用集体所有的草原的，应当依照《中华人民共和国土地管理法》的规定给予补偿；因建设使用国家所有的草原的，应当依照国务院有关规定对草原承包经营者给予补偿。因建设征收、征用或者使用草原的，应当交纳草原植被恢复费。草原植被恢复费专款专用，由草原行政主管部门按照规定用于恢复草原植被，任何单位和个人不得截留、挪用。草原植被恢复费的征收、使用和管理办法，由国务院价格主管部门和国务院财政部门会同国务院草原行政主管部门制定。

（四）填空题

1989. 单位或者个人。（《草原法》第 12 条）

1990. 自愿互利；协商。（《草原法》第 37 条）

1991. 临时占用。（《草原法》第 40 条）

1992. 粮食、现金、草种费补助；草原权属证书。（《草原法》第 48 条）

（五）简答题

1993. 答：根据《草原法》第 16 条规定，草原所有权、使用权的争议，由当事人协商解决；协商不成的，由有关人民政府处理。单位之间的争议，由县级以上人民政府处理；个人之间、个人与单位之间的争议，由乡（镇）人民政府或者县级以上人民政府处理。当事人对有关人民政府的处理决定不服的，可以依法向人民法院起诉。在草原权属争议解决前，任何一方不得改变草原利用现状，不得破坏草原和草原上的设施。

十九、渔业法

（一）判断题

1994. 县级以上地方人民政府在核发养殖证时，应当优先安排当地的渔业生产者。（　　）

1995. 当事人因使用国家规划确定用于养殖业的水域、滩涂从事养殖生产发生争议的，按照有关法律规定的程序处理。在争议解决以前，任何一方都可以破坏养殖生产。（　　）

1996. 渔港建设应当遵守国家的统一规划，实行谁投资谁受益的原则。县级以上地方人民政府应当对位于本行政区域内的渔港加强监督管理，维护渔港的正常秩序。（　　）

1997. 制造、销售禁用的渔具的，没收非法制造、销售的渔具和违法所得，并处1万元以下的罚款。（　　）

1998. 未依法取得捕捞许可证擅自进行捕捞的，没收渔获物和违法所得，并处10万元以下的罚款。（　　）

1999. 外国人、外国渔船违反《渔业法》规定，擅自进入中华人民共和国管辖水域从事渔业生产和渔业资源调查活动的，责令其离开或者将其驱逐，可以没收渔获物、渔具，并处50万元以下的罚款。（　　）

（二）单项选择题

2000. 国家对渔业生产实行以养殖为主，（　　）并举，因地制宜，各有侧重的方针。

A. 养殖、捕捞、销售　　B. 养殖、销售、加工

C. 销售、捕捞、加工　　D. 养殖、捕捞、加工

2001. 县级以上地方人民政府应当采取措施，加强对（　　）的保护。

A. 鱼生产基地和城市郊区重要养殖水域

B. 商品鱼生产基地和城市重要养殖水域

C. 商品鱼生产基地和城市郊区重要养殖水域

D. 商品鱼生产基地和城市农村重要养殖水域

2002. 国家对捕捞业实行捕捞（　　）制度。

A. 许可证　　B. 确权证

C. 批准证　　D. 准入证

（三）多项选择题

2003. 具备下列哪些条件的，方可发给捕捞许可证？（　　）

A. 有渔业船舶检验证书

B. 有渔业船舶登记证书

C. 符合国务院渔业行政主管部门规定的其他条件

D. 有渔船

2004. 关于《渔业法》，下列说法正确的有：（　　）

A. 禁止使用炸鱼、毒鱼、电鱼等破坏渔业资源的方法进行捕捞

B. 禁止制造、销售、使用禁用的渔具

C. 禁渔期可以适度捕捞

D. 可以使用小于最小网目尺寸的网具进行捕捞

2005. 国家鼓励全民所有制单位、集体所有制单位和个人充分利用适于养殖的（　　），发展养殖业。

A. 山脉　　B. 丘陵

C. 水域　　D. 滩涂

2006. 在（　　）等方面成绩显著的单位和个人，由各级人民政府给予精神的或者物质的奖励。

A. 破坏渔业资源　　B. 增殖和保护渔业资源

C. 发展渔业生产　　D. 进行渔业科学技术研究

（四）填空题

2007. 造成渔业水域生态环境破坏或者渔业污染事故的，依照____和____的规定追究法律责任。

2008. 从事捕捞作业的单位和个人，必须按照捕捞许可证关于作业类型、场所、时限、渔具数量和捕捞限额的规定进行作业，并遵守国家有关保护____的规定，大中型渔船应当填写____。

2009. 制造、更新改造、购置、进口的从事捕捞作业的船舶必须经____检验合格后，方可下水作业。具体管理办法由国务院规定。

2010. 在水生动物苗种重点产区引水用水时，应当____，保护苗种。

（五）简答题

2011. 简述国家对捕捞业实行捕捞许可证制度。

2012. 简述《渔业法》的立法目的。

参考答案

（一）判断题

1994. √，解析：根据《渔业法》第 12 条规定。

1995. ×，解析：根据《渔业法》第 13 条规定，当事人因使用国家规划确定用于养殖业的水域、滩涂从事养殖生产发生争议的，按照有关法律规定的程序处理。在争议解决以前，任何一方不得破坏养殖生产。

1996. √，解析：根据《渔业法》第 27 条规定。

1997. √，解析：根据《渔业法》第 38 条规定。

1998. √，解析：根据《渔业法》第 41 条规定。

1999. √，解析：根据《渔业法》第 46 条规定。

（二）单项选择题

2000. D，解析：根据《渔业法》第 3 条规定，国家对渔业生产实行以养殖为主，养殖、捕捞、加工并举，因地制宜，各有侧重的方针。

2001. C，解析：根据《渔业法》第 15 条规定，县级以上地方人民政府应当采取措施，加强对商品鱼生产基地和城市郊区重要养殖水域的保护。

2002. A，解析：根据《渔业法》第 23 条规定，国家对捕捞业实行捕捞许可证制度。

（三）多项选择题

2003. ABC，解析：根据《渔业法》第 24 条规定，具备下列条件的，方可发给捕捞许可证：(1) 有渔业船舶检验证书；(2) 有渔业船舶登记证书；(3) 符合国务院渔业行政主管部门规定的其他条件。

2004. AB，解析：根据《渔业法》第 30 条规定，禁止在禁渔区、禁渔期进行捕捞。禁止使用小于最小网目尺寸的网具进行捕捞。

2005. CD，解析：根据《渔业法》第 10 条规定，国家鼓励全民所有制单位、集体所有制单位和个人充分利用适于养殖的水域、滩涂，发展养殖业。

2006. BCD，解析：根据《渔业法》第 5 条规定，在增殖和保护渔业资源、发展渔业生产、进行渔业科学技术研究等方面成绩显著的单位和个人，由各级人民政府给予精神的或者物质的奖励。

（四）填空题

2007.《海洋环境保护法》；《水污染防治法》。(《渔业法》第 36 条)

2008. 渔业资源；渔捞日志。(《渔业法》第 25 条)

2009. 渔业船舶检验部门。(《渔业法》第 26 条)

2010. 采取措施。(《渔业法》第 31 条)

（五）简答题

2011. 答：根据《渔业法》第 23 条规定，国家对捕捞业实行捕捞许可证制度。到中华人民共和国与有关国家缔结的协定确定的共同管理的渔区或者公海从事捕捞作业的捕捞许可证，由国务院渔业行政主管部门批准发放。海洋大型拖网、围网作业的捕捞许可证，由省、自治区、直辖市人民政府渔业行政主管部门批准发放。其他作业的捕捞许可证，由县级以上地方人民政府渔业行政主管部门批准发放；但是，批准发放海洋作业的捕捞许可证不得超过国家下达的船网工具控制指标，具体办法由省、自治区、直辖市人民政府规定。捕捞许可证不得买卖、出租和以其他形式转让，不得涂改、伪造、变造。到他国管辖海域从事捕捞作业的，应当经国务院渔业行政主管部门批准，并遵守中华人民共和国缔结的或者参加的有关条约、协定和有关国家的法律。

2012. 答：根据《渔业法》第 1 条规定，为了加强渔业资源的保护、增殖、开发和合理利用，发展人工养殖，保障渔业生产者的合法权益，促进渔业生产的发展，适应社会主义建设和人民生活的需要，特制定本法。

伍 社会法

一、劳动法

（一）判断题

2013. 《劳动法》不包括社会保险和福利的内容。（　　）

2014. 在中华人民共和国境内的企业、个体经济组织和与之形成劳动关系的劳动者，适用《劳动法》。（　　）

2015. 妇女享有与男子平等的就业权利。在录用职工时，除国家规定的不适合妇女的工种或者岗位外，不得以性别为由拒绝录用妇女或者提高对妇女的录用标准。（　　）

2016. 建立劳动关系可以不订立劳动合同。（　　）

2017. 劳动合同不具有法律约束力。（　　）

2018. 劳动合同不能解除。（　　）

2019. 用人单位依据规定裁减人员，在 6 个月内录用人员的，应当优先录用被裁减的人员。（　　）

2020. 企业职工一方与企业可以就劳动报酬、工作时间、休息休假、劳动安全卫生、保险福利等事项，签订集体合同。（　　）

2021. 用人单位应当保证劳动者每周至少休息 1 日。（　　）

2022. 用人单位必须为劳动者提供符合国家规定的劳动安全卫生条件和必要的劳动防护用品，对从事有职业危害作业的劳动者应当不定期进行健康检查。（　　）

2023. 可以安排女职工从事矿山井下、国家规定的第四级体力劳动强度的劳动。（　　）

2024. 劳动者死亡后，其遗属不能享受遗属津贴。（　　）

2025. 用人单位招用尚未解除劳动合同的劳动者，对原用人单位造成经济损失的，该用人单位不用承担连带赔偿责任。（　　）

（二）单项选择题

2026. 为了保护劳动者的合法权益，调整劳动关系，建立和维护适应社会主义市场经济的劳动制度，促进经济发展和社会进步，根据（　　），制定《劳动法》。

A. 宪法　　B. 民法典

C. 公司法　　D. 经济法

2027. 国家支持劳动者自愿组织起来就业和从事（　　）实现就业。

A. 生产经营　　B. 国营企业工作

C. 个体经营　　D. 民营企业工作

2028. 劳动者在同一用人单位连续工作满（　　）年以上，当事人双方同意续延劳动合同的，如果劳动者提出订立无固定期限的劳动合同，应当订立无固定期限的劳动合同。

A. 1　　B. 3

C. 5　　D. 10

2029. 劳动合同可以约定试用期。试用期最长不得超过（　　）个月。

A. 3　　B. 6

C. 9　　D. 12

2030. 国家实行劳动者每日工作时间不超过（　　）小时、平均每周工作时间不超过（　　）小时的工时制度。

A. 8；40　　B. 8；44

C. 7；40　　D. 7；44

2031. 劳动争议当事人对仲裁裁决不服的，可以自收到仲裁裁决书之日起（　　）日内向人民法院提起诉讼。一方当事人在法定期限内不起诉又不履行仲裁裁决的，另一方当事人可以申请人民法院强制执行。

A. 3　　B. 10

C. 15　　D. 30

（三）多项选择题

2032. 劳动者享有的权利有：（　　）

A. 平等就业和选择职业的权利　　B. 取得劳动报酬的权利

C. 休息休假的权利　　D. 接受职业技能培训的权利

2033. 国家提倡劳动者参加社会义务劳动，开展劳动竞赛和合理化建议活动，鼓励和保护劳动者进行哪些活动？（　　）

A. 科学研究　　B. 带薪休假

C. 技术革新　　D. 发明创造

2034. 劳动者就业，不因（　　）不同而受歧视。

A. 民族　　B. 种族

C. 性别　　D. 宗教信仰

2035. 用人单位可以招用哪些年龄的人？（　　）

A. 16 周岁　　B. 44 周岁

C. 20 周岁　　D. 18 周岁

2036. 订立和变更劳动合同，应当遵循（　　）的原则，不得违反法律、行政法规的规定。

A. 公证　　B. 平等自愿

C. 协商一致　　D. 公开

2037. 有下列哪些情形之一的，用人单位可以解除劳动合同，但是应当提前 30 日以书面形式通知劳动者本人？（　　）

A. 劳动者患病或者非因工负伤，医疗期满后，不能从事原工作也不能从事由用人单位另行安排的工作的

B. 劳动者无故未工作时效长达 7 个工作日的

C. 劳动者不能胜任工作，经过培训或者调整工作岗位，仍不能胜任工作的

D. 劳动合同订立时所依据的客观情况发生重大变化，致使原劳动合同无法履行，经当事人协商不能就变更劳动合同达成协议的

2038. 劳动者有下列哪些情形之一的，用人单位不得依据《劳动法》的规定解除劳动合同？（　　）

A. 患职业病或者因工负伤并被确认丧失或者部分丧失劳动能力的

B. 患病或者负伤，在规定的医疗期内的

C. 女职工在孕期、产期、哺乳期内的

D. 法律、行政法规规定的其他情形

2039. 用人单位不得安排女职工在经期从事（　　）的劳动。

A. 高处　　B. 低温

C. 冷水作业　　D. 国家规定的第三级体力劳动强度

2040. 国家发展社会保险事业，建立社会保险制度，设立社会保险基金，使劳动者在年老、患病、工伤、（　　）等情况下获得帮助和补偿。

A. 失业　　B. 生育

C. 辞职　　D. 离异

（四）填空题

2041. 劳动者有权依法____和____工会。

2042. 劳动者依照法律规定，通过____、____或者其他形式，参与民主管理或者就保护劳动者合法权益与用人单位进行平等协商。

2043. 劳动合同的期限分为____、____和以完成一定的工作为期限。

2044. 劳动合同当事人可以在劳动合同中约定保守用人单位____的有关事项。

2045. 劳动者解除劳动合同，应当提前____日以书面形式通知用人单位。

2046. 对实行计件工作的劳动者，用人单位应当根据《劳动法》第 36 条规定的工时制度合理确定其____和____。

2047. 未成年工是指年满____周岁未满____周岁的劳动者。

2048. 女职工生育享受不少于____天的产假。

2049. 用人单位与劳动者发生劳动争议，当事人可以依法申请____、____、____，也可以协商解决。

（五）简答题

2050. 简述劳动合同无效的情形。

2051. 简述劳动合同应当具备的条款。

2052. 简述用人单位可以解除劳动合同的情形。

2053. 简述劳动者可以随时通知用人单位解除劳动合同的情形。

2054. 简述用人单位应当依法安排劳动者休假的节假日。

参考答案

（一）判断题

2013. ×，解析：根据《劳动法》第九章的内容就是关于“社会保险和福利”的。

2014. √，解析：根据《劳动法》第 2 条规定。

2015. √，解析：根据《劳动法》第 13 条规定。

2016. ×，解析：根据《劳动法》第 16 条第 2 款规定，建立劳动关系应当订立劳动合同。

2017. ×，解析：根据《劳动法》第 17 条第 2 款规定，劳动合同依法订立即具有法律约束力，当事人必须履行劳动合同规定的义务。

2018. ×，解析：根据《劳动法》第 24 条规定，经劳动合同当事人协商一致，劳动合同可以解除。

2019. √，解析：根据《劳动法》第 27 条规定。

2020. √，解析：根据《劳动法》第 33 条规定。

2021. √，解析：根据《劳动法》第 38 条规定。

2022. ×，解析：根据《劳动法》第 54 条规定，用人单位必须为劳动者提供符合国家规定的劳动安全卫生条件和必要的劳动防护用品，对从事有职业危害作业的劳动者应当定期进行健康检查。

2023. ×，解析：根据《劳动法》第 59 条规定，禁止安排女职工从事矿山井下、国家规定的第四级体力劳动强度的劳动和其他禁忌从事的劳动。

2024. ×，解析：根据《劳动法》第 73 条规定，劳动者在下列情形下，依法享受社会保险待遇：（1）退休；（2）患病、负伤；（3）因工伤残或者患职业病；（4）失业；（5）生育。劳动者死亡后，其遗属依法享受遗属津贴。劳动者享受社会保险待遇的条件和标准由法律、法规规定。劳动者享受的社会保险金必须按时足额支付。

2025. ×，解析：根据《劳动法》第 99 条规定，用人单位招用尚未解除劳动合同的劳动者，对原用人单位造成经济损失的，该用人单位应当依法承担连带赔偿责任。

（二）单项选择题

2026. A，解析：根据《劳动法》第 1 条规定，为了保护劳动者的合法权益，调整劳动关系，建立和维护适应社会主义市场经济的劳动制度，促进经济发展和社会进步，根据宪法，制定本法。

2027. C，解析：根据《劳动法》第 10 条规定，国家通过促进经济和社会发展，创造就业条件，扩大就业机会。国家鼓励企业、事业组织、社会团体在法律、行政法规规定的范围内兴办产业或者拓展经营，增加就业。国家支持劳动者自愿组织起来就业和从事个体经营实现就业。

2028. D，解析：根据《劳动法》第 20 条第 2 款规定，劳动者在同一用人单位连续工作满 10 年以上，当事人双方同意续延劳动合同的，如果劳动者提出订立无固定期限的劳动合同，应当订立无固定期限的劳动合同。

2029. B，解析：根据《劳动法》第 21 条规定，劳动合同可以约定试用期。试用期最长不得超过 6 个月。

2030. B，解析：根据《劳动法》第 36 条规定，国家实行劳动者每日工作时间不超过 8 小时、平均每周工作时间不超过 44 小时的工时制度。

2031. C，解析：根据《劳动法》第 83 条规定，劳动争议当事人对仲裁裁决不服的，可以自收到仲裁裁决书之日起 15 日内向人民法院提起诉讼。一方当事人在法定期限内不起诉又不履行仲裁裁决的，另一方当事人可以申请人民法院强制执行。

（三）多项选择题

2032. ABCD，解析：根据《劳动法》第 3 条第 1 款规定，劳动者享有平等就业和选择职业的权利、取得劳动报酬的权利、休息休假的权利、获得劳动安全卫生保护的权利、接受职业技能培训的权利、享受社会保险和福利的权利、提请劳动争议处理的权利以及法律规定的其他劳动权利。

2033. ACD，解析：根据《劳动法》第 6 条规定，国家提倡劳动者参加社会义务劳动，开展劳动竞赛和合理化建议活动，鼓励和保护劳动者进行科学研究、技术革新和发明创造，表彰和奖励劳动模范和先进工作者。

2034. ABCD，解析：根据《劳动法》第 12 条规定，劳动者就业，不因民族、种族、性别、宗教信仰不同而受歧视。

2035. ABCD，解析：根据《劳动法》第 15 条规定，禁止用人单位招用未满 16 周岁的未成年人。文艺、体育和特种工艺单位招用未满 16 周岁的未成年人，必须遵守国家有关规定，并保障其接受义务教育的权利。

2036. BC，解析：根据《劳动法》第 17 条规定，订立和变更劳动合同，应当遵循平等自愿、协商一致的原则，不得违反法律、行政法规的规定。

2037. ACD，解析：根据《劳动法》第 26 条规定，有下列情形之一的，用人单位可以解除劳动合同，但是应当提前30日以书面形式通知劳动者本人：（1）劳动者患病或者非因工负伤，医疗期满后，不能从事原工作也不能从事由用人单位另行安排的工作的；（2）劳动者不能胜任工作，经过培训或者调整工作岗位，仍不能胜任工作的；（3）劳动合同订立时所依据的客观情况发生重大变化，致使原劳动合同无法履行，经当事人协商不能就变更劳动合同达成协议的。

2038. ABCD，解析：根据《劳动法》第29条规定，劳动者有下列情形之一的，用人单位不得依据本法第26条、第27条的规定解除劳动合同：（1）患职业病或者因工负伤并被确认丧失或者部分丧失劳动能力的；（2）患病或者负伤，在规定的医疗期内的；（3）女职工在孕期、产期、哺乳期内的；（4）法律、行政法规规定的其他情形。

2039. ABCD，解析：根据《劳动法》第60条规定，不得安排女职工在经期从事高处、低温、冷水作业和国家规定的第三级体力劳动强度的劳动。

2040. AB，解析：根据《劳动法》第70条规定，国家发展社会保险事业，建立社会保险制度，设立社会保险基金，使劳动者在年老、患病、工伤、失业、生育等情况下获得帮助和补偿。

（四）填空题

2041. 参加；组织。（《劳动法》第7条）

2042. 职工大会；职工代表大会。（《劳动法》第8条）

2043. 有固定期限；无固定期限。（《劳动法》第20条）

2044. 商业秘密。（《劳动法》第22条）

2045. 30。（《劳动法》第31条）

2046. 劳动定额；计件报酬标准。（《劳动法》第37条）

2047. 16；18。（《劳动法》第58条）

2048. 90。（《劳动法》第62条）

2049. 调解；仲裁；提起诉讼。（《劳动法》第77条）

（五）简答题

2050. 答：根据《劳动法》第18条规定，下列劳动合同无效：（1）违反法律、行政法规的劳动合同；（2）采取欺诈、威胁等手段订立的劳动合同。无效的劳动合同，从订立的时候起，就没有法律约束力。确认劳动合同部分无效的，如果不影响其余部分的效力，其余部分仍然有效。劳动合同的无效，由劳动争议仲裁委员会或者人民法院确认。

2051. 答：根据《劳动法》第 19 条规定，劳动合同应当以书面形式订立，并具备以下条款：（1）劳动合同期限；（2）工作内容；（3）劳动保护和劳动条件；（4）劳动报酬；（5）劳动纪律；（6）劳动合同终止的条件；（7）违反劳动合同的责任。劳动合同除前款规定的必备条款外，当事人可以协商约定其他内容。

2052. 答：根据《劳动法》第 25 条规定，劳动者有下列情形之一的，用人单位可以解除劳动合同：（1）在试用期间被证明不符合录用条件的；（2）严重违反劳动纪律或者用人单位规章制度的；（3）严重失职，营私舞弊，对用人单位利益造成重大损害的；（4）被依法追究刑事责任的。

2053. 答：根据《劳动法》第 32 条规定，有下列情形之一的，劳动者可以随时通知用人单位解除劳动合同：（1）在试用期内的；（2）用人单位以暴力、威胁或者非法限制人身自由的手段强迫劳动的；（3）用人单位未按照劳动合同约定支付劳动报酬或者提供劳动条件的。

2054. 答：根据《劳动法》第 40 条规定，用人单位在下列节日期间应当依法安排劳动者休假：（1）元旦；（2）春节；（3）国际劳动节；（4）国庆节；（5）法律、法规规定的其他休假节日。

二、劳动合同法

（一）判断题

2055. 在规章制度和重大事项决定实施过程中，工会或者职工认为不适当的，有权向用人单位提出，通过协商予以修改完善。（　　）

2056. 劳动者在用人单位连续工作满 10 年的，劳动者提出或者同意续订、订立劳动合同的，除劳动者提出订立固定期限劳动合同外，用人单位应当订立无固定期限劳动合同。（　　）

2057. 同一用人单位与同一劳动者可以约定两次试用期。（　　）

2058. 在试用期中，用人单位不得解除劳动合同。（　　）

2059. 用人单位应当严格执行劳动定额标准，不得强迫或者变相强迫劳动者加班。（　　）

2060. 用人单位应当在解除或者终止劳动合同时出具解除或者终止劳动合同的证明，并在 15 个工作日内为劳动者办理档案和社会保险关系转移手续。（　　）

2061. 非全日制用工，是指以小时计酬为主，劳动者在同一用人单位一般平均每日工作时间不超过 5 小时，每周工作时间累计不超过 30 小时的用工形式。（　　）

（二）单项选择题

2062. 直接涉及劳动者切身利益的规章制度和重大事项决定实施过程中，工会或者职工认为不适当的，有权（　　）。

A. 不遵照执行

B. 宣布废止

C. 向用人单位提出，通过协商予以修改完善

D. 请求劳动行政部门给予用人单位处罚

2063. 用人单位招用劳动者，（　　）扣押劳动者的居民身份证和其他证件，不得要求劳动者提供担保或者以其他名义向劳动者收取财物。

A. 可以　　B. 不应

C. 应当　　D. 不得

2064. 已建立劳动关系，未同时订立书面劳动合同的，应当自用工之日起（　　）内订立书面劳动合同。

A. 15 日　　B. 1 个月

C. 2 个月　　D. 3 个月

2065. 固定期限劳动合同，是指用人单位与劳动者约定合同（　　）时间的劳动合同。

A. 解除　　B. 续订

C. 终止　　D. 中止

2066. 劳动合同期限 1 年以上不满 3 年的，试用期不得超过（　　）。

A. 1 个月　　B. 2 个月

C. 半个月　　D. 1 个半月

2067. 劳动者在试用期的工资不得低于本单位相同岗位最低档工资或者劳动合同约定工资的（　　），并不得低于用人单位所在地的最低工资标准。

A. 60%　　B. 70%

C. 80%　　D. 90%

2068. 劳动者违反竞业限制约定的，应当按照约定向用人单位支付（　　）。

A. 违约金　　B. 赔偿金

C. 补偿金　　D. 损失费

2069. 用人单位发生合并或者分立等情况，原劳动合同（　　）。

A. 继续有效　　B. 失去效力

C. 效力视情况而定　　D. 由用人单位决定是否有效

（三）多项选择题

2070. 下列哪些是劳动合同应当具备的条款？（　　）

A. 劳动者的姓名、住址和居民身份证或者其他有效身份证件号码

B. 工作时间和休息休假

C. 社会保险

D. 劳动保护、劳动条件和职业危害防护

2071. 劳动合同无效的情形有：(　　)

A. 以欺诈、胁迫的手段，使对方在违背真实意思的情况下订立劳动合同的

B. 乘人之危，使对方在违背真实意思的情况下变更劳动合同的

C. 用人单位免除自己的法定责任、排除劳动者权利的

D. 违反法律、行政法规强制性规定的

2072. 用人单位出现哪些情形时，劳动者可以解除劳动合同？(　　)

A. 未按照劳动合同约定提供劳动保护或者劳动条件的

B. 未依法为劳动者缴纳社会保险费的

C. 未及时足额支付劳动报酬的

D. 用人单位的规章制度违反法律、法规的规定，损害劳动者权益的

2073. 用人单位裁减人员时，应当优先留用（　　）。

A. 与本单位订立较长期限的固定期限劳动合同的

B. 与本单位订立无固定期限劳动合同的

C. 家庭无其他就业人员，有需要扶养的老人的

D. 家庭无其他就业人员，有需要扶养的未成年人的

2074. 用人单位（　　），依法给予行政处罚；构成犯罪的，依法追究刑事责任；给劳动者造成损害的，应当承担赔偿责任。

A. 以暴力、威胁或者非法限制人身自由的手段强迫劳动的

B. 违章指挥或者强令冒险作业危及劳动者人身安全的

C. 侮辱、体罚、殴打、非法搜查或者拘禁劳动者的

D. 劳动条件恶劣、环境污染严重，给劳动者身心健康造成严重损害的

(四) 填空题

2075. 依法订立的劳动合同具有____，用人单位与劳动者应当履行劳动合同约定的义务。

2076. 劳动合同由用人单位与劳动者协商一致，并经用人单位与劳动者在劳动合同文本上____或者____生效。

2077. 对负有保密义务的劳动者，用人单位可以在劳动合同或者保密协议中与劳动者约定竞业限制条款，并约定在____劳动合同后，在竞业限制期限内按月给予劳动者____。

2078. 劳动者____用人单位管理人员违章指挥、强令冒险作业的，不视为违反劳动合同。

2079. 在县级以下区域内，____、采矿业、____等行业可以由工会与企业方面代表订立行业性集体合同，或者订立区域性集体合同。

2080. 非全日制用工双方当事人任何一方都可以____对方终止用工。终止用工，用人单位不向劳动者支付____。

（五）简答题

2081. 简述应当订立无固定期限劳动合同的情形。

2082. 简述劳动者可以解除劳动合同的情形。

参考答案

（一）判断题

2055. √，解析：根据《劳动合同法》第 4 条规定。

2056. √，解析：根据《劳动合同法》第 14 条规定。

2057. ×，解析：根据《劳动合同法》第 19 条第 2 款规定，同一用人单位与同一劳动者只能约定一次试用期。

2058. ×，解析：根据《劳动合同法》第 21 条规定，在试用期中，除劳动者有本法第 39 条和第 40 条第 1 项、第 2 项规定的情形外，用人单位不得解除劳动合同。用人单位在试用期解除劳动合同的，应当向劳动者说明理由。

2059. √，解析：根据《劳动合同法》第 31 条规定。

2060. ×，解析：根据《劳动合同法》第 50 条第 1 款规定，用人单位应当在解除或者终止劳动合同时出具解除或者终止劳动合同的证明，并在 15 日内为劳动者办理档案和社会保险关系转移手续。

2061. ×，解析：根据《劳动合同法》第 68 条规定，非全日制用工，是指以小时计酬为主，劳动者在同一用人单位一般平均每日工作时间不超过 4 小时，每周工作时间累计不超过 24 小时的用工形式。

（二）单项选择题

2062. C，解析：根据《劳动合同法》第4条第3款规定，在规章制度和重大事项决定实施过程中，工会或者职工认为不适当的，有权向用人单位提出，通过协商予以修改完善。

2063. D，解析：根据《劳动合同法》第9条规定，用人单位招用劳动者，不得扣押劳动者的居民身份证和其他证件，不得要求劳动者提供担保或者以其他名义向劳动者收取财物。

2064. B，解析：根据《劳动合同法》第10条第2款规定，已建立劳动关系，未同时订立书面劳动合同的，应当自用工之日起1个月内订立书面劳动合同。

2065. C，解析：根据《劳动合同法》第13条第1款规定，固定期限劳动合同，是指用人单位与劳动者约定合同终止时间的劳动合同。

2066. B，解析：根据《劳动合同法》第19条第1款规定，劳动合同期限3个月以上不满1年的，试用期不得超过1个月；劳动合同期限1年以上不满3年的，试用期不得超过2个月；3年以上固定期限和无固定期限的劳动合同，试用期不得超过6个月。

2067. C，解析：根据《劳动合同法》第20条规定，劳动者在试用期的工资不得低于本单位相同岗位最低档工资或者劳动合同约定工资的80%，并不得低于用人单位所在地的最低工资标准。

2068. A，解析：根据《劳动合同法》第23条第2款规定，对负有保密义务的劳动者，用人单位可以在劳动合同或者保密协议中与劳动者约定竞业限制条款，并约定在解除或者终止劳动合同后，在竞业限制期限内按月给予劳动者经济补偿。劳动者违反竞业限制约定的，应当按照约定向用人单位支付违约金。

2069. A，解析：根据《劳动合同法》第34条规定，用人单位发生合并或者分立等情况，原劳动合同继续有效，劳动合同由承继其权利和义务的用人单位继续履行。

（三）多项选择题

2070. ABCD，解析：根据《劳动合同法》第17条规定，劳动合同应当具备以下条款：（1）用人单位的名称、住所和法定代表人或者主要负责人；（2）劳动者的姓名、住址和居民身份证或者其他有效身份证件号码；（3）劳动合同期限；（4）工作内容和工作地点；（5）工作时间和休息休假；（6）劳动报酬；(7) 社会保险；(8) 劳动保护、劳动条件和职业危害防护；(9) 法律、法规规定应当纳入劳动合同的其他事项。

2071. ABCD，解析：根据《劳动合同法》第 26 条第 1 款规定，下列劳动合同无效或者部分无效：(1) 以欺诈、胁迫的手段或者乘人之危，使对方在违背真实意思的情况下订立或者变更劳动合同的；(2) 用人单位免除自己的法定责任、排除劳动者权利的；(3) 违反法律、行政法规强制性规定的。

2072. ABCD，解析：根据《劳动合同法》第 38 条第 1 款规定，用人单位有下列情形之一的，劳动者可以解除劳动合同：(1) 未按照劳动合同约定提供劳动保护或者劳动条件的；(2) 未及时足额支付劳动报酬的；(3) 未依法为劳动者缴纳社会保险费的；(4) 用人单位的规章制度违反法律、法规的规定，损害劳动者权益的；(5) 因本法第 26 条第 1 款规定的情形致使劳动合同无效的；(6) 法律、行政法规规定劳动者可以解除劳动合同的其他情形。

2073. ABCD，解析：根据《劳动合同法》第 41 条第 2 款规定，裁减人员时，应当优先留用下列人员：(1) 与本单位订立较长期限的固定期限劳动合同的；(2) 与本单位订立无固定期限劳动合同的；(3) 家庭无其他就业人员，有需要扶养的老人或者未成年人的。

2074. ABCD，解析：根据《劳动合同法》第 88 条规定，用人单位有下列情形之一的，依法给予行政处罚；构成犯罪的，依法追究刑事责任；给劳动者造成损害的，应当承担赔偿责任：(1) 以暴力、威胁或者非法限制人身自由的手段强迫劳动的；(2) 违章指挥或者强令冒险作业危及劳动者人身安全的；(3) 侮辱、体罚、殴打、非法搜查或者拘禁劳动者的；(4) 劳动条件恶劣、环境污染严重，给劳动者身心健康造成严重损害的。

（四）填空题

2075. 约束力。(《劳动合同法》第 3 条)

2076. 签字；盖章。(《劳动合同法》第 16 条)

2077. 解除或者终止；经济补偿。(《劳动合同法》第 23 条)

2078. 拒绝。(《劳动合同法》第 32 条)

2079. 建筑业；餐饮服务业。(《劳动合同法》第 53 条)

2080. 随时通知；经济补偿。(《劳动合同法》第 71 条)

（五）简答题

2081. 答：根据《劳动合同法》第 14 条规定，用人单位与劳动者协商一致，可以订立无固定期限劳动合同。有下列情形之一，劳动者提出或者同意续订、订立劳动合同的，除劳动者提出订立固定期限劳动合同外，应当订立无固定期限劳动合同：（1）劳动者在该用人单位连续工作满10年的；（2）用人单位初次实行劳动合同制度或者国有企业改制重新订立劳动合同时，劳动者在该用人单位连续工作满10年且距法定退休年龄不足10年的；（3）连续订立二次固定期限劳动合同，且劳动者没有本法第39条和第40条第1项、第2项规定的情形，续订劳动合同的。用人单位自用工之日起满1年不与劳动者订立书面劳动合同的，视为用人单位与劳动者已订立无固定期限劳动合同。

2082. 答：根据《劳动合同法》第36条规定，用人单位与劳动者协商一致，可以解除劳动合同。根据《劳动合同法》第38条第1款规定，用人单位有下列情形之一的，劳动者可以解除劳动合同：（1）未按照劳动合同约定提供劳动保护或者劳动条件的；（2）未及时足额支付劳动报酬的；（3）未依法为劳动者缴纳社会保险费的；（4）用人单位的规章制度违反法律、法规的规定，损害劳动者权益的；（5）因本法第26条第1款规定的情形致使劳动合同无效的；（6）法律、行政法规规定劳动者可以解除劳动合同的其他情形。

三、安全生产法

（一）判断题

2083. 工会依法对安全生产工作进行监督。（　　）

2084. 生产经营单位必须执行依法制定的保障安全生产的国家标准或者地方标准。（　　）

2085. 县级以上各级人民政府应当组织负有安全生产监督管理职责的部门依法编制安全生产权力和责任清单，公开并接受社会监督。（　　）

2086. 生产经营单位的主要负责人和安全生产管理人员必须具备与本单位所从事的生产经营活动相应的安全生产知识和管理能力。（　　）

2087. 特种作业人员的范围由国务院应急管理部门确定。（　　）

2088. 国家对严重危及生产安全的工艺、设备实行淘汰制度。（　　）

2089. 生产经营场所和员工宿舍应当设有符合紧急疏散要求、标志明显、保持畅通的出口、疏散通道。禁止占用、锁闭、封堵生产经营场所或者员工宿舍出口、疏散通道。（　　）

2090. 生产经营单位不得将生产经营项目、场所、设备发包或者出租。（　　）

2091. 生产经营单位与从业人员订立的劳动合同，只需载明有关保障从业人员劳动安全、防止职业危害的事项。（　　）

2092. 生产经营单位使用被派遣劳动者的，被派遣劳动者享有《安全生产法》规定的从业人员的权利，并应当履行《安全生产法》规定的从业人员的义务。（　　）

2093. 负有安全生产监督管理职责的部门对涉及安全生产的事项进行审查、验收，可以收取必要费用。（　　）

2094. 负有安全生产监督管理职责的部门应当对存在重大事故隐患的生产经营单位采取立即停止供电、停止供应民用爆炸物品等措施。（　　）

2095. 承担安全评价、认证、检测、检验职责的机构应当建立并实施服务公

开和报告公开制度，不得租借资质、挂靠、出具虚假报告。(　　)

2096. 危险物品的生产、经营、储存单位以及矿山、金属冶炼、城市轨道交通运营、建筑施工单位必须建立应急救援组织。(　　)

2097. 事故调查报告应当依法及时向社会公布。(　　)

2098. 生产经营单位的主要负责人未履行《安全生产法》规定的安全生产管理职责，导致发生生产安全事故的，由应急管理部门处 2 万元以上 5 万元以下的罚款。(　　)

2099. 生产经营单位与从业人员订立协议，免除或者减轻其对从业人员因生产安全事故伤亡依法应承担的责任的，该协议无效。(　　)

2100.《安全生产法》规定的行政处罚，由应急管理部门和其他负有安全生产监督管理职责的部门按照职责分工决定。(　　)

(二) 单项选择题

2101. 生产经营单位安全生产第一责任人是：(　　)

A. 生产经营单位的主要负责人

B. 生产经营单位的负责人

C. 生产经营单位的主管领导

D. 生产经营单位的生产负责人

2102. 国家实行生产安全事故责任追究制度，依照《安全生产法》和有关法律、法规的规定，追究生产安全事故中（　　）法律责任。

A. 责任单位　　B. 责任人员

C. 责任单位和责任人员　　D. 责任单位或责任人员

2103. 不强制设置安全生产管理机构的单位是：(　　)

A. 矿山、金属冶炼单位

B. 建筑施工、运输单位

C. 危险物品的生产、经营、储存、装卸单位

D. 从业人员在 100 人以下的其他生产经营单位

2104. 生产经营单位应当对从业人员进行安全生产教育和培训，未经安全生产教育和培训合格的从业人员，(　　) 上岗作业。

A. 不得　　B. 可以

C. 禁止长时间　　D. 允许短时间

2105. 建设项目安全设施的（　　）应当对安全设施设计负责。

A. 设计人　　B. 设计单位

C. 设计人和设计单位　　D. 设计人或设计单位

2106. 生产经营单位对重大危险源采取的措施有：（　　）

A. 登记建档，进行定期检测、评估、监控

B. 监控录像保存5年以上

C. 报上级主管部门备案

D. 进行模拟演练

2107. 下列关于安全生产责任保险制度说法错误的是：（　　）

A. 高危行业的生产经营单位，应当投保安全生产责任保险

B. 国家鼓励生产经营单位投保安全生产责任保险

C. 生产经营单位必须依法参加工伤保险

D. 生产经营单位必须投保安全生产责任保险

2108. 生产经营单位不得以任何形式与从业人员订立协议，（　　）其对从业人员因生产安全事故伤亡依法应承担的责任。

A. 免除　　B. 减轻

C. 免除或者减轻　　D. 从轻或者减轻

2109. 工会有权对建设项目的安全设施与主体工程（　　）生产和使用进行监督，提出意见。

A. 同时设计、同时施工、同时投入

B. 同时计划、同时施工、同时投入

C. 同时设计、同时动工、同时投入

D. 同时规划、同时动工、同时投入

2110. 负有安全生产监督管理职责的部门应当建立举报制度。涉及人员死亡的举报事项，应当由（　　）组织核查处理。

A. 县级以上人民政府

B. 县级以上监察机关

C. 负有安全生产监督管理职责的部门

D. 公安机关

2111. 任何单位或者个人对事故隐患或者安全生产违法行为，均有权向（　　）报告或者举报。

A. 违法企业主管部门

B. 违法企业所在地的县级人民政府

C. 违法企业所在地的公安机关

D. 负有安全生产监督管理职责的部门

2112. 国务院（　　）牵头建立全国统一的生产安全事故应急救援信息系统。

A. 应急管理部门　　B. 安全生产监督管理部门

C. 交通运输行政管理部门　　D. 住房和城乡建设行政管理部门

2113. 任何单位和个人都应当（　　）事故抢救，并提供一切便利条件。

A. 支持、参与　　B. 支持、配合

C. 协助、配合　　D. 参与、协助

2114. 生产经营单位的决策机构、主要负责人或者个人经营的投资人不依照《安全生产法》规定保证安全生产所必需的资金投入，导致发生生产安全事故的，给予：（　　）

A. 生产经营单位的主要负责人严重警告处分，对个人经营的投资人并处2万元以上20万元以下的罚款

B. 生产经营单位的主要负责人撤职处分，对个人经营的投资人并处2万元以上10万元以下的罚款

C. 生产经营单位的主要负责人严重警告处分，对个人经营的投资人并处2万元以上10万元以下的罚款

D. 生产经营单位的主要负责人撤职处分，对个人经营的投资人并处2万元以上20万元以下的罚款

2115. 生产经营单位的主要负责人在本单位发生生产安全事故时，不立即组织抢救或者在事故调查处理期间擅离职守或者逃匿的，给予降级、撤职的处分，并由应急管理部门处上一年年收入（　　）的罚款。

A. 40%至60%　　B. 40%至80%

C. 60%至80%　　D. 60%至100%

2116. 生产经营单位拒不执行负有安全生产监督管理职责的部门作出的停产停业整顿决定的，负有安全生产监督管理职责的部门应当提请地方人

民政府予以关闭，有关部门应当：（　　）

A. 对生产经营单位处100元万以上的罚款

B. 追究主要责任人的刑事责任

C. 对主要责任人处上一年年收入60%至100%的罚款

D. 依法吊销其有关证照

（三）多项选择题

2117. 制定《安全生产法》的目的是：（　　）

A. 加强安全生产工作

B. 防止和减少生产安全事故

C. 保障人民群众生命和财产安全

D. 促进经济社会持续健康发展

2118. 安全生产工作要坚持的要求有：（　　）

A. 坚持安全第一、预防为主、综合治理的方针

B. 坚持中国共产党的领导

C. 实行管行业必须管安全、管业务必须管安全、管生产经营必须管安全

D. 坚持预防为主，事后及时补救

2119. 下列关于生产经营单位的说法正确的有：（　　）

A. 对安全生产实行集体负责制

B. 构建安全风险分级管控和隐患排查治理双重预防机制

C. 健全风险防范化解机制

D. 平台经济等新兴行业、领域的生产经营单位应当建立健全并落实全员安全生产责任制

2120. 下列关于安全生产工作说法正确的有：（　　）

A. 各级人民政府及其有关部门应当采取多种形式，加强对有关安全生产的法律、法规和安全生产知识的宣传，增强全社会的安全生产意识

B. 有关协会组织依照法律、行政法规和章程，为生产经营单位提供安全生产方面的信息、培训等服务，发挥自律作用，促进生产经营单位加强安全生产管理

C. 依法设立的为安全生产提供技术、管理服务的机构，依照法律、行政法规和执业准则，接受生产经营单位的委托为其安全生产工作提供技术、管理服务

D. 工会依照行业习惯、生产准则、法律法规要求为企业员工提供必要的安全生产保护器具

2121. 生产经营单位应当具备《安全生产法》和有关法律、行政法规和（　　）规定的安全生产条件；不具备安全生产条件的，不得从事生产经营活动。

A. 国际标准　　B. 国家标准

C. 行业标准　　D. 企业标准

2122. 下列关于安全生产费用的说法正确的有：（　　）

A. 生产经营单位应当具备的安全生产条件所必需的资金投入，由生产经营单位的决策机构、主要负责人或者个人经营的投资人予以保证

B. 安全生产必要费用不得低于生产经营单位上一年收入的10%

C. 安全生产费用在成本中据实列支

D. 生产经营单位应当按照规定提取和使用安全生产费用，专门用于改善安全生产条件

2123. 生产经营单位采用新工艺、新技术、新材料或者使用新设备前要做好的准备有：（　　）

A. 必须了解、掌握其安全技术特性

B. 采取有效的安全防护措施

C. 报上级主管部门备案

D. 对从业人员进行专门的安全生产教育和培训

2124. 矿山、金属冶炼建设项目和用于（　　）危险物品的建设项目竣工投入生产或者使用前，应当由建设单位负责组织对安全设施进行验收；验收合格后，方可投入生产和使用。

A. 生产　　B. 储存

C. 装卸　　D. 使用

2125. 生产经营单位不得关闭、破坏直接关系生产安全的监控、报警、防护、救生设备、设施，或者（　　）其相关数据、信息。

A. 隐藏　　B. 篡改

C. 隐瞒　　D. 销毁

2126. 两个以上生产经营单位在同一作业区域内进行生产经营活动，可能危及对方生产安全的，双方应当：（　　）

A. 该区域内仅能保留一家生产经营单位

B. 签订安全生产管理协议

C. 明确各自的安全生产管理职责和应当采取的安全措施

D. 指定专职安全生产管理人员进行安全检查与协调

2127. 下列关于生产经营单位的从业人员的安全生产权利的说法正确的有：（　　）

A. 有权对本单位安全生产工作中存在的问题提出批评、检举、控告

B. 有权了解其作业场所和工作岗位存在的危险因素、防范措施及事故应急措施

C. 有权拒绝违章指挥和强令冒险作业

D. 有权对本单位的安全生产工作提出建议

2128. 下列关于生产经营单位的从业人员的安全生产义务的说法正确的有：（　　）

A. 从业人员在作业过程中，应当严格落实岗位安全责任，遵守本单位的安全生产规章制度和操作规程，服从管理

B. 从业人员在作业过程中，应当正确佩戴和使用劳动防护用品

C. 从业人员应当接受安全生产教育和培训，掌握本职工作所需的安全生产知识，提高安全生产技能，增强事故预防和应急处理能力

D. 从业人员发现事故隐患或者其他不安全因素，应当立即向现场安全生产管理人员或者本单位负责人报告

2129. 下列关于安全生产监督检查人员的说法正确的有：（　　）

A. 安全生产监督检查人员应当忠于职守，坚持原则，秉公执法

B. 工作时应穿着统一的制式服装

C. 执行检查任务时应出示有效的行政执法证件

D. 对涉及被检查单位的技术秘密和业务秘密，应当为其保密

2130. 负有安全生产监督管理职责的部门对违法行为情节严重的生产经营单位及其有关从业人员，应当及时向社会公告，并通报：(　　)

A. 行业主管部门　　B. 投资主管部门

C. 自然资源主管部门　　D. 生态环境主管部门

2131. 下列关于生产安全事故的应急救援的说法正确的有：(　　)

A. 国家加强生产安全事故应急能力建设

B. 国家在重点行业、领域建立应急救援基地和应急救援队伍，并由国家安全生产应急救援机构统一协调指挥

C. 国家鼓励生产经营单位和其他社会力量建立应急救援队伍

D. 县级以上地方各级人民政府应当组织有关部门制定本行政区域内生产安全事故应急救援预案，建立应急救援体系

2132. 危险物品的生产、经营、储存、运输单位以及矿山、金属冶炼、城市轨道交通运营、建筑施工单位应当配备必要的应急救援（　　），并进行经常性维护、保养，保证正常运转。

A. 器材　　B. 设备

C. 设施　　D. 物资

2133. 生产经营单位发生生产安全事故，经调查确定为责任事故的，除了应当查明事故单位的责任并依法予以追究外，还应当查明对安全生产的有关事项负有（　　）职责的行政部门的责任，对有失职、渎职行为的，依照《安全生产法》第90条的规定追究法律责任。

A. 审查批准　　B. 审查核准

C. 监督　　D. 管理

2134. 负有安全生产监督管理职责的部门的工作人员（　　），给予降级或者撤职的处分；构成犯罪的，依照刑法有关规定追究刑事责任。

A. 对不符合法定安全生产条件的涉及安全生产的事项予以批准或者验收通过的

B. 发现未依法取得批准、验收的单位擅自从事有关活动或者接到举报后不予取缔或者不依法予以处理的

C. 对已经依法取得批准的单位不履行监督管理职责，发现其不再具备安全生产条件而不撤销原批准或者发现安全生产违法行为不予查处的

D. 在监督检查中发现重大事故隐患，不依法及时处理的

2135. 生产经营单位未采取措施消除事故隐患的，责令立即消除或者限期消除，处5万元以下的罚款；生产经营单位拒不执行的，对该单位及其直接负责的主管人员应当采取的惩罚措施有：（　　）

A. 吊销生产经营单位有关证照

B. 责令生产经营单位停产停业整顿

C. 对生产经营单位直接负责的主管人员处5万元以上10万元以下的罚款

D. 对生产经营单位直接负责的主管人员处上一年年收入60%至100%的罚款

2136. 生产经营单位的从业人员（　　）的，由生产经营单位给予批评教育，依照有关规章制度给予处分；构成犯罪的，依照刑法有关规定追究刑事责任。

A. 不落实岗位安全责任

B. 不服从管理

C. 违反安全生产规章制度或者操作规程

D. 不及时报告事故隐患

（四）填空题

2137. 生产经营单位制定或者修改有关安全生产的规章制度，应当听取____的意见。

2138. 国家对在____、____、____等方面取得显著成绩的单位和个人，给予奖励。

2139. 生产经营单位的全员安全生产责任制应当明确各岗位的____、____和考核标准等内容。

2140. 生产经营单位作出涉及安全生产的经营决策，应当听取____以及____的意见。

2141. 生产经营单位应当在____的生产经营场所和有关设施、设备上，设置明显的____标志。

2142. 生产经营单位必须为从业人员提供符合国家标准或者行业标准的____用品，并监督、教育从业人员按照使用规则____、____。

2143. 从业人员发现直接危及____的紧急情况时，有权____或者在采取可能的应急措施后撤离作业场所。

2144. 因生产安全事故受到损害的从业人员，除依法享有____外，依照有关民事法律尚有获得赔偿的权利的，有权提出____。

2145. 应急管理部门应当按照____监督管理的要求，制定安全生产____计划。

2146. 负有安全生产监督管理职责的部门在监督检查中，应当互相配合，实行____；确需分别进行检查的，应当____。

2147. 因安全生产违法行为造成重大事故隐患或者导致重大事故，致使____或者____受到侵害的，人民检察院可以根据民事诉讼法、行政诉讼法的相关规定提起____诉讼。

2148. 新闻、出版、广播、电影、电视等单位有进行安全生产____的义务，有对违反安全生产法律、法规的行为进行____的权利。

2149. 负责事故调查处理的国务院有关部门和地方人民政府应当在批复事故调查报告后____内，组织有关部门对事故整改和防范措施落实情况进行评估，并及时向社会公开评估结果。

2150. 任何单位和个人不得____对事故的依法调查处理。

2151. 生产经营单位的其他负责人和安全生产管理人员未履行《安全生产法》规定的安全生产管理职责的，责令限期改正，处____的罚款。

2152. 生产经营单位发生生产安全事故造成____、他人财产损失的，应当依法承担赔偿责任；拒不承担或者其负责人____的，由____依法强制执行。

2153. 国务院应急管理部门和其他负有安全生产监督管理职责的部门应当根据各自的职责分工，制定相关行业、领域重大危险源的____和重大事故隐患的____。

（五）简答题

2154. 简述各级人民政府对开展安全生产应采取的工作。

2155. 简述生产经营单位的主要负责人对本单位安全生产工作负有的职责。

2156. 简述生产经营单位的安全生产管理机构以及安全生产管理人员应当履行的职责。

2157. 简述工会在生产经营单位违反安全生产法律法规时应当履行的职责。

2158. 简述应急管理部门和其他负有安全生产监督管理职责的部门在依法开展安全生产行政执法工作和对生产经营单位执行有关安全生产的法律、法规和国家标准或者行业标准的情况进行监督检查时应当行使的职权。

2159. 简述生产经营单位发生生产安全事故后，各单位及人员应当采取的措施。

2160. 简述发生生产安全事故，对负有责任的生产经营单位除要求其依法承担相应的赔偿等责任外，由应急管理部门依照规定处以罚款的标准。

2161. 简述安全生产法中所称危险物品、重大危险源的含义。

参考答案

（一）判断题

2083. √，解析：根据《安全生产法》第 7 条规定。

2084. ×，解析：根据《安全生产法》第 11 条第 2 款规定，生产经营单位必须执行依法制定的保障安全生产的国家标准或者行业标准。

2085. √，解析：根据《安全生产法》第 17 条规定。

2086. √，解析：根据《安全生产法》第 27 条规定。

2087. ×，解析：根据《安全生产法》第 30 条第 2 款规定，特种作业人员的范围由国务院应急管理部门会同国务院有关部门确定。

2088. √，解析：根据《安全生产法》第 38 条规定。

2089. √，解析：根据《安全生产法》第 42 条规定。

2090. ×，解析：根据《安全生产法》第 49 条第 1 款规定，生产经营单位不得将生产经营项目、场所、设备发包或者出租给不具备安全生产条件或者相应资质的单位或者个人。

2091. ×，解析：根据《安全生产法》第 52 条第 1 款规定，生产经营单位与从业人员订立的劳动合同，应当载明有关保障从业人员劳动安全、防止职业危害的事项，以及依法为从业人员办理工伤保险的事项。

2092. √，解析：根据《安全生产法》第 61 条规定。

2093. ×，解析：根据《安全生产法》第 64 条规定，负有安全生产监督管理职责的部门对涉及安全生产的事项进行审查、验收，不得收取费用。

2094. ×，解析：根据《安全生产法》第70条第1款规定，负有安全生产监督管理职责的部门依法对存在重大事故隐患的生产经营单位作出停产停业、停止施工、停止使用相关设施或者设备的决定，生产经营单位应当依法执行，及时消除事故隐患。生产经营单位拒不执行，有发生生产安全事故的现实危险的，在保证安全的前提下，经本部门主要负责人批准，负有安全生产监督管理职责的部门可以采取通知有关单位停止供电、停止供应民用爆炸物品等措施，强制生产经营单位履行决定。通知应当采用书面形式，有关单位应当予以配合。

2095. √，解析：根据《安全生产法》第72条规定。

2096. ×，解析：根据《安全生产法》第82条第1款规定，危险物品的生产、经营、储存单位以及矿山、金属冶炼、城市轨道交通运营、建筑施工单位应当建立应急救援组织；生产经营规模较小的，可以不建立应急救援组织，但应当指定兼职的应急救援人员。

2097. √，解析：根据《安全生产法》第86条规定。

2098. ×，解析：根据《安全生产法》第95条规定，生产经营单位的主要负责人未履行本法规定的安全生产管理职责，导致发生生产安全事故的，由应急管理部门依照下列规定处以罚款：（1）发生一般事故的，处上一年年收入40%的罚款；（2）发生较大事故的，处上一年年收入60%的罚款；（3）发生重大事故的，处上一年年收入80%的罚款；（4）发生特别重大事故的，处上一年年收入100%的罚款。

2099. √，解析：根据《安全生产法》第106条规定。

2100. √，解析：根据《安全生产法》第115条规定。

（二）单项选择题

2101. A，解析：根据《安全生产法》第5条规定，生产经营单位的主要负责人是本单位安全生产第一责任人，对本单位的安全生产工作全面负责。其他负责人对职责范围内的安全生产工作负责。

2102. C，解析：根据《安全生产法》第16条规定，国家实行生产安全事故责任追究制度，依照本法和有关法律、法规的规定，追究生产安全事故责任单位和责任人员的法律责任。

2103. D，解析：根据《安全生产法》第24条规定，矿山、金属冶炼、建筑施工、运输单位和危险物品的生产、经营、储存、装卸单位，应当设置安全生产管理机构或者配备专职安全生产管理人员。前款规定以外的其他生产经营单位，从业人员超过 100 人的，应当设置安全生产管理机构或者配备专职安全生产管理人员；从业人员在 100 人以下的，应当配备专职或者兼职的安全生产管理人员。

2104. A，解析：根据《安全生产法》第 28 条第 1 款规定，生产经营单位应当对从业人员进行安全生产教育和培训，保证从业人员具备必要的安全生产知识，熟悉有关的安全生产规章制度和安全操作规程，掌握本岗位的安全操作技能，了解事故应急处理措施，知悉自身在安全生产方面的权利和义务。未经安全生产教育和培训合格的从业人员，不得上岗作业。

2105. C，解析：根据《安全生产法》第 33 条第 1 款规定，建设项目安全设施的设计人、设计单位应当对安全设施设计负责。

2106. A，解析：根据《安全生产法》第 40 条第 1 款规定，生产经营单位对重大危险源应当登记建档，进行定期检测、评估、监控，并制定应急预案，告知从业人员和相关人员在紧急情况下应当采取的应急措施。

2107. D，解析：根据《安全生产法》第 51 条规定，生产经营单位必须依法参加工伤保险，为从业人员缴纳保险费。国家鼓励生产经营单位投保安全生产责任保险；属于国家规定的高危行业、领域的生产经营单位，应当投保安全生产责任保险。具体范围和实施办法由国务院应急管理部门会同国务院财政部门、国务院保险监督管理机构和相关行业主管部门制定。

2108. C，解析：根据《安全生产法》第 52 条第 2 款规定，生产经营单位不得以任何形式与从业人员订立协议，免除或者减轻其对从业人员因生产安全事故伤亡依法应承担的责任。

2109. A，解析：根据《安全生产法》第 60 条第 1 款规定，工会有权对建设项目的安全设施与主体工程同时设计、同时施工、同时投入生产和使用进行监督，提出意见。

2110. A，解析：根据《安全生产法》第 73 条规定，负有安全生产监督管理职责的部门应当建立举报制度，公开举报电话、信箱或者电子邮件地址等网络举报平台，受理有关安全生产的举报；受理的举报事项经调查核实后，应当形成书面材料；需要落实整改措施的，报经有关负责人签字并督促落实。对不属于本部门职责，需要由其他有关部门进行调查处理的，转交其他有关部门处理。涉及人员死亡的举报事项，应当由县级以上人民政府组织核查处理。

2111. D，解析：根据《安全生产法》第 74 条第 1 款规定，任何单位或者个人对事故隐患或者安全生产违法行为，均有权向负有安全生产监督管理职责的部门报告或者举报。

2112. A，解析：根据《安全生产法》第79条第2款规定，国务院应急管理部门牵头建立全国统一的生产安全事故应急救援信息系统，国务院交通运输、住房和城乡建设、水利、民航等有关部门和县级以上地方人民政府建立健全相关行业、领域、地区的生产安全事故应急救援信息系统，实现互联互通、信息共享，通过推行网上安全信息采集、安全监管和监测预警，提升监管的精准化、智能化水平。

2113. B，解析：根据《安全生产法》第85条第4款规定，任何单位和个人都应当支持、配合事故抢救，并提供一切便利条件。

2114. D，解析：根据《安全生产法》第93条规定，生产经营单位的决策机构、主要负责人或者个人经营的投资人不依照本法规定保证安全生产所必需的资金投入，致使生产经营单位不具备安全生产条件的，责令限期改正，提供必需的资金；逾期未改正的，责令生产经营单位停产停业整顿。有前款违法行为，导致发生生产安全事故的，对生产经营单位的主要负责人给予撤职处分，对个人经营的投资人处2万元以上20万元以下的罚款；构成犯罪的，依照刑法有关规定追究刑事责任。

2115. D，解析：根据《安全生产法》第110条第1款规定，生产经营单位的主要负责人在本单位发生生产安全事故时，不立即组织抢救或者在事故调查处理期间擅离职守或者逃匿的，给予降级、撤职的处分，并由应急管理部门处上一年年收入60%至100%的罚款；对逃匿的处15日以下拘留；构成犯罪的，依照刑法有关规定追究刑事责任。

2116. D，解析：根据《安全生产法》第113条第4项规定，生产经营单位存在下列情形之一的，负有安全生产监督管理职责的部门应当提请地方人民政府予以关闭，有关部门应当依法吊销其有关证照。生产经营单位主要负责人5年内不得担任任何生产经营单位的主要负责人；情节严重的，终身不得担任本行业生产经营单位的主要负责人：（4）拒不执行负有安全生产监督管理职责的部门作出的停产停业整顿决定的。

（三）多项选择题

2117. ABCD，解析：根据《安全生产法》第1条规定，为了加强安全生产工作，防止和减少生产安全事故，保障人民群众生命和财产安全，促进经济社会持续健康发展，制定本法。

2118. ABC，解析：根据《安全生产法》第 3 条规定，安全生产工作坚持中国共产党的领导。安全生产工作应当以人为本，坚持人民至上、生命至上，把保护人民生命安全摆在首位，树牢安全发展理念，坚持安全第一、预防为主、综合治理的方针，从源头上防范化解重大安全风险。安全生产工作实行管行业必须管安全、管业务必须管安全、管生产经营必须管安全，强化和落实生产经营单位主体责任与政府监管责任，建立生产经营单位负责、职工参与、政府监管、行业自律和社会监督的机制。

2119. BCD，解析：根据《安全生产法》第 4 条规定，生产经营单位必须遵守本法和其他有关安全生产的法律、法规，加强安全生产管理，建立健全全员安全生产责任制和安全生产规章制度，加大对安全生产资金、物资、技术、人员的投入保障力度，改善安全生产条件，加强安全生产标准化、信息化建设，构建安全风险分级管控和隐患排查治理双重预防机制，健全风险防范化解机制，提高安全生产水平，确保安全生产。平台经济等新兴行业、领域的生产经营单位应当根据本行业、领域的特点，建立健全并落实全员安全生产责任制，加强从业人员安全生产教育和培训，履行本法和其他法律、法规规定的有关安全生产义务。

2120. ABC，解析：根据《安全生产法》第 13 条规定，各级人民政府及其有关部门应当采取多种形式，加强对有关安全生产的法律、法规和安全生产知识的宣传，增强全社会的安全生产意识。根据《安全生产法》第 14 条规定，有关协会组织依照法律、行政法规和章程，为生产经营单位提供安全生产方面的信息、培训等服务，发挥自律作用，促进生产经营单位加强安全生产管理。根据《安全生产法》第 15 条第 1 款规定，依法设立的为安全生产提供技术、管理服务的机构，依照法律、行政法规和执业准则，接受生产经营单位的委托为其安全生产工作提供技术、管理服务。

2121. BC，解析：根据《安全生产法》第 20 条规定，生产经营单位应当具备本法和有关法律、行政法规和国家标准或者行业标准规定的安全生产条件；不具备安全生产条件的，不得从事生产经营活动。

2122. ACD，解析：根据《安全生产法》第 23 条规定，生产经营单位应当具备的安全生产条件所必需的资金投入，由生产经营单位的决策机构、主要负责人或者个人经营的投资人予以保证，并对由于安全生产所必需的资金投入不足导致的后果承担责任。有关生产经营单位应当按照规定提取和使用安全生产费用，专门用于改善安全生产条件。安全生产费用在成本中据实列支。安全生产费用提取、使用和监督管理的具体办法由国务院财政部门会同国务院应急管理部门征求国务院有关部门意见后制定。

2123. ABD，解析：根据《安全生产法》第29条规定，生产经营单位采用新工艺、新技术、新材料或者使用新设备，必须了解、掌握其安全技术特性，采取有效的安全防护措施，并对从业人员进行专门的安全生产教育和培训。

2124. ABC，解析：根据《安全生产法》第34条第2款规定，矿山、金属冶炼建设项目和用于生产、储存、装卸危险物品的建设项目竣工投入生产或者使用前，应当由建设单位负责组织对安全设施进行验收；验收合格后，方可投入生产和使用。负有安全生产监督管理职责的部门应当加强对建设单位验收活动和验收结果的监督核查。

2125. BCD，解析：根据《安全生产法》第36条第3款规定，生产经营单位不得关闭、破坏直接关系生产安全的监控、报警、防护、救生设备、设施，或者篡改、隐瞒、销毁其相关数据、信息。

2126. BCD，解析：根据《安全生产法》第48条规定，两个以上生产经营单位在同一作业区域内进行生产经营活动，可能危及对方生产安全的，应当签订安全生产管理协议，明确各自的安全生产管理职责和应当采取的安全措施，并指定专职安全生产管理人员进行安全检查与协调。

2127. ABCD，解析：根据《安全生产法》第53条规定，生产经营单位的从业人员有权了解其作业场所和工作岗位存在的危险因素、防范措施及事故应急措施，有权对本单位的安全生产工作提出建议。第54条第1款规定，从业人员有权对本单位安全生产工作中存在的问题提出批评、检举、控告；有权拒绝违章指挥和强令冒险作业。

2128. ABCD，解析：根据《安全生产法》第57条规定，从业人员在作业过程中，应当严格落实岗位安全责任，遵守本单位的安全生产规章制度和操作规程，服从管理，正确佩戴和使用劳动防护用品。根据《安全生产法》第58条规定，从业人员应当接受安全生产教育和培训，掌握本职工作所需的安全生产知识，提高安全生产技能，增强事故预防和应急处理能力。第59条规定，从业人员发现事故隐患或者其他不安全因素，应当立即向现场安全生产管理人员或者本单位负责人报告；接到报告的人员应当及时予以处理。

2129. ACD，解析：根据《安全生产法》第67条规定，安全生产监督检查人员应当忠于职守，坚持原则，秉公执法。安全生产监督检查人员执行监督检查任务时，必须出示有效的行政执法证件；对涉及被检查单位的技术秘密和业务秘密，应当为其保密。

2130. ABCD，解析：根据《安全生产法》第 78 条第 1 款规定，负有安全生产监督管理职责的部门应当建立安全生产违法行为信息库，如实记录生产经营单位及其有关从业人员的安全生产违法行为信息；对违法行为情节严重的生产经营单位及其有关从业人员，应当及时向社会公告，并通报行业主管部门、投资主管部门、自然资源主管部门、生态环境主管部门、证券监督管理机构以及有关金融机构。有关部门和机构应当对存在失信行为的生产经营单位及其有关从业人员采取加大执法检查频次、暂停项目审批、上调有关保险费率、行业或者职业禁入等联合惩戒措施，并向社会公示。

2131. ABCD，解析：根据《安全生产法》第 79 条第 1 款规定，国家加强生产安全事故应急能力建设，在重点行业、领域建立应急救援基地和应急救援队伍，并由国家安全生产应急救援机构统一协调指挥；鼓励生产经营单位和其他社会力量建立应急救援队伍，配备相应的应急救援装备和物资，提高应急救援的专业化水平。第 80 条第 1 款规定，县级以上地方各级人民政府应当组织有关部门制定本行政区域内生产安全事故应急救援预案，建立应急救援体系。

2132. ABD，解析：根据《安全生产法》第 82 条第 2 款规定，危险物品的生产、经营、储存、运输单位以及矿山、金属冶炼、城市轨道交通运营、建筑施工单位应当配备必要的应急救援器材、设备和物资，并进行经常性维护、保养，保证正常运转。

2133. AC，解析：根据《安全生产法》第 87 条规定，生产经营单位发生生产安全事故，经调查确定为责任事故的，除了应当查明事故单位的责任并依法予以追究外，还应当查明对安全生产的有关事项负有审查批准和监督职责的行政部门的责任，对有失职、渎职行为的，依照本法第 90 条的规定追究法律责任。

2134. ABCD，解析：根据《安全生产法》第 90 条第 1 款规定，负有安全生产监督管理职责的部门的工作人员，有下列行为之一的，给予降级或者撤职的处分；构成犯罪的，依照刑法有关规定追究刑事责任：（1）对不符合法定安全生产条件的涉及安全生产的事项予以批准或者验收通过的；（2）发现未依法取得批准、验收的单位擅自从事有关活动或者接到举报后不予取缔或者不依法予以处理的；（3）对已经依法取得批准的单位不履行监督管理职责，发现其不再具备安全生产条件而不撤销原批准或者发现安全生产违法行为不予查处的；（4）在监督检查中发现重大事故隐患，不依法及时处理的。

2135. BC，解析：根据《安全生产法》第102条规定，生产经营单位未采取措施消除事故隐患的，责令立即消除或者限期消除，处5万元以下的罚款；生产经营单位拒不执行的，责令停产停业整顿，对其直接负责的主管人员和其他直接责任人员处5万元以上10万元以下的罚款；构成犯罪的，依照刑法有关规定追究刑事责任。

2136. ABC，解析：根据《安全生产法》第107条规定，生产经营单位的从业人员不落实岗位安全责任，不服从管理，违反安全生产规章制度或者操作规程的，由生产经营单位给予批评教育，依照有关规章制度给予处分；构成犯罪的，依照刑法有关规定追究刑事责任。

（四）填空题

2137. 工会。（《安全生产法》第7条）

2138. 改善安全生产条件；防止生产安全事故；参加抢险救护。（《安全生产法》第19条）

2139. 责任人员；责任范围。（《安全生产法》第22条）

2140. 安全生产管理机构；安全生产管理人员。（《安全生产法》第26条）

2141. 有较大危险因素；安全警示。（《安全生产法》第35条）

2142. 劳动防护；佩戴；使用。（《安全生产法》第45条）

2143. 人身安全；停止作业。（《安全生产法》第55条）

2144. 工伤保险；赔偿要求。（《安全生产法》第56条）

2145. 分类分级；年度监督检查。（《安全生产法》第62条）

2146. 联合检查；互通情况。（《安全生产法》第69条）

2147. 国家利益；社会公共利益；公益。（《安全生产法》第74条）

2148. 公益宣传教育；舆论监督。（《安全生产法》第77条）

2149. 1年。（《安全生产法》第86条）

2150. 阻挠和干涉。（《安全生产法》第88条）

2151. 1万元以上3万元以下。（《安全生产法》第96条）

2152. 人员伤亡；逃匿；人民法院。（《安全生产法》第116条）

2153. 辨识标准；判定标准。（《安全生产法》第118条）

（五）简答题

2154. 答：根据《安全生产法》第 8 条规定，国务院和县级以上地方各级人民政府应当根据国民经济和社会发展规划制定安全生产规划，并组织实施。安全生产规划应当与国土空间规划等相关规划相衔接。各级人民政府应当加强安全生产基础设施建设和安全生产监管能力建设，所需经费列入本级预算。县级以上地方各级人民政府应当组织有关部门建立完善安全风险评估与论证机制，按照安全风险管控要求，进行产业规划和空间布局，并对位置相邻、行业相近、业态相似的生产经营单位实施重大安全风险联防联控。

根据《安全生产法》第 9 条规定，国务院和县级以上地方各级人民政府应当加强对安全生产工作的领导，建立健全安全生产工作协调机制，支持、督促各有关部门依法履行安全生产监督管理职责，及时协调、解决安全生产监督管理中存在的重大问题。乡镇人民政府和街道办事处，以及开发区、工业园区、港区、风景区等应当明确负责安全生产监督管理的有关工作机构及其职责，加强安全生产监管力量建设，按照职责对本行政区域或者管理区域内生产经营单位安全生产状况进行监督检查，协助人民政府有关部门或者按照授权依法履行安全生产监督管理职责。

2155. 答：根据《安全生产法》第 21 条规定，生产经营单位的主要负责人对本单位安全生产工作负有下列职责：（1）建立健全并落实本单位全员安全生产责任制，加强安全生产标准化建设；（2）组织制定并实施本单位安全生产规章制度和操作规程；（3）组织制定并实施本单位安全生产教育和培训计划；（4）保证本单位安全生产投入的有效实施；（5）组织建立并落实安全风险分级管控和隐患排查治理双重预防工作机制，督促、检查本单位的安全生产工作，及时消除生产安全事故隐患；（6）组织制定并实施本单位的生产安全事故应急救援预案；（7）及时、如实报告生产安全事故。

2156. 答：根据《安全生产法》第 25 条第 1 款规定，生产经营单位的安全生产管理机构以及安全生产管理人员履行下列职责：（1）组织或者参与拟订本单位安全生产规章制度、操作规程和生产安全事故应急救援预案；（2）组织或者参与本单位安全生产教育和培训，如实记录安全生产教育和培训情况；（3）组织开展危险源辨识和评估，督促落实本单位重大危险源的安全管理措施；（4）组织或者参与本单位应急救援演练；（5）检查本单位的安全生产状况，及时排查生产安全事故隐患，提出改进安全生产管理的建议；（6）制止和纠正违章指挥、强令冒险作业、违反操作规程的行为；（7）督促落实本单位安全生产整改措施。

2157. 答：根据《安全生产法》第60条第2、3款规定，工会对生产经营单位违反安全生产法律、法规，侵犯从业人员合法权益的行为，有权要求纠正；发现生产经营单位违章指挥、强令冒险作业或者发现事故隐患时，有权提出解决的建议，生产经营单位应当及时研究答复；发现危及从业人员生命安全的情况时，有权向生产经营单位建议组织从业人员撤离危险场所，生产经营单位必须立即作出处理。工会有权依法参加事故调查，向有关部门提出处理意见，并要求追究有关人员的责任。

2158. 答：根据《安全生产法》第65条第1款规定，应急管理部门和其他负有安全生产监督管理职责的部门依法开展安全生产行政执法工作，对生产经营单位执行有关安全生产的法律、法规和国家标准或者行业标准的情况进行监督检查，行使以下职权：（1）进入生产经营单位进行检查，调阅有关资料，向有关单位和人员了解情况；（2）对检查中发现的安全生产违法行为，当场予以纠正或者要求限期改正；对依法应当给予行政处罚的行为，依照本法和其他有关法律、行政法规的规定作出行政处罚决定；（3）对检查中发现的事故隐患，应当责令立即排除；重大事故隐患排除前或者排除过程中无法保证安全的，应当责令从危险区域内撤出作业人员，责令暂时停产停业或者停止使用相关设施、设备；重大事故隐患排除后，经审查同意，方可恢复生产经营和使用；（4）对有根据认为不符合保障安全生产的国家标准或者行业标准的设施、设备、器材以及违法生产、储存、使用、经营、运输的危险物品予以查封或者扣押，对违法生产、储存、使用、经营危险物品的作业场所予以查封，并依法作出处理决定。

2159. 答：根据《安全生产法》第83条规定，生产经营单位发生生产安全事故后，事故现场有关人员应当立即报告本单位负责人。单位负责人接到事故报告后，应当迅速采取有效措施，组织抢救，防止事故扩大，减少人员伤亡和财产损失，并按照国家有关规定立即如实报告当地负有安全生产监督管理职责的部门，不得隐瞒不报、谎报或者迟报，不得故意破坏事故现场、毁灭有关证据。

根据《安全生产法》第84条规定，负有安全生产监督管理职责的部门接到事故报告后，应当立即按照国家有关规定上报事故情况。负有安全生产监督管理职责的部门和有关地方人民政府对事故情况不得隐瞒不报、谎报或者迟报。

根据《安全生产法》第 85 条规定，有关地方人民政府和负有安全生产监督管理职责的部门的负责人接到生产安全事故报告后，应当按照生产安全事故应急救援预案的要求立即赶到事故现场，组织事故抢救。参与事故抢救的部门和单位应当服从统一指挥，加强协同联动，采取有效的应急救援措施，并根据事故救援的需要采取警戒、疏散等措施，防止事故扩大和次生灾害的发生，减少人员伤亡和财产损失。事故抢救过程中应当采取必要措施，避免或者减少对环境造成的危害。任何单位和个人都应当支持、配合事故抢救，并提供一切便利条件。

2160. 答：根据《安全生产法》第 114 条规定，发生生产安全事故，对负有责任的生产经营单位除要求其依法承担相应的赔偿等责任外，由应急管理部门依照下列规定处以罚款：（1）发生一般事故的，处 30 万元以上 100 万元以下的罚款；（2）发生较大事故的，处 100 万元以上 200 万元以下的罚款；（3）发生重大事故的，处 200 万元以上 1000 万元以下的罚款；（4）发生特别重大事故的，处 1000 万元以上 2000 万元以下的罚款。发生生产安全事故，情节特别严重、影响特别恶劣的，应急管理部门可以按照前款罚款数额的 2 倍以上 5 倍以下对负有责任的生产经营单位处以罚款。

2161. 答：根据《安全生产法》第 117 条规定，危险物品，是指易燃易爆物品、危险化学品、放射性物品等能够危及人身安全和财产安全的物品。

重大危险源，是指长期地或者临时地生产、搬运、使用或者储存危险物品，且危险物品的数量等于或者超过临界量的单元（包括场所和设施）。

四、社会保险法

（一）判断题

2162. 个人依法享受社会保险待遇，有权监督本单位为其缴费情况。（　　）

2163. 基本养老保险实行社会统筹与个人账户相结合。（　　）

2164. 基本养老保险个人账户可以提前支取。（　　）

2165. 参加基本养老保险的个人，达到法定退休年龄时累计缴费不足15年的，可以缴费至满15年，按月领取基本养老金；也可以转入新型农村社会养老保险或者城镇居民社会养老保险，按照国务院规定享受相应的养老保险待遇。（　　）

2166. 个人跨统筹地区就业的，其基本养老保险关系随本人转移，缴费年限累计计算。（　　）

2167. 个人跨统筹地区就业的，其基本医疗保险关系随本人转移，缴费年限不累计计算。（　　）

2168. 失业人员在领取失业保险金期间，参加职工基本医疗保险，享受基本医疗保险待遇。（　　）

2169. 生育津贴按照职工所在用人单位上年度职工月平均工资计发。（　　）

（二）单项选择题

2170. 职工应当参加基本养老保险，由（　　）缴纳基本养老保险费。

A. 用人单位　　B. 职工

C. 用人单位或职工　　D. 用人单位和职工共同

2171. 关于基本养老金，下列说法正确的是：（　　）

A. 基本养老金由统筹养老金组成

B. 基本养老金由个人账户养老金组成

C. 基本养老金由统筹养老金和个人账户养老金组成

D. 基本养老金只需根据个人累计缴费年限、缴费工资确定

2172. 参加基本养老保险的个人，达到法定退休年龄时累计缴费满（　　）年的，按月领取基本养老金。

A. 15　　B. 10

C. 20　　D. 25

2173. 因工伤发生的费用，按照国家规定由用人单位支付的不包括：（　　）

A. 治疗工伤期间的工资福利

B. 劳动能力鉴定费

C. 五级、六级伤残职工按月领取的伤残津贴

D. 终止或者解除劳动合同时，应当享受的一次性伤残就业补助金

2174. 失业人员失业前用人单位和本人累计缴费满 1 年不足 5 年的，领取失业保险金的期限最长为（　　）个月；累计缴费满 5 年不足 10 年的，领取失业保险金的期限最长为（　　）个月；累计缴费 10 年以上的，领取失业保险金的期限最长为（　　）个月。重新就业后，再次失业的，缴费时间重新计算，领取失业保险金的期限与前次失业应当领取而尚未领取的失业保险金的期限合并计算，最长不超过（　　）个月。

A. 14；16；18；24　　B. 10；12；18；24

C. 12；18；24；24　　D. 6；8；12；18

2175. 用人单位应当及时为失业人员出具终止或者解除劳动关系的证明，并将失业人员的名单自终止或者解除劳动关系之日起（　　）日内告知社会保险经办机构。

A. 7　　B. 25

C. 10　　D. 15

2176. 用人单位未按规定申报应当缴纳的社会保险费数额的，按照该单位上月缴费额的（　　）确定应当缴纳数额；缴费单位补办申报手续后，由社会保险费征收机构按照规定结算。

A. 115%　　B. 120%

C. 100%　　D. 110%

（三）多项选择题

2177. 国家建立（　　）等社会保险制度，保障公民在年老、疾病、工伤、失业、生育等情况下依法从国家和社会获得物质帮助的权利。

A. 基本养老保险　　B. 基本医疗保险

C. 工伤保险、失业保险　　D. 生育保险

2178. 关于社会保险，下列说法正确的有：（　　）

A. 国家通过税收优惠政策支持社会保险事业

B. 国家对社会保险基金实行严格监管

C. 社会保险经办机构提供社会保险服务，负责社会保险登记、个人权益记录、社会保险待遇支付等工作

D. 县级以上人民政府将社会保险事业纳入国民经济和社会发展规划

2179. 参加基本养老保险的个人，因病或者非因工死亡的，其遗属可以领取（　　）。

A. 赔偿款　　B. 丧葬补助金

C. 抚恤金　　D. 病残津贴

2180. 关于基本医疗保险，下列说法正确的有：（　　）

A. 国家建立和完善新型农村合作医疗制度

B. 职工应当参加职工基本医疗保险

C. 国家建立和完善城镇居民基本医疗保险制度

D. 城镇居民基本医疗保险实行个人缴费和政府补贴相结合

2181. （　　）等所需个人缴费部分，由政府给予补贴。

A. 享受最低生活保障的人

B. 丧失劳动能力的残疾人

C. 低收入家庭 65 周岁以上的老年人

D. 未成年人

2182. 失业人员从失业保险基金中领取失业保险金的条件包括：（　　）

A. 失业前用人单位和本人已经缴纳失业保险费满 2 年的

B. 非因本人意愿中断就业的

C. 已经进行失业登记，并有求职要求的

D. 失业前用人单位和本人已经缴纳失业保险费满1年的

2183. 关于生育医疗费用和生育津贴，下列说法正确的有：(　　)

A. 生育医疗费用包括生育的医疗费用

B. 生育医疗费用包括计划生育的医疗费用

C. 女职工生育享受产假，可以按照国家规定享受生育津贴

D. 享受计划生育手术休假，可以按照国家规定享受生育津贴

(四) 填空题

2184. 社会保险制度坚持____、保基本、____、可持续的方针，社会保险水平应当与经济社会发展水平相适应。

2185. 基本养老保险基金由用人单位和____缴费以及____等组成。

2186. 职工应当按照国家规定的____缴纳基本养老保险费，记入____。

2187. 国家建立基本养老金____机制。根据职工____、物价上涨情况，适时提高基本养老保险待遇水平。

2188. 职工应当参加工伤保险，由____缴纳工伤保险费，____不缴纳工伤保险费。

2189. 失业人员在领取失业保险金期间死亡的，参照当地对在职职工死亡的规定，向其遗属发给____和____。所需资金从____中支付。

2190. 生育保险待遇包括____和____。

(五) 简答题

2191. 哪些医疗费用不纳入基本医疗保险基金支付范围？

2192. 简述不认定为工伤的情形。

2193. 因工伤发生的哪些费用，按照国家规定从工伤保险基金中支付？

2194. 简述工伤职工停止享受工伤保险待遇的情形。

2195. 简述失业人员停止领取失业保险金，并同时停止享受其他失业保险待遇的情形。

参考答案

（一）判断题

2162. √，解析：根据《社会保险法》第 4 条规定。

2163. √，解析：根据《社会保险法》第 11 条规定。

2164. ×，解析：根据《社会保险法》第 14 条规定，个人账户不得提前支取，记账利率不得低于银行定期存款利率，免征利息税。个人死亡的，个人账户余额可以继承。

2165. √，解析：根据《社会保险法》第 16 条规定。

2166. √，解析：根据《社会保险法》第 19 条规定。

2167. ×，解析：根据《社会保险法》第 32 条规定，个人跨统筹地区就业的，其基本医疗保险关系随本人转移，缴费年限累计计算。

2168. √，解析：根据《社会保险法》第 48 条规定。

2169. √，解析：根据《社会保险法》第 56 条规定。

（二）单项选择题

2170. D，解析：根据《社会保险法》第 10 条第 1 款规定，职工应当参加基本养老保险，由用人单位和职工共同缴纳基本养老保险费。

2171. C，解析：根据《社会保险法》第 15 条规定，基本养老金由统筹养老金和个人账户养老金组成。基本养老金根据个人累计缴费年限、缴费工资、当地职工平均工资、个人账户金额、城镇人口平均预期寿命等因素确定。

2172. A，解析：根据《社会保险法》第 16 条第 1 款规定，参加基本养老保险的个人，达到法定退休年龄时累计缴费满 15 年的，按月领取基本养老金。

2173. B，解析：根据《社会保险法》第 39 条规定，因工伤发生的下列费用，按照国家规定由用人单位支付：（1）治疗工伤期间的工资福利；（2）五级、六级伤残职工按月领取的伤残津贴；（3）终止或者解除劳动合同时，应当享受的一次性伤残就业补助金。

2174. C，解析：根据《社会保险法》第 46 条规定，失业人员失业前用人单位和本人累计缴费满 1 年不足 5 年的，领取失业保险金的期限最长为 12 个月；累计缴费满 5 年不足 10 年的，领取失业保险金的期限最长为 18 个月；累计缴费 10 年以上的，领取失业保险金的期限最长为 24 个月。重新就业后，再次失业的，缴费时间重新计算，领取失业保险金的期限与前次失业应当领取而尚未领取的失业保险金的期限合并计算，最长不超过 24 个月。

2175. D，解析：根据《社会保险法》第 50 条第 1 款规定，用人单位应当及时为失业人员出具终止或者解除劳动关系的证明，并将失业人员的名单自终止或者解除劳动关系之日起 15 日内告知社会保险经办机构。

2176. D，解析：根据《社会保险法》第 62 条规定，用人单位未按规定申报应当缴纳的社会保险费数额的，按照该单位上月缴费额的 110% 确定应当缴纳数额；缴费单位补办申报手续后，由社会保险费征收机构按照规定结算。

（三）多项选择题

2177. ABCD，解析：根据《社会保险法》第 2 条规定，国家建立基本养老保险、基本医疗保险、工伤保险、失业保险、生育保险等社会保险制度，保障公民在年老、疾病、工伤、失业、生育等情况下依法从国家和社会获得物质帮助的权利。

2178. ABCD，解析：根据《社会保险法》第 5 条规定，县级以上人民政府将社会保险事业纳入国民经济和社会发展规划。国家多渠道筹集社会保险资金。县级以上人民政府对社会保险事业给予必要的经费支持。国家通过税收优惠政策支持社会保险事业。根据《社会保险法》第 6 条第 1 款规定，国家对社会保险基金实行严格监管。根据《社会保险法》第 8 条规定，社会保险经办机构提供社会保险服务，负责社会保险登记、个人权益记录、社会保险待遇支付等工作。

2179. BC，解析：根据《社会保险法》第 17 条规定，参加基本养老保险的个人，因病或者非因工死亡的，其遗属可以领取丧葬补助金和抚恤金；在未达到法定退休年龄时因病或者非因工致残完全丧失劳动能力的，可以领取病残津贴。所需资金从基本养老保险基金中支付。

2180. ABCD，解析：根据《社会保险法》第 23 条第 1 款规定，职工应当参加职工基本医疗保险，由用人单位和职工按照国家规定共同缴纳基本医疗保险费。根据《社会保险法》第 24 条规定，国家建立和完善新型农村合作医疗制度。新型农村合作医疗的管理办法，由国务院规定。根据《社会保险法》第 25 条第 1、2 款规定，国家建立和完善城镇居民基本医疗保险制度。城镇居民基本医疗保险实行个人缴费和政府补贴相结合。

2181. ABD，解析：根据《社会保险法》第25第3款规定，享受最低生活保障的人、丧失劳动能力的残疾人、低收入家庭60周岁以上的老年人和未成年人等所需个人缴费部分，由政府给予补贴。

2182. BCD，解析：根据《社会保险法》第45条规定，失业人员符合下列条件的，从失业保险基金中领取失业保险金：（1）失业前用人单位和本人已经缴纳失业保险费满1年的；（2）非因本人意愿中断就业的；（3）已经进行失业登记，并有求职要求的。

2183. ABCD，解析：根据《社会保险法》第55条规定，生育医疗费用包括下列各项：（1）生育的医疗费用；（2）计划生育的医疗费用；（3）法律、法规规定的其他项目费用。根据《社会保险法》第56条第1款规定，职工有下列情形之一的，可以按照国家规定享受生育津贴：（1）女职工生育享受产假；（2）享受计划生育手术休假；（3）法律、法规规定的其他情形。

（四）填空题

2184. 广覆盖；多层次。（《社会保险法》第3条）

2185. 个人；政府补贴。（《社会保险法》第11条）

2186. 本人工资的比例；个人账户。（《社会保险法》第12条）

2187. 正常调整；平均工资增长。（《社会保险法》第18条）

2188. 用人单位；职工。（《社会保险法》第33条）

2189. 一次性丧葬补助金；抚恤金；失业保险基金。（《社会保险法》第49条）

2190. 生育医疗费用；生育津贴。（《社会保险法》第54条）

（五）简答题

2191. 答：根据《社会保险法》第30条规定，下列医疗费用不纳入基本医疗保险基金支付范围：（1）应当从工伤保险基金中支付的；（2）应当由第三人负担的；（3）应当由公共卫生负担的；（4）在境外就医的。医疗费用依法应当由第三人负担，第三人不支付或者无法确定第三人的，由基本医疗保险基金先行支付。基本医疗保险基金先行支付后，有权向第三人追偿。

2192. 答：根据《社会保险法》第37条规定，职工因下列情形之一导致本人在工作中伤亡的，不认定为工伤：（1）故意犯罪；（2）醉酒或者吸毒；（3）自残或者自杀；（4）法律、行政法规规定的其他情形。

2193. 答：根据《社会保险法》第38条规定，因工伤发生的下列费用，按照国家规定从工伤保险基金中支付：（1）治疗工伤的医疗费用和康复费用；

（2）住院伙食补助费；（3）到统筹地区以外就医的交通食宿费；（4）安装配置伤残辅助器具所需费用；（5）生活不能自理的，经劳动能力鉴定委员会确认的生活护理费；（6）一次性伤残补助金和一至四级伤残职工按月领取的伤残津贴；（7）终止或者解除劳动合同时，应当享受的一次性医疗补助金；（8）因工死亡的，其遗属领取的丧葬补助金、供养亲属抚恤金和因工死亡补助金；（9）劳动能力鉴定费。

2194. 答：根据《社会保险法》第 43 条规定，工伤职工有下列情形之一的，停止享受工伤保险待遇：（1）丧失享受待遇条件的；（2）拒不接受劳动能力鉴定的；（3）拒绝治疗的。

2195. 答：根据《社会保险法》第 51 条规定，失业人员在领取失业保险金期间有下列情形之一的，停止领取失业保险金，并同时停止享受其他失业保险待遇：（1）重新就业的；（2）应征服兵役的；（3）移居境外的；（4）享受基本养老保险待遇的；（5）无正当理由，拒不接受当地人民政府指定部门或者机构介绍的适当工作或者提供的培训的。

五、职业病防治法

（一）判断题

2196. 劳动者依法享有职业卫生保护的权利。（　　）

2197. 用人单位的工会负责人对本单位的职业病防治工作负主要责任。（　　）

2198. 建设项目的职业病防护设施所需费用应当纳入建设项目工程预算，并与主体工程同时设计，同时施工，同时投入生产和使用。（　　）

2199. 任何单位和个人不得生产、经营、进口和使用国家明令禁止使用的可能产生职业病危害的设备或者材料。（　　）

2200. 承担职业病诊断的医疗卫生机构不得拒绝劳动者进行职业病诊断的要求。（　　）

（二）单项选择题

2201. 国务院和（　　）应当加强对工伤保险的监督管理，确保劳动者依法享受工伤保险待遇。

A. 县级以上地方人民政府劳动保障行政部门

B. 设区的市级以上地方人民政府民政部门

C. 设区的市级以上地方人民政府劳动保障行政部门

D. 县级以上地方人民政府民政部门

2202. 用人单位实施的职业病危害因素日常监测应当由（　　），并确保监测系统处于正常运行状态。

A. 专人负责　　B. 领导负责

C. 工会负责　　D. 职工选举代表负责

2203. 没有证据否定职业病危害因素与病人临床表现之间的必然联系的，应当如何处理：（　　）

A. 诊断为职业病　　B. 诊断为非职业病

C. 另行就诊　　D. 专家会诊后诊断

2204. 职业病诊断、鉴定机构需要了解工作场所职业病危害因素情况时，可以对工作场所进行现场调查，也可以向卫生行政部门提出，卫生行政部门应当在（　　）日内组织现场调查。用人单位不得拒绝、阻挠。

A. 3　　B. 5

C. 10　　D. 15

2205. 用人单位对仲裁裁决不服的，可以在职业病诊断、鉴定程序结束之日起 15 日内依法向人民法院提起诉讼；诉讼期间，劳动者的治疗费用应当如何支付？（　　）

A. 用人单位按工资支付

B. 社会保险机构支付

C. 劳动者自行承担

D. 按照职业病待遇规定的途径支付

（三）多项选择题

2206. 职业病防治工作坚持下列哪些方针？（　　）

A. 预防为主　　B. 防治结合

C. 应收尽收　　D. 应治尽治

2207. 产生职业病危害的用人单位的设立除应当符合法律、行政法规规定的设立条件外，其工作场所还应当符合下列哪些职业卫生要求？（　　）

A. 有与职业病危害防护相适应的设施

B. 生产布局合理，符合有害与无害作业分开的原则

C. 有配套的更衣间、洗浴间、孕妇休息间等卫生设施

D. 设备、工具、用具等设施符合保护劳动者生理、心理健康的要求

2208. 用人单位与劳动者订立劳动合同（含聘用合同，下同）时，应当将下列哪些内容如实告知劳动者？（　　）

A. 工作过程中可能产生的职业病危害及其后果

B. 职业病防护措施

C. 待遇

D. 职业病治疗方法

2209. 劳动者享有下列哪些职业卫生保护权利？（　　）

A. 获得职业健康检查、职业病诊疗、康复等职业病防治服务

B. 了解工作场所产生或者可能产生的职业病危害因素、危害后果和应当采取的职业病防护措施

C. 要求用人单位提供符合防治职业病要求的职业病防护设施和个人使用的职业病防护用品，改善工作条件

D. 对违反职业病防治法律、法规以及危及生命健康的行为提出批评、检举和控告

2210. 关于职业病诊断鉴定委员会，下列说法正确的是：（　　）

A. 由相关专业的专家组成

B. 应当按照国务院卫生行政部门颁布的职业病诊断标准和职业病诊断、鉴定办法进行职业病诊断鉴定，向当事人出具职业病诊断鉴定书

C. 组成人员应当遵守职业道德，客观、公正地进行诊断鉴定，并承担相应的责任

D. 需要对职业病争议作出诊断鉴定时，由当事人或者当事人委托有关卫生行政部门从专家库中以随机抽取的方式确定参加诊断鉴定委员会的专家

（四）填空题

2211. 用人单位必须采用有效的职业病防护设施，并为劳动者提供个人使用的____。

2212. 国内首次____或者首次____与职业病危害有关的化学材料，使用单位或者进口单位按照国家规定经国务院有关部门批准后，应当向____报送该化学材料的毒性鉴定以及经有关部门登记注册或者批准进口的文件等资料。

2213. 用人单位应当为劳动者建立____档案，并按照规定的期限妥善保存。

2214. ____负责本行政区域内的职业病统计报告的管理工作，并按照规定上报。

2215. 疑似职业病病人在诊断、医学观察期间的费用，由____承担。

（五）简答题

2216. 简述用人单位应当采取的职业病防治管理措施。

参考答案

（一）判断题

2196. √，解析：根据《职业病防治法》第 4 条规定。
2197. ×，解析：根据《职业病防治法》第 6 条规定，用人单位的主要负责人对本单位的职业病防治工作全面负责。
2198. √，解析：根据《职业病防治法》第 18 条规定。
2199. √，解析：根据《职业病防治法》第 30 条规定。
2200. √，解析：根据《职业病防治法》第 43 条规定。

（二）单项选择题

2201. A，解析：根据《职业病防治法》第 7 条规定，用人单位必须依法参加工伤保险。国务院和县级以上地方人民政府劳动保障行政部门应当加强对工伤保险的监督管理，确保劳动者依法享受工伤保险待遇。
2202. A，解析：根据《职业病防治法》第 26 条第 1 款规定，用人单位应当实施由专人负责的职业病危害因素日常监测，并确保监测系统处于正常运行状态。
2203. A，解析：根据《职业病防治法》第 46 条第 2 款规定，没有证据否定职业病危害因素与病人临床表现之间的必然联系的，应当诊断为职业病。
2204. C，解析：根据《职业病防治法》第 47 条第 2 款规定，职业病诊断、鉴定机构需要了解工作场所职业病危害因素情况时，可以对工作场所进行现场调查，也可以向卫生行政部门提出，卫生行政部门应当在 10 日内组织现场调查。用人单位不得拒绝、阻挠。
2205. D，解析：根据《职业病防治法》第 49 条第 4 款规定，用人单位对仲裁裁决不服的，可以在职业病诊断、鉴定程序结束之日起 15 日内依法向人民法院提起诉讼；诉讼期间，劳动者的治疗费用按照职业病待遇规定的途径支付。

（三）多项选择题

2206. AB，解析：根据《职业病防治法》第 3 条规定，职业病防治工作坚持预防为主、防治结合的方针，建立用人单位负责、行政机关监管、行业自律、职工参与和社会监督的机制，实行分类管理、综合治理。

2207. ABCD，解析：根据《职业病防治法》第15条规定，产生职业病危害的用人单位的设立除应当符合法律、行政法规规定的设立条件外，其工作场所还应当符合下列职业卫生要求：（1）职业病危害因素的强度或者浓度符合国家职业卫生标准；（2）有与职业病危害防护相适应的设施；（3）生产布局合理，符合有害与无害作业分开的原则；（4）有配套的更衣间、洗浴间、孕妇休息间等卫生设施；（5）设备、工具、用具等设施符合保护劳动者生理、心理健康的要求；（6）法律、行政法规和国务院卫生行政部门关于保护劳动者健康的其他要求。

2208. ABC，解析：根据《职业病防治法》第33条规定，用人单位与劳动者订立劳动合同（含聘用合同，下同）时，应当将工作过程中可能产生的职业病危害及其后果、职业病防护措施和待遇等如实告知劳动者，并在劳动合同中写明，不得隐瞒或者欺骗。劳动者在已订立劳动合同期间因工作岗位或者工作内容变更，从事与所订立劳动合同中未告知的存在职业病危害的作业时，用人单位应当依照前款规定，向劳动者履行如实告知的义务，并协商变更原劳动合同相关条款。用人单位违反前两款规定的，劳动者有权拒绝从事存在职业病危害的作业，用人单位不得因此解除与劳动者所订立的劳动合同。

2209. ABCD，解析：根据《职业病防治法》第39条规定，劳动者享有下列职业卫生保护权利：（1）获得职业卫生教育、培训；（2）获得职业健康检查、职业病诊疗、康复等职业病防治服务；（3）了解工作场所产生或者可能产生的职业病危害因素、危害后果和应当采取的职业病防护措施；（4）要求用人单位提供符合防治职业病要求的职业病防护设施和个人使用的职业病防护用品，改善工作条件；（5）对违反职业病防治法律、法规以及危及生命健康的行为提出批评、检举和控告；（6）拒绝违章指挥和强令进行没有职业病防护措施的作业；（7）参与用人单位职业卫生工作的民主管理，对职业病防治工作提出意见和建议。用人单位应当保障劳动者行使前款所列权利。因劳动者依法行使正当权利而降低其工资、福利等待遇或者解除、终止与其订立的劳动合同的，其行为无效。

2210. ABCD，解析：根据《职业病防治法》第53条规定，职业病诊断鉴定委员会由相关专业的专家组成。省、自治区、直辖市人民政府卫生行政部门应当设立相关的专家库，需要对职业病争议作出诊断鉴定时，由当事人或者当事人委托有关卫生行政部门从专家库中以随机抽取的方式确定参加诊断鉴定委员会的专家。职业病诊断鉴定委员会应当按照国务院卫生行政部门颁布的职业病诊断标准和职业病诊断、鉴定办法进行职业病诊断鉴定，向当事人出具职业病诊断鉴定书。职业病诊断、鉴定费用由用人单位承担。根据《职业病防治法》第 54 条第 1 款规定，职业病诊断鉴定委员会组成人员应当遵守职业道德，客观、公正地进行诊断鉴定，并承担相应的责任。职业病诊断鉴定委员会组成人员不得私下接触当事人，不得收受当事人的财物或者其他好处，与当事人有利害关系的，应当回避。

（四）填空题

2211. 职业病防护用品。（《职业病防治法》第 22 条）

2212. 使用；进口；国务院卫生行政部门。（《职业病防治法》第 29 条）

2213. 职业健康监护。（《职业病防治法》第 36 条）

2214. 县级以上地方人民政府卫生行政部门。（《职业病防治法》第 51 条）

2215. 用人单位。（《职业病防治法》第 55 条）

（五）简答题

2216. 答：根据《职业病防治法》第 20 条的规定，用人单位应当采取下列职业病防治管理措施：（1）设置或者指定职业卫生管理机构或者组织，配备专职或者兼职的职业卫生管理人员，负责本单位的职业病防治工作；（2）制定职业病防治计划和实施方案；（3）建立、健全职业卫生管理制度和操作规程；（4）建立、健全职业卫生档案和劳动者健康监护档案；（5）建立、健全工作场所职业病危害因素监测及评价制度；（6）建立、健全职业病危害事故应急救援预案。

六、工会法

（一）判断题

2217. 在中国境内的企业、事业单位、机关、社会组织中以工资收入为主要生活来源的劳动者，不分民族、种族、性别、职业、宗教信仰、教育程度，都有依法参加和组织工会的权利。任何组织和个人不得阻挠和限制。（　　）

2218. 基层工会所在的用人单位终止或者被撤销，该工会组织相应撤销，并报告上级工会。（　　）

2219. 企业、事业单位、社会组织发生停工、怠工事件，工会应当代表职工同企业、事业单位、社会组织或者有关方面协商，反映职工的意见和要求并提出解决意见。（　　）

2220. 基层工会的非专职委员占用生产或者工作时间参加会议或者从事工会工作，每月不超过 5 个工作日，其工资照发，其他待遇不受影响。（　　）

（二）单项选择题

2221. 用人单位有会员不足（　　）人的，可以单独建立基层工会委员会，也可以由 2 个以上单位的会员联合建立基层工会委员会，也可以选举组织员 1 人，组织会员开展活动。

A. 20　　B. 25

C. 30　　D. 35

2222. 企业、事业单位、社会组织违反职工代表大会制度和其他民主管理制度，工会有权要求（　　），保障职工依法行使民主管理的权利。

A. 更正　　B. 处罚

C. 纠正　　D. 处理

2223. 违反《工会法》规定，有职工因参加工会活动而被解除劳动合同情形的，由劳动行政部门责令恢复其工作，并补发被解除劳动合同期间应得的报酬，或者责令给予本人年收入（　　）倍的赔偿。

A. 2　　B. 3

C. 4　　D. 5

（三）多项选择题

2224. 工会依照法律规定通过职工代表大会或者其他形式，组织职工参与本单位的（　　）和民主监督。

A. 民主选举　　B. 民主决策

C. 民主协商　　D. 民主管理

2225. 企业、事业单位、社会组织违反劳动法律法规规定，有（　　），工会应当代表职工与企业、事业单位、社会组织交涉，要求企业、事业单位、社会组织采取措施予以改正。

A. 克扣、拖欠职工工资的

B. 不提供劳动安全卫生条件的

C. 随意延长劳动时间的

D. 侵犯女职工和未成年工特殊权益的

（四）填空题

2226. 工会推动产业工人队伍建设改革，提高产业工人队伍____，发挥产业工人骨干作用，维护产业工人合法权益，保障产业工人____地位，造就一支____、懂技术会创新、敢担当讲奉献的宏大产业工人队伍。

2227. 工会主席、副主席任期未满时，不得____调动其工作。因工作需要调动时，应当征得本级工会委员会和____工会的同意。

2228. 县级以上各级人民政府及其有关部门研究制定____、工资、劳动安全卫生、____等涉及职工切身利益的政策、措施时，应当吸收同级工会参加研究，听取工会____。

2229. 各级工会经费收支情况应当由同级工会经费审查委员会审查，并且____向会员大会或者会员代表大会____，接受监督。

（五）简答题

2230. 简述工会经费的来源。

参考答案

（一）判断题

2217. √，解析：根据《工会法》第3条规定。

2218. ×，解析：根据《工会法》第13条第2款规定，基层工会所在的用人单位终止或者被撤销，该工会组织相应撤销，并报告上一级工会。

2219. √，解析：根据《工会法》第28条规定。

2220. ×，解析：根据《工会法》第41条第2款规定，基层工会的非专职委员占用生产或者工作时间参加会议或者从事工会工作，每月不超过3个工作日，其工资照发，其他待遇不受影响。

（二）单项选择题

2221. B，解析：根据《工会法》第11条规定，用人单位有会员25人以上的，应当建立基层工会委员会；不足25人的，可以单独建立基层工会委员会，也可以由2个以上单位的会员联合建立基层工会委员会，也可以选举组织员1人，组织会员开展活动。女职工人数较多的，可以建立工会女职工委员会，在同级工会领导下开展工作；女职工人数较少的，可以在工会委员会中设女职工委员。

2222. C，解析：根据《工会法》第20条第1款规定，企业、事业单位、社会组织违反职工代表大会制度和其他民主管理制度，工会有权要求纠正，保障职工依法行使民主管理的权利。

2223. A，解析：根据《工会法》第53条规定，违反本法规定，有下列情形之一的，由劳动行政部门责令恢复其工作，并补发被解除劳动合同期间应得的报酬，或者责令给予本人年收入2倍的赔偿：（1）职工因参加工会活动而被解除劳动合同的；（2）工会工作人员因履行本法规定的职责而被解除劳动合同的。

（三）多项选择题

2224. ABCD，解析：根据《工会法》第6条第3款规定，工会依照法律规定通过职工代表大会或者其他形式，组织职工参与本单位的民主选举、民主协商、民主决策、民主管理和民主监督。

2225. ABCD，解析：根据《工会法》第23条规定，企业、事业单位、社会组织违反劳动法律法规规定，有下列侵犯职工劳动权益情形，工会应当代表职工与企业、事业单位、社会组织交涉，要求企业、事业单位、社会组织采取措施予以改正；企业、事业单位、社会组织应当予以研究处理，并向工会作出答复；企业、事业单位、社会组织拒不改正的，工会可以提请当地人民政府依法作出处理：（1）克扣、拖欠职工工资的；（2）不提供劳动安全卫生条件的；（3）随意延长劳动时间的；（4）侵犯女职工和未成年工特殊权益的；（5）其他严重侵犯职工劳动权益的。

（四）填空题

2226. 整体素质；主人翁；有理想守信念。（《工会法》第8条）

2227. 随意；上一级。（《工会法》第18条）

2228. 劳动就业；社会保险；意见。（《工会法》第34条）

2229. 定期；报告。（《工会法》第45条）

（五）简答题

2230. 答：根据《工会法》第43条规定，工会经费的来源：（1）工会会员缴纳的会费；（2）建立工会组织的用人单位按每月全部职工工资总额的2%向工会拨缴的经费；（3）工会所属的企业、事业单位上缴的收入；（4）人民政府的补助；（5）其他收入。前款第二项规定的企业、事业单位、社会组织拨缴的经费在税前列支。工会经费主要用于为职工服务和工会活动。经费使用的具体办法由中华全国总工会制定。

七、老年人权益保障法

（一）判断题

2231.《老年人权益保障法》所称老年人是指65周岁以上的公民。（　　）

2232. 倡导全社会优待老年人。（　　）

2233. 保障老年人合法权益是全社会的共同责任。（　　）

2234. 基层群众性自治组织和依法设立的老年人组织应当按照各自职责，做好老年人权益保障工作。（　　）

2235. 广播、电影、电视、报刊、网络等应当反映老年人的生活，开展维护老年人合法权益的宣传，为老年人服务。（　　）

2236. 老年人应当遵纪守法，履行法律规定的义务。（　　）

2237. 赡养人可以以放弃继承权或者其他理由，拒绝履行赡养义务。（　　）

2238. 不管老年人是否老年人同意，赡养人之间都不可以就履行赡养义务签订协议。（　　）

2239. 地方各级人民政府在实施廉租住房、公共租赁住房等住房保障制度或者进行危旧房屋改造时，应当优先照顾符合条件的老年人。（　　）

2240. 老年人可以与集体经济组织、基层群众性自治组织、养老机构等组织或者个人签订遗赠扶养协议或者其他扶助协议。（　　）

2241. 养老机构登记后即可开展服务活动，并向县级以上人民政府民政部门备案。（　　）

2242. 医疗卫生机构可以开展老年人的健康服务和疾病防治工作。（　　）

2243. 老年人因其合法权益受侵害提起诉讼交纳诉讼费确有困难的，可以缓交、减交或者免交；需要获得律师帮助，但无力支付律师费用的，可以获得法律援助。（　　）

2244. 农村老年人也应承担兴办公益事业的筹劳义务。（　　）

(二) 单项选择题

2245. 国家进行（　　），增强全社会积极应对人口老龄化意识。

A. 尊老爱幼教育　　B. 人口老龄化教育

C. 人口老龄化社会教育　　D. 人口老龄化国情教育

2246. 国家支持（　　），建立老年人状况统计调查和发布制度。

A. 老龄科学研究　　B. 老年人健康状况研究

C. 老年人健康状况监护机制　　D. 老龄需求研究

2247. 每年（　　）为老年节。

A. 农历九月初九　　B. 农历十月初十

C. 公历九月九日　　D. 公历十月十日

2248. 赡养人应当履行对老年人经济上（　　）、生活上（　　）和精神上（　　）的义务，照顾老年人的特殊需要。

A. 赡养；体贴；交流　　B. 供养；照料；慰藉

C. 扶养；供养；慰藉　　D. 赡养；照料；交流

2249. 赡养人是指老年人的子女以及其他依法负有赡养义务的人。赡养人的配偶应当（　　）赡养人履行赡养义务。

A. 共同承担　　B. 辅助

C. 协助　　D. 帮助

2250. 老年人自有的住房，赡养人有（　　）的义务。

A. 维修　　B. 打扫

C. 定期检查基本设施　　D. 维护

2251. 赡养人有义务耕种或者委托他人耕种老年人承包的田地，照管或者委托他人照管老年人的林木和牲畜等，收益归（　　）所有。

A. 赡养人　　B. 老年人

C. 委托人　　D. 老年人指定的受益人

2252. 家庭成员应当关心老年人的（　　），不得忽视、冷落老年人。与老年人分开居住的家庭成员，应当经常看望或者问候老年人。

A. 生活需求　　B. 经济需求

C. 精神需求　　D. 交流需求

2253. 赡养人、扶养人不履行赡养、扶养义务的，（　　）、老年人组织或者赡养人、扶养人所在单位应当督促其履行。

A. 人民政府民政部门　　B. 公安机关

C. 司法机关　　D. 基层群众性自治组织

2254. 国家通过（　　），保障老年人的基本医疗需要。

A. 基本养老保险制度　　B. 基本医疗保险制度

C. 基本养老医疗保险制度　　D. 基本医疗养老保险制度

2255. 国家逐步开展长期护理保障工作，保障老年人的护理需求。对生活长期不能自理、经济困难的老年人，地方各级人民政府应当根据其失能程度等情况给予（　　）。

A. 养老补贴　　B. 生活补贴

C. 经济补贴　　D. 护理补贴

2256. 国家对（　　）的老年人给予基本生活、医疗、居住或者其他救助。

A. 经济困难　　B. 生活困难

C. 自理困难　　D. 居住困难

2257. 对流浪乞讨、遭受遗弃等生活无着的老年人，由（　　）依照有关规定给予救助。

A. 地方各级人民政府民政部门　　B. 地方各级人民政府

C. 基层群众性自治组织　　D. 相关社会团体

2258. 国家建立和完善老年人福利制度，根据经济社会发展水平和老年人的实际需要，增加老年人的社会福利。国家鼓励地方建立（　　）周岁以上低收入老年人高龄津贴制度。

A. 60　　B. 65

C. 75　　D. 80

2259. 国家鼓励高等学校、中等职业学校和职业培训机构设置相关专业或者培训项目，培养（　　）。

A. 养老服务专业人才　　B. 老年服务专业人才

C. 老年教育专业人才　　D. 养老行业专业人才

2260. 国家采取措施，加强老年医学的研究和人才培养，提高老年病的预防、治疗、科研水平，促进老年病的（　　）、诊断和治疗。

A. 及时发现　　B. 早期发现
C. 准确发现　　D. 正确发现

2261. 对常住在本行政区域内的（　　）老年人给予同等优待。
A. 外地　　B. 外国
C. 残疾　　D. 外埠

2262. 医疗机构应当为老年人就医提供方便，对老年人就医予以优先。有条件的地方，可以为老年人设立（　　），开展巡回医疗、护理、康复、免费体检等服务。提倡为老年人义诊。
A. 家庭医生　　B. 家庭诊所
C. 家庭病床　　D. 家庭诊疗

（三）多项选择题

2263. 国家保障老年人依法享有的权益。禁止（　　）老年人。
A. 歧视　　B. 侮辱
C. 虐待　　D. 遗弃

2264. 积极应对人口老龄化是国家的一项长期战略任务。国家和社会应当采取措施，健全保障老年人权益的各项制度，逐步改善保障老年人生活、健康、安全以及参与社会发展的条件，实现老有所养、（　　）。
A. 老有所医　　B. 老有所为
C. 老有所学　　D. 老有所乐

2265. 国家建立和完善以（　　）的社会养老服务体系。
A. 居家为基础　　B. 家庭为单位
C. 社区为依托　　D. 机构为支撑

2266. 青少年组织、学校和幼儿园应当对青少年和儿童进行（　　）的道德教育和维护老年人合法权益的法制教育。
A. 尊老　　B. 敬老
C. 养老　　D. 助老

2267. 赡养人应当使患病的老年人及时得到（　　）；对经济困难的老年人，应当提供医疗费用。对生活不能自理的老年人，赡养人应当承担照料责任；不能亲自照料的，可以按照老年人的意愿委托他人或者养老机构等照料。

A. 疗养　　B. 治疗

C. 照料　　D. 护理

2268. 老年人的婚姻自由受法律保护。子女或者其他亲属不得干涉老年人（　　）的生活。

A. 离婚　　B. 再婚

C. 婚后　　D. 结婚

2269. 老年人对个人的财产，依法享有占有、使用、收益和处分的权利，子女或者其他亲属不得干涉，不得以（　　）等方式侵犯老年人的财产权益。

A. 窃取　　B. 哄取

C. 骗取　　D. 强行索取

2270. 老年人有依法继承父母、配偶、子女或者其他亲属遗产的权利，有接受赠与的权利。子女或者其他亲属不得（　　）或者损毁应当由老年人继承或者接受赠与的财产。

A. 侵占　　B. 抢夺

C. 转移　　D. 隐匿

2271. 老年人（　　），或者其赡养人和扶养人确无赡养能力或者扶养能力的，由地方各级人民政府依照有关规定给予供养或者救助。

A. 无自理能力　　B. 无劳动能力

C. 无生活来源　　D. 无赡养人和扶养人

2272. 地方各级人民政府和有关部门应当采取措施，发展城乡社区养老服务，鼓励、扶持专业服务机构及其他组织和个人，为居家的老年人提供（　　）、心理咨询等多种形式的服务。对经济困难的老年人，地方各级人民政府应当逐步给予养老服务补贴。

A. 生活照料　　B. 紧急救援

C. 医疗护理　　D. 精神慰藉

2273. 地方各级人民政府和有关部门、基层群众性自治组织，应当将养老服务设施纳入城乡社区配套设施建设规划，建立适应老年人需要的（　　）等服务设施和网点，就近为老年人提供服务。

A. 生活服务　　B. 文化体育活动

C. 日间照料　　D. 疾病护理与康复

2274. 各级人民政府和有关部门在（　　）等方面采取措施，鼓励、扶持企业事业单位、社会组织或者个人兴办、运营养老、老年人日间照料、老年文化体育活动等设施。

A. 财政　　B. 税费

C. 土地　　D. 融资

2275. 政府投资兴办的养老机构，应当优先保障经济困难的（　　）等老年人的服务需求。

A. 孤寡　　B. 丧偶

C. 失能　　D. 高龄

2276. 各级人民政府和有关部门应当将老年医疗卫生服务纳入城乡医疗卫生服务规划，将老年人健康管理和常见病预防等纳入国家基本公共卫生服务项目。鼓励为老年人提供（　　）等服务。

A. 医疗　　B. 保健

C. 护理　　D. 临终关怀

2277. 各级人民政府和有关部门办理（　　）等涉及老年人权益的重大事项时，应当就办理事项是否为老年人的真实意思表示进行询问，并依法优先办理。

A. 监护人变更　　B. 房屋权属关系变更

C. 财产权益变更　　D. 户口迁移

(四) 填空题

2278. 各级人民政府应当将老龄事业纳入国民经济和社会发展规划，将老龄事业经费列入财政预算，建立稳定的____，并鼓励社会各方面投入，使老龄事业与经济、社会协调发展。

2279. 各级人民政府和有关部门对维护老年人合法权益和敬老、养老、助老成绩显著的组织、家庭或者个人，对____的老年人，按照国家有关规定给予表彰或者奖励。

2280. 老年人养老以____为基础，家庭成员应当尊重、关心和照料老年人。

2281. 赡养人应当妥善安排老年人的住房，不得强迫老年人居住或者迁居____的房屋。

2282. 赡养人不履行赡养义务，老年人有要求赡养人付给____等权利。赡养人不得要求老年人承担力不能及的劳动。

2283. 老年人与配偶有____的义务。由兄、姐扶养的弟、妹成年后，有负担能力的，对年老无赡养人的兄、姐有扶养的义务。

2284. ____的老年人，可以在近亲属或者其他与自己关系密切、愿意承担监护责任的个人、组织中协商确定自己的监护人。监护人在老年人丧失或者部分丧失民事行为能力时，依法承担监护责任。

2285. 国家通过____，保障老年人的基本生活。

2286. 农村可以将未承包的集体所有的部分土地、山林、水面、滩涂等作为____，收益供老年人养老。

2287. 老年人依法享有的养老金、医疗待遇和其他待遇应当得到保障，有关机构必须____，不得克扣、拖欠或者挪用。

2288. 负有扶养义务的组织或者个人按照遗赠扶养协议，承担该老年人生养死葬的义务，享有____的权利。

2289. 地方各级人民政府和有关部门应当按照____，将养老服务设施建设纳入城乡规划和土地利用总体规划，统筹安排养老服务设施建设用地及所需物资。

（五）简答题

2290. 简述县级以上人民政府民政部门依法履行监督检查职责，可以采取的措施。

2291. 建设哪些工程时应当符合国家无障碍设施工程的建设标准？

2292. 国家为老年人参与社会发展创造条件。根据社会需要和可能，鼓励老年人在自愿和量力的情况下，从事哪些活动？

参考答案

（一）判断题

2231. ×，解析：根据《老年人权益保障法》第 2 条规定，本法所称老年人是指 60 周岁以上的公民。

2232. √，解析：根据《老年人权益保障法》第 5 条规定。

2233. √，解析：根据《老年人权益保障法》第 7 条规定。

2234. ×，解析：根据《老年人权益保障法》第 7 条第 3、4 款规定，基层群众性自治组织和依法设立的老年人组织应当反映老年人的要求，维护老年人合法权益，为老年人服务。提倡、鼓励义务为老年人服务。

2235. √，解析：根据《老年人权益保障法》第 8 条规定。

2236. √，解析：根据《老年人权益保障法》第 11 条规定。

2237. ×，解析：根据《老年人权益保障法》第 19 条第 1 款规定，赡养人不得以放弃继承权或者其他理由，拒绝履行赡养义务。

2238. ×，解析：根据《老年人权益保障法》第 20 条规定，经老年人同意，赡养人之间可以就履行赡养义务签订协议。赡养协议的内容不得违反法律的规定和老年人的意愿。基层群众性自治组织、老年人组织或者赡养人所在单位监督协议的履行。

2239. √，解析：根据《老年人权益保障法》第 32 条规定。

2240. √，解析：根据《老年人权益保障法》第 36 条规定。

2241. √，解析：根据《老年人权益保障法》第 43 条规定。

2242. ×，解析：根据《老年人权益保障法》第 50 条第 3 款规定，医疗卫生机构应当开展老年人的健康服务和疾病防治工作。

2243. √，解析：根据《老年人权益保障法》第 56 条规定。

2244. ×，解析：根据《老年人权益保障法》第 60 条规定，农村老年人不承担兴办公益事业的筹劳义务。

（二）单项选择题

2245. D，解析：根据《老年人权益保障法》第 8 条第 1 款规定，国家进行人口老龄化国情教育，增强全社会积极应对人口老龄化意识。

2246. A，解析：根据《老年人权益保障法》第 9 条规定，国家支持老龄科学研究，建立老年人状况统计调查和发布制度。

2247. A，解析：根据《老年人权益保障法》第12条规定，每年农历九月初九为老年节。

2248. B，解析：根据《老年人权益保障法》第14条第1款规定，赡养人应当履行对老年人经济上供养、生活上照料和精神上慰藉的义务，照顾老年人的特殊需要。

2249. C，解析：根据《老年人权益保障法》第14条第2、3款规定，赡养人是指老年人的子女以及其他依法负有赡养义务的人。赡养人的配偶应当协助赡养人履行赡养义务。

2250. A，解析：根据《老年人权益保障法》第16条规定，赡养人应当妥善安排老年人的住房，不得强迫老年人居住或者迁居条件低劣的房屋。老年人自有的或者承租的住房，子女或者其他亲属不得侵占，不得擅自改变产权关系或者租赁关系。老年人自有的住房，赡养人有维修的义务。

2251. B，解析：根据《老年人权益保障法》第17条规定，赡养人有义务耕种或者委托他人耕种老年人承包的田地，照管或者委托他人照管老年人的林木和牲畜等，收益归老年人所有。

2252. C，解析：根据《老年人权益保障法》第18条规定，家庭成员应当关心老年人的精神需求，不得忽视、冷落老年人。与老年人分开居住的家庭成员，应当经常看望或者问候老年人。用人单位应当按照国家有关规定保障赡养人探亲休假的权利。

2253. D，解析：根据《老年人权益保障法》第24条规定，赡养人、扶养人不履行赡养、扶养义务的，基层群众性自治组织、老年人组织或者赡养人、扶养人所在单位应当督促其履行。

2254. B，解析：根据《老年人权益保障法》第29条规定，国家通过基本医疗保险制度，保障老年人的基本医疗需要。享受最低生活保障的老年人和符合条件的低收入家庭中的老年人参加新型农村合作医疗和城镇居民基本医疗保险所需个人缴费部分，由政府给予补贴。有关部门制定医疗保险办法，应当对老年人给予照顾。

2255. D，解析：根据《老年人权益保障法》第30条规定，国家逐步开展长期护理保障工作，保障老年人的护理需求。对生活长期不能自理、经济困难的老年人，地方各级人民政府应当根据其失能程度等情况给予护理补贴。

2256. A，解析：根据《老年人权益保障法》第31条第1款规定，国家对经济困难的老年人给予基本生活、医疗、居住或者其他救助。

2257. B，解析：根据《老年人权益保障法》第 31 条第 3 款规定，对流浪乞讨、遭受遗弃等生活无着的老年人，由地方各级人民政府依照有关规定给予救助。

2258. D，解析：根据《老年人权益保障法》第 33 条规定，国家建立和完善老年人福利制度，根据经济社会发展水平和老年人的实际需要，增加老年人的社会福利。国家鼓励地方建立 80 周岁以上低收入老年人高龄津贴制度。国家建立和完善计划生育家庭老年人扶助制度。农村可以将未承包的集体所有的部分土地、山林、水面、滩涂等作为养老基地，收益供老年人养老。

2259. A，解析：根据《老年人权益保障法》第 47 条第 2 款规定，国家鼓励高等学校、中等职业学校和职业培训机构设置相关专业或者培训项目，培养养老服务专业人才。

2260. B，解析：根据《老年人权益保障法》第 51 条第 1 款规定，国家采取措施，加强老年医学的研究和人才培养，提高老年病的预防、治疗、科研水平，促进老年病的早期发现、诊断和治疗。

2261. D，解析：根据《老年人权益保障法》第 53 条规定，县级以上人民政府及其有关部门根据经济社会发展情况和老年人的特殊需要，制定优待老年人的办法，逐步提高优待水平。对常住在本行政区域内的外埠老年人给予同等优待。

2262. C，解析：根据《老年人权益保障法》第 57 条规定，医疗机构应当为老年人就医提供方便，对老年人就医予以优先。有条件的地方，可以为老年人设立家庭病床，开展巡回医疗、护理、康复、免费体检等服务。提倡为老年人义诊。

（三）多项选择题

2263. ABCD，解析：根据《老年人权益保障法》第 3 条第 1、3 规定，国家保障老年人依法享有的权益。禁止歧视、侮辱、虐待或者遗弃老年人。

2264. ABCD，解析：根据《老年人权益保障法》第 4 条规定，积极应对人口老龄化是国家的一项长期战略任务。国家和社会应当采取措施，健全保障老年人权益的各项制度，逐步改善保障老年人生活、健康、安全以及参与社会发展的条件，实现老有所养、老有所医、老有所为、老有所学、老有所乐。

2265. ACD，解析：根据《老年人权益保障法》第 5 条第 2 款规定，国家建立和完善以居家为基础、社区为依托、机构为支撑的社会养老服务体系。

2266. BCD，解析：根据《老年人权益保障法》第 8 条第 3 款规定，青少年组织、学校和幼儿园应当对青少年和儿童进行敬老、养老、助老的道德教育和维护老年人合法权益的法制教育。

2267. BD，解析：根据《老年人权益保障法》第 15 条规定，赡养人应当使患病的老年人及时得到治疗和护理；对经济困难的老年人，应当提供医疗费用。对生活不能自理的老年人，赡养人应当承担照料责任；不能亲自照料的，可以按照老年人的意愿委托他人或者养老机构等照料。

2268. ABC，解析：根据《老年人权益保障法》第 21 条规定，老年人的婚姻自由受法律保护。子女或者其他亲属不得干涉老年人离婚、再婚及婚后的生活。赡养人的赡养义务不因老年人的婚姻关系变化而消除。

2269. ACD，解析：根据《老年人权益保障法》第 22 条规定，老年人对个人的财产，依法享有占有、使用、收益和处分的权利，子女或者其他亲属不得干涉，不得以窃取、骗取、强行索取等方式侵犯老年人的财产权益。老年人有依法继承父母、配偶、子女或者其他亲属遗产的权利，有接受赠与的权利。子女或者其他亲属不得侵占、抢夺、转移、隐匿或者损毁应当由老年人继承或者接受赠与的财产。老年人以遗嘱处分财产，应当依法为老年配偶保留必要的份额。

2270. ABCD，解析：根据《老年人权益保障法》第 22 条规定，老年人对个人的财产，依法享有占有、使用、收益和处分的权利，子女或者其他亲属不得干涉，不得以窃取、骗取、强行索取等方式侵犯老年人的财产权益。老年人有依法继承父母、配偶、子女或者其他亲属遗产的权利，有接受赠与的权利。子女或者其他亲属不得侵占、抢夺、转移、隐匿或者损毁应当由老年人继承或者接受赠与的财产。老年人以遗嘱处分财产，应当依法为老年配偶保留必要的份额。

2271. BCD，解析：根据《老年人权益保障法》第 31 条第 2 款规定，老年人无劳动能力、无生活来源、无赡养人和扶养人，或者其赡养人和扶养人确无赡养能力或者扶养能力的，由地方各级人民政府依照有关规定给予供养或者救助。

2272. ABCD，解析：根据《老年人权益保障法》第 37 条规定，地方各级人民政府和有关部门应当采取措施，发展城乡社区养老服务，鼓励、扶持专业服务机构及其他组织和个人，为居家的老年人提供生活照料、紧急救援、医疗护理、精神慰藉、心理咨询等多种形式的服务。对经济困难的老年人，地方各级人民政府应当逐步给予养老服务补贴。

2273. ABCD，解析：根据《老年人权益保障法》第 38 条第 1 款规定，地方各级人民政府和有关部门、基层群众性自治组织，应当将养老服务设施纳入城乡社区配套设施建设规划，建立适应老年人需要的生活服务、文化体育活动、日间照料、疾病护理与康复等服务设施和网点，就近为老年人提供服务。

2274. ABCD，解析：根据《老年人权益保障法》第 39 条第 2 款规定，各级人民政府和有关部门在财政、税费、土地、融资等方面采取措施，鼓励、扶持企业事业单位、社会组织或者个人兴办、运营养老、老年人日间照料、老年文化体育活动等设施。

2275. ACD，解析：根据《老年人权益保障法》第 41 条规定，政府投资兴办的养老机构，应当优先保障经济困难的孤寡、失能、高龄等老年人的服务需求。

2276. BCD，解析：根据《老年人权益保障法》第 50 条第 1 款规定，各级人民政府和有关部门应当将老年医疗卫生服务纳入城乡医疗卫生服务规划，将老年人健康管理和常见病预防等纳入国家基本公共卫生服务项目。鼓励为老年人提供保健、护理、临终关怀等服务。

2277. BD，解析：根据《老年人权益保障法》第 55 条规定，各级人民政府和有关部门办理房屋权属关系变更、户口迁移等涉及老年人权益的重大事项时，应当就办理事项是否为老年人的真实意思表示进行询问，并依法优先办理。

（四）填空题

2278. 经费保障机制。(《老年人权益保障法》第 6 条)

2279. 参与社会发展做出突出贡献。(《老年人权益保障法》第 10 条)

2280. 居家。(《老年人权益保障法》第 13 条)

2281. 条件低劣。(《老年人权益保障法》第 16 条)

2282. 赡养费。(《老年人权益保障法》第 19 条)

2283. 相互扶养。(《老年人权益保障法》第 23 条)

2284. 具备完全民事行为能力。(《老年人权益保障法》第 26 条)

2285. 基本养老保险制度。(《老年人权益保障法》第 28 条)

2286. 养老基地。(《老年人权益保障法》第 33 条)

2287. 按时足额支付。(《老年人权益保障法》第 34 条)

2288. 受遗赠。(《老年人权益保障法》第36条)

2289. 老年人口比例及分布情况。(《老年人权益保障法》第40条)

（五）简答题

2290. 答：根据《老年人权益保障法》第45条规定，县级以上人民政府民政部门依法履行监督检查职责，可以采取以下措施：(1) 向养老机构和个人了解情况；(2) 进入涉嫌违法的养老机构进行现场检查；(3) 查阅或者复制有关合同、票据、账簿及其他有关资料；(4) 发现养老机构存在可能危及人身健康和生命财产安全风险的，责令限期改正，逾期不改正的，责令停业整顿。县级以上人民政府民政部门调查养老机构涉嫌违法的行为，应当遵守《中华人民共和国行政强制法》和其他有关法律、行政法规的规定。

2291. 答：根据《老年人权益保障法》第64条第1款规定，国家制定无障碍设施工程建设标准。新建、改建和扩建道路、公共交通设施、建筑物、居住区等，应当符合国家无障碍设施工程建设标准。

2292. 答：根据《老年人权益保障法》第69条规定，国家为老年人参与社会发展创造条件。根据社会需要和可能，鼓励老年人在自愿和量力的情况下，从事下列活动：(1) 对青少年和儿童进行社会主义、爱国主义、集体主义和艰苦奋斗等优良传统教育；(2) 传授文化和科技知识；(3) 提供咨询服务；(4) 依法参与科技开发和应用；(5) 依法从事经营和生产活动；(6) 参加志愿服务、兴办社会公益事业；(7) 参与维护社会治安、协助调解民间纠纷；(8) 参加其他社会活动。

八、妇女权益保障法

（一）判断题

2293. 国家采取有效措施，为妇女依法行使权利提供必要的条件。(　　)
2294. 妇女应当遵守国家法律，尊重社会公德、职业道德和家庭美德，履行法律所规定的义务。(　　)
2295. 国家保障妇女享有与男子平等的政治权利。(　　)
2296. 全国人民代表大会和地方各级人民代表大会的代表中，应当保证有适当数量的妇女代表。(　　)
2297. 居民委员会、村民委员会成员中，可以有适当数量的妇女成员。(　　)
2298. 国家保障妇女享有与男子平等的人身和人格权益。(　　)
2299. 任何组织和个人不得歧视被拐卖、绑架的妇女。(　　)
2300. 国家建立健全妇女健康服务体系，保障妇女享有基本医疗卫生服务，开展妇女重症病的预防、筛查和诊疗，提高妇女健康水平。(　　)
2301. 妇女既依法享有生育子女的权利，又有生育子女的义务。(　　)
2302. 有关部门应当提供真实、有效的避孕药具和技术，保障妇女的健康和安全。(　　)
2303. 国家保障妇女享有与男子平等的文化教育权利。(　　)
2304. 中华全国妇女联合会和地方各级妇女联合会应当采取措施，保障女性平等享有接受中高等教育的权利和机会。(　　)
2305. 国家保障妇女享有与男子平等的劳动权利和社会保障权利。(　　)
2306. 用人单位在执行国家退休制度时，不得以年龄为由歧视妇女。(　　)
2307. 国家实行生育保险制度，建立健全婴幼儿托育服务等与生育相关的其他保障制度。(　　)
2308. 因结婚男方到女方住所落户的，男方和子女享有与所在地农村集体经济组织成员平等的权益。(　　)
2309. 国家保障妇女享有与男子平等的婚姻家庭权利。(　　)

2310. 父母双方对未成年子女享有平等的监护权。父亲死亡、无监护能力或者有其他情形不能担任未成年子女的监护人的，母亲的监护权任何组织和个人不得干涉。(　　)

2311. 妇女在农村集体经济组织成员身份确认等方面权益受到侵害的，可以申请县级人民政府等进行协调，或者向人民法院起诉。(　　)

2312. 鼓励和支持群团组织、企业事业单位、社会组织和个人参与建设妇女权益保护服务热线，提供妇女权益保护方面的咨询、帮助。(　　)

(二) 单项选择题

2313. 保障妇女的合法权益是全社会的共同责任。国家机关、社会团体、企业事业单位、基层群众性自治组织以及其他组织和个人，应当依法保障妇女的（　　）。

A. 利益　　B. 合法利益

C. 权益　　D. 合法权益

2314. 国家鼓励妇女（　　），运用法律维护自身合法权益。

A. 自尊、自爱、自立、自强

B. 自尊、自信、自爱、自强

C. 自尊、自信、自立、自强

D. 自尊、自信、自立、自爱

2315. 国家采取措施，逐步提高（　　）的妇女代表的比例。

A. 全国人民代表大会

B. 地方各级人民代表大会

C. 全国人民代表大会和地方各级人民代表大会

D. 全国人民代表大会或者地方各级人民代表大会

2316. 国家机关、群团组织、企业事业单位培养、选拔和任用干部，应当坚持（　　）的原则，并有适当数量的妇女担任领导成员。

A. 性别平等　　B. 年龄平等

C. 资历平等　　D. 男女平等

2317. 学校应当建立有效预防和科学（　　）性侵害、性骚扰的工作制度。

A. 处理　　B. 处置

C. 解决　　D. 管理

2318. 下列关于妇女权益保障的说法错误的是：(　　)

A. 县级以上地方人民政府应当设立妇幼保健机构，为妇女提供保健以及常见病防治服务

B. 国家鼓励和支持社会力量通过依法捐赠、资助或者提供志愿服务等方式，管理妇女卫生健康事业

C. 国家鼓励和支持社会力量通过依法捐赠、资助或者提供志愿服务等方式，提供安全的生理健康用品或者服务，满足妇女多样化、差异化的健康需求

D. 用人单位应当定期为女职工安排妇科疾病、乳腺疾病检查以及妇女特殊需要的其他健康检查

2319. 政府、学校应当采取有效措施，解决适龄女性未成年人就学存在的(　　)困难，并创造条件，保证适龄女性未成年人完成义务教育。

A. 现实　　B. 实际

C. 重大　　D. 特别重大

2320. 人力资源和社会保障部门应当将招聘、录取、晋职、晋级、评聘专业技术职称和职务、培训、辞退等过程中的性别歧视行为纳入劳动保障(　　)范围。

A. 监察　　B. 监督

C. 监管　　D. 督察

2321. 国家(　　)男女双方在结婚登记前，共同进行医学检查或者相关健康体检。

A. 要求　　B. 支持

C. 提倡　　D. 鼓励

2322. 女方因抚育子女、照料老人、协助男方工作等负担较多义务的，有权在离婚时要求男方予以(　　)。

A. 赔偿　　B. 补偿

C. 弥补　　D. 抵偿

2323. 女方丧失生育能力的，在离婚处理子女抚养问题时，应当在(　　)的条件下，优先考虑女方的抚养要求。

A. 征求双方父母意见　　B. 征求未成年子女意见
C. 双方协商　　D. 最有利于未成年子女

2324. 受害妇女进行诉讼需要帮助的，妇女联合会应当给予（　　）。
A. 鼓励和帮助　　B. 激励和帮助
C. 支持和帮助　　D. 声援和帮助

2325. 违反《妇女权益保障法》第22条第2款规定，未履行报告义务的，依法对直接负责的主管人员和其他直接责任人员给予（　　）。
A. 政务处分　　B. 行政处分
C. 刑事处分　　D. 处分

2326. 违反《妇女权益保障法》第26条规定，未履行报告等义务的，依法给予警告、责令停业整顿或者吊销营业执照、吊销相关许可证，并处（　　）罚款。
A. 5000元以上3万元以下　　B. 5000元以上5万元以下
C. 1万元以上3万元以下　　D. 1万元以上5万元以下

2327. 《妇女权益保障法》第48条第3款规定，用人单位在执行国家退休制度时，不得以性别为由歧视妇女。用人单位违反该款规定的，由（　　）责令改正；拒不改正或者情节严重的，处1万元以上5万元以下罚款。
A. 民政部门　　B. 公安部门
C. 人力资源和社会保障部门　　D. 妇女权益保障部门

（三）多项选择题

2328. 坚持中国共产党对妇女权益保障工作的领导，建立（　　）的保障妇女权益工作机制。
A. 政府主导　　B. 各方协同
C. 组织帮助　　D. 社会参与

2329. 妇女和妇女组织有权向各级国家机关提出妇女权益保障方面的（　　）。
A. 意见　　B. 设想
C. 建议　　D. 想法

2330. 下列关于妇女的人身自由的说法正确的是：（　　）

A. 妇女的人身自由不受侵犯

B. 禁止非法拘禁和以其他非法手段剥夺妇女的人身自由

C. 禁止非法拘禁和以其他非法手段限制妇女的人身自由

D. 禁止非法搜查妇女的身体

2331. 学校应当根据女学生的年龄阶段，进行（　　）教育，在教育、管理、设施等方面采取措施，提高其防范性侵害、性骚扰的自我保护意识和能力，保障女学生的人身安全和身心健康发展。

A. 生理卫生　　B. 自卫防护

C. 心理健康　　D. 自我保护

2332. 妇女的（　　）、隐私权和个人信息等人格权益受法律保护。

A. 姓名权　　B. 肖像权

C. 名誉权　　D. 荣誉权

2333. 国家采取必要措施，开展经期、（　　）的健康知识普及、卫生保健和疾病防治，保障妇女特殊生理时期的健康需求，为有需要的妇女提供心理健康服务支持。

A. 孕期　　B. 产期

C. 哺乳期　　D. 更年期

2334. 对无正当理由不送适龄女性未成年人入学的父母或者其他监护人，由当地（　　）给予批评教育，依法责令其限期改正。

A. 乡镇人民政府　　B. 居民委员会、村民委员会

C. 县级人民政府　　D. 县级人民政府教育行政部门

2335. 国家机关、社会团体和企业事业单位应当执行国家有关规定，保障妇女从事（　　）和其他文化活动，享有与男子平等的权利。

A. 科学　　B. 技术

C. 文学　　D. 艺术

2336. 在（　　）等方面，应当坚持男女平等的原则，不得歧视妇女。

A. 晋职　　B. 晋级

C. 评聘专业技术职称和职务　　D. 培训

2337. 下列关于妇女权益保障的说法正确的是：（　　）

A. 用人单位不得因结婚、怀孕、产假、哺乳等情形，降低女职工的工资和福利待遇

B. 用人单位不得因结婚、怀孕、产假、哺乳等情形，限制女职工晋职、晋级、评聘专业技术职称和职务

C. 用人单位不得因结婚、怀孕、产假、哺乳等情形，辞退女职工

D. 用人单位不得因结婚、怀孕、产假、哺乳等情形，单方解除劳动（聘用）合同或者服务协议

2338. 妇女在农村集体经济组织成员身份确认、（　　）等方面，享有与男子平等的权利。

A. 土地承包经营

B. 集体经济组织收益分配

C. 土地征收补偿安置或者征用补偿

D. 宅基地使用

2339. 婚姻登记机关应当提供婚姻家庭辅导服务，引导当事人建立（　　）的婚姻家庭关系。

A. 平等　　　　B. 幸福

C. 和睦　　　　D. 文明

2340. 妇女对夫妻共同财产享有与其配偶平等的（　　）的权利，不受双方收入状况等情形的影响。

A. 占有　　　　B. 使用

C. 收益　　　　D. 处分

2341. 下列关于妇女权益保障的说法正确的是：（　　）

A. 妇女的合法权益受到侵害的，可以向妇女联合会等妇女组织求助

B. 妇女联合会等妇女组织应当维护被侵害妇女的合法权益，有权要求并协助有关部门或者单位查处

C. 有关部门或者单位应当依法查处，并予以答复

D. 有关部门或者单位不予处理或者处理不当的，县级以上人民政府负责妇女儿童工作的机构、妇女联合会可以向其提出督促处理意见，必要时可以提请同级人民政府开展督查

2342. 违反《妇女权益保障法》规定，通过大众传播媒介或者其他方式贬低损害妇女人格的，由（　　）、新闻出版或者其他有关部门依据各自的职权责令改正，并依法给予行政处罚。

A. 公安　　B. 网信

C. 文化旅游　　D. 广播电视

（四）填空题

2343. 县级以上人民政府应当将妇女权益保障所需经费列入本级____。

2344. 国家对保障妇女合法权益成绩显著的组织和个人，按照有关规定给予____和____。

2345. 妇女有权通过各种____，依法参与管理国家事务、管理____事业、管理社会事务。

2346. 妇女联合会及其团体会员，可以向国家机关、群团组织、企业事业单位____女干部。

2347. 妇女的人格尊严不受____。禁止用____、____等方式损害妇女的人格尊严。

2348. 禁止拐卖、绑架妇女；禁止____被拐卖、绑架的妇女；禁止____被拐卖、绑架的妇女。

2349. 性骚扰的受害妇女可以向公安机关____，也可以向人民法院提起____诉讼，依法请求行为人承担民事责任。

2350. 各级人民政府在规划、建设基础设施时，应当考虑妇女的____需求，配备满足妇女需要的____和____等公共设施。

2351. 父母或者其他监护人应当履行保障____未成年人接受并完成____教育的义务。

2352. 国家____全民终身学习体系，为妇女终身学习创造____。

2353. 实行男女____。妇女在享受福利待遇方面享有与男子____的权利。

2354. 用人单位应当根据妇女的特点，依法保护妇女在工作和劳动时的____以及____的权利。

2355. 国家____职工生育休假制度，保障____女职工依法享有休息休假权益。

2356. 在____共同财产、____共有财产关系中，不得侵害妇女依法享有的权益。

2357. 国家保护妇女的婚姻____。禁止干涉妇女的结婚、离婚____。
2358. 夫妻双方应当共同负担____，共同照顾家庭生活。
2359. 离婚时，分割夫妻____的房屋或者处理夫妻共同租住的房屋，由双方协议解决；协议不成的，可以向人民法院____。
2360. 妇女的合法权益受到侵害的，有权要求有关部门依法____，或者依法申请____、仲裁，或者向人民法院____。
2361. 国家机关、社会团体、企业事业单位对侵害妇女权益的行为，可以____受侵害的妇女向人民法院起诉。
2362. 违反《妇女权益保障法》规定，对妇女实施性骚扰的，由公安机关给予____或者出具____，并由所在单位依法给予处分。

（五）简答题

2363. 简述用人单位预防和制止对妇女的性骚扰应当采取的措施。
2364. 简述用人单位在招录（聘）过程中，除国家另有规定外，不得实施的行为。
2365. 检察机关可以对哪些侵害妇女合法权益，导致社会公共利益受损的情形依法提起公益诉讼？

参考答案

（一）判断题

2293. √，解析：根据《妇女权益保障法》第 4 条规定。
2294. √，解析：根据《妇女权益保障法》第 7 条规定。
2295. √，解析：根据《妇女权益保障法》第 12 条规定。
2296. √，解析：根据《妇女权益保障法》第 14 条规定。
2297. ×，解析：根据《妇女权益保障法》第 14 条第 3 款规定，居民委员会、村民委员会成员中，应当保证有适当数量的妇女成员。
2298. √，解析：根据《妇女权益保障法》第 18 条规定。
2299. √，解析：根据《妇女权益保障法》第 22 条规定。
2300. ×，解析：根据《妇女权益保障法》第 30 条第 1 款规定，国家建立健全妇女健康服务体系，保障妇女享有基本医疗卫生服务，开展妇女常见病、多发病的预防、筛查和诊疗，提高妇女健康水平。

2301. ×，解析：根据《妇女权益保障法》第 32 条规定，妇女依法享有生育子女的权利，也有不生育子女的自由。

2302. ×，解析：根据《妇女权益保障法》第 33 条第 2 款规定，有关部门应当提供安全、有效的避孕药具和技术，保障妇女的健康和安全。

2303. √，解析：根据《妇女权益保障法》第 35 条规定。

2304. ×，解析：根据《妇女权益保障法》第 37 条第 3 款规定，各级人民政府应当采取措施，保障女性平等享有接受中高等教育的权利和机会。

2305. √，解析：根据《妇女权益保障法》第 41 条规定。

2306. ×，解析：根据《妇女权益保障法》第 48 条第 3 款规定，用人单位在执行国家退休制度时，不得以性别为由歧视妇女。

2307. √，解析：根据《妇女权益保障法》第 51 条规定。

2308. √，解析：根据《妇女权益保障法》第 56 条规定。

2309. √，解析：根据《妇女权益保障法》第 60 条规定。

2310. √，解析：根据《妇女权益保障法》第 70 条规定。

2311. ×，解析：根据《妇女权益保障法》第 75 条第 1 款规定，妇女在农村集体经济组织成员身份确认等方面权益受到侵害的，可以申请乡镇人民政府等进行协调，或者向人民法院起诉。

2312. √，解析：根据《妇女权益保障法》第 76 条规定。

（二）单项选择题

2313. C，解析：根据《妇女权益保障法》第 4 条第 1 款规定，保障妇女的合法权益是全社会的共同责任。国家机关、社会团体、企业事业单位、基层群众性自治组织以及其他组织和个人，应当依法保障妇女的权益。

2314. C，解析：根据《妇女权益保障法》第 7 条第 1 款规定，国家鼓励妇女自尊、自信、自立、自强，运用法律维护自身合法权益。

2315. C，解析：根据《妇女权益保障法》第 14 条第 2 款规定，全国人民代表大会和地方各级人民代表大会的代表中，应当保证有适当数量的妇女代表。国家采取措施，逐步提高全国人民代表大会和地方各级人民代表大会的妇女代表的比例。

2316. D，解析：根据《妇女权益保障法》第 15 条第 2 款规定，国家机关、群团组织、企业事业单位培养、选拔和任用干部，应当坚持男女平等的原则，并有适当数量的妇女担任领导成员。

2317. B，解析：根据《妇女权益保障法》第 24 条第 2 款规定，学校应当建立有效预防和科学处置性侵害、性骚扰的工作制度。对性侵害、性骚扰女学生的违法犯罪行为，学校不得隐瞒，应当及时通知受害未成年女学生的父母或者其他监护人，向公安机关、教育行政部门报告，并配合相关部门依法处理。

2318. B，解析：根据《妇女权益保障法》第 31 条规定，县级以上地方人民政府应当设立妇幼保健机构，为妇女提供保健以及常见病防治服务。国家鼓励和支持社会力量通过依法捐赠、资助或者提供志愿服务等方式，参与妇女卫生健康事业，提供安全的生理健康用品或者服务，满足妇女多样化、差异化的健康需求。用人单位应当定期为女职工安排妇科疾病、乳腺疾病检查以及妇女特殊需要的其他健康检查。

2319. B，解析：根据《妇女权益保障法》第 36 条第 3 款规定，政府、学校应当采取有效措施，解决适龄女性未成年人就学存在的实际困难，并创造条件，保证适龄女性未成年人完成义务教育。

2320. A，解析：根据《妇女权益保障法》第 49 条规定，人力资源和社会保障部门应当将招聘、录取、晋职、晋级、评聘专业技术职称和职务、培训、辞退等过程中的性别歧视行为纳入劳动保障监察范围。

2321. D，解析：根据《妇女权益保障法》第 62 条规定，国家鼓励男女双方在结婚登记前，共同进行医学检查或者相关健康体检。

2322. B，解析：根据《妇女权益保障法》第 68 条第 2 款规定，女方因抚育子女、照料老人、协助男方工作等负担较多义务的，有权在离婚时要求男方予以补偿。补偿办法由双方协议确定；协议不成的，可以向人民法院提起诉讼。

2323. D，解析：根据《妇女权益保障法》第 71 条规定，女方丧失生育能力的，在离婚处理子女抚养问题时，应当在最有利于未成年子女的条件下，优先考虑女方的抚养要求。

2324. C，解析：根据《妇女权益保障法》第 73 条第 2 款规定，受害妇女进行诉讼需要帮助的，妇女联合会应当给予支持和帮助。

2325. D，解析：根据《妇女权益保障法》第 79 条规定，违反本法第 22 条第 2 款规定，未履行报告义务的，依法对直接负责的主管人员和其他直接责任人员给予处分。

2326. D，解析：根据《妇女权益保障法》第 81 条规定，违反本法第 26 条规定，未履行报告等义务的，依法给予警告、责令停业整顿或者吊销营业执照、吊销相关许可证，并处1万元以上5万元以下罚款。

2327. C，解析：根据《妇女权益保障法》第83条规定，用人单位违反本法第43条和第48条规定的，由人力资源和社会保障部门责令改正；拒不改正或者情节严重的，处1万元以上5万元以下罚款。

（三）多项选择题

2328. ABD，解析：根据《妇女权益保障法》第3条第1款规定，坚持中国共产党对妇女权益保障工作的领导，建立政府主导、各方协同、社会参与的保障妇女权益工作机制。

2329. AC，解析：根据《妇女权益保障法》第13条第2款规定，妇女和妇女组织有权向各级国家机关提出妇女权益保障方面的意见和建议。

2330. ABCD，解析：根据《妇女权益保障法》第19条规定，妇女的人身自由不受侵犯。禁止非法拘禁和以其他非法手段剥夺或者限制妇女的人身自由；禁止非法搜查妇女的身体。

2331. ACD，解析：根据《妇女权益保障法》第24条第1款规定，学校应当根据女学生的年龄阶段，进行生理卫生、心理健康和自我保护教育，在教育、管理、设施等方面采取措施，提高其防范性侵害、性骚扰的自我保护意识和能力，保障女学生的人身安全和身心健康发展。

2332. ABCD，解析：根据《妇女权益保障法》第28条第1款规定，妇女的姓名权、肖像权、名誉权、荣誉权、隐私权和个人信息等人格权益受法律保护。

2333. ABCD，解析：根据《妇女权益保障法》第30条第2款规定，国家采取必要措施，开展经期、孕期、产期、哺乳期和更年期的健康知识普及、卫生保健和疾病防治，保障妇女特殊生理时期的健康需求，为有需要的妇女提供心理健康服务支持。

2334. AD，解析：根据《妇女权益保障法》第36条第2款规定，对无正当理由不送适龄女性未成年人入学的父母或者其他监护人，由当地乡镇人民政府或者县级人民政府教育行政部门给予批评教育，依法责令其限期改正。居民委员会、村民委员会应当协助政府做好相关工作。

2335. ABCD，解析：根据《妇女权益保障法》第40条规定，国家机关、社会团体和企业事业单位应当执行国家有关规定，保障妇女从事科学、技术、文学、艺术和其他文化活动，享有与男子平等的权利。

2336. ABCD，解析：根据《妇女权益保障法》第46条规定，在晋职、晋级、评聘专业技术职称和职务、培训等方面，应当坚持男女平等的原则，不得歧视妇女。

2337. ABCD，解析：根据《妇女权益保障法》第48条第1款规定，用人单位不得因结婚、怀孕、产假、哺乳等情形，降低女职工的工资和福利待遇，限制女职工晋职、晋级、评聘专业技术职称和职务，辞退女职工，单方解除劳动（聘用）合同或者服务协议。

2338. ABCD，解析：根据《妇女权益保障法》第55条第1款规定，妇女在农村集体经济组织成员身份确认、土地承包经营、集体经济组织收益分配、土地征收补偿安置或者征用补偿以及宅基地使用等方面，享有与男子平等的权利。

2339. ACD，解析：根据《妇女权益保障法》第63条规定，婚姻登记机关应当提供婚姻家庭辅导服务，引导当事人建立平等、和睦、文明的婚姻家庭关系。

2340. ABCD，解析：根据《妇女权益保障法》第66条第1款规定，妇女对夫妻共同财产享有与其配偶平等的占有、使用、收益和处分的权利，不受双方收入状况等情形的影响。

2341. ABCD，解析：根据《妇女权益保障法》第73条第1款规定，妇女的合法权益受到侵害的，可以向妇女联合会等妇女组织求助。妇女联合会等妇女组织应当维护被侵害妇女的合法权益，有权要求并协助有关部门或者单位查处。有关部门或者单位应当依法查处，并予以答复；不予处理或者处理不当的，县级以上人民政府负责妇女儿童工作的机构、妇女联合会可以向其提出督促处理意见，必要时可以提请同级人民政府开展督查。

2342. ABCD，解析：根据《妇女权益保障法》第82条规定，违反本法规定，通过大众传播媒介或者其他方式贬低损害妇女人格的，由公安、网信、文化旅游、广播电视、新闻出版或者其他有关部门依据各自的职权责令改正，并依法给予行政处罚。

（四）填空题

2343. 预算。（《妇女权益保障法》第5条）

2344. 表彰；奖励。（《妇女权益保障法》第11条）

2345. 途径和形式；经济和文化。（《妇女权益保障法》第13条）

2346. 推荐。(《妇女权益保障法》第 15 条)
2347. 侵犯；侮辱；诽谤。(《妇女权益保障法》第 20 条)
2348. 收买；阻碍解救。(《妇女权益保障法》第 22 条)
2349. 报案；民事。(《妇女权益保障法》第 23 条)
2350. 特殊；公共厕所；母婴室。(《妇女权益保障法》第 34 条)
2351. 适龄女性；义务。(《妇女权益保障法》第 36 条)
2352. 健全；条件。(《妇女权益保障法》第 39 条)
2353. 同工同酬；平等。(《妇女权益保障法》第 45 条)
2354. 安全、健康；休息。(《妇女权益保障法》第 47 条)
2355. 建立健全；孕产期。(《妇女权益保障法》第 51 条)
2356. 夫妻；家庭。(《妇女权益保障法》第 54 条)
2357. 自主权；自由。(《妇女权益保障法》第 61 条)
2358. 家庭义务。(《妇女权益保障法》第 68 条)
2359. 共有；提起诉讼。(《妇女权益保障法》第 69 条)
2360. 处理；调解；起诉。(《妇女权益保障法》第 72 条)
2361. 支持。(《妇女权益保障法》第 78 条)
2362. 批评教育；告诫书。(《妇女权益保障法》第 80 条)

(五) 简答题

2363. 答：根据《妇女权益保障法》第 25 条规定，用人单位应当采取下列措施预防和制止对妇女的性骚扰：(1) 制定禁止性骚扰的规章制度；(2) 明确负责机构或者人员；(3) 开展预防和制止性骚扰的教育培训活动；(4) 采取必要的安全保卫措施；(5) 设置投诉电话、信箱等，畅通投诉渠道；(6) 建立和完善调查处置程序，及时处置纠纷并保护当事人隐私和个人信息；(7) 支持、协助受害妇女依法维权，必要时为受害妇女提供心理疏导；(8) 其他合理的预防和制止性骚扰措施。

2364. 答：根据《妇女权益保障法》第 43 条规定，用人单位在招录（聘）过程中，除国家另有规定外，不得实施下列行为：(1) 限定为男性或者规定男性优先；(2) 除个人基本信息外，进一步询问或者调查女性求职者的婚育情况；(3) 将妊娠测试作为入职体检项目；(4) 将限制结婚、生育或者婚姻、生育状况作为录（聘）用条件；(5) 其他以性别为由拒绝录（聘）用妇女或者差别化地提高对妇女录（聘）用标准的行为。

2365. 答：根据《妇女权益保障法》第77条规定，侵害妇女合法权益，导致社会公共利益受损的，检察机关可以发出检察建议；有下列情形之一的，检察机关可以依法提起公益诉讼：（1）确认农村妇女集体经济组织成员身份时侵害妇女权益或者侵害妇女享有的农村土地承包和集体收益、土地征收征用补偿分配权益和宅基地使用权益；（2）侵害妇女平等就业权益；（3）相关单位未采取合理措施预防和制止性骚扰；（4）通过大众传播媒介或者其他方式贬低损害妇女人格；（5）其他严重侵害妇女权益的情形。

九、未成年人保护法

（一）判断题

2366. 保护未成年人，应当坚持最有利于未成年人的原则。（　　）

2367. 未成年人的父母或者其他监护人不得使未满 14 周岁的未成年人脱离监护单独生活。（　　）

2368. 学校应当建立未成年学生保护工作制度，健全学生行为规范，培养未成年学生遵纪守法的良好行为习惯。（　　）

2369. 学校、幼儿园的教职员工可以对未成年人实施体罚、变相体罚。（　　）

2370. 学校不必组织未成年学生参加与其年龄相适应的日常生活劳动、生产劳动和服务性劳动。（　　）

2371. 学校、幼儿园可以与校外培训机构合作为未成年人提供有偿课程辅导。（　　）

2372. 学校对学生欺凌行为应当立即制止。（　　）

2373. 国家鼓励科研机构和科技类社会组织对未成年人开展科学普及活动。（　　）

2374. 各级人民政府应当保障特殊教育学校、幼儿园的办学、办园条件。（　　）

2375. 各级人民政府及其有关部门对困境未成年人实施分类保障。（　　）

（二）单项选择题

2376. 国家建立健全（　　），开展未成年人健康、受教育等状况的统计、调查和分析，发布未成年人保护的有关信息。

A. 未成年人健康监测制度　　B. 未成年人统计调查制度

C. 未成年人教育普查制度　　D. 未成年人保护制度

2377. 未成年人的父母或者其他监护人应当学习（　　）知识，接受（　　）指导，创造良好、和睦、文明的家庭环境。

A. 家庭心理；家庭心理　　B. 家庭文化；家庭文化

C. 家庭教育；家庭教育　　D. 家庭健康；家庭健康

2378. 未成年人的父母或者其他监护人不得使未满（　　）周岁的未成年人脱离监护单独生活。

A. 14　　B. 18

C. 16　　D. 12

2379. 学校应当配合政府有关部门建立（　　）未成年学生、（　　）未成年学生的信息档案，开展关爱帮扶工作。

A. 留守；困境　　B. 留守；单亲

C. 贫困；困境　　D. 残疾；贫困

2380. 依据《未成年人保护法》的规定，公共场所发生突发事件时，应当优先救护（　　）。

A. 未成年人　　B. 妇女

C. 男性　　D. 老年人

2381. 办理涉及未成年人案件的人员应当经过专门培训，熟悉未成年人身心特点。专门机构或者专门人员中，应当有（　　）工作人员。

A. 女性　　B. 心理学

C. 年长　　D. 医疗

2382. 对违法犯罪的未成年人，实行教育、感化、挽救的方针，坚持（　　）的原则。

A. 教育为重、惩罚为轻　　B. 教育为主、惩罚为辅

C. 教育为先、惩罚为后　　D. 教育为辅、惩罚为主

（三）多项选择题

2383. 国家保障未成年人的（　　）等权利。

A. 生存权　　B. 发展权

C. 受保护权　　D. 参与权

2384. 有关部门接到涉及未成年人的（　　），应当依法及时受理、处置，并以适当方式将处理结果告知相关单位和人员。

A. 检举　　B. 控告

C. 事故　　D. 报告

2385. 新闻媒体采访报道涉及未成年人事件应当（　　），不得侵犯未成年人的名誉、隐私和其他合法权益。

A. 客观　　B. 严谨

C. 审慎　　D. 适度

2386. 具有下列哪些情形时，民政部门应当依法对未成年人进行长期监护？（　　）

A. 查找不到未成年人的父母或者其他监护人

B. 监护人死亡或者被宣告死亡且无其他人可以担任监护人

C. 监护人丧失监护能力且无其他人可以担任监护人

D. 人民法院判决撤销监护人资格并指定由民政部门担任监护人

2387. 公安机关、人民检察院、人民法院办理未成年人遭受（　　）案件，在询问未成年被害人、证人时，应当采取同步录音录像等措施，尽量一次完成；未成年被害人、证人是女性的，应当由女性工作人员进行。

A. 人格侮辱　　B. 性侵害

C. 暴力伤害　　D. 诈骗

（四）填空题

2388. 国家保障未成年人的____、____、____、____等权利。

2389. 未成年人的____或者____依法对未成年人承担____职责。

2390. ____人民政府应当将未成年人保护工作纳入国民经济和社会发展规划，相关经费纳入____政府预算。

2391. 任何组织或者个人发现不利于未成年人身心健康或者侵犯未成年人合法权益的情形，都有权____、____或者向____、____、____等有关部门提出检举、控告。

2392. 国家建立健全____，开展未成年人健康、受教育等状况的统计、调查和分析，发布____的有关信息。

2393. 未成年人的____或者____应当根据未成年人的____和____，在作出与未成年人权益有关的决定前，听取未成年人的意见，充分考虑其真实意愿。

2394. 未成年人的父母或者其他监护人接到____、____、____、学校、幼儿园等关于未成年人心理、行为异常的通知后，应当及时采取干预措施。

2395. 学校应当全面贯彻国家教育方针，坚持____，实施____，提高教育质量。

2396. 学校、幼儿园的教职员工应当尊重未成年人____，不得对未成年人实施____、____或者其他侮辱____的行为。

2397. 学校应当保障未成年学生____的权利，不得违反国家规定____、____未成年学生。

2398. 学校应当根据未成年学生____特点，进行____指导、____辅导、____教育和生命教育。

2399. 使用校车的学校、幼儿园应当建立健全____制度，配备____人员，定期对校车进行安全检查，对校车驾驶人进行安全教育。

2400. 国家鼓励创作、____、制作和____有利于未成年人健康成长的图书、报刊、电影、____、舞台艺术作品、____、电子出版物和____等。

2401. 禁止制作、____、发布、传播或者____有关未成年人的____物品和网络信息。

2402. 禁止____、绑架、____、非法____未成年人。

（五）简答题

2403. 处理涉及未成年人事项，应当符合哪些要求？

2404. 未成年人的父母或者其他监护人应当履行哪些监护职责？

2405. 不得被委托代为监护未成年人的情形有哪些？

2406. 哪些情形下，民政部门应当依法对未成年人进行临时监护？

参考答案

（一）判断题

2366. √，解析：根据《未成年人保护法》第4条规定。

2367. ×，解析：根据《未成年人保护法》第21条规定，未成年人的父母或者其他监护人不得使未满 8 周岁或者由于身体、心理原因需要特别照顾的未成年人处于无人看护状态，或者将其交由无民事行为能力、限制民事行为能力、患有严重传染性疾病或者其他不适宜的人员临时照护。未成年人的父母或者其他监护人不得使未满 16 周岁的未成年人脱离监护单独生活。

2368. √，解析：根据《未成年人保护法》第 25 条规定。

2369. ×，解析：根据《未成年人保护法》第 27 条规定，学校、幼儿园的教职员工应当尊重未成年人人格尊严，不得对未成年人实施体罚、变相体罚或者其他侮辱人格尊严的行为。

2370. ×，解析：根据《未成年人保护法》第 31 条规定，学校应当组织未成年学生参加与其年龄相适应的日常生活劳动、生产劳动和服务性劳动，帮助未成年学生掌握必要的劳动知识和技能，养成良好的劳动习惯。

2371. ×，解析：根据《未成年人保护法》第 38 条规定，学校、幼儿园不得安排未成年人参加商业性活动，不得向未成年人及其父母或者其他监护人推销或者要求其购买指定的商品和服务。学校、幼儿园不得与校外培训机构合作为未成年人提供有偿课程辅导。

2372. √，解析：根据《未成年人保护法》第 39 条规定。

2373. √，解析：根据《未成年人保护法》第 44 条规定。

2374. √，解析：根据《未成年人保护法》第 86 条规定。

2375. √，解析：根据《未成年人保护法》第 91 条规定。

（二）单项选择题

2376. B，解析：根据《未成年人保护法》第 13 条规定，国家建立健全未成年人统计调查制度，开展未成年人健康、受教育等状况的统计、调查和分析，发布未成年人保护的有关信息。

2377. C，解析：根据《未成年人保护法》第 15 条规定，未成年人的父母或者其他监护人应当学习家庭教育知识，接受家庭教育指导，创造良好、和睦、文明的家庭环境。共同生活的其他成年家庭成员应当协助未成年人的父母或者其他监护人抚养、教育和保护未成年人。

2378. C，解析：根据《未成年人保护法》第 21 条规定，未成年人的父母或者其他监护人不得使未满 8 周岁或者由于身体、心理原因需要特别照顾的未成年人处于无人看护状态，或者将其交由无民事行为能力、限制民事行为能力、患有严重传染性疾病或者其他不适宜的人员临时照护。未成年人的父母或者其他监护人不得使未满 16 周岁的未成年人脱离监护单独生活。

2379. A，解析：根据《未成年人保护法》第29条规定，学校应当关心、爱护未成年学生，不得因家庭、身体、心理、学习能力等情况歧视学生。对家庭困难、身心有障碍的学生，应当提供关爱；对行为异常、学习有困难的学生，应当耐心帮助。学校应当配合政府有关部门建立留守未成年学生、困境未成年学生的信息档案，开展关爱帮扶工作。

2380. A，解析：根据《未成年人保护法》第56条规定，未成年人集中活动的公共场所应当符合国家或者行业安全标准，并采取相应安全保护措施。对可能存在安全风险的设施，应当定期进行维护，在显著位置设置安全警示标志并标明适龄范围和注意事项；必要时应当安排专门人员看管。大型的商场、超市、医院、图书馆、博物馆、科技馆、游乐场、车站、码头、机场、旅游景区景点等场所运营单位应当设置搜寻走失未成年人的安全警报系统。场所运营单位接到求助后，应当立即启动安全警报系统，组织人员进行搜寻并向公安机关报告。公共场所发生突发事件时，应当优先救护未成年人。

2381. A，解析：根据《未成年人保护法》第101条规定，公安机关、人民检察院、人民法院和司法行政部门应当确定专门机构或者指定专门人员，负责办理涉及未成年人案件。办理涉及未成年人案件的人员应当经过专门培训，熟悉未成年人身心特点。专门机构或者专门人员中，应当有女性工作人员。公安机关、人民检察院、人民法院和司法行政部门应当对上述机构和人员实行与未成年人保护工作相适应的评价考核标准。

2382. B，解析：根据《未成年人保护法》第113条规定，对违法犯罪的未成年人，实行教育、感化、挽救的方针，坚持教育为主、惩罚为辅的原则。对违法犯罪的未成年人依法处罚后，在升学、就业等方面不得歧视。

（三）多项选择题

2383. ABCD，解析：根据《未成年人保护法》第3条规定，国家保障未成年人的生存权、发展权、受保护权、参与权等权利。未成年人依法平等地享有各项权利，不因本人及其父母或者其他监护人的民族、种族、性别、户籍、职业、宗教信仰、教育程度、家庭状况、身心健康状况等受到歧视。

2384. ABD，解析：根据《未成年人保护法》第11条规定，任何组织或者个人发现不利于未成年人身心健康或者侵犯未成年人合法权益的情形，都有权劝阻、制止或者向公安、民政、教育等有关部门提出检举、控告。国家机关、居民委员会、村民委员会、密切接触未成年人的单位及其工作人员，在工作中发现未成年人身心健康受到侵害、疑似受到侵害或者面临其他危险情形的，应当立即向公安、民政、教育等有关部门报告。有关部门接到涉及未成年人的检举、控告或者报告，应当依法及时受理、处置，并以适当方式将处理结果告知相关单位和人员。

2385. ACD，解析：根据《未成年人保护法》第 49 条规定，新闻媒体应当加强未成年人保护方面的宣传，对侵犯未成年人合法权益的行为进行舆论监督。新闻媒体采访报道涉及未成年人事件应当客观、审慎和适度，不得侵犯未成年人的名誉、隐私和其他合法权益。

2386. ABCD，解析：根据《未成年人保护法》第 94 条规定，具有下列情形之一的，民政部门应当依法对未成年人进行长期监护：（1）查找不到未成年人的父母或者其他监护人；（2）监护人死亡或者被宣告死亡且无其他人可以担任监护人；（3）监护人丧失监护能力且无其他人可以担任监护人；（4）人民法院判决撤销监护人资格并指定由民政部门担任监护人；（5）法律规定的其他情形。

2387. BC，解析：根据《未成年人保护法》第 112 条规定，公安机关、人民检察院、人民法院办理未成年人遭受性侵害或者暴力伤害案件，在询问未成年被害人、证人时，应当采取同步录音录像等措施，尽量一次完成；未成年被害人、证人是女性的，应当由女性工作人员进行。

（四）填空题

2388. 生存权；发展权；受保护权；参与权。（《未成年人保护法》第 3 条）

2389. 父母；其他监护人；监护。（《未成年人保护法》第 7 条）

2390. 县级以上；本级。（《未成年人保护法》第 8 条）

2391. 劝阻；制止；公安；民政；教育。（《未成年人保护法》第 11 条）

2392. 未成年人统计调查制度；未成年人保护。（《未成年人保护法》第 13 条）

2393. 父母；其他监护人；年龄；智力发展状况。（《未成年人保护法》第 19 条）

2394. 被委托人；居民委员会；村民委员会。（《未成年人保护法》第 23 条）

2395. 立德树人；素质教育。（《未成年人保护法》第 25 条）

2396. 人格尊严；体罚；变相体罚；人格尊严。（《未成年人保护法》第 27 条）

2397. 受教育；开除；变相开除。（《未成年人保护法》第 28 条）

2398. 身心发展；社会生活；心理健康；青春期。（《未成年人保护法》第 30 条）

2399. 校车安全管理；安全管理。（《未成年人保护法》第 36 条）

2400. 出版；传播；广播电视节目；音像制品；网络信息。(《未成年人保护法》第48条)

2401. 复制；持有；淫秽色情。(《未成年人保护法》第52条)

2402. 拐卖；虐待；收养。(《未成年人保护法》第54条)

(五) 简答题

2403. 答：根据《未成年人保护法》第4条规定，处理涉及未成年人事项，应当符合下列要求：(1) 给予未成年人特殊、优先保护；(2) 尊重未成年人人格尊严；(3) 保护未成年人隐私权和个人信息；(4) 适应未成年人身心健康发展的规律和特点；(5) 听取未成年人的意见；(6) 保护与教育相结合。

2404. 答：根据《未成年人保护法》第16条规定，未成年人的父母或者其他监护人应当履行下列监护职责：(1) 为未成年人提供生活、健康、安全等方面的保障；(2) 关注未成年人的生理、心理状况和情感需求；(3) 教育和引导未成年人遵纪守法、勤俭节约，养成良好的思想品德和行为习惯；(4) 对未成年人进行安全教育，提高未成年人的自我保护意识和能力；(5) 尊重未成年人受教育的权利，保障适龄未成年人依法接受并完成义务教育；(6) 保障未成年人休息、娱乐和体育锻炼的时间，引导未成年人进行有益身心健康的活动；(7) 妥善管理和保护未成年人的财产；(8) 依法代理未成年人实施民事法律行为；(9) 预防和制止未成年人的不良行为和违法犯罪行为，并进行合理管教；(10) 其他应当履行的监护职责。

2405. 答：根据《未成年人保护法》第22条规定，具有下列情形之一的，不得作为被委托人：(1) 曾实施性侵害、虐待、遗弃、拐卖、暴力伤害等违法犯罪行为；(2) 有吸毒、酗酒、赌博等恶习；(3) 曾拒不履行或者长期怠于履行监护、照护职责；(4) 其他不适宜担任被委托人的情形。

2406. 答：根据《未成年人保护法》第92条规定，具有下列情形之一的，民政部门应当依法对未成年人进行临时监护：(1) 未成年人流浪乞讨或者身份不明，暂时查找不到父母或者其他监护人；(2) 监护人下落不明且无其他人可以担任监护人；(3) 监护人因自身客观原因或者因发生自然灾害、事故灾难、公共卫生事件等突发事件不能履行监护职责，导致未成年人监护缺失；(4) 监护人拒绝或者怠于履行监护职责，导致未成年人处于无人照料的状态；(5) 监护人教唆、利用未成年人实施违法犯罪行为，未成年人需要被带离安置；(6) 未成年人遭受监护人严重伤害或者面临人身安全威胁，需要被紧急安置；(7) 法律规定的其他情形。

十、预防未成年人犯罪法

（一）判断题

2407. 预防未成年人犯罪，在各级人民政府组织下，实行综合治理。（　　）

2408. 教育行政部门应当会同有关部门建立学生欺凌防控制度。（　　）

2409. 教育行政部门应当将预防犯罪教育的工作效果纳入学校季度考核内容。（　　）

2410. 对有严重不良行为的未成年人，未成年人的父母或者其他监护人、所在学校无力管教或者管教无效的，可以直接送入专门学校接受专门教育。（　　）

2411. 未成年人实施刑法规定的行为、因不满法定刑事责任年龄不予刑事处罚的，不再采取其他矫治措施。（　　）

（二）单项选择题

2412. 预防未成年人犯罪，立足于教育和保护未成年人相结合，坚持（　　），对未成年人的不良行为和严重不良行为及时进行分级预防、干预和矫治。

A. 预防为主、提前干预　　B. 预防为主、惩罚为辅

C. 教育为主、惩罚为辅　　D. 提前干预、教育为主

2413. 国家加强专门学校建设，对有严重不良行为的未成年人进行专门教育。专门学校建设和专门教育具体办法，由（　　）规定。

A. 教育部　　B. 司法部

C. 国务院　　D. 公安部

2414. 职业培训机构、用人单位在对已满（　　）周岁准备就业的未成年人进行职业培训时，应当将预防犯罪教育纳入培训内容。

A. 14　　B. 16

C. 17　　D. 18

2415. 公安机关、人民检察院、人民法院对于无固定住所、无法提供保证人的未成年人适用（　　）的，应当指定合适成年人作为保证人，必要时可以安排取保候审的未成年人接受社会观护。

A. 保外就医　　B. 监视居住

C. 拘留　　D. 取保候审

2416. （　　）通过依法行使检察权，对未成年人重新犯罪预防工作等进行监督。

A. 人民检察院　　B. 监察委员会

C. 最高人民检察院　　D. 公安机关

（三）多项选择题

2417. 未成年人应当遵守法律法规及社会公共道德规范，树立（　　）意识，增强辨别是非和自我保护的能力，自觉抵制各种不良行为以及违法犯罪行为的引诱和侵害。

A. 自爱　　B. 自尊

C. 自律　　D. 自强

2418. 下列哪些属于未成年人实施的不利于其健康成长的行为？（　　）

A. 吸烟、饮酒　　B. 沉迷网络

C. 参与赌博、变相赌博　　D. 无故夜不归宿、离家出走

2419. 专门学校应当对接受专门教育的未成年人分级分类进行教育和矫治，有针对性地开展（　　）。

A. 道德教育　　B. 法治教育

C. 心理健康教育　　D. 思想教育

2420. 刑满释放和接受社区矫正的未成年人，在（　　）等方面依法享有与其他未成年人同等的权利，任何单位和个人不得歧视。

A. 复学　　B. 升学

C. 参军　　D. 就业

2421. 教职员工（　　）未成年人实施不良行为或者严重不良行为，以及品行不良、影响恶劣的，教育行政部门、学校应当依法予以解聘或者辞退。

A. 教唆　　B. 胁迫
C. 引诱　　D. 纵容

(四) 填空题

2422. 开展预防未成年人犯罪工作，应当尊重未成年人____，保护未成年人的____、____和____等合法权益。
2423. 预防未成年人犯罪，应当结合未成年人不同年龄的生理、心理特点，加强____、心理关爱、____和预防犯罪对策的研究。
2424. 学校应当聘任从事法治教育的专职或者兼职教师，并可以从司法和执法机关、法学教育和法律服务机构等单位聘请____、____。
2425. 学校应当将____计划告知未成年学生的父母或者其他监护人。
2426. 学校和家庭应当加强沟通，建立____机制。

(五) 简答题

2427. 简述各级人民政府在预防未成年人犯罪方面的工作职责。
2428. 对有不良行为的未成年学生，学校可以采取哪些管理教育措施？
2429. 对有严重不良行为的未成年人，公安机关可以采取哪些矫治教育措施？

参考答案

(一) 判断题

2407. √，解析：根据《预防未成年人犯罪法》第 4 条规定。
2408. √，解析：根据《预防未成年人犯罪法》第 20 条规定。
2409. ×，解析：根据《预防未成年人犯罪法》第 23 条规定，教育行政部门应当将预防犯罪教育的工作效果纳入学校年度考核内容。
2410. ×，解析：根据《预防未成年人犯罪法》第 43 条规定，对有严重不良行为的未成年人，未成年人的父母或者其他监护人、所在学校无力管教或者管教无效的，可以向教育行政部门提出申请，经专门教育指导委员会评估同意后，由教育行政部门决定送入专门学校接受专门教育。
2411. ×，解析：根据《预防未成年人犯罪法》第 45 条规定，未成年人实施刑法规定的行为、因不满法定刑事责任年龄不予刑事处罚的，经专门教育指导委员会评估同意，教育行政部门会同公安机关可以决定对其进行专门矫治教育。省级人民政府应当结合本地的实际情况，至少确定一所专门学校按照分校区、分班级等方式设置专门场所，对前款规定的未成年人进行专门矫治教育。前款规定的专门场所实行闭环管理，公安机关、司法行政部门负责未成年人的矫治工作，教育行政部门承担未成年人的教育工作。

（二）单项选择题

2412. A，解析：根据《预防未成年人犯罪法》第 2 条规定，预防未成年人犯罪，立足于教育和保护未成年人相结合，坚持预防为主、提前干预，对未成年人的不良行为和严重不良行为及时进行分级预防、干预和矫治。

2413. C，解析：根据《预防未成年人犯罪法》第 6 条规定，国家加强专门学校建设，对有严重不良行为的未成年人进行专门教育。专门教育是国民教育体系的组成部分，是对有严重不良行为的未成年人进行教育和矫治的重要保护处分措施。省级人民政府应当将专门教育发展和专门学校建设纳入经济社会发展规划。县级以上地方人民政府成立专门教育指导委员会，根据需要合理设置专门学校。专门教育指导委员会由教育、民政、财政、人力资源社会保障、公安、司法行政、人民检察院、人民法院、共产主义青年团、妇女联合会、关心下一代工作委员会、专门学校等单位，以及律师、社会工作者等人员组成，研究确定专门学校教学、管理等相关工作。专门学校建设和专门教育具体办法，由国务院规定。

2414. B，解析：根据《预防未成年人犯罪法》第 27 条规定，职业培训机构、用人单位在对已满 16 周岁准备就业的未成年人进行职业培训时，应当将预防犯罪教育纳入培训内容。

2415. D，解析：根据《预防未成年人犯罪法》第 52 条规定，公安机关、人民检察院、人民法院对于无固定住所、无法提供保证人的未成年人适用取保候审的，应当指定合适成年人作为保证人，必要时可以安排取保候审的未成年人接受社会观护。

2416. A，解析：根据《预防未成年人犯罪法》第 60 条规定，人民检察院通过依法行使检察权，对未成年人重新犯罪预防工作等进行监督。

（三）多项选择题

2417. BCD，解析：根据《预防未成年人犯罪法》第 11 条规定，未成年人应当遵守法律法规及社会公共道德规范，树立自尊、自律、自强意识，增强辨别是非和自我保护的能力，自觉抵制各种不良行为以及违法犯罪行为的引诱和侵害。

2418. ABCD，解析：根据《预防未成年人犯罪法》第28条规定，本法所称不良行为，是指未成年人实施的不利于其健康成长的下列行为：（1）吸烟、饮酒；（2）多次旷课、逃学；（3）无故夜不归宿、离家出走；（4）沉迷网络；（5）与社会上具有不良习性的人交往，组织或者参加实施不良行为的团伙；（6）进入法律法规规定未成年人不宜进入的场所；（7）参与赌博、变相赌博，或者参加封建迷信、邪教等活动；（8）阅览、观看或者收听宣扬淫秽、色情、暴力、恐怖、极端等内容的读物、音像制品或者网络信息等；（9）其他不利于未成年人身心健康成长的不良行为。

2419. ABC，解析：根据《预防未成年人犯罪法》第47条规定，专门学校应当对接受专门教育的未成年人分级分类进行教育和矫治，有针对性地开展道德教育、法治教育、心理健康教育，并根据实际情况进行职业教育；对没有完成义务教育的未成年人，应当保证其继续接受义务教育。专门学校的未成年学生的学籍保留在原学校，符合毕业条件的，原学校应当颁发毕业证书。

2420. ABD，解析：根据《预防未成年人犯罪法》第58条规定，刑满释放和接受社区矫正的未成年人，在复学、升学、就业等方面依法享有与其他未成年人同等的权利，任何单位和个人不得歧视。

2421. ABC，解析：根据《预防未成年人犯罪法》第62条规定，学校及其教职员工违反本法规定，不履行预防未成年人犯罪工作职责，或者虐待、歧视相关未成年人的，由教育行政等部门责令改正，通报批评；情节严重的，对直接负责的主管人员和其他直接责任人员依法给予处分。构成违反治安管理行为的，由公安机关依法予以治安管理处罚。教职员工教唆、胁迫、引诱未成年人实施不良行为或者严重不良行为，以及品行不良、影响恶劣的，教育行政部门、学校应当依法予以解聘或者辞退。

（四）填空题

2422. 人格尊严；名誉权；隐私权；个人信息。（《预防未成年人犯罪法》第3条）

2423. 青春期教育；心理矫治。（《预防未成年人犯罪法》第12条）

2424. 法治副校长；校外法治辅导员。（《预防未成年人犯罪法》第18条）

2425. 预防犯罪教育。（《预防未成年人犯罪法》第22条）

2426. 家校合作。（《预防未成年人犯罪法》第32条）

(五) 简答题

2427. 答：根据《预防未成年人犯罪法》第5条规定，各级人民政府在预防未成年人犯罪方面的工作职责是：(1) 制定预防未成年人犯罪工作规划；(2) 组织公安、教育、民政、文化和旅游、市场监督管理、网信、卫生健康、新闻出版、电影、广播电视、司法行政等有关部门开展预防未成年人犯罪工作；(3) 为预防未成年人犯罪工作提供政策支持和经费保障；(4) 对本法的实施情况和工作规划的执行情况进行检查；(5) 组织开展预防未成年人犯罪宣传教育；(6) 其他预防未成年人犯罪工作职责。

2428. 答：根据《预防未成年人犯罪法》第31条规定，学校对有不良行为的未成年学生，应当加强管理教育，不得歧视；对拒不改正或者情节严重的，学校可以根据情况予以处分或者采取以下管理教育措施：(1) 予以训导；(2) 要求遵守特定的行为规范；(3) 要求参加特定的专题教育；(4) 要求参加校内服务活动；(5) 要求接受社会工作者或者其他专业人员的心理辅导和行为干预；(6) 其他适当的管理教育措施。

2429. 答：根据《预防未成年人犯罪法》第41条规定，对有严重不良行为的未成年人，公安机关可以根据具体情况，采取以下矫治教育措施：(1) 予以训诫；(2) 责令赔礼道歉、赔偿损失；(3) 责令具结悔过；(4) 责令定期报告活动情况；(5) 责令遵守特定的行为规范，不得实施特定行为、接触特定人员或者进入特定场所；(6) 责令接受心理辅导、行为矫治；(7) 责令参加社会服务活动；(8) 责令接受社会观护，由社会组织、有关机构在适当场所对未成年人进行教育、监督和管束；(9) 其他适当的矫治教育措施。

十一、母婴保健法

（一）判断题

2430. 国家发展母婴保健事业，提供必要条件和物质帮助，使母亲和婴儿获得医疗保健服务。国家对边远贫困地区的母婴保健事业给予扶持。（　　）

2431. 接受婚前医学检查的人员对检查结果持有异议的，必须申请医学技术鉴定，取得医学鉴定证明。（　　）

2432. 经产前检查，医师发现或者怀疑胎儿异常的，可以对孕妇进行产前诊断。（　　）

（二）单项选择题

2433. 生育过严重缺陷患儿的妇女再次妊娠前，夫妻双方应当到（　　）医疗保健机构接受医学检查。

A. 县级以上　　B. 县级

C. 市级以上　　D. 市级

（三）多项选择题

2434. 婚前医学检查是对下列哪些疾病的检查？（　　）

A. 严重遗传性疾病　　B. 指定传染病

C. 有关精神病　　D. 不孕不育症

（四）填空题

2435. 国家____母婴保健领域的教育和科学研究，____先进、实用的母婴保健技术，____母婴保健科学知识。

2436. 经婚前医学检查，对患指定传染病在传染期内或者有关精神病在____

内的，医师应当提出医学意见；准备结婚的男女双方应当____结婚。

2437. 对患____或者接触致畸物质，妊娠可能危及孕妇生命安全或者可能严重影响孕妇健康和胎儿____的，医疗保健机构应当予以____。

2438. 医疗保健机构为产妇提供科学育儿、合理营养和____的指导。医疗保健机构对婴儿进行体格检查和____，逐步开展新生儿疾病筛查、婴儿多发病和常见病防治等医疗保健服务。

（五）简答题

2439. 简述婚前保健服务包括的内容。

2440. 简述孕产期保健服务包括的内容。

参考答案

（一）判断题

2430. √，解析：根据《母婴保健法》第 2 条规定。

2431. ×，解析：根据《母婴保健法》第 11 条规定，接受婚前医学检查的人员对检查结果持有异议的，可以申请医学技术鉴定，取得医学鉴定证明。

2432. ×，解析：根据《母婴保健法》第 17 条规定，经产前检查，医师发现或者怀疑胎儿异常的，应当对孕妇进行产前诊断。

（二）单项选择题

2433. A，解析：根据《母婴保健法》第 20 条规定，生育过严重缺陷患儿的妇女再次妊娠前，夫妻双方应当到县级以上医疗保健机构接受医学检查。

（三）多项选择题

2434. ABC，解析：根据《母婴保健法》第 8 条规定，婚前医学检查包括对下列疾病的检查：（1）严重遗传性疾病；（2）指定传染病；（3）有关精神病。经婚前医学检查，医疗保健机构应当出具婚前医学检查证明。

（四）填空题

2435. 鼓励、支持；推广；普及。（《母婴保健法》第 5 条）

2436. 发病期；暂缓。（《母婴保健法》第 9 条）

2437. 严重疾病；正常发育；医学指导。（《母婴保健法》第 15 条）

2438. 母乳喂养；预防接种。（《母婴保健法》第 24 条）

（五）简答题

2439. 答：根据《母婴保健法》第7条规定，医疗保健机构应当为公民提供婚前保健服务。婚前保健服务包括下列内容：（1）婚前卫生指导：关于性卫生知识、生育知识和遗传病知识的教育；（2）婚前卫生咨询：对有关婚配、生育保健等问题提供医学意见；（3）婚前医学检查：对准备结婚的男女双方可能患影响结婚和生育的疾病进行医学检查。

2440. 答：根据《母婴保健法》第14条规定，医疗保健机构应当为育龄妇女和孕产妇提供孕产期保健服务。孕产期保健服务包括下列内容：（1）母婴保健指导：对孕育健康后代以及严重遗传性疾病和碘缺乏病等地方病的发病原因、治疗和预防方法提供医学意见；（2）孕妇、产妇保健：为孕妇、产妇提供卫生、营养、心理等方面的咨询和指导以及产前定期检查等医疗保健服务；（3）胎儿保健：为胎儿生长发育进行监护，提供咨询和医学指导；（4）新生儿保健：为新生儿生长发育、哺乳和护理提供医疗保健服务。

十二、残疾人保障法

（一）判断题

2441. 残疾人是指在心理、生理、人体结构上，某种组织、功能丧失或者不正常，全部或者部分丧失以正常方式从事某种活动能力的人。（　　）

2442. 国家采取辅助方法和扶持措施，对残疾人给予特别扶助，减轻或者消除残疾影响和外界障碍，保障残疾人权利的实现。（　　）

2443. 国家建立健全残疾人统计调查制度，开展残疾人状况的统计调查和分析。（　　）

2444. 国家保障残疾人享有平等接受教育的权利。（　　）

2445. 各级人民政府对接受义务教育的残疾学生、贫困残疾人家庭的学生提供免费教科书，减少寄宿生活费等费用；对接受义务教育以外其他教育的残疾学生、贫困残疾人家庭的学生按照国家有关规定给予资助。（　　）

2446. 政府有关部门、残疾人所在单位和有关社会组织应当对残疾人开展扫除文盲、职业培训、创业培训和其他成人教育，鼓励残疾人自学成才。（　　）

（二）单项选择题

2447. 每年（　　）月的第三个星期日为全国助残日。

A. 3　　B. 10

C. 12　　D. 5

2448. 残疾人教育，实行普及与提高相结合、以普及为重点的方针，保障（　　），着重发展（　　），积极开展（　　），逐步发展（　　）。

A. 义务教育；职业教育；学前教育；高级中等以上教育

B. 职业教育；义务教育；学前教育；高级中等以上教育

C. 职业教育；学前教育；高级中等以上教育；义务教育

D. 义务教育；学前教育；职业教育；高级中等以上教育

2449. （　　）以上人民政府应当根据残疾人的数量、分布状况和残疾类别等因素，合理设置残疾人教育机构，并鼓励社会力量办学、捐资助学。

A. 县级　　B. 市级

C. 省级　　D. 乡级

2450. 政府和社会促进残疾人与其他公民之间的相互理解和交流，宣传残疾人事业和扶助残疾人的事迹，弘扬残疾人（　　）的精神，倡导团结、友爱、互助的社会风尚。

A. 团结互助　　B. 自强不息

C. 乐观向上　　D. 身残志坚

（三）多项选择题

2451. 残疾人包括（　　）、智力残疾、精神残疾、多重残疾和其他残疾的人。

A. 视力残疾　　B. 听力残疾

C. 言语残疾　　D. 肢体残疾

2452. 国家鼓励残疾人（　　），为社会主义建设贡献力量。残疾人应当遵守法律、法规，履行应尽的义务，遵守公共秩序，尊重社会公德。

A. 自尊　　B. 自信

C. 自强　　D. 自立

2453. 医学院校和其他有关院校应当有计划地开设康复课程，设置相关专业，培养各类康复专业人才。政府和社会采取多种形式对从事康复工作的人员进行技术培训；向（　　）普及康复知识，传授康复方法。

A. 残疾人　　B. 残疾人亲属

C. 有关工作人员　　D. 志愿工作者

2454. 残疾人享有的权利包括：（　　）

A. 平等参与文化生活的权利　　B. 劳动的权利

C. 平等接受教育的权利　　D. 享有康复服务的权利

2455. 残疾人劳动就业，实行集中与分散相结合的方针，采取优惠政策和扶持保护措施，通过（ ），使残疾人劳动就业逐步普及、稳定、合理。

A. 多渠道　　B. 多层次

C. 多种形式　　D. 多方面

2456. 残疾人联合会举办的残疾人就业服务机构，应当组织开展免费的（ ），为残疾人就业和用人单位招用残疾人提供服务和帮助。

A. 职业规划　　B. 职业介绍

C. 职业培训　　D. 职业指导

（四）填空题

2457. 残疾人的____和____受法律保护。

2458. ____和____有权向各级国家机关提出残疾人权益保障、残疾人事业发展等方面的意见和建议。

2459. 特殊教育____和____，享受特殊教育津贴。

2460. 盲人持____免费乘坐市内公共汽车、电车、地铁、渡船等公共交通工具。盲人读物邮件____寄递。

2461. 国家举办的各类升学考试、职业资格考试和任职考试，有盲人参加的，应当为盲人提供____、____或者由专门的工作人员予以协助。

（五）简答题

2462. 简述残疾人教育在实施时应注意的事项。

2463. 简述政府和社会可以采取的丰富残疾人的精神文化生活的措施。

参考答案

（一）判断题

2441. √，解析：根据《残疾人保障法》第2条规定。

2442. √，解析：根据《残疾人保障法》第4条规定。

2443. √，解析：根据《残疾人保障法》第11条规定。

2444. √，解析：根据《残疾人保障法》第 21 条规定。

2445. ×，解析：根据《残疾人保障法》第 21 条第 4 款规定，各级人民政府对接受义务教育的残疾学生、贫困残疾人家庭的学生提供免费教科书，并给予寄宿生活费等费用补助；对接受义务教育以外其他教育的残疾学生、贫困残疾人家庭的学生按照国家有关规定给予资助。

2446. √，解析：根据《残疾人保障法》第 27 条规定。

（二）单项选择题

2447. D，解析：根据《残疾人保障法》第 14 条规定，每年 5 月的第三个星期日为全国助残日。

2448. A，解析：根据《残疾人保障法》第 22 条规定，残疾人教育，实行普及与提高相结合、以普及为重点的方针，保障义务教育，着重发展职业教育，积极开展学前教育，逐步发展高级中等以上教育。

2449. A，解析：根据《残疾人保障法》第 24 条规定，县级以上人民政府应当根据残疾人的数量、分布状况和残疾类别等因素，合理设置残疾人教育机构，并鼓励社会力量办学、捐资助学。

2450. B，解析：根据《残疾人保障法》第 45 条规定，政府和社会促进残疾人与其他公民之间的相互理解和交流，宣传残疾人事业和扶助残疾人的事迹，弘扬残疾人自强不息的精神，倡导团结、友爱、互助的社会风尚。

（三）多项选择题

2451. ABCD，解析：根据《残疾人保障法》第 2 条第 2 款规定，残疾人包括视力残疾、听力残疾、言语残疾、肢体残疾、智力残疾、精神残疾、多重残疾和其他残疾的人。

2452. ABCD，解析：根据《残疾人保障法》第 10 条第 1 款规定，国家鼓励残疾人自尊、自信、自强、自立，为社会主义建设贡献力量。

2453. ABCD，解析：根据《残疾人保障法》第 19 条规定，医学院校和其他有关院校应当有计划地开设康复课程，设置相关专业，培养各类康复专业人才。政府和社会采取多种形式对从事康复工作的人员进行技术培训；向残疾人、残疾人亲属、有关工作人员和志愿工作者普及康复知识，传授康复方法。

2454. ABCD，解析：根据《残疾人保障法》第 15 条第 1 款规定，国家保障残疾人享有康复服务的权利。根据《残疾人保障法》第 21 条第 1 款规定，国家保障残疾人享有平等接受教育的权利。根据《残疾人保障法》第 30

条第 1 款规定，国家保障残疾人劳动的权利。根据《残疾人保障法》第 41 条第 1 款规定，国家保障残疾人享有平等参与文化生活的权利。

2455. ABC，解析：根据《残疾人保障法》第 31 条规定，残疾人劳动就业，实行集中与分散相结合的方针，采取优惠政策和扶持保护措施，通过多渠道、多层次、多种形式，使残疾人劳动就业逐步普及、稳定、合理。

2456. BCD，解析：根据《残疾人保障法》第 37 条第 2 款规定，残疾人联合会举办的残疾人就业服务机构，应当组织开展免费的职业指导、职业介绍和职业培训，为残疾人就业和用人单位招用残疾人提供服务和帮助。

（四）填空题

2457. 公民权利；人格尊严。（《残疾人保障法》第 3 条）

2458. 残疾人；残疾人组织。（《残疾人保障法》第 6 条）

2459. 教师；手语翻译。（《残疾人保障法》第 28 条）

2460. 有效证件；免费。（《残疾人保障法》第 50 条）

2461. 盲文试卷；电子试卷。（《残疾人保障法》第 54 条）

（五）简答题

2462. 答：根据《残疾人保障法》第 23 条规定，残疾人教育应当根据残疾人的身心特性和需要，按照下列要求实施：（1）在进行思想教育、文化教育的同时，加强身心补偿和职业教育；（2）依据残疾类别和接受能力，采取普通教育方式或者特殊教育方式；（3）特殊教育的课程设置、教材、教学方法、入学和在校年龄，可以有适度弹性。

2463. 答：根据《残疾人保障法》第 43 条规定，政府和社会采取下列措施，丰富残疾人的精神文化生活：（1）通过广播、电影、电视、报刊、图书、网络等形式，及时宣传报道残疾人的工作、生活等情况，为残疾人服务；（2）组织和扶持盲文读物、盲人有声读物及其他残疾人读物的编写和出版，根据盲人的实际需要，在公共图书馆设立盲文读物、盲人有声读物图书室；（3）开办电视手语节目，开办残疾人专题广播栏目，推进电视栏目、影视作品加配字幕、解说；（4）组织和扶持残疾人开展群众性文化、体育、娱乐活动，举办特殊艺术演出和残疾人体育运动会，参加国际性比赛和交流；（5）文化、体育、娱乐和其他公共活动场所，为残疾人提供方便和照顾。有计划地兴办残疾人活动场所。

十三、反家庭暴力法

（一）判断题

2464. 家庭暴力，是指家庭成员之间以殴打、捆绑、残害、限制人身自由以及经常性谩骂、恐吓等方式实施的身体、精神等侵害行为。（　　）

2465. 反家庭暴力工作应当尊重受害人真实意愿，但无需保护当事人隐私。（　　）

2466. 人民调解组织应当依法调解家庭纠纷，预防和减少家庭暴力的发生。（　　）

2467. 用人单位发现本单位人员有家庭暴力情况的，应当给予批评教育，并做好家庭矛盾的调解、化解工作。（　　）

2468. 居民委员会应当对收到告诫书的加害人、受害人进行查访，监督加害人不再实施家庭暴力。（　　）

2469. 人民法院依法作出人身安全保护令的，复议期间停止人身安全保护令的执行。（　　）

2470. 家庭成员以外共同生活的人之间实施的暴力行为，参照《反家庭暴力法》规定执行。（　　）

（二）单项选择题

2471. 关于家庭暴力，下列说法错误的是：（　　）

A. 反家庭暴力是国家、社会和每个家庭的共同责任

B. 国家禁止任何形式的家庭暴力

C. 各级人民政府应当对反家庭暴力工作给予必要的经费保障

D. 反家庭暴力工作遵循教育为主原则

2472. 公安机关出具的告诫书的内容不包括：（　　）

A. 受害人的身份信息

B. 加害人的身份信息

C. 家庭暴力的事实陈述

D. 禁止加害人实施家庭暴力

2473. 人民法院应当依法对家庭暴力受害人（　　）诉讼费用。

A. 免收

B. 减收

C. 缓收、减收或者免收

D. 减收或缓收

2474. 关于人身安全保护令，下列说法错误的是：（　　）

A. 人身安全保护令案件只能由申请人或者被申请人居住地的基层人民法院管辖

B. 申请人身安全保护令应当以书面方式提出

C. 人身安全保护令案件由申请人或者被申请人居住地、家庭暴力发生地的基层人民法院管辖

D. 书面申请确有困难的，可以口头申请，由人民法院记入笔录

2475. 人身安全保护令由人民法院以（　　）形式作出。

A. 判决　　B. 裁定

C. 命令　　D. 指示

2476. 人民法院受理人身安全保护令申请后，应当在____小时内作出人身安全保护令或者驳回申请；情况紧急的，应当在____小时内作出。关于横线处填写的内容，下列说法正确的是：（　　）

A. 48；24　　B. 72；12

C. 72；24　　D. 24；12

2477. 人身安全保护令的有效期不超过（　　）个月，自作出之日起生效。

A. 8　　B. 3

C. 2　　D. 6

2478. 申请人对驳回申请不服或者被申请人对人身安全保护令不服的，可以自裁定生效之日起（　　）日内向作出裁定的人民法院申请复议一次。

A. 10　　B. 5

C. 7　　D. 15

（三）多项选择题

2479. 下列哪些人员遭受家庭暴力时应当给予特殊保护？（　　）

A. 未成年人、老年人　　B. 残疾人

C. 孕期和哺乳期的妇女　　D. 重病患者

2480. 关于家庭暴力的预防，下列说法正确的有：（　　）

A. 广播、电视、报刊、网络等应当开展家庭美德和反家庭暴力宣传

B. 学校、幼儿园应当开展家庭美德和反家庭暴力教育

C. 医疗机构应当做好家庭暴力受害人的诊疗记录

D. 街道办事处应当组织开展家庭暴力预防工作，居民委员会应当予以配合协助

2481. 关于家庭暴力的处置，下列说法正确的有：（　　）

A. 有关单位接到家庭暴力投诉、反映或者求助后，应当给予帮助、处理

B. 家庭暴力受害人及其法定代理人、近亲属也可以向公安机关报案或者依法向人民法院起诉

C. 单位、个人发现正在发生的家庭暴力行为，有权及时劝阻

D. 居民委员会、社会工作服务机构及其工作人员在工作中发现无民事行为能力人、限制民事行为能力人遭受或者疑似遭受家庭暴力的，应当及时向公安机关报案

2482. 当事人是无民事行为能力人、限制民事行为能力人，或者因受到强制、威吓等原因无法申请人身安全保护令的，下列哪些人员或组织可以代为申请？（　　）

A. 近亲属

B. 公安机关、妇女联合会

C. 居民委员会

D. 村民委员会、救助管理机构

2483. 人身安全保护令失效前，人民法院可以根据申请人的申请（　　）。

A. 中断　　B. 撤销

C. 变更　　D. 延长

2484. 当被申请人违反人身安全保护令时，下列哪些说法是正确的？（　　）
A. 构成犯罪的，依法追究刑事责任
B. 尚不构成犯罪的，人民法院应当给予训诫，可以根据情节轻重处以15日以下拘留
C. 尚不构成犯罪的，人民法院应当给予训诫，可以根据情节轻重处以500元以下罚款
D. 尚不构成犯罪的，人民法院应当给予训诫，可以根据情节轻重处以1000元以下罚款

（四）填空题

2485. 家庭成员之间应当____，互相关爱，____，履行家庭义务。
2486. 反家庭暴力工作遵循____为主，教育、____与____相结合原则。
2487. 人民调解组织应当依法调解家庭纠纷，____和____家庭暴力的发生。
2488. 无民事行为能力人、限制民事行为能力人因家庭暴力身体受到严重伤害、面临人身安全威胁或者处于无人照料等危险状态的，公安机关应当通知并协助民政部门将其安置到____、救助管理机构或者____。
2489. 人民法院审理涉及家庭暴力的案件，可以根据公安机关____、告诫书、____等证据，认定家庭暴力事实。
2490. 当事人因遭受家庭暴力或者面临家庭暴力的现实危险，向人民法院申请____的，人民法院应当受理。

（五）简答题

2491. 简述作出人身安全保护令的条件及人身安全保护令可以包括的措施。

参考答案

（一）判断题

2464. √，解析：根据《反家庭暴力法》第2条规定。
2465. ×，解析：根据《反家庭暴力法》第5条第2款规定，反家庭暴力工作应当尊重受害人真实意愿，保护当事人隐私。

2466. √，解析：根据《反家庭暴力法》第 10 条规定。
2467. √，解析：根据《反家庭暴力法》第 11 条规定。
2468. √，解析：根据《反家庭暴力法》第 17 条规定。
2469. ×，解析：根据《反家庭暴力法》第 31 条规定，人民法院依法作出人身安全保护令的，复议期间不停止人身安全保护令的执行。
2470. √，解析：根据《反家庭暴力法》第 37 条规定。

（二）单项选择题

2471. D，解析：根据《反家庭暴力法》第 3 条第 2、3 款规定，反家庭暴力是国家、社会和每个家庭的共同责任。国家禁止任何形式的家庭暴力。根据《反家庭暴力法》第 4 条第 3 款规定，各级人民政府应当对反家庭暴力工作给予必要的经费保障。根据《反家庭暴力法》第 5 条规定，反家庭暴力工作遵循预防为主，教育、矫治与惩处相结合原则。
2472. A，解析：根据《反家庭暴力法》第 16 条第 2 款规定，告诫书应当包括加害人的身份信息、家庭暴力的事实陈述、禁止加害人实施家庭暴力等内容。
2473. C，解析：根据《反家庭暴力法》第 19 条第 2 款规定，人民法院应当依法对家庭暴力受害人缓收、减收或者免收诉讼费用。
2474. A，解析：根据《反家庭暴力法》第 24 条规定，申请人身安全保护令应当以书面方式提出；书面申请确有困难的，可以口头申请，由人民法院记入笔录。根据《反家庭暴力法》第 25 条规定，人身安全保护令案件由申请人或者被申请人居住地、家庭暴力发生地的基层人民法院管辖。
2475. B，解析：根据《反家庭暴力法》第 26 条规定，人身安全保护令由人民法院以裁定形式作出。
2476. C，解析：根据《反家庭暴力法》第 28 条规定，人民法院受理申请后，应当在 72 小时内作出人身安全保护令或者驳回申请；情况紧急的，应当在 24 小时内作出。
2477. D，解析：根据《反家庭暴力法》第 30 条规定，人身安全保护令的有效期不超过 6 个月，自作出之日起生效。
2478. B，解析：根据《反家庭暴力法》第 31 条规定，申请人对驳回申请不服或者被申请人对人身安全保护令不服的，可以自裁定生效之日起 5 日内向作出裁定的人民法院申请复议一次。人民法院依法作出人身安全保护令的，复议期间不停止人身安全保护令的执行。

（三）多项选择题

2479. ABCD，解析：根据《反家庭暴力法》第5条第3款规定，未成年人、老年人、残疾人、孕期和哺乳期的妇女、重病患者遭受家庭暴力的，应当给予特殊保护。

2480. ABCD，解析：根据《反家庭暴力法》第6条第3、4款规定，广播、电视、报刊、网络等应当开展家庭美德和反家庭暴力宣传。学校、幼儿园应当开展家庭美德和反家庭暴力教育。根据《反家庭暴力法》第7条第2款，医疗机构应当做好家庭暴力受害人的诊疗记录。根据《反家庭暴力法》第8条规定，乡镇人民政府、街道办事处应当组织开展家庭暴力预防工作，居民委员会、村民委员会、社会工作服务机构应当予以配合协助。

2481. ABCD，解析：根据《反家庭暴力法》第13条规定，家庭暴力受害人及其法定代理人、近亲属可以向加害人或者受害人所在单位、居民委员会、村民委员会、妇女联合会等单位投诉、反映或者求助。有关单位接到家庭暴力投诉、反映或者求助后，应当给予帮助、处理。家庭暴力受害人及其法定代理人、近亲属也可以向公安机关报案或者依法向人民法院起诉。单位、个人发现正在发生的家庭暴力行为，有权及时劝阻。根据《反家庭暴力法》第14条规定，学校、幼儿园、医疗机构、居民委员会、村民委员会、社会工作服务机构、救助管理机构、福利机构及其工作人员在工作中发现无民事行为能力人、限制民事行为能力人遭受或者疑似遭受家庭暴力的，应当及时向公安机关报案。公安机关应当对报案人的信息予以保密。

2482. ABCD，解析：根据《反家庭暴力法》第23条第2款规定，当事人是无民事行为能力人、限制民事行为能力人，或者因受到强制、威吓等原因无法申请人身安全保护令的，其近亲属、公安机关、妇女联合会、居民委员会、村民委员会、救助管理机构可以代为申请。

2483. BCD，解析：根据《反家庭暴力法》第30条规定，人身安全保护令的有效期不超过6个月，自作出之日起生效。人身安全保护令失效前，人民法院可以根据申请人的申请撤销、变更或者延长。

2484. ABD，解析：根据《反家庭暴力法》第34条规定，被申请人违反人身安全保护令，构成犯罪的，依法追究刑事责任；尚不构成犯罪的，人民法院应当给予训诫，可以根据情节轻重处以1000元以下罚款、15日以下拘留。

（四）填空题

2485. 互相帮助；和睦相处。（《反家庭暴力法》第3条）

2486. 预防；矫治；惩处。(《反家庭暴力法》第 5 条)
2487. 预防；减少。(《反家庭暴力法》第 10 条)
2488. 临时庇护场所；福利机构。(《反家庭暴力法》第 15 条)
2489. 出警记录；伤情鉴定意见。(《反家庭暴力法》第 20 条)
2490. 人身安全保护令。(《反家庭暴力法》第 23 条)

(五) 简答题

2491. 答：根据《反家庭暴力法》第 27 条规定，作出人身安全保护令，应当具备下列条件：(1) 有明确的被申请人；(2) 有具体的请求；(3) 有遭受家庭暴力或者面临家庭暴力现实危险的情形。

根据《反家庭暴力法》第 29 条规定，人身安全保护令可以包括下列措施：(1) 禁止被申请人实施家庭暴力；(2) 禁止被申请人骚扰、跟踪、接触申请人及其相关近亲属；(3) 责令被申请人迁出申请人住所；(4) 保护申请人人身安全的其他措施。

十四、退役军人保障法

（一）判断题

2492. 为了加强退役军人保障工作，维护退役军人合法权益，让军人成为全社会尊崇的职业，根据宪法，制定《退役军人保障法》。（　　）

2493. 退役军人，是指从中国人民解放军依法退出现役的军官、军士和义务兵等人员。（　　）

2494. 退役军人为国防和军队建设做出了重要贡献，是社会主义现代化建设的重要力量。尊重、关爱退役军人是政府的责任（　　）

2495. 退役军人保障工作坚持中国共产党的领导，坚持为经济社会发展服务、为国防和军队建设服务的方针，遵循以人为本、分类保障、服务优先、依法管理的原则。（　　）

2496. 退役军人的政治、生活等待遇一律平等（　　）

2497. 退役军人应当继续发扬人民军队优良传统，模范遵守宪法和法律法规，保守军事秘密，践行社会主义核心价值观，积极参加社会主义现代化建设。（　　）

2498. 军队各级负责退役军人有关工作的部门与县级以上人民政府退役军人工作主管部门应当密切配合，做好退役军人保障工作。（　　）

2499. 国家加强退役军人保障工作信息化建设，为退役军人建档立卡，实现有关部门之间信息共享，为提高退役军人保障能力提供支持。（　　）

2500. 退役军人安置地人民政府在接收退役军人时，应当举行迎接仪式。迎接仪式由安置地人民政府退役军人工作主管部门负责实施。（　　）

2501. 国家推进军人公墓建设。只有烈士才可以安葬在军人公墓。（　　）

2502. 退役军人服务中心、服务站点等退役军人服务机构应当加强与退役军人联系沟通，做好退役军人就业创业扶持、优抚帮扶、走访慰问、权益维护等服务保障工作。（　　）

（二）单项选择题

2503. 依据《退役军人保障法》的规定，下列哪个说法是错误的？（　　）

A. 退役军人保障工作所需经费由中央和地方财政共同负担

B. 退役军人优待证全国统一制发、统一编号

C. 军人退役安置的具体办法由国务院、中央军事委员会制定

D. 对退役的军士，国家采取逐年领取退役金

2504. 下列哪种方式不是国家鼓励的为退役军人提供支持和帮助的方式？（　　）

A. 就业限制　　B. 捐赠

C. 设立基金　　D. 志愿服务

2505. 依据《退役军人保障法》的规定，下列哪个说法是错误的？（　　）

A. 符合条件的军官和军士退出现役时，其配偶和子女可以按照国家有关规定随调随迁

B. 各级人民政府加强拥军优属工作，为军人和家属排忧解难

C. 军人退役安置的具体办法由国务院、中央军事委员会制定

D. 退役军人退役后与所在单位工作年限不累计计算

2506. 下列哪种方式不是《退役军人保障法》所规定的安置退役军人的方式？（　　）

A. 自主就业　　B. 安排工作

C. 供养　　D. 义务劳动

2507. 下列哪种行为不属于退役军人服务中心、服务站点等退役军人服务机构对于退役军人的义务？（　　）

A. 就业创业扶持　　B. 提供医疗

C. 优抚帮扶　　D. 走访慰问

2508. 下列哪种行为不属于县级以上人民政府退役军人工作主管部门应当依法指导、督促有关部门和单位做好的工作范围内？（　　）

A. 抚恤优待　　B. 拥军优属

C. 分配工作　　D. 褒扬激励

2509. 依据《退役军人保障法》的规定，下列哪个说法是错误的？（　　）
A. 退役军人保障工作所需经费由中央和地方财政共同负担
B. 接收退役军人时，向退役军人发放退役军人优待证
C. 退役军人移交接收过程中，发生与其服现役有关的问题，由户籍所在地负责处理
D. 对在退役军人保障工作中做出突出贡献的单位和个人，按照国家有关规定给予表彰、奖励

2510. 关于退役军人，下列哪一说法是错误的？（　　）
A. 以供养方式安置的，由国家供养 20 年
B. 退役军人安置工作应当公开、公平、公正
C. 退役军人应当在规定时间内，持军队出具的退役证明到安置地人民政府退役军人工作主管部门报到
D. 机关、群团组织、企业事业单位和社会组织应当依法接收安置退役军人

2511. 关于退役军人的保障，下列哪一说法是错误的？（　　）
A. 县级以上人民政府退役军人工作主管部门、接收安置单位和其他组织应当加强对退役军人的保密教育和管理
B. 县级以上人民政府退役军人工作主管部门应当通过广播、电视、报刊、网络等多种渠道宣传与退役军人相关的法律法规和政策制度
C. 公共法律服务有关机构应当依法为退役军人提供法律援助等必要的帮助
D. 中国人民武装警察部队依法退出现役的警官、警士和义务兵等人员，不适用《退役军人保障法》

（三）多项选择题

2512. 依据《退役军人保障法》的规定，下列哪些说法是正确的？（　　）
A. 长期在艰苦边远地区或者特殊岗位服现役的退役军人优先安置
B. 国家建立伤病残退役军人指令性移交安置、收治休养制度
C. 各级人民政府加强拥军优属工作，为军人和家属排忧解难
D. 退役军人在接受学历教育时，按照国家有关规定享受学费和助学金资助等国家教育资助政策

2513. 关于退役军人的安置，下列哪些说法是正确的？（　　）

A. 军人退役安置的具体办法由国务院、中央军事委员会制定

B. 国家采取政府推动、市场引导、社会支持相结合的方式，鼓励和扶持退役军人就业创业

C. 各地应当设置一定数量的基层公务员职位，面向服现役满三年的高校毕业生退役军人招考

D. 用人单位招用退役军人符合国家规定的，依法享受税收优惠等政策

2514. 退役军人保障工作坚持中国共产党的领导，坚持为经济社会发展服务、为国防和军队建设服务的方针，遵循（　　）的原则。

A. 以人为本　　B. 分类保障

C. 服务优先　　D. 依法管理

2515. 对于退役军人的优待，下列哪些说法是正确的？（　　）

A. 退役军人依法参加养老、医疗、工伤、失业、生育等社会保险，并享受相应待遇

B. 退役军人凭退役军人优待证等有效证件享受公共交通、文化和旅游等优待

C. 国家建立退役军人帮扶援助机制，在养老、医疗、住房等方面，对生活困难的退役军人按照国家有关规定给予帮扶援助

D. 退役军人服现役期间获得表彰、奖励的，退役后按照国家有关规定享受相应待遇

2516. 地方各级人民政府应当按照移交接收计划，做好退役军人安置工作，完成退役军人安置任务。哪些单位应当依法接收安置退役军人？（　　）

A. 机关　　B. 群团组织

C. 企业事业单位　　D. 社会组织

2517. 关于退役军人就业，下列哪些说法是正确的？（　　）

A. 各级人民政府应当加强对退役军人就业创业的指导和服务

B. 公共人力资源服务机构应当免费为退役军人提供职业介绍、创业指导等服务

C. 国家采取政府推动、市场引导、社会支持相结合的方式，鼓励和扶持退役军人就业创业

D. 退役军人服现役年限计算为工龄，退役后与所在单位工作年限累计计算

2518. 关于退役军人的保障政策，下列哪些说法是正确的？（　　）

A. 退役军人安置地人民政府在接收退役军人时，应当举行迎接仪式

B. 国家、地方和军队举行重大庆典活动时，应当邀请退役军人代表参加

C. 县级以上人民政府退役军人工作主管部门、接收安置单位和其他组织应当加强对退役军人的保密教育和管理

D. 退役军人从事个体经营，依法享受税收优惠政策

（四）填空题

2519. 退役军人优待证全国____、____，管理使用办法由国务院退役军人工作主管部门会同有关部门制定。

2520. 国家采取____、市场引导、____相结合的方式，鼓励和扶持退役军人就业创业。

2521. 国家逐步消除退役军人抚恤优待制度____、缩小地区差异，建立____的抚恤优待量化标准体系。

2522. 退役军人符合安置住房优待条件的，实行____相结合，由安置地人民政府统筹规划、科学实施。

2523. 县级以上人民政府退役军人工作主管部门应当加强对退役军人先进事迹的宣传，通过制作公益广告、创作主题文艺作品等方式，弘扬____精神、革命英雄主义精神和退役军人____精神。

2524. 退役军人服务中心、服务站点等退役军人服务机构应当加强与退役军人联系沟通，做好退役军人____、优抚帮扶、____、权益维护等服务保障工作。

（五）简答题

2525. 退役军人工作主管部门及其工作人员有哪些行为之一的，由其上级主管部门责令改正，对直接负责的主管人员和其他直接责任人员依法给予处分？

2526. 县级以上地方人民政府负责地方志工作的机构应当将本行政区域内哪些退役军人的名录和事迹，编辑录入地方志？
2527. 对哪些退役军人的随迁子女，优先保障？
2528. 转业军官、安排工作的军士和义务兵，由机关、群团组织、事业单位和国有企业接收安置。对于哪些退役军人，优先安置？

参考答案

（一）判断题

2492. √，解析：根据《退役军人保障法》第 1 条规定。
2493. √，解析：根据《退役军人保障法》第 2 条规定。
2494. ×，解析：根据《退役军人保障法》第 3 条规定，退役军人为国防和军队建设做出了重要贡献，是社会主义现代化建设的重要力量。尊重、关爱退役军人是全社会的共同责任。国家关心、优待退役军人，加强退役军人保障体系建设，保障退役军人依法享有相应的权益。
2495. √，解析：根据《退役军人保障法》第 4 条规定。
2496. ×，解析：根据《退役军人保障法》第 5 条规定，退役军人保障应当与经济发展相协调，与社会进步相适应。退役军人安置工作应当公开、公平、公正。退役军人的政治、生活等待遇与其服现役期间所做贡献挂钩。国家建立参战退役军人特别优待机制。
2497. √，解析：根据《退役军人保障法》第 6 条规定。
2498. √，解析：根据《退役军人保障法》第 7 条规定。
2499. √，解析：根据《退役军人保障法》第 8 条规定。
2500. √，解析：根据《退役军人保障法》第 58 条规定。
2501. ×，解析：根据《退役军人保障法》第 64 条规定，国家统筹规划烈士纪念设施建设，通过组织开展英雄烈士祭扫纪念活动等多种形式，弘扬英雄烈士精神。退役军人工作主管部门负责烈士纪念设施的修缮、保护和管理。国家推进军人公墓建设。符合条件的退役军人去世后，可以安葬在军人公墓。
2502. √，解析：根据《退役军人保障法》第 66 条规定。

（二）单项选择题

2503. D，解析：根据《退役军人保障法》第9条规定，退役军人保障工作所需经费由中央和地方财政共同负担。退役安置、教育培训、抚恤优待资金主要由中央财政负担。根据《退役军人保障法》第15条规定，安置地人民政府退役军人工作主管部门在接收退役军人时，向退役军人发放退役军人优待证。退役军人优待证全国统一制发、统一编号，管理使用办法由国务院退役军人工作主管部门会同有关部门制定。《退役军人保障法》第30条规定，军人退役安置的具体办法由国务院、中央军事委员会制定。根据《退役军人保障法》第22条第1款规定，对退役的军士，国家采取逐月领取退役金、自主就业、安排工作、退休、供养等方式妥善安置。

2504. A，解析：根据《退役军人保障法》第10条规定，国家鼓励和引导企业、社会组织、个人等社会力量依法通过捐赠、设立基金、志愿服务等方式为退役军人提供支持和帮助。

2505. D，解析：根据《退役军人保障法》第29条第1款规定，各级人民政府加强拥军优属工作，为军人和家属排忧解难。根据《退役军人保障法》第29条第2款规定。符合条件的军官和军士退出现役时，其配偶和子女可以按照国家有关规定随调随迁。根据《退役军人保障法》第30条规定，军人退役安置的具体办法由国务院、中央军事委员会制定。根据《退役军人保障法》第44条规定，退役军人服现役年限计算为工龄，退役后与所在单位工作年限累计计算。

2506. D，解析：根据《退役军人保障法》第22条第1款规定，对退役的军士，国家采取逐月领取退役金、自主就业、安排工作、退休、供养等方式妥善安置。

2507. B，解析：根据《退役军人保障法》第66条规定，退役军人服务中心、服务站点等退役军人服务机构应当加强与退役军人联系沟通，做好退役军人就业创业扶持、优抚帮扶、走访慰问、权益维护等服务保障工作。

2508. C，解析：根据《退役军人保障法》第71条规定，县级以上人民政府退役军人工作主管部门应当依法指导、督促有关部门和单位做好退役安置、教育培训、就业创业、抚恤优待、褒扬激励、拥军优属等工作，监督检查退役军人保障相关法律法规和政策措施落实情况，推进解决退役军人保障工作中存在的问题。

2509. C，解析：根据《退役军人保障法》第 9 条规定，退役军人保障工作所需经费由中央和地方财政共同负担。退役安置、教育培训、抚恤优待资金主要由中央财政负担。根据《退役军人保障法》第 15 条规定，安置地人民政府退役军人工作主管部门在接收退役军人时，向退役军人发放退役军人优待证。退役军人优待证全国统一制发、统一编号，管理使用办法由国务院退役军人工作主管部门会同有关部门制定。根据《退役军人保障法》第 11 条规定，对在退役军人保障工作中做出突出贡献的单位和个人，按照国家有关规定给予表彰、奖励。根据《退役军人保障法》第 19 条规定，退役军人移交接收过程中，发生与其服现役有关的问题，由原所在部队负责处理；发生与其安置有关的问题，由安置地人民政府负责处理；发生其他移交接收方面问题的，由安置地人民政府负责处理，原所在部队予以配合。退役军人原所在部队撤销或者转隶、合并的，由原所在部队的上级单位或者转隶、合并后的单位按照前款规定处理。

2510. A，解析：根据《退役军人保障法》第 5 条规定，退役军人保障应当与经济发展相协调，与社会进步相适应。退役军人安置工作应当公开、公平、公正。退役军人的政治、生活等待遇与其服现役期间所做贡献挂钩。国家建立参战退役军人特别优待机制。根据《退役军人保障法》第 14 条规定，退役军人应当在规定时间内，持军队出具的退役证明到安置地人民政府退役军人工作主管部门报到。根据《退役军人保障法》第 20 条规定，地方各级人民政府应当按照移交接收计划，做好退役军人安置工作，完成退役军人安置任务。机关、群团组织、企业事业单位和社会组织应当依法接收安置退役军人，退役军人应当接受安置。根据《退役军人保障法》第 23 条规定，对退役的义务兵，国家采取自主就业、安排工作、供养等方式妥善安置。以自主就业方式安置的，领取一次性退役金。以安排工作方式安置的，由安置地人民政府根据其服现役期间所做贡献、专长等安排工作岗位。以供养方式安置的，由国家供养终身。

2511. D，解析：根据《退役军人保障法》第 68 条规定，县级以上人民政府退役军人工作主管部门、接收安置单位和其他组织应当加强对退役军人的保密教育和管理。根据《退役军人保障法》第 69 条规定，县级以上人民政府退役军人工作主管部门应当通过广播、电视、报刊、网络等多种渠道宣传与退役军人相关的法律法规和政策制度。根据《退役军人保障法》第 70 条规定，县级以上人民政府退役军人工作主管部门应当建立健全退役军人权益保障机制，畅通诉求表达渠道，为退役军人维护其合法权益提供支持和帮助。退役军人的合法权益受到侵害，应当依法解决。公共法律服务有关机构应当依法为退役军人提供法律援助等必要的帮助。根据《退役军人保障法》第81条规定，中国人民武装警察部队依法退出现役的警官、警士和义务兵等人员，适用本法。

（三）多项选择题

2512. ABCD，解析：根据《退役军人保障法》第25条规定，转业军官、安排工作的军士和义务兵，由机关、群团组织、事业单位和国有企业接收安置。对下列退役军人，优先安置：（1）参战退役军人；（2）担任作战部队师、旅、团、营级单位主官的转业军官；（3）属于烈士子女、功臣模范的退役军人；（4）长期在艰苦边远地区或者特殊岗位服现役的退役军人。根据《退役军人保障法》第28条规定，国家建立伤病残退役军人指令性移交安置、收治休养制度。军队有关部门应当及时将伤病残退役军人移交安置地人民政府安置。安置地人民政府应当妥善解决伤病残退役军人的住房、医疗、康复、护理和生活困难。根据《退役军人保障法》第29条第1款规定，各级人民政府加强拥军优属工作，为军人和家属排忧解难。根据《退役军人保障法》第34条第1款规定，退役军人在接受学历教育时，按照国家有关规定享受学费和助学金资助等国家教育资助政策。

2513. ABD，解析：根据《退役军人保障法》第30条规定，军人退役安置的具体办法由国务院、中央军事委员会制定。根据《退役军人保障法》第38条规定，国家采取政府推动、市场引导、社会支持相结合的方式，鼓励和扶持退役军人就业创业。根据《退役军人保障法》第43条第1款规定，各地应当设置一定数量的基层公务员职位，面向服现役满5年的高校毕业生退役军人招考。根据《退役军人保障法》第47条规定，用人单位招用退役军人符合国家规定的，依法享受税收优惠等政策。

2514. ABCD，解析：根据《退役军人保障法》第4条规定，退役军人保障工作坚持中国共产党的领导，坚持为经济社会发展服务、为国防和军队建设服务的方针，遵循以人为本、分类保障、服务优先、依法管理的原则。

2515. ABCD，解析：根据《退役军人保障法》第50条规定，退役军人依法参加养老、医疗、工伤、失业、生育等社会保险，并享受相应待遇。退役军人服现役年限与入伍前、退役后参加职工基本养老保险、职工基本医疗保险、失业保险的缴费年限依法合并计算。根据《退役军人保障法》第53

条规定，退役军人凭退役军人优待证等有效证件享受公共交通、文化和旅游等优待，具体办法由省级人民政府制定。根据《退役军人保障法》第55条规定，国家建立退役军人帮扶援助机制，在养老、医疗、住房等方面，对生活困难的退役军人按照国家有关规定给予帮扶援助。根据《退役军人保障法》第57条规定，国家建立退役军人荣誉激励机制，对在社会主义现代化建设中做出突出贡献的退役军人予以表彰、奖励。退役军人服现役期间获得表彰、奖励的，退役后按照国家有关规定享受相应待遇。

2516. ABCD，解析：根据《退役军人保障法》第20条规定，地方各级人民政府应当按照移交接收计划，做好退役军人安置工作，完成退役军人安置任务。机关、群团组织、企业事业单位和社会组织应当依法接收安置退役军人，退役军人应当接受安置。

2517. ABCD，解析：根据《退役军人保障法》第39条第1款规定，各级人民政府应当加强对退役军人就业创业的指导和服务。根据《退役军人保障法》第41条规定，公共人力资源服务机构应当免费为退役军人提供职业介绍、创业指导等服务。国家鼓励经营性人力资源服务机构和社会组织为退役军人就业创业提供免费或者优惠服务。退役军人未能及时就业的，在人力资源和社会保障部门办理求职登记后，可以按照规定享受失业保险待遇。根据《退役军人保障法》第38条规定，国家采取政府推动、市场引导、社会支持相结合的方式，鼓励和扶持退役军人就业创业。根据《退役军人保障法》第44条规定，退役军人服现役年限计算为工龄，退役后与所在单位工作年限累计计算。

2518. ABCD，解析：根据《退役军人保障法》第58条规定，退役军人安置地人民政府在接收退役军人时，应当举行迎接仪式。迎接仪式由安置地人民政府退役军人工作主管部门负责实施。根据《退役军人保障法》第60条规定，国家、地方和军队举行重大庆典活动时，应当邀请退役军人代表参加。被邀请的退役军人参加重大庆典活动时，可以穿着退役时的制式服装，佩戴服现役期间和退役后荣获的勋章、奖章、纪念章等徽章。根据《退役军人保障法》第68条规定，县级以上人民政府退役军人工作主管部门、接收安置单位和其他组织应当加强对退役军人的保密教育和管理。根据《退役军人保障法》第46条规定，退役军人创办小微企业，可以按照国家有关规定申请创业担保贷款，并享受贷款贴息等融资优惠政策。退役军人从事个体经营，依法享受税收优惠政策。

(四）填空题

2519. 统一制发；统一编号。(《退役军人保障法》第15条）

2520. 政府推动；社会支持。(《退役军人保障法》第38条）

2521. 城乡差异；统筹平衡。(《退役军人保障法》第49条）

2522. 市场购买与军地集中统建。(《退役军人保障法》第51条）

2523. 爱国主义；敬业奉献。(《退役军人保障法》第62条）

2524. 就业创业扶持；走访慰问。(《退役军人保障法》第66条）

(五）简答题

2525. 答：根据《退役军人保障法》第75条规定，退役军人工作主管部门及其工作人员有下列行为之一的，由其上级主管部门责令改正，对直接负责的主管人员和其他直接责任人员依法给予处分：(1）未按照规定确定退役军人安置待遇的；(2）在退役军人安置工作中出具虚假文件的；(3）为不符合条件的人员发放退役军人优待证的；(4）挪用、截留、私分退役军人保障工作经费的；(5）违反规定确定抚恤优待对象、标准、数额或者给予退役军人相关待遇的；(6）在退役军人保障工作中利用职务之便为自己或者他人谋取私利的；(7）在退役军人保障工作中失职渎职的；(8）有其他违反法律法规行为的。

2526. 答：根据《退役军人保障法》第63条规定，县级以上地方人民政府负责地方志工作的机构应当将本行政区域内下列退役军人的名录和事迹，编辑录入地方志：(1）参战退役军人；(2）荣获二等功以上奖励的退役军人；(3）获得省部级或者战区级以上表彰的退役军人；(4）其他符合条件的退役军人。

2527. 答：根据《退役军人保障法》第29条第4款规定，对下列退役军人的随迁子女，优先保障：(1）参战退役军人；(2）属于烈士子女、功臣模范的退役军人；(3）长期在艰苦边远地区或者特殊岗位服现役的退役军人；(4）其他符合条件的退役军人。

2528. 答：根据《退役军人保障法》第25条规定，转业军官、安排工作的军士和义务兵，由机关、群团组织、事业单位和国有企业接收安置。对下列退役军人，优先安置：(1）参战退役军人；(2）担任作战部队师、旅、团、营级单位主官的转业军官；(3）属于烈士子女、功臣模范的退役军人；(4）长期在艰苦边远地区或者特殊岗位服现役的退役军人。

十五、法律援助法

（一）判断题

2529. 市级以上人民政府应当将法律援助工作纳入国民经济和社会发展规划、基本公共服务体系，保障法律援助事业与经济社会协调发展。(　　)

2530. 司法行政部门应当开展经常性的法律援助宣传教育，普及法律援助知识。(　　)

2531. 法律援助人员应当恪守职业道德和执业纪律，可以向受援人收取必要的费用。(　　)

2532. 人民法院、人民检察院、公安机关通知法律援助机构指派律师担任辩护人时，不得限制或者损害犯罪嫌疑人、被告人委托辩护人的权利。(　　)

2533. 经济困难的标准，由设区的市、自治州人民政府根据本行政区域经济发展状况和法律援助工作需要确定，并实行动态调整。(　　)

2534. 被羁押的犯罪嫌疑人、被告人、服刑人员，以及强制隔离戒毒人员，应当由其法定代理人或者近亲属代为提出法律援助申请。(　　)

2535. 法律援助人员应当按照规定向受援人通报法律援助事项办理情况，不得损害受援人权益。(　　)

2536. 申请人、受援人对法律援助机构不予法律援助、终止法律援助的决定有异议的，可以向设立该法律援助机构的司法行政部门提出。(　　)

2537. 法律援助机构应当依照有关规定及时向法律援助人员支付法律援助补贴。(　　)

2538. 法律援助机构、法律援助人员未依法履行职责的，受援人可以向司法行政部门投诉，并可以请求法律援助机构更换法律援助人员。(　　)

（二）单项选择题

2539. 国家鼓励和支持群团组织、事业单位、社会组织在（　　）指导下，依法提供法律援助。

A. 人民法院　　B. 人民检察院
C. 公安机关　　D. 司法行政部门

2540. 司法行政部门可以通过（　　）等方式，择优选择律师事务所等法律服务机构为受援人提供法律援助。

A. 政府采购　　B. 政府采买
C. 政府购买　　D. 政府招标

2541. 国家建立健全法律服务资源依法跨区域流动机制，鼓励和支持律师事务所、律师、法律援助志愿者等在法律服务资源（　　）地区提供法律援助。

A. 相对匮乏　　B. 相对短缺
C. 极度匮乏　　D. 极度短缺

2542. 刑事案件的犯罪嫌疑人、被告人因经济困难或者其他原因没有委托辩护人的，本人及（　　）可以向法律援助机构申请法律援助。

A. 其近亲属　　B. 其所在居（村）委会
C. 其所在单位　　D. 其所在地的民政部门

2543. 人民法院、人民检察院、公安机关办理刑事案件，发现强制医疗案件的被申请人没有委托诉讼代理人的，应当在（　　）内通知法律援助机构指派律师。

A. 1日　　B. 2日
C. 3日　　D. 5日

2544. 对诉讼事项的法律援助，由申请人向（　　）的法律援助机构提出申请。

A. 争议处理机关所在地　　B. 事由发生地
C. 申请人住所地　　D. 办案机关所在地

2545. 被羁押的犯罪嫌疑人、被告人、服刑人员，以及强制隔离戒毒人员等提出法律援助申请的，办案机关、监管场所应当在（　　）内将申请转交法律援助机构。

A. 8 小时　　B. 12 小时

C. 24 小时　　D. 48 小时

2546. 法律援助机构应当自收到法律援助申请之日起 7 日内进行（　　），作出是否给予法律援助的决定。

A. 审查　　B. 审核

C. 审批　　D. 检查

2547. 司法行政部门应当自收到异议之日起（　　）内进行审查，作出维持法律援助机构决定或者责令法律援助机构改正的决定。

A. 1 日　　B. 2 日

C. 3 日　　D. 5 日

2548. 法律援助受援人以欺骗或者其他不正当手段获得法律援助的，由司法行政部门责令其支付已实施法律援助的费用，并处（　　）以下罚款。

A. 1000 元　　B. 2000 元

C. 3000 元　　D. 4000 元

（三）多项选择题

2549. 法律援助机构负责组织实施法律援助工作，受理、审查法律援助申请，指派（　　）等法律援助人员提供法律援助，支付法律援助补贴。

A. 律师　　B. 法官、检察官

C. 基层法律服务工作者　　D. 法律援助志愿者

2550. 负有依法提供法律援助的义务的机构和个人有：（　　）

A. 律师事务所　　B. 基层法律服务所

C. 律师　　D. 基层法律服务工作者

2551. 法律援助机构、法律援助人员对提供法律援助过程中知悉的（　　）应当予以保密。

A. 国家秘密　　B. 商业秘密

C. 个人隐私　　D. 违法信息

2552. 刑事案件的犯罪嫌疑人、被告人属于（　　），没有委托辩护人的，人民法院、人民检察院、公安机关应当通知法律援助机构指派律师担任辩护人。

A. 未成年人

B. 视力、听力、言语残疾人

C. 不能完全辨认自己行为的成年人

D. 可能被判处无期徒刑、死刑的人

2553. 当事人申请法律援助的，不受经济困难条件的限制的情形有：(　　)

A. 英雄烈士近亲属为维护英雄烈士的人格权益

B. 因见义勇为行为主张相关民事权益

C. 再审改判无罪请求国家赔偿

D. 遭受虐待、遗弃或者家庭暴力的受害人主张相关权益

2554. 下列关于法律援助的说法正确的是：(　　)

A. 因经济困难申请法律援助的，申请人应当如实说明经济困难状况

B. 法律援助机构核查申请人的经济困难状况，可以通过信息共享查询

C. 法律援助机构核查申请人的经济困难状况，可以由申请人进行个人诚信承诺

D. 法律援助机构开展核查工作，有关部门、单位、村民委员会、居民委员会和个人应当予以配合

2555. 法律援助人员接受指派后，无正当理由不得（　　）提供法律援助服务。

A. 中止　　B. 终止

C. 拖延　　D. 拒绝

2556. 法律援助补贴免征（　　）。

A. 营业税　　B. 企业所得税

C. 增值税　　D. 个人所得税

2557. 人民法院应当根据情况对法律援助受援人（　　）诉讼费用。

A. 缓收　　B. 减收

C. 免收　　D. 收取

2558. 法律援助机构应当综合运用（　　）等措施，督促法律援助人员提升服务质量。

A. 庭审旁听　　B. 案卷检查

C. 征询司法机关意见　　D. 回访受援人

（四）填空题

2559. 法律援助工作坚持____领导，坚持以____为中心，尊重和保障人权，遵循____的原则，实行国家保障与社会参与相结合。

2560. 国家鼓励和支持企业事业单位、社会组织和个人等____，依法通过____等方式为法律援助事业提供支持；对符合条件的，给予____优惠。

2561. 律师事务所、基层法律服务所应当____本所律师、基层法律服务工作者履行法律援助义务。

2562. 法律援助人员应当依法履行职责，及时为受援人提供符合____的法律援助服务，维护受援人的____权益。

2563. 强制医疗案件的被申请人或者被告人没有委托诉讼代理人的，____应当通知法律援助机构指派____为其提供法律援助。

2564. 无民事行为能力人或者限制民事行为能力人需要法律援助的，____由其法定代理人代为提出申请。

2565. 受援人应当向法律援助人员____与法律援助事项有关的情况，及时提供____，协助、配合办理法律援助事项。

2566. 申请人、受援人对司法行政部门维持法律援助机构决定不服的，可以依法申请____或者提起____。

2567. 法律援助事项办理结束后，法律援助人员应当及时向法律援助机构报告，提交有关法律文书的____、____等材料。

2568. 公证机构、司法鉴定机构应当对法律援助受援人____或者____公证费、鉴定费。

（五）简答题

2569. 简述法律援助机构可以组织法律援助人员依法提供法律援助服务的形式。

2570. 简述当事人因经济困难没有委托代理人可以向法律援助机构申请法律援助的事项。

2571. 简述法律援助申请人免予核查经济困难状况的情形。

2572. 简述法律援助机构收到法律援助申请后，可以决定先行提供法律援助的情形。

2573. 简述法律援助机构应当作出终止法律援助的决定的情形。

参考答案

（一）判断题

2529. ×，解析：根据《法律援助法》第 4 条第 1 款规定，县级以上人民政府应当将法律援助工作纳入国民经济和社会发展规划、基本公共服务体系，保障法律援助事业与经济社会协调发展。

2530. √，解析：根据《法律援助法》第 10 条规定。

2531. ×，解析：根据《法律援助法》第 20 条规定，法律援助人员应当恪守职业道德和执业纪律，不得向受援人收取任何财物。

2532. √，解析：根据《法律援助法》第 27 条规定。

2533. ×，解析：根据《法律援助法》第 34 条规定，经济困难的标准，由省、自治区、直辖市人民政府根据本行政区域经济发展状况和法律援助工作需要确定，并实行动态调整。

2534. ×，解析：根据《法律援助法》第 40 条第 2 款规定，被羁押的犯罪嫌疑人、被告人、服刑人员，以及强制隔离戒毒人员，可以由其法定代理人或者近亲属代为提出法律援助申请。

2535. ×，解析：根据《法律援助法》第 46 条第 2 款规定，法律援助人员应当按照规定向受援人通报法律援助事项办理情况，不得损害受援人合法权益。

2536. √，解析：根据《法律援助法》第 49 条规定。

2537. √，解析：根据《法律援助法》第 52 条规定。

2538. √，解析：根据《法律援助法》第 55 条规定。

（二）单项选择题

2539. D，解析：根据《法律援助法》第 8 条规定，国家鼓励和支持群团组织、事业单位、社会组织在司法行政部门指导下，依法提供法律援助。

2540. A，解析：根据《法律援助法》第 15 条规定，司法行政部门可以通过政府采购等方式，择优选择律师事务所等法律服务机构为受援人提供法律援助。

2541. B，解析：根据《法律援助法》第 18 条规定，国家建立健全法律服务资源依法跨区域流动机制，鼓励和支持律师事务所、律师、法律援助志愿者等在法律服务资源相对短缺地区提供法律援助。

2542. A，解析：根据《法律援助法》第 24 条规定，刑事案件的犯罪嫌疑人、被告人因经济困难或者其他原因没有委托辩护人的，本人及其近亲属可以向法律援助机构申请法律援助。

2543. C，解析：根据《法律援助法》第 36 条规定，人民法院、人民检察院、公安机关办理刑事案件，发现有本法第 25 条第 1 款、第 28 条规定情形的，应当在 3 日内通知法律援助机构指派律师。法律援助机构收到通知后，应当在 3 日内指派律师并通知人民法院、人民检察院、公安机关。根据《法律援助法》第 28 条规定，强制医疗案件的被申请人或者被告人没有委托诉讼代理人的，人民法院应当通知法律援助机构指派律师为其提供法律援助。

2544. D，解析：根据《法律援助法》第 38 条规定，对诉讼事项的法律援助，由申请人向办案机关所在地的法律援助机构提出申请；对非诉讼事项的法律援助，由申请人向争议处理机关所在地或者事由发生地的法律援助机构提出申请。

2545. C，解析：根据《法律援助法》第 39 条第 1 款规定，被羁押的犯罪嫌疑人、被告人、服刑人员，以及强制隔离戒毒人员等提出法律援助申请的，办案机关、监管场所应当在 24 小时内将申请转交法律援助机构。

2546. A，解析：根据《法律援助法》第 43 条第 1 款规定，法律援助机构应当自收到法律援助申请之日起 7 日内进行审查，作出是否给予法律援助的决定。决定给予法律援助的，应当自作出决定之日起 3 日内指派法律援助人员为受援人提供法律援助；决定不给予法律援助的，应当书面告知申请人，并说明理由。

2547. D，解析：根据《法律援助法》第 49 条第 2 款规定，司法行政部门应当自收到异议之日起 5 日内进行审查，作出维持法律援助机构决定或者责令法律援助机构改正的决定。

2548. C，解析：根据《法律援助法》第 64 条规定，受援人以欺骗或者其他不正当手段获得法律援助的，由司法行政部门责令其支付已实施法律援助的费用，并处 3000 元以下罚款。

（三）多项选择题

2549. ACD，解析：根据《法律援助法》第 12 条规定，县级以上人民政府司法行政部门应当设立法律援助机构。法律援助机构负责组织实施法律援助工作，受理、审查法律援助申请，指派律师、基层法律服务工作者、法律援助志愿者等法律援助人员提供法律援助，支付法律援助补贴。

2550. ABCD，解析：根据《法律援助法》第16条第1款规定，律师事务所、基层法律服务所、律师、基层法律服务工作者负有依法提供法律援助的义务。

2551. ABC，解析：根据《法律援助法》第21条规定，法律援助机构、法律援助人员对提供法律援助过程中知悉的国家秘密、商业秘密和个人隐私应当予以保密。

2552. ABCD，解析：根据《法律援助法》第25条第1款规定，刑事案件的犯罪嫌疑人、被告人属于下列人员之一，没有委托辩护人的，人民法院、人民检察院、公安机关应当通知法律援助机构指派律师担任辩护人：（1）未成年人；（2）视力、听力、言语残疾人；（3）不能完全辨认自己行为的成年人；（4）可能被判处无期徒刑、死刑的人；（5）申请法律援助的死刑复核案件被告人；（6）缺席审判案件的被告人；（7）法律法规规定的其他人员。

2553. ABCD，解析：根据《法律援助法》第32条规定，有下列情形之一，当事人申请法律援助的，不受经济困难条件的限制：（1）英雄烈士近亲属为维护英雄烈士的人格权益；（2）因见义勇为行为主张相关民事权益；（3）再审改判无罪请求国家赔偿；（4）遭受虐待、遗弃或者家庭暴力的受害人主张相关权益；（5）法律、法规、规章规定的其他情形。

2554. ABCD，解析：根据《法律援助法》第41条规定，因经济困难申请法律援助的，申请人应当如实说明经济困难状况。法律援助机构核查申请人的经济困难状况，可以通过信息共享查询，或者由申请人进行个人诚信承诺。法律援助机构开展核查工作，有关部门、单位、村民委员会、居民委员会和个人应当予以配合。

2555. BCD，解析：根据《法律援助法》第46条第1款规定，法律援助人员接受指派后，无正当理由不得拒绝、拖延或者终止提供法律援助服务。

2556. CD，解析：根据《法律援助法》第52条第3款规定，法律援助补贴免征增值税和个人所得税。

2557. ABC，解析：根据《法律援助法》第53条第1款规定，人民法院应当根据情况对受援人缓收、减收或者免收诉讼费用；对法律援助人员复制相关材料等费用予以免收或者减收。

2558. ABCD，解析：根据《法律援助法》第59条规定，法律援助机构应当综合运用庭审旁听、案卷检查、征询司法机关意见和回访受援人等措施，督促法律援助人员提升服务质量。

（四）填空题

2559. 中国共产党；人民；公开、公平、公正。（《法律援助法》第3条）
2560. 社会力量；捐赠；税收。（《法律援助法》第9条）
2561. 支持和保障。（《法律援助法》第16条）
2562. 标准；合法。（《法律援助法》第19条）
2563. 人民法院；律师。（《法律援助法》第28条）
2564. 可以。（《法律援助法》第40条）
2565. 如实陈述；证据材料。（《法律援助法》第47条）
2566. 行政复议；行政诉讼。（《法律援助法》第49条）
2567. 副本或者复印件；办理情况报告。（《法律援助法》第50条）
2568. 减收；免收。（《法律援助法》第53条）

（五）简答题

2569. 答：根据《法律援助法》第22条规定，法律援助机构可以组织法律援助人员依法提供下列形式的法律援助服务：（1）法律咨询；（2）代拟法律文书；（3）刑事辩护与代理；（4）民事案件、行政案件、国家赔偿案件的诉讼代理及非诉讼代理；（5）值班律师法律帮助；（6）劳动争议调解与仲裁代理；（7）法律、法规、规章规定的其他形式。

2570. 答：根据《法律援助法》第31条规定，下列事项的当事人，因经济困难没有委托代理人的，可以向法律援助机构申请法律援助：（1）依法请求国家赔偿；（2）请求给予社会保险待遇或者社会救助；（3）请求发给抚恤金；（4）请求给付赡养费、抚养费、扶养费；（5）请求确认劳动关系或者支付劳动报酬；（6）请求认定公民无民事行为能力或者限制民事行为能力；（7）请求工伤事故、交通事故、食品药品安全事故、医疗事故人身损害赔偿；（8）请求环境污染、生态破坏损害赔偿；（9）法律、法规、规章规定的其他情形。

2571. 答：根据《法律援助法》第42条规定，法律援助申请人有材料证明属于下列人员之一的，免予核查经济困难状况：（1）无固定生活来源的未成年人、老年人、残疾人等特定群体；（2）社会救助、司法救助或者优抚对象；（3）申请支付劳动报酬或者请求工伤事故人身损害赔偿的进城务工人员；(4) 法律、法规、规章规定的其他人员。

2572. 答：根据《法律援助法》第 44 条规定，法律援助机构收到法律援助申请后，发现有下列情形之一的，可以决定先行提供法律援助：(1) 距法定时效或者期限届满不足 7 日，需要及时提起诉讼或者申请仲裁、行政复议；(2) 需要立即申请财产保全、证据保全或者先予执行；(3) 法律、法规、规章规定的其他情形。法律援助机构先行提供法律援助的，受援人应当及时补办有关手续，补充有关材料。

2573. 答：根据《法律援助法》第 48 条第 1 款规定，有下列情形之一的，法律援助机构应当作出终止法律援助的决定：(1) 受援人以欺骗或者其他不正当手段获得法律援助；(2) 受援人故意隐瞒与案件有关的重要事实或者提供虚假证据；(3) 受援人利用法律援助从事违法活动；(4) 受援人的经济状况发生变化，不再符合法律援助条件；(5) 案件终止审理或者已经被撤销；(6) 受援人自行委托律师或者其他代理人；(7) 受援人有正当理由要求终止法律援助；(8) 法律法规规定的其他情形。

陆 刑 法

一、刑 法

（一）判断题

2574. 对多次贪污未经处理的，按照累计贪污数额处罚。（ ）
2575. 索贿的从重处罚。（ ）
2576. 国家机关在经济往来中，在账外暗中收受各种名义的回扣、手续费的，以利用影响力受贿罪论。（ ）
2577. 因被勒索给予国家工作人员以财物，没有获得不正当利益的，以行贿论处，从轻处罚。（ ）
2578. 国家工作人员在境外的存款，应当依照国家规定申报。（ ）
2579. 负有解救职责的国家机关工作人员利用职务阻碍解救的，处 2 年以上 7 年以下有期徒刑。（ ）
2580. 国家商检部门、商检机构的工作人员徇私舞弊，伪造检验结果的，处 5 年以下有期徒刑或者拘役。（ ）
2581. 非国家机关工作人员违反保守国家秘密法的规定，故意泄露国家秘密，依照故意泄露国家秘密罪加重处罚。（ ）
2582. 对任何人犯罪，在适用法律上一律平等。不允许任何人有超越法律的特权。（ ）
2583. 法律没有明文规定为犯罪行为的，但具有一定社会危害性，也可以比照相关法律定罪处刑。（ ）
2584. 对正在进行行凶、杀人、抢劫、强奸、绑架以及其他严重危及人身安全的暴力犯罪，采取防卫行为，造成不法侵害人伤亡的，应当负刑事责任，但是应当减轻或者免除处罚。（ ）
2585. 死刑缓期执行应当报请最高人民法院核准。（ ）
2586. 敲诈勒索公私财物，数额较大或者多次敲诈勒索的，处 1 年以下有期

徒刑、拘役或者管制。（　　）

2587. 扰乱、冲击或者以其他方法破坏依法举行的集会、游行、示威，造成公共秩序混乱的，处5年以下有期徒刑、拘役、管制或者剥夺政治权利。（　　）

（二）单项选择题

2588. 为谋取不正当利益，给予（　　）以财物的，是行贿罪。

A. 国家工作人员

B. 国家工作人员的近亲属

C. 与国家工作人员关系密切的人

D. 国家机关工作人员

2589. 以下对犯行贿罪的处罚，不正确的是：（　　）。

A. 处5年以下有期徒刑或者拘役，并处罚金

B. 因行贿谋取不正当利益，情节严重的，或者使国家利益遭受重大损失的，处5年以上10年以下有期徒刑，并处罚金

C. 情节特别严重的，或者使国家利益遭受特别重大损失的，处10年以上有期徒刑或者无期徒刑，并处罚金或者没收财产

D. 行贿人在被追诉前主动交待行贿行为的，应当从轻或减轻处罚

2590. 介绍贿赂人在（　　）主动交待介绍贿赂行为的，可以减轻处罚或者免除处罚。

A. 被调查时　　B. 被起诉前

C. 被追诉前　　D. 被审判前

2591. 单位为谋取不正当利益而行贿，或者违反国家规定，给予（　　）以回扣、手续费，情节严重的，构成单位行贿罪。

A. 国家工作人员　　B. 国家工作人员的近亲属

C. 与国家工作人员关系密切的人　　D. 国家机关工作人员

2592. 国家机关工作人员滥用职权或者玩忽职守，致使公共财产、国家和人民利益遭受重大损失的，处（　　）；情节特别严重的，处（　　）。

A. 3年以下有期徒刑或者拘役；3年以上7年以下有期徒刑

B. 3年以下有期徒刑、拘役或者管制；3年以上10年以下有期徒刑

C. 3年以下有期徒刑或者拘役，并处罚金；3年以上7年以下有期徒刑或者拘役，并处罚金

D. 3年以下有期徒刑、拘役或者管制，可以并处或者单处罚金；3年以上10年以下有期徒刑，并处罚金

2593. （　　）私放在押的犯罪嫌疑人、被告人或者罪犯的，处5年以下有期徒刑或者拘役；情节严重的，处5年以上10年以下有期徒刑；情节特别严重的，处10年以上有期徒刑。

A. 国家机关工作人员

B. 司法工作人员

C. 有查禁犯罪活动职责的国家机关工作人员

D. 行政执法人员

2594. （　　）徇私舞弊，对依法应当移交司法机关追究刑事责任的不移交，情节严重的，处3年以下有期徒刑或者拘役；造成严重后果的，处3年以上7年以下有期徒刑。

A. 国家机关工作人员

B. 司法工作人员

C. 有查禁犯罪活动职责的国家机关工作人员

D. 行政执法人员

2595. （　　）徇私舞弊，不征或者少征应征税款，致使国家税收遭受重大损失的，处5年以下有期徒刑或者拘役。

A. 国家机关工作人员

B. 税务机关的工作人员

C. 有查禁犯罪活动职责的国家机关工作人员

D. 行政执法人员

2596. （　　）徇私舞弊，放纵走私，情节严重的，处5年以下有期徒刑或者拘役；情节特别严重的，处5年以上有期徒刑。

A. 国家机关工作人员

B. 海关工作人员

C. 有查禁犯罪活动职责的国家机关工作人员

D. 负有查禁走私职责的国家机关工作人员

2597. 外国人在中华人民共和国领域外对（　　）犯罪，而按《刑法》规定的最低刑为 3 年以上有期徒刑的，可以适用《刑法》，但是按照（　　）的法律不受处罚的除外。

A. 中华人民共和国国家或者公民；犯罪地

B. 中华人民共和国国家；国籍国

C. 中华人民共和国公民；中华人民共和国

D. 中华人民共和国公民；犯罪地

2598. 凡在中华人民共和国领域外犯罪，依照《刑法》应当负刑事责任的，虽然经过外国审判，仍然可以依照《刑法》追究，但是在外国已经受过刑罚处罚的，可以（　　）处罚。

A. 免除　　B. 减轻

C. 免除或者减轻　　D. 抵消

2599. 享有外交特权和豁免权的外国人的刑事责任，通过（　　）解决。

A. 所在国法律　　B. 外交途径

C. 犯罪地法律　　D. 派遣国法律

2600. （　　），因而构成犯罪的，是故意犯罪。

A. 应当预见自己的行为可能发生危害社会的结果，因为疏忽大意而没有预见

B. 已经预见自己的行为可能发生危害社会的结果，而轻信能够避免

C. 由于不能抗拒或者不能预见的原因引起危害社会的结果

D. 明知自己的行为会发生危害社会的结果，并且希望或者放任这种结果发生

2601. 已满 75 周岁的人过失犯罪的，（　　）。

A. 可以从轻或者减轻处罚

B. 应当从轻或者减轻处罚

C. 应当从轻、减轻或者免除处罚

D. 法律有规定的才负刑事责任

2602. 承担民事赔偿责任的犯罪分子，同时被判处罚金，其财产不足以全部支付的，或者被判处没收财产的，应当（　　）。

A. 先没收财产

B. 先承担罚金

C. 先承担对被害人的民事赔偿责任

D. 按比例承担

2603. 以下哪一项不属于人民法院对被判处死刑缓期执行的犯人限制减刑的情况？（　　）

A. 被判处死刑缓期执行的累犯

B. 因故意杀人被判处死刑缓期执行的犯罪分子

C. 因贪污罪被判处死刑缓期执行的犯罪分子

D. 因有组织的暴力性犯罪被判处死刑缓期执行的犯罪分子

2604. 组织他人出卖人体器官的，处（　　）；情节严重的，处 5 年以上有期徒刑，并处罚金或者没收财产。

A. 3 年以下有期徒刑，并处罚金

B. 3 年以下有期徒刑或者拘役，并处或者单处罚金

C. 5 年以下有期徒刑，并处罚金

D. 5 年以下有期徒刑，并处罚金或者没收财产

（三）多项选择题

2605. 国家工作人员利用职务上的便利，（　　）或者以其他手段非法占有公共财物的，是贪污罪。

A. 侵吞　　B. 窃取

C. 骗取　　D. 抢夺

2606. 为谋取不正当利益，向（　　）行贿的，处 3 年以下有期徒刑或者拘役，并处罚金。

A. 国家工作人员的近亲属

B. 其他与该国家工作人员关系密切的人

C. 离职国家工作人员的近亲属

D. 其他与该离职国家工作人员关系密切的人

2607. 为谋取不正当利益，给予（　　）以财物的，或者在经济往来中，违反国家规定，给予各种名义的回扣、手续费的，处 3 年以下有期徒刑或者拘役，并处罚金。

A. 国家机关　　B. 国有公司
C. 事业单位　　D. 人民团体

2608. 国家有关主管部门的国家机关工作人员，徇私舞弊，滥用职权，对不符合法律规定条件的公司（　　），予以批准或者登记，致使公共财产、国家和人民利益遭受重大损失的，处5年以下有期徒刑或者拘役。
A. 设立申请　　B. 股票发行
C. 债券发行　　D. 上市申请

2609. 从事传染病防治的政府卫生行政部门的工作人员严重不负责任，导致（　　），情节严重的，处3年以下有期徒刑或者拘役。
A. 传染病传播　　B. 传染病发生
C. 传染病流行　　D. 重大人员伤亡

2610. 国家机关工作人员在签订、履行合同过程中，因严重不负责任被诈骗，（　　）。
A. 致使国家利益遭受重大损失的，处3年以下有期徒刑或者拘役
B. 致使国家利益遭受重大损失的，处5年以下有期徒刑或者拘役
C. 致使国家利益遭受特别重大损失的，处3年以上7年以下有期徒刑
D. 致使国家利益遭受特别重大损失的，处5年以上10年以下有期徒刑

2611. 税务机关的工作人员违反法律、行政法规的规定，在办理（　　）工作中，徇私舞弊，致使国家利益遭受重大损失的，处5年以下有期徒刑或者拘役；致使国家利益遭受特别重大损失的，处5年以上有期徒刑。
A. 征收税款　　B. 发售发票
C. 抵扣税款　　D. 出口退税

2612. 国家机关工作人员徇私舞弊，违反土地管理法规，滥用职权，（　　），情节严重的，处3年以下有期徒刑或者拘役；致使国家或者集体利益遭受特别重大损失的，处3年以上7年以下有期徒刑。
A. 非法批准征收土地
B. 非法批准征用土地
C. 非法批准占用土地
D. 非法低价出让国有土地使用权

2613. 动植物检疫机关的检疫人员严重不负责任，对应当检疫的检疫物（　　），致使国家利益遭受重大损失的，处3年以下有期徒刑或者拘役。

A. 不检疫　　B. 延误检疫出证

C. 错误出证　　D. 伪造检疫结果

2614. 对被拐卖、绑架的妇女、儿童负有解救职责的国家机关工作人员，接到（　　）的解救要求或者接到其他人的举报，而对被拐卖、绑架的妇女、儿童不进行解救，造成严重后果的，处5年以下有期徒刑或者拘役。

A. 被拐卖的妇女　　B. 被拐卖的儿童

C. 被拐卖的妇女家属　　D. 被绑架的妇女

2615. 哪些人犯罪，可以从轻、减轻或者免除处罚？（　　）

A. 听力障碍者　　B. 语言障碍者

C. 又聋又哑的人　　D. 盲人

2616. 被判处管制的犯罪分子，管制期满，执行机关应即向（　　）宣布解除管制。

A. 本人　　B. 受害人或受害人家属

C. 所在单位　　D. 居住地群众

2617. 违反国家有关规定，向他人出售或者提供公民个人信息，如何处罚？（　　）

A. 情节严重的，处3年以下有期徒刑或者拘役，并处或者单处罚金

B. 情节严重的，处3年以上有期徒刑或者拘役，并处或者单处罚金

C. 情节严重的，处3年以上7年以下有期徒刑，并处罚金

D. 情节特别严重的，处3年以上7年以下有期徒刑，并处罚金

2618. 犯盗窃、诈骗、抢夺罪，为（　　）而当场使用暴力或者以暴力相威胁的，依照抢劫罪定罪处罚。

A. 窝藏赃物　　B. 抗拒抓捕

C. 包庇他人　　D. 毁灭罪证

（四）填空题

2619. 受国家机关、国有公司、企业、事业单位、人民团体委托____国有财

产的人员，利用职务上的便利，____或者以其他手段非法占有国有财物的，以贪污论。

2620. 国家工作人员利用职务上的便利，挪用公款归个人使用，____的，或者挪用公款数额较大、____的，或者挪用公款数额较大、超过3个月未还的，是挪用公款罪。

2621. 在经济往来中，违反国家规定，给予国家工作人员以财物，____，或者____，给予国家工作人员以各种名义的回扣、手续费的，以行贿论处。

2622. 国家工作人员在____或者____中接受礼物，依照国家规定应当交公而不交公，数额较大的，按照贪污罪处理。

2623. 依法承担仲裁职责的人员，在仲裁活动中故意违背事实和法律作____，情节严重的，处3年以下有期徒刑或者拘役；情节特别严重的，处3年以上7年以下有期徒刑。

2624. 司法工作人员徇私舞弊，对不符合减刑、假释、____条件的罪犯，予以减刑、假释或者____的，处3年以下有期徒刑或者拘役；情节严重的，处3年以上7年以下有期徒刑。

2625. 林业主管部门的工作人员违反森林法的规定，超过____发放林木采伐许可证或者违反规定滥发林木采伐许可证，情节严重，致使森林遭受严重破坏的，处3年以下有期徒刑或者拘役。

2626. 国家机关工作人员严重不负责任，造成____文物损毁或者流失，后果严重的，处3年以下有期徒刑或者拘役。

2627. 对于中止犯，____的，应当免除处罚。

2628. 司法工作人员，是指有____、____、____、____职责的工作人员。

2629. 违反文物保护法规，将收藏的____的珍贵文物私自出售或者私自赠送给外国人的，处5年以下有期徒刑或者拘役，可以并处罚金。

2630. 旅馆业等单位的人员，在公安机关查处卖淫、嫖娼活动时，为违法犯罪分子____，情节严重的，依照包庇罪的规定定罪处罚。

（五）简答题

2631. 简述贪污罪的处罚规定。

2632. 什么是受贿罪？
2633. 简述利用影响力受贿罪。
2634. 简述徇私枉法罪。
2635. 简述刑法的溯及力。
2636. 简述已满 14 周岁不满 16 周岁的人应负刑事责任的犯罪。
2637. 简述虚假诉讼罪的处罚。

参考答案

（一）判断题

2574. √，解析：根据《刑法》第 383 条规定。
2575. √，解析：根据《刑法》第 386 条规定。
2576. ×，解析：根据《刑法》第 387 条规定，国家机关、国有公司、企业、事业单位、人民团体，索取、非法收受他人财物，为他人谋取利益，情节严重的，对单位判处罚金，并对其直接负责的主管人员和其他直接责任人员，处 5 年以下有期徒刑或者拘役。前款所列单位，在经济往来中，在账外暗中收受各种名义的回扣、手续费的，以受贿论，依照前款的规定处罚。
2577. ×，解析：根据《刑法》第 389 条规定，为谋取不正当利益，给予国家工作人员以财物的，是行贿罪。在经济往来中，违反国家规定，给予国家工作人员以财物，数额较大的，或者违反国家规定，给予国家工作人员以各种名义的回扣、手续费的，以行贿论处。因被勒索给予国家工作人员以财物，没有获得不正当利益的，不是行贿。
2578. √，解析：根据《刑法》第 395 条规定。
2579. √，解析：根据《刑法》第 416 条规定。
2580. √，解析：根据《刑法》第 412 条规定。
2581. ×，解析：根据《刑法》第 398 条规定，国家机关工作人员违反保守国家秘密法的规定，故意或者过失泄露国家秘密，情节严重的，处 3 年以下有期徒刑或者拘役；情节特别严重的，处 3 年以上 7 年以下有期徒刑。非国家机关工作人员犯前款罪的，依照前款的规定酌情处罚。
2582. √，解析：根据《刑法》第 4 条规定。

2583. ×，解析：根据《刑法》第3条规定，法律明文规定为犯罪行为的，依照法律定罪处刑；法律没有明文规定为犯罪行为的，不得定罪处刑。

2584. ×，解析：根据《刑法》第20条规定，为了使国家、公共利益、本人或者他人的人身、财产和其他权利免受正在进行的不法侵害，而采取的制止不法侵害的行为，对不法侵害人造成损害的，属于正当防卫，不负刑事责任。正当防卫明显超过必要限度造成重大损害的，应当负刑事责任，但是应当减轻或者免除处罚。对正在进行行凶、杀人、抢劫、强奸、绑架以及其他严重危及人身安全的暴力犯罪，采取防卫行为，造成不法侵害人伤亡的，不属于防卫过当，不负刑事责任。

2585. ×，解析：根据《刑法》第48条规定，死刑只适用于罪行极其严重的犯罪分子。对于应当判处死刑的犯罪分子，如果不是必须立即执行的，可以判处死刑同时宣告缓期二年执行。死刑除依法由最高人民法院判决的以外，都应当报请最高人民法院核准。死刑缓期执行的，可以由高级人民法院判决或者核准。

2586. ×，解析：根据《刑法》第274条规定，敲诈勒索公私财物，数额较大或者多次敲诈勒索的，处3年以下有期徒刑、拘役或者管制，并处或者单处罚金；数额巨大或者有其他严重情节的，处3年以上10年以下有期徒刑，并处罚金；数额特别巨大或者有其他特别严重情节的，处10年以上有期徒刑，并处罚金。

2587. √，解析：根据《刑法》第298条规定。

（二）单项选择题

2588. A，解析：根据《刑法》第389条第1款规定，为谋取不正当利益，给予国家工作人员以财物的，是行贿罪。

2589. D，解析：根据《刑法》第390条规定，对犯行贿罪的，处5年以下有期徒刑或者拘役，并处罚金；因行贿谋取不正当利益，情节严重的，或者使国家利益遭受重大损失的，处5年以上10年以下有期徒刑，并处罚金；情节特别严重的，或者使国家利益遭受特别重大损失的，处10年以上有期徒刑或者无期徒刑，并处罚金或者没收财产。行贿人在被追诉前主动交待行贿行为的，可以从轻或者减轻处罚。其中，犯罪较轻的，对侦破重大案件起关键作用的，或者有重大立功表现的，可以减轻或者免除处罚。

2590. C，解析：根据《刑法》第392条规定，向国家工作人员介绍贿赂，情节严重的，处3年以下有期徒刑或者拘役，并处罚金。介绍贿赂人在被追诉前主动交待介绍贿赂行为的，可以减轻处罚或者免除处罚。

2591. A，解析：根据《刑法》第 393 条规定，单位为谋取不正当利益而行贿，或者违反国家规定，给予国家工作人员以回扣、手续费，情节严重的，对单位判处罚金，并对其直接负责的主管人员和其他直接责任人员，处 5 年以下有期徒刑或者拘役，并处罚金。因行贿取得的违法所得归个人所有的，依照本法第 389 条、第 390 条的规定定罪处罚。

2592. A，解析：根据《刑法》第 397 条规定，国家机关工作人员滥用职权或者玩忽职守，致使公共财产、国家和人民利益遭受重大损失的，处 3 年以下有期徒刑或者拘役；情节特别严重的，处 3 年以上 7 年以下有期徒刑。本法另有规定的，依照规定。国家机关工作人员徇私舞弊，犯前款罪的，处 5 年以下有期徒刑或者拘役；情节特别严重的，处 5 年以上 10 年以下有期徒刑。本法另有规定的，依照规定。

2593. B，解析：根据《刑法》第 400 条第 1 款规定，司法工作人员私放在押的犯罪嫌疑人、被告人或者罪犯的，处 5 年以下有期徒刑或者拘役；情节严重的，处 5 年以上 10 年以下有期徒刑；情节特别严重的，处 10 年以上有期徒刑。

2594. D，解析：根据《刑法》第 402 条规定，行政执法人员徇私舞弊，对依法应当移交司法机关追究刑事责任的不移交，情节严重的，处 3 年以下有期徒刑或者拘役；造成严重后果的，处 3 年以上 7 年以下有期徒刑。

2595. B，解析：根据《刑法》第 404 条规定，税务机关的工作人员徇私舞弊，不征或者少征应征税款，致使国家税收遭受重大损失的，处 5 年以下有期徒刑或者拘役；造成特别重大损失的，处 5 年以上有期徒刑。

2596. B，解析：根据《刑法》第 411 条规定，海关工作人员徇私舞弊，放纵走私，情节严重的，处 5 年以下有期徒刑或者拘役；情节特别严重的，处 5 年以上有期徒刑。

2597. A，解析：根据《刑法》第 8 条规定，外国人在中华人民共和国领域外对中华人民共和国国家或者公民犯罪，而按本法规定的最低刑为 3 年以上有期徒刑的，可以适用本法，但是按照犯罪地的法律不受处罚的除外。

2598. C，解析：根据《刑法》第 10 条规定，凡在中华人民共和国领域外犯罪，依照本法应当负刑事责任的，虽然经过外国审判，仍然可以依照本法追究，但是在外国已经受过刑罚处罚的，可以免除或者减轻处罚。

2599. B，解析：根据《刑法》第 11 条规定，享有外交特权和豁免权的外国人的刑事责任，通过外交途径解决。

2600. D，解析：根据《刑法》第 14 条规定，明知自己的行为会发生危害社会的结果，并且希望或者放任这种结果发生，因而构成犯罪的，是故意犯罪。故意犯罪，应当负刑事责任。

2601. B，解析：根据《刑法》第 17 条之一规定，已满 75 周岁的人故意犯罪的，可以从轻或者减轻处罚；过失犯罪的，应当从轻或者减轻处罚。

2602. C，解析：根据《刑法》第 36 条规定，由于犯罪行为而使被害人遭受经济损失的，对犯罪分子除依法给予刑事处罚外，并应根据情况判处赔偿经济损失。承担民事赔偿责任的犯罪分子，同时被判处罚金，其财产不足以全部支付的，或者被判处没收财产的，应当先承担对被害人的民事赔偿责任。

2603. C，解析：根据《刑法》第 50 条规定，判处死刑缓期执行的，在死刑缓期执行期间，如果没有故意犯罪，二年期满以后，减为无期徒刑；如果确有重大立功表现，二年期满以后，减为 25 年有期徒刑；如果故意犯罪，情节恶劣的，报请最高人民法院核准后执行死刑；对于故意犯罪未执行死刑的，死刑缓期执行的期间重新计算，并报最高人民法院备案。对被判处死刑缓期执行的累犯以及因故意杀人、强奸、抢劫、绑架、放火、爆炸、投放危险物质或者有组织的暴力性犯罪被判处死刑缓期执行的犯罪分子，人民法院根据犯罪情节等情况可以同时决定对其限制减刑。

2604. C，解析：根据《刑法》第 234 条之一第 1 款规定，组织他人出卖人体器官的，处 5 年以下有期徒刑，并处罚金；情节严重的，处 5 年以上有期徒刑，并处罚金或者没收财产。

（三）多项选择题

2605. ABC，解析：根据《刑法》第 382 条规定，国家工作人员利用职务上的便利，侵吞、窃取、骗取或者以其他手段非法占有公共财物的，是贪污罪。受国家机关、国有公司、企业、事业单位、人民团体委托管理、经营国有财产的人员，利用职务上的便利，侵吞、窃取、骗取或者以其他手段非法占有国有财物的，以贪污论。

2606. ABCD，解析：根据《刑法》第 390 条之一规定，为谋取不正当利益，向国家工作人员的近亲属或者其他与该国家工作人员关系密切的人，或者向离职的国家工作人员或者其近亲属以及其他与其关系密切的人行贿的，处

3 年以下有期徒刑或者拘役，并处罚金；情节严重的，或者使国家利益遭受重大损失的，处 3 年以上 7 年以下有期徒刑，并处罚金；情节特别严重的，或者使国家利益遭受特别重大损失的，处 7 年以上 10 年以下有期徒刑，并处罚金。单位犯前款罪的，对单位判处罚金，并对其直接负责的主管人员和其他直接责任人员，处 3 年以下有期徒刑或者拘役，并处罚金。

2607. ABCD，解析：根据《刑法》第 391 条规定，为谋取不正当利益，给予国家机关、国有公司、企业、事业单位、人民团体以财物的，或者在经济往来中，违反国家规定，给予各种名义的回扣、手续费的，处 3 年以下有期徒刑或者拘役，并处罚金。单位犯前款罪的，对单位判处罚金，并对其直接负责的主管人员和其他直接责任人员，依照前款的规定处罚。

2608. ABCD，解析：根据《刑法》第 403 条规定，国家有关主管部门的国家机关工作人员，徇私舞弊，滥用职权，对不符合法律规定条件的公司设立、登记申请或者股票、债券发行、上市申请，予以批准或者登记，致使公共财产、国家和人民利益遭受重大损失的，处 5 年以下有期徒刑或者拘役。上级部门强令登记机关及其工作人员实施前款行为的，对其直接负责的主管人员，依照前款的规定处罚。

2609. AC，解析：根据《刑法》第 409 条规定，从事传染病防治的政府卫生行政部门的工作人员严重不负责任，导致传染病传播或者流行，情节严重的，处 3 年以下有期徒刑或者拘役。

2610. AC，解析：根据《刑法》第 406 条规定，国家机关工作人员在签订、履行合同过程中，因严重不负责任被诈骗，致使国家利益遭受重大损失的，处 3 年以下有期徒刑或者拘役；致使国家利益遭受特别重大损失的，处 3 年以上 7 年以下有期徒刑。

2611. BCD，解析：根据《刑法》第 405 条第 1 款规定，税务机关的工作人员违反法律、行政法规的规定，在办理发售发票、抵扣税款、出口退税工作中，徇私舞弊，致使国家利益遭受重大损失的，处 5 年以下有期徒刑或者拘役；致使国家利益遭受特别重大损失的，处 5 年以上有期徒刑。

2612. ABCD，解析：根据《刑法》第 410 条规定，国家机关工作人员徇私舞弊，违反土地管理法规，滥用职权，非法批准征收、征用、占用土地，或者非法低价出让国有土地使用权，情节严重的，处 3 年以下有期徒刑或者拘役；致使国家或者集体利益遭受特别重大损失的，处 3 年以上 7 年以下有期徒刑。

2613. ABC，解析：根据《刑法》第 413 条规定，动植物检疫机关的检疫人员徇私舞弊，伪造检疫结果的，处 5 年以下有期徒刑或者拘役；造成严重后果的，处 5 年以上 10 年以下有期徒刑。前款所列人员严重不负责任，对应当检疫的检疫物不检疫，或者延误检疫出证、错误出证，致使国家利益遭受重大损失的，处 3 年以下有期徒刑或者拘役。

2614. ABCD，解析：根据《刑法》第 416 条规定，对被拐卖、绑架的妇女、儿童负有解救职责的国家机关工作人员，接到被拐卖、绑架的妇女、儿童及其家属的解救要求或者接到其他人的举报，而对被拐卖、绑架的妇女、儿童不进行解救，造成严重后果的，处 5 年以下有期徒刑或者拘役。负有解救职责的国家机关工作人员利用职务阻碍解救的，处 2 年以上 7 年以下有期徒刑；情节较轻的，处 2 年以下有期徒刑或者拘役。

2615. CD，解析：根据《刑法》第 19 条规定，又聋又哑的人或者盲人犯罪，可以从轻、减轻或者免除处罚。

2616. ACD，解析：根据《刑法》第 40 条规定，被判处管制的犯罪分子，管制期满，执行机关应即向本人和其所在单位或者居住地的群众宣布解除管制。

2617. AD，解析：根据《刑法》第 253 条之一规定，违反国家有关规定，向他人出售或者提供公民个人信息，情节严重的，处 3 年以下有期徒刑或者拘役，并处或者单处罚金；情节特别严重的，处 3 年以上 7 年以下有期徒刑，并处罚金。

2618. ABD，解析：根据《刑法》第 269 条规定，犯盗窃、诈骗、抢夺罪，为窝藏赃物、抗拒抓捕或者毁灭罪证而当场使用暴力或者以暴力相威胁的，依照本法第 263 条的规定定罪处罚。

（四）填空题

2619. 管理、经营；侵吞、窃取、骗取。（《刑法》第 382 条）

2620. 进行非法活动；进行营利活动。（《刑法》第 384 条）

2621. 数额较大的；违反国家规定。（《刑法》第 389 条）

2622. 国内公务活动；对外交往。（《刑法》第 394 条）

2623. 枉法裁决。（《刑法》第 399 条之一）

2624. 暂予监外执行；暂予监外执行。（《刑法》第 401 条）

2625. 批准的年采伐限额。（《刑法》第 407 条）

2626. 珍贵。（《刑法》第 419 条）

2627. 没有造成损害。(《刑法》第 24 条)
2628. 侦查；检察；审判；监管。(《刑法》第 94 条)
2629. 国家禁止出口。(《刑法》第 325 条)
2630. 通风报信。(《刑法》第 362 条)

(五) 简答题

2631. 答：根据《刑法》第 383 条规定，对犯贪污罪的，根据情节轻重，分别依照下列规定处罚：

(1) 贪污数额较大或者有其他较重情节的，处 3 年以下有期徒刑或者拘役，并处罚金。

(2) 贪污数额巨大或者有其他严重情节的，处 3 年以上 10 年以下有期徒刑，并处罚金或者没收财产。

(3) 贪污数额特别巨大或者有其他特别严重情节的，处 10 年以上有期徒刑或者无期徒刑，并处罚金或者没收财产；数额特别巨大，并使国家和人民利益遭受特别重大损失的，处无期徒刑或者死刑，并处没收财产。

对多次贪污未经处理的，按照累计贪污数额处罚。

犯第 1 款罪，在提起公诉前如实供述自己罪行、真诚悔罪、积极退赃，避免、减少损害结果的发生，有第 1 项规定情形的，可以从轻、减轻或者免除处罚；有第 2 项、第 3 项规定情形的，可以从轻处罚。

犯第 1 款罪，有第 3 项规定情形被判处死刑缓期执行的，人民法院根据犯罪情节等情况可以同时决定在其死刑缓期执行二年期满依法减为无期徒刑后，终身监禁，不得减刑、假释。

2632. 答：根据《刑法》第 385 条规定，国家工作人员利用职务上的便利，索取他人财物的，或者非法收受他人财物，为他人谋取利益的，是受贿罪。

国家工作人员在经济往来中，违反国家规定，收受各种名义的回扣、手续费，归个人所有的，以受贿论处。

2633. 答：根据《刑法》第 388 条之一规定，国家工作人员的近亲属或者其他与该国家工作人员关系密切的人，通过该国家工作人员职务上的行为，或者利用该国家工作人员职权或者地位形成的便利条件，通过其他国家工作人员职务上的行为，为请托人谋取不正当利益，索取请托人财物或者收受请托人财物，数额较大或者有其他较重情节的，处 3 年以下有期徒刑或者拘役，并处罚金；数额巨大或者有其他严重情节的，处 3 年以上 7 年以下有期徒刑，并处罚金；数额特别巨大或者有其他特别严重情节的，处 7 年以上有期徒刑，并处罚金或者没收财产。

离职的国家工作人员或者其近亲属以及其他与其关系密切的人，利用该离职的国家工作人员原职权或者地位形成的便利条件实施前款行为的，依照前款的规定定罪处罚。

2634. 答：根据《刑法》第399条第1款规定，司法工作人员徇私枉法、徇情枉法，对明知是无罪的人而使他受追诉、对明知是有罪的人而故意包庇不使他受追诉，或者在刑事审判活动中故意违背事实和法律作枉法裁判的，处5年以下有期徒刑或者拘役；情节严重的，处5年以上10年以下有期徒刑；情节特别严重的，处10年以上有期徒刑。

2635. 答：根据《刑法》第12条规定，中华人民共和国成立以后本法施行以前的行为，如果当时的法律不认为是犯罪的，适用当时的法律；如果当时的法律认为是犯罪的，依照本法总则第四章第八节的规定应当追诉的，按照当时的法律追究刑事责任，但是如果本法不认为是犯罪或者处刑较轻的，适用本法。本法施行以前，依照当时的法律已经作出的生效判决，继续有效。

2636. 答：根据《刑法》第17条第2款规定，已满14周岁不满16周岁的人，犯故意杀人、故意伤害致人重伤或者死亡、强奸、抢劫、贩卖毒品、放火、爆炸、投放危险物质罪的，应当负刑事责任。

2637. 答：根据《刑法》第307条之一规定，以捏造的事实提起民事诉讼，妨害司法秩序或者严重侵害他人合法权益的，处3年以下有期徒刑、拘役或者管制，并处或者单处罚金；情节严重的，处3年以上7年以下有期徒刑，并处罚金。

单位犯前款罪的，对单位判处罚金，并对其直接负责的主管人员和其他直接责任人员，依照前款的规定处罚。

有第1款行为，非法占有他人财产或者逃避合法债务，又构成其他犯罪的，依照处罚较重的规定定罪从重处罚。

司法工作人员利用职权，与他人共同实施前3款行为的，从重处罚；同时构成其他犯罪的，依照处罚较重的规定定罪从重处罚。

二、反有组织犯罪法

（一）判断题

2638. 反有组织犯罪工作应当坚持专门工作与群众路线相结合，坚持专项治理与系统治理相结合，坚持与反腐败相结合，坚持与加强基层组织建设相结合，惩防并举、标本兼治。（　　）

2639. 有组织犯罪的罪犯刑满释放后，公安机关应当会同有关部门落实安置帮教等必要措施，促进其顺利融入社会。（　　）

2640. 公安机关核查有组织犯罪线索，经设区的市级以上公安机关负责人批准，可以查询嫌疑人员的存款、汇款、债券、股票、基金份额等财产信息。（　　）

2641. 公安机关、人民检察院、人民法院根据办理有组织犯罪案件的需要，可以全面调查涉嫌有组织犯罪的组织及其成员的财产状况。（　　）

2642. 通过反有组织犯罪国际合作取得的材料可以在行政处罚、刑事诉讼中作为证据使用，但依据条约规定或者我方承诺不作为证据使用的除外。（　　）

（二）单项选择题

2643. 承担有组织犯罪预防和治理职责的部门应当开展反有组织犯罪宣传教育，增强公民的反有组织犯罪（　　）。

A. 意识和能力　　B. 认识和能力

C. 意识和本领　　D. 认识和本领

2644. 曾被判处刑罚的黑社会性质组织的组织者、领导者或者恶势力组织的（　　）开办企业或者在企业中担任高级管理人员的，相关行业主管部门应当依法审查，对其经营活动加强监督管理。

A. 主犯　　B. 首要分子

C. 自然人　　D. 次要人员

2645. 对被判处10年以上有期徒刑、无期徒刑、死刑缓期二年执行的黑社会性质组织的组织者、领导者或者恶势力组织的首要分子减刑的，执行机关应当依法提出减刑建议，报经省、自治区、直辖市（　　）复核后，提请人民法院裁定。

A. 检察机关　　B. 监察机关

C. 公安机关　　D. 监狱管理机关

2646. 违反《反有组织犯罪法》第19条规定，不按照公安机关的决定如实报告个人财产及日常活动的，由公安机关给予警告，并责令改正；拒不改正的，处（　　）。

A. 5日以上10日以下拘留，并处3万元以下罚款

B. 5日以上10日以下拘留，并处5万元以下罚款

C. 5日以上15日以下拘留，并处3万元以下罚款

D. 5日以上15日以下拘留，并处5万元以下罚款

（三）多项选择题

2647. 电信业务经营者、互联网服务提供者应当依法履行网络信息安全管理义务，采取安全技术防范措施，防止含有（　　）有组织犯罪内容的信息传播。

A. 宣扬　　B. 宣传

C. 诱导　　D. 引诱

2648. 对有组织犯罪的组织者、领导者和骨干成员，应当严格掌握（　　）、假释和暂予监外执行的适用条件，充分适用剥夺政治权利、没收财产、罚金等刑罚。

A. 取保候审　　B. 不起诉

C. 缓刑　　D. 减刑

2649. 依法查办有组织犯罪案件或者依照职责支持、协助查办有组织犯罪案件的国家工作人员不得有的行为包括：（　　）

A. 向违法犯罪人员通风报信，阻碍案件查处

B. 违背事实和法律处理案件

C. 违反规定查封、扣押、冻结、处置涉案财物

D. 接到报案、控告、举报不受理

2650. 因举报、控告和制止有组织犯罪活动，在有组织犯罪案件中作证，本人或者其近亲属的人身安全面临危险的，公安机关、人民检察院、人民法院应当按照有关规定，采取的保护措施有：(　　)

A. 不公开真实姓名、住址和工作单位等个人信息

B. 采取不暴露外貌、真实声音等出庭作证措施

C. 禁止特定的人接触被保护人员

D. 对人身和住宅采取专门性保护措施

(四) 填空题

2651. 任何单位和个人都有协助、配合有关部门开展反有组织犯罪工作的____。国家依法对协助、配合反有组织犯罪工作的单位和个人给予____。

2652. 监察机关、人民法院、人民检察院、公安机关在办理案件中发现行业主管部门有组织犯罪预防和治理工作存在问题的，可以____向相关行业主管部门提出意见建议。相关行业主管部门应当及时处理并____反馈。

2653. 公安机关接到对有组织犯罪的报案、控告、举报后，应当____开展统计、分析、研判工作，组织____或者____有关主管机关依法处理。

2654. 在审理有组织犯罪案件过程中，应当对与涉案财产的性质、权属有关的事实、证据进行法庭____、____。人民法院应当依法作出判决，对涉案财产作出处理。

2655. 电信业务经营者、互联网服务提供者拒不为侦查有组织犯罪提供____的，由有关主管部门责令改正；拒不改正或者情节严重的，由有关主管部门依照《中华人民共和国____》的有关规定给予处罚。

(五) 简答题

2656. 简述犯罪嫌疑人、被告人积极配合有组织犯罪案件的侦查、起诉、审判等工作可以依法从宽处罚的情形。

2657. 在有组织犯罪活动中，国家工作人员有哪些行为的，应当全面调查，依法作出处理？

参考答案

（一）判断题

2638. √，解析：根据《反有组织犯罪法》第 4 条规定。

2639. ×，解析：根据《反有组织犯罪法》第 18 条第 2 款规定，有组织犯罪的罪犯刑满释放后，司法行政机关应当会同有关部门落实安置帮教等必要措施，促进其顺利融入社会。

2640. ×，解析：根据《反有组织犯罪法》第 27 条第 1 款规定，公安机关核查有组织犯罪线索，经县级以上公安机关负责人批准，可以查询嫌疑人员的存款、汇款、债券、股票、基金份额等财产信息。

2641. √，解析：根据《反有组织犯罪法》第 40 条规定。

2642. √，解析：根据《反有组织犯罪法》第 57 条规定。

（二）单项选择题

2643. A，解析：根据《反有组织犯罪法》第 10 条第 1 款规定，承担有组织犯罪预防和治理职责的部门应当开展反有组织犯罪宣传教育，增强公民的反有组织犯罪意识和能力。

2644. B，解析：根据《反有组织犯罪法》第 20 条规定，曾被判处刑罚的黑社会性质组织的组织者、领导者或者恶势力组织的首要分子开办企业或者在企业中担任高级管理人员的，相关行业主管部门应当依法审查，对其经营活动加强监督管理。

2645. D，解析：根据《反有组织犯罪法》第 36 条第 1 款规定，对被判处 10 年以上有期徒刑、无期徒刑、死刑缓期二年执行的黑社会性质组织的组织者、领导者或者恶势力组织的首要分子减刑的，执行机关应当依法提出减刑建议，报经省、自治区、直辖市监狱管理机关复核后，提请人民法院裁定。

2646. A，解析：根据《反有组织犯罪法》第 70 条规定，违反本法第 19 条规定，不按照公安机关的决定如实报告个人财产及日常活动的，由公安机关给予警告，并责令改正；拒不改正的，处 5 日以上 10 日以下拘留，并处 3 万元以下罚款。

（三）多项选择题

2647. AC，解析：根据《反有组织犯罪法》第16条第1款规定，电信业务经营者、互联网服务提供者应当依法履行网络信息安全管理义务，采取安全技术防范措施，防止含有宣扬、诱导有组织犯罪内容的信息传播；发现含有宣扬、诱导有组织犯罪内容的信息的，应当立即停止传输，采取消除等处置措施，保存相关记录，并向公安机关或者有关部门报告，依法为公安机关侦查有组织犯罪提供技术支持和协助。

2648. ABCD，解析：根据《反有组织犯罪法》第22条第2款规定，对有组织犯罪的组织者、领导者和骨干成员，应当严格掌握取保候审、不起诉、缓刑、减刑、假释和暂予监外执行的适用条件，充分适用剥夺政治权利、没收财产、罚金等刑罚。

2649. ABCD，解析：根据《反有组织犯罪法》第52条规定，依法查办有组织犯罪案件或者依照职责支持、协助查办有组织犯罪案件的国家工作人员，不得有下列行为：（1）接到报案、控告、举报不受理，发现犯罪信息、线索隐瞒不报、不如实报告，或者未经批准、授权擅自处置、不移送犯罪线索、涉案材料；（2）向违法犯罪人员通风报信，阻碍案件查处；（3）违背事实和法律处理案件；（4）违反规定查封、扣押、冻结、处置涉案财物；（5）其他滥用职权、玩忽职守、徇私舞弊的行为。

2650. ABCD，解析：根据《反有组织犯罪法》第61条规定，因举报、控告和制止有组织犯罪活动，在有组织犯罪案件中作证，本人或者其近亲属的人身安全面临危险的，公安机关、人民检察院、人民法院应当按照有关规定，采取下列一项或者多项保护措施：（1）不公开真实姓名、住址和工作单位等个人信息；（2）采取不暴露外貌、真实声音等出庭作证措施；（3）禁止特定的人接触被保护人员；（4）对人身和住宅采取专门性保护措施；（5）变更被保护人员的身份，重新安排住所和工作单位；（6）其他必要的保护措施。

（四）填空题

2651. 义务；保护。（《反有组织犯罪法》第7条）

2652. 书面；书面。（《反有组织犯罪法》第14条）

2653. 及时；核查；移送。（《反有组织犯罪法》第24条）

2654. 调查；辩论。（《反有组织犯罪法》第44条）

2655. 技术支持和协助；网络安全法。（《反有组织犯罪法》第72条）

（五）简答题

2656. 答：根据《反有组织犯罪法》第33条第1款规定，犯罪嫌疑人、被告人积极配合有组织犯罪案件的侦查、起诉、审判等工作，有下列情形之一的，可以依法从宽处罚，但对有组织犯罪的组织者、领导者应当严格适用：（1）为查明犯罪组织的组织结构及其组织者、领导者、首要分子的地位、作用提供重要线索或者证据的；（2）为查明犯罪组织实施的重大犯罪提供重要线索或者证据的；（3）为查处国家工作人员涉有组织犯罪提供重要线索或者证据的；（4）协助追缴、没收尚未掌握的赃款赃物的；（5）其他为查办有组织犯罪案件提供重要线索或者证据的情形。

2657. 答：根据《反有组织犯罪法》第50条规定，国家工作人员有下列行为的，应当全面调查，依法作出处理：（1）组织、领导、参加有组织犯罪活动的；（2）为有组织犯罪组织及其犯罪活动提供帮助的；（3）包庇有组织犯罪组织、纵容有组织犯罪活动的；（4）在查办有组织犯罪案件工作中失职渎职的；（5）利用职权或者职务上的影响干预反有组织犯罪工作的；（6）其他涉有组织犯罪的违法犯罪行为。国家工作人员组织、领导、参加有组织犯罪的，应当依法从重处罚。

三、反电信网络诈骗法

（一）判断题

2658. 为了预防、遏制和惩治电信网络诈骗活动，加强反电信网络诈骗工作，保护公民和组织的合法权益，维护社会稳定和国家安全，根据宪法，制定《反电信网络诈骗法》。（ ）

2659. 反电信网络诈骗工作坚持以人民为中心，统筹发展和安全；坚持系统观念、法治思维，注重源头治理、综合治理；坚持齐抓共管、群防群治，全面落实打防管控各项措施，加强社会宣传教育防范；坚持精准防治，保障正常生产经营活动和群众生活便利。（ ）

2660. 国务院建立反电信网络诈骗工作机制，统筹协调打击治理工作。（ ）

2661. 各单位应当加强内部防范电信网络诈骗工作，对工作人员开展防范电信网络诈骗教育；个人应当加强电信网络诈骗防范意识。单位、个人应当协助、配合有关部门依照《反电信网络诈骗法》规定开展反电信网络诈骗工作。（ ）

2662. 办理电话卡可以超出国家有关规定限制的数量。（ ）

2663. 电信业务经营者建立物联网卡用户风险评估制度，评估未通过的，原则上不可以向其销售物联网卡；严格登记物联网卡用户身份信息；采取有效技术措施限定物联网卡开通功能、使用场景和适用设备。（ ）

2664. 电信业务经营者应当规范真实主叫号码传送和电信线路出租，对改号电话进行封堵拦截和溯源核查。电信业务经营者应当严格规范国际通信业务出入口局主叫号码传送，真实、准确向用户提示来电号码所属国家或者地区，对网内和网间虚假主叫、不规范主叫进行识别、拦截。（ ）

2665. 中国人民银行统筹建立跨银行业金融机构、非银行支付机构的反洗钱统一监测系统，会同国务院公安部门完善与电信网络诈骗犯罪资金流转特点相适应的反洗钱可疑交易报告制度。(　　)

2666. 银行业金融机构、非银行支付机构应当按照国家有关规定，完整、准确传输直接提供商品或者服务的商户名称、收付款客户名称及账号等交易信息，保证交易信息的真实、完整和支付全流程中的有效性。(　　)

2667. 设立移动互联网应用程序必须应当按照国家有关规定向电信主管部门办理许可和备案手续。(　　)

2668. 公安机关办理电信网络诈骗案件依法调取证据的，互联网服务提供者应当及时提供技术支持和协助。(　　)

2669. 公安机关应当建立完善打击治理电信网络诈骗工作机制，加强专门队伍和专业技术建设，各警种、各地公安机关应当密切配合，依法有效惩处电信网络诈骗活动。(　　)

2670. 个人信息处理者应当依照《中华人民共和国个人信息保护法》等法律规定，规范个人信息处理，加强个人信息保护，建立个人信息被用于电信网络诈骗的防范机制。(　　)

2671. 新闻、广播、电视、文化、互联网信息服务等单位，应当面向社会有针对性地开展反电信网络诈骗宣传教育。(　　)

2672. 国务院公安部门、金融管理部门、电信主管部门和国家网信部门等应当统筹负责本行业领域反制技术措施建设，推进涉电信网络诈骗样本信息数据共享，加强涉诈用户信息交叉核验，建立有关涉诈异常信息、活动的监测识别、动态封堵和处置机制。(　　)

2673. 国家推进网络身份认证公共服务建设，支持个人、企业自费使用，电信业务经营者、银行业金融机构、非银行支付机构、互联网服务提供者对存在涉诈异常的电话卡、银行账户、支付账户、互联网账号，可以通过国家网络身份认证公共服务对用户身份重新进行核验。(　　)

2674. 对前往电信网络诈骗活动严重地区的人员，出境活动存在涉电信网络诈骗活动嫌疑的，移民管理机构可以决定不准其出境。(　　)

2675. 电信业务经营者违反《反电信网络诈骗法》规定，未落实国家有关规定确定的反电信网络诈骗内部控制机制的，由有关主管部门责令改正，情节较轻的，给予警告、通报批评，或者处 5 万元以上 50 万元以下罚款。(　　)

2676. 违反《反电信网络诈骗法》第 25 条第 2 款规定，由有关主管部门责令改正，情节较轻的，给予警告、通报批评，或者处 10 万元以上 50 万元以下罚款；情节严重的，处 50 万元以上 500 万元以下罚款，并可以由有关主管部门责令暂停相关业务、停业整顿、关闭网站或者应用程序，对其直接负责的主管人员和其他直接责任人员，处 1 万元以上 20 万元以下罚款。(　　)

2677. 反电信网络诈骗工作有关部门、单位的工作人员滥用职权、玩忽职守、徇私舞弊，或者有其他违反《反电信网络诈骗法》规定行为，构成犯罪的，依法追究刑事责任。(　　)

2678. 电信业务经营者、银行业金融机构、非银行支付机构、互联网服务提供者等违反《反电信网络诈骗法》规定，造成他人损害的，依照《中华人民共和国民法典》等法律的规定承担民事责任。(　　)

2679. 人民检察院在履行反电信网络诈骗职责中，对于侵害国家利益和社会公共利益的行为，可以依法向人民法院提起检察建议。(　　)

（二）单项选择题

2680. (　　) 组织领导本行政区域内反电信网络诈骗工作，确定反电信网络诈骗目标任务和工作机制，开展综合治理。

A. 地方县级以上各级人民政府　　B. 地方市级以上各级人民政府

C. 县级以上各级人民政府　　D. 地方各级人民政府

2681. 有关部门、单位在反电信网络诈骗工作中应当密切协作，实现(　　)协同配合、快速联动，加强专业队伍建设，有效打击治理电信网络诈骗活动。

A. 跨行业、跨地域　　B. 跨行业、跨区域

C. 跨专业、跨地域　　D. 跨专业、跨区域

2682. 电信业务经营者应当依法全面落实电话用户真实身份信息（　　）制度。

A. 备案　　B. 注册

C. 登记　　D. 核准

2683. 电信业务经营者对监测识别的涉诈异常电话卡用户应当重新进行实名核验，根据（　　）等级采取有区别的、相应的核验措施。

A. 危机　　B. 危险

C. 危害　　D. 风险

2684. 电信业务经营者、互联网服务提供者应当采取技术措施，及时识别、阻断《反电信网络诈骗法》第 14 条第 1 款规定的非法设备、软件接入网络，并向（　　）和相关行业主管部门报告。

A. 国家电信管理机关　　B. 国家网信管理机关

C. 公安机关　　D. 国家安全机关

2685. 金融、电信、市场监管、税务等有关部门建立开立企业账户相关信息共享查询系统，提供联网核查服务。市场主体登记机关应当依法对企业实名登记履行身份信息（　　）职责。

A. 核准　　B. 核验

C. 检查　　D. 检验

2686. 银行业金融机构、非银行支付机构依照《反电信网络诈骗法》第 18 条规第 1 款规定开展异常账户和可疑交易监测时，可以收集异常客户（　　）等必要的交易信息、设备位置信息。

A. 个人信息、网卡地址、支付受理终端信息

B. 互联网协议地址、个人信息、支付受理终端信息

C. 互联网协议地址、网卡地址、个人信息

D. 互联网协议地址、网卡地址、支付受理终端信息

2687. 为移动互联网应用程序提供封装、分发服务的，应当登记并核验应用程序开发运营者的（　　），核验应用程序的功能、用途。

A. 真实身份信息　　B. 户口所在地信息

C. 经常居住地信息　　D. 注册登记地信息

2688. 公安机关办理电信网络诈骗案件，应当同时（　　）犯罪所利用的个人信息来源，依法追究相关人员和单位责任。

A. 查证　　B. 调查
C. 查实　　D. 追查

2689. 对经（　　）公安机关认定的实施《反电信网络诈骗法》第31条第1款规定的行为的单位、个人和相关组织者，以及因从事电信网络诈骗活动或者关联犯罪受过刑事处罚的人员，可以按照国家有关规定记入信用记录，采取限制其有关卡、账户、账号等功能和停止非柜面业务、暂停新业务、限制入网等措施。

A. 乡级以上　　B. 县级以上
C. 市级以上　　D. 设区的市级以上

2690. 依据《反电信网络诈骗法》第32条规定，对涉诈异常情形采取限制、暂停服务等处置措施的，应当告知处置原因、救济渠道及需要提交的资料等事项，被处置对象可以向作出决定或者采取措施的部门、单位提出申诉。作出决定的部门、单位应当建立完善申诉渠道，及时受理申诉并核查，核查通过的，应当（　　）解除有关措施。

A. 在8小时内　　B. 在12小时内
C. 在24小时内　　D. 即时

2691. 因从事电信网络诈骗活动受过刑事处罚的人员，设区的市级以上公安机关可以根据犯罪情况和预防再犯罪的需要，决定自处罚完毕之日起（　　）不准其出境，并通知移民管理机构执行。

A. 1个月至6个月以内　　B. 3个月至1年以内
C. 6个月至3年以内　　D. 1年至3年以内

2692. 组织、策划、实施、参与电信网络诈骗活动尚不构成犯罪的，由公安机关处（　　）拘留；没收违法所得，处违法所得1倍以上10倍以下罚款，没有违法所得或者违法所得不足1万元的，处10万元以下罚款。

A. 10日以上15日以下　　B. 10日以下
C. 5日以上10日以下　　D. 5日以下

2693. 银行业金融机构、非银行支付机构违反《反电信网络诈骗法》规定，未落实国家有关规定确定的反电信网络诈骗内部控制机制的，由有关主管部门责令改正，情节较轻的，给予警告、通报批评，或者处5万元以上50万元以下罚款；情节严重的，处（　　）。

A. 100 万元以上 500 万元以下罚款，并由有关主管部门责令停止新增业务、缩减业务类型或者业务范围、暂停相关业务、停业整顿、吊销相关业务许可证或者吊销营业执照，对其直接负责的主管人员和其他直接责任人员，处 1 万元以上 20 万元以下罚款

B. 50 万元以上 500 万元以下罚款，并可以由有关主管部门责令停止新增业务、缩减业务类型或者业务范围、暂停相关业务、停业整顿、吊销相关业务许可证或者吊销营业执照，对其直接负责的主管人员和其他直接责任人员，处 2 万元以上 20 万元以下罚款

C. 50 万元以上 500 万元以下罚款，并可以由有关主管部门责令停止新增业务、缩减业务类型或者业务范围、暂停相关业务、停业整顿、吊销相关业务许可证或者吊销营业执照，对其直接负责的主管人员和其他直接责任人员，处 1 万元以上 20 万元以下罚款

D. 100 万元以上 500 万元以下罚款，并可以由有关主管部门责令停止新增业务、缩减业务类型或者业务范围、暂停相关业务、停业整顿、吊销相关业务许可证或者吊销营业执照，对其直接负责的主管人员和其他直接责任人员，处 1 万元以上 20 万元以下罚款

2694. 违反《反电信网络诈骗法》第 31 条第 1 款规定的，没收违法所得，由公安机关处违法所得 1 倍以上 10 倍以下罚款，没有违法所得或者违法所得不足（　　）的，处 20 万元以下罚款；情节严重的，并处 15 日以下拘留。

A. 1 万元　　B. 2 万元

C. 3 万元　　D. 5 万元

（三）多项选择题

2695. 电信网络诈骗，是指以非法占有为目的，利用电信网络技术手段，通过（　　）等方式，诈骗公私财物的行为。

A. 远程　　B. 近距离

C. 非接触　　D. 接触

2696. 有关部门和单位、个人应当对在反电信网络诈骗工作过程中知悉的（　　）予以保密。

A. 国家秘密　　B. 商业秘密
C. 个人隐私　　D. 个人信息

2697. 下列关于反电信网络诈骗的说法正确的是：(　　)
A. 公安机关牵头负责反电信网络诈骗工作，金融、电信、网信、市场监管等有关部门依照职责履行监管主体责任，负责本行业领域反电信网络诈骗工作
B. 人民法院、人民检察院发挥审判、检察职能作用，依法防范、惩治电信网络诈骗活动
C. 电信业务经营者、银行业金融机构、非银行支付机构、互联网服务提供者承担风险防控责任
D. 建立反电信网络诈骗内部控制机制和安全责任制度，加强新业务涉诈风险安全评估

2698. 教育行政、市场监管、民政等有关部门和村民委员会、居民委员会，应当结合电信网络诈骗受害群体的分布等特征，加强对（　　）等群体的宣传教育，增强反电信网络诈骗宣传教育的针对性、精准性，开展反电信网络诈骗宣传教育进学校、进企业、进社区、进农村、进家庭等活动。
A. 老年人　　B. 青少年
C. 领导干部　　D. 基层工作人员

2699. 对经识别存在异常办卡情形的，电信业务经营者有权（　　）。具体识别办法由国务院电信主管部门制定。
A. 暂停办卡　　B. 加强审理
C. 拒绝办卡　　D. 加强核查

2700. 电信业务经营者对监测识别的涉诈异常电话卡用户应当重新进行实名核验，对未按规定核验或者核验未通过的，电信业务经营者可以（　　）有关电话卡功能。
A. 控制　　B. 限制
C. 暂停　　D. 终止

2701. 单位用户从电信业务经营者购买物联网卡再将载有物联网卡的设备销售给其他用户的，应当核验和登记用户身份信息，并将（　　）传送

给号码归属的电信业务经营者。

A. 销量　　B. 价格
C. 存量　　D. 用户实名信息

2702. 下列关于反电信网络诈骗的说法正确的是：(　　)

A. 开立银行账户、支付账户不得超出国家有关规定限制的数量，但特殊情况除外
B. 对经识别存在异常开户情形的，银行业金融机构、非银行支付机构有权加强核查或者拒绝开户
C. 中国人民银行、国务院银行业监督管理机构组织有关清算机构建立跨机构开户数量核验机制和风险信息共享机制，并为客户提供查询名下银行账户、支付账户的便捷渠道
D. 银行业金融机构、非银行支付机构应当按照国家有关规定提供开户情况和有关风险信息

2703. 银行业金融机构、非银行支付机构应当建立开立企业账户异常情形的风险防控机制。(　　) 等有关部门建立开立企业账户相关信息共享查询系统，提供联网核查服务。

A. 金融　　B. 电信
C. 市场监管　　D. 税务

2704. 对监测识别的异常账户和可疑交易，银行业金融机构、非银行支付机构应当根据风险情况，采取（　　）等必要的防范措施。

A. 核实交易情况　　B. 重新核验身份
C. 延迟支付结算　　D. 限制或者中止有关业务

2705. 国务院公安部门会同有关部门建立完善电信网络诈骗涉案资金（　　）和资金返还制度，明确有关条件、程序和救济措施。

A. 即时查询　　B. 紧急止付
C. 快速冻结　　D. 及时解冻

2706. 互联网服务提供者应当根据（　　）要求，对涉案电话卡、涉诈异常电话卡所关联注册的有关互联网账号进行核验，根据风险情况，采取限期改正、限制功能、暂停使用、关闭账号、禁止重新注册等处置措施。

A. 市场监管机关　　B. 公安机关
C. 电信主管部门　　D. 网信主管部门

2707. 提供域名解析、域名跳转、网址链接转换服务的，应当按照国家有关规定，核验域名注册、解析信息和互联网协议地址的（　　），规范域名跳转，记录并留存所提供相应服务的日志信息，支持实现对解析、跳转、转换记录的溯源。

A. 有效性　　B. 一致性
C. 准确性　　D. 真实性

2708. 电信业务经营者、互联网服务提供者应当依照国家有关规定，履行合理注意义务，对利用哪些业务从事涉诈支持、帮助活动进行监测识别和处置？（　　）

A. 提供互联网接入、服务器托管、网络存储、通讯传输、线路出租、域名解析等网络资源服务
B. 提供应用程序、网站等网络技术、产品的制作、维护服务
C. 提供信息发布或者搜索、广告推广、引流推广等网络推广服务
D. 提供支付结算服务

2709. 金融、电信、网信部门依照职责对（　　）落实《反电信网络诈骗法》规定情况进行监督检查。有关监督检查活动应当依法规范开展。

A. 银行业金融机构　　B. 非银行支付机构
C. 电信业务经营者　　D. 互联网服务提供者

2710. 履行个人信息保护职责的部门、单位对可能被电信网络诈骗利用的（　　）、婚介信息等实施重点保护。

A. 物流信息　　B. 交易信息
C. 贷款信息　　D. 医疗信息

2711. 下列关于电信网络诈骗的说法正确的是：（　　）

A. 电信业务经营者、银行业金融机构、非银行支付机构、互联网服务提供者应当对从业人员和用户开展反电信网络诈骗宣传
B. 电信业务经营者、银行业金融机构、非银行支付机构、互联网服务提供者应当在有关业务活动中对防范电信网络诈骗作出提示
C. 电信业务经营者、银行业金融机构、非银行支付机构、互联网服务

提供者应当对本领域新出现的电信网络诈骗手段及时向用户作出提醒

D. 电信业务经营者、银行业金融机构、非银行支付机构、互联网服务提供者应当对非法买卖、出租、出借本人有关卡、账户、账号等被用于电信网络诈骗的法律责任作出警示

2712. 下列关于电信网络诈骗的说法正确的是：(　　)

A. 公安机关应当会同金融、电信、网信部门组织银行业金融机构、非银行支付机构、电信业务经营者、互联网服务提供者等建立预警劝阻系统

B. 对预警发现的潜在被害人，根据情况及时采取相应劝阻措施

C. 对电信网络诈骗案件应当加强追赃挽损，完善涉案资金处置制度，及时返还被害人的合法财产

D. 对遭受重大生活困难的被害人，符合国家有关救助条件的，有关方面依照规定给予救助

2713. 国务院公安部门等会同外交部门加强国际执法司法合作，与有关国家、地区、国际组织建立有效合作机制，通过开展国际警务合作等方式，提升在（　　）等方面的合作水平，有效打击遏制跨境电信网络诈骗活动。

A. 信息交流　　　　B. 调查取证

C. 侦查抓捕　　　　D. 追赃挽损

2714. 电信业务经营者违反《反电信网络诈骗法》规定，(　　)，由有关主管部门责令改正，情节较轻的，给予警告、通报批评，或者处5万元以上50万元以下罚款。

A. 未履行电话卡、物联网卡实名制登记职责的

B. 未履行对电话卡、物联网卡的监测识别、监测预警和相关处置职责的

C. 未对物联网卡用户进行风险评估，或者未限定物联网卡的开通功能、使用场景和适用设备的

D. 未采取措施对改号电话、虚假主叫或者具有相应功能的非法设备进行监测处置的

2715. 有关单位和个人对依照《反电信网络诈骗法》作出的行政处罚和行政强制措施决定不服的，可以依法（ ）。

A. 申请行政仲裁　　B. 申请行政复议

C. 申请仲裁　　D. 提起行政诉讼

(四) 填空题

2716. 打击治理在中华人民共和国____实施的电信网络诈骗活动或者中华人民共和国公民____实施的电信网络诈骗活动，适用《反电信网络诈骗法》。境外的组织、个人针对中华人民共和国境内实施电信网络诈骗活动的，或者为他人针对境内实施电信网络诈骗活动提供产品、服务等____的，依照《反电信网络诈骗法》有关规定处理和追究责任。

2717. 反电信网络诈骗工作应当____进行，维护公民和组织的____权益。

2718. 各级人民政府和有关部门应当加强反电信网络诈骗____，____相关法律和知识，提高公众对各类电信网络诈骗方式的____和____。

2719. 基础电信企业和移动通信转售企业应当承担对代理商落实电话用户实名制____责任，在协议中明确代理商实名制登记的责任和有关____措施。

2720. 国务院电信主管部门组织建立电话用户开卡数量____机制和风险信息____机制，并为用户查询名下电话卡信息提供____渠道。

2721. 电信业务经营者对物联网卡的使用建立____机制。对存在____情形的，应当采取暂停服务、重新核验身份和____或者其他合同约定的处置措施。

2722. 银行业金融机构、非银行支付机构为客户开立银行账户、支付账户及提供支付结算服务，和与客户业务关系存续期间，应当建立客户____制度，依法____受益所有人，采取相应风险管理措施，防范银行账户、支付账户等被用于电信网络诈骗活动。

2723. 市场主体登记机关依照规定对登记事项进行监督检查，对可能存在____、____的企业重点监督检查，依法撤销登记的，依照《反电信网络诈骗法》第 17 条第 1 款的规定____信息；为银行业金融机构、非银行支付机构进行客户尽职调查和依法____受益所有人提供便利。

2724. 银行业金融机构、非银行支付机构应当对银行账户、支付账户及支付结算服务加强____，建立完善符合电信网络诈骗活动特征的____和____监测机制。

2725. 互联网服务提供者对监测识别的____账号应当重新核验，根据国家有关规定采取____、暂停服务等处置措施。

2726. 公安、电信、网信等部门和电信业务经营者、互联网服务提供者应当加强对分发____下载传播的涉诈应用程序____、及时处置。

2727. 互联网服务提供者依照《反电信网络诈骗法》规定对有关涉诈信息、活动进行监测时，发现涉诈违法犯罪线索、____的，应当依照国家有关规定，根据涉诈风险____情况移送公安、金融、电信、网信等部门。有关部门应当建立完善____，将相关情况及时告知移送单位。

2728. ____接到电信网络诈骗活动的报案或者发现电信网络诈骗活动，应当依照《中华人民共和国____》的规定立案侦查。

2729. 任何单位和个人有权举报电信网络诈骗活动，有关部门应当依法及时处理，对提供____的举报人依照规定给予____和____。

2730. 任何单位和个人不得____买卖、出租、出借电话卡、物联网卡、电信线路、短信端口、银行账户、支付账户、互联网账号等，不得提供____帮助；不得假冒他人身份或者____关系开立上述卡、账户、账号等。

2731. 国家支持电信业务经营者、银行业金融机构、非银行支付机构、互联网服务提供者研究开发有关电信网络诈骗____，用于监测识别、____和处置涉诈异常信息、活动。

2732. 经国务院反电信网络诈骗工作机制____，公安、金融、电信等部门对电信网络诈骗活动严重的____，可以依照国家有关规定采取必要的____措施。

2733. 组织、____、实施、____电信网络诈骗活动或者为电信网络诈骗活动提供____，构成犯罪的，依法追究刑事责任。

2734. 银行业金融机构、非银行支付机构违反《反电信网络诈骗法》规定，未履行对____、可疑交易的风险监测和相关____义务的，由有关主管部门责令改正，情节较轻的，给予警告、通报批评，或者处 5 万元以上 50 万元以下罚款；情节严重的，处 50 万元以上 500 万元以下罚款，并可以由有关主管部门责令____新增业务、____业务类型或者业务范围、暂停相关业务、停业整顿、吊销相关业务许可证或者____营业执照，对其直接负责的主管人员和其他直接责任人员，处 1 万元以上 20 万元以下罚款。

2735. 违反《反电信网络诈骗法》第 14 条、第 25 条第 1 款规定的，____违法所得，由公安机关或者有关主管部门处违法所得____罚款，没有违法所得或者违法所得不足 5 万元的，处 50 万元以下罚款；情节严重的，由公安机关并处____以下拘留。

2736. 组织、策划、实施、参与电信网络诈骗活动或者为电信网络诈骗活动提供相关____的违法犯罪人员，除依法承担____责任、行政责任以外，造成他人____的，依照《中华人民共和国____》等法律的规定承担民事责任。

2737. 反电信网络诈骗工作涉及的有关管理和责任制度，《反电信网络诈骗法》没有规定的，适用《中华人民共和国____》、《中华人民共和国____》、《中华人民共和国____》等相关法律规定。

（五）简答题

2738. 简述任何单位和个人不得非法制造、买卖、提供或者使用的设备、软件。

2739. 电信业务经营者、互联网服务提供者为用户提供哪些服务时，应当依法要求用户提供真实身份信息？

2740. 简述任何单位和个人不得为他人实施电信网络诈骗活动提供的支持或者帮助的行为。

2741. 简述可以给予电信业务经营者、互联网服务提供者责令暂停相关业务、停业整顿、关闭网站或者应用程序、吊销相关业务许可证或者吊销营业执照处罚的情形。

参考答案

（一）判断题

2658. √，解析：根据《反电信网络诈骗法》第 1 条规定。

2659. √，解析：根据《反电信网络诈骗法》第4条规定。

2660. √，解析：根据《反电信网络诈骗法》第6条规定。

2661. √，解析：根据《反电信网络诈骗法》第8条规定。

2662. ×，解析：根据《反电信网络诈骗法》第10条第1款规定，办理电话卡不得超出国家有关规定限制的数量。

2663. ×，解析：根据《反电信网络诈骗法》第12条第1款规定，电信业务经营者建立物联网卡用户风险评估制度，评估未通过的，不得向其销售物联网卡；严格登记物联网卡用户身份信息；采取有效技术措施限定物联网卡开通功能、使用场景和适用设备。

2664. √，解析：根据《反电信网络诈骗法》第13条规定。

2665. √，解析：根据《反电信网络诈骗法》第18条规定。

2666. ×，解析：根据《反电信网络诈骗法》第19条规定，银行业金融机构、非银行支付机构应当按照国家有关规定，完整、准确传输直接提供商品或者服务的商户名称、收付款客户名称及账号等交易信息，保证交易信息的真实、完整和支付全流程中的一致性。

2667. ×，解析：根据《反电信网络诈骗法》第23条第1款规定，设立移动互联网应用程序应当按照国家有关规定向电信主管部门办理许可或者备案手续。

2668. √，解析：根据《反电信网络诈骗法》第26条规定。

2669. √，解析：根据《反电信网络诈骗法》第27条规定。

2670. √，解析：根据《反电信网络诈骗法》第29条规定。

2671. √，解析：根据《反电信网络诈骗法》第30条规定。

2672. √，解析：根据《反电信网络诈骗法》第32条规定。

2673. ×，解析：根据《反电信网络诈骗法》第33条规定，国家推进网络身份认证公共服务建设，支持个人、企业自愿使用，电信业务经营者、银行业金融机构、非银行支付机构、互联网服务提供者对存在涉诈异常的电话卡、银行账户、支付账户、互联网账号，可以通过国家网络身份认证公共服务对用户身份重新进行核验。

2674. ×，解析：根据《反电信网络诈骗法》第36条第1款规定，对前往电信网络诈骗活动严重地区的人员，出境活动存在重大涉电信网络诈骗活动嫌疑的，移民管理机构可以决定不准其出境。

2675. √，解析：根据《反电信网络诈骗法》第39条规定。

2676. ×，解析：根据《反电信网络诈骗法》第43条规定，违反本法第25条第2款规定，由有关主管部门责令改正，情节较轻的，给予警告、通报批评，或者处5万元以上50万元以下罚款；情节严重的，处50万元以上500万元以下罚款，并可以由有关主管部门责令暂停相关业务、停业整顿、关闭网站或者应用程序，对其直接负责的主管人员和其他直接责任人员，处1万元以上20万元以下罚款。

2677. √，解析：根据《反电信网络诈骗法》第45条规定。

2678. √，解析：根据《反电信网络诈骗法》第46条规定。

2679. ×，解析：根据《反电信网络诈骗法》第47条规定，人民检察院在履行反电信网络诈骗职责中，对于侵害国家利益和社会公共利益的行为，可以依法向人民法院提起公益诉讼。

（二）单项选择题

2680. D，解析：根据《反电信网络诈骗法》第6条第2款规定，地方各级人民政府组织领导本行政区域内反电信网络诈骗工作，确定反电信网络诈骗目标任务和工作机制，开展综合治理。

2681. A，解析：根据《反电信网络诈骗法》第7条规定，有关部门、单位在反电信网络诈骗工作中应当密切协作，实现跨行业、跨地域协同配合、快速联动，加强专业队伍建设，有效打击治理电信网络诈骗活动。

2682. C，解析：根据《反电信网络诈骗法》第9条第1款规定，电信业务经营者应当依法全面落实电话用户真实身份信息登记制度。

2683. D，解析：根据《反电信网络诈骗法》第11条规定，电信业务经营者对监测识别的涉诈异常电话卡用户应当重新进行实名核验，根据风险等级采取有区别的、相应的核验措施。对未按规定核验或者核验未通过的，电信业务经营者可以限制、暂停有关电话卡功能。

2684. C，解析：根据《反电信网络诈骗法》第14条第2款规定，电信业务经营者、互联网服务提供者应当采取技术措施，及时识别、阻断前款规定的非法设备、软件接入网络，并向公安机关和相关行业主管部门报告。

2685. B，解析：根据《反电信网络诈骗法》第17条规定，银行业金融机构、非银行支付机构应当建立开立企业账户异常情形的风险防控机制。金融、电信、市场监管、税务等有关部门建立开立企业账户相关信息共享查询系统，提供联网核查服务。市场主体登记机关应当依法对企业实名登记履行身份信息核验职责；依照规定对登记事项进行监督检查，对可能存在虚假登记、涉诈异常的企业重点监督检查，依法撤销登记的，依照前款的规定及时共享信息；为银行业金融机构、非银行支付机构进行客户尽职调查和依法识别受益所有人提供便利。

2686. D，解析：根据《反电信网络诈骗法》第 18 条规第 4 款规定，银行业金融机构、非银行支付机构依照第 1 款规定开展异常账户和可疑交易监测时，可以收集异常客户互联网协议地址、网卡地址、支付受理终端信息等必要的交易信息、设备位置信息。上述信息未经客户授权，不得用于反电信网络诈骗以外的其他用途。根据《反电信网络诈骗法》第 18 条规第 1 款规定，银行业金融机构、非银行支付机构应当对银行账户、支付账户及支付结算服务加强监测，建立完善符合电信网络诈骗活动特征的异常账户和可疑交易监测机制。

2687. A，解析：根据《反电信网络诈骗法》第 23 条第 2 款规定，为应用程序提供封装、分发服务的，应当登记并核验应用程序开发运营者的真实身份信息，核验应用程序的功能、用途。

2688. A，解析：根据《反电信网络诈骗法》第 29 条第 2 款规定，履行个人信息保护职责的部门、单位对可能被电信网络诈骗利用的物流信息、交易信息、贷款信息、医疗信息、婚介信息等实施重点保护。公安机关办理电信网络诈骗案件，应当同时查证犯罪所利用的个人信息来源，依法追究相关人员和单位责任。

2689. D，解析：根据《反电信网络诈骗法》第 31 条第 2 款规定，对经设区的市级以上公安机关认定的实施前款行为的单位、个人和相关组织者，以及因从事电信网络诈骗活动或者关联犯罪受过刑事处罚的人员，可以按照国家有关规定记入信用记录，采取限制其有关卡、账户、账号等功能和停止非柜面业务、暂停新业务、限制入网等措施。对上述认定和措施有异议的，可以提出申诉，有关部门应当建立健全申诉渠道、信用修复和救济制度。具体办法由国务院公安部门会同有关主管部门规定。

2690. D，解析：根据《反电信网络诈骗法》第 32 条第 3 款规定，依据本法第 11 条、第 12 条、第 18 条、第 22 条和前款规定，对涉诈异常情形采取限制、暂停服务等处置措施的，应当告知处置原因、救济渠道及需要提交的资料等事项，被处置对象可以向作出决定或者采取措施的部门、单位提出申诉。作出决定的部门、单位应当建立完善申诉渠道，及时受理申诉并核查，核查通过的，应当即时解除有关措施。

2691. C，解析：根据《反电信网络诈骗法》第 36 条第 2 款规定，因从事电信网络诈骗活动受过刑事处罚的人员，设区的市级以上公安机关可以根据犯罪情况和预防再犯罪的需要，决定自处罚完毕之日起 6 个月至 3 年以内不准其出境，并通知移民管理机构执行。

2692. A，解析：根据《反电信网络诈骗法》第 38 条规定，组织、策划、实施、参与电信网络诈骗活动或者为电信网络诈骗活动提供帮助，构成犯罪的，依法追究刑事责任。前款行为尚不构成犯罪的，由公安机关处 10 日以上 15 日以下拘留；没收违法所得，处违法所得 1 倍以上 10 倍以下罚款，没有违法所得或者违法所得不足 1 万元的，处 10 万元以下罚款。

2693. C，解析：根据《反电信网络诈骗法》第 40 条规定，银行业金融机构、非银行支付机构违反本法规定，有下列情形之一的，由有关主管部门责令改正，情节较轻的，给予警告、通报批评，或者处 5 万元以上 50 万元以下罚款；情节严重的，处 50 万元以上 500 万元以下罚款，并可以由有关主管部门责令停止新增业务、缩减业务类型或者业务范围、暂停相关业务、停业整顿、吊销相关业务许可证或者吊销营业执照，对其直接负责的主管人员和其他直接责任人员，处 1 万元以上 20 万元以下罚款：（1）未落实国家有关规定确定的反电信网络诈骗内部控制机制的；（2）未履行尽职调查义务和有关风险管理措施的；（3）未履行对异常账户、可疑交易的风险监测和相关处置义务的；（4）未按照规定完整、准确传输有关交易信息的。

2694. B，解析：根据《反电信网络诈骗法》第 44 条规定，违反本法第 31 条第 1 款规定的，没收违法所得，由公安机关处违法所得 1 倍以上 10 倍以下罚款，没有违法所得或者违法所得不足 2 万元的，处 20 万元以下罚款；情节严重的，并处 15 日以下拘留。

（三）多项选择题

2695. AC，解析：根据《反电信网络诈骗法》第 2 条规定，本法所称电信网络诈骗，是指以非法占有为目的，利用电信网络技术手段，通过远程、非接触等方式，诈骗公私财物的行为。

2696. ABCD，解析：根据《反电信网络诈骗法》第 5 条规定，反电信网络诈骗工作应当依法进行，维护公民和组织的合法权益。有关部门和单位、个人应当对在反电信网络诈骗工作过程中知悉的国家秘密、商业秘密和个人隐私、个人信息予以保密。

2697. ABCD，解析：根据《反电信网络诈骗法》第6条规定，国务院建立反电信网络诈骗工作机制，统筹协调打击治理工作。地方各级人民政府组织领导本行政区域内反电信网络诈骗工作，确定反电信网络诈骗目标任务和工作机制，开展综合治理。公安机关牵头负责反电信网络诈骗工作，金融、电信、网信、市场监管等有关部门依照职责履行监管主体责任，负责本行业领域反电信网络诈骗工作。人民法院、人民检察院发挥审判、检察职能作用，依法防范、惩治电信网络诈骗活动。电信业务经营者、银行业金融机构、非银行支付机构、互联网服务提供者承担风险防控责任，建立反电信网络诈骗内部控制机制和安全责任制度，加强新业务涉诈风险安全评估。

2698. AB，解析：根据《反电信网络诈骗法》第8条第2款规定，教育行政、市场监管、民政等有关部门和村民委员会、居民委员会，应当结合电信网络诈骗受害群体的分布等特征，加强对老年人、青少年等群体的宣传教育，增强反电信网络诈骗宣传教育的针对性、精准性，开展反电信网络诈骗宣传教育进学校、进企业、进社区、进农村、进家庭等活动。

2699. CD，解析：根据《反电信网络诈骗法》第10条规定，办理电话卡不得超出国家有关规定限制的数量。对经识别存在异常办卡情形的，电信业务经营者有权加强核查或者拒绝办卡。具体识别办法由国务院电信主管部门制定。国务院电信主管部门组织建立电话用户开卡数量核验机制和风险信息共享机制，并为用户查询名下电话卡信息提供便捷渠道。

2700. BC，解析：根据《反电信网络诈骗法》第11条规定，电信业务经营者对监测识别的涉诈异常电话卡用户应当重新进行实名核验，根据风险等级采取有区别的、相应的核验措施。对未按规定核验或者核验未通过的，电信业务经营者可以限制、暂停有关电话卡功能。

2701. ACD，解析：根据《反电信网络诈骗法》第12条第2款规定，单位用户从电信业务经营者购买物联网卡再将载有物联网卡的设备销售给其他用户的，应当核验和登记用户身份信息，并将销量、存量及用户实名信息传送给号码归属的电信业务经营者。

2702. BCD，解析：根据《反电信网络诈骗法》第16条规定，开立银行账户、支付账户不得超出国家有关规定限制的数量。对经识别存在异常开户情形的，银行业金融机构、非银行支付机构有权加强核查或者拒绝开户。中国人民银行、国务院银行业监督管理机构组织有关清算机构建立跨机构开户数量核验机制和风险信息共享机制，并为客户提供查询名下银行账户、支付账户的便捷渠道。银行业金融机构、非银行支付机构应当按照国家有关规定提供开户情况和有关风险信息。相关信息不得用于反电信网络诈骗以外的其他用途。

2703. ABCD，解析：根据《反电信网络诈骗法》第 17 条第 1 款规定，银行业金融机构、非银行支付机构应当建立开立企业账户异常情形的风险防控机制。金融、电信、市场监管、税务等有关部门建立开立企业账户相关信息共享查询系统，提供联网核查服务。

2704. ABCD，解析：根据《反电信网络诈骗法》第 18 条规第 3 款规定，对监测识别的异常账户和可疑交易，银行业金融机构、非银行支付机构应当根据风险情况，采取核实交易情况、重新核验身份、延迟支付结算、限制或者中止有关业务等必要的防范措施。

2705. ABCD，解析：根据《反电信网络诈骗法》第 20 条规定，国务院公安部门会同有关部门建立完善电信网络诈骗涉案资金即时查询、紧急止付、快速冻结、及时解冻和资金返还制度，明确有关条件、程序和救济措施。公安机关依法决定采取上述措施的，银行业金融机构、非银行支付机构应当予以配合。

2706. BC，解析：根据《反电信网络诈骗法》第 22 条规定，互联网服务提供者应当根据公安机关、电信主管部门要求，对涉案电话卡、涉诈异常电话卡所关联注册的有关互联网账号进行核验，根据风险情况，采取限期改正、限制功能、暂停使用、关闭账号、禁止重新注册等处置措施。

2707. CD，解析：根据《反电信网络诈骗法》第 24 条规定，提供域名解析、域名跳转、网址链接转换服务的，应当按照国家有关规定，核验域名注册、解析信息和互联网协议地址的真实性、准确性，规范域名跳转，记录并留存所提供相应服务的日志信息，支持实现对解析、跳转、转换记录的溯源。

2708. ABCD，解析：根据《反电信网络诈骗法》第 25 条第 2 款规定，电信业务经营者、互联网服务提供者应当依照国家有关规定，履行合理注意义务，对利用下列业务从事涉诈支持、帮助活动进行监测识别和处置：（1）提供互联网接入、服务器托管、网络存储、通讯传输、线路出租、域名解析等网络资源服务；（2）提供信息发布或者搜索、广告推广、引流推广等网络推广服务；（3）提供应用程序、网站等网络技术、产品的制作、维护服务；（4）提供支付结算服务。

2709. ABCD，解析：根据《反电信网络诈骗法》第 28 条规定，金融、电信、网信部门依照职责对银行业金融机构、非银行支付机构、电信业务经营者、互联网服务提供者落实本法规定情况进行监督检查。有关监督检查活动应当依法规范开展。

2710. ABCD，解析：根据《反电信网络诈骗法》第 29 条第 2 款规定，履行个人信息保护职责的部门、单位对可能被电信网络诈骗利用的物流信息、交易信息、贷款信息、医疗信息、婚介信息等实施重点保护。公安机关办理电信网络诈骗案件，应当同时查证犯罪所利用的个人信息来源，依法追究相关人员和单位责任。

2711. ABCD，解析：根据《反电信网络诈骗法》第 30 条第 1 款规定，电信业务经营者、银行业金融机构、非银行支付机构、互联网服务提供者应当对从业人员和用户开展反电信网络诈骗宣传，在有关业务活动中对防范电信网络诈骗作出提示，对本领域新出现的电信网络诈骗手段及时向用户作出提醒，对非法买卖、出租、出借本人有关卡、账户、账号等被用于电信网络诈骗的法律责任作出警示。

2712. ABCD，解析：根据《反电信网络诈骗法》第 34 条规定，公安机关应当会同金融、电信、网信部门组织银行业金融机构、非银行支付机构、电信业务经营者、互联网服务提供者等建立预警劝阻系统，对预警发现的潜在被害人，根据情况及时采取相应劝阻措施。对电信网络诈骗案件应当加强追赃挽损，完善涉案资金处置制度，及时返还被害人的合法财产。对遭受重大生活困难的被害人，符合国家有关救助条件的，有关方面依照规定给予救助。

2713. ABCD，解析：根据《反电信网络诈骗法》第 37 条规定，国务院公安部门等会同外交部门加强国际执法司法合作，与有关国家、地区、国际组织建立有效合作机制，通过开展国际警务合作等方式，提升在信息交流、调查取证、侦查抓捕、追赃挽损等方面的合作水平，有效打击遏制跨境电信网络诈骗活动。

2714. ABCD，解析：根据《反电信网络诈骗法》第 39 条规定，电信业务经营者违反本法规定，有下列情形之一的，由有关主管部门责令改正，情节较轻的，给予警告、通报批评，或者处 5 万元以上 50 万元以下罚款；情节严重的，处 50 万元以上 500 万元以下罚款，并可以由有关主管部门责令暂停相关业务、停业整顿、吊销相关业务许可证或者吊销营业执照，对其直接负责的主管人员和其他直接责任人员，处1万元以上20万元以下罚款：（1）未落实国家有关规定确定的反电信网络诈骗内部控制机制的；（2）未履行电话卡、物联网卡实名制登记职责的；（3）未履行对电话卡、物联网卡的监测识别、监测预警和相关处置职责的；（4）未对物联网卡用户进行风险评估，或者未限定物联网卡的开通功能、使用场景和适用设备的；（5）未采取措施对改号电话、虚假主叫或者具有相应功能的非法设备进行监测处置的。

2715. BD，解析：根据《反电信网络诈骗法》第48条规定，有关单位和个人对依照本法作出的行政处罚和行政强制措施决定不服的，可以依法申请行政复议或者提起行政诉讼。

（四）填空题

2716. 境内；在境外；帮助。（《反电信网络诈骗法》第3条）

2717. 依法；合法。（《反电信网络诈骗法》第5条）

2718. 宣传；普及；防骗意识；识骗能力。（《反电信网络诈骗法》第8条）

2719. 管理；违约处置。（《反电信网络诈骗法》第9条）

2720. 核验；共享；便捷。（《反电信网络诈骗法》第10条）

2721. 监测预警；异常使用；使用场景。（《反电信网络诈骗法》第12条）

2722. 尽职调查；识别。（《反电信网络诈骗法》第15条）

2723. 虚假登记；涉诈异常；及时共享；识别。（《反电信网络诈骗法》第17条）

2724. 监测；异常账户；可疑交易。（《反电信网络诈骗法》第18条）

2725. 涉诈异常；限制功能。（《反电信网络诈骗法》第22条）

2726. 平台以外途径；重点监测。（《反电信网络诈骗法》第23条）

2727. 风险信息；类型、程度；反馈机制。（《反电信网络诈骗法》第26条）

2728. 公安机关；刑事诉讼法。（《反电信网络诈骗法》第27条）

2729. 有效信息；奖励；保护。（《反电信网络诈骗法》第30条）

2730. 非法；实名核验；虚构代理。（《反电信网络诈骗法》第31条）

2731. 反制技术；动态封堵。（《反电信网络诈骗法》第32条）

2732. 决定或者批准；特定地区；临时风险防范。（《反电信网络诈骗法》第35条）

2733. 策划；参与；帮助。（《反电信网络诈骗法》第38条）

2734. 异常账户；处置；停止；缩减；吊销。（《反电信网络诈骗法》第40条）

2735. 没收；1倍以上10倍以下；15日。（《反电信网络诈骗法》第42条）
2736. 帮助；刑事；损害；民法典。（《反电信网络诈骗法》第46条）
2737. 网络安全法；个人信息保护法；反洗钱法。（《反电信网络诈骗法》第49条）

（五）简答题

2738. 答：根据《反电信网络诈骗法》第14条第1款规定，任何单位和个人不得非法制造、买卖、提供或者使用下列设备、软件：（1）电话卡批量插入设备；（2）具有改变主叫号码、虚拟拨号、互联网电话违规接入公用电信网络等功能的设备、软件；（3）批量账号、网络地址自动切换系统，批量接收提供短信验证、语音验证的平台；（4）其他用于实施电信网络诈骗等违法犯罪的设备、软件。
2739. 答：根据《反电信网络诈骗法》第21条规定，电信业务经营者、互联网服务提供者为用户提供下列服务，在与用户签订协议或者确认提供服务时，应当依法要求用户提供真实身份信息，用户不提供真实身份信息的，不得提供服务：（1）提供互联网接入服务；（2）提供网络代理等网络地址转换服务；（3）提供互联网域名注册、服务器托管、空间租用、云服务、内容分发服务；（4）提供信息、软件发布服务，或者提供即时通讯、网络交易、网络游戏、网络直播发布、广告推广服务。
2740. 答：根据《反电信网络诈骗法》第25条第1款规定，任何单位和个人不得为他人实施电信网络诈骗活动提供下列支持或者帮助：（1）出售、提供个人信息；（2）帮助他人通过虚拟货币交易等方式洗钱；（3）其他为电信网络诈骗活动提供支持或者帮助的行为。
2741. 答：根据《反电信网络诈骗法》第41条规定，电信业务经营者、互联网服务提供者违反本法规定，有下列情形之一的，由有关主管部门责令改正，情节较轻的，给予警告、通报批评，或者处5万元以上50万元以下罚款；情节严重的，处50万元以上500万元以下罚款，并可以由有关主管部门责令暂停相关业务、停业整顿、关闭网站或者应用程序、吊销相关业务许可证或者吊销营业执照，对其直接负责的主管人员和其他直接责任人员，处1万元以上20万元以下罚款：（1）未落实国家有关规定确定的反电信网络诈骗内部控制机制的；（2）未履行网络服务实名制职责，或者未对涉案、涉诈电话卡关联注册互联网账号进行核验的；（3）未按照国家有关规定，核验域名注册、解析信息和互联网协议地址的真实性、准确性，规范域名跳转，或者记录并留存所提供相应服务的日志信息的；（4）未登记核验移动互联网应用程序开发运营者的真实身份信息或者未核验应用程序的功能、用途，为其提供应用程序封装、分发服务的；（5）未履行对涉诈互联网账号和应用程序，以及其他电信网络诈骗信息、活动的监测识别和处置义务的；（6）拒不依法为查处电信网络诈骗犯罪提供技术支持和协助，或者未按规定移送有关违法犯罪线索、风险信息的。

柒 诉讼与非诉讼程序法

一、劳动争议调解仲裁法

（一）判断题

2742. 发生劳动争议，劳动者可以与用人单位协商，也可以请工会或者第三方共同与用人单位协商，达成和解协议。(　　)

2743. 发生劳动争议，向劳动争议仲裁委员会申请仲裁，即使对仲裁裁决不服的，也不能向人民法院提起诉讼。(　　)

2744. 发生劳动争议，当事人对自己提出的主张，应由用人单位反证，即举证责任倒置。(　　)

2745. 调解协议书由双方当事人签名或者盖章，经调解员签名并加盖调解组织印章后生效，对双方当事人具有约束力，当事人应当履行。(　　)

2746. 达成调解协议后，一方当事人在协议约定期限内不履行调解协议的，另一方当事人不能依法申请仲裁。(　　)

2747. 直辖市、设区的市只能设立一个劳动争议仲裁委员会。劳动争议仲裁委员会也按行政区划层层设立。(　　)

（二）单项选择题

2748. 用人单位违反国家规定，拖欠或者未足额支付劳动报酬，或者拖欠工伤医疗费、经济补偿或者赔偿金的，劳动者可以向（　　）投诉。

A. 劳动仲裁委员会　　B. 劳动行政部门

C. 劳动争议调解委员会　　D. 监察机关

2749. 因支付拖欠劳动报酬、工伤医疗费、经济补偿或者赔偿金事项达成调解协议，用人单位在协议约定期限内不履行的，劳动者可以持调解协议书依法向人民法院申请（　　）。

A. 支付令　　B. 强制执行令

C. 催促令　　D. 请求令

2750. 与劳动争议案件的处理结果（　　），可以申请参加仲裁活动或者由劳动争议仲裁委员会通知其参加仲裁活动。

A. 有利益关系的第三人　　B. 有损害关系的第三人

C. 无利害关系的第三人　　D. 有利害关系的第三人

2751. 丧失或者部分丧失民事行为能力的劳动者，由其法定代理人代为参加仲裁活动；无法定代理人的，由（　　）为其指定代理人。劳动者死亡的，由其近亲属或者代理人参加仲裁活动。

A. 人民法院　　B. 劳动争议政府部门

C. 劳动争议仲裁委员会　　D. 单位

2752. 劳动关系存续期间因拖欠劳动报酬发生争议的，劳动者申请仲裁不受本条第一款规定的仲裁时效期间的限制；但是，劳动关系终止的，应当自劳动关系终止之日起（　　）年内提出。

A. 1　　B. 2

C. 3　　D. 4

2753. 被申请人收到仲裁申请书副本后，应当在（　　）日内向劳动争议仲裁委员会提交答辩书。劳动争议仲裁委员会收到答辩书后，应当在（　　）日内将答辩书副本送达申请人。被申请人未提交答辩书的，不影响仲裁程序的进行。

A. 5；3　　B. 5；5

C. 10；3　　D. 10；5

2754. 申请人收到书面通知，无正当理由拒不到庭或者（　　）中途退庭的，可以视为撤回仲裁申请。

A. 未经仲裁委员会同意　　B. 未经仲裁庭同意

C. 未经对方当事人同意　　D. 未经申请程序

（三）多项选择题

2755. 发生劳动争议，当事人可以到哪些调解组织申请调解？（　　）

A. 企业劳动争议调解委员会

B. 依法设立的基层人民调解组织

C. 人民法院调解组织

D. 在乡镇、街道设立的具有劳动争议调解职能的组织

2756. 劳动争议调解组织的调解员应当由公道正派、联系群众、热心调解工作，并具有一定（　　）的成年公民担任。

A. 经济水平　　B. 法律知识

C. 政策水平　　D. 文化水平

2757. 劳动争议仲裁委员会依法履行哪些职责？（　　）

A. 聘任、解聘专职或者兼职仲裁员

B. 受理劳动争议案件

C. 讨论重大或者疑难的劳动争议案件

D. 对仲裁活动进行监督

2758. 仲裁员应当公道正派并符合哪些条件？（　　）

A. 曾任审判员的

B. 从事法律研究、教学工作并具有中级以上职称的

C. 具有法律知识、从事人力资源管理或者工会等专业工作满5年的

D. 律师执业满3年的

2759. 仲裁员有哪些情形的，应当回避？（　　）

A. 是本案当事人或者当事人、代理人的近亲属的

B. 与本案有利害关系的

C. 与本案当事人、代理人有其他关系，可能影响公正裁决的

D. 私自会见当事人、代理人，或者接受当事人、代理人的请客送礼的

2760. 仲裁庭裁决先予执行的，应当符合哪些条件？（　　）

A. 当事人之间权利义务关系明确

B. 不先予执行将严重影响申请人的生活

C. 当事人之间有担保关系

D. 当事人之间为血亲关系

2761. 仲裁庭对追索哪些款项的案件，根据当事人的申请，可以裁决先予执行，移送人民法院执行？（　　）

A. 劳动报酬　　B. 工伤医疗费

C. 生活保障金　　D. 经济补偿或者赔偿金

（四）填空题

2762. 为了公正及时解决____，保护当事人合法权益，促进劳动关系和谐稳定，制定《劳动争议调解仲裁法》。

2763. 发生劳动争议的____和____为劳动争议仲裁案件的双方当事人。

2764. 劳动争议仲裁公开进行，但当事人协议不公开进行或者涉及国家秘密、商业秘密和____的除外。

2765. 劳动争议申请仲裁的时效期间为____年。仲裁时效期间从当事人知道或者应当知道其权利被侵害之日起计算。

2766. 因不可抗力或者有其他正当理由，当事人不能在《劳动争议调解仲裁法》第 27 条第 1 款规定的仲裁时效期间申请仲裁的，仲裁时效中止。从____消除之日起，仲裁时效期间继续计算。

（五）简答题

2767. 简述可以适用《劳动争议调解仲裁法》解决的劳动争议的范围。

2768. 简述仲裁申请书应当载明的事项。

参考答案

（一）判断题

2742. √，解析：根据《劳动争议调解仲裁法》第 4 条规定。

2743. ×，解析：根据《劳动争议调解仲裁法》第 5 条规定，发生劳动争议，当事人不愿协商、协商不成或者达成和解协议后不履行的，可以向调解组织申请调解；不愿调解、调解不成或者达成调解协议后不履行的，可以向劳动争议仲裁委员会申请仲裁；对仲裁裁决不服的，除本法另有规定的外，可以向人民法院提起诉讼。

2744. ×，解析：根据《劳动争议调解仲裁法》第 6 条规定，发生劳动争议，当事人对自己提出的主张，有责任提供证据。与争议事项有关的证据属于用人单位掌握管理的，用人单位应当提供；用人单位不提供的，应当承担不利后果。

2745. √，解析：根据《劳动争议调解仲裁法》第 14 条规定。

2746. ×，解析：根据《劳动争议调解仲裁法》第 15 条规定，达成调解协议后，一方当事人在协议约定期限内不履行调解协议的，另一方当事人可以依法申请仲裁。

2747. ×，解析：根据《劳动争议调解仲裁法》第 17 条规定，劳动争议仲裁委员会按照统筹规划、合理布局和适应实际需要的原则设立。省、自治区人民政府可以决定在市、县设立；直辖市人民政府可以决定在区、县设立。直辖市、设区的市也可以设立一个或者若干个劳动争议仲裁委员会。劳动争议仲裁委员会不按行政区划层层设立。

（二）单项选择题

2748. B，解析：根据《劳动争议调解仲裁法》第 9 条规定，用人单位违反国家规定，拖欠或者未足额支付劳动报酬，或者拖欠工伤医疗费、经济补偿或者赔偿金的，劳动者可以向劳动行政部门投诉，劳动行政部门应当依法处理。

2749. A，解析：根据《劳动争议调解仲裁法》第 16 条规定，因支付拖欠劳动报酬、工伤医疗费、经济补偿或者赔偿金事项达成调解协议，用人单位在协议约定期限内不履行的，劳动者可以持调解协议书依法向人民法院申请支付令。人民法院应当依法发出支付令。

2750. D，解析：根据《劳动争议调解仲裁法》第 23 条规定，与劳动争议案件的处理结果有利害关系的第三人，可以申请参加仲裁活动或者由劳动争议仲裁委员会通知其参加仲裁活动。

2751. C，解析：根据《劳动争议调解仲裁法》第 25 条规定，丧失或者部分丧失民事行为能力的劳动者，由其法定代理人代为参加仲裁活动；无法定代理人的，由劳动争议仲裁委员会为其指定代理人。劳动者死亡的，由其近亲属或者代理人参加仲裁活动。

2752. A，解析：根据《劳动争议调解仲裁法》第 27 条第 4 款规定，劳动关系存续期间因拖欠劳动报酬发生争议的，劳动者申请仲裁不受本条第 1 款规定的仲裁时效期间的限制；但是，劳动关系终止的，应当自劳动关系终止之日起 1 年内提出。

2753. D，解析：根据《劳动争议调解仲裁法》第 30 条第 2 款规定，被申请人收到仲裁申请书副本后，应当在 10 日内向劳动争议仲裁委员会提交答辩书。劳动争议仲裁委员会收到答辩书后，应当在 5 日内将答辩书副本送达申请人。被申请人未提交答辩书的，不影响仲裁程序的进行。

2754. B，解析：根据《劳动争议调解仲裁法》第36条第1款规定，申请人收到书面通知，无正当理由拒不到庭或者未经仲裁庭同意中途退庭的，可以视为撤回仲裁申请。

（三）多项选择题

2755. ABD，解析：根据《劳动争议调解仲裁法》第10条规定，发生劳动争议，当事人可以到下列调解组织申请调解：（1）企业劳动争议调解委员会；（2）依法设立的基层人民调解组织；（3）在乡镇、街道设立的具有劳动争议调解职能的组织。企业劳动争议调解委员会由职工代表和企业代表组成。职工代表由工会成员担任或者由全体职工推举产生，企业代表由企业负责人指定。企业劳动争议调解委员会主任由工会成员或者双方推举的人员担任。

2756. BCD，解析：根据《劳动争议调解仲裁法》第11条规定，劳动争议调解组织的调解员应当由公道正派、联系群众、热心调解工作，并具有一定法律知识、政策水平和文化水平的成年公民担任。

2757. ABCD，解析：根据《劳动争议调解仲裁法》第19条规定，劳动争议仲裁委员会由劳动行政部门代表、工会代表和企业方面代表组成。劳动争议仲裁委员会组成人员应当是单数。劳动争议仲裁委员会依法履行下列职责：（1）聘任、解聘专职或者兼职仲裁员；（2）受理劳动争议案件；（3）讨论重大或者疑难的劳动争议案件；（4）对仲裁活动进行监督。劳动争议仲裁委员会下设办事机构，负责办理劳动争议仲裁委员会的日常工作。

2758. ABCD，解析：根据《劳动争议调解仲裁法》第20条规定，劳动争议仲裁委员会应当设仲裁员名册。仲裁员应当公道正派并符合下列条件之一：（1）曾任审判员的；（2）从事法律研究、教学工作并具有中级以上职称的；（3）具有法律知识、从事人力资源管理或者工会等专业工作满5年的；（4）律师执业满3年的。

2759. ABCD，解析：根据《劳动争议调解仲裁法》第33条规定，仲裁员有下列情形之一，应当回避，当事人也有权以口头或者书面方式提出回避申请：（1）是本案当事人或者当事人、代理人的近亲属的；（2）与本案有利害关系的；（3）与本案当事人、代理人有其他关系，可能影响公正裁决的；（4）私自会见当事人、代理人，或者接受当事人、代理人的请客送礼的。劳动争议仲裁委员会对回避申请应当及时作出决定，并以口头或者书面方式通知当事人。

2760. AB，解析：根据《劳动争议调解仲裁法》第44条第2款规定，仲裁庭裁决先予执行的，应当符合下列条件：（1）当事人之间权利义务关系明确；（2）不先予执行将严重影响申请人的生活。

2761. ABD，解析：根据《劳动争议调解仲裁法》第44条第1款规定，仲裁庭对追索劳动报酬、工伤医疗费、经济补偿或者赔偿金的案件，根据当事人的申请，可以裁决先予执行，移送人民法院执行。

（四）填空题

2762. 劳动争议。(《劳动争议调解仲裁法》第1条)

2763. 劳动者；用人单位。(《劳动争议调解仲裁法》第22条)

2764. 个人隐私。(《劳动争议调解仲裁法》第26条)

2765. 1。(《劳动争议调解仲裁法》第27条)

2766. 中止时效的原因。(《劳动争议调解仲裁法》第27条)

（五）简答题

2767. 答：根据《劳动争议调解仲裁法》第2条规定，中华人民共和国境内的用人单位与劳动者发生的下列劳动争议，适用本法：(1) 因确认劳动关系发生的争议；(2) 因订立、履行、变更、解除和终止劳动合同发生的争议；(3) 因除名、辞退和辞职、离职发生的争议；(4) 因工作时间、休息休假、社会保险、福利、培训以及劳动保护发生的争议；(5) 因劳动报酬、工伤医疗费、经济补偿或者赔偿金等发生的争议；(6) 法律、法规规定的其他劳动争议。

2768. 答：根据《劳动争议调解仲裁法》第28条第2、3款规定，仲裁申请书应当载明下列事项：(1) 劳动者的姓名、性别、年龄、职业、工作单位和住所，用人单位的名称、住所和法定代表人或者主要负责人的姓名、职务；(2) 仲裁请求和所根据的事实、理由；(3) 证据和证据来源、证人姓名和住所。书写仲裁申请确有困难的，可以口头申请，由劳动争议仲裁委员会记入笔录，并告知对方当事人。

二、农村土地承包经营纠纷调解仲裁法

(一) 判断题

2769. 发生农村土地承包经营纠纷的，当事人可以自行和解，也可以请求村民委员会、乡（镇）人民政府等调解。(　　)

2770. 当事人和解、调解不成或者不愿和解、调解的，可以向农村土地承包仲裁委员会申请仲裁，也可以直接请求人民检察院提起诉讼。(　　)

2771. 农村土地承包经营纠纷调解和仲裁，应当公开、公平、公正，便民高效，根据事实，符合法律，尊重社会公德。(　　)

2772. 各级人民政府应当加强对农村土地承包经营纠纷调解和仲裁工作的指导。(　　)

2773. 农村土地承包仲裁委员会，根据解决农村土地承包经营纠纷的实际需要设立。农村土地承包仲裁委员会可以在县和不设区的市设立，也可以在设区的市或者其市辖区设立。(　　)

2774. 农村土地承包仲裁委员会由当地人民政府及其有关部门代表、有关人民团体代表、农村集体经济组织代表、农民代表和法律、经济等相关专业人员兼任组成，其中农民代表和法律、经济等相关专业人员不得少于组成人员的2/3。(　　)

2775. 省、自治区、直辖市人民政府农村土地承包管理部门应当制定仲裁员培训计划，加强对仲裁员培训工作的组织和指导。(　　)

2776. 农村土地承包经营纠纷仲裁的申请人、被申请人为当事人。家庭承包的，可以由农户代表人参加仲裁。当事人一方人数众多的，可以推选代表人参加仲裁。(　　)

2777. 当事人申请仲裁，应当向纠纷涉及的土地所在地的农村土地承包仲裁委员会递交仲裁申请书。仲裁申请书可以邮寄或者委托他人代交。(　　)

2778. 农村土地承包仲裁委员会决定受理的，应当自收到仲裁申请之日起 15 个工作日内，将受理通知书、仲裁规则和仲裁员名册送达申请人；决定不予受理或者终止仲裁程序的，应当自收到仲裁申请或者发现终止仲裁程序情形之日起 15 个工作日内书面通知申请人，并说明理由。（　　）

（二）单项选择题

2779. 农村土地承包仲裁委员会在当地（　　）指导下设立。设立农村土地承包仲裁委员会的，其日常工作由当地农村土地承包管理部门承担。

A. 人民政府　　B. 人民检察院

C. 人民法院　　D. 公安局

2780. （　　）对农村土地承包经营纠纷应当进行调解。调解达成协议的，仲裁庭应当制作调解书；调解不成的，应当及时作出裁决。

A. 人民调解委员会　　B. 人民法院

C. 仲裁庭　　D. 村民委员会

2781. 农村土地承包经营纠纷申请仲裁的时效期间为（　　），自当事人知道或者应当知道其权利被侵害之日起计算。

A. 1 年　　B. 2 年

C. 3 年　　D. 4 年

2782. 农村土地承包仲裁委员会应当自受理仲裁申请之日起（　　）工作日内，将受理通知书、仲裁申请书副本、仲裁规则和仲裁员名册送达被申请人。

A. 3 个　　B. 7 个

C. 6 个　　D. 5 个

（三）多项选择题

2783. 当事人在开庭过程中有权（　　）。对不通晓当地通用语言文字的当事人，农村土地承包仲裁委员会应当为其提供翻译。

A. 发表意见　　B. 陈述事实和理由

C. 提供证据　　D. 进行质证和辩论

2784. 对权利义务关系明确的纠纷，经当事人申请，仲裁庭可以先行裁定（　　）等行为。

A. 维持现状　　B. 恢复农业生产

C. 停止取土、占地　　D. 赔偿损失

（四）填空题

2785. 农村土地承包仲裁委员会设主任 1 人、副主任 1 至 2 人和委员若干人。主任、副主任由全体组成人员____产生。

2786. 农村土地承包仲裁委员会应当对仲裁员进行____以及____的培训。

2787. 农村土地承包仲裁委员会组成人员、仲裁员应当依法履行职责，遵守农村土地承包仲裁委员会章程和仲裁规则，不得____、____，不得侵害当事人的合法权益。

2788. 证据应当在开庭时出示，但涉及____、____和____的证据不得在公开开庭时出示。

2789. 当事人和其他仲裁参与人认为对自己陈述的记录____，有权____。如果不予补正，应当记录该申请。

2790. 裁决应当按照____的意见作出，少数仲裁员的不同意见可以记入笔录。仲裁庭不能形成多数意见时，裁决应当按照____的意见作出。

2791. 当事人不服仲裁裁决的，可以自收到裁决书之日起____向人民法院起诉。逾期不起诉的，裁决书即____。

2792. 农村土地承包经营纠纷仲裁不得向当事人____，仲裁工作经费纳入____予以保障。

（五）简答题

2793. 简述农村土地承包经营纠纷的范围。

2794. 简述农村土地承包仲裁委员会依法履行的职责。

2795. 简述《农村土地承包经营纠纷调解仲裁法》中需要仲裁员回避的情形。

参考答案

（一）判断题

2769. √，解析：根据《农村土地承包经营纠纷调解仲裁法》第 3 条规定。

2770. ×，解析：根据《农村土地承包经营纠纷调解仲裁法》第 4 条规定，当事人和解、调解不成或者不愿和解、调解的，可以向农村土地承包仲裁委员会申请仲裁，也可以直接向人民法院起诉。

2771. √，解析：根据《农村土地承包经营纠纷调解仲裁法》第 5 条规定。

2772. ×，解析：根据《农村土地承包经营纠纷调解仲裁法》第 6 条第 1 款规定，县级以上人民政府应当加强对农村土地承包经营纠纷调解和仲裁工作的指导。

2773. √，解析：根据《农村土地承包经营纠纷调解仲裁法》第 12 条规定。

2774. ×，解析：根据《农村土地承包经营纠纷调解仲裁法》第 13 条第 1 款规定，农村土地承包仲裁委员会由当地人民政府及其有关部门代表、有关人民团体代表、农村集体经济组织代表、农民代表和法律、经济等相关专业人员兼任组成，其中农民代表和法律、经济等相关专业人员不得少于组成人员的 1/2。

2775. √，解析：根据《农村土地承包经营纠纷调解仲裁法》第 16 条规定。

2776. √，解析：根据《农村土地承包经营纠纷调解仲裁法》第 19 条规定。

2777. √，解析：根据《农村土地承包经营纠纷调解仲裁法》第 21 条规定。

2778. ×，解析：根据《农村土地承包经营纠纷调解仲裁法》第 23 条规定，农村土地承包仲裁委员会决定受理的，应当自收到仲裁申请之日起 5 个工作日内，将受理通知书、仲裁规则和仲裁员名册送达申请人；决定不予受理或者终止仲裁程序的，应当自收到仲裁申请或者发现终止仲裁程序情形之日起 5 个工作日内书面通知申请人，并说明理由。

（二）单项选择题

2779. A，解析：根据《农村土地承包经营纠纷调解仲裁法》第 12 条第 2 款规定，农村土地承包仲裁委员会在当地人民政府指导下设立。设立农村土地承包仲裁委员会的，其日常工作由当地农村土地承包管理部门承担。

2780. C，解析：根据《农村土地承包经营纠纷调解仲裁法》第 11 条第 1 款规定，仲裁庭对农村土地承包经营纠纷应当进行调解。调解达成协议的，仲裁庭应当制作调解书；调解不成的，应当及时作出裁决。

2781. B，解析：根据《农村土地承包经营纠纷调解仲裁法》第 18 条规定，农村土地承包经营纠纷申请仲裁的时效期间为 2 年，自当事人知道或者应当知道其权利被侵害之日起计算。

2782. D，解析：根据《农村土地承包经营纠纷调解仲裁法》第 24 条规定，农村土地承包仲裁委员会应当自受理仲裁申请之日起 5 个工作日内，将受理通知书、仲裁申请书副本、仲裁规则和仲裁员名册送达被申请人。

（三）多项选择题

2783. ABCD，解析：根据《农村土地承包经营纠纷调解仲裁法》第 36 条规定，当事人在开庭过程中有权发表意见、陈述事实和理由、提供证据、进行质证和辩论。对不通晓当地通用语言文字的当事人，农村土地承包仲裁委员会应当为其提供翻译。

2784. ABC，解析：根据《农村土地承包经营纠纷调解仲裁法》第 42 条第 1 款规定，对权利义务关系明确的纠纷，经当事人申请，仲裁庭可以先行裁定维持现状、恢复农业生产以及停止取土、占地等行为。

（四）填空题

2785. 选举。（《农村土地承包经营纠纷调解仲裁法》第 13 条）

2786. 农村土地承包法律；国家政策。（《农村土地承包经营纠纷调解仲裁法》第 16 条）

2787. 索贿受贿；徇私舞弊。（《农村土地承包经营纠纷调解仲裁法》第 17 条）

2788. 国家秘密；商业秘密；个人隐私。（《农村土地承包经营纠纷调解仲裁法》第 40 条）

2789. 有遗漏或者差错的；申请补正。（《农村土地承包经营纠纷调解仲裁法》第 43 条）

2790. 多数仲裁员；首席仲裁员。（《农村土地承包经营纠纷调解仲裁法》第 44 条）

2791. 30 日内；发生法律效力。（《农村土地承包经营纠纷调解仲裁法》第 48 条）

2792. 收取费用；财政预算。（《农村土地承包经营纠纷调解仲裁法》第 52 条）

（五）简答题

2793. 答：根据《农村土地承包经营纠纷调解仲裁法》第 2 条第 2 款规定，农村土地承包经营纠纷包括：（1）因订立、履行、变更、解除和终止农村土地承包合同发生的纠纷；（2）因农村土地承包经营权转包、出租、互换、转让、入股等流转发生的纠纷；（3）因收回、调整承包地发生的纠纷；（4）因确认农村土地承包经营权发生的纠纷；（5）因侵害农村土地承包经营权发生的纠纷；（6）法律、法规规定的其他农村土地承包经营纠纷。

2794. 答：根据《农村土地承包经营纠纷调解仲裁法》第14条第1款规定，农村土地承包仲裁委员会依法履行下列职责：（1）聘任、解聘仲裁员；（2）受理仲裁申请；（3）监督仲裁活动。

2795. 答：根据《农村土地承包经营纠纷调解仲裁法》第28条第1款规定，仲裁员有下列情形之一的，必须回避，当事人也有权以口头或者书面方式申请其回避：（1）是本案当事人或者当事人、代理人的近亲属；（2）与本案有利害关系；（3）与本案当事人、代理人有其他关系，可能影响公正仲裁；（4）私自会见当事人、代理人，或者接受当事人、代理人的请客送礼。

三、人民调解法

(一) 判断题

2796. 人民调解委员会调解民间纠纷，不收取任何费用。(　　)

2797. 当事人可以向人民调解委员会申请调解；人民调解委员会也可以主动调解。当事人一方明确拒绝调解的，也可调解。(　　)

2798. 人民调解委员会根据调解纠纷的需要，只能指定一名或者数名人民调解员进行调解。(　　)

2799. 人民调解员根据调解纠纷的需要，在征得当事人的同意后，可以邀请当事人的亲属、邻里、同事等参与调解，也可以邀请具有专门知识、特定经验的人员或者有关社会组织的人员参与调解。(　　)

2800. 经人民调解委员会调解达成的调解协议，不具有法律约束力。(　　)

2801. 经人民调解委员会调解达成调解协议后，当事人之间就调解协议的履行或者调解协议的内容发生争议的，一方当事人不可以向人民法院提起诉讼。(　　)

(二) 单项选择题

2802. 《人民调解法》所称人民调解，是指（　　）通过说服、疏导等方法，促使当事人在平等协商基础上自愿达成调解协议，解决民间纠纷的活动。

A. 人民调解委员会　　B. 法院调解组织

C. 法院　　D. 政府部门

2803. （　　）负责指导全国的人民调解工作，县级以上地方人民政府司法行政部门负责指导本行政区域的人民调解工作。基层人民法院对人民调解委员会调解民间纠纷进行业务指导。

A. 最高人民法院　　B. 国务院司法行政部门

C. 国务院司法部门　　D. 最高人民检察院

2804. 人民调解委员会由委员（　　）组成，设主任1人，必要时，可以设副主任若干人。

A. 3至9人　　B. 3至7人

C. 5至9人　　D. 5至7人

2805. 人民调解员从事调解工作，应当给予适当的（　　）；因从事调解工作致伤致残，生活发生困难的，当地人民政府应当提供必要的医疗、生活救助；在人民调解工作岗位上牺牲的人民调解员，其配偶、子女按照国家规定享受抚恤和优待。

A. 薪酬补贴　　B. 误工补贴

C. 酬劳　　D. 奖金

2806. 人民调解员在调解纠纷过程中，发现纠纷有可能激化的，应当采取有针对性的预防措施；对有可能引起治安案件、刑事案件的纠纷，应当及时向（　　）或者其他有关部门报告。

A. 当地基层人民法院　　B. 当地基层人民检察院

C. 当地基层人民政府　　D. 当地公安机关

2807. （　　）应当记录调解情况。人民调解委员会应当建立调解工作档案，将调解登记、调解工作记录、调解协议书等材料立卷归档。

A. 书记员　　B. 人民调解员

C. 法官　　D. 人民调解委员会主任

2808. 经人民调解委员会调解达成调解协议的，可以制作（　　）。

A. 调解协议书　　B. 新合同协议

C. 调解成功证明　　D. 双方权利义务证明书

（三）多项选择题

2809. 人民调解委员会调解民间纠纷，应当遵循哪些原则？（　　）

A. 效率和公平原则

B. 在当事人自愿、平等的基础上进行调解

C. 不违背法律、法规和国家政策

D. 尊重当事人的权利，不得因调解而阻止当事人依法通过仲裁、行政、司法等途径维护自己的权利

2810. 人民调解员在调解工作中有下列哪些行为之一的，由其所在的人民调解委员会给予批评教育、责令改正，情节严重的，由推选或者聘任单位予以罢免或者解聘？（　　）

A. 偏袒一方当事人的

B. 侮辱当事人的

C. 索取、收受财物或者牟取其他不正当利益的

D. 泄露当事人的个人隐私、商业秘密的

2811. （　　）对适宜通过人民调解方式解决的纠纷，可以在受理前告知当事人向人民调解委员会申请调解。

A. 仲裁机构　　B. 基层人民政府

C. 基层人民法院　　D. 公安机关

2812. 人民调解员调解纠纷，调解不成的，应当终止调解，并依据有关法律、法规的规定，告知当事人可以依法通过（　　）等途径维护自己的权利。

A. 仲裁　　B. 诉讼

C. 行政　　D. 司法

2813. 人民调解员根据调解纠纷的需要，在征得当事人的同意后，可以邀请当事人的（　　）等参与调解，也可以邀请具有专门知识、特定经验的人员或者有关社会组织的人员参与调解。

A. 亲属　　B. 邻里

C. 同事　　D. 单位领导

（四）填空题

2814. 为了完善____，规范人民调解活动，及时解决民间纠纷，维护社会和谐稳定，根据宪法，制定《人民调解法》。

2815. 人民调解委员会是依法设立的调解民间纠纷的____组织。

2816. 人民调解委员会应当有____，多民族居住的地区应当有人数较少民族的成员。

2817. 调解民间纠纷，应当____、____进行，防止矛盾激化。

2818. 人民调解员根据纠纷的不同情况，可以采取多种方式调解民间纠纷，充分听取当事人的陈述，讲解有关法律、法规和国家政策，耐心疏导，

在当事人____、____的基础上提出纠纷解决方案，帮助当事人自愿达成调解协议。

2819. 口头调解协议自____之日起生效。

2820. 经人民调解委员会调解达成调解协议后，双方当事人认为有必要的，可以自调解协议生效之日起____日内共同向人民法院申请司法确认，人民法院应当及时对调解协议进行审查，依法确认调解协议的效力。

2821. 人民法院依法确认调解协议有效，一方当事人拒绝履行或者未全部履行的，对方当事人可以向人民法院____。

（五）简答题

2822. 简述当事人在人民调解活动中享有的权利和义务。

2823. 简述调解协议书可以载明的事项。

参考答案

（一）判断题

2796. √，解析：根据《人民调解法》第4条规定。

2797. ×，解析：根据《人民调解法》第17条规定，当事人可以向人民调解委员会申请调解；人民调解委员会也可以主动调解。当事人一方明确拒绝调解的，不得调解。

2798. ×，解析：根据《人民调解法》第19条规定，人民调解委员会根据调解纠纷的需要，可以指定一名或者数名人民调解员进行调解，也可以由当事人选择一名或者数名人民调解员进行调解。

2799. √，解析：根据《人民调解法》第20条规定。

2800. ×，解析：根据《人民调解法》第31条第1款规定，经人民调解委员会调解达成的调解协议，具有法律约束力，当事人应当按照约定履行。

2801. ×，解析：根据《人民调解法》第32条规定，经人民调解委员会调解达成调解协议后，当事人之间就调解协议的履行或者调解协议的内容发生争议的，一方当事人可以向人民法院提起诉讼。

（二）单项选择题

2802. A，解析：根据《人民调解法》第2条规定，本法所称人民调解，是指人民调解委员会通过说服、疏导等方法，促使当事人在平等协商基础上自愿达成调解协议，解决民间纠纷的活动。

2803. B，解析：根据《人民调解法》第 5 条规定，国务院司法行政部门负责指导全国的人民调解工作，县级以上地方人民政府司法行政部门负责指导本行政区域的人民调解工作。基层人民法院对人民调解委员会调解民间纠纷进行业务指导。

2804. A，解析：根据《人民调解法》第 8 条第 2 款规定，人民调解委员会由委员 3 至 9 人组成，设主任 1 人，必要时，可以设副主任若干人。

2805. B，解析：根据《人民调解法》第 16 条规定，人民调解员从事调解工作，应当给予适当的误工补贴；因从事调解工作致伤致残，生活发生困难的，当地人民政府应当提供必要的医疗、生活救助；在人民调解工作岗位上牺牲的人民调解员，其配偶、子女按照国家规定享受抚恤和优待。

2806. D，解析：根据《人民调解法》第 25 条规定，人民调解员在调解纠纷过程中，发现纠纷有可能激化的，应当采取有针对性的预防措施；对有可能引起治安案件、刑事案件的纠纷，应当及时向当地公安机关或者其他有关部门报告。

2807. B，解析：根据《人民调解法》第 27 条规定，人民调解员应当记录调解情况。人民调解委员会应当建立调解工作档案，将调解登记、调解工作记录、调解协议书等材料立卷归档。

2808. A，解析：根据《人民调解法》第 28 条规定，经人民调解委员会调解达成调解协议的，可以制作调解协议书。当事人认为无需制作调解协议书的，可以采取口头协议方式，人民调解员应当记录协议内容。

(三) 多项选择题

2809. BCD，解析：根据《人民调解法》第 3 条规定，人民调解委员会调解民间纠纷，应当遵循下列原则：(1) 在当事人自愿、平等的基础上进行调解；(2) 不违背法律、法规和国家政策；(3) 尊重当事人的权利，不得因调解而阻止当事人依法通过仲裁、行政、司法等途径维护自己的权利。

2810. ABCD，解析：根据《人民调解法》第 15 条规定，人民调解员在调解工作中有下列行为之一的，由其所在的人民调解委员会给予批评教育、责令改正，情节严重的，由推选或者聘任单位予以罢免或者解聘：(1) 偏袒一方当事人的；(2) 侮辱当事人的；(3) 索取、收受财物或者牟取其他不正当利益的；(4) 泄露当事人的个人隐私、商业秘密的。

2811. CD，解析：根据《人民调解法》第 18 条规定，基层人民法院、公安机关对适宜通过人民调解方式解决的纠纷，可以在受理前告知当事人向人民调解委员会申请调解。

2812. ACD，解析：根据《人民调解法》第 26 条规定，人民调解员调解纠纷，调解不成的，应当终止调解，并依据有关法律、法规的规定，告知当事人可以依法通过仲裁、行政、司法等途径维护自己的权利。

2813. ABC，解析：根据《人民调解法》第 20 条第 1 款规定，人民调解员根据调解纠纷的需要，在征得当事人的同意后，可以邀请当事人的亲属、邻里、同事等参与调解，也可以邀请具有专门知识、特定经验的人员或者有关社会组织的人员参与调解。

（四）填空题

2814. 人民调解制度。(《人民调解法》第 1 条)

2815. 群众性。(《人民调解法》第 7 条)

2816. 妇女成员。(《人民调解法》第 8 条)

2817. 及时；就地。(《人民调解法》第 21 条)

2818. 平等协商；互谅互让。(《人民调解法》第 22 条)

2819. 各方当事人达成协议。(《人民调解法》第 30 条)

2820. 30。(《人民调解法》第 33 条)

2821. 申请强制执行。(《人民调解法》第 33 条)

（五）简答题

2822. 答：根据《人民调解法》第 23 条规定，当事人在人民调解活动中享有下列权利：(1) 选择或者接受人民调解员；(2) 接受调解、拒绝调解或者要求终止调解；(3) 要求调解公开进行或者不公开进行；(4) 自主表达意愿、自愿达成调解协议。根据《人民调解法》第 24 条规定，当事人在人民调解活动中履行下列义务：(1) 如实陈述纠纷事实；(2) 遵守调解现场秩序，尊重人民调解员；(3) 尊重对方当事人行使权利。

2823. 答：根据《人民调解法》第 29 条规定，调解协议书可以载明下列事项：(1) 当事人的基本情况；(2) 纠纷的主要事实、争议事项以及各方当事人的责任；(3) 当事人达成调解协议的内容，履行的方式、期限。调解协议书自各方当事人签名、盖章或者按指印，人民调解员签名并加盖人民调解委员会印章之日起生效。调解协议书由当事人各执一份，人民调解委员会留存一份。

四、仲裁法

（一）判断题

2824. 当事人达成仲裁协议，一方向人民法院起诉的，人民法院不予受理，但仲裁协议无效的除外。(　　)

2825. 合同的变更、解除、终止或者无效的，仲裁协议随之变更、解除、终止或者无效。(　　)

2826. 仲裁委员会收到仲裁申请书之日起 3 日内，认为符合受理条件的，应当受理，并通知当事人。(　　)

2827. 当事人达成和解协议，撤回仲裁申请后反悔的，不得根据仲裁协议再次申请仲裁。(　　)

2828. 调解达成协议的，仲裁庭应当制作调解书或者根据协议的结果制作裁决书。调解书与裁决书具有同等法律效力。(　　)

（二）单项选择题

2829. 依据《仲裁法》的规定，关于仲裁协议效力异议的处理，下列说法错误的是：(　　)

A. 当事人对仲裁协议的效力有异议的，可以请求仲裁委员会作出决定

B. 当事人对仲裁协议的效力有异议的，只能请求人民法院作出裁定

C. 当事人对仲裁协议的效力有异议，应当在仲裁庭首次开庭前提出

D. 一方请求仲裁委员会作出决定，另一方请求人民法院作出裁定的，由人民法院裁定

2830. 不属于当事人申请仲裁应当符合的条件的是：(　　)

A. 有仲裁协议

B. 有具体的仲裁请求和事实、理由

C. 已向法院提起诉讼，法院裁定不予受理

D. 属于仲裁委员会的受理范围

2831. 申请人经书面通知，无正当理由不到庭或者未经仲裁庭许可中途退庭的，可以（　　）。

A. 延期审理　　B. 驳回仲裁申请

C. 缺席裁决　　D. 视为撤回仲裁申请

2832. 当事人申请撤销裁决的，应当自收到裁决书之日起（　　）个月内提出。

A. 6　　B. 3

C. 2　　D. 1

（三）多项选择题

2833. 依据《仲裁法》的规定，不能仲裁的事项有：（　　）

A. 婚姻、收养、监护、扶养、继承纠纷

B. 平等主体的公民之间发生的合同纠纷

C. 依法应当由行政机关处理的行政争议

D. 平等主体的法人之间发生的财产权益纠纷

2834. 关于仲裁裁决，下列说法正确的是：（　　）

A. 仲裁实行一裁终局的制度

B. 裁决作出后，当事人就同一纠纷再申请仲裁或者向人民法院起诉的，仲裁委员会或者人民法院不予受理

C. 裁决被人民法院依法裁定撤销或者不予执行的，当事人不得就该纠纷向人民法院起诉

D. 裁决被人民法院依法裁定撤销或者不予执行的，当事人就该纠纷可以根据双方重新达成的仲裁协议申请仲裁

2835. 仲裁协议无效的情形有：（　　）

A. 仲裁协议对仲裁事项约定不明确

B. 约定的仲裁事项超出法律规定的仲裁范围

C. 无民事行为能力人或者限制民事行为能力人订立的仲裁协议

D. 一方采取胁迫手段，迫使对方订立仲裁协议

2836. 当事人提出证据证明裁决有下列哪些情形之一的，可以向仲裁委员会所在地的中级人民法院申请撤销裁决？（　　）

A. 裁决的事项不属于仲裁协议的范围或者仲裁委员会无权仲裁的

B. 仲裁庭的组成或者仲裁的程序违反法定程序

C. 裁决所根据的证据是伪造的

D. 对方当事人隐瞒了足以影响公正裁决的证据的

（四）填空题

2837. 当事人采用仲裁方式解决纠纷，应当双方____，达成仲裁协议。没有仲裁协议，一方申请仲裁的，仲裁委员会____。

2838. 仲裁委员会应当由当事人____。仲裁不实行____和地域管辖。

2839. 仲裁协议包括合同中订立的____和以其他____方式在纠纷发生前或者纠纷发生后达成的请求仲裁的协议。

2840. 申请人可以____或者变更仲裁请求。被申请人可以____或者反驳仲裁请求，有权提出____。

2841. 当事人提出回避申请，应当说明理由，在____提出。回避事由在首次开庭后知道的，可以在____提出。

（五）简答题

2842. 简述仲裁员必须回避的情形。

参考答案

（一）判断题

2824. √，解析：根据《仲裁法》第 5 条规定。

2825. ×，解析：根据《仲裁法》第 19 条规定，仲裁协议独立存在，合同的变更、解除、终止或者无效，不影响仲裁协议的效力。仲裁庭有权确认合同的效力。

2826. ×，解析：根据《仲裁法》第 24 条规定，仲裁委员会收到仲裁申请书之日起 5 日内，认为符合受理条件的，应当受理，并通知当事人；认为不符合受理条件的，应当书面通知当事人不予受理，并说明理由。

2827. ×，解析：根据《仲裁法》第50条规定，当事人达成和解协议，撤回仲裁申请后反悔的，可以根据仲裁协议申请仲裁。

2828. √，解析：根据《仲裁法》第51条第2款规定。

（二）单项选择题

2829. B，解析：根据《仲裁法》第20条规定，当事人对仲裁协议的效力有异议的，可以请求仲裁委员会作出决定或者请求人民法院作出裁定。一方请求仲裁委员会作出决定，另一方请求人民法院作出裁定的，由人民法院裁定。当事人对仲裁协议的效力有异议，应当在仲裁庭首次开庭前提出。据此，B项错误，当选。

2830. C，解析：根据《仲裁法》第21条规定，当事人申请仲裁应当符合下列条件：（1）有仲裁协议；（2）有具体的仲裁请求和事实、理由；（3）属于仲裁委员会的受理范围。故C项不是当事人申请仲裁的条件，当选。

2831. D，解析：根据《仲裁法》第42条规定，申请人经书面通知，无正当理由不到庭或者未经仲裁庭许可中途退庭的，可以视为撤回仲裁申请。被申请人经书面通知，无正当理由不到庭或者未经仲裁庭许可中途退庭的，可以缺席裁决。故D项正确。

2832. A，解析：根据《仲裁法》第59条规定，当事人申请撤销裁决的，应当自收到裁决书之日起6个月内提出。故A项正确。

（三）多项选择题

2833. AC，解析：根据《仲裁法》第3条规定，下列纠纷不能仲裁：（1）婚姻、收养、监护、扶养、继承纠纷；（2）依法应当由行政机关处理的行政争议。故A、C项当选。根据《仲裁法》第2条规定，平等主体的公民、法人和其他组织之间发生的合同纠纷和其他财产权益纠纷，可以仲裁。B、D项不当选。

2834. ABD，解析：根据《仲裁法》第9条规定，仲裁实行一裁终局的制度。裁决作出后，当事人就同一纠纷再申请仲裁或者向人民法院起诉的，仲裁委员会或者人民法院不予受理。裁决被人民法院依法裁定撤销或者不予执行的，当事人就该纠纷可以根据双方重新达成的仲裁协议申请仲裁，也可以向人民法院起诉。故A、B、D项正确，C项错误。

2835. BCD，解析：根据《仲裁法》第17条规定，有下列情形之一的，仲裁协议无效：（1）约定的仲裁事项超出法律规定的仲裁范围的；（2）无民事行为能力人或者限制民事行为能力人订立的仲裁协议；（3）一方采取胁迫手段，迫使对方订立仲裁协议的。故 B、C、D 项当选。根据《仲裁法》第 18 条规定，仲裁协议对仲裁事项或者仲裁委员会没有约定或者约定不明确的，当事人可以补充协议；达不成补充协议的，仲裁协议无效。故 A 项还需满足"达不成补充协议"这一要件，才能认定仲裁协议无效。

2836. ABCD，解析：根据《仲裁法》第 58 条第 1 款规定，当事人提出证据证明裁决有下列情形之一的，可以向仲裁委员会所在地的中级人民法院申请撤销裁决：（1）没有仲裁协议的；（2）裁决的事项不属于仲裁协议的范围或者仲裁委员会无权仲裁的；（3）仲裁庭的组成或者仲裁的程序违反法定程序的；（4）裁决所根据的证据是伪造的；（5）对方当事人隐瞒了足以影响公正裁决的证据的；（6）仲裁员在仲裁该案时有索贿受贿，徇私舞弊，枉法裁决行为的。据此，A、B、C、D 项正确。

（四）填空题

2837. 自愿；不予受理。（《仲裁法》第 4 条）

2838. 协议选定；级别管辖。（《仲裁法》第 6 条）

2839. 仲裁条款；书面。（《仲裁法》第 16 条）

2840. 放弃；承认；反请求。（《仲裁法》第 27 条）

2841. 首次开庭前；最后一次开庭终结前。（《仲裁法》第 35 条）

（五）简答题

2842. 答：根据《仲裁法》第 34 条规定，仲裁员有下列情形之一的，必须回避，当事人也有权提出回避申请：（1）是本案当事人或者当事人、代理人的近亲属。（2）与本案有利害关系。（3）与本案当事人、代理人有其他关系，可能影响公正仲裁的。（4）私自会见当事人、代理人，或者接受当事人、代理人的请客送礼的。

五、民事诉讼法

（一）判断题

2843. 人民法院受理人民之间、法人之间、其他组织之间以及他们相互之间因财产关系和人身关系提起的民事诉讼，适用《民事诉讼法》的规定。(　　)

2844. 同一诉讼的几个被告住所地、经常居住地在两个以上人民法院辖区的，仅被告住所地人民法院有管辖权。(　　)

2845. 适用简易程序审理的民事案件，由审判员一人独任审理。(　　)

2846. 被申请回避的人员在人民法院作出是否回避的决定前，应当暂停参与本案的工作，但案件需要采取紧急措施的除外。(　　)

2847. 当事人因主观原因不能自行收集的证据，人民法院应当调查收集。(　　)

2848. 当事人拒绝陈述的，不影响人民法院根据证据认定案件事实。(　　)

2849. 当事人因不可抗拒的事由或者其他正当理由耽误期限的，人民法院应当准许顺延期限。(　　)

2850. 能够即时履行的案件调解达成协议，人民法院可以不制作调解书。(　　)

2851. 申请人在人民法院采取保全措施后15日内不提起诉讼或者申请仲裁的，人民法院应当解除保全。(　　)

2852. 人民法院对必须到庭的被告，经传票传唤，无正当理由拒不到庭的，可以拘传。(　　)

2853. 当事人未提出管辖异议，并应诉答辩的，视为受诉人民法院有管辖权，但违反级别管辖规定的除外。(　　)

2854. 最高人民法院的判决、裁定，以及依法不准上诉或者超过上诉期没有上诉的判决、裁定，是发生法律效力的判决、裁定。(　　)

2855. 基层人民法院和它派出的法庭审理事实清楚、权利义务关系明确、争议不大的简单的民事案件，适用简易程序。(　　)

2856. 当事人不服地方人民法院第一审判决、裁定的，有权在判决书、裁定书送达之日起 10 日内向上一级人民法院提起上诉。(　　)

2857. 公民不服选举委员会对选民资格的申诉所作的处理决定，可以在选举日前向选区所在地基层人民法院起诉。(　　)

2858. 当事人对已经发生法律效力的调解书，提出证据证明调解违反自愿原则或者调解协议的内容违反法律的，可以申请再审。(　　)

2859. 人民法院受理申请后，经审查债权人提供的事实、证据，对债权债务关系明确、合法的，应当在受理之日起 15 日内向债务人发出支付令。

2860. 当事人、利害关系人认为执行行为违反法律规定的，可以向负责执行的人民法院提出口头异议。(　　)

2861. 仲裁裁决被人民法院裁定不予执行的，当事人只能根据双方达成的书面仲裁协议重新申请仲裁。(　　)

2862. 外国人、无国籍人、外国企业和组织在人民法院起诉、应诉，需要委托律师代理诉讼的，必须委托中华人民共和国的律师。(　　)

(二) 单项选择题

2863. 下列关于民事诉讼的哪一说法是错误的？(　　)

A. 公民与法人之间因财产关系提起的民事诉讼，应适用《民事诉讼法》的规定

B. 惩罚犯罪不是民事诉讼的任务

C. 中华人民共和国民事诉讼法以民法为依据

D. 凡在中华人民共和国领域内进行民事诉讼，必须遵守《民事诉讼法》

2864. 因票据纠纷提起的诉讼，由（　　）或者被告住所地人民法院管辖。

A. 票据开具地　　B. 票据纠纷发生地

C. 票据支付地　　D. 票据持有人所在地

2865. 关于合议庭评议案件，下列哪一说法是错误的？(　　)

A. 实行少数服从多数原则

B. 应当制作笔录

C. 评议中的不同意见，必须如实记入笔录

D. 评议笔录应当由持多数意见的合议庭成员签名

2866. 下列关于原告和被告的哪一说法是正确的？（ ）

A. 原告只能变更诉讼请求

B. 原告可以放弃诉讼请求

C. 被告只能承认诉讼请求

D. 被告无权提出反诉

2867. 下列哪一证据不属于法定证据种类？（ ）

A. 当事人的陈述　　B. 书证

C. 单位证明材料　　D. 电子数据

2868. 下列关于证据的哪一说法是正确的？（ ）

A. 经过法定程序公证证明的法律事实和文书，不可推翻

B. 书证提交原件确有困难的，可以提交复制品

C. 物证必须提交原物，任何情况下都不能提交复制品、照片、副本、节录本

D. 提交外文书证，必要时可以附有中文译本

2869. 关于期限的顺延，下列哪一说法是正确的？（ ）

A. 当事人因不可抗拒的事由耽误期限的，在障碍消除后的任何时间，都可以申请顺延期限

B. 当事人因主观原因耽误期限的，在障碍消除后的 10 日内，可以申请顺延期限

C. 当事人因正当理由耽误期限的，在障碍消除后的任何时间，都可以申请顺延期限

D. 当事人因不可抗拒的事由或者其他正当理由耽误期限的，在障碍消除后的 10 日内，可以申请顺延期限

2870. 关于调解协议的达成，下列哪一说法是正确的？（ ）

A. 调解达成协议，必须双方自愿

B. 调解协议的内容只要不违反民事诉讼法即可

C. 调解协议的内容可以由当事人任意约定

D. 为了尽快结案，法院可以责令双方当事人达成调解协议

2871. 关于保全的救济，下列哪一说法是正确的？（　　）

A. 当事人对保全裁定不服的，可以提起上诉

B. 当事人对保全裁定不服的，可以申请复议两次

C. 当事人对保全裁定不服的，可以申请复议一次

D. 复议期间，保全裁定暂停执行

2872. 下列哪一扰乱法庭秩序的行为，人民法院可以依法追究刑事责任？（　　）

A. 违反法庭规则　　B. 大声喧哗

C. 用手机对法庭过程录像　　D. 哄闹、冲击法庭

2873. 下列哪一项不属于起诉必须符合的条件？（　　）

A. 原告是与本案有直接利害关系的公民、法人和其他组织

B. 有明确的被告

C. 有抽象的诉讼请求和事实、理由

D. 属于人民法院受理民事诉讼的范围和受诉人民法院管辖

2874. 关于诉讼权利义务的告知，下列哪一说法是正确的？（　　）

A. 人民法院应当口头告知当事人有关的诉讼权利义务

B. 人民法院必须书面告知当事人有关的诉讼权利义务

C. 人民法院应当在受理案件通知书和应诉通知书中告知当事人有关的诉讼权利义务，或者口头告知

D. 人民法院必须在受理案件通知书和应诉通知书中告知当事人有关的诉讼权利义务

2875. 关于简易程序，下列哪一说法是错误的？（　　）

A. 对简单的民事案件，原告可以口头起诉

B. 当事人双方可以同时到基层人民法院或者它派出的法庭，请求解决纠纷

C. 基层人民法院或者它派出的法庭必须当即审理

D. 基层人民法院或者它派出的法庭可以当即审理，也可以另定日期审理

2876. 关于二审中的调解，下列哪一说法是正确的？（　　）

A. 二审案件不可以调解

B. 调解达成协议，可以不制作调解书

C. 调解书送达后，原审人民法院的判决视为撤销

D. 调解书由审判人员署名，加盖人民法院印章

2877. 公民下落不明满2年，利害关系人申请宣告其失踪的，向（　　）基层人民法院提出。

A. 利害关系人住所地　　B. 下落不明人住所地

C. 下落不明人失踪地　　D. 利害关系人经常住所地

2878. 关于当事人申请再审，下列哪一说法是正确的？（　　）

A. 应当向上一级人民法院申请再审

B. 应当向原审人民法院申请再审

C. 当事人双方为公司的，可以向原审人民法院申请再审

D. 当事人申请再审的，不停止判决、裁定的执行

2879. 按照规定可以背书转让的票据持有人，因票据被盗、遗失或者灭失，可以向（　　）的基层人民法院申请公示催告。

A. 票据被盗、遗失或者灭失地　　B. 票据持有人住所地

C. 票据支付地　　D. 票据签发地

2880. 关于委托执行，下列哪一说法是错误的？（　　）

A. 被执行人或者被执行的财产在外地的，可以委托当地人民法院代为执行

B. 受委托人民法院收到委托函件后，必须在30日内开始执行，不得拒绝

C. 执行完毕后，应当将执行结果及时函复委托人民法院

D. 在30日内如果还未执行完毕，也应当将执行情况函告委托人民法院

2881. 财产被查封、扣押后，被执行人不履行的，人民法院的下列哪一处理方式是错误的？（　　）

A. 拍卖被查封、扣押的财产

B. 不适于拍卖或者当事人双方同意不进行拍卖的，人民法院可以委托有关单位变卖或者自行变卖

C. 国家禁止自由买卖的物品，交有关单位按照国家规定的价格收购

D. 将被查封、扣押的财产一律拍卖

2882. 关于对在中华人民共和国领域内没有住所的当事人送达诉讼文书，下列哪一说法是错误的？(　　)

A. 可以依照受送达人所在国与中华人民共和国缔结或者共同参加的国际条约中规定的方式送达

B. 可以向受送达人委托的有权代其接受送达的诉讼代理人送达

C. 对具有中华人民共和国国籍的受送达人，可以委托中华人民共和国驻受送达人所在国的使领馆代为送达

D. 采用公告送达的，自公告之日起满6个月，即视为送达

(三) 多项选择题

2883. 人民法院审理民事案件，依照法律规定实行下列哪些制度？(　　)

A. 合议　　B. 回避

C. 公开审判　　D. 两审终审

2884. 下列哪些诉讼，被告住所地人民法院没有管辖权？(　　)

A. 因海难救助费用提起的诉讼

B. 因共同海损提起的诉讼

C. 因不动产纠纷提起的诉讼

D. 因继承遗产纠纷提起的诉讼

2885. 下列关于审判组织的哪些说法是正确的？(　　)

A. 人民法院审理第二审民事案件，由审判员组成合议庭

B. 合议庭的成员人数，必须是单数

C. 发回重审的案件，原审人民法院应当按照第一审程序另行组成合议庭

D. 原来是第二审的或者是上级人民法院提审的，按照第二审程序另行组成合议庭

2886. 关于委托他人代为诉讼，下列哪些说法是正确的？(　　)

A. 须向人民法院提交由委托人签名或者盖章的授权委托书

B. 授权委托书必须记明委托事项和权限

C. 诉讼代理人代为承认、放弃、变更诉讼请求，必须有委托人的特别授权

D. 诉讼代理人提起反诉或者上诉，必须有委托人的特别授权

2887. 人民法院收到当事人提交的证据材料，应当出具收据，写明（　　）等，并由经办人员签名或者盖章。

A. 证据名称　　B. 证据页数、份数

C. 证据为原件或者复印件　　D. 证据形成的时间

2888. 下列哪些情况下，经人民法院许可，证人可以通过书面证言、视听传输技术或者视听资料等方式作证？（　　）

A. 因健康原因不能出庭

B. 因路途遥远，交通不便不能出庭

C. 因自然灾害等不可抗力不能出庭

D. 因主观原因不能出庭

2889. 关于转交送达，下列哪些说法是正确的？（　　）

A. 受送达人是军人的，通过其所在部队团以上单位的政治机关转交

B. 受送达人接收诉讼文书有困难的，通过其邻居转交

C. 受送达人被监禁的，通过其所在监所转交

D. 受送达人被采取强制性教育措施的，通过其所在强制性教育机构转交

2890. 调解（　　）的，人民法院应当及时判决。

A. 未达成协议

B. 达成协议后一方又反悔的

C. 调解书送达前一方反悔的

D. 调解书送达时一方拒绝签收的

2891. 利害关系人因情况紧急，不立即申请保全将会使合法权益受到难以弥补的损害的，可以在提起诉讼或者申请仲裁前向（　　）的人民法院申请采取保全措施。

A. 被保全财产所在地　　B. 采取保全措施地

C. 被申请人住所地　　D. 申请人住所地

2892. 被执行人与他人恶意串通，通过（　　）等方式逃避履行法律文书确定的义务的，人民法院应当根据情节轻重予以罚款、拘留；构成犯罪的，依法追究刑事责任。

A. 仲裁　　B. 调解

C. 诉讼　　D. 申诉

2893. 人民法院对下列哪些起诉的处理符合《民事诉讼法》的规定？（ ）

A. 依照法律规定，应当由其他机关处理的争议，告知原告向有关机关申请解决

B. 对不属于本院管辖的案件，告知原告向有管辖权的人民法院起诉

C. 对判决、裁定、调解书已经发生法律效力的案件，当事人又起诉的，告知原告申请再审，但人民法院准许撤诉的裁定除外

D. 判决不准离婚和调解和好的离婚案件，判决、调解维持收养关系的案件，没有新情况、新理由，原告在6个月内又起诉的，不予受理

2894. 关于普通程序的审限，下列哪些说法是正确的？（ ）

A. 应当在立案之日起6个月内审结

B. 有特殊情况需要延长的，由本院院长批准，可以延长6个月

C. 审限延长6个月后，还需要延长的，报请上级人民法院批准

D. 普通程序的审限只能延长一次

2895. 基层法院和它的派出的法庭审理符合下列哪些条件的案件，实行一审终审？（ ）

A. 事实清楚

B. 权利义务关系明确

C. 争议不大

D. 标的额为各省、自治区、直辖市上年度就业人员年平均工资30%以下

2896. 关于上诉案件的审理，下列哪些说法是正确的？（ ）

A. 第二审人民法院应当对上诉请求的有关事实和适用法律进行审查

B. 第二审人民法院对上诉案件应当开庭审理

C. 经过阅卷、调查和询问当事人，对没有提出新的事实、证据或者理由，人民法院认为不需要开庭审理的，可以不开庭审理

D. 第二审人民法院审理上诉案件，可以在本院进行，也可以到案件发生地或者原审人民法院所在地进行

2897. 关于认定公民无民事行为能力、限制民事行为能力案件，下列哪些说法是正确的？（ ）

A. 必要时，人民法院应当对被请求认定为无民事行为能力或者限制民事行为能力的公民进行鉴定

B. 人民法院经审理认定申请有事实根据的，判决该公民为无民事行为能力或者限制民事行为能力人

C. 人民法院经审理认定申请没有事实根据的，应当裁定予以驳回

D. 人民法院根据被认定为无民事行为能力人、限制民事行为能力人本人、利害关系人或者有关组织的申请，证实该公民无民事行为能力或者限制民事行为能力的原因已经消除的，应当作出新判决，撤销原判决

2898. 下列哪些案件按照审判监督程序决定再审时，可以不中止执行？（　　）

A. 追索赡养费案件　　B. 追索劳动报酬案件

C. 追索扶养费案件　　D. 追索抚恤金案件

2899. 债权人向人民法院申请支付令必须符合下列哪些条件？（　　）

A. 债权债务关系简单

B. 债权人与债务人没有其他债务纠纷

C. 有明确的债务人

D. 支付令能够送达债务人

2900. 关于执行的程序，下列哪些说法是错误的？（　　）

A. 执行工作由执行员进行

B. 采取强制执行措施时，执行员无需出示证件

C. 执行完毕后，应当将执行情况制作笔录，但无需在场人员签名

D. 人民法院根据需要可以设立执行机构

2901. 关于法律文书指定交付的财物或者票证，下列哪些说法是错误的？（　　）

A. 可以由执行员传唤双方当事人当面交付

B. 只能由执行员传唤双方当事人当面交付

C. 可以由执行员转交，并由被交付人签收

D. 只能由执行员转交，并由被交付人签收

2902. 关于司法协助的途径，下列哪些说法是正确的？（　　）

A. 请求和提供司法协助，应当依照中华人民共和国缔结或者参加的国际条约所规定的途径进行

B. 没有条约关系的，通过外交途径进行司法协助

C. 外国驻中华人民共和国的使领馆可以向该国公民送达文书和调查取证

D. 外国驻中华人民共和国的使领馆不得采取强制措施

（四）填空题

2903. 机关、社会团体、企业事业单位对损害____、____或者____民事权益的行为，可以支持受损害的单位或者个人向人民法院起诉。

2904. 中级人民法院管辖下列第一审民事案件：（1）____案件；（2）在本辖区有____的案件；（3）最高人民法院确定由中级人民法院管辖的案件。

2905. 院长担任审判长或者独任审判员时的回避，由____决定；审判人员的回避，由____决定；其他人员的回避，由____决定。

2906. 法定代理人之间互相推诿代理责任的，由人民法院____代为诉讼。

2907. 当事人逾期提供证据的，人民法院____ 责令其说明理由；拒不说明理由或者理由不成立的，人民法院根据不同情形可以____ 该证据，或者采纳该证据但予以____ 、罚款。

2908. 当事人对鉴定意见____或者人民法院认为鉴定人____出庭的，鉴定人____出庭作证。

2909. 送达诉讼文书必须有____，由受送达人在送达回证上记明____，签名或者盖章。受送达人在送达回证上的____为送达日期。

2910. 人民法院审理民事案件，根据 ____的原则，在事实清楚的基础上，分清是非，进行调解。

2911. 财产保全采取查封、____、冻结或者法律规定的其他方法。人民法院保全财产后，应当立即通知被保全财产的人。财产已被查封、冻结的，____查封、冻结。

2912. 采取对妨害民事诉讼的强制措施必须由____决定。任何单位和个人采取非法____他人或者非法____他人财产追索债务的，应当依法追究刑事责任，或者予以拘留、罚款。

2913. 人民法院应当在立案之日起____内将起诉状副本发送被告，被告应当在收到之日起____日内提出答辩状。

2914. 公众可以查阅发生法律效力的判决书、裁定书，但涉及____、____和____的内容除外。

2915. 人民法院在审理过程中，发现案件不宜适用简易程序的，____转为普通程序。

2916. 人民法院审理对判决的上诉案件，应当在第二审立案之日起____个月内审结。有特殊情况需要延长的，由____批准。人民法院审理对裁定的上诉案件，应当在第二审立案之日起____日内作出终审裁定。

2917. 人民法院受理申请后，经审查核实，应当发出财产认领公告。公告满____年无人认领的，判决认定财产无主，收归____所有。

2918. 人民检察院因履行法律监督职责提出检察建议或者抗诉的需要，可以向____调查核实有关情况。

2919. 利害关系人因____不能在判决前向人民法院申报的，自知道或者应当知道判决公告之日起____内，可以向作出判决的人民法院起诉。

2920. 发生法律效力的民事判决、裁定，以及刑事判决、裁定中的财产部分，由第一审人民法院或者与第一审人民法院____的被执行的财产所在地人民法院执行。法律规定由人民法院执行的其他法律文书，由____或者____人民法院执行。

2921. 对公证机关依法赋予强制执行效力的债权文书，一方当事人不履行的，对方当事人可以向有管辖权的人民法院申请执行，受申请的人民法院____。

2922. 因在中华人民共和国履行中外____企业合同、中外____企业合同、中外合作勘探开发____合同发生纠纷提起的诉讼，由中华人民共和国人民法院管辖。

（五）简答题

2923. 简述同等原则和对等原则的含义。

2924. 简述民事诉讼中的移送管辖。

2925. 简述民事诉讼中回避的对象、条件和方式。

2926. 简述哪些人员可以被委托为诉讼代理人。

2927. 简述留置送达的两种方式。

2928. 简述延期开庭审理的情形。
2929. 简述中止诉讼的情形。
2930. 简述终结诉讼的情形。
2931. 简述当事人可以向人民检察院申请检察建议或者抗诉的具体情形。
2932. 简述终结执行的情形。

参考答案

（一）判断题

2843. ×，解析：根据《民事诉讼法》第 3 条规定，人民法院受理公民之间、法人之间、其他组织之间以及他们相互之间因财产关系和人身关系提起的民事诉讼，适用本法的规定。
2844. ×，解析：根据《民事诉讼法》第 22 条第 3 款规定，同一诉讼的几个被告住所地、经常居住地在两个以上人民法院辖区的，各该人民法院都有管辖权。
2845. √，解析：根据《民事诉讼法》第 40 条规定。
2846. √，解析：根据《民事诉讼法》第 48 条规定。
2847. ×，解析：根据《民事诉讼法》第 67 条规定，当事人对自己提出的主张，有责任提供证据。当事人及其诉讼代理人因客观原因不能自行收集的证据，或者人民法院认为审理案件需要的证据，人民法院应当调查收集。人民法院应当按照法定程序，全面地、客观地审查核实证据。
2848. √，解析：根据《民事诉讼法》第 78 条规定。
2849. ×，解析：根据《民事诉讼法》第 86 条规定，当事人因不可抗拒的事由或者其他正当理由耽误期限的，在障碍消除后的 10 日内，可以申请顺延期限，是否准许，由人民法院决定。
2850. √，解析：根据《民事诉讼法》第 101 条规定。
2851. ×，解析：根据《民事诉讼法》第 104 条第 3 款规定，申请人在人民法院采取保全措施后 30 日内不依法提起诉讼或者申请仲裁的，人民法院应当解除保全。
2852. ×，解析：根据《民事诉讼法》第 112 条规定，人民法院对必须到庭的被告，经两次传票传唤，无正当理由拒不到庭的，可以拘传。

2853. ×，解析：根据《民事诉讼法》第130条规定，当事人未提出管辖异议，并应诉答辩的，视为受诉人民法院有管辖权，但违反级别管辖和专属管辖规定的除外。

2854. √，解析：根据《民事诉讼法》第158条规定。

2855. √，解析：根据《民事诉讼法》第160条规定。

2856. ×，解析：根据《民事诉讼法》第171条规定，当事人不服地方人民法院第一审判决的，有权在判决书送达之日起15日内向上一级人民法院提起上诉。当事人不服地方人民法院第一审裁定的，有权在裁定书送达之日起10日内向上一级人民法院提起上诉。

2857. ×，解析：根据《民事诉讼法》第188条规定，公民不服选举委员会对选民资格的申诉所作的处理决定，可以在选举日的5日以前向选区所在地基层人民法院起诉。

2858. √，解析：根据《民事诉讼法》第208条规定。

2859. √，解析：根据《民事诉讼法》第223条规定。

2860. ×，解析：根据《民事诉讼法》第232条规定，当事人、利害关系人认为执行行为违反法律规定的，可以向负责执行的人民法院提出书面异议。

2861. ×，解析：根据《民事诉讼法》第244条第5款规定，仲裁裁决被人民法院裁定不予执行的，当事人可以根据双方达成的书面仲裁协议重新申请仲裁，也可以向人民法院起诉。

2862. √，解析：根据《民事诉讼法》第270条规定。

（二）单项选择题

2863. C，解析：根据《民事诉讼法》第1条规定，中华人民共和国民事诉讼法以宪法为根据，结合我国民事审判工作的经验和实际情况制定。

2864. C，解析：根据《民事诉讼法》第26条规定，因票据纠纷提起的诉讼，由票据支付地或者被告住所地人民法院管辖。

2865. D，解析：根据《民事诉讼法》第45条规定，合议庭评议案件，实行少数服从多数的原则。评议应当制作笔录，由合议庭成员签名。评议中的不同意见，必须如实记入笔录。

2866. B，解析：根据《民事诉讼法》第54条规定，原告可以放弃或者变更诉讼请求。被告可以承认或者反驳诉讼请求，有权提起反诉。

2867. C，解析：根据《民事诉讼法》第66条规定，证据包括：（1）当事人的陈述；（2）书证；（3）物证；（4）视听资料；（5）电子数据；（6）证人证言；（7）鉴定意见；（8）勘验笔录。证据必须查证属实，才能作为认定事实的根据。

2868. B，解析：根据《民事诉讼法》第 72 条规定，经过法定程序公证证明的法律事实和文书，人民法院应当作为认定事实的根据，但有相反证据足以推翻公证证明的除外。根据《民事诉讼法》第 73 条规定，书证应当提交原件。物证应当提交原物。提交原件或者原物确有困难的，可以提交复制品、照片、副本、节录本。提交外文书证，必须附有中文译本。

2869. D，解析：根据《民事诉讼法》第 86 条规定，当事人因不可抗拒的事由或者其他正当理由耽误期限的，在障碍消除后的 10 日内，可以申请顺延期限，是否准许，由人民法院决定。

2870. A，解析：根据《民事诉讼法》第 99 条规定，调解达成协议，必须双方自愿，不得强迫。调解协议的内容不得违反法律规定。

2871. C，解析：根据《民事诉讼法》第 111 条规定，当事人对保全或者先予执行的裁定不服的，可以申请复议一次。复议期间不停止裁定的执行。

2872. D，解析：根据《民事诉讼法》第 113 条第 3 款规定，人民法院对哄闹、冲击法庭，侮辱、诽谤、威胁、殴打审判人员，严重扰乱法庭秩序的人，依法追究刑事责任；情节较轻的，予以罚款、拘留。

2873. C，解析：根据《民事诉讼法》第 122 条规定，起诉必须符合下列条件：（1）原告是与本案有直接利害关系的公民、法人和其他组织；（2）有明确的被告；（3）有具体的诉讼请求和事实、理由；（4）属于人民法院受理民事诉讼的范围和受诉人民法院管辖。

2874. C，解析：根据《民事诉讼法》第 129 条规定，人民法院对决定受理的案件，应当在受理案件通知书和应诉通知书中向当事人告知有关的诉讼权利义务，或者口头告知。

2875. C，解析：根据《民事诉讼法》第 161 条规定，对简单的民事案件，原告可以口头起诉。当事人双方可以同时到基层人民法院或者它派出的法庭，请求解决纠纷。基层人民法院或者它派出的法庭可以当即审理，也可以另定日期审理。

2876. C，解析：根据《民事诉讼法》第 179 条规定，第二审人民法院审理上诉案件，可以进行调解。调解达成协议，应当制作调解书，由审判人员、书记员署名，加盖人民法院印章。调解书送达后，原审人民法院的判决即视为撤销。

2877. B，解析：根据《民事诉讼法》第190条第1款规定，公民下落不明满2年，利害关系人申请宣告其失踪的，向下落不明人住所地基层人民法院提出。

2878. D，解析：根据《民事诉讼法》第206条规定，当事人对已经发生法律效力的判决、裁定，认为有错误的，可以向上一级人民法院申请再审；当事人一方人数众多或者当事人双方为公民的案件，也可以向原审人民法院申请再审。当事人申请再审的，不停止判决、裁定的执行。

2879. C，解析：根据《民事诉讼法》第225条规定，按照规定可以背书转让的票据持有人，因票据被盗、遗失或者灭失，可以向票据支付地的基层人民法院申请公示催告。

2880. B，解析：根据《民事诉讼法》第236条第1款规定，被执行人或者被执行的财产在外地的，可以委托当地人民法院代为执行。受委托人民法院收到委托函件后，必须在15日内开始执行，不得拒绝。执行完毕后，应当将执行结果及时函复委托人民法院；在30日内如果还未执行完毕，也应当将执行情况函告委托人民法院。

2881. D，解析：根据《民事诉讼法》第254条规定，财产被查封、扣押后，执行员应当责令被执行人在指定期间履行法律文书确定的义务。被执行人逾期不履行的，人民法院应当拍卖被查封、扣押的财产；不适于拍卖或者当事人双方同意不进行拍卖的，人民法院可以委托有关单位变卖或者自行变卖。国家禁止自由买卖的物品，交有关单位按照国家规定的价格收购。

2882. D，解析：根据《民事诉讼法》第274条规定，人民法院对在中华人民共和国领域内没有住所的当事人送达诉讼文书，可以采用下列方式：（1）依照受送达人所在国与中华人民共和国缔结或者共同参加的国际条约中规定的方式送达；（2）通过外交途径送达；（3）对具有中华人民共和国国籍的受送达人，可以委托中华人民共和国驻受送达人所在国的使领馆代为送达；（4）向受送达人委托的有权代其接受送达的诉讼代理人送达；（5）向受送达人在中华人民共和国领域内设立的代表机构或者有权接受送达的分支机构、业务代办人送达；（6）受送达人所在国的法律允许邮寄送达的，可以邮寄送达，自邮寄之日起满3个月，送达回证没有退回，但根据各种情况足以认定已经送达的，期间届满之日视为送达；（7）采用传真、电子邮件等能够确认受送达人收悉的方式送达；（8）不能用上述方式送达的，公告送达，自公告之日起满3个月，即视为送达。

（三）多项选择题

2883. ABCD，解析：根据《民事诉讼法》第 10 条规定，人民法院审理民事案件，依照法律规定实行合议、回避、公开审判和两审终审制度。

2884. ABCD，解析：根据《民事诉讼法》第 32 条规定，因海难救助费用提起的诉讼，由救助地或者被救助船舶最先到达地人民法院管辖。根据《民事诉讼法》第 33 条规定，因共同海损提起的诉讼，由船舶最先到达地、共同海损理算地或者航程终止地的人民法院管辖。根据《民事诉讼法》第 34 条规定，下列案件，由本条规定的人民法院专属管辖：（1）因不动产纠纷提起的诉讼，由不动产所在地人民法院管辖；（2）因港口作业中发生纠纷提起的诉讼，由港口所在地人民法院管辖；（3）因继承遗产纠纷提起的诉讼，由被继承人死亡时住所地或者主要遗产所在地人民法院管辖。

2885. ABCD，解析：根据《民事诉讼法》第 41 条规定，人民法院审理第二审民事案件，由审判员组成合议庭。合议庭的成员人数，必须是单数。中级人民法院对第一审适用简易程序审结或者不服裁定提起上诉的第二审民事案件，事实清楚、权利义务关系明确的，经双方当事人同意，可以由审判员一人独任审理。发回重审的案件，原审人民法院应当按照第一审程序另行组成合议庭。审理再审案件，原来是第一审的，按照第一审程序另行组成合议庭；原来是第二审的或者是上级人民法院提审的，按照第二审程序另行组成合议庭。

2886. ABCD，解析：根据《民事诉讼法》第 62 条第 1、2 款规定，委托他人代为诉讼，必须向人民法院提交由委托人签名或者盖章的授权委托书。授权委托书必须记明委托事项和权限。诉讼代理人代为承认、放弃、变更诉讼请求，进行和解，提起反诉或者上诉，必须有委托人的特别授权。

2887. ABC，解析：根据《民事诉讼法》第 69 条规定，人民法院收到当事人提交的证据材料，应当出具收据，写明证据名称、页数、份数、原件或者复印件以及收到时间等，并由经办人员签名或者盖章。

2888. ABC，解析：根据《民事诉讼法》第 76 条规定，经人民法院通知，证人应当出庭作证。有下列情形之一的，经人民法院许可，可以通过书面证言、视听传输技术或者视听资料等方式作证：（1）因健康原因不能出庭的；（2）因路途遥远，交通不便不能出庭的；（3）因自然灾害等不可抗力不能出庭的；（4）其他有正当理由不能出庭的。

2889. ACD，解析：根据《民事诉讼法》第92条规定，受送达人是军人的，通过其所在部队团以上单位的政治机关转交。根据《民事诉讼法》第93条规定，受送达人被监禁的，通过其所在监所转交。受送达人被采取强制性教育措施的，通过其所在强制性教育机构转交。

2890. AC，解析：根据《民事诉讼法》第102条规定，调解未达成协议或者调解书送达前一方反悔的，人民法院应当及时判决。

2891. AC，解析：根据《民事诉讼法》第104条第1款规定，利害关系人因情况紧急，不立即申请保全将会使其合法权益受到难以弥补的损害的，可以在提起诉讼或者申请仲裁前向被保全财产所在地、被申请人住所地或者对案件有管辖权的人民法院申请采取保全措施。申请人应当提供担保，不提供担保的，裁定驳回申请。

2892. ABC，解析：根据《民事诉讼法》第116条规定，被执行人与他人恶意串通，通过诉讼、仲裁、调解等方式逃避履行法律文书确定的义务的，人民法院应当根据情节轻重予以罚款、拘留；构成犯罪的，依法追究刑事责任。

2893. ABCD，解析：根据《民事诉讼法》第127条规定，人民法院对下列起诉，分别情形，予以处理：（1）依照行政诉讼法的规定，属于行政诉讼受案范围的，告知原告提起行政诉讼；（2）依照法律规定，双方当事人达成书面仲裁协议申请仲裁、不得向人民法院起诉的，告知原告向仲裁机构申请仲裁；（3）依照法律规定，应当由其他机关处理的争议，告知原告向有关机关申请解决；（4）对不属于本院管辖的案件，告知原告向有管辖权的人民法院起诉；（5）对判决、裁定、调解书已经发生法律效力的案件，当事人又起诉的，告知原告申请再审，但人民法院准许撤诉的裁定除外；（6）依照法律规定，在一定期限内不得起诉的案件，在不得起诉的期限内起诉的，不予受理；（7）判决不准离婚和调解和好的离婚案件，判决、调解维持收养关系的案件，没有新情况、新理由，原告在6个月内又起诉的，不予受理。

2894. ABC，解析：根据《民事诉讼法》第152条规定，人民法院适用普通程序审理的案件，应当在立案之日起6个月内审结。有特殊情况需要延长的，经本院院长批准，可以延长6个月；还需要延长的，报请上级人民法院批准。

2895. ABC，解析：根据《民事诉讼法》第160条第1款规定，基层人民法院和它派出的法庭审理事实清楚、权利义务关系明确、争议不大的简单的民事案件，适用本章规定。根据《民事诉讼法》第 165 条第 1 款规定，基层人民法院和它派出的法庭审理事实清楚、权利义务关系明确、争议不大的简单金钱给付民事案件，标的额为各省、自治区、直辖市上年度就业人员年平均工资 50%以下的，适用小额诉讼的程序审理，实行一审终审。

2896. ABCD，解析：根据《民事诉讼法》第 175 条规定，第二审人民法院应当对上诉请求的有关事实和适用法律进行审查。根据《民事诉讼法》第 176 条规定，第二审人民法院对上诉案件应当开庭审理。经过阅卷、调查和询问当事人，对没有提出新的事实、证据或者理由，人民法院认为不需要开庭审理的，可以不开庭审理。第二审人民法院审理上诉案件，可以在本院进行，也可以到案件发生地或者原审人民法院所在地进行。

2897. ABD，解析：根据《民事诉讼法》第 195 条规定，人民法院受理申请后，必要时应当对被请求认定为无民事行为能力或者限制民事行为能力的公民进行鉴定。申请人已提供鉴定意见的，应当对鉴定意见进行审查。根据《民事诉讼法》第 196 条第 2 款规定，人民法院经审理认定申请有事实根据的，判决该公民为无民事行为能力或者限制民事行为能力人；认定申请没有事实根据的，应当判决予以驳回。根据《民事诉讼法》第 197 条规定，人民法院根据被认定为无民事行为能力人、限制民事行为能力人本人、利害关系人或者有关组织的申请，证实该公民无民事行为能力或者限制民事行为能力的原因已经消除的，应当作出新判决，撤销原判决。

2898. ABCD，解析：根据《民事诉讼法》第 213 条规定，按照审判监督程序决定再审的案件，裁定中止原判决、裁定、调解书的执行，但追索赡养费、扶养费、抚养费、抚恤金、医疗费用、劳动报酬等案件，可以不中止执行。

2899. BD，解析：根据《民事诉讼法》第 221 条第 1 款规定，债权人请求债务人给付金钱、有价证券，符合下列条件的，可以向有管辖权的基层人民法院申请支付令：（1）债权人与债务人没有其他债务纠纷的；（2）支付令能够送达债务人的。

2900. BC，解析：根据《民事诉讼法》第 235 条规定，执行工作由执行员进行。采取强制执行措施时，执行员应当出示证件。执行完毕后，应当将执行情况制作笔录，由在场的有关人员签名或者盖章。人民法院根据需要可以设立执行机构。

2901. BD，解析：根据《民事诉讼法》第 256 条第 1 款规定，法律文书指定交付的财物或者票证，由执行员传唤双方当事人当面交付，或者由执行员转交，并由被交付人签收。

2902. ABCD，解析：根据《民事诉讼法》第 284 条规定，请求和提供司法协助，应当依照中华人民共和国缔结或者参加的国际条约所规定的途径进行；没有条约关系的，通过外交途径进行。外国驻中华人民共和国的使领馆可以向该国公民送达文书和调查取证，但不得违反中华人民共和国的法律，并不得采取强制措施。除前款规定的情况外，未经中华人民共和国主管机关准许，任何外国机关或者个人不得在中华人民共和国领域内送达文书、调查取证。

（四）填空题

2903. 国家；集体；个人。（《民事诉讼法》第 15 条）

2904. 重大涉外；重大影响。（《民事诉讼法》第 19 条）

2905. 审判委员会；院长；审判长或者独任审判员。（《民事诉讼法》第 49 条）

2906. 指定其中一人。（《民事诉讼法》第 60 条）

2907. 应当；不予采纳；训诫。（《民事诉讼法》第 68 条）

2908. 有异议；有必要；应当。（《民事诉讼法》第 81 条）

2909. 送达回证；收到日期；签收日期。（《民事诉讼法》第 87 条）

2910. 当事人自愿。（《民事诉讼法》第 96 条）

2911. 扣押；不得重复。（《民事诉讼法》第 106 条）

2912. 人民法院；拘禁；私自扣押。（《民事诉讼法》第 120 条）

2913. 5 日；15 日。（《民事诉讼法》第 128 条）

2914. 国家秘密；商业秘密；个人隐私。（《民事诉讼法》第 159 条）

2915. 裁定。（《民事诉讼法》第 170 条）

2916. 3；本院院长；30。（《民事诉讼法》第 183 条）

2917. 1；国家或者集体。（《民事诉讼法》第 199 条）

2918. 当事人或者案外人。（《民事诉讼法》第 217 条）

2919. 正当理由；1 年。（《民事诉讼法》第 230 条）

2920. 同级；被执行人住所地；被执行的财产所在地。（《民事诉讼法》第 231 条）

2921. 应当执行。（《民事诉讼法》第 245 条）

2922. 合资经营；合作经营；自然资源。（《民事诉讼法》第 273 条）

（五）简答题

2923. 答：根据《民事诉讼法》第5条规定，同等原则是指外国人、无国籍人、外国企业和组织在人民法院起诉、应诉，同中华人民共和国公民、法人和其他组织有同等的诉讼权利义务。对等原则是指在我国民事诉讼中，遇有外国法院对中国公民、法人和其他组织的民事诉讼权利加以限制的，中国法院也相应地限制该国公民、法人和其他组织的民事诉讼权利。

2924. 答：根据《民事诉讼法》第37条规定，移送管辖分为两种情形：（1）人民法院发现受理的案件不属于本院管辖的，应当移送有管辖权的人民法院，受移送的人民法院应当受理。（2）受移送的人民法院认为受移送的案件依照规定不属于本院管辖的，应当报请上级人民法院指定管辖，不得再自行移送。

2925. 答：第一，回避的对象：根据《民事诉讼法》第47条第1、4款规定，回避的对象为审判人员、书记员、翻译人员、鉴定人、勘验人。

第二，回避的条件和方式：根据《民事诉讼法》第47条第1、2款规定，审判人员有下列情形之一的，应当自行回避，当事人有权用口头或者书面方式申请他们回避：（1）是本案当事人或者当事人、诉讼代理人近亲属的；（2）与本案有利害关系的；（3）与本案当事人、诉讼代理人有其他关系，可能影响对案件公正审理的。审判人员接受当事人、诉讼代理人请客送礼，或者违反规定会见当事人、诉讼代理人的，当事人有权要求他们回避。

2926. 答：根据《民事诉讼法》第61条第2款规定，下列人员可以被委托为诉讼代理人：（1）律师、基层法律服务工作者；（2）当事人的近亲属或者工作人员；（3）当事人所在社区、单位以及有关社会团体推荐的公民。

2927. 答：根据《民事诉讼法》第89条规定，受送达人或者他的同住成年家属拒绝接收诉讼文书的，送达人可以采用留置方式送达诉讼文书。留置送达有两种方式：一是，可以邀请有关基层组织或者所在单位的代表到场，说明情况，在送达回证上记明拒收事由和日期，由送达人、见证人签名或者盖章，把诉讼文书留在受送达人的住所；二是，可以把诉讼文书留在受送达人的住所，并采用拍照、录像等方式记录送达过程，即视为送达。

2928. 答：根据《民事诉讼法》第149条规定，有下列情形之一的，可以延期开庭审理：（1）必须到庭的当事人和其他诉讼参与人有正当理由没有到庭的；（2）当事人临时提出回避申请的；（3）需要通知新的证人到庭，调取新的证据，重新鉴定、勘验，或者需要补充调查的；（4）其他应当延期的情形。

2929. 答：根据《民事诉讼法》第153条规定，有下列情形之一的，中止诉讼：（1）一方当事人死亡，需要等待继承人表明是否参加诉讼的；（2）一方当事人丧失诉讼行为能力，尚未确定法定代理人的；（3）作为一方当事人的法人或者其他组织终止，尚未确定权利义务承受人的；（4）一方当事人因不可抗拒的事由，不能参加诉讼的；（5）本案必须以另一案的审理结果为依据，而另一案尚未审结的；（6）其他应当中止诉讼的情形。中止诉讼的原因消除后，恢复诉讼。

2930. 答：根据《民事诉讼法》第154条规定，有下列情形之一的，终结诉讼：（1）原告死亡，没有继承人，或者继承人放弃诉讼权利的；（2）被告死亡，没有遗产，也没有应当承担义务的人的；（3）离婚案件一方当事人死亡的；（4）追索赡养费、扶养费、抚养费以及解除收养关系案件的一方当事人死亡的。

2931. 答：根据《民事诉讼法》第216条第1款规定，有下列情形之一的，当事人可以向人民检察院申请检察建议或者抗诉：（1）人民法院驳回再审申请的；（2）人民法院逾期未对再审申请作出裁定的；（3）再审判决、裁定有明显错误的。

2932. 答：根据《民事诉讼法》第264条规定，有下列情形之一的，人民法院裁定终结执行：（1）申请人撤销申请的；（2）据以执行的法律文书被撤销的；（3）作为被执行人的公民死亡，无遗产可供执行，又无义务承担人的；（4）追索赡养费、扶养费、抚养费案件的权利人死亡的；（5）作为被执行人的公民因生活困难无力偿还借款，无收入来源，又丧失劳动能力的；（6）人民法院认为应当终结执行的其他情形。

六、行政诉讼法

（一）判断题

2933. 行政机关侵犯经营自主权的，不属于行政诉讼受案范围，应当提起民事诉讼。（　　）

2934. 公民、法人或者其他组织同被诉行政行为有利害关系但没有提起诉讼，人民法院应当通知其作为第三人参加诉讼。（　　）

2935. 发回重审、按照审判监督程序再审的案件不适用简易程序。（　　）

2936. 适用简易程序审理的行政案件，应当在立案之日起 30 日内审结。（　　）

2937. 上级人民法院发现下级人民法院的调解违反自愿原则或者调解书内容违法的，有权指令下级人民法院再审。（　　）

2938. 上级人民检察院发现下级人民法院的调解书损害国家利益、社会公共利益的，应当提出抗诉。（　　）

（二）单项选择题

2939. 下列属于行政诉讼受案范围的是：（　　）

A. 国防、外交等国家行为

B. 行政机关对行政机关工作人员的奖惩、任免等决定

C. 行政机关制定、发布的具有普遍约束力的决定、命令

D. 行政机关作出的土地征用补偿决定

2940. 关于行政案件的地域管辖，下列选项不正确的是：（　　）

A. 经复议的案件，既可以由最初作出行政行为的行政机关所在地人民法院管辖，也可以由复议机关所在地人民法院管辖

B. 对限制人身自由的行政强制措施不服提起的诉讼，既可以由被告所在地人民法院管辖，也可以由原告所在地人民法院管辖

C. 因不动产提起的行政诉讼，由不动产所在地人民法院管辖

D. 经最高人民法院备案，高级人民法院可以根据审判工作的实际情况，确定若干人民法院跨行政区域管辖行政案件

2941. 关于复议案件的行政诉讼被告，下列说法不正确的是：(　　)

A. 复议机关决定维持原行政行为的，作出原行政行为的行政机关和复议机关是共同被告

B. 复议机关改变原行政行为的，作出原行政行为的行政机关和复议机关是共同被告

C. 复议机关在法定期限内未作出复议决定，公民、法人或者其他组织起诉原行政行为的，作出原行政行为的行政机关是被告

D. 复议机关在法定期限内未作出复议决定，公民、法人或者其他组织起诉复议机关不作为的，复议机关是被告

2942. 人民法院可以缺席判决的情形是：(　　)

A. 经人民法院传票传唤，原告无正当理由拒不到庭的

B. 原告未经法庭许可中途退庭的

C. 被告未经法庭许可中途退庭的

D. 第三人未经法庭许可中途退庭的

2943. 关于行政诉讼调解，下列说法不正确的是：(　　)

A. 人民法院审理行政案件，一般不适用调解

B. 公安机关对当事人处以罚款的案件，可以适用调解

C. 税务机关对纳税人征收税款的案件，可以适用调解

D. 调解不得损害国家利益、社会公共利益和他人合法权益

2944. 关于行政诉讼附带民事诉讼，下列说法正确的是：(　　)

A. 适用于行政赔偿案件

B. 适用于行政处罚案件

C. 当事人应提出一并解决相关民事争议的申请

D. 人民法院可以依职权决定合并审理

(三) 多项选择题

2945. 关于行政诉讼案件的管辖，下列说法不正确的是：(　　)

A. 对省级政府部门所作行政行为不服，应当向中级人民法院提起诉讼
B. 对行政机关实施的行政强制措施不服，可以向被告所在地或者原告所在地人民法院提起诉讼
C. 两个以上人民法院都有管辖权的案件，原告应当提请上一级人民法院指定管辖
D. 有管辖权的人民法院由于特殊原因不能行使管辖权的，可以移送其他人民法院管辖

2946. 关于证据的保全，下列说法正确的是：(　　)
A. 适用于证据可能灭失的情况下
B. 适用于证据以后难以取得的情况下
C. 原告、被告、第三人均可向法院申请保全
D. 法院可以主动采取保全措施

2947. 关于行政诉讼撤诉，下列说法正确的是：(　　)
A. 行政案件宣告判决前，原告可以申请撤诉
B. 被告改变其所作的行政行为的，原告可以申请撤诉
C. 原告申请撤诉，是否准许由人民法院裁定
D. 经人民法院传票传唤，原告无正当理由拒不到庭的，可以按照撤诉处理

2948. 对于人民法院审理行政案件的依据，下列说法正确的是：(　　)
A. 以法律和行政法规、地方性法规为依据
B. 审理民族自治地方的行政案件，以该民族自治地方的自治条例和单行条例为依据
C. 以部门规章和地方政府规章为参照
D. 地方性法规仅适用于本行政区域内发生的行政案件

2949. 关于规范性文件的审查和处理，下列说法正确的是：(　　)
A. 公民、法人或者其他组织在对行政行为提起诉讼时，可以一并请求对规范性文件进行审查
B. 人民法院在审理行政案件中可以主动对规范性文件进行审查
C. 人民法院认为规范性文件不合法的，不将其作为认定行政行为合法的依据

D. 人民法院认为规范性文件不合法的，可以要求制定机关作出处理

2950. 被告经传票传唤无正当理由拒不到庭，或者未经法庭许可中途退庭的，人民法院可以采取的措施有：（　　）

A. 将被告拒不到庭或者中途退庭的情况予以公告

B. 向监察机关提出司法建议

C. 向被告的上一级行政机关提出司法建议

D. 缺席判决

（四）填空题

2951. 公民、法人或者其他组织认为行政机关和行政机关工作人员的____侵犯其____，有权依法提起行政诉讼。这里所称行政行为，包括____授权的组织作出的行政行为。

2952. 人民法院依法对行政案件____行使审判权，不受____的干涉。

2953. 人民法院判决被告重新作出行政行为的，被告不得以____作出与原行政行为____的行政行为。

2954. 行政行为有实施主体不具有____或者____等重大且明显违法情形，____申请确认行政行为无效的，人民法院判决确认无效。

2955. 人民法院判决确认违法或者无效的，可以同时判决责令被告采取____；给原告造成损失的，依法判决被告____。

2956. 行政处罚____，或者其他行政行为涉及对____的确定、认定确有错误的，人民法院可以判决变更。

（五）简答题

2957. 简述人民法院判决撤销行政行为的情形。

2958. 简述人民法院确认行政行为违法判决的适用情形。

2959. 简述行政机关拒绝履行判决、裁定、调解书时，人民法院可以采取的措施。

参考答案

（一）判断题

2933. ×，解析：根据《行政诉讼法》第12条第1款第7项规定，认为行政机关侵犯其经营自主权或者农村土地承包经营权、农村土地经营权的，属于行政诉讼受案范围。

2934. ×，解析：根据《行政诉讼法》第29条第1款规定，公民、法人或者其他组织同被诉行政行为有利害关系但没有提起诉讼，或者同案件处理结果有利害关系的，可以作为第三人申请参加诉讼，或者由人民法院通知参加诉讼。

2935. √，解析：根据《行政诉讼法》第82条规定。

2936. ×，解析：根据《行政诉讼法》第83条规定，适用简易程序审理的行政案件，由审判员1人独任审理，并应当在立案之日起45日内审结。

2937. √，解析：根据《行政诉讼法》第92条规定。

2938. √，解析：根据《行政诉讼法》第93条规定。

（二）单项选择题

2939. D，解析：根据《行政诉讼法》第13条规定，ABC项均不属于行政诉讼受案范围。根据第12条第1款第5项规定，对行政征收、征用决定及其补偿决定不服的，属于行政诉讼受案范围。故D项正确。

2940. D，解析：根据《行政诉讼法》第18条第1款规定，行政案件由最初作出行政行为的行政机关所在地人民法院管辖。经复议的案件，也可以由复议机关所在地人民法院管辖。故A项正确。根据第19条规定，对限制人身自由的行政强制措施不服提起的诉讼，由被告所在地或者原告所在地人民法院管辖。故B项正确。根据第20条规定，因不动产提起的行政诉讼，由不动产所在地人民法院管辖。故C项正确。根据第18条第2款规定，经最高人民法院批准，高级人民法院可以根据审判工作的实际情况，确定若干人民法院跨行政区域管辖行政案件。故D项错误。

2941. B，解析：根据《行政诉讼法》第26条第2款规定，经复议的案件，复议机关决定维持原行政行为的，作出原行政行为的行政机关和复议机关是共同被告；复议机关改变原行政行为的，复议机关是被告。故A项正确，B项错误。根据第26条第3款规定，复议机关在法定期限内未作出复议决定，公民、法人或者其他组织起诉原行政行为的，作出原行政行为的行政机关是被告；起诉复议机关不作为的，复议机关是被告。故 CD 项正确。

2942. C，解析：根据《行政诉讼法》第 58 条规定，经人民法院传票传唤，原告无正当理由拒不到庭，或者未经法庭许可中途退庭的，可以按照撤诉处理；被告无正当理由拒不到庭，或者未经法庭许可中途退庭的，可以缺席判决。据此，只有 C 项正确。

2943. C，解析：根据《行政诉讼法》第 60 条规定，人民法院审理行政案件，不适用调解。但是，行政赔偿、补偿以及行政机关行使法律、法规规定的自由裁量权的案件可以调解。调解应当遵循自愿、合法原则，不得损害国家利益、社会公共利益和他人合法权益。据此，行政机关行使法律、法规规定的自由裁量权的案件可以调解。公安机关的罚款数额多少可以根据案情自由裁量，故可以调解；税务机关征收税款应当依法计算并全额征收，没有裁量的余地，故不可以调解。因此，B 项正确，C 项错误。AD 项符合上述法律规定。

2944. C，解析：根据《行政诉讼法》第 61 条第 1 款规定，在涉及行政许可、登记、征收、征用和行政机关对民事争议所作的裁决的行政诉讼中，当事人申请一并解决相关民事争议的，人民法院可以一并审理。据此，行政赔偿和行政处罚案件，均不适用于行政附带民事诉讼，AB 项错误。行政附带民事诉讼只能依当事人申请，人民法院不能依职权作出，故 C 项正确，D 项错误。

（三）多项选择题

2945. ABCD，解析：根据《行政诉讼法》第 15 条第 1 项规定，对国务院部门或者县级以上地方人民政府所作的行政行为提起诉讼的案件，由中级人民法院管辖。省级政府部门属于地方人民政府工作部门，不属于中级人民法院管辖，而应由基层人民法院管辖。故 A 项错误。根据《行政诉讼法》第 19 条规定，只有对“限制人身自由”的行政强制措施不服提起的诉讼，才可以由被告所在地或者原告所在地人民法院管辖。故 B 项错误。根据《行政诉讼法》第 21 条规定，两个以上人民法院都有管辖权的案件，原告可以选择其中一个人民法院提起诉讼。故 C 项错误。根据《行政诉讼法》第 23 条第 1 款规定，有管辖权的人民法院由于特殊原因不能行使管辖权的，由上级人民法院指定管辖。故 D 项错误。

2946. ABCD，解析：根据《行政诉讼法》第42条规定，在证据可能灭失或者以后难以取得的情况下，诉讼参加人可以向人民法院申请保全证据，人民法院也可以主动采取保全措施。据此，A、B、C、D项均正确。

2947. ABCD，解析：根据《行政诉讼法》第62条规定，人民法院对行政案件宣告判决或者裁定前，原告申请撤诉的，或者被告改变其所作的行政行为，原告同意并申请撤诉的，是否准许，由人民法院裁定。故A、B、C项正确。根据第58条规定，D项正确。

2948. ABCD，解析：根据《行政诉讼法》第63条规定，人民法院审理行政案件，以法律和行政法规、地方性法规为依据。地方性法规适用于本行政区域内发生的行政案件。人民法院审理民族自治地方的行政案件，并以该民族自治地方的自治条例和单行条例为依据。人民法院审理行政案件，参照规章。

2949. ABC，解析：根据《行政诉讼法》第64条规定，人民法院在审理行政案件中，经审查认为本法第53条规定的规范性文件不合法的，不作为认定行政行为合法的依据，并向制定机关提出处理建议。据此，人民法院认为规范性文件不合法的，应当向制定机关提出处理建议，但不能要求制定机关作出处理，故D项错误。ABC项均符合规定。

2950. ABCD，解析：根据《行政诉讼法》第66条第2款规定，人民法院对被告经传票传唤无正当理由拒不到庭，或者未经法庭许可中途退庭的，可以将被告拒不到庭或者中途退庭的情况予以公告，并可以向监察机关或者被告的上一级行政机关提出依法给予其主要负责人或者直接责任人员处分的司法建议。故ABC项正确。根据第58条规定，D项正确。

（四）填空题

2951. 行政行为；合法权益；法律、法规、规章。（《行政诉讼法》第2条）

2952. 独立；行政机关、社会团体和个人。（《行政诉讼法》第4条）

2953. 同一的事实和理由；基本相同。（《行政诉讼法》第71条）

2954. 行政主体资格；没有依据；原告。（《行政诉讼法》第75条）

2955. 补救措施；承担赔偿责任。（《行政诉讼法》第76条）

2956. 明显不当；款额。（《行政诉讼法》第77条）

（五）简答题

2957. 答：根据《行政诉讼法》第70条规定，行政行为有下列情形之一的，人民法院判决撤销或者部分撤销，并可以判决被告重新作出行政行为：（1）主要证据不足的；（2）适用法律、法规错误的；（3）违反法定程序的；（4）超越职权的；（5）滥用职权的；（6）明显不当的。

2958. 答：根据《行政诉讼法》第 74 条规定，人民法院确认行政行为违法判决的适用情形如下：

行政行为有下列情形之一的，人民法院判决确认违法，但不撤销行政行为：（1）行政行为依法应当撤销，但撤销会给国家利益、社会公共利益造成重大损害的；（2）行政行为程序轻微违法，但对原告权利不产生实际影响的。

行政行为有下列情形之一，不需要撤销或者判决履行的，人民法院判决确认违法：（1）行政行为违法，但不具有可撤销内容的；（2）被告改变原违法行政行为，原告仍要求确认原行政行为违法的；（3）被告不履行或者拖延履行法定职责，判决履行没有意义的。

2959. 答：根据《行政诉讼法》第 96 条规定，行政机关拒绝履行判决、裁定、调解书的，第一审人民法院可以采取下列措施：（1）对应当归还的罚款或者应当给付的款额，通知银行从该行政机关的账户内划拨；（2）在规定期限内不履行的，从期满之日起，对该行政机关负责人按日处 50 元至 100 元的罚款；（3）将行政机关拒绝履行的情况予以公告；（4）向监察机关或者该行政机关的上一级行政机关提出司法建议。接受司法建议的机关，根据有关规定进行处理，并将处理情况告知人民法院；（5）拒不履行判决、裁定、调解书，社会影响恶劣的，可以对该行政机关直接负责的主管人员和其他直接责任人员予以拘留；情节严重，构成犯罪的，依法追究刑事责任。

七、刑事诉讼法

(一) 判断题

2960. 对刑事案件的侦查、拘留、执行逮捕、预审、提起公诉，由公安机关负责。(　　)

2961. 国家安全机关依照法律规定，办理危害国家安全的刑事案件时，行使与公安机关相同的职权。(　　)

2962. 人民法院审判案件，实行三审终审制。(　　)

2963. 下级人民法院认为案情重大、复杂需要由上级人民法院审判的第一审刑事案件，可以请求移送上一级人民法院审判。(　　)

2964. 辩护律师可以同在押的犯罪嫌疑人、被告人会见和通信。其他辩护人经公安机关、人民检察院许可，也可以同在押的犯罪嫌疑人、被告人会见和通信。(　　)

2965. 证人证言必须在法庭上经过公诉人、被害人和被告人、辩护人双方质证并且查实以后，才能作为定案的根据。(　　)

2966. 逮捕犯罪嫌疑人、被告人，必须经过人民检察院批准或者人民法院决定，由公安机关执行。(　　)

2967. 对于自诉案件，被害人有权向人民法院直接起诉。被害人死亡或者丧失行为能力的，被害人的法定代理人、近亲属有权向人民法院起诉。(　　)

2968. 讯问犯罪嫌疑人必须由人民检察院、人民法院或者公安机关的侦查人员负责进行。讯问的时候，侦查人员不得少于 3 人。(　　)

2969. 犯罪嫌疑人如果拒绝检查，侦查人员认为必要的时候，可以强制检查。(　　)

2970. 自诉案件的被告人在诉讼过程中，可以对自诉人提起反诉。反诉适用自诉的规定。(　　)

2971. 罪犯在暂予监外执行期间死亡的，执行机关应当及时通知监狱或者看守所。（　　）

（二）单项选择题

2972. 最高人民法院管辖的（　　）刑事案件，是全国性的重大刑事案件。

A. 第一审　　B. 第二审

C. 第三审　　D. 终审

2973. （　　）可以在人民法院、看守所等场所派驻值班律师。

A. 司法行政机关　　B. 人民检察院

C. 律师事务所　　D. 法律援助机构

2974. 在侦查、审查起诉、审判时发现有（　　）的证据的，应当依法予以排除，不得作为起诉意见、起诉决定和判决的依据。

A. 非法收集　　B. 虚假的

C. 存在疑点　　D. 应当排除

2975. 收件人本人或者代收人拒绝接收或者拒绝签名、盖章的时候，送达人可以邀请他的邻居或者其他见证人到场，说明情况，把文件留在他的住处，在送达证上记明拒绝的事由、送达的日期，由（　　），即认为已经送达。

A. 邻居签名　　B. 见证人签名

C. 送达人签名　　D. 代收人签名

2976. 搜查妇女的身体，应当由（　　）进行。

A. 女工作人员　　B. 女医生

C. 医生　　D. 侦查人员

2977. 侦查人员对采取技术侦查措施过程中知悉的国家秘密、商业秘密和个人隐私，应当保密；对采取技术侦查措施获取的与案件无关的材料，（　　）。

A. 酌情销毁　　B. 必须及时销毁

C. 可以不销毁　　D. 入库存档

2978. 犯罪嫌疑人自愿认罪，同意量刑建议和程序适用的，应当在辩护人或者值班律师（　　）的情况下签署认罪认罚具结书。

A. 同意　　B. 支持

C. 在场　　D. 不在

2979. 适用速裁程序审理案件，人民法院应当在受理后10日以内审结；对可能判处的有期徒刑超过1年的，可以延长至（　　）日。

A. 5　　B. 10

C. 15　　D. 20

（三）多项选择题

2980.（　　）进行刑事诉讼，必须依靠群众，必须以事实为根据，以法律为准绳。对于一切公民，在适用法律上一律平等，在法律面前，不允许有任何特权。

A. 人民法院　　B. 人民检察院

C. 公安机关　　D. 各级政府

2981. 人民法院、人民检察院和公安机关进行刑事诉讼，应当（　　），以保证准确有效地执行法律。

A. 分工负责　　B. 互相配合

C. 互相制约　　D. 互相监督

2982. 犯罪嫌疑人、被告人是（　　），没有委托辩护人的，人民法院、人民检察院和公安机关应当通知法律援助机构指派律师为其提供辩护。

A. 盲、聋、哑人

B. 尚未完全丧失辨认或者控制自己行为能力的精神病人

C. 经济困难的人

D. 可能被判处无期徒刑、死刑的人

2983. 辩护律师持（　　）要求会见在押的犯罪嫌疑人、被告人的，看守所应当及时安排会见，至迟不得超过48小时。

A. 律师执业证书　　B. 律师事务所证明

C. 委托书或者法律援助公函　　D. 身份证

2984. 对于自诉案件，被害人有权向人民法院直接起诉。被害人死亡或者丧失行为能力的，（　　）有权向人民法院起诉。人民法院应当依法受理。

A. 被害人的诉讼代理人　　B. 被害人的法定代理人

C. 被害人的近亲属　　D. 被害人的朋友

2985. 侦查人员对于与犯罪有关的（　　）应当进行勘验或者检查。在必要的时候，可以指派或者聘请具有专门知识的人，在侦查人员的主持下进行勘验、检查。

A. 场所　　B. 物品

C. 人身　　D. 尸体

2986. 公安机关在立案后，对于（　　）或者其他严重危害社会的犯罪案件，根据侦查犯罪的需要，经过严格的批准手续，可以采取技术侦查措施。

A. 危害国家安全犯罪　　B. 恐怖活动犯罪

C. 黑社会性质的组织犯罪　　D. 重大毒品犯罪

(四) 填空题

2987. 犯罪嫌疑人、被告人____供述自己的罪行，承认指控的犯罪事实，愿意接受处罚的，可以依法从宽处理。

2988. 辩护人收集的有关犯罪嫌疑人不在犯罪现场、____、属于依法不负刑事责任的精神病人的证据，应当及时告知公安机关、人民检察院。

2989. 在审判过程中，被告人可以拒绝辩护人继续为他辩护，也可以____。

2990. 对查封、扣押的财物、文件，应当会同____和被查封、扣押财物、文件持有人查点清楚，当场开列清单一式二份。

2991. 犯罪嫌疑人自愿认罪，同意量刑建议和程序适用的，应当在辩护人或者值班律师在场的情况下签署____。

2992. 人民法院对自诉案件，可以进行调解；自诉人在宣告判决前，可以同被告人自行和解或者____。

2993. 适用简易程序审理案件，人民法院应当在受理后____日以内审结；对可能判处的有期徒刑超过____年的，可以延长至一个半月。

2994. 第二审人民法院对于人民检察院抗诉的案件，应当组成____，开庭审理。

2995. 最高人民法院复核死刑案件，应当作出核准或者不核准死刑的裁定。对于不核准死刑的，最高人民法院可以____或者____。

2996. 决定或者批准暂予监外执行的机关应当将暂予监外执行决定抄送____。

2997. 对未成年犯罪嫌疑人、被告人应当严格限制适用____。

2998. 被告人死亡的，人民法院应当裁定____，但有证据证明被告人无罪，人民法院经缺席审理确认无罪的，应当依法作出____。

（五）简答题

2999. 简述不追究刑事责任的情形。

3000. 简述刑事自诉案件的类型。

参考答案

（一）判断题

2960. ×，解析：根据《刑事诉讼法》第 3 条第 1 款规定，对刑事案件的侦查、拘留、执行逮捕、预审，由公安机关负责。检察、批准逮捕、检察机关直接受理的案件的侦查、提起公诉，由人民检察院负责。审判由人民法院负责。除法律特别规定的以外，其他任何机关、团体和个人都无权行使这些权力。

2961. √，解析：根据《刑事诉讼法》第 4 条规定。

2962. ×，解析：根据《刑事诉讼法》第 10 条规定，人民法院审判案件，实行两审终审制。

2963. √，解析：根据《刑事诉讼法》第 24 条规定。

2964. ×，解析：根据《刑事诉讼法》第 39 条第 1 款规定，辩护律师可以同在押的犯罪嫌疑人、被告人会见和通信。其他辩护人经人民法院、人民检察院许可，也可以同在押的犯罪嫌疑人、被告人会见和通信。

2965. √，解析：根据《刑事诉讼法》第 61 条规定。

2966. √，解析：根据《刑事诉讼法》第 80 条规定。

2967. √，解析：根据《刑事诉讼法》第 114 条规定。

2968. ×，解析：根据《刑事诉讼法》第 118 条第 1 款规定，讯问犯罪嫌疑人必须由人民检察院或者公安机关的侦查人员负责进行。讯问的时候，侦查人员不得少于 2 人。

2969. √，解析：根据《刑事诉讼法》第 132 条规定。

2970. √，解析：根据《刑事诉讼法》第 213 条规定。

2971. √，解析：根据《刑事诉讼法》第268条规定。

（二）单项选择题

2972. A，解析：根据《刑事诉讼法》第23条规定，最高人民法院管辖的第一审刑事案件，是全国性的重大刑事案件。

2973. D，解析：根据《刑事诉讼法》第36条第1款规定，法律援助机构可以在人民法院、看守所等场所派驻值班律师。犯罪嫌疑人、被告人没有委托辩护人，法律援助机构没有指派律师为其提供辩护的，由值班律师为犯罪嫌疑人、被告人提供法律咨询、程序选择建议、申请变更强制措施、对案件处理提出意见等法律帮助。

2974. D，解析：根据《刑事诉讼法》第56条第2款规定，在侦查、审查起诉、审判时发现有应当排除的证据的，应当依法予以排除，不得作为起诉意见、起诉决定和判决的依据。

2975. C，解析：根据《刑事诉讼法》第107条第2款规定，收件人本人或者代收人拒绝接收或者拒绝签名、盖章的时候，送达人可以邀请他的邻居或者其他见证人到场，说明情况，把文件留在他的住处，在送达证上记明拒绝的事由、送达的日期，由送达人签名，即认为已经送达。

2976. A，解析：根据《刑事诉讼法》第139条第2款规定，搜查妇女的身体，应当由女工作人员进行。

2977. B，解析：根据《刑事诉讼法》第152条第2款规定，侦查人员对采取技术侦查措施过程中知悉的国家秘密、商业秘密和个人隐私，应当保密；对采取技术侦查措施获取的与案件无关的材料，必须及时销毁。

2978. C，解析：根据《刑事诉讼法》第174条第1款规定，犯罪嫌疑人自愿认罪，同意量刑建议和程序适用的，应当在辩护人或者值班律师在场的情况下签署认罪认罚具结书。

2979. C，解析：根据《刑事诉讼法》第225条规定，适用速裁程序审理案件，人民法院应当在受理后10日以内审结；对可能判处的有期徒刑超过1年的，可以延长至15日。

（三）多项选择题

2980. ABC，解析：根据《刑事诉讼法》第6条规定，人民法院、人民检察院和公安机关进行刑事诉讼，必须依靠群众，必须以事实为根据，以法律为准绳。对于一切公民，在适用法律上一律平等，在法律面前，不允许有任何特权。

2981. ABC，解析：根据《刑事诉讼法》第 7 条规定，人民法院、人民检察院和公安机关进行刑事诉讼，应当分工负责，互相配合，互相制约，以保证准确有效地执行法律。

2982. ABD，解析：根据《刑事诉讼法》第 35 条第 2 款、第 3 款规定，犯罪嫌疑人、被告人是盲、聋、哑人，或者是尚未完全丧失辨认或者控制自己行为能力的精神病人，没有委托辩护人的，人民法院、人民检察院和公安机关应当通知法律援助机构指派律师为其提供辩护。犯罪嫌疑人、被告人可能被判处无期徒刑、死刑，没有委托辩护人的，人民法院、人民检察院和公安机关应当通知法律援助机构指派律师为其提供辩护。

2983. ABC，解析：根据《刑事诉讼法》第 39 条第 2 款规定，辩护律师持律师执业证书、律师事务所证明和委托书或者法律援助公函要求会见在押的犯罪嫌疑人、被告人的，看守所应当及时安排会见，至迟不得超过 48 小时。

2984. BC，解析：根据《刑事诉讼法》第 114 条规定，对于自诉案件，被害人有权向人民法院直接起诉。被害人死亡或者丧失行为能力的，被害人的法定代理人、近亲属有权向人民法院起诉。人民法院应当依法受理。

2985. ABCD，解析：根据《刑事诉讼法》第 128 条规定，侦查人员对于与犯罪有关的场所、物品、人身、尸体应当进行勘验或者检查。在必要的时候，可以指派或者聘请具有专门知识的人，在侦查人员的主持下进行勘验、检查。

2986. ABCD，解析：根据《刑事诉讼法》第 150 条第 1 款规定，公安机关在立案后，对于危害国家安全犯罪、恐怖活动犯罪、黑社会性质的组织犯罪、重大毒品犯罪或者其他严重危害社会的犯罪案件，根据侦查犯罪的需要，经过严格的批准手续，可以采取技术侦查措施。

（四）填空题

2987. 自愿如实。(《刑事诉讼法》第 15 条)

2988. 未达到刑事责任年龄。(《刑事诉讼法》第 42 条)

2989. 另行委托辩护人辩护。(《刑事诉讼法》第 45 条)

2990. 在场见证人。(《刑事诉讼法》第 142 条)

2991. 认罪认罚具结书。(《刑事诉讼法》第 174 条)

2992. 撤回自诉。(《刑事诉讼法》第 212 条)

2993. 20；3。(《刑事诉讼法》第 220 条)

2994. 合议庭。(《刑事诉讼法》第 234 条)

2995. 发回重新审判；予以改判。(《刑事诉讼法》第250条)

2996. 人民检察院。(《刑事诉讼法》第267条)

2997. 逮捕措施。(《刑事诉讼法》第280条)

2998. 终止审理；判决。(《刑事诉讼法》第297条)

(五) 简答题

2999. 答：根据《刑事诉讼法》第16条规定，有下列情形之一的，不追究刑事责任，已经追究的，应当撤销案件，或者不起诉，或者终止审理，或者宣告无罪：(1) 情节显著轻微、危害不大，不认为是犯罪的；(2) 犯罪已过追诉时效期限的；(3) 经特赦令免除刑罚的；(4) 依照刑法告诉才处理的犯罪，没有告诉或者撤回告诉的；(5) 犯罪嫌疑人、被告人死亡的；(6) 其他法律规定免予追究刑事责任的。

3000. 答：根据《刑事诉讼法》第210条规定，自诉案件包括下列案件：(1) 告诉才处理的案件；(2) 被害人有证据证明的轻微刑事案件；(3) 被害人有证据证明对被告人侵犯自己人身、财产权利的行为应当依法追究刑事责任，而公安机关或者人民检察院不予追究被告人刑事责任的案件。

图书在版编目（CIP）数据

国家工作人员学法用法3000题／中国法制出版社编．—北京：中国法制出版社，2023.4
ISBN 978-7-5216-3099-2

Ⅰ.①国… Ⅱ.①中… Ⅲ.①法律-中国-干部教育-习题集 Ⅳ.①D920.4

中国版本图书馆CIP数据核字（2022）第212422号

责任编辑　刘海龙　　封面设计　杨鑫宇

国家工作人员学法用法3000题
GUOJIA GONGZUO RENYUAN XUEFA YONGFA 3000 TI

编者/中国法制出版社
经销/新华书店
印刷/三河市国英印务有限公司
开本/880毫米×1230毫米　32开　　印张/23.5　字数/588千
版次/2023年4月第1版　　2023年4月第1次印刷

中国法制出版社出版
书号 ISBN 978-7-5216-3099-2　　定价：69.00元

北京市西城区西便门西里甲16号西便门办公区
邮政编码：100053　　传真：010-63141600
网址：http：//www.zgfzs.com　　**编辑部电话：010-63141814**
市场营销部电话：010-63141612　　**印务部电话：010-63141606**

（如有印装质量问题，请与本社印务部联系。）